普通高等教育国家级规划教材系列　普通高等教育“十一五”国家级规划教材

国际贸易法

International Trade Law

| 第五版 |

主　编｜王传丽

撰稿人｜王传丽　史晓丽
以撰写章节先后为序｜李　巍

法律出版社
始创于1954年

www.lawpress.com.cn
好书，同好老师和好学生分享

出 版 说 明

法律出版社是中国历史最悠久的法律专业出版社,与国际出版同仁论剑,本社之专业出版品牌亦广受肯定。

本社素来注重法学教材出版。从20世纪50年代中国法学教材建设的起步,到20世纪70年代末中国法学教材的复兴,法律出版社均走在前列。1949年以来,我国第一部法理学、宪法、中国法律思想史、外国法制史、刑法、民法、民事诉讼法、国际法、国际私法、国际经济法教材,均出自法律出版社。

从20世纪80年代到90年代,再到21世纪,本社对于法学教材的出版更投入移山心力。而本社与权威法学家合作,渊源有自。作者中有法学宿耋,有中年英士,有青年才俊,均来自杰出法学学府与研究机构。本社教材,正旨在秉继法学先辈之思想财富,与新一代法律人分享。

自我国建设国家级教材以来,本社延揽名家,于此多有收获。从更早的国家级规划教材,到"九五"、"十五",再到2006年评定的"十一五"国家级规划教材,法律出版社之法学类国家级教材,积累已多,忝居诸社首列。为整体性展现这批品质教材,本社乃以"普通高等教育国家级规划教材系列"为题,统一推出。

"好书,同好老师和好学生分享",本社愿与法律共同体诸同仁,与中国法学与法律实践的学习者和建设者一起,分享好书,分享智识,分享法治进程中的点点滴滴。

法律出版社

作者简介

王传丽 法学博士，中国政法大学国际法学院前院长，教授，博士生导师，中国政法大学国际经济法研究中心主任。美国纽约哥伦比亚大学法学院访问学者。兼任中国国际经济法学会副会长，中国法学会国际经济法学会副会长，中国法学会 WTO 研究会副会长，北京国际法学会副会长，中国国际法学会常务理事，国家认监委认证认可专家咨询委员会成员，北京市政府专家顾问，中国国际经济贸易仲裁委员会仲裁员、北京仲裁委员会仲裁员等。主要研究方向为国际经济法、国际贸易法。专著和主编成果主要有:《涉外经济合同的法律效力》、《补贴与反补贴措施协定条文释义》、《反倾销调查中的公共利益》、《国际技术贸易法》、《国际贸易法——货物贸易法》、《国际贸易法——政府管理贸易的法律制度》、《国际贸易法——知识产权的国际保护》、《国际经济法》、《国际贸易法》、《中国合同法》等。发表的主要论文包括:欧洲法院司法独立性对欧洲一体化的贡献，发展中国家债务与发展权，中韩双边贸易协定构想，中国东盟自由贸易区争端解决机制探讨，跨国公司的社会责任，两岸四地法院判决承认和执行的若干法律问题，国际经济法与公共利益，改革开放与国际经济法的发展，市场准入与反不正当竞争，与贸易有关的知识产权问题——商标权与灰色市场，划拨的法律问题，WTO 协议与司法审查，WTO 争端解决机制——兼评贸易报复，中国反倾销法的回顾与前瞻，WTO——一个自给自足的法律体系——兼评两岸四地经贸关系的新发展，后 WTO 时代国际贸易法的新发展等。正在主持的科研项目包括:WTO 与国际劳工核心标准权利研究、WTO 农产品协议与农产品贸易规则、欧盟法院司法独立性在欧洲一体化中的作用等。

史晓丽 法学博士，中国政法大学教授，国际法学院国际经济法研究所所长，中国政法大学国际经济法研究中心副主任，中美富布莱特项目高级访问学者。兼任中国国际经济法学会理事，中国法学会 WTO 研究会理事，北京国际法学会常务理事。主要研究方向为国际经济法、国际贸易法、国际投资法。主要著作包括:《WTO 规则与中国外贸管理制度》、《国际贸易法——政府管理贸易的法律制度》、《国际贸易法——知识产权的国际保护》、《国际经济法》、《国际贸易法》、《国际投资法》等。发表的主要论文包括:中国与东盟自由贸易协定贸易救济法律制度研究，卡尔沃条款与拉美国家，从加拿大对华反补贴案件看中国应对反补贴之道，从一起国际航空货物快递延误赔偿案谈国际航空货物运输承运人与托运人的责任，论政府采购制度，项目融资中的法律问题，转基因技术及其产品的法律管制等。

李　巍　法学硕士，中国政法大学教授，加拿大不列颠哥伦比亚大学法学院访问学者。兼任中国法学会WTO研究会理事，北京市国际法学会常务理事。主要研究方向为国际经济法、国际贸易法。主要著作包括：《联合国国际货物销售合同公约评释》、《国际贸易法——政府管理贸易的法律制度》、《国际经济法》、《国际贸易法》等。发表论文：公司社会责任的范围——法律历史与现实，国际货物销售风险转移探讨，WTO法与中国经济的可持续发展，美国关税法337条款剖析、若干国际货物销售合同争议案讨论等。

目　　录

上编　国际货物买卖法律制度

下编 政府管理贸易的法律与制度

上编　国际货物买卖法律制度

第一章　绪　论

第一节　国际贸易的动机和目的

国际贸易在国际经济活动中占有重要地位,它是国际经济活动中不可或缺的重要组成部分。然而,人们为什么要进行国际贸易？对于这个问题,西方法学家和经济学家有过各种回答。[1]

一、资源的绝对匮乏说

国际货物买卖产生于人类社会的第一次大分工。有了剩余物资,就产生了交换。最初的交换是物物交换,之后发展为物与货币的交换。按照经济学家的观点,国际贸易的产生首先是由于资源的绝对匮乏。住在温带地区的居民要想吃到香蕉、喝上咖啡,最直接的办法就是从生产国进口香蕉和咖啡;缺乏矿产资源的国家要进行工业生产,则必须从国外购买所需要的矿砂或原料。由于各国地理位置不同,气候条件、资源分布存在巨大差异,因此,资源绝对匮乏的情况是不可避免的,互通有无是人们从事国际贸易的第一个动机或目的。

二、资源的相对匮乏说

资源的相对匮乏又称为"绝对生产费用"学说或"地域分工"理论,它由英国古典经

---

〔1〕　美国纽约大学法学院教授洛文菲尔德(Andreas F. Lowenfeld)在其六卷本著作《国际经济法》(International Economic Law)中谈到了基于劳动价值论的三个动机,即资源的绝对匮乏、专业化和效益以及比较利益。参见该书第6卷 Public Controls on International Trade, Matthew Bender Co. Inc. 1979, pp. 2－5.

密歇根大学法学教授约翰·H. 杰克逊(John H. Jackson)和伊利诺伊大学法学教授威廉·戴维(William J. Davey)在其《国际经济关系的法律问题》(Legal Problems of International Economic Relations-Cases, Materials and Text)一书中,除提到上述三种古典经济学理论外,还提到了现代俄林(Bertil G. Ohlin)的生产要素比例说以及哈佛学者弗龙(Raymond Vernon)的技术差距和产品生命周期说。参见《国际经济关系的法律问题》,West 出版公司 1986 年第2版,第13～15页。

麻省理工大学经济学教授保罗·萨缪尔森(Paul A. Samuelson)和耶鲁大学经济学教授威廉·D. 诺德豪斯(William D. Nordhaus)所著《经济学》(Economics)(1985年第12版)中除上述古典经济学理论外,还提到了"成本递减学说"和"消费者剩余"学说,参见该书下卷第1405～1406页,中国发展出版社1992年版。

介绍这些观点的中文著作是:北京对外贸易学院《国际贸易》编写组:《国际贸易》第10章《资产阶级经济学家的国际贸易学说》(中国对外经济贸易出版社1983年版)及西安外国语学院专业教材编写组,田飞主编:《国际贸易与对外贸易——理论、政策、措施》第二章《国际贸易理论》,经济科学出版社1994年版。

济学家亚当·斯密(Adam Smith 1723～1790)提出。亚当·斯密认为,根据各国资源条件而进行的"自然分工"使各国都按照最有利的条件进行专业化生产,通过自由贸易,输出本国在生产成本上占绝对优势的商品,换取本国不能生产或生产费用较高的产品。1776年,他在《国民财富的性质和原因的研究》(《国富论》)这一名著中写道:"如果一件东西在购买时所花费的代价比在家里生产时所花费的小,它就永远不会想要在家里生产,这是每一个精明的家长都知道的格言。裁缝不想制作他自己的鞋子,而向鞋匠购买。鞋匠不想制作他自己的衣服,而雇裁缝制作。农民不想缝衣,而宁愿雇用那些不同的工匠去做……如果外国能以比我们自己制造还便宜的商品供应我们,我们最好就用我们自己的产品的一部分去向他们购买。"〔2〕利用本国丰富的资源或专长向国外出口产品或提供服务,当产品的生产数量和销售量达到一定程度时,将大大降低生产成本。用现代经济学术语来说,即通过规模经济提高效益。这是人们从事国际贸易的第二个动机和目的。假如让瑞士放弃其制造钟表的技术专长和优势去生产汽车,让日本放弃其汽车生产去种植棉花以供出口,这是不可思议的。这样,当生产一种产品的成本高于国外购买的价格时,人们很自然地从国外购买,以实现资源的合理配置。

三、比较利益学说

由于种种原因(地理、气候、原料、技术),甲国生产的产品可能都比乙国便宜,按照亚当·斯密的"绝对生产费用"理论,甲乙两国之间似乎就不会存在贸易活动。然而,事实并非如此。英国经济学家大卫·李嘉图(David Ricardo 1772～1823)发展了亚当·斯密的"绝对生产费用"理论,在考虑从英格兰进口呢绒、从葡萄牙进口酒类时,他于1817年提出了"比较利益"学说(Comparative Advantage),在更深层次上推动了国际贸易的发展。在其名著《政治经济学及赋税原理》一书中,他对这一学说作了最简明的描述。他认为,如果两个人都能制造鞋帽,其中一人在两种职业上都比另一个强一些,不过制鞋时强1/3,制帽时强1/5,那么,较强的人专门制鞋,较差的人专门制帽,双方均可获利。〔3〕他以英葡两国生产酒和毛呢为例,来论证比较利益学说。

表1-1 分工前所需劳动日

	1单位酒	1单位毛呢	总计
英国	120	100	220
葡萄牙	80	90	170

〔2〕亚当·斯密:《国民财富的性质和原因的研究》(*An Inquiry into the Nature and Causes of the Wealth of Nations*)下卷,郭大力、王亚南译,商务印书馆1974年版,第28页。

〔3〕大卫·李嘉图:《政治经济学及赋税原理》(*On the Principles of Political Economy and Taxation*),王亚南、郭大力译,商务出版社1972年版,第114页附注。

从表1－1中看出，葡萄牙在酒和毛呢的生产方面都比英国便宜，但生产酒节省40个劳动日，生产毛呢只节省10个劳动日。比较而言，葡萄牙生产酒更为有利。反之，英国生产酒和毛呢均处于劣势，相比之下，生产毛呢劣势较小。如葡萄牙只生产酒，英国只生产毛呢，双方均可获利。

表1－2 分工后所需劳动日

	2单位酒	2单位毛呢	总计
英国	—	200	200
葡萄牙	160	—	160

从表1－2可以看出，和分工前相比，英国节省了20个劳动日，葡萄牙节省了10个劳动日。按照这样的原则分工和交换，两国均可获利。因为双方所享有的使用价值的数量增多了，而耗费的劳动仍与分工前一样。由于一国生产的两种产品中，总有一种产品花费的劳动相对更为有利一些，因此，通过贸易，双方各得其利。根据这一原理，李嘉图认为："一个在机器和技术方面占有极大优势，因而能够用远少于邻国的劳动制造商品的国家，即使土地较为肥沃，种植谷物所需的劳动比输出国更少，也仍然可以输出这些商品以输入本国消费所需的一部分谷物"。[4]

李嘉图比较利益学说的传播，导致英国议会于1846年废除了维护封建地主利益的谷物法，使英国成为一个实行自由贸易的国家。恩格斯盛赞道："这永远确定了资产阶级，特别是资产阶级最活跃的部分即工厂主对土地贵族的优势，这是资产阶级的最大胜利，但同时也是它专为自己本身利益所获得的最后一次胜利。"[5]比较利益学说的科学性在于它以劳动价值论为基础，推导出由两国劳动生产率的差异而产生的比较利益，揭示了通过国际分工实现这种比较利益即节省社会劳动的可能性。

"二战"以后，国际分工的形式和内容有了新的变化，出现了劳动密集型产品、资本密集型产品和技术（或知识）密集型产品，推动国际贸易在广度和深度上飞跃发展，出现了现代西方经济学家对比较利益学说的新衍释和探讨。

四、生产要素比例学说

1933年瑞典经济学家俄林（1899～1979）在其《区际和国际贸易》（*Interregional and International Trade*）一书中提出了"生产要素比例"学说（Factor Proportions Theory），对以劳动价值为出发点的古典国际贸易理论提出质疑。他认为，劳动是不同质的。不同的货物要求不同的要素投入。例如，当市场需求木桶时，制桶匠的工资就要高于

---

〔4〕 大卫·李嘉图：《政治经济学及赋税原理》，王亚南、郭大力译，商务出版社1972年版，第114页附注。

〔5〕 《马克思恩格斯选集》（第3卷），人民出版社1972年中译本，第397页。

铁匠的工资,因为两者的工作是不可相互替换的。即使是在一个充分竞争的市场上同质的劳动,商品的生产也不仅仅取决于劳动本身,而是由生产的诸要素(土地、劳动、资本)决定的。不同的商品要求不同的要素投入,而不同国家有不同的要素禀赋(Factor Endowments),如果相对劳动和资本来说,小麦的生产需要更多的土地,那么具有广大土地的国家生产的小麦就可以相对便宜一些。这就是为什么澳大利亚、阿根廷、加拿大和乌克兰出口小麦;另外,如果相对于资本和土地来说,生产棉布需要更多的劳动力,拥有大量劳动力的日本、印度则可在制造棉布并在其出口方面享有比较利益。不同的生产要素禀赋加上商品生产的专业化分工才产生了比较利益。〔6〕

五、技术差异和产品生命周期理论

随着科学技术的飞速发展,把技术看做生产要素之一,从技术发明不断创新的动态发展观点出发,美国哈佛大学教授弗龙于1966年在其著作《国际投资和产品周期中的国际贸易》(*International Investment and International Trade in the Product Cycle*)一书中提出了"技术差距"和"产品生命周期"理论(Technological-gap Theory, Product Life Cycle Theory)。技术差距理论认为,新产品在其发明阶段,企业拥有暂时垄断权,很容易进入国际市场,于是,可以促进出口贸易增长。其后,产品在其他国家大量生产出来,发明国享受着技术优势的比较利益,等到技术扩散后,发明国的绝对利益消失了,一个新技术的生命周期又开始了。根据产品生命周期理论,弗龙认为,新产品的生命周期可以分为三个阶段:(1)新产品开发阶段。这一阶段里为开发和改进产品需要大量技术性劳动,因此也称为"技术密集型时期"。(2)产品成熟阶段。开拓市场和资本投入占据主导地位,也称为"资本密集型时期"。(3)标准化产品阶段。这一时期技术稳定,产品又赢得广大消费者,需要大量的原材料、资本和非技术性劳动从事大规模生产,产品开始进入劳动密集型时期。当产品成熟并进入标准化生产时,比较利益则从拥有大量技术性劳动的国家转移到拥有大量非技术性劳动的国家。由于各国技术发展水平不同,拥有科技人才和雄厚资本的国家将在国际贸易竞争中享受更多的比较利益。〔7〕

综上所述,我们会发现,"比较利益"的合理内核至今仍在影响着国际贸易的发展方向,影响着各国的对外贸易政策。综观"二战"以来国际贸易的发展,应当承认,古典的资源的绝对匮乏理论、绝对生产费用理论、比较利益学说以及现代的生产要素比例学说、技术差距与产品生命周期学说都在从不同方面解释人们从事国际贸易的动机和

---

〔6〕 约翰·杰克逊、威廉·戴维:《国际经济关系的法律问题》,West出版公司1986年第2版,第13~15页。Carles P, Kindleberger, *International Economics*.

〔7〕 同上注,p.15, Miltiades Chacholiades, *International Trade Theory and policy*.

目的。[8]

不可否认,经济学家设计出来的经济模式并非完全适用于现实的市场模式,但可以用其表明规律的内在合理性,并帮助法学从中归纳出有效的、可适用的原则。

然而,这些西方经济学说的一个共同弱点在于,把刺激国际贸易发展的各种因素——自然条件和社会经济因素等都看成是孤立的、不依附于任何社会制度的现象,而忽视了这些要素要受到社会生产关系的制约。在奴隶社会,奴隶被当做重要商品,成为国际贸易中的交易对象,这当然不是资源的匮乏和比较利益所能解释的。在封建社会,虽然欧、亚、非都曾建立过强大的封建制国家,然而,由于受生产力低下及生产关系的制约,国际贸易的发展受到极大影响。科学技术的进步,大大提高了劳动生产率。新大陆的发现,使国际贸易的范围得到空前扩大。新兴的资产阶级通过对殖民地的疯狂剥削、奴役和掠夺,把殖民地变成几个资本主义强国的廉价原料来源地、廉价劳动力的供应地和产品的销售市场,变为资产阶级实现跨国垄断、追逐高额利润的乐园。国际贸易加速了资本主义的原始积累过程并使资本主义迅速完成了从自由竞争走向帝国主义的发展阶段。

此外,这些西方国际贸易理论回避了国家及政府在国际贸易中的作用。国际贸易是一种历史现象。它随着国家与阶级的产生而产生,随着国家与阶级的消亡而消亡。

没有国家就没有国际贸易,国家是国际贸易得以产生和进行的前提条件。然而,政府在处理国际贸易问题时的政策、法律以及采用的各种手段时时在制约着一国仅仅从自然条件或经济利益为出发点所产生的国际贸易动机。

六、国家相互依赖学说

杰克逊教授在其著作中也谈到国家相互依赖的概念,但他把国家相互依赖与国家主权、独立、平等概念对立起来,这是不可取的。[9]

资源匮乏说、绝对生产费用说和比较利益学说等都是资产阶级上升时期鼓吹自由贸易的经济学说,是建立在完全就业和充分的市场竞争基础上的静态假设。今天,即使是最发达的工业化国家,如美国、日本及欧盟各国都在实行严格的保护主义时,什么因素是促使国家从事国际贸易的动机?这既不单纯是资源的匮乏,也不单纯是基于“绝对生产费用”和“比较利益”,而是国家之间的相互依存和相互合作。“二战”以后,特别是20世纪60年代以来民族解放运动的兴起,许多过去在帝国主义、殖民主义统治下的殖民地和半殖民地取得了独立,建立了新的民族国家并成为联合国大家庭中的平等成员,大大改变了国际力量的对比,第三世界国家不再是附属于发达国家并受其支配的被动力量。1974年5月1日联大通过的《建立新的国际经济秩序宣言》指出,20

---

〔8〕 根据保罗·萨缪尔森的观点,国际贸易的其他动机还有:由规模经济产生的“成本递减”学说,需求与爱好不同产生的“消费者剩余”学说,见保罗·萨缪尔森,威廉·诺德豪斯:《经济学》第12版(下),中国发展出版社1992年版,第1405～1406页。

〔9〕 参见注〔6〕。

世纪 70 年代以来世界的变化,说明了世界大家庭的一切成员相互依赖的实际情况,发达国家的利益同发展中国家的利益不能再相互分隔开,发达国家的繁荣是与发展中国家的增长和发展紧密关联的。整个国际大家庭的繁荣取决于它的组成部分的繁荣。根据这一观点建立起来的以国家相互依赖为基础的国际贸易学说,反对以邻为壑(Beggar-Thy-Neighbor)的贸易政策,认为:(1)从历史发展的观点出发,发达国家应当承认发达国家之所以成为发达国家,是在旧的经济秩序下,发达国家对发展中国家用武力或其他手段强行推行不平等的“国际分工”的结果,因此,现代国际贸易动机首先是为建立新的国际经济秩序而努力。(2)在建立新国际经济秩序的基础上,发达国家应为发展中国家的产品以及服务拆除一切关税与非关税壁垒,为发展中国家幼稚工业的建立提供优惠条件。(3)发达国家应尊重并承认各国基于社会制度、经济发展水平不同而存在的差异,允许发展中国家在贸易发展过程中实行程度不同的保护政策。

总之,以国家之间相互依存、相互合作的共识为基础,在无论大国、小国、穷国、富国一律平等的前提下,国家从事对外贸易的动机不能再是纯粹的追求利己的一国繁荣和发展。利用本国在政治、经济、军事、文化、自然条件、科学技术发展方面以及社会人力资源等诸方面的优势,利用国际条件的差异,通过对外贸易,实现国家在政治、经济、军事、外交等各方面的综合效益,这种做法在“二战”后开始显露,20 世纪 60 年代以后,特别是 80 年代,达到了登峰造极的地步。国际贸易是国家实现包括经济利益在内的特定目的的手段。1986 年开始直至 1993 年 12 月底结束的《关税与贸易总协定》乌拉圭回合谈判中所反映出来的各利益集团之间的妥协和争斗,可以看成是这种国际贸易动机和目的的最好证明。

第二节 国际贸易法的概念和渊源

一、国际贸易法的概念和调整范围

国际贸易法是调整各国之间货物、技术、服务的交换关系以及与这种交换关系有关的其他关系的各种法律规范的总和。这些法律规范包括国际公约、国际商业惯例以及各国有关对外贸易方面的法律。

国际贸易法的调整范围包括:(1)国际货物买卖以及与之相联系的有关运输、保险与支付方面的法律;(2)有关服务贸易方面的法律与制度;(3)国际技术贸易,即有关专利、商标、专有技术及其跨国转让和国际保护方面的法律与制度;(4)有关政府管理贸易方面的法律与制度。

鉴于国际贸易法这一庞大的体系,本书主要围绕有关国际货物买卖以及与之相联系的有关运输、保险和支付方面的法律制度加以论述。

二、国际贸易法的渊源

按照萨尔蒙德(Salmond)的观点,法律渊源(Fontes Juris)有两种不同的含义:(1)指主权国家适用的法律规则;(2)这些规则的来源。[10]

将两种含义上归纳起来,国际贸易法的渊源[11]主要有:(1)国际公约与区域性条约:前者如《联合国国际货物买卖合同公约》、《关税与贸易总协定》、《建立世界贸易组织协定》;后者如欧洲共同体的《罗马条约》、《北美自由贸易协定》、亚太经合组织文件,等等。(2)国际双边协定:如两国之间的友好、通商航海条约、支付协定等。(3)国际商业惯例:如国际商会的《国际贸易术语解释通则》、《跟单信用证统一惯例》、《国际保理惯例规则》等。(4)各国国内有关贸易方面的法律规定。(5)国际组织发表的宣言与决议。(6)跨国公司及同业公会制定的标准合同。[12]

三、国际贸易法的发展

关于国际贸易法的发展,施米托夫认为可分为三个阶段:第一阶段是民族国家出现之前,即中世纪商人习惯法时期;第二阶段是民族国家出现后,商人法被纳入各国国内法之中;第三阶段为当代,以跨国公司出现和联合国精神为代表的跨国贸易法。[13]

国际贸易法的产生可以溯源及普遍适用于古代西欧调整罗马公民与非公民以及非罗马公民之间贸易关系的万民法和中世纪的商人法。19世纪末20世纪初,国际上出现了对国际贸易法的统一与编纂工作。但是,作为国际经济法的一个分支和一个独立的法律部门,国际贸易法体系的建立则是在第二次世界大战以后,在联合国国际贸易法委员会主持下,对国际贸易法进行系统编纂的基础上发展与日益健全起来。

(一)中世纪的商人法(Lex Mercatoria 或称 Law Merchant)

它是古老的商业习惯法。10~12世纪产生于意大利、法国、德国的自治城市中,是从事欧洲和东方之间贸易往来的一个特殊的商人阶层中发展起来的一种商人习惯。

实际上早在罗马时代,即阿拉伯人入侵之前,就有一个专门的商人阶层从事进出口贸易。正是由于这一阶层的存在,罗马的城市才成为商业中心和商业流通的集中

---

〔10〕 萨尔蒙德:《法理学》(*Jurisprudence*),1957年版,第133页;施米托夫:《国际贸易法文选》,中国大百科全书出版社1993年版,第136页。

〔11〕 有关国际贸易法渊源和发展的主要论述,请参见施米托夫:《出口贸易》(*Export Trade*),史蒂文森出版社1975年版;施米托夫:《经济变化中的商法》(*Commercial Law in a Changing Economic Climate*),Sweet & Maxwell,1981年版;《国际贸易法文选》,中国大百科全书出版社1993年版。

〔12〕 施米托夫(C. M. Schmitthoff)认为,国际贸易法的渊源有两个:国际立法与国际商业惯例。参见施米托夫:《国际贸易法文选》,第41页、第249页。

〔13〕 同上注,第39页。

点。输往这一带的商品,如纸张、香料、东方的酒、油料等物品都是在地中海口岸起卸。[14] 由于在这些自治城市中,商人有自己的特别法庭专门审理发生在商人之间的纠纷,因此,被这些法庭承认并执行的习惯被称为"商人法"。其主要内容有:买卖契约、代理、合伙、汇票、海商法以及保护公开市场的规则等。例如,中世纪(13世纪)产生了对后世影响极大的三部海法:(1)巴塞罗那海法,也称康梭拉德海法(Libro del Consolat del Mar),被称为后世国际公法与国际私法的渊源,它实际是市行政长官或裁判官的判决。(2)奥内隆法典(Charter d' OL' eron),也称《海事判例集》,产生于13世纪,它是12世纪的海事案件裁判录。(3)维斯比海法(Waterrecht of Wisby)。

中世纪商法的特点在于:(1)国际性:它是普遍适用于欧洲各国以及东、西方贸易的共同法律。(2)行业性:只适用于商人之间交易。施米托夫认为,英国法律制度并不把商法视为某一阶层人的法律,如贸易商的法律。而把它视为该国普通法的一部分。[15](3)由专门的商事法庭审理。在英国,这种法庭有个很生动的名字叫"灰脚法庭",因为到法庭进行诉讼的商人,脚上还沾染着旅途的灰尘。格罗斯解释为,外来商人或者在国土上来往的商人在司法上没有固定的法院,而是来去流动,被叫做"灰脚"(the court of pie poudre, curia pedis pulverzati)。[16] 库克形容这种法庭程序公平,审理案件速度之快,就像把(商人)脚上的灰尘去掉。[17]

15世纪以后,随着主权思想的产生,民族国家的兴起,商法以不同形式被纳入各国国内法体系之中,统一的、世界性的商法体系从而不复存在。

(二)国际贸易法的编纂和统一

中世纪封建的、自给自足的经济阻碍了国际贸易的发展。15世纪末16世纪初的地理大发现与欧洲工业革命的发展促进了世界范围的经济、贸易往来与各国商法的发展。法国率先于1673年和1681年先后颁布了两部商事法典:《商事条例》与《海事条例》。1807年根据这两个条例颁布了《商法典》,1804年颁布《拿破仑法典》,从此形成了欧洲大陆民、商分立的法律制度。以后德国又于1861年制定了《商法典》、1900年制定了《民法典》,等等。而意大利等国家则采用了民商合一的法律制度。在英国,把商人习惯法纳入普通法,则是由首席大法官曼斯费尔德(Lord Mansfield)在1756~1788年完成的。

尽管各国在政治、文化、意识形态等方面存在差异,经济发展水平不尽相同,但在日益扩大的经济贸易交往中,形成了一套为人们普遍接受的规则:如用FOB、CIF条件买卖货物,用托收或信用证方式付款,用提单运送货物等。这些被整个世界所接受的

---

〔14〕 亨利·皮朗(Henri Pirenne):《中世纪欧洲经济社会史》(*Economic and Social History of Medieval Europe*),乐文译,上海人民出版社1987年版,第4页。

〔15〕 施米托夫:《联合王国法律文献指南》,伦敦1956年版,第67页。

〔16〕 格罗斯:"灰脚法庭",载《经济季刊》1906年(第20卷),第231页注4。

〔17〕 库克:《英格兰法》,第4版,第271页;施米托夫:《国际贸易法文选》,第6~7页。

一般规则,成为国际贸易法律得以进行统一与编纂的基础。国际贸易法专家施米托夫称此为"商法国际精神有意识地、审慎地复归"。19世纪末20世纪初,当欧洲各国忙于颁布他们各自的国内法时,一些国际组织和法学家就在致力于国际贸易法的统一与编纂等工作。20世纪初由伟大的意大利学者维多利奥·夏洛亚(Vittorio Scialoia)率领的一批法国、意大利律师起草的《债与合同法典》草案,一共20章739条,囊括了债法的一般规定与各种类型的合同,如买卖、租赁、雇佣、代理、借贷、储存、运输、抵押、扣押、担保等。然而,事实上,国际贸易法的统一不是在这种包罗万象的领域,而是在诸如国际货物买卖、流通票据、各种运输方式以及知识产权等单一领域获得成功。例如,在国际货物买卖方面有:罗马国际统一私法研究所编纂的1964年的两个海牙公约《国际货物买卖统一法》、《国际货物买卖合同成立统一法》,这两个法构成1980年通过的《联合国国际货物买卖合同公约》的前身;国际商会编纂整理的《国际贸易术语解释通则》;1997年《国际销售示范合同》等。在知识产权方面有:1883年的《保护工业产权巴黎公约》;1886年《保护文学和艺术作品伯尔尼公约》;1891年《商标国际注册马德里协定》等。在货物运输领域有:《1924年统一提单的若干法律规则的国际公约》;1951年《国际铁路货物联运协定》和1929年《统一国际航空运输某些规则的公约》等。在国际贸易支付方面有:国际商会制定的《跟单信用证统一惯例》、《托收统一规则》以及《1930年日内瓦统一汇票本票法公约》等。在协调各国外贸政策方面有:《关税与贸易总协定》及《建立世界贸易组织协定》。还有不可忽视的区域性贸易协定,《北美自由贸易区协定》(NAFTA),欧盟(EU)的贸易制度以及亚太经合组织(APEC)文件等。

这些统一法与中世纪统一的商人法的不同点在于:(1)中世纪的商人法是杂乱无章的,从习惯发展成法律;而新的国际贸易统一法是由一定的机构审慎地制定,并以公约或文件形式加以公布。(2)新的国际贸易统一法的国际性是以主权国家的认可与同意为前提的,因此,不具有超国家特性。施米托夫认为,国际贸易法是由主权国家认可,建立在国内法基础上的,既不同于国际公法也不同于国内法的,由国际商业界在与各主权国家无利害关系的领域内发展起来的高度自治的法律。[18] (3)新的国际贸易统一法突破了传统国际商法的界限,增加了国家调整和管制贸易的内容。

(三)国际贸易法的新发展

传统的国际贸易法以调整国际货物贸易关系为核心,包括调整与货物贸易有关的运输、保险与支付的法律与制度。随着科学技术的发展,国际贸易范围扩大,特别是20世纪末全球经济一体化的形成,国际贸易法的发展呈现出新的特点。

(1)国际贸易法的调整范围不断扩大,且与其他法律学科交叉联系的特点更为突出。当各国代表于1947年云集日内瓦酝酿成立"国际贸易组织",签署《关税与贸易总协定》时,考虑的主要是协调各国的货物贸易政策,削减货物贸易的关税壁垒和非关税

---

〔18〕 施米托夫:《国际贸易法文选》,第248页、第264页。

壁垒。随着贸易领域从货物贸易扩大到技术贸易和服务贸易,政府管理贸易的措施也逐步扩大和完善,及至《关税与贸易总协定》乌拉圭回合谈判,在世贸组织的框架中政府对贸易管理的措施已扩大到与贸易有关的投资措施、与贸易有关的知识产权等。在货物买卖法领域,货物买卖法与货物运输法、保险法、贸易项下的支付问题密切联系;在贸易管理领域,政府对货物贸易的管理措施与政府对投资领域、知识产权领域乃至环境保护、劳工领域、竞争政策等领域的法律与政策所发生的密切联系,显示出贸易法与其他相关法律学科的交叉、互补的密切联系,体现出国内法中各部门法之间、国内法与国际公法、国际私法乃至与国际商业惯例之间的密切联系。

(2)国家管理贸易的手段从关税领域扩展到非关税领域。这些管理手段形成系统的行政法规,配合着现代技术手段,使21世纪政府管理贸易的政策和手段法律化、科学化、系统化,增加了各国贸易法律与规章的稳定性和透明度。

(3)几乎与世界贸易组织同时诞生的区域性贸易集团的贸易法规和制度极大地丰富了国际贸易法的内容。由区域贸易集团提出的法律问题,构成国际贸易法理论研究与实践中的重要课题。

(4)随着世界贸易组织的成立与新成员的扩大,许多国家都按照世贸组织各协议的要求修改了国内的现行贸易法规或颁布新法。例如,英美先后修改了其货物买卖法和统一商法典。美国在1988年《综合贸易与竞争法案》基础上颁布了1994年《乌拉圭回合协定法》,1995年颁布了《金融服务公平竞争法》。欧盟也在反倾销与反补贴、运输业、电信业、金融业等领域颁布了新的规则和指令,在促进欧盟内部和外部的贸易自由化方面采取了重大举措。

随着改革开放的深入发展,特别是加入世界贸易组织以后,我国在对外贸易方面颁布了一系列新的法规,如《货物进出口管理条例》、《技术进出口管理条例》等,《中华人民共和国对外贸易法》也在2004年修订,这些法律、法规的颁布,将进一步促进我国的对外贸易开放和自由。

四、国际贸易法和国际商法的关系

“二战”以后,国家之间的经济交往日益频繁,新的科技革命与跨国公司的蓬勃发展以及战后各国恢复经济的需要,促使国家不但积极参与经济贸易活动,而且通过签订各种政府间的双边或多边协定,组织各种形式的机构对经济贸易活动给予支持和保护。社会主义国家的出现与民族解放运动的兴起后,资本主义国家出于恐惧与遏制,对社会主义国家采取了封锁、禁运、歧视和限制,对社会主义国家的经济进行干预;而社会主义国家和广大第三世界发展中国家为了发展民族经济,抵制封锁、禁运、歧视和限制。许多国家从建国伊始就建立了国家对经济贸易活动严格的管制和限制。这些管制和限制措施包括制定外贸管理法,实行进出口许可证制度、外汇管理制度,制定反托拉斯法、产品责任法等。

建立在以商人为主体,以“意思自治”为基础,以“契约自由”、“契约必须遵守”为原则的传统商法,受到了国家强制性法律的限制与约束,这样国际商法的一部分被纳入国际贸易法体系之中。在国际贸易法律规范中,既包括商法的任意性"私法"规范,又包括强制性"公法"规范;既包括国内法规范(如货物买卖法和外贸管理法),又包括国际法规范(包括国际公约和国际商业惯例)。前者如《联合国国际货物买卖合同公约》和《关税与贸易总协定》,后者如国际商会的《国际贸易术语解释通则》、《跟单信用证统一惯例》。施米托夫认为,国际贸易法是建立在契约自由和商事仲裁两个原则基础上的一整套自治法律,其内容主要包括国际货物买卖及与货物买卖有关的运输、保险和支付方面的法律。他同时指出:对外贸易私法交易与国际间的系统规则相结合,是社会主义国家国际贸易法的重要特征。而在法国和英国的国际贸易法教科书中都承认一般国际贸易法与政府规章之间的联系,并把后者纳入国际贸易法范畴。[19]

第三节 国际贸易法的主体

国际贸易法的主体有自然人、法人、国际组织和国家。跨国公司虽然不是一个法律实体,但由于其特殊的组织机构和强大的人力、物力、财力,在国际贸易活动中起着重要作用,由跨国公司跨越国境的货物、技术、服务活动引起的法律问题成为国际贸易法研究中的十分重要的问题。为此,本节将其作为一个特殊的实体来研究。

一、自然人

自然人作为一般的民事关系主体,其权利能力自出生之日起产生,至死亡之日终止。根据各国法律规定,凡智力正常的成年人,均具有完全的民事行为能力。如其定居国外,则其行为能力可以适用定居国法律。在国际经济交往中,自然人可以从事各种国际间的经济贸易活动,但由于个人受物力、财力所限,因此,自然人在国际贸易领域发挥的作用有限。

二、法人

法人是依法成立,拥有必要的组织机构和独立的财产,以自己的名义享有民事权利和承担民事义务,以自己的名义起诉、应诉的组织。法人的民事权利能力和民事行为能力从法人成立时产生,至法人终止时消灭。其内容和范围由有关的国内法和法人章程确定。法定代表人代表法人从事各种民事活动。在我国,从事国际贸易活动的公司、企业和其他经济组织,多以法人形式出现,经在工商行政管理部门登记,即可从事

〔19〕 参见施米托夫:《国际贸易文选》,第133~134页、第257页;柯恩(Philippe Kahn):《国际商业买卖》,巴黎1961年法文版,第307~363页;施米托夫:《出口贸易——国际贸易法律与实务》,伦敦1962年版,第379~433页。

贸易活动。根据1994年7月1日实施的《中华人民共和国公司法》,公司中的国有资产所有权属于国家。公司以其全部法人财产依法自主经营,自负盈亏。非依照我国法律规定设立的外国法人或经济组织,其权利能力和行为能力以其本国法确定。在不违反我国法律和公共秩序的情况下,可以自由地在我国从事各种经营活动。

三、国际组织

大多数国际组织包括各种类型的国际经济组织都有自己的组织机构和章程,有固定的资产和资金来源,在一定范围和领域内承担一定的权利义务,有独立承担法律诉讼的能力。有些国际组织甚至享有外交特权和豁免。因此,国际组织在国际法和国内法上具有法人资格是没有问题的。

国际组织和国家之间,国际组织之间,国际组织和法人、跨国公司之间具有签订协议的能力,有接管、买卖财产的能力,有进行法律诉讼的能力。

在国际贸易领域,国际组织表现得非常活跃。有些国际组织和国际经济组织的决议、规定、原则、其制定的标准合同已成为国际贸易活动中各国遵守的法律原则和行动准则,成为国际贸易法的重要渊源之一。有些国际组织,如欧盟甚至具有超国家的职能,其指令和决议不但约束各成员国政府,而且可以直接适用于成员国的自然人和法人。

四、国家

国家是一个特殊的民事主体。作为主权的最高代表和象征,国家可以自己的名义从事各种国际、国内的经济活动,签订各种合同、条约和协议,并以国库的全部资产承担责任。然而国家又不同于一般的民事主体,它享有不可被剥夺的主权豁免权。未经国家同意,国家的主权行为和财产不受外国管辖和侵犯。国家不能作为被告在外国法院出庭、应诉,国家财产不能作为诉讼标的以及法院强制执行的对象。然而,为了适应国际交往的需要,国家可以通过一定方式宣布自愿放弃豁免权,以平等的民事主体资格从事贸易领域的各种经济活动。在这种情况下,由国家授权的负责人或公司代表国家进行贸易活动。

除了直接从事各种经济活动之外,国家作为国际贸易法主体,还具有其他主体所不具有的特殊职能,即对贸易进行管理和监督的职能。这些行政法律规范构成了国际贸易法的重要内容。

五、跨国公司的法律地位

跨国公司(Transnational Corporation)又称多国公司(Multinational Corporation)、国际公司(International Corporation)、世界公司(World Corporation)等。跨国公司是随着国际分工以及国际贸易的发展而逐渐形成和发展起来的。16世纪的英国东印度公司是世界上最早出现的跨国经营公司。到20世纪初,跨国公司开始大量出现。目前,跨国公司的总产值已超过世界总产值的1/3,跨国公司内部及相互贸易占世界贸易的60%以上。跨国公司凭借其优厚的财力、物力、人力优势和先进的技术和管理经验,在国际经济贸易活动,起着举足轻重的作用。

(一)跨国公司的概念与特征

跨国公司不是一个法律实体。联合国跨国公司委员会在1983年制定的《跨国公司行为守则(草案)》中将跨国公司定义为:"跨国公司系指一种企业,构成这种企业的实体分布于两个或两个以上国家。而不论其法律形式和活动范围如何。各个实体通过一个或数个决策中心,在一个决策系统的统辖之下开展经营活动,彼此有着共同的战略并执行一致的政策。由于所有权关系或其他因素,各个实体相互联系,其中一个或数个实体对其他实体的活动能施加相当大的影响,甚至还能分享其他实体的知识、资源,并为它们分担责任。"跨国公司具有以下特征:

(1)经营活动具有跨国性。跨国公司通常以一个国家为基地,设立母公司,同时又在其他一个或多个国家设立不同实体,接受母公司的管理、控制和指挥,从事各种经营活动。

(2)具有全球性经营战略。跨国公司的母公司在制定经营方案时,通常从跨国公司的整体利益出发,制定其在全球范围内的生产、销售和经营策略。

(3)跨国公司由不同实体(母公司、子公司、分公司)组成。母公司具有核心决策权。跨国公司的经营战略由母公司制定并实施,母公司对跨国公司的其他实体拥有高度集中的管理权。有学者指出:"跨国公司的主要法律形式是根据各种法律制度成立的多个公司的聚积,但受母公司的集中控制,因而构成一个单一经济体。"从跨国公司具有共同商业目的、中央控制和内部一体化的活动等方面看,可以说,跨国公司具有企业的特征,是一个经济实体,但它并不是一个法律实体。[20]

(4)跨国公司内部实体之间具有相互联系性。跨国公司由设立于不同国家的若干实体组成,各实体之间存在不同程度上的联系。尤其是母公司往往通过货物、资本、技术、人员、服务的内部转移等多种方式对其海外子公司、分公司进行指挥和控制,从而实现利润在各实体之间的转移,达到跨国公司内部资源的合理配置,同时逃避或规避东道国的税收管辖、关税壁垒或非关税壁垒措施等。

(5)跨国公司利益与跨国公司营业地所在国利益之间的冲突性。跨国公司的营业所在地是指跨国公司的诸实体开展营业活动的母国及东道国。母国(Home Country)是指母公司所在国家。东道国是指母公司以外的其他实体所在的国家。发展中国家为了吸引外资,多制定大量只针对外国资本的优惠措施。跨国公司一方面享受着这些优惠待遇,另一方面在实施追逐高额利润的跨国经营战略时,不惜损害发展中国家的利益,因此,跨国公司与发展中国家东道国的矛盾往往会演变成发达国家与发展中国家之间的矛盾。

在国际经济交往中,发展中国家与跨国公司的矛盾实际是控制与反控制的斗争,

---

〔20〕 余劲松:《跨国公司的法律研究》,中国政法大学出版社1989年版,第14页。

构成了国际经济法研究的重要内容。由跨国公司内部交易所产生的法律问题正在成为国际贸易法研究中日益受到关注的热点问题。

(二)跨国公司的基本结构

跨国公司为了实现其全球战略,在其海外实体的设置方式上有所不同。但是,大多数跨国公司采用以下基本结构:

(1)母公司(Parent Company)。又称总公司,是指在其子公司中拥有多数股权或通过合约、协议等形式对子公司实际行使决定性控制权的公司。母公司一般是依照母国法律规定设立,其权利义务依照母国法律和公司章程确定。具有独立的法律人格。

(2)子公司(Affiliate)。是指被母公司拥有全部或多数股份或通过合约或协议等形式接受母公司控制的公司。子公司一般是根据东道国法律设立,具有法律上的独立人格,受东道国法律管辖。子公司通常按照东道国法律规定,可以采取有限责任公司、股份有限公司等企业组织形式。

(3)分支结构。海外分支结构是跨国公司母公司在海外设立的机构,可分为办事机构和营业机构。分支结构一般没有独立法律地位,不具有独立法律人格。它具有母公司的国籍,属于母公司的增设部分,其行为由其母公司或总公司负责。

在跨国公司发展的早期,母公司主要通过拥有子公司的全部或多数股权方式达到控制子公司的目的。随着投资方式的多样化和技术的发展,通过非股权投资(如许可协议、管理合同、销售合同等)也可以实现对子公司的控制。

(三)母公司对子公司的债务责任

在国际经济交往中,大多数公司都是有限责任公司,按照各国公司法的规定,作为独立法人,有限责任公司以其全部资产承担责任。但是对于跨国公司,基于母子公司之间的关联性,母公司对子公司拥有控制权,当出现由于母公司的责任造成子公司丧失对外偿付能力或丧失履行义务的能力时,为了保护债权人的利益,法律有时会允许"揭开公司面纱"(Piercing the Corporations Veil),即按照"公司法人人格否定"(Disregard of Corporate Personality)的理论,由母公司为子公司的债务承担直接责任。

应当注意的是,"揭开公司面纱"理论是对传统公司法"独立法律主体承担独立责任"理论的例外规定或是一种补充,因此,多数国家对"揭开公司面纱"都持非常谨慎的态度,对其使用严格加以限制。

除了"揭开公司面纱"理论外,一些国家还通过制定公司集团法,将母公司对子公司承担责任的情况作出明确规定。

(四)对跨国公司的法律管制

跨国公司凭借其雄厚的物力、财力、人力资源,实施其全球经营战略,在国际经济交往中起着举足轻重的作用。其全球战略往往和其所在国家的经济发展战略不相符合,或对这些国家的经济发展产生不利影响,由此引发的矛盾导致各国积极要求对跨国公司的跨国经济活动进行法律规范。由于跨国公司由设在不同国家的实体组成,各国基于属人原则和属地原则对其进行管辖,因此,对于跨国公司的管制主要通过国内法实现。考虑到各国对跨国公司管制制度的差别,1974 年 12 月,联合国经济与社会理事会通过决议,成立“跨国公司专门委员会”,拟定《跨国公司行动守则》,对跨国公司的母国及东道国有关跨国公司的管制制度予以统一规范。1982 年起草工作组向跨国公司专门委员会提交了《跨国公司行动守则(草案)》,1990 年提交联大第 45 次会议审议。由于对草案的内容和法律性质存在分歧,该草案至今尚未通过。随着全球跨国投资迅猛增长,国际服务贸易在世界贸易份额中所占比例的增长,跨国公司的社会责任问题引起了越来越多国家的重视。《1994 年世界投资报告》规定了企业和跨国公司社会责任的最低标准,即“为社会提供利益,不具有故意伤害行为,如果产生了伤害,企业提供的利益必须足以抵消企业伤害行为带来的不利”。

第四节 国际贸易法的基本原则

一、贸易的自由化原则

经济学家认为,自由贸易能最大限度地实现资源的合理配置,从而达到增进各国福利,提高人民生活水平的目的。因此,国际贸易法的目标就是调整在国际贸易这个竞技场上国家、法人、个人的行为准则,在不违反一国强制性法律规定和公共秩序的情况下,广泛承认合同双方的自主权利,即自由确定合同内容,自由选择管辖合同的法律,自由决定将其争议提交仲裁或司法解决的权利。在一个开放的市场上逐步削减关税及其他非关税壁垒,最终实现货物、技术、服务在全球范围的自由流动。这个目标或许仍十分遥远,但正像著名经济学家萨缪尔森所言,我们可以像小马丁·路德·金那样说,“我们也怀有一个梦想,这个梦想就是东方和西方都可以利用市场的显著效率,服务于人道社会的目的”。

二、平等互利,协商一致原则

这个原则既适用于国家之间的关系,也适用于贸易合同双方当事人之间的私法关系。根据国际法的主权平等原则,无论大国小国,穷国富国,弱国强国,在国际贸易领域,国家之间相互给予无条件最惠国待遇是平等互利原则在国家层面上的具体体现,是指导国家间经济贸易活动的基本原则。它要求一国对所有在其领域内从事正当贸易活动的外国人和外国企业一视同仁,不得以国家的政治制度、经济制度或社会制度的不同,不得因国内贸易与对外贸易之间的差别或将国内法适用于国际贸易而使外国人处于不公平的受歧视地位。在发达国家和发展中国家的贸易关系中,发达国家应按照发展中国家的经济发展水平,提供更为有利的非互惠条件;在处理国家之间贸易争端的问题上,首先通过平等协商,在互利互让的基础上寻求解决办法,而不能动辄以贸易制裁、报复相要挟。无论在货物、技术还是服务贸易领域,合同双方当事人地位平等,权利义务相应对等。在适用法律上一律平等,实行不同国家所有制的平权原则,相互尊重和承认对方依据其国内法律享有的民事权利和财产所有权。任何一方不得享有特权和豁免,也不能接受不公平、不合理、片面追求单方利益的条款,其合法正当权益应当得到充分保护。

第五节 国际贸易法的研究方法

国际贸易法作为国际经济法的一部分,从其概念与调整范围、产生与发展、主体与渊源等的分析可以看出,国际贸易法已不再恪守传统的公法与私法、国际法与国内法的界限,而是按照国际贸易关系发展的客观需要而形成的一个既包括公法规范,又包括私法规范;既包括国际法规范又包括国内法规范的一个综合的法律体系。它以研究客观存在的跨国贸易关系中的法律为对象,着重研究国际公约、国际商业惯例与国内法规范之间的相互关系。因此,在研究方法上,它必然要求采取:

1. 多侧面、全方位的综合研究方法

国际贸易法主体的多样性和法律关系的复杂性决定其适用法律的多样性。因此,对于某一法律关系不但要研究本国法,还要研究交易对方以及有关各方国家的法律,研究与之有关的国际公约和国际惯例。不但要研究有关调整商人之间交易关系的法律,还要研究国家有关管理与控制贸易方面的法律。

2. 比较的方法

比较方法是在多侧面、全方位研究的基础上进行的。它是世界多元化的政治、经济、法律、文化制度的反映。在遵守联合国宪章的前提下,和平与发展是世界各国的宗旨和共同目标。在这个前提下,各国的政治、经济、法律、文化制度存在的差异应当得到尊重。应当看到,这些差异是各国、各民族在各自历史发展过程中形成的,是人类文化遗产的宝贵财富。同时也应当看到,人类为寻求共同语言和共同的行为准则已经做出的巨大努力。因此,在求大同存小异的过程中,比较各国法律之异同,辨析差异,才能互相尊重各自的差异,而不是消灭这种差异,或是用少数人的标准强迫其他国家、其他民族服从少数强国的意志和标准。只有这样,才能建立一个法治的国际大家庭正常的经济秩序。

3. 法学的研究方法和经济学的研究方法相结合

马克思主义认为,经济是基础,经济基础决定上层建筑。作为上层建筑的法律反过来影响经济基础发挥作用。一部好的法律可以促进、保护经济的发展;一部不好的、脱离实际的法律不能促进、保护经济的发展,甚至可能起到限制和阻碍经济发展的作用。因此，法学家的作用不是简单地对法律条文、判例进行注释、说明、解释，而是要研究产生这种法律的经济现象，透过现象研究和说明为什么要制定这部法律？为什么要这样制定而不是那样制定法律？制定这样的法律对经济、对社会将产生什么样的效果和影响？国际贸易法是货物、技术、服务在跨越国境的流通过程中产生的，因此，研究国际贸易法就不能只停留在法律条文上，而要研究产生这种法律关系的各国乃至世界的经济背景是什么。为此，法学家要懂得经济，学会用经济学的研究方法研究法律问题，例如研究关税法、反倾销法、反补贴法、外汇管理法、外贸管理法以及相关的金融法、投资法、反托拉斯法，等等。经济学家设计出的经济模式并非完全适用于现实的市场模式，但可以用其表明法律的内在合理性，并帮助法学研究者从中归纳出有效的、可适用的原则。曲线、数字、图表、公式等可以用来对法学现象进行研究、作量化处理，从对量的分析中得出本质的结论。经济学家对经济现象研究中的形象性、准确性、预见性和警示性如能在贸易法学的研究中得到充分运用和发展，将使抽象的、呆板晦涩的、静态的法律条文以及法律现象的解释和说明也具有形象性、准确性、预见性和警示性。这样，作为上层建筑的法律才能真正发挥对经济发展的保护、促进和规范作用。

本章思考题

1. 简述国际贸易法的概念和范围。
2. 国际贸易法的渊源有哪些？
3. 国际贸易法的主体有哪些？
4. 简述跨国公司的特征及母子公司的责任关系。
5. 国际贸易法的基本原则有哪些？

第二章　有关国际货物买卖的法律

第一节　国际货物买卖的国内立法

一、有关国际货物买卖的外国法律

无论是大陆法系还是英美法系国家，调整货物买卖的法律只有一套，既适用于国内货物买卖也适用于国际货物买卖。作为一种商行为，就买卖货物而订立的合同特指在商人之间订立的货物买卖合同。根据《美国统一商法典》，所谓商人是指从事某类货物交易业务或因职业关系或以其他方式表明其对交易所涉及的货物或做法具有专门知识或技能的人。

在大陆法系的民商合一国家，买卖法通常是作为民法典的一部分在债篇中加以规定，如《瑞士债务法典》、《意大利民法典》、《土耳其民法典》、《泰国民法典》等。在民商分立国家，除民法典外，还制定单独的商法典，民法的规定适用于商法，商法典作为民法的特别法，针对商行为作出补充规定，如《法国民法典》、《法国商法典》、《日本民法》、《日本商法》等。《日本民法》在第三篇"债权"第二节契约中，就契约的成立、契约的效力、契约的解除做了规定，第三节"买卖"对总则、买卖的效力、买回做了规定。《日本商法》第三篇"商行为"就对属于商行为的买卖所涉及的特殊问题做了规定。

英美法系没有专门的民法典，除了以法院判例形成的普通法原则外，通过颁布单行法规的形式制定了货物买卖法。典型的如《1893 年英国货物买卖法》、《美国统一商法典》等。

《1893 年英国货物买卖法》(1894 年 2 月 20 日经议会通过施行)是最早的货物买卖法之一，是对英国法院数百年来判例的整理编纂，该法经过多次修改补充，现行的是 1995 年 1 月 3 日生效的《1979 年货物买卖法》1995 年修订本(Sale of Goods Act1979)。该法包括契约的成立、契约的效力、契约的履行、未收货款的卖方对货物的权利、对违约的诉讼、补充共 6 部分 62 条，囊括了货物买卖法的大部分领域，至今在英美法系国家的买卖法中仍具有重大影响。《美国统一商法典》(Uniform Commercial Code)是世界上最著名的法典之一。它在美国《1896 年统一票据法》、《1906 年统一货物买卖法》、《1906 年统一仓库收据法》、《1909 年统一提单法》、《1909 年统一股票转让法》、《1918 年统一附条件货物买卖法》、《1933 年统一信托收据法》7 个成文的单行法规基础上，由美国法学会(American Law Institute)和统一州法代表会议(National Conference of Commissioner Uniform State Law)制定的。[1] 自1952年公布到60年代,《美国统一商法典》已得到除路易斯安那州以外的49个州议会通过。[2] 和《1893年英国货物买卖法》不同,《美国统一商法典》不是由美国联邦立法机关——国会通过,而是由民间组织起草制定,供各州议会自由选用。买卖法在《美国统一商法典》第二篇中,其内容包括简称、解释原则和适用范围;合同的形式、订立和修改;当事人的一般义务和合同的解释;所有权、债权人和善意购买人;履约、违约、毁约和免责;救济共计7章104条。凡买卖篇中没有涉及的问题,需要适用普通法的一般原则。

《美国统一商法典》所体现的现代精神、编纂中的实证方法、概念上的综合性,使之备受法学家们的称赞。《美国统一商法典》"已成为西方世界最先进的商法"。其立法史"是一段前所未有的成功史话"。施米托夫写道:"《美国统一商法典》的特点是抛弃了系统化,使它尽可能地接近商业现实,这也可能就是它成功的秘诀。笔者认为,法典的组织者们如施奈德(William Schnader)将军,列文(Karl N. Llewellyn)教授等抛弃了理论上的教条,转而注重实践,试图取得当时情况下能够得到的可行效果的做法,是值得称颂的。他们在编纂法典时,知道最重要的任务是了解哪些内容应予删除,因为这比知道法典应包括哪些内容更加重要。"[3]该法典对联合国国际贸易法委员会重新起草《国际货物买卖统一法》、《国际货物买卖合同成立统一法》也产生了重要影响。

二、有关国际货物买卖的中国法律

我国没有制定专门的商法典,有关货物买卖的法律在《民法通则》中有原则性规定。此外还制定了单独的《涉外经济合同法》。1999年3月15日,第九届全国人民代表大会第二次会议通过了《中华人民共和国合同法》(以下简称《合同法》),根据该法第428条的规定,《合同法》实施后,《涉外经济合同法》废止。1988年我国加入了《联合国国际货物买卖合同公约》。作为我国的公司、企业或其他经济组织在对外签订货物买卖合同时,可以选择《联合国国际货物买卖合同公约》作为该合同适用的法律。1997年香港回归祖国。中国香港特别行政区制定的《香港货物售卖条例》是比照英国《1893年货物买卖法》于1896年8月1日制定的,之后经过1912年、1924年、1969年、1970年、1977年、1989年、1994年修订,现实行的是1994年修订本。其内容与英国《1979年货物买卖法》基本相同。香港于1997年回归中国后,该条例在香港继续有效。

---

〔1〕 美国法学会由美国的一些著名法学家于1923年创立。该会在1923年至1924年间,主持编写了22卷本的《美国法重述》。全国统一州法代表会议成立于1892年,由纽约州牵头,7个州组成。现各州均有代表参加。其权力由州长授予。1896年至1933年间,全国统一州法代表会议公布了上述7个示范法,其中《统一流通票据法》和《统一货物买卖法》采用的是英国1882年《票据法》和1893年《货物买卖法》的模式。

〔2〕 路易斯安那州只通过了该法典的第一、三、四、五篇。

〔3〕 施米托夫:《国际贸易法文选》,赵秀文译,中国大百科全书出版社1993年版,第282页。

第二节 国际货物买卖的国际公约

一、国际货物买卖统一法公约

1926 年当国际联盟下属的罗马国际统一私法协会成立时,其第一件工作就是着手研究国际货物买卖方面的法律。1930 年开始起草《国际货物买卖统一法公约》草案,1935 年初稿完成。从 1936 年开始草拟《国际货物买卖合同成立统一法公约》。由于第二次世界大战爆发,致使工作中断。战争结束后,于 1951 年在有 21 个国家参加的海牙外交会议上对这两个公约文本进行了讨论和修改。1958 年至 1963 年完成了对这两个公约文本的第二次修改后,于 1964 年 4 月 25 日的海牙会议上获得通过。《国际货物买卖统一法公约》(The Uniform Law on International Sale of Goods, ULIS)于 1972 年 8 月 18 日起生效,参加或核准国有:比利时、冈比亚、联邦德国、以色列、意大利、荷兰、圣马力诺和英国共 8 国。《国际货物买卖合同成立统一法公约》(The Uniform Law on the Formation of Contract for International Sale of Goods, ULF)于 1972 年 8 月 23 日生效。参加或核准国为上述除以色列以外的 7 国。

两个海牙公约的核准生效,是国际货物买卖法向法典化方向发展迈出的重要一步,但在理论与实践中存在明显的局限性和不足:(1)公约采纳的基本上是欧洲大陆法系国家的合同法原则,未考虑普通法系和社会主义国家的合同法原则。(2)缺乏对发展中国家利益的考虑。(3)有些条文过于烦琐,有些条文则含义不清。

二、《联合国国际货物买卖合同公约》

(一)公约的制定

为了使公约得到不同法律制度和不同社会、经济制度国家的接受,1966 年联合国国际贸易法委员会成立后组织了专门工作组——"国际货物买卖工作组",对两个海牙公约进行修改。大卫(David)、施米托夫和巴布斯库(Tudor Popescu)教授组成的指导委员会(Steering Committee)分别代表大陆法系、普通法系和社会主义国家的法律体系于 1974 年举行第一次会议开始工作。1977 年国际贸易法委员会第十届年会通过了《国际货物买卖合同公约》草案,翌年第十一届年会上通过了《国际货物买卖合同成立公约》草案,并决定将两个公约合并为《联合国国际货物买卖合同公约》草案。1980 年 3 月,在由 62 个国家代表参加的维也纳外交会议上正式通过。中国政府代表以观察员身份参加了会议,并提出了补充和修改意见。按照《公约》第 99 条的规定,公约在有 10 个国家批准之日起 12 个月后生效。自 1988 年 1 月 1 日起,该公约对包括我国在内的 11 个成员国生效。截至 2007 年 6 月,有 70 个国家加入公约。

(二)公约的宗旨和内容

公约的宗旨是:以建立新的国际经济秩序为目标,在平等互利的基础上发展国际贸易，促进各国间的友好关系。

公约共分四部分101条：第一、四部分规定适用范围和最后条款；第二、三部分规定合同的成立与货物买卖。公约仅适用合同的订立和买卖双方的权利、义务，而不涉及：(1)合同的效力，或其任何条款的效力或惯例的效力；(2)合同对所有权的影响；(3)货物对人身造成伤亡或损害的产品责任问题。

(三)公约的适用范围

《公约》第1条规定："(1)本公约适用于营业地在不同国家的当事人之间所订立的货物销售合同：(a)如果这些国家是缔约国；或(b)如果国际私法规则导致适用某一缔约国的法律。(2)当事人营业地在不同国家的事实，如果从合同或从订立合同前任何时候或订立合同时，当事人之间的任何交易或当事人透露的情报均看不出，应不予考虑。(3)在确定本公约的适用时，当事人的国籍和当事人或合同的民事或商业性质，应不予考虑。"

根据第1条第1款(a)项的规定，如果只有一方在公约国内，或双方均不在公约国领土内，则公约不予适用。而根据第1条第1款(b)项的规定，即使两个非缔约国当事人之间，或一方是非缔约国当事人之间订立的货物买卖合同，也可以适用公约的规定。例如，甲、乙双方均非处于缔约国内，双方订立的货物买卖合同不适用公约的规定。假如合同适用甲方国家的法律而根据甲国冲突规范的指引适用了作为公约成员国丙国的法律，则公约适用甲、乙双方订立的货物买卖合同。公约该项规定的目的在于扩大其适用范围。但是，根据《公约》第95条的规定：任何国家在加入公约时，可对第1条第1款(b)项作出保留。这样，如果缔约国一方在加入公约时，对第1条第1款(b)项作出保留，则意味着不承认国际私法规则的指引。此时双方当事人所选择的某一缔约国法律即是指该国有关适用货物买卖的实体法，不包括冲突规范。我国在核准加入该公约时，对其第1条第1款(b)项和第11条〔4〕的规定做了保留。根据我国司法实践，合同适用的法律指该国的实体法而不包括冲突规范，以此保证适用法律上的确定性。

"营业所在地"通常是指一方具有的永久性的从事商业交易的场所，不包括临时性的或为某一特定交易进行谈判或洽商的地点，如办事处等。如果当事人是跨国公司，在世界各地有一个或一个以上营业地，则以与该买卖合同以及合同的履行关系最密切的营业地为其营业所在地；没有营业地的，则以当事人的惯常居所为其营业地。

在各国的买卖法中，作为买卖的标的是十分广泛的。《法国民法典》规定，交易范围内的物品，除特别法禁止出让者外，均得为买卖的标的。《日本民法》中的买卖标的包括动产、不动产、无形权利的交付。对于"货物"，各国法律有不同规定，通常指有形动产，包括尚待生产与制造的货物。就货物买卖而言，《1893年英国货物买卖法》专门

〔4〕 第11条规定，销售合同无须以书面订立或书面证明，在形式方面也不受任何其他条件的限制。销售合同可以用包括人证在内的任何方法证明。

给"货物"定义为泛指"金钱和权利动产(things in action)[5],在苏格兰则指除金钱以外的一切有形动产。"[6]该名词还包括庄稼、正在制造中的工业产品以及附着于或者已经成为地产一部分而同意加以分离出售的物品。《美国统一商法典》中"货物"的概念与之相类似,指除作为支付手段的金钱、投资证券和诉物权(Things in Action)以外的所有特定于买卖合同项下的可以移动的物品(包括特别制造的货物),以及尚未出生的动物幼仔、生长中的农作物,还有有关将与不动产分离之货物以及其他附着于不动产但已特定化的物品。因此,就货物买卖法而言,"货物"包括现货和期货,泛指一切有形动产。我国《合同法》第九章"买卖合同"没有给货物下定义,和《法国民法典》的规定一样,凡是非法律和行政法规禁止或限制的皆可作为买卖合同的标的。[7]

公约没有对"货物"给予定义,同时也没有正面指出公约适用的货物买卖,而是用排除法列举了不适用公约的如下货物买卖:(1)购供私人、家人或家庭使用的货物的销售,除非卖方在订立合同前任何时候或订立合同时不知道而且没有理由知道这些货物是购供任何这种使用;(2)经由拍卖的销售;(3)根据法律执行令状或其他令状的销售;(4)公债、股票、投资证券、流通票据或货币的销售;(5)船舶、船只、气垫船或飞机的销售;(6)电力的销售。此外,公约也不适用于:(1)供应货物一方的绝大部分义务在于供

---

〔5〕 "things in action"在《布莱克法律词典》(Black's Law Dictionary,6th ed.,p.1479)中解释为"A right to recover money or other personal property by a judicial proceeding",可直译为:通过司法程序索回金钱或其他动产的权利。其含义等同于"chose in action",即"A thing in action: A right of bringing an action or right to recover a debt or money; Right of proceeding in a court of law to procure payment of sum of money, or right to recover a personal chattel or a sum of money by action; A personal right not reduced into possession, but recoverable by a suit at law; A right to personal things of which the owner has not the possession, but merely a right of action for their possession. The phrase includes all personal chattels which are not in possession; and all property in action which depends entirely on contracts express or implied; A right to receive or recover a debt, demand, or damages on a cause of action ex contractu or for a tort or omission of a duty; A right to recover by suit a personal chattel. Assignable rights of action ex contractu and perhaps ex delicto. Personalty to which the owner has a right of possession in future, or a right of immediate possession, wrongfully withheld. (Black's Law Dictionary,6th ed.,p.241)。本书采纳了《元照英美法词典》对"chose in action"的释意,即"权利动产"。英美法律词汇常常难以找到合适的中文法律词汇与之相对应。"权利动产"是权利还是动产?按照词典的意思,它是指权利,但有时指动产。根据《英国货物买卖法》,"货物"显然仅指动产,即除金钱及其他只能通过诉讼才能取得的金钱及动产以外的所有动产。"权利动产"指并未实际占有,而只能通过诉讼才能取得金钱或其他动产的权利。与之相对应的是"占有动产"(chose in possession),即已由权利人实际占有的动产。参见薛波主编,潘汉典总审订:《元照英美法词典》,法律出版社2003年版,第224页。为深入理解英美法中"things in action"的概念,可参见徐震宇:"英国法上的'权利动产'及其财产概念的特征"一文,载法史网,2006年10月13日。

〔6〕 "Goods" includes all personal chattels other than things in action and money, and in Scotland all corporeal movables except money; and in particular "goods includes emblements, industrial growing crops, and things attached to or forming part of the land which are agreed to be severed before sale or under the contract of sale; and includes an undivided share in goods."

〔7〕 《中华人民共和国合同法》第132条第2款。

应劳力或其他服务的合同。(2)供应尚待制造或生产的货物的合同,且订购货物的当事人保证供应这种制造或生产所需的大部分重要材料。

(四)公约的效力

买卖合同双方当事人可以不适用公约,或减损公约的任何规定,或改变其效力。这意味着即便买卖合同当事人所在国家加入了公约,其本国国民也无义务必须将该公约作为法律适用法。

虽然公约还不是一部完整的、全面的关于国际货物买卖的统一法。然而,就其灵活性及获得普遍接受的程度来说,则是任何一部国内法或国际惯例都不能比拟的。公约在合同法领域对各国成文法、判例法以及法理学说、国际惯例,作了充分的比较分析,在此基础上提取出被普遍承认的原则和规则,以此来弥补国内法和国际惯例的不足。它的目的不是取代或调和各国国内法规则,而是提出一套适合于国际贸易特殊要求的原则和办法供买卖双方选择适用,以实现其序言中提出的建立国际经济新秩序,“减少国际贸易的法律障碍,促进国际贸易发展”的宗旨和目的。在充分考虑各国具有不同社会制度、经济制度和法律制度这一现实以及对发达国家和发展中国家对外贸易中的不同做法给予充分肯定方面,《联合国国际货物买卖合同公约》较之前身——两个海牙公约有了较大的改进。公约是近半个世纪以来国际贸易统一法运动的产物,反映了统一法运动的发展趋势,对国际贸易产生了巨大影响。

第三节　国际货物买卖的国际商业惯例

一、国际商业惯例的概念和特点

国际商业惯例是商人们在长期的实践中形成的习惯做法,不具有普遍法律约束力,通常供商人们在实践中选择适用,但一经选择,即对他们具有约束力。

除了国际公约外,各种民间组织也制定了许多标准规则和共同条件。这些标准规则和共同条件带有很大随意性,由当事人选择予以适用。例如《国际贸易术语解释通则》、《1932年华沙—牛津规则》、《美国1941年对外贸易定义》、国际商会1997年6月出版的《国际销售示范合同》等。其中最有影响,并在实践中得到广泛适用的是国际商会编纂的《国际贸易术语解释通则》。

《国际销售示范合同》(ICC Model International Contract of Sale)于1997年6月由国际商会国际惯例委员会通过。该示范合同以《联合国国际货物买卖合同公约》和国际商业惯例INCOTERMS作为合同适用的法律,对国际货物买卖的主要事项作了统一规定(原材料、机械设备、食品及长期供货合同除外)。示范合同分为A、B两部分。A部分为合同的具体条款,如货物名称、价格、交货条件、交货时间、货物检验等,由买卖双方协商填写;B 部分是合同的一般条款,是一般货物买卖合同共同使用的标准条件。和现有的国际货物买卖合同公约与国际商业惯例相比,示范合同在所有权保留、适用法律、损害赔偿金的计算、争议解决等方面都做了有益的补充和完善,对国际货物买卖特别是制成品的国际货物买卖合同的进一步统一起着推动作用。

二、《国际贸易术语解释通则® 2010》的产生和特点

《国际贸易术语解释通则》(International Rules for the Interpretation of Trade Terms, Incoterms)是国际商会以国际贸易中应用最为广泛的国际惯例为基础,于 1936 年公布的具有国际性的通则性解释。以此为起点,于 1953 年、1967 年、1976 年、1980 年、1989 年、1999 年和 2009 年先后进行了修改和补充。其目的在于对国际贸易合同中使用的主要术语提供一套具有国际性的通用解释,使从事国际商业的人们为这些术语在不同国家有不同解释的情况下,能选用确定而统一的解释。

经 1953 年修改的《1936 年国际贸易术语解释通则》(Incoterms 1936)对 9 种贸易术语作了解释,这 9 种贸易术语是:工厂交货(Ex works)、铁路交货—火车上交货(指明启运地点)(FOR—FOT... named departure point)、船边交货(指定装运港)(FAS... named port of shipment)、船上交货指定装运港(FOB... named port of shipment)、成本加运费(指定目的港)(C&F... named port of destination)、成本加运费加保险费(指定目的港)(CIF... named port of destination)、运费付至……指定目的地(内地运输为限)(Freight Carriage Paid to... named point of destination)(Inland Transport Only)、目的港船上交货(指定目的港)(EX Ship... named port of destination)、目的港码头交货(关税已付)(指定港口)(EX Quay Duty Paid)(... named port)。

1967 年补充本包括两个贸易术语:边境交货(Delivered at Frontier)与完税后交货(Delivered... Duty Paid),1974 年并入 INCOTERMS。1976 年补充本增加了启运机场交货(FOB airport)。随着集装箱运输以及多式联运等新运输方式的出现,产生了新的贸易方式。在这种情况下,1980 年补充本又增加了两个贸易术语:货交承运人(指定地点)(Free Carrier... named point)及运输、保险费付至……(目的地)(Freight or Carriage and Insurance Paid to... named point of destination),并对 1953 年解释通则中的运费付至(目的地)(Freight Carriage Paid to... named point of destination)作了修改。

由于科学技术的发展和国际贸易领域不断发生新变化,为了使贸易术语适应电子数据交换系统[Electronic Data Interchange (EDI)]日益频繁应用的需要以及日益更新的运输技术(如集装箱运输方式的需要),国际商会国际商业惯例委员会在总结了自 1980 年以来国际贸易中新经验和新情况后,于 1989 年、1999 年和 2009 年分别通过了《国际贸易术语解释通则》新修订本,简称为 Incoterms1990、Incoterms2000 和 Incoterms ® 2010。[8]

---

[8] 新版本生效并不意味着旧版本失效。因此当事人在选择适用国际商会《贸易术语解释通则》时,需注明是哪一年的版本。

《国际贸易术语解释通则® 2010》于 2011 年 1 月 1 日开始生效。

与《1990 年国际贸易术语》及《2000 年国际贸易术语解释通则》相比，Incoterms ® 2010 所做重大修改如下：

(1) 书写上的变化。新的《国际贸易术语解释通则》后面需加国际商会的注册商标®，表述为《国际贸易术语解释通则® 2010》(Incoterms ® 2010)。

(2) 数量变化。由过去的 13 个贸易术语删减为 11 个。

(3) 分类变化。20 世纪 90 年代以来各版本的国际贸易术语均按英文字母 E、F、C、D 分为四组；现在 11 个贸易术语被分为两类：7 个适用于任何单一运输方式或多种运输方式的贸易术语以及 4 个仅适用于海运和内河水运的贸易术语。分别按 E、F、C、D 分组。

(4) 主要的变化发生在 D 组，原有的 5 个贸易术语删除了 4 个，新增加 2 个。其他 E、F、C 组贸易术语基本不变。

(5) 明确贸易术语既适用于国际贸易也适用于国内贸易。

《国际贸易术语解释通则® 2010》具有以下特点：

(1) 每个贸易术语前都增加了使用说明。使用说明不是贸易术语的组成部分，但有助于帮助当事人作出准确、高效、适当的选择。

(2) 权利和义务的设置。《国际贸易术语解释通则® 2010》把买卖双方的权利和义务相对应，分作 10 项说明。规定卖方的 10 项义务为：①提供符合合同规定的货物和单据；②许可证、授权、安检通关和其他手续；③运输合同与保险合同；④交货；⑤风险转移；⑥费用划分；⑦通知买方；⑧交货凭证、运输单证或同等效力的电子记录或程序；⑨核查、包装及标记；⑩协助提供信息及相关费用。相对应的买方也有 10 项义务，其具体内容取决于卖方承担权利和义务的具体内容。

(3) 电子单证。《国际贸易术语解释通则® 2010》明确规定，在卖方必须提供商业发票或合同可能要求的其他单证时，可以提供“同等作用的电子记录或程序”(an e-quivalent electronic record or procedure)。

(4) 明确了某些概念在《国际贸易术语解释通则® 2010》中的特定含义：如“承运人”(Carrier)、“交货”(Delivery)、“链式销售”(String)等。在《国际贸易术语解释通则® 2010》中，承运人特指签约承担运输责任的一方。交货指货物灭失与损坏的风险从卖方转移至买方的点。链式销售又称多层销售(multiple sales down a chain)，指商品交易中常见的，商品在运至销售终端过程中(商品销售至最终用户前)被多次转卖形成销售链。

本章思考题

1. 简述《联合国国际货物买卖公约》规范的内容。

2. 简述《联合国国际货物买卖公约》的适用范围。

3. 简述国际商业惯例的概念和特点。

4. 国际货物买卖方面的国际惯例规则有哪些?

5. 简述《国际贸易术语解释通则®2010》的产生和特点。

第三章 国际贸易术语

第一节 国际贸易术语的分类

一、国际贸易术语的概念和特征

国际贸易术语是以不同交货地点为标准,用简短概念或英文缩写字母表示的术语。在国际贸易中,这些术语可以明确表示商品的价格构成、货物风险的划分以及买卖双方在交易中各种费用的负担和责任范围。

国际贸易术语是在长期的国际贸易实践中形成的习惯。它不具有法律约束力,仅供商人选择适用。但是,如果交易双方在合同中采用了某一个贸易术语,则其规定的权利义务对双方均有约束力。

按照不同的贸易术语确定双方的权利义务,大大简化了交易程序,缩短了磋商时间,节省了交易成本和费用。因此,国际贸易术语在国际贸易中得到广泛应用。就本质而言,贸易术语就是国际货物买卖中常用的标准合同。正确了解和掌握这些贸易术语,对于合同的顺利履行,减少贸易争议是十分重要的。

二、《国际贸易术语解释通则® 2010》对国际贸易术语的分类

11 个贸易术语被分为两类:7 个适用于任何单一运输方式或多种运输方式的贸易术语以及 4 个仅适用于海运和内河水运的贸易术语。分别按 E、F、C、D 分组。

(一)适用于任何单一运输方式或多种运输方式

适用于任何单一运输方式或多种运输方式(any mode or modes of transport)的国际贸易术语有七个,分为 E、F、C、D 四组(EXW/ FCA /CPT/ CIP/DAT/DAP/ DDP)。

1. E 组。包括一个贸易术语:EXW[全称 Ex Works (named place)],意为工厂交货(指定地点)。使用这一贸易术语的合同中,卖方的责任最小。

卖方的责任是:(1)在其所在地(工厂或仓库)把货物交给买方处置,无须装货,即履行交货义务;(2)承担交货前的风险和费用;(3)自费向买方提交与货物有关的单证或相等的电子单证。买方的责任是:(1)自备运输工具并负责装货,将货物运至预期的目的地;(2)承担卖方交货后的风险和费用;(3)自费办理出口和进口结关手续等。当买方无力办理出口清关手续时,不宜选用这一贸易术语。

2. F 组。包括一个贸易术语: FCA[全称 Free Carrier (named place)],意为货交承

运人(指定地点)。在FCA贸易术语中,卖方的责任是:(1)在出口国承运人所在地将货物交给承运人,履行自己的交货义务;(2)承担交货前的风险和费用;(3)自费办理货物的出口结关手续;(4)自费向买方提交与货物有关的单证或相等的电子单证。买方的责任是:(1)自费办理货物运输和保险手续并支付费用;(2)承担卖方交货后的风险和费用;(3)自费办理货物的进口和结关手续等。

选用FCA贸易术语时应当注意的是:(1)货物风险和费用的划分是以卖方将货物交付买方指定的承运人的时间和地点作为界限。(2)注意在FCA术语下,卖方的交货和装货义务。即当卖方在其所在地交货时,卖方负责装货。卖方将货物装上买方指定的承运人提供的运输工具时,完成交货义务;当卖方在其他地方交货时,卖方不负责卸货。货物在卖方的车辆上尚未卸货,但做好卸货准备并交给买方指定的承运人或其他人处置时,卖方即完成交货义务。

3. C组。包括两个贸易术语: CPT[全称 Carriage Paid to (named place of destination)],意为运费付至(指定目的地);CIP[全称 Carriage, Insurance Paid to (named place of destination)],意为运费、保险费付至(指定目的地)。

在这两个贸易术语中,卖方的责任是:(1)自费签订或取得运输合同;(2)在CIP术语中,卖方还要自费签订或取得保险合同;(3)承担货交承运人以前的风险和费用;(4)自费办理货物出口结关手续;(5)向买方提交与货物有关的单据或相等的电子单证。买方的责任是:(1)在CPT术语中自费签订保险合同;(2)承担货物提交承运人以后的风险和费用;(3)自费办理货物进口结关手续。

值得注意的是,(1)和FCA一样,在C组这两个贸易术语中,卖方是在出口国承运人所在地履行交货义务,并承担货交承运人前的风险和费用。但运费和/或保险费涵盖的是运输合同指定的目的地的全程运费和保险费。此外,卖方的费用中是否包括卖方的装货费和目的地的卸货费,须取决于运输合同的规定。(2)卖方的通知义务。在CPT贸易术语中,未规定买方签订保险合同的义务。但实践中,买方为了自己的利益需要签订保险合同,因此,卖方在货交承运人后必须向买方发出已交货通知,以便买方投保或采取收取货物通常所需要的措施。

4. D组。包括三个贸易术语:DAT[全称 Delivered at Terminal (named terminal at port or place of destination)],意为运输终端交货(指定目的地港口或目的地运输终端);DAP[全称 Delivered at Place (named place of destination)],意为目的地交货(指定目的地);DDP[全称 Delivered Duty Paid (named place of destination)],意为完税后交货(指定目的地)。

在D组贸易术语中,卖方的责任是:(1)将货物运至约定的运输终端或目的地;(2)承担货物运至运输终端或目的地前的全部风险和费用;(3)自费办理货物出口结关手续,交纳出口关税及其他税、费,在DDP术语中,还要自费办理货物的进口结关手续,交纳进口关税或其他费用;(4)向买方提交与货物有关的单据或相等的电子单证。买方的责任是:(1)承担货物在运输终端或目的地交付后的一切风险和费用;(2)在 DAT 和 DAP 贸易术语中自费办理进口结关手续。

在 D 组中,需要注意的是,(1)卖方在目的地指定运输终端(包括港口)交货意味着卖方需要将货物卸下运输工具,交买方处置,完成交货义务;目的地交货时,卖方无须承担卸货义务,但做好卸货准备交买方处置,即完成交货义务。(2)DDP 术语中卖方的责任最大。卖方需要自费办理出口和进口结关手续等,当卖方无力办理进口清关手续时,不宜选用这一贸易术语。

(二)仅适用于海运和内河水运的贸易术语

仅适用于海运和内河水运的贸易术语(Sea and Inland Waterway Transport Only)有四个,分为 F、C 两组(FAS/FOB/CFR/CIF)其主要内容如下:

1. F 组。贸易术语有两个:FAS[Free Alongside Ship(named port of shipment)],意为船边交货(指定装运港);FOB[Free On Board(named port of Shipment)],意为船上交货(指定装运港)。

在 F 组贸易术语中,卖方的交货义务是:(1)在指定的装运港履行交货义务;(2)承担交货前的风险和费用;(3)自费办理货物的出口结关手续;(4)自费向买方提交与货物有关的单证或相等的电子单证。买方的责任是:(1)自费办理货物运输和保险手续并支付费用;(2)承担卖方交货后的风险和费用;(3)自费办理货物的进口和结关手续等。

在 F 组中应当注意的是,(1)这两个贸易术语交货地点不同,因此风险和费用的划分不同:FAS 是以卖方在指定装运港买方指定的船边(货物置于码头或驳船上)履行交货义务,此时风险和费用由卖方转移给买方;FOB 则以装运港货物装到船上作为界限。(2)FAS、FOB 适用于海运和内河航运,但如是集装箱运输,则应选用 FCA 贸易术语。

2. C 组。包括两个贸易术语:CFR[全称 Cost and Freight (named port of destination)],意为成本加运费(指定目的港);CIF[全称 Cost, Insurance and Freight (named port of destination)],意为成本、保险费加运费(指定目的港)。在 C 组的贸易术语中,卖方的责任是:(1)卖方在指定的装运港履行交货义务;(2)承担在装运港货物装船前的风险和费用;(3)自费签订或取得运输合同;在 CIF 贸易术语中,卖方还要自费签订或取得保险合同;(4)自费办理货物出口及结关手续;(5)向买方提交与货物有关的单据或相等的电子单证。买方的责任是:(1)在 CFR 术语中自费投保并支付保险费用;(2)承担在装运港货物装船以后的风险和费用;(3)自费办理货物进口的结关手续。

在 C 组中应当注意的是,(1)在 C 组这两个贸易术语中,卖方是在出口国装运港履行交货义务,并承担交货前的风险和费用。但运费和/或保险费涵盖的是运输合同指定的装运港至目的港全程的运费和保险费。此外,卖方的费用中是否包括卖方的装货费和目的港的卸货费,须取决于运输合同的规定。(2)卖方的通知义务。在 CFR 贸易术语中,未规定买方签订保险合同的义务。但实践中,买方为了自己的利益需要签订保险合同,因此,卖方在货物装船后必须向买方发出已装船通知,以便买方投保或采取收取货物通常所需要的措施。(3)C组中,CFR和CIF贸易术语适用于海上或内河运输;如集装箱运输则应选择CPT或CIP。

此外,在采用海运和内河水运的四个贸易术语时,还需要注意的是,(1)除FAS外,在FOB/CFR/CIF贸易术语中均取消了买卖双方的交货点、风险和费用的划分以装运港船舷作为界限的表述,代之以货物是否"装船"为界限。货物装到"船上"(on board)构成交货。(2)在这四个贸易术语的卖方交货义务中,Incoterms ® 2010特别增加了"取得"(procure)[1]这个词。如卖方将货物置于船边(船上)或以取得(procure)已经在船边(船上)交付货物的方式交货(英文);卖方需签订运输合同或已取得(procure)一份这样的合同(CFR/CIF);卖方必须自费取得(procure)保险合同(CIF)等,并明确此处使用的"取得"适用于商品贸易中常见的"多层销售"(链式销售 string sales)[2]。通过Incoterms ® 2010的解释,这四个贸易术语中卖方的交货义务涵盖了国际货物买卖中常见的关于"在途货物"销售中的"交货"(即通过提交与货物有关的单据,如运输单、保险单等取代提交货物)[3],由此弥补了以往版本的《国际贸易术语解释通则》均未涉及"在途货物交货"的疏漏。

此外,《国际贸易术语解释通则® 2010》进一步明确了以下问题:

第一,进出口手续。除EXW和DDP贸易术语以外,原则上由卖方办理货物的出口手续,交纳与出口有关的捐、税、费;买方办理货物的进口手续,交纳与进口有关的税和其他费用。

第二,检验费用。Incoterms ® 2010明确地规定,买方必须支付任何强制性装运

---

〔1〕 在卖方义务中,增加"取得"(procure)这个词的还有CIP和CPT这两个贸易术语,即卖方需签订或取得运输合同和/或保险合同。参见Incoterms ® 2010中CIP和CPT贸易术语的"使用说明"及有关卖方交货义务的规定。

〔2〕 参见Incoterms ® 2010中有关这4个贸易术语的"使用说明"及有关卖方交货义务的规定。

〔3〕 Incoterms ® 2010引言中对"链式销售"所作解释是:与特定产品的销售不同,在商品销售中,货物在运送至销售链终端的过程中常常被多次转卖。出现此种情况时,销售链中端的卖方实际上不运送货物,因为处于销售链始端的卖方已经安排了运输。因此处于销售链中间的卖方不是以运送货物的方式,而是以"取得"货物的方式履行其对买方的义务。即以"取得运输中的货物"取代相关术语中提交货物的义务。关于"取得""procure"一词在词典里的通常含义指"obtain、acquire"(The American Heritage Dictionary, Houghton Mifflin Company, Boston, 1982, p. 988)。然而这样的解释显示不出任何法律含义。在另一本美国词典中"procure"被解释为"to get possession of; obtain by particular care and effort"指"经过一番特别努力取得占有"。(Webster's Ninth New Collegiate Dictionary, Merriam—Webster Inc. Publishers, Springfield, Massachusetts, USA, 1988, p. 938)。根据该词典,"possession"意为"a. the act of having or taking into control; b. control or occupancy of property without regard to ownership", p. 918。意指对财产的控制;与所有权无涉的控制或占有。当运输途中的货物发生转卖时,货物转卖的受让人(新的卖方)与新的买方之间进行的是单据的买卖。单据的占有和控制意味着其"取得"这样交付的货物。"procure"的这个解释和贸易术语中的含义在法律上是一致的。

(船)前检验费用，因为这种检验是为了买方自身的利益安排的。但卖方为履行其交货义务而实施的货物检验(如对货物质量、丈量、称重、点数)以及出口国有关机关强制进行的装运(船)前检验费用除外。

第三，交货与风险和费用的转移。Incoterms Ⓡ 2010 吸收了《联合国国际货物销售合同公约》的规定，确定了在卖方交货后，货物灭失和损坏的风险以及费用负担由卖方转移给买方。但这一原则的适用，要以双方都没有过失并且该货物已正式划归于合同项下为前提。其 11 个贸易术语的交货点可归纳为 5 个：卖方所在地(EXW)；承运人所在地(FCA/CIP/CPT)；目的地/运输终端(DAT/DAP/DDP)；装运港船上(FOB/CIF/CFR)[4]；装运港船边(FAS)。

第四，安全通关问题。"9·11"之后，许多国家加强了货物安全通关的检查和要求。《国际贸易术语解释通则Ⓡ 2010》特别增加了买卖各方之间完成安检通关并相互提供或协助提供通关所需信息的义务。

第五，Incoterms 的变体。在贸易实务中，当事人经常在国际贸易术语后面添加一些词语以额外增加双方当事人的义务。常见的有 EXW(装车)、FOB(平舱和理舱)等。《国际贸易术语解释通则》对如何解释这些添加词语的含义没有作出规定。当事人之间往往会因此而发生争议。为此，Incoterms Ⓡ 2010 在其引言中提醒双方当事人，应在其合同中对上述添加词语的含义作出明确的解释。[5]

值得注意的是，国际贸易术语解释通则只适用于有形货物买卖中买卖双方的权利和义务，不包括无形货物(如计算机软件)买卖有关的义务。[6] 此外，Incoterms Ⓡ 2010 生效后，并不意味着先前版本的《国际贸易术语解释通则》失效，它们仍旧可因国际货物买卖合同的当事人的选择而适用。

国际贸易术语是一个简式的标准化的国际货物买卖合同。它不但明确买卖合同的交货地点及价格构成，而且解决买卖双方在交易中的责任划分。例如，确定商品从启运地到目的地的运输、保险、单证的取得及其他手续问题由谁办理、费用由谁承担；确定货物风险转移的时间、地点等。贸易术语的标准化、规范化，简化了交易程序，节约了交易时间和费用，减少了贸易中的纠纷，对促进国际贸易的顺利发展起了很大的作用。

---

〔4〕 注意 Incoterms Ⓡ 2010 有两个不同表述。Incoterms Ⓡ 2010 引言中写道：FOB/CFR/CIF 三个术语中省略了以船舷作为交货点的表述，取而代之的是货物置于"船上"时构成交货。Incoterms Ⓡ 2010 在 CPT/CIP/CFR/CIF 四个术语的使用说明中写道：当使用这四个术语时，卖方按照所选择术语规定的方式将货物交付给承运人时，即完成其交货义务。后一种表述与前一种表述似乎存在矛盾。按照作者对《2000 年国际贸易术语解释通则》引言中"用语说明"18 的理解，如果当事方无意将货物置于船上履行交货义务，则不应选择 FOB/CIF/CFR。

〔5〕 参见 Incoterms Ⓡ 2010，Introduction 。

〔6〕 参见 Incoterms 2000，Introduction 11，1。

按照交货方式的不同,贸易术语还可以分为“实际交货”与“象征性交货”两大类:上面提到的EXW和FAS及D组术语属于实际交货。其特点是,卖方必须在指定地点将货物实际交给买方,才算履行了交货义务并得到付款。在实际交货中,货物连同单据和风险同时转移给买方。如果货物在实际交付前发生灭失或受损,卖方要承担未履行交货义务的责任。F组中的FOB、FCA和C组各术语称为象征性交货。其特点是,卖方以提交代表货物所有权的提单或其他装运单据代替向买方实际交付货物。在这种交货方式下,货物与单据是相分离的,卖方提交了单据即履行了交货义务并得到付款,即使货物在运输途中灭失或受损,买方也不能拒绝付款赎单。

第二节 《国际贸易术语解释通则®2010》的主要国际贸易术语

FOB、CIF、CFR是国际贸易实际中常用的三种贸易术语。

一、FOB术语

FOB是Free on Board (named port of shipment)的英文缩略语,意为船上交货(指定装运港)。它是海上货物运输最早出现的国际贸易术语:

根据Incoterms®2010,FOB卖方的责任是:(1)提供符合合同规定的货物和单证或相等的电子单证;(2)自负费用及风险办理出口许可证及其他货物出口手续,交纳出口捐、税、费;(3)按照约定的时间、地点,依照港口惯例将货物装上买方指定的船舶或以取得已在船上交付的货物的方式交货,并给买方以充分通知;(4)承担在装运港交货以前的风险和费用。

FOB买方的责任是:(1)支付货款,并接受卖方提供的交货凭证或相等的电子单证;(2)自负费用及风险取得进口许可证,办理进口手续,交纳进口的各种捐、税、费;(3)自费租船,并将船名、装货地点、时间给予卖方以充分通知;(4)承担在装运港交货以后的风险和费用。

使用FOB术语时应注意以下几个问题:

(1)通知问题。FOB术语中涉及两个充分通知:一个是买方租船后,应将船名、装货时间、地点给予卖方以充分通知;另一个是卖方在货物装船时给买方以充分通知。在第一种情况下,如果买方未给予通知,或指定船只未按时到达,或未能按时受载货物,或比规定的时间提前停止装货,由此产生的货物灭失或损失应由买方承担。在第二种情况下,由于货物的风险是在装船时由卖方转移给买方,因此,卖方在货物装船时必须通知买方,以便买方投保,否则,由于卖方未给予充分通知而导致买方受到的损失应由卖方负责。

(2)注意各国对 FOB 贸易术语的不同解释。美国 1941 年修订的《对外贸易定义》把 FOB 术语分为六种。其中只有 FOB Vessel (named port of shipment)装运港船上交货与国际商会解释的 FOB 术语含义相类似。所以,在对美贸易中,如用 FOB 术语成交,需要注明是采用国际商会制定的《国际贸易术语解释通则》还是适用《1941 年美国对外贸易定义修订本》,在采用后者时需在 FOB 后面加上"vessel"(船舶)字样,以免引起误解。

二、CIF 术语

CIF 是 Cost, Insurance and Freight (named port of destination)的英文缩略语,意为成本、保险费加运费(指定目的港)。根据 Incoterms ® 2010, CIF 卖方的责任是:

卖方必须:(1)提供符合合同规定的货物和单证或相等的电子单证。(2)自负风险和费用办理出口许可证及其他货物出口手续,并交纳出口捐、税、费。(3)自费订立或取得运输合同,将货物按惯常航线在指定日期装运至指定目的港,并支付运费。(4)自费订立或取得货物运输保险合同。如无明示的相反协议,按伦敦保险业《协会货物保险条款》投保海上运输的最低险别。(5)承担在装运港交货以前的风险和费用。

CIF 买方的责任是:(1)支付货款,并接受卖方提供的交货凭证或相等的电子单证;(2)自负费用和风险取得进口许可证,办理进口手续,交纳进口的各种捐、税、费;(3)承担在装运港交货以后的风险和除运费、保险费以外的费用。

使用 CIF 术语应注意如下几个问题:(1)在 CIF 术语中,替买方投保并支付保险费是卖方的一项义务。但是,当双方未就保险条款和投保险别加以约定时,卖方只负责按《伦敦保险业协会货物保险条款》投保海上运输的最低险别。在投保范围中也不包括某些特别险种,买方如要投保其他险别或特种险,应在合同中说明并自负该项加保费用。(2)缩略语后的港口名称是目的港名称,指明运输费和保险费的计算是从装运港至目的港全程的运输费和保险费,而不是指卖方的交货地点。和 FOB 一样,在 CIF 术语中,卖方的交货义务是在装运港将货物装到船上完成的。

三、CFR 术语

CFR 是 Cost and Freight (named port of destination)的英文缩略语,意为成本加运费(指定目的港)。CFR 术语与 CIF 术语的不同之处仅在于价格构成。在按 CFR 术语成交时,价格构成中不包括保险费,也就是说,买方要自行投保并支付保险费用。其余关于交货地点、买卖双方责任、风险及费用的划分等都与 CIF 术语相同。

使用 CFR 术语应注意的问题是装船通知。在 CFR 合同中,买方要自行投保。因此,和 FOB 合同一样,卖方要给买方货物装船的充分通知,否则,由此造成买方漏保货运险而引起的损失应由卖方承担。

上述三种贸易术语的共同点在于:(1)交货地点都是在装运港口;(2)适合海上运输或内河航运;(3)风险划分都是以装运港货物装上船作为界限。其区别在于,由于三者的价格构成不同而产生的与之相关的责任其他附属费用不同。

四、使用三种贸易术语应当注意的问题

1. 缩略语后的港口名称。在FOB后是装运港名称,在CIF和CFR后是目的港名称,意为说FOB的价格构成是货物在装运港交货前的费用,CIF和CFR中的保险费和运输费则是按从装运港到达目的港全程的保险费和运输费计算的。港口名称是为计算费用之便附加的,和交货地点无关。三种贸易术语的交货地点都是在装运港载货船上。

2. 装船费和卸船费。在贸易术语中,装船费和卸船费应当由谁承担是一个不十分明确的问题。为了避免有的贸易术语规定的不够明确而导致日后买卖双方之间发生争议,实践中通常采用以下方法加以解决:(1)卖方不负责装船费用时:则可采用班轮运输FOB (Liner Terms)条款,装卸由班轮负责,费用包括在运费内。(2)卖方负责装船费时:在FOB后面加上"理舱"(FOB stowed),则卖方承担包括理舱在内的装船费用;或者在FOB后面加上"平舱"(FOB trimmed),则卖方承担包括平舱费在内的装船费用。(3)按照港口惯例,装船费由卖方承担,卸船费由买方承担。为避免发生争议,Incoterms ® 2010要求双方对此问题在合同中明确加以规定。

3. 在我国外贸业务中,习惯把FOB称做离岸价格,把CIF称做到岸价格,仅从价格构成这一角度看,为了海关统计以及稽征关税等外贸业务的便利,这种称呼未尝不可,但从法律角度看,这种称呼是错误的。因为贸易术语本质上是一种货物买卖合同,[7]价格构成仅仅是贸易术语(合同)所包含内容的一部分,把CIF看成到岸价格不能表达CIF这个贸易术语中所包含的全部法律内容,在实践中会由于误解而造成不必要的损失。

五、FCA、CIP和CPT

随着国际贸易中普遍使用集装箱、多式联运滚装以及近海中铁路车皮摆渡等运输方式的出现,为了适应各种运输方式和多式联运,在合同中选择使用FCA、CIP和CPT术语的情况也越来越多。

1. FCA(Free Carrier... named place)[货交承运人(指定地点)]

FCA将以前文本中的FOB(机场交货)和FOR(铁路交货)及FOT(敞车交货)都归入FCA的适用范围内,成为可以适用于铁路、公路、海上、航空、内河运输以及多式联运等各种运输方式的、适用范围最广泛的一种贸易术语。

它要求卖方自费办理货物出口结关手续并在指定地点将货物提交买方指定的承运人或其他人履行自己的交货义务。

在《国际贸易术语解释通则® 2010》中,承运人特指签约承担运输责任的一方。不清楚的是其中除了实际履行承运义务之人;是否包括订立运输合同之人以及货运代理人。由于承运代理人的地位在各国不尽相同,有些国家承运代理人拒绝承担承运人的责任。按照通则的规定,如果买方指示卖方将货物交付给一个非承运人的货运代理人,当货物在其监管之下时,卖方也被视为履行了交货义务。货交承运人也包括货交承运代理人。当

---

[7] Tsakiroglou & Co. Ltd. v. Noblee Thorl G. m. b. H. House of Lords (1962) A. C. 93.

卖方将货物提交承运人监管时,货物的一切风险和费用由卖方转移给买方。

2. CIP(Carriage and Insurance Paid to... named place of destination)[运费及保险费付至(指定目的地)]

在该术语中,卖方自费办理出口结关手续,支付货物运至指定目的地的运费,签订或取得运输合同,还要办理货物在运输途中灭失或损坏风险的保险,签订或取得保险合同并支付保险费。买方从货物交付承运人时起,承担货物灭失或损坏的风险及其他额外费用。当由后继承运人将货物运至约定目的地时,风险从货物交付第一承运人时起从卖方转移给买方。

关于保险条款的规定,《国际贸易术语解释通则® 2010》明确指出,如无相反的明示协议,卖方应根据伦敦保险业协会的《协会货物保险条款》中的最低险别投保。保险最低金额是合同规定价格另加10%。

CIP 术语适用于各种运输方式,包括多式联运。应当注意的是,如果按习惯需要签订几份运输合同,包括货物在中途地点转运以抵达约定目的地时,卖方需要支付所有费用,包括货物从一种运输工具转运到另一种运输工具的费用。但是,承运人依据转运合同条款行使自己的权利以避免预料之外的风险(如战争或军事演习、人为骚扰、政府命令、冰封、阻塞等)时所产生的额外费用则由买方承担。

3. CPT(Carriage Paid to... named place of destination)[运费付至(指定目的地)]

在该术语中,卖方除不负责办理运输保险义务外,其余义务与 CIP 术语相同。

FCA、CIP 与 CPT 是在 FOB、CIF 与 CFR 的基础上发展出来的,因此,在一些基本点上两组术语有一些相似的地方,如(1)两组术语都属于象征性交货,卖方提交了代表货物所有权的单据、凭证,就等于履行了交货义务;(2)两组术语中 FCA 和 FOB 相对应,CIP 和 CIF 相对应,CPT 和 CFR 相对应,在买卖双方的权利义务、费用和风险划分上有相似之处;(3)在 CIP 和 CIF 术语中,除非双方有明示相反的协议,否则卖方均按伦敦保险业协会的《货物保险条款》替买方投保货物运输的最低险别。

然而两组术语的区别也很明显,如(1)在适用范围上:FCA、CIP、CPT 适用于各种运输方式,包括多式联运;而 FOB、CIF、CFR 主要用于海运和内河航运。(2)在交货地点上:前组交货地点在内陆,后组则在装运港。(3)在风险转移方面:前组以货交承运人作为划分风险转移的界限;后组则以货物在装运港货物置于船上为界。(4)在提交单据方面:前组术语由于交货地点在内陆,承运人在签发货运提单时货物尚未装船,同时由于集装箱经常置于舱面,因此签发给卖方或托运人的货运单据只能是证明货已交承运人的收据,而不能像后组术语中要求的那样必须是“已装船清洁提单”。

本章思考题

1. 简述国际贸易术语的概念和特点。

2.《国际贸易术语解释通则® 2010》的分类及特点。

第四章　国际货物买卖合同

第一节　国际货物买卖合同的概念和特征

一、国际货物买卖合同的概念

国际货物买卖合同又称外贸合同、进出口合同，是买卖双方经过磋商，就一笔货物的进出口交易达成的协议。该协议是确定买卖双方权利义务的法律依据。

对于货物买卖合同的国际性，《联合国国际货物买卖合同公约》采用了营业地标准，根据该公约的规定，国际货物买卖合同是指营业地分处不同国家的当事人之间订立的货物买卖合同。

二、国际货物买卖合同的特征

与一般国内货物买卖合同（又称内贸合同）相比，国际货物买卖合同具有如下特征：

1. 具有国际性，或称"涉外因素"

这是国内货物买卖与国际货物买卖的基本区别。"国际性"可以有很多标准，如以当事人营业地为标准；以当事人国籍为标准；以行为发生地为标准；或以货物跨越国境为标准等。《1893 年英国货物买卖法》认为"国际货物买卖契约"是指买卖双方的营业地分处不同国家的领土之上，而且在缔约时，货物正在或将要从一国领土运往另一国领土；或构成要约和承诺的行为是在不同国家的领土内完成；或构成要约和承诺的行为是在一个国家的领土内完成，而货物的交付则须在另一个国家的领土内履行。我国过去的《涉外经济合同法》第 2 条规定，涉外经济合同是指中国企业或其他经济组织与外国企业和其他经济组织及个人订立的经济合同，涉外性是以当事人的国籍为标准的。[1] 有学者认为，由此可能发生双方订立了一个营业地分处不同国家的国际货物买卖合同，但货物可能并不在一国范围之外流动的情况。[2] 而《联合国国际

---

〔1〕《中华人民共和国合同法》取消了"涉外经济合同"的概念，改用"涉外合同"，但对"涉外合同"未下定义，见第 126 条。我国《民法通则》有关于涉外民事关系的概念，是指民事关系的一方或者双方当事人是外国人、无国籍人、外国法人；民事关系的标的物在外国领域内；产生、变更或消灭民事权利义务关系的法律事实发生在国外的，见第 178 条。

〔2〕罗伊·古德（Roy Goode）：《商法》（*Commercial Law*），Penguin Books，2nd. 1995 年版，第 878 页。

货物买卖合同公约》采用以当事人的营业地为标准，规定国际货物买卖合同是指营业地分处不同国家的当事人之间订立的买卖合同。

2. 国际货物买卖合同的客体是跨越国境流通的货物

仅营业地分处不同国家或当事人国籍不同，不足以体现国际货物买卖合同的特点。严格意义上的国际货物买卖应是营业地分处不同国家当事人之间货物跨越国境的买卖。

3. 所涉及的法律关系复杂，风险大

货物跨越国境流动的国际性，使买卖双方要和各国代理商、运输商、保险公司、银行等发生法律关系，长距离运输的货物会遇到各种自然和人为的风险，加上由于采用不同于国内的结算方式带来的外币的使用、价格的波动、外汇汇率的变动以及外国政府对外贸易的管制措施等，使国际货物买卖比国内货物买卖复杂，风险大得多。

4. 管辖权与争议解决复杂

发生争议后，争议的解决可能因双方当事人的选择而由外国法院或仲裁庭审理解决。

5. 适用法律多样

通常适用国内法（包括交易双方的国内法或第三国法律）以及国际公约和国际商业惯例。

第二节　国际货物买卖合同的成立

国际货物买卖合同是合同的一种，因此适用合同法的一般原则，即合同成立需要满足以下条件：(1)当事人具备法定行为能力；(2)买卖双方意思表示一致；(3)合同内容合法；(4)具备法定形式。由于各国政治、经济、法律制度差异很大，在诸如当事人的行为能力、合同合法性问题上很难达成一致协议，因此，《国际货物买卖合同公约》只就双方意思表示一致、合同形式等一些涉及立法技术上的问题作出了划一的规定，余下问题则由合同适用的国内法加以解决。

一、要约与承诺

合同是当事人双方意思表示一致的结果，如何判断双方意为否达成一致，实践中的做法是：当买卖双方就合同条款举行面对面谈判由一方提出标准合同文本，双方进行磋商讨论后达成一致意见，签订书面协议，这时意味着双方意思表示一致。双方签字的日期和地点就是合同成立的时间和地点。以电话或电传等直接对话方式订立合同，是否达成一致协议，也容易判断。通常以要约方听到对方表示承诺的回答或收到电传的时间和地点作为合同成立的时间和地点。

当买卖双方通过信件或电报隔地订立合同时,由于各国国内法对要约与承诺有不同规定,双方是否达成一致协议以及在何时何地达成一致协议,比较难以判断。为了便于说明问题,法律将其分解成要约和承诺两部分。

(一)要约

1. 要约的定义

要约是向一个或一个以上特定的人提出的订立合同的建议。一项有效的要约必须具备以下条件:(1)向一个或一个以上的特定人发出。为了邀请对方向自己订货而发出的商品目录单、报价单以及一般的商业广告,因为不是向一个或一个以上的特定人发出,因此不是要约,而是要约邀请。(2)内容必须十分明确、肯定,一经对方接受,合同即告成立。所谓"明确"即需要写明货物并明示或默示地规定数量和价格或规定如何确定数量和价格。如果要约中伴随有要约人的保留条件,也不是有效要约,只是要约邀请,因为即使对方表示了承诺,合同仍然不能成立。(3)要约送达受要约人。因为要约未送达受要约人或要约不是送达给受要约人的,受要约人不知要约的内容,当然无法表示承诺。即使从其他途径得知要约内容,其发出的承诺也是无效的。

实践中各国一致认为,为了邀请对方向自己订货而发出的商品目录单、报价单不是要约,而是要约邀请。但对普通商业广告和柜台上标价出售的商品则有不同规定。北欧各国认为,普通商业广告是要约邀请;[3] 英美普通法则认为是要约,要约可以向特定人发出,也可以向全世界发出。向特定人发出的要约,只能由该人表示承诺;向全世界发出的要约,可由任何人表示承诺。[4] 法国法不像公约和普通法那样对要约和承诺规则有明确的规定。在实践中,由法院完全作为事实问题进行自由裁量。这样,往往出现下级法院的判决与最高法院的判决发生冲突的现象。例如,在一报纸上刊登广告案中,下级法院判决认为报纸上刊登广告,"只构成向任何一个可能感兴趣的人发出的邀请",而最高法院认为,"向公众发出的要约对要约人有拘束力,就像向特定人发出的要约一样"。[5]

关于柜台上标价出售的商品,公约未作规定。英美普通法认为是要约邀请;而法国和某些大陆法系国家则认为是要约。我国1999年10月1日实施的《合同法》增加了对要约和承诺的规定。根据该法,要约指希望和他人订立合同的意思表示。一项有效的要约应当内容具体确定;表明经受要约人承诺,要约人即受该意思表示约束;要约到达受要约人时生效。[6] 一般的商业广告以及外贸公司寄送的商品目录单或报价单是要约邀请,而不是要约。商业广告的内容符合要约规定的,视为要约。[7] 超级市场标

---

[3] 沈达明、冯大同:《国际商法》(上册),对外贸易出版社1982年版,第45页。

[4] Carrlill v. Carbolic Smoke Ball Co. (1893) 1 Q. B. p. 256.

[5] Cass. Civ. 28. 11, 1968; J. C. P. 1969, II 1597, Gaz. Pal, 1969, I 95(source book) p. 322.

[6] 《中华人民共和国合同法》第14条、第16条。

[7] 《中华人民共和国合同法》第15条。

价出售的商品是要约还是要约邀请,仍是一个有待实践解决的问题。

2. 要约的撤回与撤销

要约在送达受要约人时生效。要约在生效前的收回称为“撤回”;要约生效后的收回称为“撤销”。各国法律都承认,要约发出以后,只要尚未送达于受约人,要约人可以随时使用更为快捷的方法将其追回。但在要约送达受约人后,是否可撤销或变更其内容,大陆法系和英美法系则适用不同的原则。

德国和法国规定,要约在要约人收到承诺前可以收回,但应为要约人保留承诺的期限;规定了有效期限的要约在期限届满前不能收回。[8] 适用这一原则的还有瑞士、巴西、奥地利和中国[9]等国家。学者们认为,尽管这时合同尚未成立,要约人有收回要约的权利,但从“禁止滥用权利”的理论出发,“要约人行使收回的权利不能用来挫败受要约人合理的期待”,因而禁止要约人行使这一权利。[10] 根据法国判例,对在有效期内因撤回要约而给受要约人造成损失的,要约人应负赔偿责任。[11] 而英美普通法则从对价(Consideration)学说出发认为,要约发出后随时可以撤回,即使规定了有效期限或明确指出是不可撤销的要约,要约人也可以撤销。除非该要约在撤销前已被承诺或受要约人为该要约支付了对价。[12]

为了便于国际贸易交往,《美国统一商法典》已取消了对价的要求。第2-205条规定:经交易商签名的货物买卖契约,如依其文义保证系自由接受的承诺,则在要约规定的期限内,或未规定期限,则在合理期限内,不得以对价的欠缺为由而任意撤回;但在任何情况下,此一期间不得超过3个月。

《联合国国际货物买卖合同公约》(以下简称《公约》)回避了对价学说,基本采纳了普通法的规定。公约规定,一项发价,即使是不可撤销的,得予撤回,只要撤回通知于要约送达受要约人之前或同时送达受要约人。在未订合同之前,只要撤销通知于受要约人发出承诺通知之前送达受约人,要约可以撤销;[13]然而,在但书部分,公约采纳了大陆法系的信赖原则,规定在合同成立前,写明或以其他方式表示要约是不可撤销的,则不能撤销;受约人有理由信赖要约是不可撤销的,并本着这种信赖行事,要约也不能撤销。

3. 要约的生效与失效

要约在被送达受要约人时生效。即要约须用口头通知或其他方式送达受要约人或其营业所在地。如无营业地,则应送交其惯常居所。

---

〔8〕 施莱辛格(Schlesinger):《合同的订立》(*Formation of the Contract*), pp. 761-770, 780-781.

〔9〕 《中华人民共和国合同法》第18条、第19条。

〔10〕 尼柯拉斯(Barry Nicholas):《法国合同法》(*French Law of Contract*) (1982), p. 66.

〔11〕 Cass. Civ. 17. 2. 1958, D1959, 83. source book, p. 328.

〔12〕 施莱辛格:《合同的订立》,pp. 748,755-756, 760.

〔13〕 《联合国国际货物买卖合同公约》第16条第2款。

在下列情况下,要约失去效力:(1)过期。规定了承诺期限的要约,在有效期届满时自动失效。未规定承诺期的要约,在一定的合理期限内未收到承诺,要约失去效力。(2)撤回或撤销。要约人在要约未送达受要约人之前,或受约人未作出承诺之前,将撤销要约的意思表示送达受要约人,原要约失效。(3)拒绝。受要约人将对要约表示拒绝的意思表示送达要约人,原要约失效。(4)反要约。受要约人在承诺中对原要约中提出的条件作了实质性更改、扩张或限制,该承诺被视为一个新要约,原要约失效。

(二)承诺

1. 承诺的定义

承诺,是受要约人对要约表示无条件接受的意思表示。一项有效的承诺必须满足以下条件:(1)承诺由受要约人作出。非受要约人在得知要约的内容后作出的承诺不能构成一项有效承诺。(2)与要约的条件保持一致。按照传统的普通法理论,承诺应像镜子一样反射要约的条件。为了适应现代商业发展的需要,《公约》第 19 条第 2 款规定,承诺只要不在实质上变更要约的条件,而且要约人在合理时间内未发出表示异议的通知,则仍可构成有效承诺,其合同条件以通知内更改的为准。按照《公约》的规定,所谓"实质上变更"是指对有关货物的价格、付款条件、货物质量和数量、交货地点和时间、赔偿责任范围或解决争议等的添加或不同条件。[14](3)承诺应在要约有效的时间内作出。对于规定了有效期限的要约,应在规定的期限内作出承诺。未规定有效期限的要约,应在合理期限内作出承诺。逾期作出的承诺,原则上无效,但如果考虑到交易情况或要约人毫不迟疑地发出通知表示接受,则仍具有承诺的效力。[15](4)承诺必须通知要约人。承诺的传递应采取要约规定的方式,在未作出规定时,应采取与要约传递相同的方式或较之更为快捷的方式。

2. 承诺的生效

在各国的实践中,就承诺生效的时间形成三种原则:

(1)投邮生效原则。这是英美普通法国家采用的原则。即由信件电报表示的承诺,一经投邮,立即生效。合同即于此时宣告成立。不管要约人实际收到信函与否。法国判例认为,"交付邮局就如同交付对方的信使",也采用投邮生效原则。[16] 投邮生效原则的优点在于保护受要约人。英美普通法认为,由于要约人在发出要约后可以随时撤回要约,投邮生效可阻止要约人在承诺尚在途中时撤回要约,因而受要约人一旦发出承诺后,即可信赖该要约而行事。此外,如果要约人在要约中明示或默示地指明了承诺方式,而事实又证明指定的方式无效或不充分,那么应由要约人而不是受要约人承担传递延误或丢失的风险。投邮生效原则的缺点在于对要约人不利。如果表示

---

〔14〕《联合国国际货物买卖合同公约》第 19 条第 3 款。

〔15〕《联合国国际货物买卖合同公约》第 18 条第 2 款。

〔16〕江平:《西方国家民商法概要》,法律出版社 1988 年版,第 102 页。

承诺的信函或电报在传递途中丢失，则要约人在尚不知合同已成立的情况下，实际上却承担了合同义务。

(2)到达生效。此为德国等大陆法系国家所采用。即表示承诺的信函或电报，要送达要约人才能生效，不管要约人是否知晓其内容。如果信函、电报在传递途中丢失，则无合同存在。《德国民法典》第130条第1款规定，对于相对人所作的意思表示，于意思达于相对人时发生效力。《日本民法典》第79条第1款、我国《合同法》均采用此原则。[17] 送达生效原则的优点在于保护要约人。合同是双方当事人的合意，这种合意应当为双方而不是一方所知(尽管要约经受要约人发出表示承诺的信件或电报后，事实上已存在了双方意思表示一致的协议)。因此，由要约人在收到表示承诺的信件后才承担合同义务，对双方是比较公平的。此外，由于某些采用到达生效原则的大陆法系国家一般不允许随时撤回已发出的要约，因而，不存在要约人在承诺尚在途中时撤回要约的可能。

(3)了解生效原则。意大利、比利时的法律要求以信函或电报表示的承诺，不但应送达要约人，而且应该使要约人了解其内容，承诺才发生效力。[18] 在理论上，这一原则最符合"合同是双方意思表示一致"的含义。但在实践中，很难掌握和判断要约人是否了解承诺的内容。

在国际货物买卖领域，各国在承诺生效时间上的分歧已通过公约得到解决。《公约》采纳了到达生效原则。第18条第2款规定，要约的承诺于表示同意的通知送达于要约人时生效。[19]《美国统一商法典》则更进了一步，第2-204(2)条规定："凡足以构成一买卖契约的合意，其效力不因该合意成立之时间无从断定而受影响。"按照《公约》的规定，"送达"是指送交要约人的营业地、通信地址或惯常居所。按照同样原则，撤回承诺的通知也于承诺送达要约人之前或同时生效。[20]

3. 沉默

根据普通法的要约理论，要约的拘束力只及于要约人而不及于受要约人。对要约，受约人可自由地表示承诺或拒绝。在后一种情况下，也没有将拒绝的表示通知要约人的义务。尽管要约人可以在要约中规定承诺的时间和方式，但不能规定拒绝的时间和方式。[21] 因此，如果受要约人不在某个时间或以某种方式表示拒绝，不能认为合同已经成立。可见，沉默一般不构成承诺。但是下列情况除外：(1)要约中有明确相反

---

〔17〕《中华人民共和国合同法》第26条。

〔18〕 Georges R. Delaume：《跨国契约的法律适用与争议的解决——法律与实践》(*Transnational Contracts Applicable Law and Settlement of Disputes—Law and practice*)(1983)第5卷，第14页。

〔19〕 1964年海牙《国际货物买卖合同成立统一法》也采用了到达生效原则，第12条。

〔20〕《国际货物买卖合同公约》第22条、第24条。

〔21〕 波洛克(F. Pollock)：《英国合同生效的一般原则》(*A Treatise on the General Principles Concerning the Validity of Agreements in the Law of England*)第13版，第22页。

的规定。(2)受要约人以行为履行了要约,这时可以推定对要约已表示了承诺。[22] 如果受要约人完全有时间表示反对,并从要约的履行中得到好处,则可推定表示了承诺。[23] (3)基于双方的交易习惯,受要约人可用沉默表示承诺。[24]

相反,少数大陆法系国家认为,沉默可表示承诺。例如,《日本商法典》第509条规定:“商人接到经常交易人的属于其营业种类的合同要约时,要及时发出承诺与否的通知。如怠于通知,视为已对该要约表示承诺。”

《公约》采用了普通法的做法,第18条第1、3款规定,缄默或不行为本身不等于接受。但是,根据要约的规定以及当事人之间确立的习惯做法或惯例,受约人可以作出某种行为,诸如发货或支付价金等表示同意。然而,其行为必须在规定期限内实施。如未规定时间,则应在合理时间内作出。[25]

二、合同的形式

《联合国国际货物买卖合同公约》第11条和第12条规定,买卖合同,包括其更改或终止,要约或承诺或者其他意思表示,无须以书面订立或书面证明。在形式上也不受其他条件的限制。可以用包括证人在内的任何方法证明。这和多数西方国家的做法是一致的。在资本主义国家,对于一般的货物买卖合同,法律并不规定应当采取的形式。当事人可以用口头、书面或行为三种方式订立合同。如《美国统一商法典》第201条规定,价金为500美元或500美元以上的货物买卖合同,必须以书面方式作成并有双方当事人签字才产生效力。但在下列情况下,无书面形式,合同仍属有效:货物是专为买方制造,且在买方拒绝的通知到达前已实际开始制造;否认合同效力的一方在法院答辩或作证时,承认双方之间存在买卖合同;价金已付或买方已收到货物。无书面形式的合同仍旧有效,只是不能由法院强制执行。

考虑到某些发展中国家和社会主义国家合同法的不同规定,公约允许成员国在加入或核准公约时对第11条及其有关规定作出保留。我国原《涉外经济合同法》要求涉外经济合同的所有条款都必须是书面的。书面包括电报和电传,尽管这些条款不必载入同一份合同文件中。合同的附件是合同的组成部分,因此也必须具有书面形式。至于哪些文件可构成合同附件,由双方当事人在合同中予以确定。实践中,合同附件应当是与交易以及这些附件之间有内在联系的完整的文件,包括经当事人统一的有关修改合同的文书、电报、图表等。1999年3月15日颁布的《合同法》不再要求合同订立一定是书面的形式,还可用口头形式和其他形式,同时扩大了对“书面”的解释,将以EDI方式订立的合同也归在“书面”形式之中。

---

〔22〕《中华人民共和国合同法》第26条。

〔23〕 St. John. Tugboat Co. Ltd v. Irving Refinery Co. Ltd. (1864); A. G. Guest: Ansons Law of Contract, p. 38.

〔24〕 尼柯拉斯:《法国合同法》1982,第72~73页。

〔25〕 1964年海牙《国际货物买卖合同成立统一法》第6条、第8条。

在现代各国合同法制度中，合同的书面形式具有以下作用：(1)使合同具有确定性、公开性和告诫性。它使合同内容、生效时间更加准确，双方权利义务更为明确；鼓励当事人在承担义务前，就自己承担的权利义务内容及后果进行反思。保证合同的公开性不但有利于法律保护弱者，并使第三者知道合同权利的存在，而且有利于保证国家的合同管理机关和税务机关等对合同进行管理。(2)是确定合同效力的实质条件。在一些买卖合同中，为了保证卖方向买方提供各种情报以便买方确切地了解其所购买的商品，现代各种法律体系都规定了详细的书面形式要求。如在食品、药品、化学肥料的买卖中要求厂家必须提供有关化学成分、出厂日期、效力、用法等的详细情况的说明书，并对违反法律规定者规定了严厉的刑事责任。在社会主义国家，由于实行计划和商品经济的联合体制，因此更加强调和重视合同书面形式的社会保护功能，没有书面形式的合同，一般是无效的。(3)证据作用。在当事人不能用口头证明合同的存在及内容的情况下，合同的书面形式是合同可以强制执行的依据。

第三节　有关电子单证的法律问题

电子单证(EDI)产生于20世纪60年代末的欧、美。经过20多年的发展，EDI在欧美大公司中的使用已非常普遍。在国际贸易中，1990年《国际贸易术语解释通则》中已允许买卖双方用“相等的电子单证”(Its Equivalent Electronic Message)取代提交纸单证。因此用电子单证代替传统的纸单证已成为国际贸易的发展趋势，由电子单证带来的一系列法律问题也就成了法学研究中的一个新课题。

一、电子单证概念

EDI是Electronic Data Interchange的英文缩写，翻译为电子数据交换，指当事人依照法律和协议用电子计算机对约定的信息和数据标准化、格式化，通过计算机网络进行交换和处理。1996年联合国国际贸易法委员会第二十九届会议通过的《电子商业示范法》给EDI定义为：按照商定的标准将信息结构化并在计算机之间进行电子传递。

根据统计，使用EDI处理商业单据，在准确、高效等方面其优势是显而易见的：(1)提高交易速度。EDI的使用使一项商业文件的传递在几秒钟之内即可实现。过去需要几天才能完成的清关手续，现在只要十几分钟即可完成，比人工速度提高80%，且无须人工干预全部自动处理。(2)降低成本。EDI的使用可降低文件成本44%，降低文件人工处理成本38%。(3)减少失误。减少因人工制单错误或遗漏造成的损失达40%左右，竞争力提高38%左右。(4)提高安全性和保密程度。

二、EDI标准的国际化

EDI的全球使用除有赖于计算机技术的发展外，还有赖于商业文件和行政事务处理数据的标准化、格式化、法制化,贸易数据交换的双方要采用统一的标准,才能使计算机能够加以识别和处理,才能实现信息的交换。国际上通用的标准主要有两个:一个是1985年由联合国欧洲经济委员会和国际标准化组织共同开发的《行政、商业和运输电子数据交换规则》(Electronic Data Interchange for Administration, Commerce and Transport,UN/EDIFACT),1986年正式作为国际EDI的通用标准公布。另一个是美国标准化协会制定的ANS1—X12(America National Standard Institute, X12),1992年在其第4版标准制定后已不再继续发展,逐步向EDIFACT靠拢,并终将被后者取而代之。

我国自1990年开始从事EDI的研究、启用和推广工作并采用了国际通用的UN/EDIFACT标准,1991年成立了中国EDI—FACT委员会,在促进EDI发展的同时,推动了其国际标准化工作,推动了计算机应用以及电子通信网络的建立和发展。掌握这些国际标准,对实施EDI十分重要。

UN/EDIFACT由一系列涉及电子数据交换的标准、指南和规则,目录及标准报文组成,主要分以下两类:(1)指南和规则:包括EDIFACT应用级语法规则(ISO9735);EDIFACT语法规则实施指南;EDIFACT报文设计规则和指南。(2)目录:EDIFACT数据元(Data Element)目录;复合数据元目录;EDIFACT数据段(Segment)目录;EDIFACT代码表(Codes)和EDIFACT标准报文目录(Message)。

三、增值网络

在EDI通信手段中,贸易双方大多要通过第三方网络提供中介服务,由于这种网络系统不但传送信息,还提供海关通关、商品检验、签证及原产地证、银行开证、运输、保险等增值服务,所以也被称为增值网络(Value Added Network,VAN)。在采用EDI的交易中,除了EDI标准的国际化外,VAN的服务是不可或缺的。其主要作用在于:(1)向EDI用户提供电子邮箱及开启邮箱的专用密码;(2)向用户报告信息是否被接收及存在问题;(3)对用户传递的信息进行加密和证实;(4)根据用户要求将电子单证转换成纸单证或将用户提供的不规范的信息翻译成国际通用的标准进行EDI通信。其责任主要体现在以下几方面:(1)计算机网络系统的技术和管理责任;(2)网络系统对信息传递的保证;(3)对计算机网络系统中雇员欺诈与失误的责任承担;(4)对第三方责任的承担。

在1992年2月哥伦比亚卡塔赫那召开的联合国贸易与发展会议第八届大会上,171个成员国出席并通过了"卡塔赫那承诺"(The Cartagena Commitment),责成贸发会实施全球贸易网点的任务,即全球贸易效率计划(Trade Efficiency Initiative)。其中一项任务就是在全球有关地区建立贸易网络,并将其联结成平行于Internet的全球贸易网络(GTPNet),制定全球贸易效率宣言,作为全球贸易原则。1994年9月1日,我国成立了第一个贸易网点即联合国贸易网点上海中心,为我国对外贸易走上世界发挥着积极作用。

四、有关EDI的法律问题

电子数据交换系统在国际贸易中的普遍应用,给传统的贸易法律规定提出了新的问题，特别是在合同法和证据法领域。例如，在合同订立的问题上，关于要约与承诺的问题；合同成立时间与地点的确认问题；合同的书面形式；合同生效所必需的双方当事人签字、盖章问题等。在证据法方面，采用电子数据交换系统成立的合同，在仲裁或诉讼中能否作为证据使用，特别是对于英美法系来说，是对其传统证据法原则提出的挑战。按照证据法的分类，由计算机传送的信息形成的证据属于派生证据（Secondary Evidence），即证据产生于信息传输的中间环节而非在事实的直接作用下形成［又称传闻律（hear-say-rule）］禁止使用派生信息认定事实，这一规则是英美传统证据法的基石之一。在英美法中妨碍计算机信息作为证据的第二个障碍在于“最优证据规则”（Best Evidence Rule）。根据这一规则，向法院提供的证据应为书证原件。所谓“原件”是指原始的和在制作方法上保证具有同一性的同时制作的文件。按照这一定义，由计算机传送的单证可从打印机中打出，因此可视同为书证原件。然而在以计算机阅读形式存储的信息数据，由于易于修正而不留痕迹，法庭难以作为证据接受。此外，如单证的转让问题、由计算机网络担保中介服务中出现的网络责任问题、司法管辖权问题、法律适用问题等，都是 EDI 立法中碰到的棘手问题。

归纳起来，目前解决上述法律问题的途径有：

1. 国内立法

这是最直接而有效的方法，随着计算机技术的广泛应用，不少国家颁布了有关 EDI 的法律，如澳大利亚颁布了《计算机和证据法》、加拿大的《加拿大电子数据交换理事会协议》、美国的《美国律师协会协议》等。

2. 通信协议

由于 EDI 所面临的法律问题毕竟是一个复杂的涉及多方面因素的问题，许多国家尚无此方面立法或面临对现有不适应 EDI 交易的现行立法进行修改和补充的问题。即使颁布了立法，也难以完整系统地解决适用于 EDI 交易中面临的诸多复杂情况的出现。因此，由 EDI 用户之间通过订立通信协议来解决弥补立法的空白，确定 EDI 用户应遵守的行动守则和通讯标准，确定有管辖权的法院或提交仲裁、适用的法律等，成了进行 EDI 不可或缺的条件。

3. 国际立法

和一般的国内贸易不同，国际贸易中 EDI 的应用是信息在国际间的传送。由此产生的法律障碍最终只能靠国际统一立法、国际公约和国际惯例来解决，目前已经生效的有：

（1）1987 年 9 月 22 日国际商会执行理事会第 51 届会议通过的《数据电传交换的统一行为守则》（Uniform Rules of Conduct for the Interchange of Data Teletransmission），主要是确立一个通信协议的标准化格式。但由于不同用户之间的要求不同，通信协议中许多细节和形式问题要形成统一标准格式的构想难以实现。

（2）1989 年 11 月国际商会国际商业惯例委员会通过的《国际贸易术语解释通则》

修订本。通则明确规定,将 EDI 方式订立的合同视同具有书面形式的合同而为交易双方所接受。[26]

(3)1993 年国际商会修订的 1994 年 1 月 1 日生效的《跟单信用证统一惯例》(500 号出版物)。为了适应电脑制单的要求,UCP500 第一次明确规定商业发票无须签署。此外,对于提供原件的要求,除信用证另有规定,银行将对用电脑方式处理或表面上看是以此种方式处理的单据,作为正本(Origin 原件)接受。对于需要签字(Sign)的原件,此种单据可以用手签(Handwriting)、复制签字(Facsimile Signature)、针孔穿签(Perforated Signature)、印章(Stamp)、符号(Symbol)或其他机械的、电子的方法来签发证实。除非信用证另有规定,信用证要求单据经证实,生效,合法化,签证,证明或类似要求时,单据上任何签字、符号、印章或标签,只要在表面上看已满足这些要求,均可被接受。以上这些规定对消除 EDI 的法律障碍起到了积极作用。UCP600 仍然保留了上述规定,第 3 条释义部分规定:“单据可以通过手签、签样印制、穿孔签字、盖章、符号表示的方式签署,也可以通过其他任何机械或电子证实的方法签署。”。

(4)1990 年 6 月 29 日国际海事委员会第 34 届大会上通过的《电子提单规则》。该规则共 11 条,比较全面地就电子提单所涉及的法律问题作出了明确规定。

(5)1996 年联合国国际贸易法委员会第二十九届会议通过的《电子商务示范法》。它是一部真正全面适用于在商业活动方面使用的一项数据电文为形式的任何种类的信息传送的 EDI 的统一法。该法共 17 条,就数据电文的法律承认,书面签字,原件,数据电文的证据力,留存,合同的订立和有效性,当事各方对数据电文的承认,数据电文的归属,收讫的确认,收、发数据电文的时间和地点以及货物运输和运输单据等方面所涉及的问题都作了明确的规定。该示范法生效后,成为 EDI 的国际统一立法的奠基石。

(6)联合国《电子签名示范法》。在《电子商务示范法》出台后,联合国贸法会开始制定电子签名领域的法律规范。在贸法会电子商务工作组第 37 次会议上,提出了“电子签名示范法”的草案,并在第 38 次会议上进一步完善。2001 年,贸法会审议通过了《电子签名示范法》,该示范法对电子签名领域的基本问题都作出了规定,为各国制定电子签名法律提供了示范。

(7)联合国《国际合同使用电子通讯公约》。该公约由联合国国际贸易法委员会在《电子商务示范法》和《电子签名示范法》的基础上主持制定,2005 年 11 月 23 日通过,目前仍未生效。公约的宗旨是在对国际合同使用电子通信的情形中增强法律确定性和商业可预见性。公约处理的问题包括如何确定一方当事人在电子环境中的所在地;电子通信的收发时间和地点;使用自动信息系统订立合同;以及确立电子通信和纸面文件(包括“原始”纸面文件)以及电子认证方法和手写签名功能上等同所使用的标准。

---

〔26〕《2000 年国际贸易术语解释通则》及《国际贸易术语解释通则® 2010》继承了这一规定,可以用相等的电子单证代替纸单证。

第四节　国际货物买卖合同双方的权利义务

一、卖方义务

《联合国国际货物买卖合同公约》规定了卖方的如下义务：

(一)提交货物和单据的义务

提交货物和单据是卖方的主要义务之一。卖方应在合同指定的时间和地点移交货物和单据。如果合同对交货时间、地点未作规定,应按公约的规定办理。

1. 交货地点

(1) 卖方营业地。卖方没有义务在任何其他地点交付货物,而是在自己的营业地向买方提交货物;买方自备运输工具,将货物运走。我国《合同法》第61条规定,合同生效后,对履行地没有约定或约定不明确的,可以由双方当事人协议补充,不能达成补充协议的,按照合同的有关条款或交易习惯确定,否则,适用该法第141条的规定:不知道某一标的物在某一地点的,应当在出卖人订立合同时的营业地交付标的物。显然,这比《联合国国际货物买卖合同公约》的规定更明确一些。如果卖方有一个以上营业地,则以与合同或合同的履行关系最密切的营业地为其营业所在地;如果卖方没有营业地,则以其惯常居所为准。

(2) 特定地点。如果在订立合同时,双方都知道货物不在卖方营业地,而是在某一特定地点的特定货物或是从特定存货中提取,或将在某特定地点进行生产制造,则交货地点即是该货物存放或生产制造的特定地点。

(3) 涉及运输的交货。当卖方的交货义务涉及运输时,卖方只要把货物交给第一承运人就履行了交货义务。在国际贸易中,"涉及运输"是一个专有概念,特指卖方为履行交货义务需以本人名义与独立的第三者(承运人)订立运输合同并由后者承担运输责任的交货。当卖方有义务安排运输时,卖方应与承运人订立必要的运输合同。此外,由于国际货物买卖已基本实现统一化、标准化、规范化,因此,进出口商通过选择不同的贸易术语即可确定交货地点,如FOB的交货地点是在装运港,FCA的交货地点是承运人所在地,EXW的交货地点是货源所在地,DDU的交货地点是进口国指定地点。

2. 交货时间

卖方应在双方约定的时间(确定的日期或期间)提交货物。如果合同中没有约定,则根据公约的规定办理,即卖方应在订立合同后的一段合理时间内交货。所谓"合理时间",按照一般的国际实践,是作为事实由法院根据货物的性质及合同的其他规定决定的。我国《合同法》规定,履行期限不明确的,债务人可以随时履行。债权人也可以随时要求履行,但应当给予对方必要的准备时间。[27] 当标的物在订立合同之前已为买受人占有的,合同生效的时间为交货时间。[28] 对于在履行期到来之前,卖方是否可提前交货问题,《公约》作了灵活规定,如果卖方在规定日期前交付货物,则买方有收取货物或拒绝收取货物的选择权。[29] 然而根据《德国民法典》第 271 条的规定,订有履行期限的合同,卖方可以在履行期到来之前不经买方同意提前交货,但要事先通知买方;而买方却不能要求卖方提前交货。

3. 书证的交付

在国际货物买卖中,存在两种交货方式:一种是"实际交货",即卖方亲自把货物连同代表货物所有权的单据一起交到买方手中,完成货物所有权与占有权的同时转移;另一种是"象征性交货",即卖方只把代表货物所有权的证书(提单、发票等)交到买方手中,完成货物所有权的转移即为完成交货义务。

在实际交货时,交货义务是在指定的时间、地点把货物提交到买方控制之下完成的;在象征性交货中,则是卖方把代表货物所有权的单据交给买方,此时交单的时间和地点即为履行交货义务的时间和地点。因此,在国际货物买卖合同中,交付单据是卖方的一项十分重要的义务。根据公约规定,卖方交付单据的义务具体包括:卖方应保证单据的完整和符合合同及公约的规定。所谓"完整",是指卖方应提交一切与货物有关的单据,使之足以作为买方正当获得所有权及占有货物的保证。这些单据通常包括:提单、保险单、发票、商检证、进出口许可证、领事签证、原产地证书,等等。这些单证有些是货物所有权的凭证,有些是买方顺利提取货物、报关、验货的凭证,同时也是买卖双方凭以进行索赔的凭证。这些单证相互之间以及与合同与公约的规定相互一致。当双方确定以信用证方式支付的情况下,所提交的单据还要和信用证的规定保持一致。此外,卖方应在合同约定的时间、地点交付单据。如果卖方在规定日期前提交了单据,如单据中有与合同不符之处,卖方有权予以修改,但对由此给买方造成的损失要承担赔偿责任。

(二)卖方的担保义务

卖方除了承担交货义务外,还应保证提交的货物在各方面符合合同规定,包括卖方对所交货物的质量保证和所有权保证。

1. 质量担保与国际产品责任法

(1)质量担保。又称瑕疵担保,指卖方对其所售货物的质量、特性或适用性承担的责任。《联合国国际货物买卖合同公约》规定,卖方提交的货物除了应符合合同的规定外,还应符合如下要求:①货物适用于同一规格货物通常使用的目的;②货物适

---

〔27〕《中华人民共和国合同法》第 62 条。

〔28〕《中华人民共和国合同法》第 140 条。

〔29〕《联合国国际货物买卖合同公约》第 52 条第 1 款。

用在订立合同时买方明示或默示通知卖方的特定目的；③在凭样品或说明书的买卖中，货物要与样品和说明书相符；④卖方应按照同类货物通用的方式装箱或包装，如果没有通用的方式，则用足以保全和保护货物的方式装箱或包装。

实际上，在各国买卖法中关于卖方对其所售货物承担担保义务都有明确的规定。例如，《美国统一商法典》将这种义务分为明示担保和默示担保。属于合同性质的担保义务称为明示担保，由卖方与买方订立合同或提供样品或说明书承担这一义务。不管卖方对产品质量是否作出明示许诺，由法律强加给卖方的，对货物以及适合特定用途的质量保证，称为默示担保。法典在一定条件下允许卖方在合同中排除上述明示或默示的保证。《1979 年英国货物买卖法》（1995 年修订本）把合同条款分为条件和担保。条件指有关合同基础的重要条款；担保是从属于合同目的的次要条款。和《美国统一商法典》一样，无论是条件或担保都有明示和默示之分。明示是由买卖双方在合同中明确表示出来的，默示则是法律强加的。《法国民法典》则把瑕疵分为明显的与隐蔽的两种。由隐蔽的瑕疵致使货物灭失或减少其通常效用，卖方应负担保责任，无论他对瑕疵知晓与否；对明显的买方自己发现和辨认的瑕疵，则不承担担保义务。《德国民法典》也有类似规定，第 459 条要求卖方向买方担保他所售出的物品在风险转移给买方时灭失或减少其价值，或降低其通常用途或合同预定的使用价值的瑕疵；担保在风险转移时，货物具有他所允许的质量。根据各国法律与实践，卖方违反瑕疵担保不但要承担交货不符、违反合同的责任，如果因货物瑕疵导致人身和财产损害，当事人还要依法承担产品责任。《中华人民共和国合同法》在第九章“买卖合同”中增加了卖方对货物质量提供担保的义务：出卖人应当按照约定的质量要求交付标的物。出卖人提供有关标的物有质量说明的，交付的标的物应当符合该说明的质量要求。[30] 凭样品买卖的当事人应当封存样品，并对样品质量加以说明。卖方交付的标的物应当与样品及其说明的质量相同。[31] 出卖人应当按照约定的包装方式交付标的物。[32] 当一方的违约行为侵害对方人身、财产权益的，受损害方有权选择本法要求其承担违约责任或者依照其他法律要求其承担侵权责任。[33]

（2）国际产品责任法。产品责任问题不在公约的调整范围之内。《公约》第 5 条规定，公约不适用于卖方对于货物对任何人所造成的死亡或伤害的责任。目前国际上尚不存在统一的关于产品责任的国际公约。[34] 这样，由货物瑕疵导致的产品责任问题只能依据各国的国内法解决。根据各国法律与实践，因卖方提交货物瑕疵导致人身和财

---

〔30〕《中华人民共和国合同法》第 153 条。

〔31〕《中华人民共和国合同法》第 168 条。

〔32〕《中华人民共和国合同法》第 156 条。

〔33〕《中华人民共和国合同法》第 122 条。

〔34〕按照欧洲共同市场 1985 年 7 月通过的《产品责任法》规定，自 1988 年 7 月 20 日起，该法将在欧洲共同市场所有成员国全面实施。

产损失,不但可依合同追究卖方的责任,而且可追究到与货物的产、销有关的任何人,如代理商、批发商乃至制造商等;提起诉讼的人不但包括合同的当事人,也包括非合同当事人的一切受害者,如产品的最终用户或旁观者。

提起产品责任诉讼,除了基于合同中卖方对产品质量的瑕疵担保外,还可以基于侵权行为的过失责任或无过失的侵权责任。

第一,侵权行为和过失责任原则。是指货物的卖方或制造商有义务行使一个有理性之人的合理注意以防货物伤害他人。如果在生产或销售中存在疏忽导致他人身体或财产蒙受损失,则因有过失而承担赔偿责任。

早期各国的产品责任都是基于"合同关系",即由产品瑕疵引起的人身和财产损害赔偿只及于与合同有关系的人,对合同以外的第三者不负赔偿责任。到了20世纪初,首先由美国法院建立了产品责任的侵权行为的过失责任原则。1916年,在麦克弗森诉别克汽车公司案中(Mecpherson v. Buick Motor Co.),制造商别克汽车公司因在检验轮胎时存在疏忽,致使汽车在行驶中发生翻车事故,导致驾车人受伤。法院根据由于疏忽引起的损害为理由,判处别克公司承担侵权责任。[35] 在以后的判决中,法院又将疏忽责任扩大其适用范围,不仅适用于卖方或制造商关于货物的检验,而且适用于对货物特性或适合特定目的方面有不实陈述,不揭示已知的瑕疵或对已知的危险不予警告以及在设计和制造货物中未运用正当注意等情况。[36] 过失责任不涉及合同关系,因此只要受害人证明:①自己对产品瑕疵没有过失;②人身和财产受到损失;③产品有瑕疵;④卖方或制造商有疏忽,则可推定卖方或制造商有过失而承担责任。目前适用这一原则的有英国和日本以及美国的某些州。

第二,无过失侵权责任原则。由于受产品瑕疵伤害的人并不是总能依赖卖方或制造商的疏忽或违反担保得到补偿,如让受害人证明产品在制造或设计过程中存在不当之处是很困难的,从保护消费者的目的出发,从20世纪60年代起,不少国家确立了无过失侵权责任,又称严格侵权责任原则。根据这一原则,受害人无须证明卖方或制造商有疏忽,只要证明其人身、财产受到损害、产品有瑕疵,即可得到赔偿。严格责任原则原本仅适用于从事高度危险工作的人,如使用炸药进行爆破或喂养野兽的人给他人人身和财产造成损害应承担责任。将这一责任原则引入货物买卖法的目的是要确立:由产品瑕疵造成人身、财产损失由卖方和制造商承担,而不考虑他们是否采取了合理的注意。对于这一原则,《美国侵权行为重述》第402(A)节有完整而明确的表述,它规定:①出售对用户或消费者或其财产产生不合理危险的瑕疵产品的卖方应对最终用户或对其财产遭受的损害承担责任,如果卖方从事该产品的商业销售,而且在销售条件

---

〔35〕 111N. E. 1050ct. App. N. Y.(纽约上诉法院)1916.

〔36〕 约翰·古德温(John R. Goodwin):《商法——规则、文件与案例》(*Business Law—Principles, Documents and Cases*)(1980),第717页。

未发生重大改变的情况下，产品未达到用户或消费者期待的目的。②即使有下列情况，上述①款的规定得适用之：卖方在准备和出售其产品时已尽了一切可能的注意用户和消费者未与卖方订立或具有合同关系。

目前，这一原则已被美国大多数州采纳，并扩及适用于对二手货、劳务及不动产的销售。法国及德国的司法判例也开始适用这一原则。

无过失侵权责任原则摆脱了传统的合同关系学说以及要求受害人证明制造商或卖方在生产和销售中存在疏忽的困难，对消费者及用户形成了比较充分的法律保护，但遭到了一些制造商和保险公司的反对。他们认为，严格责任的滥用，抑制了对新产品、新工艺的开发和使用，给制造商施加了过分的费用负担，并使一些不按卖方指导错误使用产品导致伤害，甚至用户自己对产品做了改动后引起的损害也要卖方和制造商承担责任的案件时有发生。为此，在实践中，出现了对无过失侵权责任施加限制的做法：①给工艺水平下定义。即决定产品是具有内在危险性还是设计上的瑕疵，要考虑制造时的工艺状况，从实际可能和技术上施加时间限制。不允许将制造商随后对产品设计或工艺上的改进或改变作为制造商早应如此做的证据。②如果在使用中受害人自己有过失，则相应减轻卖方和制造商的责任。③如果产品符合国家的安全标准，制造商可以得到保护。④颁发平息法规（Statutes of Repose，即时效规则）。由于买卖法中的诉讼时效不适用基于疏忽或严格责任提起的产品责任诉讼，因此，当一个工人使用几十年以前生产的机器受伤时，与其因工伤享受的有限赔偿相比，该工人宁愿以严格责任为基础向该机器的制造商提起诉讼。这样，产品的制造商将必须无限期地随时为其生产过的一切产品承担无过失责任。这对制造商显然是不公平的。为了解决这一问题，平息法将为基于疏忽或严格责任提起的产品责任诉讼规定时限。例如，美国的某些州法规定，禁止在产品出售10年以后提起产品责任诉讼。[37]

值得注意的是，在国际货物买卖中，各国法律都允许买卖双方通过在合同中订立免责或限制条款，以减轻或解除卖方依法承担的质量担保义务。

（3）标准合同与免责条款。在国际货物买卖中，合同一经订立，双方都应视其为法律，严格按照合同条款履行自己的义务，否则要因不履行合同或违反合同而承担赔偿责任。按照法律的规定，只有在发生不可抗力的情况下，才能免除自己因不可抗力导致不能履行合同或不能按期履行合同所应承担的责任。然而，在实践中，常见的做法是卖方常常利用标准合同中的免责条款来免除或限制自己由于交货不符而应承担的责任。

所谓"标准合同"，又称格式合同或"标准商业条款"。通常采用书面形式，合同的条款是事先确定的，以供提供商品或服务的当事人使用。[38] 在国际贸易中，80%的交

---

〔37〕 有些州规定为8～12年不等。参见约翰·古德温前注书，第722页。

〔38〕 王传丽：《涉外经济合同的法律效力》，中国政法大学出版社1989年版，第214～227页；参见英国《1977年不公平合同条款法》，以色列《1964年标准合同法》。《中华人民共和国合同法》称为格式条款，指当事人为了重复使用而预先拟定，并在订立合同时未与对方协商的条款，参见《合同法》第39条。

易是用标准合同的形式进行的,卖方通过合同中制定的免责条款,一方面起到免除自己依合同应当承担的责任(免除责任)或减轻自己的责任(限制责任),另一方面起到限制对方行使其依据合同所具有的权利。如卖方在合同中规定,"交货后三天内未将货物瑕疵和短缺情况通知发货人,则被视为货物在各方面符合说明的确实证据。"3 天后,当买方未对所交货物提出异议时,该条款保护卖方免予承担因交货不符所应承担的赔偿责任,同时剥夺了买方根据合同进行索赔的权利。

值得注意的是,不是所有的免责条款都是有效的。根据各国法律与实践,只有合理的免责条款才能得到法院承认,不能提供合理性证明的免责条款不能产生免责条款的法律效力。此外,①免除当事人由于欺诈行为产生的责任的条款无效;②免除当事人根据产品责任法对人身伤亡和财产损失应当承担责任的条款无效;③免责条款如与当事人的明示担保相矛盾而无效。

2. 所有权担保

所有权担保又称追夺担保,是指卖方所提交的货物必须是第三者不能提出任何权利要求的货物。卖方在订立合同时应保证其所售货物的所有权不因存在卖方所不知的瑕疵而被追夺。

根据《联合国国际货物买卖合同公约》的规定,其含义有三:(1)卖方应向买方担保他确实有权出售该货物。假如卖方将偷窃、走私的东西卖给买方,则违反他对货物的所有权担保义务。(2)卖方应担保货物上不存在在订立合同时不为买方所知的他人的权利,如抵押权、留置权等。(3)卖方应向买方担保第三者对其提交的货物不得以侵权或其他类似理由提出合法要求。例如,卖方出售的货物及其使用不得侵犯第三者的专利权、商标权等。

当第三者根据工业产权或知识产权提出要求时,需具备两个条件:其一,第三者的权利是依据合同预期的货物将要销往或使用的目的地国家或地区的法律取得的。在这种情况下,如果卖方知道或不可能不知道第三者的权利存在,则要承担责任。[39] 其二,第三者的权利是依据买方营业地所在国家的法律取得的。[40] 在这种情况下,不管货物销往哪个国家,也不管卖方是否知晓,卖方均要为侵犯第三者依据买方营业所在地国家的法律取得的专利权承担责任。

实际上,各国法律对卖方的所有权担保义务都有与公约相类似的规定。例如,《美国统一商法典》第 2-312 条规定:卖方应保证转移的所有权是正当的,且转让行为为合法;标的物在交付时,不存在订约时买受人不知悉的任何担保权益、留置权或其他负担;除另有约定外,从事正规经营的卖方应担保第三者不会以侵权或其他类似理由提出任何合法要求。《1979 年英国货物买卖法》(1995 年修订本)第 12 条规定,在销售合

---

〔39〕《联合国国际货物买卖合同公约》第 42 条第 1 款(a)项。

〔40〕《联合国国际货物买卖合同公约》第 42 条第 1 款(b)项。

同中(包括销售协议及销售),对卖方有一默示条件,即(在货物所有权转移时)他有权出售该货物。该货物(在所有权转移前)没有任何在订立合同时未向买方披露或不为买方所知的指控(Charge)或产权负担(Encumbrance);买方将安静地享有对货物的占有(Quiet Possession),除非干扰是由有权享有已向买方披露或已为买方所知的或产权负担的利益所有人或其他有权享有该等利益之人所作出。《德国民法典》第434条规定:"出卖人有义务向买受人转移不存在第三者有权对抗买受人的标的物。"《法国民法典》第1626条规定:即使买卖当时并无关于担保的约定,如买受人被追夺买卖标的物的全部或一部,或标的物尚负有买卖当时未声明的负担时,出卖人依法当然对买受人负有担保义务。法典并在第1630条详细规定了当买卖标的被追夺时,买方有下列请求权:返还价金;标的物所生果实的返还;诉讼费;损害赔偿;解除合同。

根据《公约》的规定,卖方的所有权担保责任在下列情况下可以免除:(1)买方同意在有第三方权利或要求的条件下接受货物;(2)买方在订立合同时知道或者不可能不知道第三者的知识产权主张和要求;(3)上述权利和要求的发生是由于卖方要遵照买方提供的技术图样、图案、程序或其他规格;[41](4)当卖方不知晓的情况下,货物被销往目的地以外的国家;(5)当买方收到第三者的权利要求时,要及时通知卖方,如怠于通知,则免除卖方的所有权担保义务。

值得注意的是,公约并未指明何谓侵犯工业产权或知识产权的行为,这样,在一国被视为侵犯工业产权的违法行为,在另一国可能被认为是合法的非侵权行为。[42] 当双方发生争议时,只能由解决争议的法院依照国际私法规则指引或合同适用的国内法原则来处理。

《中华人民共和国合同法》对卖方的所有权担保义务作了如下规定:(1)出卖的标的物,应当属于出卖人所有或者出卖人有权处分;(2)出卖人就交付的标的物,负有保证第三人不得向买受人主张任何权利的义务。买受人订立合同时知道或者应当知道第三人对买卖的标的物享有权利的,免除出卖人的所有权担保义务。买受人有确切证据证明第三人可能就标的物主张权利的,可以中止支付相应的价款。[43]

二、买方义务

《联合国国际货物买卖合同公约》规定了买方的如下义务:

1. 支付价金的义务

《公约》第35条规定,买方应根据合同和公约的规定履行支付价金的义务,包括根据合同或任何法律和规章规定的步骤和手续,在约定的时间和地点支付货款。按照一般的国际实践,付款应履行的步骤和手续,包括买方向银行申请信用证或银行付款保

---

〔41〕《联合国国际货物买卖合同公约》第41条及第42条第2款(a)(b)项。

〔42〕王传丽:"与贸易有关的知识产权问题——浅析商标权与灰色市场进口",载《政法论坛》1995年第1期。

〔43〕《中华人民共和国合同法》第132条、第150~152条。

函,向政府主管部门申请进口许可证及所需外汇,等等。这些手续是买方付款的前提和保证。根据《公约》规定,完成这些步骤和手续都是买方的义务,不履行这些义务,则构成买方违反付款义务。付款时间和地点是由双方在合同中约定的,如合同中未作约定,则依据公约的规定:在卖方的营业地,或在凭移交货物或凭单据付款时,则是提交货物或单据的时间和地点。《公约》也把买方的付款义务与检验货物的权利联系在一起,规定买方在未有机会检验货物前,可以拒绝付款,但这一程序不得与双方议定的交货或支付程序相抵触。

2. 收取货物

买方收取货物的义务包括两方面:采取一切理应采取的行动以期卖方能提交货物以及接收货物。

何谓一切理应采取的行动,《公约》未作明确规定,在实践中这些行动是由买卖双方在其合同中约定的。以 FOB 合同为例,为了使卖方如期交付货物,买方应自费租船,并将船名、泊地、装船日期通知卖方,这样才能保证卖方及时装货。实际上凡国际货物买卖合同的顺利履行,均需买卖双方的相互配合与合作。如果买方不予配合或配合失当,则构成违反收取货物的义务。在国际货物买卖中,"接收"与"接受"是两个概念,"接受"指买方认为货物在品质数量等各方面均符合合同要求。

第五节　违约的救济方法

违约补救(Remedies for Breach of Contract)一词来源于英美法律,相当于大陆法国家的债务不履行的规定。依《布莱克法律辞典》的解释,"救济"一词指实现权利,防止或补偿权利侵害的手段以及运用这些手段的权利。《联合国国际货物买卖合同公约》关于一方违约时提供给另一方的救济方法兼采了大陆法系与英美普通法系的合同法原则。[44]

一、卖方违约的补救办法

卖方违约是指卖方不交付货物或单据或交付延迟;交货不符合合同规定以及第三者对交付货物存在权利或权利主张。当发生以上违约行为时,《公约》给买方提供了以下救济方法:当卖方不履行合同义务时,买方可要求其实际履行合同义务,包括要求卖方提交符合合同规定的货物或对不符合规定的货物进行修理、更换或提交替代物等;

〔44〕 大陆法系和英美普通法系关于违约救济的学说和主张,参见王传丽:《涉外经济合同的法律效力》,中国政法大学出版社 1989 年版,第 103 ~ 123 页;《国际贸易法》,中国政法大学出版社 2003 年版,第 60 ~ 70 页。

或要求减少价金;对延迟或不履行合同的要求损害赔偿;解除合同并要求损害赔偿。买方并可通过法院强制手段要求卖方履行以上义务。

《公约》给予的以上救济方法,兼采了大陆法系与英美普通法系的合同法原则。

1. 无过失原则

这是英美普通法系的合同法原则。《公约》规定,卖方只要不履行在合同和公约中的任何义务即属违约行为,买方即有权利得到以上救济,不涉及卖方在主观上是否存在过失。而大陆法系国家一般认为,只有当违约是由于卖方的过失所致,才承担违约责任。

2. 解除合同与损害赔偿并用原则

这也是英美普通法系的合同法原则。《公约》规定,买方可能享有的要求损害赔偿的权利,不因行使其他补救权利而丧失。即当卖方违约时,买方可以同时享有几种救济方法。然而大陆法系的德国有比较特殊的规定,根据《德国民法典》第 326 条:如果卖方不履行合同义务,买方只能在解除合同与请求损害赔偿两种救济方法中任选一种,而不能同时并用。

3. 实际履行

这是大陆法系的合同法原则。即当卖方不履行合同义务时,买方可以要求卖方履行合同义务,包括要求卖方提交符合合同规定的货物或对不符合合同规定的货物进行修理、更换或提交替代物等。买方可通过法院强制手段强迫卖方履行以上义务。而英美法系在这种情况下通常要求卖方给予损害赔偿,实际履行(Specific Performance)是一种辅助手段。只有当金钱赔偿不足以弥补当事人损失,而实际履行尚属可能时,才作出实际履行的判决。

根据《公约》的规定,实际履行应满足以下条件:(1)买方不得采取与这一要求相抵触的救济方法;(2)买方应给予卖方履行合同的宽限期;(3)当卖方交货不符时,只有这种不符构成根本违反合同(Fundamental Breach)时,买方才能要求提交替代物,而且应在发现交货不符时,将这一要求及时通知对方;(4)法院是否作出实际履行的判决依赖于该国国内法的规定。

4. 减少价金

这是大陆法系的合同法原则。当卖方违反货物瑕疵担保义务,提交了不符合合同规定的货物时,买方可要求减少价金。《公约》第 50 条规定,如果卖方交货不符合合同规定,不论价款是否已付,买方都可减低价格。减低价格应按实际交付的货物在交货时的价值与符合合同规定的货物在当时的价值两者之间的比例计算。英美法系在这种情况下采用损害赔偿的方法。《美国统一商法典》第 2－613 条(6)规定:"买方可自价金中减去适当的折扣而为标的物的受领。"这在实际效果上与减少价金无异。

在下列情况下,买方丧失要求减少价金的权利:(1)如果卖方对交货已采取补救办法;(2)买方拒绝了卖方对违约采取的补救办法或对卖方提出的补救办法未在合理时间内作出答复。

5. 宣告合同无效

根据《公约》的规定,当卖方不履行合同或公约义务构成根本违反合同时,买方可以宣布合同无效。所谓"根本违反合同",是指一方当事人违反合同的结果,使另一方蒙受损害,实际上剥夺了他根据合同规定有权期待得到的东西。具体包括以下3项内容:(1)卖方不交付货物,延迟交货或交货不符或所有权有瑕疵构成根本违反合同;(2)卖方声明他不在规定的时间内履行交货义务;(3)在买方给予的宽限期届满后仍不履行合同。

英美普通法把合同条款分为条件和担保,违反条件属于严重违反合同,当事人可以解除合同义务并要求损害赔偿;大陆法系国家把违约分为给付不能和给付延迟。《德国民法典》第306条规定:"通常只有给付不能时,才能解除合同义务;而对给付延迟,在经催告仍不履行时,可以解除合同。"

如果卖方已交货,买方则丧失宣告合同无效的权利,除非:(1)在延迟交货的情况下,买方在得知交货后的合理时间内宣布合同无效;(2)在交货不符的情况下,买方在检验货物后的合理时间内提出合同无效;(3)在给予卖方作出履行合同或作出补救的宽限期届满后或在拒绝接受卖方履行义务后的合理时间内,宣布合同无效。

《公约》规定,买方宣布合同无效的声明,只有在向卖方发出通知时才发生效力,宣告合同无效的后果是,要求另一方返还已支付的货款。

值得注意的是,当卖方交付的货物中有部分符合合同时,买方应接受符合规定的部分;只有当卖方完全不交货或不按合同规定交货构成根本违反合同时,才能宣布整个合同无效。当卖方交货数量大于合同规定数量时,买方有选择权,全部接受或拒绝多交部分。当卖方提前交货时,买方也有接收货物或拒收货物的选择权,但接收货物并不意味着宣告合同无效。

6. 损害赔偿

根据《公约》的规定,买方享有要求损害赔偿的权利不因他行使采取其他救济办法的权利而丧失。也就是说,无论买方采用了实际履行并给予宽限期,或减少价金或宣告合同无效等救济方法,如果不足以弥补由于卖方违约造成的损失,买方仍可以继续要求损害赔偿。

7. 补进并要求损害赔偿

在卖方不交货时,买方依法宣告合同无效后,若另外购进货物,还可向卖方提出因另外购进货物所造成的损害赔偿。

二、买方违约的补救办法

买方违约包括买方不按合同规定支付货款和不按合同规定收取货物。在这种情况发生时,根据《公约》的规定,卖方可选择以下救济方法:

1. 实际履行

《公约》第62条规定,卖方可要求买方支付价款,收取货物或履行其他义务。除非卖方已采取了与此项要求相抵触的救济方法。也就是说,当买方不履行合同义务即不付款或不收取货物(包括不办理付款手续和为卖方交货采取合理行动)时,卖方可要求其支付货款或收取货物,并为此可以规定一个宽限期,以便买方履行义务。在这段期限内,卖方不得采取任何补救办法,如转售货物或解除合同。除非买方明确宣布他不履行合同义务。[45]

在要求实际履行的过程中,如货物仍在卖方手中,则卖方有保全货物的义务;[46]如果货物易腐烂或保全货物要支付不合理费用时,卖方可在通知买方后转售货物。在这种情况下,卖方只能要求损害赔偿,而不能再要求实际履行。[47]根据《公约》的规定,实际履行的救济不影响卖方对由于买方延迟付款或接收货物蒙受的损失,提出要求损害赔偿的权利。

值得注意的是,无论当卖方违约还是买方违约,《公约》给予实际履行的救济都不是强制性的。法院或仲裁庭能否作出实际履行的判决(裁决)有赖于法院或仲裁庭所在地的国内法。众所周知,实际履行是大陆法系的主要救济方法。《德国民法典》第241条明确规定:债权人根据债务关系,有向债务人请求履行债务的权利。《法国民法典》第1184条规定:双务契约当事人的一方不履行其所订立的债务时,债权人有选择之权;在给付可能时,请求他方当事人履行契约或解除契约而请求赔偿损害。而英美法是没有实际履行这种救济方法的。即使在衡平法院,实际履行也是一种辅助手段,在原告证明损害赔偿不足以弥补损失或出售的是特定物时,法院可以作出实际履行的判决。根据《1979年英国货物买卖法》第49条的规定,买方不支付价金时,卖方可以提起索取价金之诉,如果:(1)货物所有权已转移给买方;(2)合同中明确规定了价金支付日期,则尽管货物所有权尚未发生转移,货物尚未划拨,不管是否交货,卖方都可提起价金之诉。而对买方拒绝受领货物,卖方只能要求损害赔偿。[48]同样,《美国统一商法典》第2-709条规定:卖方在下列情况下可索取价金及附带损害赔偿:(1)符合合同规定的货物经买方受领或风险已转移至买方后的合理时间内丢失或毁损;(2)货物已划拨合同项下,卖方经合理努力无法以合理价格将其转售。如经判决卖方无权索取价金以及买方拒绝受领货物时,卖方只能要求损害赔偿。

这样,当合同当事人依照《公约》规定提起实际履行之诉时,可能会得到两种结果,法院依据普通法拒绝作出实际履行的判决,而依据大陆法系同意作出实际履行的判决。为了避免《公约》与各国国内法发生冲突,《公约》第28条规定:如果按照《公约》的规定,一方当事人有权要求另一方当事人履行某一义务,法院没有义务作出判决,要求具体履行此一义务。除非法院依照在本身的法律对不属《公约》范围的类似销售合

---

〔45〕《联合国国际货物买卖合同公约》第63条。

〔46〕《联合国国际货物买卖合同公约》第85条。

〔47〕《联合国国际货物买卖合同公约》第88条、第62条。

〔48〕《联合国国际货物买卖合同公约》第50条第1款。

同愿意这样做。也就是说,即使买方依据《公约》有权要求法院强迫卖方提交货物或履行其他合同义务,如果法院依据国内法在类似情况下不作出实际履行的判决,那么,《公约》的规定要让位于国内法的规定。在实际履行的救济方面,由于大陆法系与英美法系的差别较大,《公约》实际是让解决争议的各国法院依照本国法决定之。

2. 损害赔偿

当买方违约时,《公约》给予卖方的第二种救济方法是损害赔偿,由卖方选择适用。

实际履行可以达到买卖双方当初订立合同时预期的目的,但在买方违约并拒绝履行合同时,尽管卖方依《公约》可以要求实际履行,但法院能否作出实际履行的判决,以及判决的执行等都是费时、费力的事情。在瞬息万变的国际市场上,卖方往往不愿冒将货物长期留在自己手中的风险,特别当货物属于易于腐烂,或保存货物要支出较高费用,或货物在市场上紧俏的时候,卖方宁愿选择较为简便、快捷的办法处理,即宣告合同无效、转售货物,同时向买方要求损害赔偿。根据《公约》的规定,损失赔偿额应与买方违约给卖方造成的实际损失与可得利润相等,即赔偿额为合同价与转售额之间的差价。此外,卖方为保全货物支出的合理费用都可以从转售额中予以扣除。根据《美国统一商法典》第 2 - 706(b)的规定:转售所得利润,即当转售价高于合同价时的差额,不予返还。假如在宣告合同无效后一段合理时间内,卖方没有转售货物,则可取得合同价格与宣告合同无效时时价之间的差额以及其他合理费用。当买方违约属不付款或有其他拖欠金额时,卖方有权要求赔偿利息损失以及由买方拖欠付款造成的其他损失。

3. 宣告合同无效

根据《公约》的规定,在下列情况发生时,卖方可以宣布合同无效:(1)买方不履行其在合同或公约中的义务构成根本违反合同;(2)买方不在卖方给予的宽限期内履行合同;(3)买方声明不履行合同。宣告合同无效的法律后果是不需要再交付货物,在货物已经交付时,可以要求返还货物。

《公约》规定,如果买方已支付了价金,卖方则不能宣布合同无效,除非:(1)在得知卖方延迟履行义务前,宣布合同无效;(2)对于其他违反合同的事件,卖方在得知这种情况后的合理时间内宣布合同无效;或在给予买方的宽限期届满或在得知买方声明不履行合同的一段合理时间内宣布合同无效。

对于未收货款的卖方,在不同的情况下,可行使以下四种权利:(1)停止交货权;(2)留置权;(3)停运权;(4)再出售权。

由此可见,在买方违约时,卖方的救济方法可分为两大类:一类是债权方面的救济方法,如实际履行,损害赔偿,宣告合同无效。另一类是物权方面的救济方法,这是英美法系中特有的。前者是针对当事人行使的,后者是卖方直接针对货物行使的。

三、先期违约的法律效力

先期违约(Anticipatory Breach)是指在合同订立以后,履行期到来之前,一方表示拒绝履行合同的意图。《美国统一商法典》称为对履行合同出现了“无保障的合理理由”(Reasonable Grounds for Insecurity)〔49〕和先期拒绝履行(Anticipatory Repudiation)。法国学说称为“不履约的抗辩”(Defence of Unperformanced Contract)。它来自中世纪罗马法 Exeptio non adimpleti contractus(法文表达为 exception d'inexecution),是从约因学说出发,认为一方的义务是另一方的约因,因此,一方不履行合同为另一方不履行提供了法律依据。“不履行的抗辩”包括先期违约,并泛指一切双务合同中,当事人由于对方不履约而拒绝履行自己义务的情况,并相对一般解除权而言,是唯一允许当事人实行自助原则,不必诉诸法院即可行使的中止权。先期违约可由违约方明确表示,或由对方从其行动中判断出来。例如,违约方在履行期到来之前即宣布拒绝履行合同或宣告破产,或丧失清偿债务的能力。

根据《公约》的规定,如果订立合同后,另一方当事人由于下列原因显然将不履行其大部分重要义务,一方当事人可以中止履行义务:(1)他方履行义务的能力或他方的信用有严重缺陷;(2)他在准备履行合同或履行合同中的行为,表明他显然将不履行其大部分重要义务。

如果在履行合同日期前,明显看出一方当事人将根本违反合同,另一方当事人可以宣告合同无效;〔50〕当另一方显然将不履行其大部分重要义务时,一方可以暂时中止合同的履行。即在买方有先期违约的情况下,卖方可停止发货或对在途货物行使停运权;在卖方先期违约的情况下,买方停止付款。此外,当事人还应承担以下义务:(1)必须将自己中止或解除合同的决定立即通知对方;〔51〕(2)当对方提供了履行合同的充分保证时,则应继续履行合同;(3)假如当事人一方没有另一方不能履行合同的确切证据而中止合同的履行,并给另一方造成损失,则应负违反合同的责任。

在发生先期违约的情况下,一方有权要求提供担保,在得到担保之前有权中止或解除合同。这一原则在各国国内法中都不同程度地得到承认。《美国统一商法典》规定:买卖合同订立后,在产生给付无保障的合理理由时,他方得以书面请求其提供适当履行的充分担保,在未提出担保前,请求权人得在一般商业许可的范围内中止履行。〔52〕《法国民法典》第 1613 条规定:若买卖后,买受人陷于商事上或非商人的破产状况,以至出卖人有丧失价金之虞时,即使在出卖人曾同意于一定期间后支付价金的情形,出卖人亦不负交付标的物的义务。但买受人提供到期支付的保证者,不在此限。第 1653 条规定:“买受人因第三人基于抵押权或所有物返还请求权提起诉讼而遭受妨害,或根据正当理由有受上述诉讼妨害的可能性时,得停止支付价金,直至出卖人排除此种妨害为止;但出卖人愿提供保证,或契约规定不拘有无妨害,买货人均需支付价金者,不

〔49〕《美国统一商法典》第 2-609 条(1)项。

〔50〕《联合国国际货物买卖合同公约》第 72 条第 1 款。

〔51〕《联合国国际货物买卖合同公约》第 71 条第 3 款、第 72 条第 2 款。

〔52〕《美国统一商法典》第 2-609 条(1)项。

在此限。”此外,《瑞士民法典》《1979年英国货物买卖法》和《德国民法典》都有类似的规定。

假如另一方并未明确声明他将不履行合同,而是合同当事人根据自己的判断中止合同的履行,如果判断失误则要承担自己违反合同的责任。

至于何谓“不能履行合同的确切证据”以及“对履行合同提供充分的保证”,《公约》未作规定。《美国统一商法典》认为:“在商人之间,无保障的合理理由及充分担保之提出,应以一般商业标准定之。当一方在收到合法的履行请求后30天内未提供依该事件所需的充分担保作为履约保证,视为拒绝履行合同。”[53]《中华人民共和国合同法》第68条列举了以下四种情况为证明当事人有不履行合同义务的证据:(1)经营状况严重恶化;(2)转移财产,抽逃资金,以逃避债务;(3)丧失商业信誉;(4)有丧失或可能丧失履行债务的其他情况。当事人没有确切证据中止履行的,应当承担违约责任。

因此,对先期违约中止或解除合同,可以看做债权人对债务人履行义务施加压力的手段,这种权利不能被滥用。根据法国判例,当事人中止履行的合同义务必须是基于同一法律关系产生的与债务人的债务有关的义务。[54]

应当注意的是,中止履行并不意味着解除合同。对于买方来说,他可以一方面不付款或停止付款,另一方面要求卖方:(1)提供担保;(2)履行合同 ;(3)在履行期到来时,解除合同并就卖方违约要求损害赔偿。对于卖方来说,一方面行使留置权、停运权,另一方面要求买方:(1)开出信用证,付款;(2)提供担保;(3)在付款日到来时,转售货物,并就差额向买方要求损害赔偿。

四、合同的分割履行与先期违约

在货物买卖合同中,除非双方在合同中有明示规定,否则不能强迫买方接受分批交货或卖方接受分期付款。当合同规定了批量交货和分期付款时,则合同的履行视为可分割的。如《法国民法典》第1244条规定:债务人不得强迫债权人受领债的一部分清偿,虽债为可分时亦同。

根据《公约》的规定,当一方违反分批履约义务,另一方宣布解除合同时,应满足以下条件:(1)如果一方当事人不履行对任何一批货物的义务,构成根本违反合同时,另一方当事人可以宣告合同对该批货物无效。(2)如果从该项违反可以推断,类似的违反将发生于将来的几批交货,则受损失方可以取消合同。[55](3)假如各批货物是互相依存的,不能单独用于双方当事人在订立合同时所设想的目的,则买方在宣告合同对任何一批货物的交付为无效时,可以同时宣告合同对已交付的或今后交付的各批货物均为无效。[56]

---

〔53〕《美国统一商法典》第2-609条(2)、(4)项。

〔54〕《法国合同法》第5章。

〔55〕《联合国国际货物买卖合同公约》第73条第2款。

〔56〕《联合国国际货物买卖合同公约》第73条第3款。

第六节　货物所有权与风险的转移

一、所有权转移

由于各国法律对所有权转移适用不同的原则和规定，因此，1980年《联合国国际货物买卖合同公约》除了在卖方义务中规定了卖方的所有权担保义务外，对货物所有权何时转移以及合同对所有权的影响均不涉及。归纳起来，国际上对所有权转移有以下几种原则和做法：

1. 合同订立时间为所有权转移时间

《法国民法典》第1583条规定，当事人就标的物及其价金相互同意时，即使标的物尚未交付，价金尚未支付，买卖即告成立，而标的物的所有权亦于此时在法律上由卖方转移于买方。采用了以合同订立时间确定所有权转移时间的原则。在司法实践中，对于所有权的转移还可适用以下原则：(1)对于种类物的买卖，所有权在货物经划拨后发生转移；(2)对于附条件的买卖，则在满足条件后所有权发生转移；(3)买卖双方可在合同中自由确定所有权转移时间。

2. 货物特定化后，在交货时所有权发生转移

所谓"特定化"，又称"划拨"(Identify)，是指在货物上加标记，或以装运单据，或向买方发通知或其他方式清楚地注明货物已归于有关合同项下。

《美国统一商法典》采用这一原则。根据法典第2－501条规定，货物在特定于合同项下之前，所有权不发生转移。除双方另有约定外，特定化后的货物所有权是在交货时发生转移。第2－401条规定：①当合同规定在目的地交货时，所有权在目的地由卖方提交货物时发生转移；②当合同规定卖方需将货物发送买方而无须送至目的地时，货物所有权在交付发运的时间和地点转移给买方；③当不需移动货物即可交付时，如卖方需提交所有权凭证时，所有权在交付所有权凭证的时间和地点发生转移；在货物已特定化且不需提交所有权凭证时，所有权在订立合同时发生转移。值得注意的是，根据《美国统一商法典》，卖方所有权的保留只起到担保权益的作用。例如，在货物提交买方或发运的情况下，卖方保留提单只起到担保买方将来付款的作用，并不妨碍所有权的转移。在这一点上，和《英国货物买卖法》的规定是不同的。

无论有无正当理由，当买方以任何形式拒绝接受或保留货物，或买方正当地撤销对货物的接受时，所有权重新转移至卖方，不构成一次买卖。

3. 货物特定化后，以双方当事人的意图决定所有权转移

英国货物买卖法适用这一原则。《1893年货物买卖法》(现《1979年英国货物买卖法》1995年修订本)第16条规定，货物未经特定化之前，财产权不发生转移。特定化后

的所有权转移时间取决于双方当事人的意图。为确定双方意图,除需考虑合同条款,缔约双方行为以及合同的具体情况外,还要遵循以下原则:[57](1)在无保留条件的买卖处于可交付状态的特定物时,货物所有权是在缔约时转移给买方。"处于可交付状态"是指货物已经备妥,买方根据合同可立即提取货物。(2)当买方必须对货物有所作为才能使货物处于可交付状态时,所有权是在完成了这些工作并在买方收到有关通知时发生转移。(3)当货物已处于可交付状态,但卖方还必须对货物进行称重、丈量、检验或其他行为才能确定价金时,财产权是在以上行为都已完成且买方收到有关通知时转移。(4)当货物属于附有"看货和试用后决定"(On Approval)或"准许退还剩货"(On Sale or Return)或其他类似条件交付认可或接受,或采取其他接受该项交易行为时;或买方虽未对卖方表示认可或接受,但留下了货物且未通知拒收时发生转移。(5)如特定化后,卖方根据合同条款保留对货物的处置权,则不管货物是否交付买方、交付承运人或其他委托人以便转移买方,货物所有权都不发生转移,直到所附条件完成。

《英国货物买卖法》第19条规定,所谓"处置权的保留",是指当货物已被装船,根据提单所列,收货人是凭卖方或其代理人指定时,则可在表面上被视为卖方保留了对货物的处置权。当卖方开出汇票,并将汇票和提单一并交付买方,要求其偿付或承兑汇票时,如买方拒绝偿付或承兑时,则财产权不发生转移。

国际惯例中,《1932年华沙—牛津规则》明确规定了货物所有权转移的时间。其适用的原则与《英国货物买卖法》类同,即如卖方依据法律对订售货物享有留置权,保留权或中止交货权时,所有权不发生转移。除此之外,货物所有权的转移时间是在卖方将有关单据提交买方掌握的时间(第6条、第21条第2款)。《华沙—牛津规则》是针对CIF合同规定的,但一般认为以上规定也适用于卖方承担提交单据义务即所谓"象征性交货"的合同。如FOB、CFR合同。在卖方无此义务的情况下,如工厂交货或目的地交货合同中,则可以推定所有权是在货物交给买主或置于其控制之下的时间发生转移。

此外,国际商会《国际销售示范合同》规定:如果双方当事人已经有效地同意保留所有权,则直至完全付清价款之前,或依照另外的约定,货物的所有权不发生转移。[58]

4. 订立独立的物权合同,转移货物所有权

德国法采用这一原则。和以上国家的做法均不相同,德国法认为,货物所有权转移属于物权法范围,而货物买卖合同属于债权法范围。因此买卖合同解决不了物之所有权转移问题,需要买卖双方另就货物所有权转移问题订立物权协议。根据这一协议,货物所有权是在卖方将货物交付买方时发生转移。在卖方必须交付物权凭证的场合,卖方则通过提交物权凭证完成所有权转移。

---

〔57〕《英国货物买卖法》第18条规则1-4。

〔58〕《国际销售示范合同》B部A7款。

5. 所有权于交货时发生转移

我国法律采用这一原则。《合同法》第133条规定："标的物的所有权自标的物交付时发生转移，但法律另有规定或当事人另有约定的除外。当事人可以在合同中约定，买方在未支付价款或未履行其他义务时，所有权不发生转移。"[59]

二、风险转移

在国际货物买卖中，货物风险主要指货物在高温、水浸、火灾、严寒、盗窃、查封等非正常情况下发生的短少、变质或灭失等损失。划分风险的目的就是确定这些损失应当由谁来承担。尽管在通常情况下，这些损失可以通过投保在经济上得到补偿，但仍有以下问题需要解决：(1)谁有资格向保险公司求偿；(2)在不属保险范围内或当事人漏保的情况下风险分担问题；(3)对受损货物进行保全与救助的责任问题等。因此，在国际货物买卖中，风险分担对买卖双方是一个十分重要的问题。

1. 风险划分原则

《联合国国际货物买卖合同公约》对风险转移确定了以下原则：

(1)以交货时间确定风险转移。和某些国家，如英国以所有权转移时间确定风险转移时间的原则不同，《公约》采用了所有权与风险相分离的方法，确定了以交货时间作为风险转移时间的原则。《公约》第69条规定，从买方接收货物时起，风险转移于买方承担。

(2)过失划分原则。《公约》第66条规定，从交货时间起，风险从卖方转移于买方。这一原则的适用有一个前提，即风险的转移是在卖方无违约责任的情况下。假若卖方发生违约行为，则上述原则不予适用。《公约》第66条规定：货物在风险转移到买方后遗失或损坏，买方仍需履行付款义务，除非这种遗失或损坏是由卖方的作为或不作为所致。

(3)国际惯例优先。在国际货物买卖中，有些国际惯例对风险转移有自己的规定。《公约》第10条规定，双方当事人业已同意的任何惯例和他们之间确立的任何习惯做法，对双方当事人均有约束力。例如，根据《2000年国际贸易术语解释通则》，FOB、CIF、CFR合同的风险划分是以装运港船舷为界。卖方承担货物越过船舷前的风险，货物越过船舷后风险由买方承担。如果当事人在合同中选择了这种贸易术语，那么国际贸易术语规定的风险分担原则优先于《公约》的规定。即风险划分以船舷为界而不是以交付单据(即交货)的时候划分。

(4)划拨是风险发生转移的前提条件。根据《公约》的规定，货物在划拨合同项下前风险不发生转移。所谓"划拨"，又称"特定化"，是指对货物进行计量、包装、加上标记，或以提交装运单据，或向买方发通知等方式表明货物已归于合同项下。经过划拨的货物，卖方不得再随意进行提取、调换或挪作他用；当交货涉及运输时，《公约》第67

---

〔59〕《中华人民共和国合同法》第134条。

条规定:风险于货交第一承运人时起转移到买方,但在货物未划拨合同项下前不发生转移;在交货不涉及运输时,《公约》第 69 条规定:风险是在货物交由买方处置时发生转移,但当货物未划拨合同项下以前,不得视为已交给买方处置。

2. 风险转移的时间

按照以交货时间作为风险转移时间的原则,《公约》将交货分为以下几类:

(1)涉及运输的交货。涉及运输的交货可以分为两种情况:第一,卖方没有义务在指定地点交货。此时风险于货交第一承运人时起转移给买方;第二,卖方必须在某一特定地点交货,此时,风险以在该地点货交承运人时起转移给买方。由于《公约》采用的是所有权与风险转移分离的原则,因此卖方保留控制货物处置权的单据,不影响风险的转移。[60]

(2)在途货物的交货。对于在运输中出售的货物,公约规定,原则上从订立合同时起,风险转移到买方承担。假如卖方通过向买方转移运输单据作为交货依据,则从货物交付给签发载有运输合同的承运人时起,风险由买方承担。为了保护买方的利益,公约给出售在途货物的卖方施加了一项义务,即如果卖方在订立合同时已经知道或理应知道货物已经损坏或遗失,而不将这一事实告之买方,则上述风险转移的原则不予适用。

(3)不涉及运输的交货。不涉及运输的交货也有两种情况:①在卖方营业地交货,此时,风险从买方接收货物时转移给买方;或在货物交买方处置但遭无理拒收时起转移给买方;②在卖方营业地以外地点交货,当交货时间已到,而买方知道货物已在该地点交他处置时,风险开始转移给买方。所谓"货物交买方处置"是指卖方已将货物划拨合同项下,完成交货的准备工作并向买方发出通知等一系列行为。卖方完成上述行为即为将货物已交买方处置。[61]

值得注意的是,法国、英国对风险转移的划分。根据《1979 年英国货物买卖法》(1995 年修订本),货物风险表面上随财产权转移。第 20 条规定:卖方应负责承担货物的风险,直至财产权转移给买方时止。根据这一规定,风险的转移是和所有权转移联系在一起的。所有权不发生转移,风险也不发生转移。假如卖方在货物装船后,不把提单交给买方,那么在提单交给买方前的整个运输途中的风险都应由卖方负责。

第七节 国际货物买卖合同的主要条款

国际货物买卖合同主要由约首、正文与约尾三部分组成。约首包括合同的名称、

〔60〕《联合国国际货物买卖合同公约》第 67 条第 1 款。

〔61〕我国合同法在风险转移问题上与公约的规定相同。参见第 140 条、第 142 ~ 149 条。

编号、缔约日期、缔约地点、缔约双方的名称、地址及合同序言等。正文是合同的主体部分,包括各项交易条件及有关条款,如商品名称、品质规格、数量、包装、单价与总值、运货期限、运货地点、支付、保险、商品检验、仲裁、不可抗力等。此外,根据情况需要可加列:保值条款、价格调整条款、溢短装条款、合同的法律适用条款等。约尾是合同的结束部分,包括合同的份数、附件、使用文字及其效力、合同的生效日期与双方的签字等。

在大宗或成交额较大或重要的成套机械设备买卖合同中,销售合同的内容比较全面、详细;对于成交额不大、批量较多的小土产、轻工业品以及交易双方已订有包销、代理等长期协议或一般交易条件者,则使用内容比较简单的合同,通常不订关于索赔、仲裁和不可抗力等条款。

一、货物的品质规格条款

在国际货物买卖中,货物的品质规格是指商品所具有的内在质量与外观形态。在国际贸易中,商品的品质首先应符合合同的要求,对于某些由国家制定了品质标准的商品,如某些食品、药物的进出口,其品质还必须符合有关国家的规定。

品质条款的主要内容是:品名、规格或牌名。合同中规定品质规格的方法有两种:凭样品和凭文字与图样的方法。

在凭样品确定商品品质的合同中,无论是凭买方样品还是卖方样品抑或卖方根据买方样品所制图样成交,卖方都要承担交货品质必须同样品完全一致的责任。为避免发生争议,合同中应注明“品质与样品大致相同”。凭样品成交适用于从外观上即可确定商品品质的交易。

凭文字与图样的买卖包括凭规格、等级或标准的买卖,凭说明书的买卖以及凭商标、牌号或产地的买卖。如果表示商品的质量的主要指标如大小、长短、粗细等可以标准化、规格化,则只需在合同中注明商品的等级标准、规格,不必凭样品成交。对于由政府或国际商业团体制定的规格和等级,应在合同中明确是以哪国(或组织)的标准为依据,并注明该标准的版本、编号与年份。对于附有图样、说明书的合同,要注明图纸、说明书的法律效力。合同中仅以商标、牌号或产地表示商品品质的产品,只能是那些品质优良、稳定或具有特色、在国际市场上已拥有良好声誉的产品。

在实践中,为了订好品质条款,应注意以下问题:除了在合同中订明确定品质的方法外,无论是采用凭样品成交或是凭文字或图样成交,都要在合同中订明品质公差限度与品质机动幅度,以作为交货品质与所订标准之间产生差别的补救措施。品质公差是公认的产品品质差额,在公差限度内,买方不得以品质不符而拒收货物。品质机动幅度是在交货品质不符合指定标准时,仍可在一定范围里进行交割。条件是,由出口方按品质差别增减货价或用规格相近的同一产品机动更换。这样,应在合同中注明替换产品的规格、数量及作价方法。

二、货物的数量条款

数量条款的基本内容是:交货数量、计量单位与计量方法。数量是指用一定的度量衡制度表示出的商品的重量、个数、长度、面积、容积等的量。数量条款的主要内容是交货数量、计量单位与计量方法。

制定数量条款时应注意以下问题:(1)明确计量单位和度量衡制度。如重量要写明是公吨、长吨(英吨)还是短吨(美吨),毛重还是净重,长度是米还是英尺等。(2)规定机动幅度。在数量方面,合同通常规定有"约数",但对"约数"的解释容易发生争议,故应在合同中增订"溢短装条款"(More or Less Clause),明确规定溢短装幅度,如"东北大豆500吨、溢短装3%",同时规定溢短装的作价方法。在国际货物买卖中,交货数量的溢短装部分应当计价。计价方法有两种:一种是按合同价格计算;另一种是按装船时的市价计算,这种方法主要是用来对付卖方,防止其在市价发生波动时,利用溢短装条款故意多装或少装。当合同未规定计价方法时,通常是按合同价计算。

三、货物的包装条款

包装条款的主要内容有:包装方式、规格、包装材料、费用和运输标志。包装是指为了有效地保护商品的数量完整和质量要求,把货物装进适当的容器。

商品包装是确定货物是否与合同相符的内容之一。《联合国国际货物买卖合同公约》第35条规定:卖方交付的货物必须与合同所规定的数量、质量和规格相符,并需按照合同规定的方式装箱或包装;除双方当事人另有协议外,货物应按照同类货物通用的方式装箱或包装,如果没有此种通用方式,则按照足以保全和保护货物的方式装箱或包装,否则,即为与合同不符。

制定包装条款要注意以下问题:(1)明确包装的材料、造型和规格。除传统商品其包装已为买卖双方所知晓外,不应使用"适合海运包装"、"标准出口包装"等含义不清的词句。(2)包装费用。包装费用一般都包括在货价之内。如果买方要求特制包装,则应在合同中注明由买方自负费用。如在用托盘等集合包装运输时,应注明托盘费用的负担。(3)当由买方提供包装、包装材料或运输标志时,应在合同中注明买方提供的时间,以保证备货,及时出运及结汇等。明确由此造成的延迟交货或拒付货款时,双方的责任分担。(4)要注意各国有关包装(包括唛头)的法律与禁忌,以及国际上对运输标志的惯常做法、要求及其变化。随着国际社会对环境问题的关注,包装材料应尽量采用可回收利用的或无污染的绿色包装。

四、货物的价格条款

价格条款的主要内容有:每一计量单位的价格金额、计价货币、指定交货地点、贸易术语与商品的作价方法等。

价格是指每一计量单位的货值。在国际货物买卖中,价格是个十分敏感的问题。在合同中要定好价格条款应注意以下问题:(1)正确表示计价货币的名称,如"元"要写明是日元、美元、港元、欧元还是人民币元。(2)贸易术语要准确、完整,写明其解释的依据。如FOB合同是按国际商会《国际贸易术语解释通则》还是按美国1941年对外贸易定义修订本来解释。(3)贸易术语的选择要和合同中的其他条款保持一致。例如,

FOB、CIF、CFR 贸易术语不但代表货物的价格构成,而且还确定买卖双方责任、风险和费用的划分。贸易术语不同,则价格不同,买卖双方承担的责任风险和费用也不同。当双方发生争议时,法院通常先以双方选择的贸易术语确定合同的性质,然后确定双方的权利义务,因此,贸易术语的选择应和合同内其他条款相一致。如果在以 CIF 条件成交的合同中订有"运输途中货物遭受损失应由卖方负责"的词句,则该合同就不是 CIF 合同。《美国对外贸易定义 1941 年修订本》指出,卖方与买方不应把与本定义所规定的 CIF 合同义务不符的任何不肯定的条款包括在 CIF 合同之内。在美国及其他国家法院的判例中,都有因在 CIF 合同中包含了与 CIF 合同性质相抵触的条款致使合同被宣判无效的情况。(4)贸易术语中如包含佣金、回扣等,应明确规定计价方法。按照国际惯例,一般都以 FOB 价格计算。

在国际货物买卖中,货物的作价方法主要有以下几种:(1)固定价格。短期交货合同采用固定价格的方法,即由买卖双方商定的在合同有效期内不得变更的价格。(2)滑动价格。长期交货合同,如大型成套设备、机器的买卖,为防止国际市场价格变动带来的不利影响,可采用滑动价格,即买卖双方同意在合同中暂定一个价格,在交货时再根据行情及生产成本增减情况作相应的调整。(3)后定价格。双方在合同中不规定商品的价格,只规定确定价格的时间和方法。如规定"以 1997 年 10 月 25 日伦敦商品交易所价格计价。"(4)混合定价。对分批交货合同,可采用部分固定价格,部分滑动价格的方法。近期交货部分采用固定价格,远期交货部分按交货时行情或另行协议作价。

为防止商品价格受汇率波动的影响,在合同中可以增订黄金或外汇保值条款,明确规定在计价货币币值发生变动时,价格应作相应调整。

五、货物的装运条款

装运条款的主要内容是:装运时间、运输方式、装运地(港)与目的地(港)、装运方式(分批、转船)及装运通知等。

装运是指把货物装上运输工具。在一般情况下,"装运"与"交货"是两个概念。但在 FOB、CIF 和 CFR 合同中,卖方只要按合同规定把货物装上船,取得提单就算履行了交货义务。提单签发的时间和地点即为交货的时间和地点。所以"装运"一词常被"交货"概念代替。装运条件也被称做交货条件。如果卖方未在指定日期把货物装船,就等于未按期交货,买方有权解除合同并要求损害赔偿。但在目的地交货时,装运则不等于交货。

制定装运条款应注意以下问题:(1)装运日期应定得明确且留有余地。在以收到信用证作为装运前提时,为避免买方拖延或拒绝开证,应在合同中订明"买方最迟于 × 月 × 日前将信用证开抵卖方"。(2)装运港和目的港是贸易术语和合同中不可或缺的部分,决定着买卖双方的责任、费用与风险的划分。所以要按不同的贸易术语的要求注明装运港和目的港。合同中如订有选择港,则应订明增加的运费、附加费用应当由谁承担。为避免重名港口,应注明港口所处国家或地区。对于一次成交量大的合同,或目的港是没有直达船挂靠或船期少而不固定的港口,或装卸、运输条件差的港口,应在合同中订明"允许分批装运"或"允许转船"。(3)装船通知的目的在于做好派船、装船、投保、接货四个环节的衔接工作。在FOB、CFR、CIF贸易术语中,关于装船通知问题都有明确的规定。买卖合同是一个双务合同,任何一方如未能按照合同要求向对方及时发出通知,致使对方遭受损失,都要承担赔偿责任。

六、货物的保险条款

保险条款的主要内容包括:确定投保人及支付保险费、投保险别和保险金额。国际货物买卖中的保险是指进、出口商按一定险别向保险公司投保并交纳保险费,以便货物在运输过程中受到损失时,从保险公司得到经济上的补偿。

在国际货物买卖中,大部分是FOB、CIF和CFR合同,故保险责任与费用的分担由当事人选择的贸易术语决定。在FOB和CFR中,买方自行投保,自付费用;而在CIF合同中则是由卖方替买方投保并把支付的保险费加在货价上。

制定保险条款应注意以下问题:(1)在CIF、CIP合同中,投保何种险别以及买方有何特殊要求都应在合同中订明,对于买方的特殊要求,卖方还要事先征得保险公司的同意,以免陷入被动。(2)卖方在替买方投保后应把保险单及时转让给买方。转让保险单的行为实质是转让风险的行为,买方日后可凭保险单向保险公司索赔。如果卖方不履行这一义务,则货物遭受损失的风险仍由卖方承担。(3)双方应在合同中订明所采用的保险条款名称。如是采用中国人民保险公司的《海洋运输货物保险条款》,还是伦敦保险业协会的《协会货物保险条款》以及其制定或修订日期、投保险别、保险费率等。

七、货物的支付条款

国际贸易中的支付是指用什么手段,在什么时间、地点,用什么方式收取货款及其从属费用。支付条款的主要内容包括支付手段、支付方式、支付时间和地点。

1. 支付手段

有货币和汇票,主要是汇票。在国际货物买卖中,汇票是出口方(卖方)向进口方(买方)开立的,要求买方在一定时间内向卖方无条件支付一定金额的书面命令。出口方或持票人向进口方或其指定银行要求付款。

2. 付款方式

可分为两类三种:(1)双方不由银行提供信用,但通过银行代为办理,如直接付款和托收。(2)银行提供信用,从银行得到信用保证和资金周转的便利,如信用证。

无论采用以上哪种方式,都应考虑交易地区的贸易法令和习惯。

3. 支付时间与地点

支付时间不但涉及利息问题,而且对买卖双方尽快实现各自的利益有重大关系。通常按交货(交单)与付款先后,可分为预付款、即期付款与延期付款。预付款是在交货或交单前即支付部分或全部货款;即期付款是在交货或交单时付款;延期付款是在交货或交单后的规定时间付款或分期付款。付款人或其指定银行所在地即为付款地点。

八、货物的检验条款

商品检验指由商品检验、检疫机关对进出口商品的品质、数量、重量、包装、标记、产地、残损等进行查验分析与公证鉴定,并出具检验证明。检验条款的主要内容包括:检验、检疫机构、检验权与复验权、检验与复验的时间与地点、检验标准与方法以及检验证书。

1. 检验检疫机构

在国际贸易中,进行商品检验、检疫的机构主要有:(1)由国家设立的官方检验机构,如我国的进出口商品检验部门及其一些专业性检验与检疫部门;(2)由产品的生产或使用部门设立的检验、检疫机构;(3)由私人或同业公会、协会开设的公证、鉴定行,如瑞士日内瓦通用鉴定公司、英国劳勃生公证行、日本海事鉴定协会等。

2. 检验权与复验权

在国际货物买卖中,指谁有权决定货物的品质、数量等是否符合合同的规定,作为卖方提交货物以及买方接受或拒收货物的法律依据。

国际上通行的做法有三种:(1)以货物离岸时的品质、重量为准,即以装船口岸商检机构出具的货物品质、重量证书作为货物是否符合合同品质、重量、包装的最后依据,这种做法显然对卖方有利。(2)以货物到岸时的品质、重量为准,即合同中规定,商品在目的地(港)检验,以目的地(港)商检机构出具的货物品质、重量、包装证书作为合同中商品品质、重量、包装是否符合合同规定的最后依据,这种做法显然对买方有利。(3)以装运港的商检证书作为卖方提交货物议付货款的依据,货到目的港后,买方保留对货物再行检验的权利(复验权),其检验结果作为买方是否接受货物并进行索赔的依据。这种做法符合买卖双方平等互利的原则,也是国际货物买卖中通行的做法。

值得注意的是,在国际货物买卖中,“接收货物”与“接受货物”是两个概念。所谓“接受”是指买方认为货物品质、数量等方面均已符合合同的规定。英国1979年《货物买卖法》第34条规定:凡是事先未对货物进行检验的买方,都不能认为是已经接受了货物,因而并未丧失其拒收货物的权利。

3. 检验与复验的时间、地点及索赔

按照国际上通行的做法,检验的时间由买卖双方在合同中约定。买方通常应在货物到达目的港或卸货后若干天内对货物进行检验,这个期限也就是买方的索赔期限。超过了期限而不检验,买方则丧失复验权,也就是丧失了可能的索赔权。例如,买卖合同中规定:双方同意以××制造厂或公证行出具的品质及数量或重量检验证书作为有关信用证项下付款的单据之一。但货物的品质及数量或重量的检验按下列规定办理:货到目的港××天内由××检验局复验,如发现货损、货差,买方凭商检证书提出索赔。

通常持有商检证书的受损方可向三方提出索赔:(1)保险公司。属保险公司承保范围的损失可凭保险单向保险公司提出索赔。(2)船公司或承运人。属船公司或承运人责任范围的损失,可凭提单向船公司或承运人提出索赔。(3)当事人。属买卖双方当事人责任范围的损失,可凭合同向责任人提出索赔。

按照国际惯例,FOB、CIF、CFR 合同的复验地点是在目的港;如目的地不是港口或不适宜检验,则合同中应规定复验地可延伸至可以有效进行检验的地方。

4. 检验标准

检验标准与方法对同一种商品用不同的标准和方法检验,结果会大相径庭。所以应在合同中明确规定该项产品所适用的检验标准和方法。

在国际贸易实践中,通常采用以下方法:(1)按买卖双方商定的标准和方法;(2)按生产国的标准和方法;(3)按进口国的标准和方法;(4)按国际标准或国际习惯的标准和方法。常见的有国际标准化组织(ISO)颁布的 ISO 9000、ISO 14000 等。

随着全球经济一体化的发展,各国对进口产品的质量要求日益严格并朝着高标准或统一国际标准的方向发展,中国的出口商品只有在不断朝着国际标准的方向努力,才能在激烈的国际市场竞争中生存和发展。

5. 商检证书

商检证书是商检机构出具的证明商品品质数量等是否符合合同要求的书面文件,是买卖双方交接货物、议付货款并据以进行索赔的重要法律文件。按照商品的性质及检验要求,商检证书主要有品质检验证、重量检验证、卫生(健康)检验证、消毒检验证、产地证、验残检验证以及根据某些国家的特殊法律或规定出具的特殊证书等。

检验证书的法律效力如下:(1)是货物进、出海关的凭证;(2)是征收或减免关税的必备文件;(3)是买卖双方履行合同义务、交接货物、结算货款的有效凭证;(4)是计算运费的凭证;(5)是进行索赔、证明情况、明确责任的法律依据。

九、不可抗力条款[62]

不可抗力条款(Force Majeure, Act of God)是指合同订立以后发生的当事人订立合同时不能预见的、不能避免的、人力不可控制的意外事故,导致合同不能履行或不能按期履行。遭受不可抗力一方可由此免除责任,而对方无权要求赔偿。

不可抗力条款的主要内容包括:不可抗力的含义、范围以及不可抗力引起的法律后果、当事人的权利义务等。

就一般情况而言,不可抗力来自两个方面:自然条件和社会条件。前者如水灾、旱灾、地震、海啸、泥石流等,后者如战争、暴动、罢工、政府禁令等。在美国习惯上认为不

---

〔62〕 关于不可抗力的讨论,参见王传丽:《涉外经济合同的法律效力》,中国政法大学出版社 1989 年版,第 152 ~ 175 页。

可抗力仅指由于“自然力量”(Act of God)引起的意外事故,不包括社会力量引起的意外事故。所以在美国的贸易合同中,往往不使用不可抗力一词,而称为“意外事故”条款(Contingency Clause)。不可抗力是一个有确切含义的法律概念,并不是所有的意外事故都可构成不可抗力。有时当事人在合同中改变了不可抗力概念通常的含义,因此需要在合同中订明双方公认的不可抗力事故。

具体来说,构成不可抗力事故应具备以下四个条件:(1)该事故是在合同订立以后发生的。在订立合同时,当事人就已经知道或应当知道意外事故的存在,这种意外事故不能作为不可抗力。(2)事故是在订立合同时,双方不能预见的。通常认为,货币贬值、价格涨落是普通的商业风险,作为商人,这是应当预见的职业常识,不能算不可抗力。(3)事故不是由任何一方的疏忽或过失引起的。由一方的过失引起意外火灾发生,导致合同不能履行或不能按期履行,则视同违约,违约方要承担损害赔偿责任。(4)事故的发生是不可避免且是人力不能抗拒、不能控制的。如地震和海啸,无论如何防范也不能避免、不能抗拒的。

此外,不能简单地把没有做过的事都看做不可能的事。一些意外事故的发生,并没有使合同履行成为不可能,而仅仅是使履行变得非常麻烦,或需要支出庞大的费用。在这种情况下,不能援引不可抗力免除当事人的责任。

不可抗力的法律后果是免除遭受不可抗力一方的责任,而不是解除合同。解除合同还是延迟履行合同,取决于不可抗力是持续相当一个时期还是暂时的、对合同履行的影响程度如何、合同的标的是金钱交付还是提交货物。一般而言,没有任何意外事故可以解除当事人履行金钱债务的义务。如果提交的货物是特定物,发生灭失可以解除合同,如是种类物,而在客观上不是不能提供这种货物时,即使发生不可抗力也不能解除卖方的履约义务。此外,在考虑免除遭受不可抗力一方责任时,还要看意外事故与当事人未履行或不能按期履行合同之间是否存在因果关系。例如,港口工人的罢工不影响钢铁厂的生产,因此钢铁厂不能以发生港口罢工拒绝履行合同;但如罢工导致钢铁厂所需矿石不能及时卸货因而影响生产的继续进行,这种罢工就可以成为影响合同履行的不可抗力。

发生不可抗力后,受不可抗力事故影响的一方应立即将发生的不可抗力事故、对合同的影响程度以及要求停止履行或延期履行合同的意图通知对方,并由当地商会出具证明,证明事故的发生、时间、地点,对合同的影响程度;遭受不可抗力一方还要采取一切合理可能的措施减轻由于意外事故造成的损失。另一方在接到通知后,不论是否同意对方的要求都应及时作出回答。最后,由法院或仲裁庭确认事故是否是免除当事人责任的不可抗力事故。

十、仲裁条款

又称仲裁协议,是双方当事人自愿将其争议提交第三者进行裁决的意思表示。仲裁是国际贸易中解决争议时最常用的方法,并以双方订有仲裁协议为前提。仲裁条款的主要内容有:仲裁机构、适用的仲裁程序规则、仲裁地点及裁决效力等。

(一)仲裁机构

国际上或世界各国的仲裁机构都是民间性质的,主要有两种:

1. 由常设的仲裁机构进行仲裁

这些常设机构又可分为三类:(1) 国际性或区域性仲裁机构,如国际商会仲裁院、亚洲及远东经济委员会商事仲裁中心等。(2) 全国性仲裁机构,如英国伦敦仲裁院、美国仲裁协会、瑞典斯德哥尔摩商会仲裁院等。(3) 设立在某一行业内的专业仲裁机构。如伦敦羊毛终点市场协会、伦敦谷物贸易协会等。

2. 设立临时性仲裁庭解决争议

即由双方当事人指定仲裁员自行组成仲裁庭裁决。案件处理完毕仲裁庭自动解散。

在我国常设仲裁机构是中国国际经济贸易仲裁委员会和海事仲裁委员会等。

(二)仲裁程序规则

规定进行仲裁的具体手续与做法。其中包括仲裁申请、指定仲裁员、仲裁庭组成、审理、答辩、裁决及其效力等。

一般说来,仲裁机构与仲裁规则是有联系的。每一个常设仲裁机构都自行制定自己的仲裁程序规则,而且在一般情况下,在哪一个仲裁机构仲裁,就采用哪一机构的仲裁程序规则。但也不尽然,如1976年联合国国际贸易法委员会制定的仲裁程序规则就没有相应的常设仲裁机构,它是供临时仲裁庭由当事人选择适用;或由当事人选择的某常设仲裁机构应当事人的要求予以适用。

(三)仲裁地点

仲裁地点往往决定仲裁所适用的规则以及按哪一国冲突规范确定合同的实体法,因此在国际贸易仲裁中,争议双方都力图在本国进行仲裁。

按照国际上通常的做法,仲裁条款中规定的仲裁地可以是:(1)买方国家;(2)卖方国家;(3)双方商定的第三国;(4)在仲裁条款中对仲裁地点不作明确规定,留待争议发生后由仲裁员根据案件的具体情况加以确定。

(四)裁决效力

指裁决的终局性、强制性以及是否可对裁决进行上诉的问题。

一般来说裁决是一次性的,终局的,对双方都有约束力,凡订有仲裁协议的双方,不得向法院起诉。但在下列情况下,裁决可由法院宣布无效:(1)双方没有达成仲裁协议;(2)不属于提交仲裁的事项;(3)仲裁庭组成不当;(4)仲裁员无资格;(5)仲裁员行为不当;(6)裁决作出后发现了新的事实和证据;(7)裁决是根据伪证作出的等。[63]

十一、法律适用条款

国际货物买卖合同是在营业地分处不同国家的当事人之间订立的。由于各国政

---

〔63〕《中华人民共和国仲裁法》第五章第58条。

治、经济、法律制度不同，就产生了法律冲突和法律适用问题。当事人在合同中明确宣布合同适用何国法律的条款称作法律适用条款或法律选择条款。根据意思自治原则，各国都允许当事人通过合同自由选择合同适用的法律。这些法律可以是当事人的国内法（买方或卖方国家的法律或是第三国法律）；可以是与合同有联系的，也可以是与合同并无联系的法律；可以是国际公约，也可以是国际商业惯例。

在选择方法上可以有以下几种：(1)单一选择。即在合同中明确指明合同适用某一国家的法律（本国的或外国的）作为合同的准据法。(2)多边选择。即规定整个合同受一国法律管辖、特定条款受另一国法律管辖。(3)无准据法。即当事人法。合同中规定，合同除受其本身条款约束外，不受任何国家的法律管辖，或由于某种原因，当事人在合同中未规定合同适用的法律。在这种情况下，法院通常为当事人寻求解决合同争议的准据法，特别是当某一特定法律很明显与该合同有“最密切联系”的时候。在国际货物买卖中，通常卖方是给合同以实质履行的一方，因此在双方未规定合同适用的法律时，按照与合同有“最密切联系”的原则，多适用卖方国家的法律。

本章思考题

1. 叙述国际货物买卖合同的概念和特征。
2. 叙述国际货物买卖合同成立的程序。
3. 国际货物买卖合同的主要内容有哪些？
4. 叙述国际货物买卖合同卖方的义务。
5. 叙述国际货物买卖合同买方的义务。
6. 违约救济方法有哪些，每一种方法的特点是什么？
7. 国际上关于货物所有权转移的理论有哪些？
8. 叙述货物风险转移的原则和时间。

推荐阅读案例

美国联合企业有限公司与中国山东省对外贸易总公司烟台公司购销合同纠纷案[64]［中华人民共和国最高人民法院民事判决书，法公布(2000)第52号］

〔64〕 最高人民法院裁判文书，载 http://www.court.gov.cn。

第五章 国际货物运输法

国际货物运输是国际服务贸易的一种。随着国际贸易的发展,国际货物运输日显重要,国际货物运输法即是调整这种货物跨越国境运输的法律规范的总和。包括国际海上货物运输、国际航空货物运输、国际铁(公)路货物运输和国际多式联运等。

第一节 国际海上货物运输

国际海上货物运输量大,价格便宜,安全便利,故在国际货物运输中占有显著位置。海上货物运输是通过合同进行的。所谓海上货物运输合同,是指承运人收取运费,承担由海上将货物从一国港口,运往另一港口订立的合同。主要分提单和租船合同两种形式。

一、提单

提单(Bill of Lading)适用于散杂货定期班轮运输,是国际海上货物运输中最广泛适用的一种合同形式。国际上,规范提单运输的国际公约有四个:《海牙规则》、《维斯比规则》、《汉堡规则》和《鹿特丹规则》。其中《海牙规则》、《维斯比规则》和《汉堡规则》是目前已经生效的调整海上货物运输的三个国际公约。我国不是这三个公约的缔约国,但1993年7月1日开始实施的《中华人民共和国海商法》关于海上货物运输的规定以《海牙规则》、《维斯比规则》为基础,并适当吸收了《汉堡规则》的某些规定,因此,这三个公约对我们了解国际海上货物运输法律具有重要意义。对于尚未生效的,联合国国际贸易法委员会制定的《鹿特丹规则》,本节只作简单介绍。

(一)提单的定义和作用

提单是一种用以证明海上运输合同和货物已由承运人接管或装船,以及承运人保证凭以交付货物的单据。[1] 根据这一定义,提单的作用有以下三点:

1. 提单是托运人与承运人之间订有运输合同的凭证

在班轮运输中,当托运人与承运人之间已事先就货物运输订有货运协议时(包括

---

〔1〕 见《汉堡规则》第1条(7)。

订舱单、托运单等),提单是双方运输合同的证明;如事先无货运协议或其他类似性质的任何协议,则提单就是双方订立的运输合同。当托运人将提单通过背书方式转让给第三者时(通常就是收货人),在承运人和第三者之间,提单就是承运人和收货人之间的运输合同。

2. 是承运人从托运人处收到货物的凭证

在班轮运输中,有权签发提单的是承运人(船长或其代理人)。托运人将货物交给承运人后,承运人签发的提单,证明承运人按提单上所列内容收取了托运货物,日后即按提单所载内容向收货人交付货物。

3. 是代表货物所有权的物权凭证[2]

承运人在收到货物并签发提单之后,负有在目的地只向提单持有人交付货物的义务。谁持有提单,谁就有权提取货物。作为物权凭证,提单可以进行买卖和自由转让。

(二)提单的种类

1. 已装船提单(Shipped B/L 或 on Board B/L)和收货待运提单(Received for Shipment B/L)

前者是国际海上运输中普遍使用的一种提单,指在货物装船以后,承运人签发的载明装货船舶名称及装船日期的提单。后者主要适用于集装箱运输,是承运人在收取货物以后,实际装船之前签发的提单。实践中,托运人需要在装货后通过要求承运人在收货待运提单上加注装船名称和装船日期的方法将其变为已装船提单。

2. 清洁提单(Clean B/L)和不清洁提单(Unclean B/L 或 Foul B/L)

前者指单据上无明显地声明货物及(或)包装有缺陷的附加条文或批注者。[3] 后者指附有该类附加条款或批注的提单。应当注意的是,有下列批注,不能算不清洁提单:(1)批注仅是对货物质量或包装情况的客观描述,未表示有不满意的情况。例如,东北大豆500吨,旧麻袋装。(2)批注表明承运人对货物的内容、数量、质量、特性等不详。(3)批注表明承运人对包装或货物特性引起的损失概不负责。

在国际贸易实践中,银行或买方或提单的受让人只接受已装船的清洁提单。

3. 记名提单(Straight B/L)、不记名提单(Open B/L)和指示提单(Order B/L)

记名提单指托运人指定特定人为收货人的提单。这种提单不能通过背书方式转让,因此也称做“不可转让提单”。不可转让提单的收货人只能是提单上列名的人。不

---

〔2〕 Document of title to goods,习惯上,中文译作“所有权凭证”。实际该词的含义更广,包括任何提单、码头仓单、仓库管理人的证明、交货授权书或命令以及在普通业务运作中对货物占有或控制的任何其他文件,或任何以背书或交付方式授权或旨在授权以该种方式出示的文件。文件的占有人能以该种方式转让或接收货物的文件。其基本特征是权利随着单据走(The Right Travels With The Document),参见 R. Goode: Commercial Law, Penguin Books,1995, p.55,见英国1889年《代理商法》、英国1979年《货物买卖法》第61条定义。

〔3〕《跟单信用证统一惯例》(600号)第27条。

记名提单指托运人不具体指定收货人,在收货人一栏只填写“交与持票人”字样(To bearer),所以又称做“空白提单”。这种提单不经背书即可转让,凡持票人均可提取货物,因此在国际贸易中因风险太大,很少使用。指示提单指托运人在收货人栏内填写“凭指示”(To order)或“凭某人指示”(To order of...)字样。指示提单通过背书可自由转让,所以又称做“可转让提单”,在国际贸易中得到普遍使用。

4. 直达提单(Direct B/L)、转船提单或联运提单(Transhipment B/L 或 Through B/L)和多式联运单据(或提单)或联合运输单据(Combined Transport Document or B/L 或 Multimodal Transport Document or B/L)

直达提单是承运人签发的,货物从装运港直接运往目的港的提单。转船提单和联运提单在本质上并无不同,转船提单指允许货物中途换船的提单;联运提单指货物由海运和另一种或两种以上不同方式,如海陆、海空、海陆空等方式运输签发的提单。转船或联运提单均是由船公司或其代理人签发并承担全程责任,因此在性质上两者并无不同。值得注意的是,联运提单与联合运输单证或多式联运单证的关系:其相同之处在于,两者均指使用至少两种不同的运输方式,将货物从一国运往另一国;不同之处在于,联运提单的签发人一定是船公司或其代理人,而后者虽是由联合运输经营人签发,但它并不一定是船公司。如该联合运输经营人是船公司或代理人,并注明货物于某日已装船,则可用联合运输提单(Combined Transport B/L)代替联运提单。[4]

5. 运费预付提单(Freight Prepaid B/L)和运费到付提单(Freight Payable at Destination B/L)

前者指托运人在装货港提交货物时即支付运费,承运人在提单中载明“运费付讫”。在 CIF 和 CFR 合同中要求运费预付提单。后者指货物到达目的地,托运人或收货人支付运费,提单上注明“运费到付”。

6. 租船提单

租船项下的提单称为租船提单。其性质和作用依租船人的身份不同而异:(1)当租船人运送的是自己的货物时,船东签发的提单起证据的作用,提单要服从租船合同的约束。租船人(即托运人)与船东(承运人)双方的权利义务以租船合同为准。(2)当租船人以承运人的身份接受第三者即托运人的货物并签发自己的提单时,其性质和班轮提单一样。提单适用《海牙规则》的规定,承运人与托运人、提单持有人、收货人的权利义务以提单为准,但船东与租船人的权利、义务以租船合同为准。

(三)有关提单的国际公约

《海牙规则》、《维斯比规则》、《汉堡规则》和尚未生效的《鹿特丹规则》是目前调整海上班轮运输的四个国际公约。

---

〔4〕 见《国际商会银行委员会决定》(第371号)。

1.《海牙规则》

《海牙规则》(Hague Rules),全称《1924年统一提单的若干法律规则的国际公约》,1924年8月25日签订于布鲁塞尔。1931年6月2日生效。

《海牙规则》是海上货物运输,特别是班轮运输中的一个十分重要的公约。19世纪末,世界海上航运业迅速发展,以英国航运为代表的船舶所有人,利用手中雄厚的航运资本以及法律的"契约自由"原则,在自己制定的海运提单中任意加进许多免责条款,使力量弱小的货方利益失去保障。特别是提单作为一种物权凭证具有可以自由转让的特性。名目繁多的免责条款往往限制或阻碍了提单的转让,由此影响了国际贸易和海上运输的发展。

1893年,美国通过了《哈特法》(Harter Act),明确规定了海运承运人应尽的义务和豁免,并规定,提单中任何免除承运人应尽义务的条款无效。《哈特法》的制定有效地保护了美国货主的利益,导致其他海运国家群起效仿,如1904年澳大利亚《海上货物运输法》、1910年加拿大《水上运输法》。

为了缓和船方和提单中各利害关系人之间日益尖锐的矛盾,1921年国际法协会所属海洋法委员会在海牙召开会议,拟定了《海牙规则草案》,1924年,在布鲁塞尔正式通过了《海牙规则草案》,签订了《统一提单的若干法律规则的国际公约》(International Convention for the Unification of Certain Rules of Law Relating to Bills of Lading,简称《海牙规则》)。《海牙规则》共有16条,主要规定了承运人的最低限度责任与义务,权利与豁免,责任起讫,最低赔偿限额,托运人义务以及索赔与诉讼时效等。

《海牙规则》使货方的利益得到一定保障,在一定程度上缓解了船方和货方的矛盾,在其生效后的70多年里,许多国家加入了该公约,或在其航运公司制定的提单中采纳了《海牙规则》的规定,据以确定承运人在货物装船、收受、配载、承运、保管、照料和卸载过程中应承担的责任与义务,享有的权利和豁免。我国至今没有加入该公约。但在我国1993年7月1日实施的《海商法》和我国航运公司制定的提单中吸纳了《海牙规则》中关于承运人责任和豁免的规定。

2.《维斯比规则》

《维斯比规则》(Visby Rules),全称《修改统一提单的若干法律规则的国际公约的议定书》。1968年2月23日签订于布鲁塞尔,1977年6月23日生效。

由于《海牙规则》代表的是海运大国及殖民地宗主国的利益,没有也不可能解决船东与货主的权益失衡问题,因此在其执行中,一直受到货方及海运不发达国家的反对,特别是随着世界海运技术的发展,集装箱运输在国际货物运输中得到广泛应用,20世纪60年代开始对《海牙规则》进行修改或重新制定提到日程上来,代表英国及北欧各传统海运国家利益的国际海事协会开始对《海牙规则》进行修改。1968年,英、法及北欧国家在布鲁塞尔签订了《修改统一提单的若干法律规则的国际公约的议定书》(Protocal to Amend the International Convention for the Unification of Certain Rules of Law

Relating to Bills of Lading, 1968),简称《海牙—维斯比规则》或《维斯比规则》。

3.《汉堡规则》

由于广大发展中国家的斗争和要求,1972 年联合国国际贸易法委员会下设的航运立法工作组开始了海上货物运输公约的重订工作,以取代已经过时的《海牙规则》,彻底调整承运人和托运人的责任和义务。1976 年制定了《海上货物运输公约草案》,在此基础上,1978 年 3 月在汉堡召开的 71 国全权代表大会上通过了《1978 年联合国海上货物运输公约》(United Nations Convention on the Carriage of Goods by Sea, 1978),简称《汉堡规则》(Hamburg Rules)。1992 年 11 月 1 日生效。

4.《鹿特丹规则》

随着世界经济的发展,传统的国际货物运输方式发生了很大变化,货物集装箱化和门到门运输非常普及,但是,上述三个公约不仅在承运人责任制度上不够统一,而且也不能解决门到门运输的承运人责任问题。联合国国际贸易法委员会从 1996 年开始委托国际海事协会(CMI)起草国际运输公约,CMI 在 2001 年联合国贸法会提交了草案。CMI 最初提交的草案框架很大,将门到门的所有运输方式的调整都包括在内。经过审议,草案调整的范围缩小到仅包括国际海上运输加上两港(即装运港和卸货港)。向内陆延伸的运输则不包括在内,而是由相应的国际公约调整。

2008 年 12 月 11 日联合国大会第 63 届会议通过了《联合国全程或部分海上国际货物运输合同公约》(UN Convention on the Contracts of International Carriage of Goods Wholly or Partly by Sea,简称 Rotterdam Rules,即《鹿特丹规则》),目前还没有生效。该规则确立了管辖托运人、承运人和发货人在含有国际海上运程的门到门运输合同下所享权利和所承担义务的统一现代法律制度。规则借鉴了先前各项与海上国际货物运输有关的公约,特别是《海牙规则》及其各项议定书(《维斯比规则》)以及《汉堡规则》,并成为其替代文书。《鹿特丹规则》提供了一个法律框架,其中考虑到了自先前那些公约通过以来在海运中发生的许多技术和商业发展情况以及整合和更新现有公约的必要性,包括集装箱化运输的增长、对单一合同下门到门运输的渴望,以及电子运输单证的编制。《鹿特丹规则》为托运人和承运人提供了一种有约束力的普遍制度,以支持可能涉及其他运输方式的海运合同的运作。

《鹿特丹规则》共有 18 章,96 条,分别规定了总则,适用范围,电子运输记录,承运人的义务,承运人对灭失、损坏或迟延所负的赔偿责任,托运人对承运人的义务,运输单证和电子运输记录,货物交付,控制方的权利,权利转让,赔偿责任限额,时效,管辖权,仲裁,合同条款的有效性,公约不管辖的事项及最后条款。

(四)提单内容

提单是一种标准合同。通常是由船务公司自己制定的。我国在远洋货物运输中使用的主要是由中国远洋运输总公司根据《海牙规则》制定的提单(以下简称中远提单),正面有 9 项内容,前 6 项由托运人填写,后 3 项由承运人填写,背面有 27 项条款。

兹分述如下：

提单正面的内容包括：

(1)船名(Name of Vessel)。即实际运载货物的船舶名称。为避免同名船舶发生混淆，船舶名称后通常需要注明航次或国籍。

(2)承运人名称(Carrier)。即与托运人订立运输合同之人，包括船长和承运人的代理人名称。

(3)托运人名称(Shipper)。即与承运人订立运输合同之人，或向承运人实际提交货物之人的名称。

(4)收货人名称(Consignee)。指有权提取货物之人。在记名提单中，是提单上列名之人；在空白提单中，是持票人；在指示提单中，是按托运人指示或凭某人指示的提货人。

(5)装运港(Port of Loading)、目的港(Port of Destination)、转运港名称(Port of Transhipment)。装运港指实际装货之港或货物发运港。目的港即实际卸货之港。必要时，还须注明航线。当提单注明允许转船或转运时，须注明转船或转运的港口。

(6)货物名称、标记、包装、数量或重量以及运输危险货物对危险性质的说明。提单上的货物名称可用足以表明货物和性质、种类的统称。标记指为辨别货物所需的主要唛头，通常要求在航程终了时仍应清晰可辨。包装是指用以保护货物的质量完好和数量完整的各种容器。数量指用一定的度量衡制度表示的货物的量，包括个数、件数、体积、容积等。对以上货物名称、标记、包装、数量等各项内容的如实填写，是托运人的一项重要义务。它对明确托运人、承运人与收货人各自的责任，确定运费以及日后相互进行索赔，具有重要意义。

(7)运费与支付方式。运费金额是由船公司按货物重量或航线确定的。提单中除注明具体金额外，通常还须载明支付方式，即运费是预付还是到付。前者指在签发提单前支付运费，后者是在提货前或船到目的港后支付。

(8)提单签发时间、地点及份数。提单签发日通常应为实际装船日或装船完毕日。如实际装船日超过了合同或信用证预订期限，托运人为了逃避责任，往往要求承运人给予通融。将提单签发日倒回到合同或信用证预订的期限内，称为“倒签提单”。倒签提单是一种欺诈行为，签发这种提单的承运人要承担违法责任。

提单的签发地点即为装运港口所在地点。

提单的份数分正本和副本两种。正本通常有2～3份。上面印有“Original”字样，同时注明“承运人或其代理人已签署本提单一式×份，其中一份经完成提货手续后，其余各份失效”。因此，当承运人凭其中一份交付货物后，其余正本均失去效力。提单副本是应托运人或承运人的需要制定的，上面印有“Copy”字样，份数随需要而定，副本上无承运人签字，因此无法律效力，不能作为提货凭证。

(9)承运人签字。提单经签字始生效力。承运人在提单上签字，表明其已收到货物并承担依提单享有的权利和义务。有权在提单上签字的人是承运人、承运人的代理人或船长。签字时,承运人要对提单上所载内容与船上大副在验收装船货物时签发的大副收据进行认真核对,大副收据上对货物或包装情况的批注要如实批转在提单上。

提单背面的内容包括:中远公司标准提单的背面主要是关于承运人权利义务的规定。其中第3条规定,有关承运人的义务、赔偿责任、权利及豁免应适用《海牙规则》。

二、海运承运人责任与免责

(一)海牙规则关于承运人责任的规定

1. 承运人的责任

《海牙规则》第3条规定了承运人必须履行的最低限度的责任。[5]

(1)承运人须在开航前和开航时恪尽职责使船舶适航。

①适航。广义的船舶适航指船舶在各方面都能满足预定航线航行的需要。根据《海牙规则》的规定,适航包括三项内容:其一,船舶适于航行。狭义的船舶适航指包括船体强度、结构、设备及性能都能满足在预定航线上安全航行的需要。实践中,船舶具备适航证书不能在法律上证明船舶适航。它取决于船舶在航行中是否能抵御通常海上航行中所具有的一般风险,达到安全航行的标准。其二,船员的配备、船舶装备和供应适当。船员配备适当,指船员在个人素质、资格、人数上都能满足特定航行的要求,例如,船员要具备适合海上航行的健康体魄,取得行使其职能的有效的职务证书。此外,船上要备齐海上航行中应当具备的一定数量的船员等。船舶装备适当,指船上设备齐全,安全可靠,备齐海上航行必需品,不能缺少的雷达、仪器、仪表。海图等航海资料应是最新的,准确无误的。船舶供应适当,指带足海上航行中必不可少的燃料动力、食品药物、淡水等供应品,并在开航前将中途补给的来源和地点一一落实。其三,船舶要适货。货舱、冷藏舱及其他载货处能适宜、安全地收受、运送和保管货物。货仓的消毒、冷藏或排水、通风等要适应所载货物的安全运送和保管。

②开航前和开航时。按照《海牙规则》和我国《海商法》的规定,船舶适航与否,是以开航前和开航时的这段时间为标准,不包括航行中或到达目的地时是否适航。《海牙规则》并不要求承运人承担开航后乃至到达目的地以前整个航程中船舶适航的责任。根据判例,所谓开航前和开航时是指在装运港从装货开始至起锚之时的整个期间。[6]

③恪尽职守(Due Diligence)。《海牙规则》要求承运人恪尽职守,保证船舶适航。根据判例,这一义务不仅适用承运人本人,也适用他所雇用的任何人,如船员、代理人、验船师等。由于受雇人或代理人的疏忽导致船舶的不适航,承运人仍要承担责任。[7]

---

〔5〕 我国《海商法》第47~49条。

〔6〕 中国国际贸易促进委员会法律事务部:《国际贸易和海事法律资料》1981年第3期,第3页。

〔7〕 Riverstone Ment Company v. Lancashire Shipping Company Ltd, Lloyd's Report 1961, Vol. 1.

其次,承运人只要在开航前和开航时做到恪尽职守使船舶适航就算履行了自己的义务,不包括开航后和到达目的地的整个期间。

(2)适当和谨慎地装载、搬运、配载、运送、保管、照料和卸载所运货物。

①适当和谨慎(Properly and Carefully)。"适当"是从技术方面要求承运人对《海牙规则》所列的装载、搬运、配载、运送、保管、照料和卸载七个工作环节要具备一定的技术知识、技术水平和能力;"谨慎"是从个人素质方面,要求承运人尽心尽力做好职能范围内的工作。

②以上七个工作环节是否做到适当和谨慎是个事实问题而不是法律问题。实践中,除取决于承运人的技术水平和个人责任心以外,还要根据装卸码头的习惯做法以及货物的特性加以判断。

以上是《海牙规则》规定的承运人最低限度责任,根据这一规定,凡是在合同中约定解除或减轻承运人依《海牙规则》承担上述责任义务的条款一律无效。

2. 承运人的责任期间和诉讼时效

按照《海牙规则》第1条(e)项的规定,承运人承担责任是从货物装上船起,至卸下船止的整个期间。当使用船上吊杆装卸货物时,指从装货时吊钩受力开始至货物卸下船脱离吊钩为止的整个期间,即实行"钩到钩原则"(Tackle to Tackle Rule)。当使用岸上吊杆装卸时,则货物从装运港越过船舷时起至卸货港越过船舷为止的整个期间,即实行"舷到舷原则"(Rail to Rail Rule)。我国《海商法》作了新的规定,对集装箱货物和非集装箱货物的运输加以区分并在承运人承担责任上分别作出规定:对于集装箱装运的货物的责任期间,是从装货港接收货物时起至卸货港交付货物时止,货物处于承运人掌管之下的全部期间;对非集装箱装运的货物,其责任期间从货物装上船时起至卸下船时止,货物处于承运人掌管之下的全部期间。对于装船前和卸船后所承担的责任,由双方协议决定之。这样,对非集装箱货物适用《海牙规则》,而对集装箱货物承运人的责任起讫适用《汉堡规则》。[8]

按照《海牙规则》第3条第6款的规定,货物自卸货港交货前或交货时,收货人应将货物的灭失和损害的一般情况以书面方式通知承运人;在灭失或损坏不明显时,该书面通知应于交货之日起3天内提交。《海商法》改为,当货物灭失或损坏情况非显而易见时,在货物交付的次日起连续7日内;集装箱货物交付的次日起连续15日内;延迟交货自次日起60天内以书面通知承运人。[9] 对承运人的赔偿请求权期限是一年。如在交货时,承运人和收货人已对货物进行联合检验或检查,则无须再提交书面通知。无论在任何情况下,从货物交付日或应交付日起,托运人或收货人应就货物的灭失或损坏情况在1年之内提起诉讼,否则免除承运人依《海牙规则》应承担的一切责任。

---

〔8〕 我国《海商法》第46条。

〔9〕 我国《海商法》第81条。

3. 承运人责任的豁免

《海牙规则》实行的是承运人的不完全过失责任。规则第 4 条第 2 款和第 4 款共列举了在 18 种情况下免除承运人依《海牙规则》应承担的责任。但是根据该规则的规定,承运人可在提单中明确规定放弃某项权利的豁免或加重自己的责任和义务(第 5 条)。[10]

(1)承运人对船长、船员、引水员或承运人的雇用人员在航行或管理船舶中的行为、疏忽或不履行义务不承担责任。与《海牙规则》规定的承运人在开航前或开航时恪尽职守使船舶适航的义务相一致,承运人对船长和船员在开航后船舶操作中的疏忽和过失可以享受免责。船长、船员管理船舶中的行为、疏忽、不履行义务是和承运人的管货义务相对应的。对船长、船员管船中的过失,承运人可以免责。但在实践中,管货行为还是管船行为,往往不易分清。例如,船员查看货物后,在离开货仓时没有把防水舱盖关好,导致海水打入舱内使货舱中的水泥受损,船东认为是管理船舶中的失误要求免责。再如,由于天气寒冷,燃油舱内燃油结块,为了使燃油顺利燃烧,船员对燃油舱加热,但由于疏忽,忘记停止加热,导致货舱中的大豆受热变质。船方是否可以因管船中的过失要求免责?法院在处理这类案件时,主要是根据船长或船员的行动意图或目的来区分是管货行为还是管船行为,由此判断承运人是否应承担过失责任。在第一例情况下,船员进入货舱是去查看货物,而不是去检查货舱,离开货舱时忘记关好舱门导致货损,属于管货中的疏忽。根据《海牙规则》第 3 条第 2 款的规定,违反了妥善保管货物的义务,因此,承运人要承担责任。在第二例情况下,燃油舱加热的目的是船舶航行的需要,而不是货物的需要,因此船员忘记停止加热导致货损,属于船舶管理中的失误,承运人可以免责。

(2)火灾。航行中,船上发生火灾,可以免除承运人的责任,只要这种火灾不是因承运人的实际过失或私谋引起的,例如,船员在船上吸烟导致火灾,承运人可以免责;如是因承运人违反开航时或开航前船舶适航义务或由承运人指使、纵容引起火灾,则承运人要承担责任。

(3)海难。海难是《海牙规则》中特有的概念,指海上或其他通航水域的灾难、危险和意外事故,超出了一艘在开航前或开航时适航的船舶在预订航线上所能抵御的一般风浪的限度。

(4)天灾。天灾是不可抗力的一种。特指由自然条件引起的意外事故,如雷电、飓风等。

(5)战争。战争是指不管公开宣战与否,一国对另一国诉诸武力的行为。

(6)公敌行为。公敌行为指以船旗国为敌的两交战国之间的行为,包括作为国际公敌的海盗行为。

---

〔10〕 我国《海商法》第 51 ~ 53 条列举了 14 种情况,其内容与《海牙规则》基本相同。

(7)政府、君主、当权者或人民的扣押或管制或依法扣押。指政府出于政治目的与保护公共利益对船舶进行的扣押,不包括由于私人之间债务纠纷,债权人向法院提出申请扣押令而发生的扣押。

(8)检疫限制。指承运人无法预料、不能避免的政府行为。例如,为防止疫情,挂港政府要对所有入港船舶进行熏蒸,导致货损。承运人可以不承担责任。

(9)托运人或货主的过失。包括托运人或货主及其代理人或代表的行为或不行为。由托运人或货主过失导致的货损免除承运人的责任;反之,如果托运人的这种过失给承运人带来损害,如托运人隐瞒货物的易燃易爆性,导致船舶发生火灾或爆炸,托运人还要对承运人蒙受的损失承担赔偿责任。

(10)罢工。罢工指不论由于何种原因引起的局部或全面罢工、关厂、停工或限制工作,包括装卸港口工人罢工或船上船员或雇用人员的罢工。由此导致货损,承运人不承担责任。应当注意的是,这种罢工不是由于承运人的过失,如克扣船员薪饷引起的。此外,罢工发生后,承运人仍负有妥善保管货物的义务。如可将货物改卸附近港口并通知收货人提货等。

(11)暴动和骚乱。暴动和骚乱是承运人不能预料的事故。但承运人仍负有采取合理措施加以防范、妥善保管货物的义务。与罢工一样,这种暴动和骚乱的发生不是由于承运人的过失引起的,如是因承运人挑衅或故意唆使发生的,则对由此导致的货物损失,承运人不能免责。

(12)救助或企图救助海上人命或财产。《海牙规则》对承运人海上救助的免责从人命救助扩大到财产救助。对由此发生的货物灭失和损害,承运人不承担责任。

(13)货物的固有缺点、性质或缺陷引起的体积或重量亏损,或其他灭失或损害。因货物固有缺点造成重量或体积亏损,只要在合同规定的或合理损耗限度之内,免除承运人的责任。因货物固有缺陷造成质量损害,如生虫、腐烂、自燃等,在实践中是个比较复杂的问题。因为货物的损害也可能因船舶不适航引起,解决办法只能依据案件的具体事实加以判断。

(14)包装不善。由于货物包装不善导致的货损,只要承运人在签发提单时曾对包装不善情况加以注明,就可以免除其应当承担的责任。但是如果包装不善是承运人在收货时可以从外观上发现的,在提单上未加批注而签发了清洁提单,则不能被免除责任。

(15)唛头不清或不当。在货物或包装上印刷运输标志是托运人的责任,唛头不清或不当导致承运人运错港或交错货或给日后提货人提货带来不便,承运人不承担责任。

(16)虽恪尽职守亦不能发现的船舶潜在缺陷。此项规定是针对承运人应在开航前和开航时恪尽职守保证船舶适航的义务而言。潜在缺陷不单纯指肉眼看不见的缺陷,还包括合格的验船师用符合标准的检验手段不能发现的船舶缺陷。《海牙规则》要求承运人承担的适航义务不是绝对的,如果承运人在开航前和开航时已恪尽职守,雇用合格的人员,用合理的检验手段仍不能发现船舶存在的缺陷,则可以免除承运人的责任。

(17)非承运人的实际过失或私谋引起的其他任何原因。此项规定又称"杂项免责条款"。其他任何原因指不包括在上述16条中但与上述16条内容具有同一性质的或类似的原因,而不是包罗万象的任何原因。这些原因都不是因承运人本人的过失或私谋,包括承运人的代理人或雇用人员的过失或疏忽引起的。

(18)合理绕航。合理绕航包括为救助或企图救助海上人命或财产发生的绕航以及任何合理绕航,均免除承运人由此承担的货物灭失和损害的责任。所谓任何合理绕航,在实践中通常包括依据提单中订立的合理偏离航线条款发生的绕航行为或为船、货双方的利益发生的,或是该绕航与船舶本身承担的运输义务不发生严重抵触的绕航。

中远提单中对承运人责任还有如下不适用《海牙规则》的几项规定:

(1)适用法律条款。又称"首要条款"(Paramont Clause)。中远提单中规定,除有关承运人的义务、赔偿责任、权利及豁免适用《海牙规则》外,中远提单及与之有关的一切争议,适用中国法律。如是中美航线的货物运输,则提单适用美国1936年《海上货物运输法》的规定。[11]

(2)赔偿金额。中远提单规定,承运人对货物损坏或灭失的赔偿金不适用《海牙规则》关于每件或每计费单位最高额为100英镑的规定。赔偿金额按CIF价计算,每件或每计费单位不得超过人民币700元。但有下列例外:①如承运人在接受货物前,托运人以书面申报的货价高于人民币700元,且填入提单中并按规定支付了额外运费,则赔偿额每件可高于人民币700元,但不得超过申报价值。如货物发生部分灭失和损坏,则按申报价值比例计算。②中美航线每件货物或每一计费单位赔偿金额不超过500美元。《海商法》采纳了《维斯比规则》即将每件或每单位1万金法郎或毛重30金法郎/公斤折成特别提款权,为每件或每个其他货运单位为666.67计算单位,或毛重每公斤2计算单位,以赔偿额较高者为准。同时增加了对延迟交货赔偿金额的规定。[12]

(3)舱面货、活动物和植物。舱面货、活动物不属于《海牙规则》意义上的货物,因而不适用《海牙规则》的规定。《海商法》和中远提单规定,承运人对这种货物的接受、装载、运输、保管和卸载中的灭失和损害不承担责任。

(4)集装箱货物。《海牙规则》对集装箱货物未作规定。随着我国集装箱运输的发展,中远提单对集装箱货物承运人的责任作出特别规定:①当货物由承运人装箱或装载时。承运人无须预先通知可将集装箱置于舱面并且尽管货物装在舱面,承运人仍按提单的规定承担赔偿责任。②集装箱不由承运人装箱或装载时。只要承运人以铅封完好交付,则视为承运人完全和全部履行了义务。承运人对箱内货损、灭失不承担

---

〔11〕 我国《海商法》对此问题未作规定。第269条允许当事人自由选择处理合同争议适用的法律。

〔12〕 我国《海商法》第56~57条。

责任。

(5)托运人义务。中远提单关于托运人义务主要有以下规定:①如实申报。托运人应在提单上对货物名称、数量、重量、尺码、内容、价值、危险性质等如实申报。因申报不实,则要向承运人支付实际应付运费与虚报货物运费差额的二倍作为赔偿;如因错误申报导致船舶和(或)货物损失,则由货方承担赔偿责任。②装货、卸货和交货。无论港口习惯如何,货方应以船舶所能装卸的速度昼夜无间断的提供和提取货物,并承担因违反这一规定导致的包括滞期费在内的一切损失。在用集装箱装载货物时,货方要事先对集装箱装载方式、箱内货载是否适宜集装箱运输进行检查,如集装箱条件不良等导致承运人的人身伤亡或损失,货方承担赔偿责任。③支付运费。中远提单第6条规定了货方支付运费的两种方式:第一,预付运费,指运费在装船时支付。如未在通知的缴付日期缴付,则按年息5%加收利息。在目的港无承运人代理人以及运送腐货、低值货、活动物、舱面货的情况下,运费及其他费用必须在装船时全部付清。按照国际惯例,预付运费在开航后,不管货物灭失与否,概不退还。第二,到付运费,指运费在船舶到达目的港时支付。只要货到目的地,即使受到损坏,收货人也应照付运费。无论是预付运费或是到付运费,都应毫无例外地全部付给承运人,不得扣减。此外,货方还应负责一切与货物有关的捐、税和其他费用。

我国《海商法》第66~69条规定了托运人的四项责任:①保证义务。托运人在托运货物时应妥善包装,并保证货物装船时所提供的货物品名、标志、包装或件数、重量或体积的正确性;并赔偿因包装不良或违反保证给承运人造成的损失。②提交单证。托运人要及时向港口、海关、检疫、检验和其他主管机关办理货物运输所需的各种手续,并将已办理各种手续的单证送交承运人;因交付单证不及时、不完备或不正确给承运人利益造成的损害,要承担赔偿责任。③通知义务。托运人托运危险货物,应按照有关海上危险货物运输的规定妥善包装,作出危险品标志和标签,并将其正式名称、性质以及应当采取的预防措施通知承运人,并承担承运人因运输危险货物受到的损害;托运人怠于通知或通知有误,承运人可在任何时间、地点将货物卸下,销毁或使之不能为害而不负赔偿责任。④支付运费。[13]

(6)共同海损和新杰森条款。新杰森条款是共同海损理算和分摊的一个原则,来自美国的海事司法实践。1910年美国最高法院在受理“杰森”号案时,肯定了船方在提单中规定的“共同海损疏忽条款”(此后改称“杰森条款”)的有效性,即如果承运人提供了适航船舶,对因其雇用人员的航海过失或管船过失引起的共同海损,免除承运人对货损承担的赔偿责任。但货主应参与共同海损的分摊。1933年“特里斯”(Tris)号案中,法院将杰森条款加以修改,改称“新杰森条款”。增加了当发生海上救助时,同属一个船公司的两个船舶之间的救助应视同对第三者施助,被救助船舶需支付救助费

〔13〕《海牙规则》对托运人责任只规定了保证义务和通知义务,见第3条第(5)、(6)款。

用,并可算为共同海损费用。

中远提单中加入了这一条款规定。共同海损按 1995 年中国国际经济贸易促进委员会制定的共同海损理算规则进行理算。如果在航次开始之前或之后,无论是疏忽与否,任何原因而引起意外、危险、损坏或灾难时,由于根据法令、合同或其他规定,承运人对此类事件或此类事件的后果都不负责,则货物托运人、收货人或货物所有人应在共同海损中与承运人一起分担可能构成或可能发生的具有共同海损性质的牺牲、损失或费用,并应支付关于货物方面所发生的救助费用和特殊费用。如果救助船舶为承运人所有或由其经营,则其救助费用应犹如该救助船舶系为第三者所有一样,支付全额。承运人或其代理人认为足以支付货物方面的预计分摊款额及其救助费用和特殊费用的保证金,如有需要,应由货物、托运人、收货人或货物所有人在提货之前付给承运人。

(7)双方有责碰撞条款。按照国际上通行的原则,对双方有责的船舶碰撞,应依各自过失的大小按比例承担责任。在对各自货损、船损、人员伤亡进行计算后,采取相互冲销的办法结算各自实际赔付额。载货船对本船货损因属于承运人的负责范围,因而不予赔偿,而由对方按过失比例给货主以赔偿。

中远提单规定,如有船舶由于他船疏忽以及本船船长、船员、引水员或承运人的受雇人在驾驶或管理船舶中的行为、疏忽或不履行职责而与他船碰撞,则本船的货物所有人应就他船亦即非载货船舶或其所有人所受的一切损失或所负的一切赔偿责任,给予本船承运人赔偿。但此种赔偿应以上述损失或赔偿责任所体现的已由或应由他船亦即非载货船舶或其所有人付给上述货物所有人其货物的灭失或损坏或其提出的任何赔偿要求的数额为限,并由他船亦即非载货船舶作为其向载货船舶或承运人提出的索赔的一部分,将其冲抵、补偿或收回。如果非属碰撞船舶或物体的,或在碰撞船舶或物体之外的任何船舶或物体的所有人、经营人或主管人,在碰撞、触礁、搁浅或其他事故中犯有过失时,上述规定亦适用。

(二)《维斯比规则》对《海牙规则》的修改

《维斯比规则》对《海牙规则》的修改主要包括以下几方面:

第一,适用范围。《海牙规则》适用于在任何缔约国所签发的一切提单,《维斯比规则》改为:公约适用于两个国家港口之间有关货物运输的每一份提单,如果提单在一个缔约国签发,或者从一个缔约国的港口启运,或者提单或由提单证明的运输合同中规定,该提单(或合同)受《海牙规则》约束,或受《海牙规则》生效的国内立法的约束。不考虑船舶、承运人、托运人、收货人或任何其他有关人员的国籍如何。

第二,提单的证据力。《海牙规则》规定,承运人向托运人签发提单,是承运人收到该提单中所载货物的初步证据,根据这一规定,承运人有权提出反证,否定提单所载内容的真实性,这对托运人来讲,没有不公平之处,因为货物是托运人提交的,提单所载内容是托运人填写的。但这对于善意的提单的受让人来说,则可能是不公平的。有鉴于此,《维斯比规则》明确规定,当提单已经转给善意行事的第三者时,与此相反的证据不予接受。也就是说,在存在善意第三者的情况下,提单对于善意的受让人来说,则是最终证据。

第三,责任限制。《海牙规则》的规定比较简略,其第4条第5款规定承运人或船舶,在任何情况下对货物或与货物有关的灭失或损害,每件或每一计费单位是100英镑,除非当事人在提单中注明了更高价值。

《维斯比规则》在内容上作了较大的扩充和修改:①承运人的责任限制和抗辩理由,适用于就运输合同所涉及的有关货物的灭失或损害对承运人所提起的任何诉讼,不论该诉讼是以合同为根据还是以侵权行为为根据。②承运人的这种责任限制和抗辩理由,同样适用于承运人的雇用人员和代理人(如果该雇用人员或代理人不是独立的缔约人),即认可了所谓"喜马拉雅条款"的合法性。"喜马拉雅条款"(Himalayas clause)来自"阿德勒诉狄克逊"(Adler v. Dickson)一案。〔14〕该案中,阿德勒夫人是一名游客,在搭乘P&O公司的一艘名为喜马拉雅号游轮时,于下船时因船梯断裂而摔伤。由于阿德勒夫人持有的船票上载有承运人的疏忽免责条款,故阿德勒夫人转而以侵权行为对船长和水手提起诉讼。船长和水手认为作为船公司的雇员,他们有权享受船票上关于承运人免责的规定。法院判决认为,船票上的免责条款是船公司和乘客之间签订的,有权援引该条款的只能是该契约的当事人。作为船公司的雇用人员无权享受不是由他签订的合同中免责条款的权利。结果是阿德勒夫人胜诉。以后,船公司为了避免此类事件的发生,在合同中增加"喜马拉雅条款",规定承运人的免责和限制赔偿金额的权利,同样适用于其雇用人员和代理人。《维斯比规则》和《汉堡规则》都承认"喜马拉雅条款"的合法性责任。③赔偿金额从原来的100英镑改为双重限额,每件或每一单位为10000金法郎,或按灭失或损坏的货物毛重每公斤30金法郎。(1法郎是纯度为900‰的黄金65.5毫克),以较高者为限。〔15〕④拼装货的计算。《维斯比规则》增加了对用集装箱、托盘或类似的装运器具拼装时,赔偿金额的计算。规定,提单中如载明装在这种装运器具中的件数或单位数,则按所记载的件数或单位数计算,否则,整个集装箱或托盘视为一件。

第四,诉讼时效。《海牙规则》规定的诉讼时效为1年。从货物交付或应交付之日起算。

《维斯比规则》除维持《海牙规则》的1年时效外,规定经双方同意可以延长。即使1年期满后,承运人仍有不少于3个月的时间向第三者追偿。

第五,核能损害责任。《海牙规则》对此未作规定,《维斯比规则》规定,《海牙规则》的规定不影响任何国际公约或国内法有关对核能损害责任的各项规定。

---

〔14〕(1955)1Q. B. 158.

〔15〕由于金价涨落不稳,1979年12月21日在布鲁塞尔外交会议上通过了《修改〈海牙—维斯比规则〉议定书》,将赔偿的计价货币由金法郎改为特别提款权,并规定一个特别提款权等于15金法郎。这样10000金法郎约等于666.67特别提款权。每公斤金法郎等于两个特别提款权。该议定书于1984年4月生效。

《维斯比规则》对《海牙规则》的修改,并没有解决《海牙规则》中权益失衡这一本质问题,关于承运人的责任和豁免、责任起讫、托运人义务等问题均未作实质性改变。

我国未加入《维斯比规则》,但《维斯比规则》中关于提单对善意第三者的最终证据作用的规定,[16]承运人的责任限制和赔偿额的规定适用其代理人及雇员的规定,[17]拼装货的计算,以及诉讼时效的修改等均在我国《海商法》的有关规定中得到反映。[18]

(三)《汉堡规则》的特点

《汉堡规则》按照船方和货方合理分担风险的原则,适当加重了承运人的责任,使双方权利义务趋于合理、平等。其主要内容包括以下几方面:

其一,适用范围。与《海牙—维斯比规则》相比,《汉堡规则》的适用范围更为明确,它规定《汉堡规则》适用于两个国家之间的所有海上货物运输合同:①装货港位于一个缔约国内;②预订卸货港或实际卸货港位于一个缔约国内;③提单或证明海上运输合同的其他单据是在一个缔约国内签发;④提单或证明海上运输合同的其他单据中规定,公约的各项规定,或实施公约的各国国内立法,对提单有约束力;⑤依租船合同签发的提单,如果该提单约束承运人和不是租船人的提单持有人之间的关系。

其二,增加实际承运人的概念。指接受承运人委托执行货物运输或部分运输的任何人。《汉堡规则》所有关于承运人责任的规定,不但适用于承运人的代理人、雇员,也同样适用于受其委托的实际承运人。

其三,货物。《海牙规则》中货物的概念不包括舱面货或集装箱装运的货物以及活动物。《汉堡规则》规定,承运人只有与托运人达成协议或符合特定的贸易习惯或为法规或条例要求时,才能在舱面载运货物,否则要对舱面货发生的损失负赔偿责任。对于活动物,只要承运人证明是按托运人对该动物作出的指示办事,则对货物的灭失、损坏或延迟运货造成的损失视为运输固有的特殊风险而不承担责任。

其四,关于清洁提单的规定。《海牙规则》规定,承运人在签发提单时应注明货物的表面状况,但是,承运人、船长或承运人的代理人,不一定必须将任何货物的唛头、号码、数量或重量标明或标示在提单上,如果他有合理根据怀疑提单不能正确代表实际收到的货物,或无适当方法进行核对的话。按照这一规定,一张由承运人签发的所谓表面状况良好的提单,实际上并不意味着是一张清洁提单,因为承运人的怀疑或无法核对的事项并没有如实反映在提单的批注当中。为了避免或减少由此产生的争议,《汉堡规则》明确规定,如果承运人或代其签发提单的其他人确知或有合理的根据怀疑,提单所载有关货物的一般性质、主要唛头、包数或件数、重量或数量等项目没有准确地表示实际接管的货物,或者无适当的方法来核对这些项目,则承运人或上述其他

---

〔16〕 我国《海商法》第77条。

〔17〕 我国《海商法》第58条。

〔18〕 我国《海商法》第257条规定,诉讼时效1年,但不得延长。

人必须在提单上作出保留,注明不符之处,怀疑根据或无适当核对方法。与《海牙规则》不同,《汉堡规则》虽然要求承运人必须在提单上注明货物的表面状况,但如果承运人未在提单上批注货物的外表状况,则视为已在提单上注明货物的外表状况良好。

其五,承运人责任起讫。《汉堡规则》将《海牙规则》规定的"钩到钩"、"舷到舷",扩展为自承运人接管货物时起至货交收货人为止,货物在承运人掌管之下的整个期间。

其六,承运人赔偿责任基础。《汉堡规则》将《海牙规则》中承运人的"不完全过失责任"改为承运人的"推定完全过失责任制"。即除非承运人证明他本人及代理人或所雇用人员为避免事故的发生及其后果已采取了一切合理要求的措施,否则承运人对在其掌管货物期间因货物灭失、损坏及延迟交货所造成的损失负赔偿责任。如果承运人将运输全部或部分委托给实际承运人履行时,承运人仍需对全程运输负责,如双方都有责任,则在此限度内负连带责任。

其七,提高赔偿金额。《汉堡规则》将承运人的最低赔偿金额在《海牙规则》和《维斯比规则》规定的基础上提高到每件或每一货运单位 835 计账单位或相当于毛重每公斤 2.5 计算单位的金额,以较高者为限。所谓"计账单位"是指国际货币基金组织规定的特别提款权,以此取代原来采用单一货币所带来的汇率波动风险。

其八,增加对于延迟交货赔偿的规定。《汉堡规则》对于承运人延迟交货时的赔偿作出了明确规定,即以相当于该延迟交付货物应付运费的 2.5 倍为限,但不得超过海上运输合同中规定的应付运费总额。所谓"延迟交货"是指货物未能在明确议定的时间内,或在没有此项议定时,按照具体情况对一个勤勉的承运人未能在合理要求的时间内,在合同规定的卸货港交货,均构成延迟交货。

其九,保函。在国际海上货物运输实践中,托运人为取得清洁提单,向承运人出具承担赔偿责任的保函的做法一直被司法实践认为是一种欺诈行为而无效。但实践中,这一做法却因为实用、简便而经常为当事人采纳作为紧急情况下的一种变通做法。如何正视这一问题并找出合理的解决办法,是《汉堡规则》的又一贡献。《汉堡规则》将保函合法化。规定托运人为取得清洁提单而向承运人出具承担赔偿责任的保函在托运人和承运人之间有效,但对提单受让人、包括任何收货人在内的第三方无效。在发生欺诈行为的情况下(无论是托运人或承运人欺诈),承运人均需承担损害赔偿责任,并且不能享受公约规定的责任限制的利益。

其十,索赔与诉讼时效。《汉堡规则》将《海牙规则》和《维斯比规则》规定的一年时效改为两年,并经接到索赔要求人的声明,可以多次延长。

收货人应在收到货物次一日,将损失书面通知承运人,如货物损失属非显而易见的,则在收货后连续 15 日内,延迟交货应在收货后连续 60 天内将书面通知送交承运人,否则收货人将丧失索赔的权利。

其十一,管辖权。《汉堡规则》增加了关于管辖权的规定。原告就货物运输案件的法律程序,可就法院地作如下选择:①被告主营业所在地或惯常居所;②合同订立地,且合同是通过被告在该地的营业所、分支机构或代理机构订立的;③装货港或卸货港;④海上运输合同中指定的其他地点。

其十二,《汉堡规则》与《海牙规则》、《维斯比规则》的关系。根据《汉堡规则》的规定,凡《海牙规则》、《维斯比规则》的缔约国,在加入《汉堡规则》时,必须声明退出《海牙规则》、《维斯比规则》,如有必要,这种退出可推迟至《汉堡规则》生效之日起5年,即以前曾为《海牙规则》、《维斯比规则》的缔约国,在加入《汉堡规则》后,从1997年11月1日起,不再是前述两公约的缔约国。

我国不是《汉堡规则》的缔约国,在我国《海商法》的规定中采纳了《汉堡规则》关于货物、实际承运人、清洁提单、延迟交货的概念,[19]并对承运人责任期间进一步具体化。承运人对集装箱装运的货物的责任期间,是从装运港接收货物时起至卸货港交付货物时止,货物处于承运人掌管之下的全部期间;对非集装箱装运的货物,承运人的责任期间,是从货物装上船时起至卸下船时止,货物处于承运人掌管之下的全部期间。[20] 关于索赔时效,也按集装箱交货与非集装箱交货加以区分。如当货物灭失或损坏情形非显而易见时,在货物支付的次日起连续7日内,集装箱交货则从次日起15日内,延迟交货则在交货次日起60日内收货人未提交书面通知时,则视为承运人已交付货物且状况良好的初步证据。[21]

(四)《鹿特丹规则》的特点

与先前的海运国际公约相比,《鹿特丹规则》最大的变化是对承运人规定了更加严格的责任。其具体内容如下:

1. 适用范围扩大

(1)海运公约首次确立了“海运加其他”(海运区段以及海运前后其他运输方式的区段)的法律制度。“海运加其他”将公约的适用范围扩大到传统的海上区段以外的其他领域,包括与海上运输连接的陆上运输,铁路、公路、内河水上运输甚至是航空运输都包括在内。但值得注意的是,该规则原则上是适用于海上运输,如果货物运输合同在涵盖了海上运输的同时还包括其他非海上运输阶段,而且货物是在其他运输区段发生损失,在这种情况下,如果该运输区段有强制适用的国际公约,就适用相关的国际公约。但如果该运输区段没有强制性的国际公约,就要适用《鹿特丹规则》的规定。

(2)适用范围扩大到港口经营人。《海牙规则》和《维斯比规则》的责任主体是承运人,《汉堡规则》将承运人分为缔约承运人和实际承运人。《鹿特丹规则》的责任主体除了承运人之外,还包括履约方和海运履约方。承运人是与托运人订立运输合同之

〔19〕 我国《海商法》第42条第(5)项、第(2)项,第75条,第76条,第50条的规定。

〔20〕 我国《海商法》第46条。

〔21〕 我国《海商法》第81条、第82条。

人。履约方是指承运人以外的,履行或承诺履行承运人在运输合同下有关货物接收、装载、操作、积载、运输、照料、卸载或交付的任何义务之人,以该人直接或间接在承运人的要求、监督或控制下行事为限。“海运履约方”是指凡在货物到达船舶装货港至货物离开船舶卸货港期间履行或承诺履行承运人任何义务的履约方。内陆承运人仅在履行或承诺履行其完全在港区范围内的服务时方为海运履约方。从上述规定可以看出,海运履约方包括港口经营人以及为货物提供运输服务的各方。在港内提供服务的公路、驳船运输等都属于海运履约方。港口经营人与海运承运人具有同样的地位。

2. 加重了承运人的责任

具体体现在:第一,取消了“承运人的航海过失免责”条款,海运承运人承担完全过失责任。第二,扩大了承运人对船舶的适航义务,从“开航前和开航当时”扩展到“全航程”。第三,承运人对货物的责任期间,自承运人或履约方为运输而接收货物时开始,至货物交付时终止。第四,提高了赔偿限额。承运人所负赔偿责任的限额,按照索赔或争议所涉货物的件数或其他货运单位计算,每件或每个其他货运单位 875 个计算单位,或按照索赔或争议所涉货物的毛重计算,每公斤 3 个计算单位,以两者中较高限额为限,但货物价值已经由托运人申报且在合同事项中载明的,或承运人与托运人已另行约定高于该条规定赔偿责任限额的,不在此列。对迟延造成经济损失的赔偿责任限额,相当于迟交货物应付运费两倍半的数额。但赔付总额不得超过所涉货物全损时的赔偿限额。

3. 明确了电子运输记录的效力

与先前海运公约不同,《鹿特丹规则》确认了电子运输记录的法律效力,并将电子运输记录分为可转让与不可转让电子运输记录。

4. 明确了托运人的义务

海运公约基于对等、平衡原则参照承运人的责任规定,明确了托运人和“单证托运人”的义务和赔偿责任。托运人是与承运人订立运输合同之人。单证托运人,则是指托运人以外的,同意在运输单证或电子运输记录中记名为“托运人”的人,享有与托运人同样的权利与义务。

5. 增加了控制权和权利转让等规定

为便于解决国际贸易中容易产生的一些与运输相关的问题,公约增加了有关控制权和权利转让等方面的规定。

6. 专门为批量合同(Volume contract)作出特别规定

公约第 80 条允许当事人在批量合同中可以增加或减少公约规定的权利、义务和赔偿责任。所谓批量合同是指在约定期间内分批转运特定数量货物的运输合同。货物数量可以是最低数量、最高数量或一定范围的量。公约赋予批量合同当事人如此大的合同自由,允许其合法规避公约的义务和责任,这对于其他合同当事人,特别是小货主,显然是不公平的。

三、租船合同

在国际海上货物运输中,除了采用定期班轮运输外,还采用不定期航线的租船运输。班轮运输用提单调整承运人、托运人之间的关系,租船运输通过租船运输合同调整出租人和承租人之间的关系。

租船运输合同是指船舶出租人按一定条件将船舶全部或部分出租给承租人进行货物运输的合同。分航次租船合同与定期租船合同。

(一)航次租船合同[22]

航次租船合同在租船运输中得到广泛应用。它是为完成特定航次运输,由船舶出租人向承租人提供船舶或船舶的部分舱位,装运约定的货物,从一港运至另一港,由承租人支付约定运费的合同。航次租船合同多以标准格式出现,常见的有波罗的海国际航运公会(The Baltic and International Maritime Conference, BIMCO)制定的《统一杂货租船合同》(Uniform General Charter)简称"金康合同"(Gencon);《澳大利亚谷物租船合同》(Chamber of Shipping Australian Grain Charter)简称"奥斯特拉尔"(Austral)等。[23] 下面以金康合同为例,简述航次租船合同的主要内容。

金康合同共15条,其主要内容如下:

1. 基本条款

包括出租人、承租人姓名或公司名称;船舶名称与国籍;货物名称;装货日期;装货港、目的港及费率。

2. 船东责任条款

在以下情况下,船东承担货物灭失、损坏或延迟交付的赔偿责任:(1)因货物积载不当或疏忽或船舶不适航导致的货物灭失、损坏或延迟交付;(2)可归咎于船东或船东经理人员本人的行为或过失。

在以下情况下,免除船东的赔偿责任:(1)除上述情况外的其他原因引起的货物灭失、损坏或延迟支付,包括船东所雇用人员在履行职责时的疏忽或过失引起的;(2)货物损坏是由于与其他货物接触或其他货物的渗透、串味或蒸发或货物的易燃易爆性质或不良包装引起的,并且不得视为积载不当或疏忽。

3. 运费及支付条款

运费可按装船货物数量或交付的货物数量计算,由双方商定。船东只有收取了全部运费后才有交付货物的义务。承租人不得用运费充当货物的损害赔偿。

---

〔22〕 航次租船合同中出租人即承运人、船东;承租人即托运人、租船人。

〔23〕 我国《海商法》对航次租船合同的规定主要包括:出租人和承租人的名称、船名、船籍、载货重量、容积、货名、装货港和目的港、装载期限、装卸期限、运费、滞期费、速遣费、出租人责任、承租人责任等。值得注意的是,除出租人责任外(和提单运输中承运人责任相同),《海商法》中有关当事人的权利、义务的规定,仅在航次合同中没有约定或者没有不同约定时才适用航次租船合同的出租人和承租人。见《海商法》第94条。

交货时，如有要求，租船人应在装货港按当时最高汇率预付运费的2%，作为船舶一般性开支，包括支付运费和保险费等。

支付方式：以现金全额支付，以支付日的平均汇率为准。

4. 留置权条款

当货物还在承运人（船东）掌管之下时，承运人有权就未支付的运费、空舱费、滞期费及滞期损失对货物行使留置权。但承租人仍要对发生于装货港的空舱费和滞期费及滞期损失承担责任。在卸货港，当船东对货物无法行使留置权时，承租人要对发生于卸货港的运费及滞期损失承担责任。

5. 装货与卸货

在租船合同中，装货与卸货是由承租人安排的，装卸时间快慢直接涉及船东利益，因此租船合同中订明装卸期限是非常重要的。承租人在规定的期限内未完成合同规定的装卸义务的，要按超过时间交纳滞期费。如提前完成装卸义务，则可得到速遣费。

（1）准备装卸通知书与装卸时间的起算。装卸时间的起算取决于"准备装卸通知书"的送达时间。"准备装卸通知书"是指在船舶到达指定港或泊位，在各方面做好装卸准备后，由船长签署并向承租人发出的书面通知。金康合同规定，如果装卸通知于午前送到，则装卸时间从午后1点起算；如通知书于午后送达，则从下一个工作日的上午6点起算。

（2）装卸时间的表示。可用工作日（Working Days）、连续日（Running Days）、连续工作日（Running Working Days）、晴天工作日（Weather Working Days）表示。船舶因等候泊位而丧失的时间也算装卸时间。

（3）滞期费计算。金康合同只规定了滞期费，未规定速遣费。滞期费按天计收，费率由双方约定。不足一天的按比例计算。滞期期限为10个连续日。超出10天，则按违约计算损失。

（4）装卸费用。每件或每包装件货物超过两吨重，则装船、积载和卸船均由承租人承担风险和费用。如货物由运输机装船进舱，由船东负责平舱费。

6. 解约条款

根据金康合同，在下列情况下，承租人有在开航前解除合同的选择权：

（1）出租人在预定的准备装货之日前未准备就绪装货，不论是否在泊位，即在预定装货日未到达指定装货港或未作好装货准备；或

（2）双方约定的解约日届满；或

（3）如无约定，当船舶因海损或其他原因延误，则在及时通知承租人后，延误时间不得超过预定装船日10天；

（4）在船东要求延迟到达的情况下，承租人在船舶预定到达装货港前48小时内发出解约的通知。

《海商法》关于解除合同作如下规定：①出租人在约定的受载期限内未能提供船舶

或更换或提供的船舶不符合合同约定时,承租人有权解除合同;②承租人更换的货物对出租人不利时,出租人有权拒绝或解除合同。[24]

7. 罢工、战争及冰封条款

(1)一般罢工条款规定。船东或承租人对因罢工或停业使得租约中的义务无法履行或延迟履行均不承担责任。

如果罢工或停业影响到货物的全部或部分装船,则在驶往装货港途中或抵港后,船长(船东)可要求承租人宣布承租人同意不把罢工或停业因素计入船舶停滞时间。如果承租人在24小时内未以书面形式作出答复,则船东有权解除合同。

在只有部分货物装船的情况下,船东仍必须按原计划开航,并按已装船的货物数量计收运费,但船东可根据自己的需要在航程中搭载其他货物。

如果罢工或停业影响到卸货,则由收货人在48小时内作出选择:①船舶等候至罢工结束,并按滞期费的一半支付超过卸货时间的滞期损失。②船舶驶往另一安全港口卸货。如果替代港距离超过100海里,则按比例增收运费。

(2)一般战争条款规定。当船旗国处于战争状态并危及船舶的安全或如因交战原因,货物已成为禁运品,并依国际法或交战国宣告,可能被予以扣押或没收,则任何一方有权宣布解除合同。如货物已装船,则由承租人或货主承担费用和风险,在装货港或开航后最近一个安全地点卸下货物。船东有权用其他货物取代禁运货物运载。当装货港被封锁,则在该港口装运货物的合同失效。

在租船提单中,不得以任何被封锁的港口为目的港。如在提单签发后,目的港被封锁,则船东可在船舶未开航时将货物卸于装货港,如在开航后,则船东按托运人指示将货物卸于任何安全港口;如无指示,则卸货于最近的安全地方,并收取全部运费。

(3)一般冰封条款规定。装货港:①当船舶驶往或到达装货港时,为避免船被封冻,船长有权决定不载货离港,租船合同宣告无效。②在装货期间,为避免封冻,船长有权将已装货船舶驶离装货港,对装货港已装船货物要按租约的规定送达目的港,并按交付货物比例计收运费。但船东有权为自己的利益在途中其他港口装载其他货物,并不得向收货人索取因此而产生的一切额外费用。③当租约订有一个以上装货港,其中一个或几个港口被封冻时,船长或船东有选择权,或宣布租约无效;或在其中非冰封港装载货物,并有权在航程中其他港口装载自己安排的货物。

卸货港:①如冰封使船舶无法抵达卸货港,则收货人在接到船东通知后48小时内作出选择:船舶一直等至冰封消除并支付滞期费;或令船舶驶向一个无冰封的安全卸货港口。②在卸货期间,为避免封冻,船长有权将正在卸载中的船舶驶向他认为能安全卸货的港口,并收取相等于在原卸货港卸货的运费。当驶往替代港的距离超过100海里时,运费应按比例增加。

---

[24] 《海商法》第96条、第97条、第100条。

8. 违约赔偿

任何一方因不履行租约所给予的损害赔偿,不得超过预计的运费数额。

在租约未执行的情况下,船东至少向经纪人支付按预计运费和空舱费计算的经纪费的1/3作为经纪人所付费用和劳务的补偿。在航次不止一次的情况下,补偿额由双方议定。

9. 共同海损

共同海损按1950年《约克・安特卫普规则》理算。共同海损费用即使系船东雇用人的疏忽或过失引起的,货主亦应按货物比例参与分摊。

10. 绕航

船东有权为任何目的,按任何顺序,停靠任何港口或数港;有权在无引水员的情况下航行,有权拖带或救助任何位置的船舶,有权为救助人命或财产而绕航。

将《海牙规则》的有关规定与金康合同相比,金康合同的规定对船东或承运人更为有利。主要表现在以下几个方面:

(1)责任范围。金康合同的船东或承运人仅对积载不良或疏忽;船东或其经理人本人的行为或过失或未恪尽职守导致不适航以及船舶人员配备、设备安装、船舶供应不适当引起的货物灭失、损坏或延迟支付承担责任;而在提单项下,船东或承运人要为所雇用人员如船长、船员的疏忽或过失导致的不适航承担责任。

(2)绕航。金康合同给予船东充分的绕航权利。船东有权为任何目的按任何顺序,停靠任何港口或数港,有权在没有引水员的情况下航行,有权拖带及援助任何位置的船舶,也有权为救助人命或财产而进行绕航。而提单项下承运人只能进行合理绕航,即只有在为救助海上人命或在提单中有明确授权以及与承运人运输义务不相抵触的情况下,才能绕航。

(3)滞期费。金康合同规定了装货时间和卸货时间,超过时限要交纳滞期费。滞期费的计算和支付以超过规定装卸期限的10天为限。如果滞期超过10天,则就超出10天以上的滞期不再按双方约定的滞期费率计算,而按实际航运损失,即按违约损失计算。这种延误损失费(Damage for Detention)一般均高于滞期费。提单运输中则没有滞期费的规定。

(4)赔偿费。金康合同规定,对不履行租约的损害赔偿,不得超过预计运费金额。当租船人违约时,这种赔偿方法对船东来说是合理的,但当船东违约时,给承租人及其货物不能及时装运造成的损失可能大大超过预计运费,因此,这种赔偿方法对承租人来说则可能是极不合理的。提单运输中的赔偿限额规定尽管也不尽合理,但毕竟接近于实际损失,应以托运人申报的价值为基础给予赔偿。

(5)提单。关于提单的《海牙规则》不适用租船合同。金康合同中有关提单的规定只涉及运费的支付。金康合同第9条规定,船长按约定运费率签发提单时,不得有损于本租约。当提单中的运费数额少于全部租船运费时,其差额在签发提单时应以现金向船长支付。

由于《海牙规则》不适用租船合同,而各船公司在制定标准合同时又往往不可避免的有利于本公司,因此,实践中租船人通常力争把《海牙规则》、美国海上货物运输法等的有关内容纳入租船合同中,用以平衡船舶所有人和租船人对货物承担的责任。

(二)定期租船合同

定期租船合同是指出租人在一定期限内把船舶出租给承租人供其按约定的用途使用的书面协议。在定期租船合同中,出租人出租整个船舶,承租人按月或日支付租金。

国际上常见的定期租船标准合同有纽约物产交易所(New York Produce Exchange, NYPE)制定的《定期租船合同》(Time Charter)、波罗的海国际航运公会(BIMCO)制定的《统一定期租船合同》(Uniform Time Charter)以及我国租船公司制定的《中外定期租船合同》(Sino Time Charter)等。

以下根据北京中国租船公司制定的《中外定期租船合同》阐述合同双方的权利义务。租约共36条,主要内容如下:[25]

1. 船东保证条款

(1)船舶适航。①船东保证在交船之日及在整个租期内船舶与船东提供的船舶规范相符,如有不符,租金降至足以赔偿承租人遭受的损失。②在交船之日及在整个租期内,船舶紧密坚实、牢固,处于良好的工作状态,在各方面适于货运。船壳、机器、设备处于充分有效状态,并按规定人数配齐合格船长、船员、水手。

(2)航行范围。期租约中,通常船东只保证承租人在有限的营运范围内活动。超出该范围,则由承租人承担船舶保费和其他一切损失。中国租船公司的期租约保证,本船在伦敦保险业学会保证条款的范围内在本船能安全浮起的安全港口,锚地或地点进行合法贸易。在船东保险人承保的情况下,租船人可到许可以外的地区或在船东支付无险附加保费的地区进行贸易。如本船航行中国受阻,租船人有解除租约的选择权。

(3)交船。船东要向租船人发出预计交船日和确定交船日通知,交船日船东未准备就绪并交付,则承租人有解除租约的选择权。交船时,货仓需打扫干净,适于接收货物。交船港口应是租船人指定的、能安全浮起的港口。租船人接受了交船,不构成承租人放弃其依据租约享有的权利。

(4)船东供应项目。船东供应并支付船长、船员、水手的全部食品、工资、领事费及其他费用;供应并支付甲板、房舱、机舱照明及必需用品;供应并支付全部润滑油及淡

[25] 我国《海商法》对定期租船合同内容的规定比较简要、原则,主要包括:出租人和承租人名称、船名、船籍、船内吨位、容积、船速、燃料消耗、航区、用途、租船期间、交船和还船的时间、地点及条件、租金及其支付以及其他有关事项。《中外定期租船合同》比法律的规定较为详尽,便于操作。

水、船舶保险金及修船和保养费。

(5)提单。《海牙规则》不适用租船合同,却适用于租船合同下签发的已转让给第三者的提单。中国租船公司的期租约规定,根据船长签发的或应承租人要求授权承租人签发的提单,船东或其经理人作为承运人,按《海牙规则》第3条和第4条规定[第3条第(6)款除外,第4条第(5)款中以700元人民币代替100英镑],对提单下所载货物的短少、灭失、残损负责。

2. 租船人责任条款

(1)租船人供应项目。租船人供应并支付航行所需燃油、港口、运河、码头的各种捐、税、费以及装舱、理货、上船执行公务官员所需的各种费用。

(2)租金。与航次租船合同不同,租金不考虑货物重量或航线。中国期租约规定的租金是按船舶载重吨每月计算,每半月支付一次。第一次租金在交船后7个银行营业日内支付。以后各次在到期日前7个银行营业日内预付。租船人未履行支付义务时,出租人有权撤船并可对船上货物行使留置权。

(3)停租。在发生以下情况时,承租人有停止支付租金的权利:①船东违反船舶规范与适航义务以及其他租约义务,导致停工和时间延误;②船舶或货物遇到海损事故及维修造成延误;③船长、船员或水手罢工、拒航或失职;④因船东及雇用人员的原因导致船舶被扣留;⑤因恶劣天气发生的绕航、折返或挂靠非租船人指示的港口;⑥因装卸设备损坏导致开工不足或时间延误。当延误时间达6周以上,租船人有解约的选择权。停租时间可计入租期内,并且因时间延误导致的额外费用(装卸工的停时费、罚金等),由船东承担并可由承租人从租金中扣除。

(4)租期和还船。租期届满,租船人应将预计还船时间和港口提前10天通知船东。返还的船舶应保持与出租时大体相同的良好状态并应在安全、没有冰冻的港口返还。当还船日超过租期时,则按返还时较高租率支付超期租金。

(5)装卸。装卸工和理货员由租船人安排,但作为船东的雇员,接受船长的指示和指导。因此,租船人对装卸人员的疏忽、过失或判断错误,对引水员、拖船或装卸人员因疏忽或装载不良造成船舶灭失或损坏不承担责任。

第二节　国际航空货物运输

一、有关国际航空货物运输的国际公约

随着国际航空事业的发展,航空运输方式在国际贸易中得到日益广泛的使用。航空货物运输快捷、方便、卫生、安全,特别适于运送鲜活商品、易碎易损和贵重物品。

目前,调整国际航空货物运输关系的国际公约主要有四个:

(1)《统一国际航空运输某些规则的公约》(简称《华沙公约》),1929 年在华沙签订,1933 年 2 月 13 日生效。我国 1958 年加入该公约。

(2)《修改 1929 年统一国际航空运输某些规则的公约的议定书》(简称《海牙议定书》,订于 1955 年 9 月,1963 年 8 月 1 日生效。我国于 1975 年加入该议定书。

(3)《统一非缔约承运人所办国际航空运输某些规则以补充华沙公约的公约》(简称《瓜达拉哈拉公约》),订于 1961 年,1964 年 5 月 1 日生效。我国未加入该公约。此外,还有一号、二号、四号三个《蒙特利尔议定书》。

(4)《蒙特利尔公约》。旧的华沙公约体系(指 1999 年《蒙特利尔公约》产生之前的华沙公约体系)的每个文件均是独立的条约,而这些文件的参加国又不完全相同,加之前几次的修改补充不仅没有实现国际航空运输规则的进一步统一,反而使得《华沙公约》原本确立的统一航空承运人责任制度处于严重混乱状态,甚至遭到破坏,可适用的责任制度高达 44 种之多,很容易导致同一事件却适用不同责任制度,旅客或货主所得赔偿可能大不相同,有失法律的公平和公正,与《华沙公约》的制定宗旨也完全相悖。随着旅客流动性的日益增加和航空运输的全球化,旧华沙公约体系的问题越来越突出。有鉴于此,在 1975 年的蒙特利尔外交会议上,一些国家建议国际民航组织起草一个合并所有华沙公约体系文件的统一文本,改变承运人责任制度的混乱状况。但也有的国家主张废除华沙公约体系。1995 年,国际民航组织决定起草一部新的统一的公约,并将拟订的草稿定名为《统一国际航空运输的某些规则的公约》(与《华沙公约》同名,Convention for the Unification of Certain Rules for International Carriage by Air),旨在全面修订和合并旧华沙公约体系的各个文件。1999 年 5 月 10 日,国际民航组织在加拿大的蒙特利尔召开由国际民航组织的成员国和主要航空运输组织及一个非成员国的 525 位代表参加的航空法国际会议的外交大会,5 月 28 日通过了新公约——《统一国际航空运输的某些规则的公约》(简称 1999 年《蒙特利尔公约》),公约于 2003 年 11 月 4 日生效。到 2008 年 9 月 30 日,有 86 个国家加入该公约,我国于 2005 年 2 月 28 日批准。1999 年《蒙特利尔公约》(Montreal Convention)共有 57 条和如下 7 章:总则;关于旅客、行李与货物运输的凭证和当事方的责任;承运人的责任和赔偿损害的范围;联运非立约承运人进行的运输;其他规定和最后条款。新公约对国际航空旅客和货物运输规则做了实质性的改动。公约的宗旨是使华沙公约及相关文件实现现代化和一体化,确保国际航空运输中消费者利益,本着恢复原状原则公平赔偿,促进对国际航空运输运转的有序发展和旅客、行李与货物顺畅流动,进一步协调管理国际航空运输的一些规则并使之规范化,实现公平的利益平衡。上述宗旨与旧的华沙公约体系相比,范围更加广泛,更加切合实际。

二、《华沙公约》关于国际航空货物运输的规定

我国是《华沙公约》与《海牙议定书》的加入国。与《华沙公约》成员国之间的货物运输适用《华沙公约》,与《海牙议定书》成员国之间的货物运输适用《海牙议定

书》。

（一）航空货运单

根据《华沙公约》的规定，承运人有权要求托运人填写航空货运单。货运单一式三份，第一份经托运人签字后交承运人；第二份附在货物上，由托运人和承运人签字后交收货人；第三份由承运人在收货后签字交托运人。《海牙议定书》改为承运人在货物装机以前签字。货运单是双方订立合同、接受货物和承运条件以及记载货物重量、尺寸、包装、件数等的书面凭证。《海牙议定书》允许填发可以流通的航空货运单。

航空货运单的主要内容包括：(1)货运单的填写时间、地点。《海牙议定书》删除了这一要求。(2)起运地、目的地及约定的经停地点。在必要时经停地点可以由承运人加以变更，但不得使该运输丧失其国际性。按照公约的规定，所谓国际航空运输是指出发地和目的地分处两个缔约国境内，或在一个缔约国领土内但在另一缔约国或非缔约国内有经停地点。在后一种情况下，如承运人将经停地点变更为也在起运地和目的地所在国领土内，则该运输就会丧失国际性。有鉴于此，《海牙议定书》取消了承运人的这一权利。(3)托运人、承运人或第一承运人及必要时收货人的名称、地址。(4)货物名称、性质、包装件数、包装方式与标志、重量、数量、体积或尺寸及货物和包装的外观状况。(5)运费金额、支付时间、地点、付费人。(6)货物价值。(7)货运单份数及随附单证。(8)运输期限及航线。(9)注明该货运单受《华沙公约》或《海牙议定书》约束。

根据《华沙公约》的规定，如果承运人接受了货物但未填写货运单，则承运人无权援引《华沙公约》关于免除或限制承运人责任的规定。

（二）托运人责任

根据《华沙公约》的规定，托运人承担如下责任：(1)托运人对货运单上关于货物的各项说明和声明的正确性及由于延误、不合规定、不完备给承运人及其代理人造成的损失承担责任。(2)托运人在履行运输合同所规定的一切义务的情况下，有权在起运地、目的地将货物提回或在途中经停时中止运输，或将货物运交非货运单上指定的收货人，但不得使承运人或其他托运人遭受损害。(3)托运人需提供各种必要资料以便完成货交收货人前的海关、税务或公安手续，并将有关证件附货运单交给承运人并承担因资料或证件缺乏、不足或不合规定给承运人造成的损失。

（三）承运人的责任与免责

根据公约的规定，承运人的责任如下：(1)承运人对航空期间发生的货损、货物灭失、延误承担责任。所谓航空期间，指在承运人保管之下，不论是在航空站内、航空器上或航空站外降落的任何地点，不包括航空站外任何陆运、海运或河运。但如果这种运输是为了履行空运合同，是为了装货、交货或转运，则也视为航空期间。(2)承运人对货物损失的赔偿责任为每公斤250金法郎。如托运人在交货时特别声明货物价值，并缴纳了必要的附加费，则承运人的赔偿额以所声明的价值为限。

在发生下列情况时，免除承运人应承担的责任：(1)承运人证明自己和其代理人已为避免损失采取了一切必要措施或不可能采取这种措施。(2)损失的发生是由于驾驶上、航空器的操作上或领航上的过失。(3)货物的灭失或损坏是由于货物的属性或本身质量缺陷造成的。(4)损失是由受害人的过失引起或助成。

公约中规定的承运人免责和损害赔偿限额是一个最低标准,任何超出公约免责范围并规定更低赔偿金额的合同条款,一律无效。

当货物的损坏和灭失是由于承运人及其代理人和受雇人员故意的不良行为引起时,承运人则无权援引公约关于免责和限制责任的规定。

(四)索赔与诉讼时效

收货人在发现货损时,最迟应在收货后7天内提出异议;如发生延误,最迟应在收货后14天内提出异议。《海牙议定书》将这两个时限分别改为14天和21天。异议要写在运输凭证上或以书面方式提出。除非承运人有欺诈行为,否则超过规定期限,收货人不能对承运人起诉。有关赔偿的诉讼,应在航空器到达目的地之日起两年内提出,否则丧失追诉权。

诉讼地点由原告选择,可以是承运人营业所在地、目的地或合同订立地的法院。

根据公约的规定,由几个连续承运人办理的航空运输,第一承运人和每一段运输的承运人要对托运人和收货人负连带责任。

三、《蒙特利尔公约》关于国际货物运输的规定

与旧的华沙公约体系相比,1999年《蒙特利尔公约》在国际货物运输方面具有如下特点:

1. 关于货物运输的凭证和当事方的责任更加详细

1999年《蒙特利尔公约》第二章专门规定了关于货物运输的凭证和当事方的责任问题,但远比《华沙公约》第二章的规定更加详细具体。该章主要吸收了《蒙特利尔第4号议定书》和《危地马拉议定书》的相关内容,并加以完善。该章主要规定如下:(1)承运人除可提交传统的纸制单证外,也可以用任何其他保存客票资料的方法或任何保存所作运输的记录的方法代替交给客票或航空货运单,并出具书面说明或货物收据,作为签订合同、接受承运标的与运输条件的证明。(2)《华沙公约》和《海牙议定书》规定了惩罚性的条款,即承运人不交客票或行李票、航空货运单而承运、客票或行李票、航空货运单没有载明受《华沙公约》或《海牙议定书》约束的条款,承运人无权援用公约中的免除或限制责任。1999年《蒙特利尔公约》取消该惩罚性的条款。(3)在航空货运单或货物收据的内容方面,要求载明托运货物性质与重量,但取消了载明受《华沙公约》或《海牙议定书》约束的条款的要求。同时还规定,承运人必要时可要求托运人提交说明货物性质的证件。(4)托运人和承运人的签字可以印刷或盖章。同时还取消了承运人应该在货物装入航空器之前签字的要求。

2. 对承运人责任制度和赔偿损害的范围进行修改

在货物毁灭、遗失或损坏方面,公约基本上采用了《蒙特利尔第4号议定书》的规定,即实行严格责任。对于因货物有毁灭、遗失或损坏而产生的损失,只要造成损失的事件是在航空运输期间发生的,承运人就应当承担责任。但是,承运人证明货物毁灭、遗失或损坏是由于下列一个或几个原因造成的,承运人不承担责任:货物的固有缺陷、质量或瑕疵;货物非由承运人或其受雇人或代理人包装,包装有缺陷;战争或武装冲突行为;公共当局对货物入境、出境、过境所实施的行为。

在货物运输中造成毁灭、遗失或损坏或延误的,公约仍实行限额赔偿,即以每公斤17个特别提款权为限,除非交运货物时特别申报其价值。

3. 货物延误的限额赔偿

《华沙公约》规定,货物在航空运输中因延误引起的损失,承运人应当承担责任。但是,承运人证明本人及其受雇人或代理人为避免损失的发生,已经采取一切可合理要求的措施或不可能采取此种措施的,承运人不承担责任。由此可见,公约对货物在航空运输中因延误引起的损失仍都实行推定过失责任制和限制责任制度。

4. 关于赔偿限额例外的引用

由于《华沙公约》第25条有关责任限制的例外表述不清,提供了避开限额规定的借口,因此,《蒙特利尔公约》取消了"有意和不良行为"的提法,而是具体规定,如能够证明损失是承运人或其受雇人或代理人有意造成或知道很可能造成损失而不顾后果的行为或不行为引起的,关于客运延误、行李与货物的赔偿限额规定不适用。

5. 惩罚性或其他非补偿性的损害赔偿

公约第29条规定,在任何旅客、行李或货物的损害赔偿和延误赔偿诉讼中,均不得判处惩罚性、惩戒性或其他非补偿性的损害赔偿。该条制定的目的旨在防止以惩罚、惩戒等理由突破责任限额。

6. 增加了仲裁条款

公约规定,货物运输合同的当事人可以约定,有关公约中的承运人责任所发生的任何争议通过仲裁解决。仲裁协议应该以书面形式订立。

第三节　国际铁路货物运输

铁路运输不受气候影响,连续性强,载货量比空运大,速度比海运快,风险较海运、空运都小。国际铁路运输主要适用内陆接壤国家之间的货物运输。我国除东南沿海地区外,利用地缘优势与周边国家开展了广泛的经济贸易合作。世界上最大的一条国际铁路运输线,新亚欧大陆桥运输横贯我国,东起连云港,西出新疆阿拉山口,直通西亚到欧洲荷兰鹿特丹。随着我国全方位的对外开放,国际铁路货物运输在我国对外经济贸易中将大有可为。

一、有关国际铁路货物运输的国际公约

目前关于国际铁路货物运输的公约有两个:(1)《国际货约》(CLM),全称《关于铁路货物运输的国际公约》,1961年在伯尔尼签字,1970年2月7日修订,1975年1月1日生效。其成员国包括了主要的欧洲国家,如法国、德国、比利时、意大利、瑞士、瑞典、西班牙及东欧各国,此外有西亚的伊朗、伊拉克、叙利亚、西北非的阿尔及利亚、摩洛哥、突尼斯等共计28国。(2)《国际货协》(CMIC),全称《国际铁路货物联合运输协定》,1951年在华沙订立。我国于1953年加入。1974年7月1日生效的修订本,其成员国主要是原苏联、东欧加上我国、蒙古、朝鲜、越南共计12国。由于1990年10月,原民主德国与联邦德国合并,同年年底原民主德国宣布退出《国际货协》。之后,原捷克斯洛伐克、匈牙利、罗马尼亚也相继退出,但仍承认《国际货协》的规定。1991年,原苏联解体,15个加盟共和国各自独立,除亚美尼亚没有参加《国际货协》外,其余独联体国家均参加了《国际货协》。加上阿尔巴尼亚、波兰、保加利亚、中国、越南、朝鲜、蒙古、伊朗共22个国家为《国际货协》现在的成员国。

《国际货协》的东欧国家又是《国际货约》的成员国,这样《国际货协》国家的进出口货物可以通过铁路转运到《国际货约》的成员国去,这为沟通国际间铁路货物运输提供了更为有利的条件。我国是《国际货协》的成员国,凡经由铁路运输的进出口货物均按《国际货协》的规定办理。

二、《国际货协》的主要内容

(一)合同的订立

《国际货协》第6条、第7条规定,发货人在托运货物的同时,应对每批货物按规定的格式填写运单和运单副本,由发货人签字后向始发站提出。从始发站在运单和运单副本上加盖印戳时起,运输合同即告成立。

运单是铁路收取货物、承运货物的凭证,也是在终点站向收货人核收运杂费用和提交货物的依据。与提单及航运单不同,运单作物权凭证,不能转让。运单副本在加盖印戳后退还发货人,并成为买卖双方结清货款的主要单据。

(二)托运人的权利义务

1. 如实申报

托运人应对其在运单中所填的和声明事项的正确性负责,并对于记载和声明事项的不正确、不确切或不完备以及未将应报事项记入运单造成的一切后果承担责任。

2. 文件完整

托运人必须将货物在运送途中为履行海关和其他规章所需要的添附文件附在运单上。托运人不履行这一义务,铁路有权拒绝承运货物。此外,托运人要对没有添附这些文件或文件不齐全、不正确造成的后果负责。

3. 货物的交付和拒收

托运人在填写运单的同时,要提交全部货物和付清运费及有关费用。提交的货物可以是整车,也可以是零担。但不得属于下列货物:(1)邮政专运物品;(2)炸弹、炸药和军火;(3)不属于《国际货协》附件(四)中所列的危险物品;(4)重量不足10公斤的零担货物。凡属于金、银、白金制品、宝石、贵重毛皮、电影片、画、雕像、古董、艺术制品和特种光学仪器等贵重物品,均应声明其价值。

货物到达终点时,收货人有权凭单领取货物。当运单项下货物的毁损导致全部或部分货物不能按原用途使用时,有权拒收货物,并按规定向承运人提出索赔。即使运单中所载货物短少、毁损,也应按运单向承运人支付全部运费。在这种情况下,收货人按赔偿请求手续,对未支付的那一部分货物,有权领回其按运单所支付的款额。如属无理拒绝收领货物,则要向承运人支付罚款。

4. 运送费用的支付和计算

运送费用包括货物的运费、押运人的乘车费、杂费及与运送有关的其他费用。按照《国际货协》第13条和第15条的规定:(1)发送国铁路的运送费用、按发送国的国内运价计算。在始发站由发货人支付。(2)到达国铁路的运送费用,按到达国铁路的国内运价计算。在终点站由收货人支付。(3)如货物始发站和到达的终点站属于两个相邻国家且无须经由第三国过境运输,且两国间订有直通运价规程时,则按运输合同订立日有效的直通运价规程计算。(4)如货物需经第三国过境运输时,过境铁路的运输费,应按运输合同订立日有效的《国际货协统一运价规程》(简称统一货价)的规定计算,可由始发站向发货人核收,也可由到达站向收货人核收。但如按《统一货价》的规定,各过境铁路运送费必须由发货人支付时,则不得将该项费用转由收货人支付。

对于各国铁路之间的清算办法,按照《国际货协》第31条的规定,原则上,每一铁路在承运或交付货物时向发货人或收货人按合同规定核收运费和其他费用之后,必须向参加这次运输业务的各铁路支付各该铁路应得部分的运送费用。

5. 变更合同

按照《国际货协》的规定,发货人和收货人在填写变更申请书后,有权在协定允许的范围内对运输合同作必要的变更。发货人:(1)可以在始发站将货物领回;(2)变更到站;(3)变更收货人;(4)将货物运还始发站。收货人:(1)可以在到达国范围内变更货物的到达站;(2)变更收货人。但无论是发货人还是收货人,都只能各自对合同变更一次,并且在变更合同时,不得将一批货物分开办理。同时,变更合同的当事人要对因变更合同发生的费用和损失负责。

(三)承运人的权利义务

1. 承运人的责任期间

根据《国际货协》的规定,从签发运单时起至终点交付货物时止为承运人的责任期间。在这个期间内,承运人对货物因逾期以及全部或部分灭失、毁损造成的损失负赔偿责任。

2. 核查运单和货物

铁路有权检查发货人在运单中所记载事项是否正确,并在海关和其他规章有规定的情况下,或为保证途中行车安全和货物完整,在途中检查货物的内容。

3. 执行或拒绝变更合同

根据《国际货协》的规定,在下列情况下,铁路承运人有权拒绝托运人(发货人或收货人)变更运输合同或延缓执行这种变更:(1)执行变更的铁路车站在收到变更申请始发站或到站的通知后无法执行;(2)与参加运送的铁路所属国家现行的法令和规章相抵触;(3)违反铁路营运管理;(4)在变更到站的情况下,货物价值不能抵偿运到新指定到达站的一切费用。

当铁路承运人按托运人指示变更运输合同时,有权按有关规定核收变更运输合同后发生的各项运杂费用。

4. 连带责任

按《国际货协》第21条的规定,按运单承运货物的铁路,应负责完成货物的全程运输,直到在到达站交付货物时止。每一继续运送货物的铁路,自接收附有运单的货物时起,即作为参加这项运输合同并因此而承担义务。

5. 免责

根据《国际货协》第22条的规定,在下列情况发生时免除承运人责任:(1)铁路不能预防和不能消除的情况;(2)因货物的特殊自然性质引起的自燃、损坏、生锈、内部腐坏及类似结果;(3)由于发货人或收货人过失或要求而不能归咎于铁路者;(4)因发货人或收货人装、卸车原因造成;(5)由发送铁路规章许可,使用敞车类货车运送货物;(6)由于发货人或收货人的货物押运人未采取保证货物完整的必要措施;(7)由于承运时无法发现的容器或包装缺点;(8)发货人用不正确、不确切或不完全的名称托运违禁品;(9)发货人在托运时需按特定条件承运货物时,未按本协定的规定办理;(10)货物在规定标准内的途耗。

根据情况推定,当货损发生可归责于上述第(1)项和第(3)项原因时,由铁路负责提出证明;发生除第(1)、(3)项以外的原因时,则只要收货人或发货人不能证明是由于其他原因引起时,即应认为是由于这些原因造成的。

此外,在运输途中发生雪(沙)灾、风灾、崩陷和其他自然灾害,或因按有关国家政府指示发生其他行车中断或限制的情况,致使货物未能按规定的运达期限运达时,铁路亦可免责。

6. 留置权

为了保证核收运输合同项下的一切费用,铁路当局对货物可行使留置权。留置权的效力,依货物交付地国家的法令和规章的规定。

7. 赔偿限额

根据《国际货协》第22条的规定,铁路对货物损失的赔偿金额在任何情况下,不得超过货物全部灭失时的金额。

当货物遭受损坏时，铁路赔付额应与货价减损金额相当；当货物全部或部分灭失时，赔偿额按外国售货者在账单上所开列的价格计算；如发货人对货物价格另有声明时，按声明的价格给予赔偿；当逾期交货时，铁路应以所收运费为基础，按逾期长短，向收货人支付规定的逾期罚金。逾期不超过总运到期限的1/10时，支付相当于运费的6%的罚款；逾期超过总运到期限的4/10时，应支付相当于运费30%的罚款等。

（四）赔偿请求与诉讼时效

《国际货协》第28条规定，发货人和收货人有权根据运输合同提出赔偿请求，赔偿请求可以书面方式由发货人向发送站提出，或由收货人向收货站提出，并附上相应根据、注明款额：（1）运单项下货物全部灭失时，由发货人提出，同时须提出运单副本；或由收货人提出，同时提出运单或运单副本。（2）货物部分灭失、毁损或腐坏时，由发货人或收货人提出，同时须提出运单及铁路在到达站交给收货人的商务记录。（3）逾期交货时，由收货人提出，同时须提出运单。（4）多收运送费用时，由发货人按其已交付的款额提出，同时必须提出运单副本或发送站国内规章规定的其他文件；或由收货人按其所交付的运费提出，同时须提出运单。

铁路自有关当事人向其提出索赔请求之日起，必须在180天内审查该项请求，并予以答复。发货人或收货人在请求得不到答复或满足时，有权向受理赔偿请求的铁路所属国家的法院提起诉讼。

根据《国际货协》第30条的规定，有关当事人依据运输合同向铁路提出的赔偿请求和诉讼，以及铁路对发货人和收货人关于支付运送费用、罚款和赔偿损失的要求和诉讼，应在9个月期间内提出；关于货物运到逾期的赔偿请求和诉讼，应在两个月期间内提出。其具体诉讼时效起算日如下：（1）关于货物毁损或部分灭失以及运到逾期的赔偿，自货物交付之日起算。（2）关于货物全部灭失的赔偿，自货物运到期限届满后30日起算。（3）关于补充运费、杂费、罚款的要求，或关于退还这项款额的赔偿请求，或纠正错算运费的要求，应自付款之日起算；如未付款时，应自交货之日起算。（4）关于支付变卖货物的余款的要求，自变卖货物之日起算。（5）在其他所有情况下，自确定赔偿请求成立之日起计算。

时效期间已过的赔偿请求和要求，不得以诉讼形式提出。

第四节　国际货物多式联运

一、国际货物多式联运的发展及其法律问题

随着国际贸易中越来越多的使用集装箱运送货物，出现了一种新的运输方式——

货物的多式联运。它是以至少两种不同的运输方式将货物从一国接管货物的地点运至另一国境内指定交付货物的地点。与传统的单一运输方式相比,集装箱多式联运,特别是在成组运输的情况下,大大简化和加速了货物的装卸、搬运程序,运输服务可以从过去的港至港一直延伸到门至门,减少货损货差,减少成本和费用,为国际贸易提供了一个更为理想、畅通、安全、经济、便利的运输方式。目前在我国,集装箱多式联运只占港口总吞吐量的3%左右。而发达国家90%以上都已实现多式联运。与此同时,多式联运提出了许多新的法律问题,如:(1)货物风险的划分:包括在买卖双方之间如何确定风险转移以及在若干不同的承运人之间如何确定货物损失的分担。(2)法律适用问题:对传统的单一运输方式,国际上都已有相应的国际公约来调整有关当事人之间的关系。例如,海运适用《海牙规则》中的有关规定,空运有《华沙公约》和《海牙议定书》,铁路运输有《国际货协》的规定等。这些公约对承运人的责任、免责、赔偿限额等各有不同的规定。在多式联运中,由于货物是装在集装箱中运输,有时难以确定货物损失究竟发生在联运中的哪一个区段,于是出现了适用哪种运输方式的公约来确定承运人的责任和赔偿金额问题。(3)运输单据的性质问题:根据《海牙规则》,海运提单不但是运输合同的凭证,还可作为物权凭证进行转让。但《华沙公约》和《国际货协》规定空运单和铁路运单不具有物权凭证的性质,只起运输合同凭证的作用。[26] 当多式联运中包括海运、空运和(或)陆运时,联运单据是否可以具有物权凭证的性质和作用?(4)承运人和货主的关系问题:在单一运输方式中,运输合同确定了承运人和货主之间的关系。在多式联运中,有多式联运的经营人(简称联运人)和某一运输区段的实际承运人。当发生索赔案件时,发货人或收货人应向谁索赔?或是可以向两者中任何一方索赔?

二、《联合国国际货物多式联运公约》

为了解决这些法律问题,国际社会作出了各种努力。1980年5月在联合国贸易与发展会议的主持下,制定并通过了《联合国国际货物多式联运公约》(简称《联运公约》)。我国在会议最后文件上签了字。公约目前尚未生效。以下根据《联合国国际货物多式联运公约》的规定,简要介绍其主要内容。

(一)多式联运单据

多式联运单据是证明多式联运合同及多式联运经营人接管货物并按合同条款提交货物的证据。根据公约的规定,多式联运单据依发货人的选择可做成可转让单据或不可转让单据。实践中,只有单据的签发人承担全程责任时,才有可能作成可转让的单据。此时,多式联运单据具有物权凭证的性质和作用。在作成可转让单据时,应列明按指示或向持票人交付。凭指示交付,经背书方可转让;向持票人交付,无须背书即可转让。当签发一份以上可转让多式联运单据正本时,应注明正本份数。收货人只有

---

〔26〕《海牙议定书》对《华沙公约》作了修改,规定航空货运单可以作成可转让的。

提交可转让多式联运单据才能提取货物。多式联运经营人按其中一份正本交货后，即履行了交货义务。如签发副本，则应注明“不可转让副本”字样。如签发不可转让多式联运单据，则应指明记名的收货人。多式联运承运人将货物交给不可转让单据所指明的记名收货人才算履行了交货义务。

公约第 8 条规定了多式联运单据的 15 项内容：(1)货物品类、标志、危险特征的声明，包数或件数，毛重；(2)货物的外表状况；(3)多式联运经营人的名称与主要营业地；(4)发货人名称；(5)收货人名称；(6)多式联运经营人接管货物的时间、地点；(7)交货地点；(8)交货日期或期间；(9)联运单据可转让或不可转让的声明；(10)联运单据签发的时间，地点；(11)联运经营人或其授权人的签字；(12)每种运输方式的运费，用于支付的货币、运费由收货人支付的声明等；(13)航线、运输方式和转运地点；(14)关于多式联运遵守本公约规定的声明；(15)双方商定的其他事项。

根据《公约》的规定，以上一项或数项内容之缺乏，不影响单据作为多式联运单据的性质。

如果多式联运经营人及其代表知道或有合理根据怀疑多式联运单据所列货物品类、标志、包件数或数量、重量等没有准确地表明实际接管货物的状况，或无适当方法进行核对，经营人应在单据上作出保留，注明不符之处及怀疑根据或无适当的核对方法。如不加批注，则视为他已在多式联运单据上注明货物外表状况良好。

多式联运单据的签发，并不排斥在必要时按照适用的国际公约或国家法律签发同国际多式联运所涉及的运输或其他服务有关的其他单据，但这种单据的签发不得影响多式联运单据的法律性质。

(二)联运经营人的赔偿责任

根据公约的规定，联运经营人是指其本人或通过其代表订立多式联运合同之人。他不是发货人的代理人，也不是参加多式联运的承运人的代理人。作为多式联运合同的原主，负有履行合同的责任。

1. 责任期间

多式联运公约实行的是联运经营人的全程统一责任制，即自其接管货物之日起到交付货物时为止的整个期间承担责任。当收货人无理拒收货物时，则按照合同或交货地点适用的法律或特定行业惯例，将货物置于收货人支配之下，或交给依交货地点适用的法律或规章必须向其交付的当局或其他第三方。

2. 赔偿范围与责任限制

根据公约确定的推定过失或疏忽原则，多式联运经营人对在其掌管货物期间内发生的货物灭失、损坏和延迟交付引起的损失承担赔偿责任。所谓延迟交付，指未在约定的时间里交货或未在根据具体情况对一个勤奋的多式联运经营人所能合理要求的时间内交付。当确定的交货日届满后连续 90 天内未交货时，则视货物为已经灭失。

多式联运经营人应对其受雇人或代理人在其受雇范围内行事的行为或不行为以

及为履行多式联运合同而使用其服务的任何其他人的行为或不行为,视同他本人的行为或不行为一样,承担赔偿责任,除非联运经营人能证明其本人、受雇人或代理人为避免事故发生及其后果已采取了一切所能合理要求的措施。

公约规定了对货物灭失和损坏的赔偿责任,限制为每件 920 记账单位或按毛重每公斤不超过 2.75 记账单位,以较高者为准。如多式联运中不包括海运或内河运输,则按毛重每公斤 8.33 记账单位计算。所谓记账单位,是指国际货币基金组织规定的特别提款权。对延迟交货的损害赔偿为相当于对延迟交付的货物应付运费的 2.5 倍,但不得超过联运合同规定的应付运费的总额。

如果能确切知道货物的灭失或损坏发生于多式联运的某一特定阶段,而这一阶段适用的一项国际公约或强制性国家法律规定的赔偿限额高于适用联运公约规定的赔偿限额,则多式联运经营人的赔偿限额由适用该特定区段的国际公约或国家强制性法律规定予以确定。

如经证明货物的灭失、损坏或延迟交付是由于多式联运经营人有意造成或明知可能造成而毫不在意的行为或不行为所引起的,或多式联运经营人意图诈骗,在多式联运单据上列入有关货物的不实资料,或漏列有关货物品类标志、件数、重量及货物外表状况,则联运经营人无权享受公约规定的赔偿责任限制的利益,并需负责赔偿包括收货人在内的第三方因信赖该多式联运单据所载明的货物状况行事而遭受的任何损失、损坏或费用。

如货物灭失、损坏或延迟交付是由于多式联运经营人、其受雇人或代理人等的过失与疏忽与其他原因相结合而产生的,则多式联运经营人仅就自己及其受雇人、代理人等的过失或疏忽部分承担责任。但必须证明其他原因造成的灭失、损坏和延迟交货部分。

未经发货人告知,而多式联运的经营人又无从得知危险货物特性时,多式联运经营人可视情况需要,随时将货物卸下、销毁或使其无害而无须承担赔偿责任。

(三)发货人的责任

1. 保证责任

在多式联运经营人接管货物时,发货人应视为已向多式联运经营人保证他在联运单据中所提供的货物品类、标志、件数、重量、数量及危险特性的陈述的准确无误;并应对违反这项保证造成的损失负赔偿责任。

2. 承担过失

凡因发货人或其受雇人或代理人在受雇范围内行事时的过失或疏忽给联运经营人造成损失的,发货人应负赔偿责任。

3. 遵守运送危险品的特殊规则

发货人将危险品交多式联运经营人时,应告知危险品的危险特性,必要时应告知应采取的预防措施。否则,要对多式联运经营人因运送这类货物遭受的损失负赔偿责任。

（四）索赔与诉讼

1. 通知义务

（1）收货人的通知。收货人在收货的次一工作日应将货损、灭失情况的书面通知送交多式联运经营人。如货损灭失不明显时，则在收货后连续 6 日内提交书面通知。如在收货时，当事人各方已进行了联合调查和检验，则无须再提交书面通知。对于延迟交货，收货人应在交货后 60 天内由联运经营人提交书面通知，否则对延迟交货造成的损失不承担责任。（2）多式联运经营人的通知。多式联运经营人应在损失发生后 90 天内，或在提交货物后 90 天内，以较迟者为准，将损失通知递交发货人。

2. 时效

任何争议，在两年期间内未提起诉讼或提交仲裁，则失去时效。但在货物交付后 6 个月内，或在货物未交付时，在应交付之日后 6 个月内没有提出书面索赔通知，则失去诉讼时效。诉讼时效可由受索赔人在索赔期间内向索赔人提出书面声明加以延长。

和《联合国国际货物多式联运公约》的规定不同，我国《海商法》中的多式联运运输合同是指多式联运经营人以两种以上的不同运输方式，其中一种是海上运输方式，负责将货物从接收地运至目的地交付收货人，并收取全程运费的合同。但在承担的责任期间和承担责任方式上与《联运公约》的规定是一致的，即多式联运经营人对多式联运货物的责任期间，自接收货物时起至交付货物时止，并对全程运输负责。多式联运经营人也可与参与联运的各区段承运人另以合同约定相互之间的责任，但这种约定不得影响多式联运经营人对全程运输应承担的责任。在损害赔偿额方面，我国《海商法》规定，在损失发生在多式联运的某一区段时，多式联运承运人的赔偿责任和责任限额，适用调整该区段运输方式的有关法律规定；运输区段不能确定时，则依照本法关于海上运输合同中承运人赔偿责任和责任限额的规定负赔偿责任。[27]

本章思考题

1. 叙述提单的概念和作用。
2. 叙述提单的种类。
3. 有关提单的国际公约有哪些？
4. 比较有关提单的四个公约与我国《海商法》的规定。
5. 叙述海运承运人责任制度。
6. 叙述租船合同的类型。
7. 国际航空运输的国际公约有哪些？
8. 叙述国际航空货物运输承运人的责任制度。
9. 国际铁路运输的国际公约有哪些？

---

〔27〕 我国《海商法》第 102 ~ 106 条。

10. 试述国际铁路货物运输承运人的责任制度。

11. 试述国际货物多式联运公约关于多式联运经营人责任的规定。

推荐阅读案例

晓星香港有限公司诉中国船务代理公司防城港公司等提单侵权纠纷上诉案[最高人民法院民事判决书(2002)民四终字第27号]

第六章　国际货物运输保险

国际货物运输保险也是一种服务贸易。国际上没有统一的货物运输保险法。实践中保险人与被保险人的权利义务是由各国国内法和当事人双方订立的保险合同确定的。国际货物运输保险合同是指进出口商对进出口货物按照一定的险别向保险公司投保,交纳保险费。当货物在国际运输途中遇到风险时,由保险公司对进出口商遭受保险事故造成货物的损失和产生的责任负责赔偿。其种类包括海上货物运输保险、陆上货物运输保险、航空货物运输保险和多式联运保险。

第一节　国际货物运输保险合同概述

一、国际货物运输保险合同的订立与基本原则

运输货物保险合同属于财产保险合同的一种。在英美国家,保险合同由投保人通过保险经纪人(Insurance Broker)作为代理人才能订立。保险经纪人出具承保单,保险公司在承保单上签字,合同即告成立。保险经纪人交纳保险费并从保险公司收取佣金。如投保人不交保险费,则不能从保险经纪人手中得到保险单。在我国,投保人可以直接向保险公司投保。由被保险人提出保险要求,经保险人同意承保,并就货物保险条款达成协议后,合同成立。[1] 保险人应及时向被保险人签发保险单或其他保险单证。

保险合同主要包括以下内容:保险人与被保险人名称、货物名称、货物价值、保险金额、保险责任和除外责任、保险期间、保险费;[2] 此外还需列明运输工具、运输路线、投保险别等。在国际贸易中,当由收货人向保险公司投保时,需填制投保单一式两份,其中一份交保险公司供出具保险单,另一份交投保人作为承保凭证。投保单上主要列明货物名称、保险金额、运输工具、运输路线、投保险别等。当外贸进出口公司投保时,则由保险公司在出口单据(通常是货物发票)上加注承保险别、保险金额、保险编号等代替投保单并作为承保凭证。

---

〔1〕 我国《海商法》第221条。

〔2〕 我国《海商法》第217条。

与订立其他财产保险合同一样,订立货物运输保险合同要遵守以下原则。

1. 绝对诚信原则

与合同法中要求的诚信原则相比,保险合同要求双方当事人按绝对诚信原则(Uberrimae Fidei Rule)办事,尤其是投保人。因为投保标的的情况如何,决定保险人是否承保、费率的高低以及在发生保险事故后如何进行赔偿。而对投保标的的情况,只有投保人了解得最详细、最全面、最真实。为此,各国保险法通常都规定了订立保险合同的绝对诚信原则。其主要含义有三:

(1)投保人或被保险人必须披露重大事实(Disclosure of Material Facts)。所谓重大事实,指一个谨慎的保险人在决定是否承保或确定费率时可以依据的事实,如货物性质、货物的价值等。某一事实是否重大是个事实问题,而不是法律问题,通常由法院依据案件的具体情况加以决定。有些事实虽然可能重要,但如保险人未提出询问,投保人或被保险人没有义务予以披露,如:①使风险减少的事实;②保险人知道或应当知道的事实;③经保险人告知无须披露的事实;④保险单中列明的明示或默示条款、无须告知的事实。如投保人隐瞒应当披露的事实,保险人可以解除合同;如发生承保事故,保险人可以拒赔并照收保险费。

(2)对重要事实的陈述必须真实。所谓真实是指"基本正确"(Substantially Correct)。非实质性的非重要事实的陈述,不能算作虚假陈述。陈述是指对事实的陈述,包括对可能的或期望的事实的陈述。只要是善意的,不能构成虚假陈述。

(3)不得违反保证(Warranties)。保证是指在订立保险合同时,投保人或被保险人明示或默示做出的保证,如作为或不作为的保证;某种状态存在或不存在的保证等。投保人或被保险人日后违反这些保证,则保险人可以解除合同,并对违反这些保证之后发生的损失不予赔偿。

2. 保险利益原则

又称可保利益(Insurable Interest)。即在财产保险合同中被保险人对保险标的具有合法的利害关系。在本节下文中详加阐述。

3. 补偿责任原则

当发生了承保范围内的自然灾害或意外事故时,保险公司需按合同规定承担赔偿责任,给予被保险人以经济上的补偿。

4. 近因原则

近因是指对事故的发生起到直接的、决定性的、有效地、统率性的、不可避免的因素。与哲学上的因果尚有不同。保险法中的近因,更强调法律后来的公平合理性,而不拘泥于通常所谓的因果关系。在多个原因导致一个事故发生时,法院强调的是主因的作用。主因在时间上不一定是最接近的原因。是否是主因,由法院来判断。[3] 货物

[3] 英国保险法关于近因原则的规定,属任意条款,双方可作改变。我国法律对此未作规定。

损失的发生与承保范围内的意外事故之间需存在直接的因果关系。如果货物损失不是由承保范围内的意外事故引起的，或属于承保免责范围之内，则保险人不予赔偿。

二、可保利益

在财产保险合同中，可保利益指被保险人对保险标的具有的合法利害关系。也是保险人承担损害赔偿的最高限额。被保险人对保险标的有可保利益才能订立保险合同，否则订立的是赌博合同，在法律上是无效的。[4]

按照各国法律的解释，可保利益来自被保险人：(1)对保险标的享有的所有权、占有权；(2)担保物权和债权；(3)依法承担的风险和责任；(4)因标的物的保全可得到利益或期得利益。

在财产保险中，可保利益包括：(1)财产的现有利益。(2)期得利益。又称预期利益，即由现有财产产生出来的可期望得到的利益。(3)责任利益。即根据法律和合同承担义务产生的责任利益。

作为可保利益，必须具备以下条件：(1)确定性。可保利益必须是确定的。被保险人的可保利益必须是已经确定的或可以确定的。例如，财产的现有利益是确定的；而期得利益是可以确定的。(2)合法性。可保利益不得违反国家的强制性法律规定及公共利益和善良风俗。(3)有价的。可保利益是可以计算的。在财产保险中，这种损失通常是用金钱加以计算的。非经济利益，如精神损失，则因此不予补偿。

对于财产保险来说，可保利益，只要在保险事故发生时存在，即为合法。投保人在投保时尚未取得可保利益，不影响保险合同的有效性。我国《财产保险合同条例》规定，投保人在申请订立保险合同时，可保利益即应存在。

三、承保风险与损失

国际货物运输中会遇到各种意外事故，这些意外事故具体可分为以下几种：(1)自然灾害：指与航行有关的如海啸、地震、飓风、雷电等恶劣气候和自然灾害。(2)意外事故：指与航行有关的如触礁、颠覆、碰撞、失踪等意外事故。(3)外来风险：指由外来原因如偷窃、受潮、串味、钩损、玷污等外来原因，以及由战争、暴动、罢工等特殊原因造成的货物损失、灭失等。

由上述这些原因造成的货物损失可分为两类：货物本身遭受的全部损失和部分损失，以及为营救货物支出的费用。

1. 全部损失（Total Loss）

包括实际全损（Actual Total Loss）和推定全损（Constructive Total Loss）。按照英国保险法解释，所谓实际全损，指货物全部毁灭或因受损而失去原有用途，或被保险人已无可挽回地丧失了保险标的；推定全损，指货物受损后对货物的修理费用，加上续运到目的地的费用，估计将超过其运到后的价值。

---

〔4〕 1906年英国海上保险法。

对于实际全损,保险人给予赔偿。对推定全损,由被保险人选择:(1)按实际全损进行索赔;(2)按部分损失进行索赔。如按实际全损索赔,则必须向保险人发出委付通知(Notice of Abandonment),即把全损货物委付给保险人。如不发通知,则视为按部分损失进行处理。

2. 部分损失(Partial Loss)

指除了全部损失以外的一切损失。在海上运输货物保险中,分为共同海损、单独海损和单独费用。

(1)共同海损(General Average)。指在海上运输中,船舶、货物遭到共同危险,船方为了共同安全,有意和合理地作出特别牺牲或支出的特殊费用。共同海损的成立需具备以下条件:①必须有危及船、货共同安全的危险存在。这种危险是共同的、真实的,不是臆想和推断。②作出的牺牲和费用是特殊的、直接的。如海上遇到台风,船开往避风港,不算特殊。③牺牲和费用是有意的。即是人为的、有意识的行为,而不是意外事故。④是合理的。共同海损行为之作出,是必要的、节约的,符合全体利益的。例如,抛货是价低体重的,符合当时情况的需要,牺牲和费用是为共同安全作出的。⑤有效的。即共同海损措施是有效的。经过有意采取这些合理措施后,船货得到部分挽救和保留。

作为构成共同海损的以上条件,缺一不可。对于共同海损所作牺牲和支出的费用,用获救船舶、货物、运费获救后的价值按比例在所有与之有利害关系的受益人之间进行分摊。因此,共同海损属于部分损失,保险公司对共同海损牺牲和费用以及共同海损分摊都给予赔偿。

(2)单独海损(Particular Average)。指货物由承保风险引起的不属于共同海损的部分损失。单独海损是海上运输中非任何人的有意行为造成的,只涉及船舶或货物单独一方利益的部分损失。因此,这种损失只能由受损失方自己承担。保险公司对单独海损造成的部分损失是否给予赔偿,取决于当事人投保的险别以及保险单的条款是如何规定的。

(3)单独费用(Particular Charges)。指为了防止货物遭受承保风险造成的损失或灭失而支出的费用。由于保险单上通常都载有"诉讼与营救条款"(Sue and Labour Clause,又称"损害防止条款"),因此,单独费用都能得到保险公司补偿。

四、代位与委付

代位求偿是各国保险法承认的债权转移制度。也是赔偿原则的具体化。代位(subsititution)指当货物损失是由第三者的过失或疏忽引起时,保险公司向被保险人支付保险赔偿后,享有取代被保险人向第三者进行索赔的权利。在赔付部分损失的情况下,如果保险公司的追偿所得大于赔付给被保险人的金额,则多出部分应返还给被保险人。在赔付全部损失的情况下,保险公司取得代位权的同时还取得残存货物的所有权。即使残存的货值大于保险公司的赔付额,超出部分仍归保险公司所有。

委付(abandonment)指在推定全损的情况下,被保险人把残存货物的所有权转让给保险公司,请求取得全部保险金额。委付是被保险人的单方行为,保险公司没有必须接受委付的义务。但委付一经接受则不能撤回。接受委付后,保险公司取得残存货物的所有权,当损失由第三者过失引起时,同时取得向有过失的第三方代位追偿的权利。如追偿额超过保险公司的赔付额,也不必将超出部分退还被保险人。

有时,保险公司为了尽快解除保险合同,可以宣布放弃代位求偿或委付权而赔偿全部保险金额。

五、保险单种类

1. 定值保险单

指载明保险标的的约定价值的保险单,该价值就是保险公司在保险事故发生后的赔偿价值。通常为货物的 CIF 价或 CIP 价加上 10% 的买方预期利润。

2. 航程保险单

指以一次或多次航程为期限的保险单。航程保单中通常订有"运输条款"(Transit Clause)或"更改航程条款"(Change of Voyage Clause)。依据前者,如航程中发生了被保险人不能控制的绕航、卸货、重装、转船、延误等,保险合同继续有效。依据后者,如遇变更目的港或不正当绕航,保险公司在增收保费的情况下,保险合同继续有效。

3. 流动保险单(Floating or Blanket Policy)

指保险人与被保险人就总的承保条件,如承保风险、费率、总保险金额、承保期限等事先予以约定,细节留待以后申报的保单。根据流动保单,被保险人按承保期间内可能启运的货物价值预交保费存款(Premium Deposit),在每批需要承保的货物装运后通知保险人,保险单自动生效。每批货值从货物的总价值中扣除,直至保险总金额用完,保险合同终止。因此,在流动保单中,被保险人得不到保单本身,而是保险公司开出的保险凭证。为此,买卖合同一般都规定"买方必须接受保险单和(或)保险凭证"。否则,卖方必须提供正式保险单。流动保单手续简便,所以在实践中,特别当托运人是大规模从事出口贸易的商人时,使用非常普遍。

4. 预约保险单(Open Policy)

又称开口保单,与流动保险单类似,只是在保单中未规定保险总金额。承保货物一经启运,被保险人通知保险人后,保单自动生效。合同终止取决于被保险人和保险人之间的约定,任何一方在收到对方终止合同的通知后,合同即告终止。

5. 重复保险单

指被保险人在同一保险期间内与数个保险人就同一保险利益、同一保险事故分别订立数个保险合同。重复保险金额的总额不得超过保险标的的价值。如为不当得利之目的恶意从事重复保险,则保险合同无效。

6. 保险凭证(Insurance Certificate)

是一种简式保险合同。通常仅载有正式保险单正面所具有的条款,如被保险人名称、保险货物名称、运输工具种类与名称、投保险别、保险期限、保险金额等,而对正式保单背面有关被保险人和保险人权利、义务的规定则不予登载。当事人在采用流动保单和预约保单的方式投保时,被保险人得不到正式保单,只能得到保险凭证。

关于保险凭证的法律效力问题,各国法律与国际惯例的态度不同。归纳起来有三种:

其一,视保险凭证具有保险单的效力。如美国和《国际贸易术语解释通则》。美国《统一商法典》和《1941 年对外贸易定义》规定,卖方有权取得保险单或可转让的保险凭证。[5]《1990 年国际贸易术语解释通则》中 CIF 合同规定,卖方负责取得可转让的保险单。如在提供单据时不能及时取得,则另提供保险人所提供的保险凭证,与持保险单者无疑。CIP 合同规定,卖方提供买方保险单或其他办妥保险的凭证。Incoterms 2000 中的 CIF 和 CIP 术语明确规定,卖方提供保险单或其他保险凭证。Incoterms ® 2010 在其 CIF 和 CIP 术语的规定中取消了"卖方提供保险单或其他保险凭证"的表述,规定"卖方必须向买方提供保险单或保险证据(The seller must provide the buyer with the insurance policy or other evidence of insurance cover)。1993 年修订的《跟单信用证统一惯例》(500 号)明确规定,除非信用证另有规定,银行将接受由保险公司或承保人或他们的代理人预签的预保单项下的保险证明或保险声明。[6]

其二,除非合同中有明确规定,否则不承认保险凭证具有保险单的效力。如英国判例。根据英国判例,在 CIF 合同中,卖方必须提交正式保险单,保险凭证不等于保险单,不足以构成卖方有效的交单。[7]

其三,折中态度。如国际法协会 1932 年《华沙—牛津规则》中规定,CIF 合同中卖方负责取得海运保险单。在未取得保单时,买方应接受保险商签发的保险凭证,并在买方要求时,尽速提出保险单。如卖方提不出保险单,则保险凭证无效。

此外,无论如何,由保险经纪人出具的承保书或暂保单不能代替保险单。[8]

六、保险责任起讫

按照一般的国际实践,承保人的责任起讫是从被保险货物运离保险单所载明的起运地仓库或储存处开始运输时起,至该货物到达保险单所载目的地收货人的最后仓库或储存处,或被保险人用作分配、分派或非正常运输的其他储存处所为止。即通常称为"仓至仓条款"。如未抵达上述仓库或储存处所,则以货物在最后卸载地后满 60 天为止。在航空运输中,是在货物卸离飞机后满 30 天为止。如在上述60 天内(航空运输

---

〔5〕 见美国《统一商法典》§ 2—320(2)(c)《1941 年对外贸易定义》中 CIF 合同卖方义务的规定。

〔6〕 见《UCP 500》第 34 条(c)、(d),《跟单信用证统一惯例600 号》第28 条(c)、(d)项规定:可以接受保险单或预约保险项下的保险证明书或声明书,但不接受暂保单。

〔7〕 见 Koskas v. Standard Marine Insurance Co. Ltd. 戴维 · M. 萨逊:《CIF 与 FOB 合同》,对外贸易出版社 1980 年版,第 163 页。

〔8〕 见《UCP 500》第 34 条(c)项。

是在30天内）货物被运至保单所载目的地以外地点，则保险责任从货物开始转运时终止。

七、被保险人义务

被保险人通常需承担以下义务：(1)如实申报：被保险人或投保人在填写保单时，必须对货物、货物性质、价值等重要事实如实申报，否则，保险人可以解除合同，并对保险标的发生的损失不予赔偿。(2)及时提货：被保险货物抵达保单所载目的地，被保险人应及时提货。(3)保全货物：对遭受承保范围内危险的货物，应迅速采取合理措施、减少或防止货物损失。(4)通知：当获悉航线改变或发现保单所载货物运输工具、航程有遗漏或错误时，被保险人应立即通知保险人，在必要时需另加保费，保险单继续有效。(5)索赔：当发现货物遭受损失时，应立即向保单上所载明的检验、理赔代理人申请检验，并向承运人、受托人或海关、港务当局索取货损、货差证明，并以书面方式提出索赔。在向保险人提出索赔时，要提供保险单正本、提单、发票、装箱单、磅码单、货损货差证明等有关单据和凭证。

八、索赔期限

从被保险货物在最后卸载地全部卸离运输工具后起算，最多不超过2年。

第二节　国际海上货物运输保险条款

国际海上货物运输保险条款常用的是伦敦保险业协会制定的货物保险条款，我国对外贸易运输中除上述条款外，还经常使用中国人民保险公司制订的海洋运输货物保险条款。

一、中国人民保险公司海洋运输货物保险条款

中国人民保险公司海洋运输货物保险条款分一般保险条款和特殊保险条款。一般保险条款包括三种基本险别：平安险、水渍险和一切险。特殊保险条款包括一般附加险、特别附加险和特殊附加险三种。

（一）一般保险条款的承保范围

1. 平安险（Free From Particular Average）

原意为“单独海损不赔”。包括：(1)被保险货物在运输途中由于气候恶劣、雷电、海啸、地震、洪水等自然灾害造成的整批货物的全部损失或推定全损。(2)由于运输工具搁浅、触礁、沉没、互撞与流冰或其他物体碰撞以及失火、爆炸、意外事故造成货物的全部或部分损失。(3)在运输工具已经发生搁浅、触礁、沉没、焚毁等意外事故的情况下，货物在此前后又在海上遭受恶劣气候、雷电、海啸等自然灾害所造成的部分损失。(4)在装卸或转运时，由于一件或数件整件货物落海造成的全部或部分损失。(5)被保险人对遭受承保范围内危险的货物采取抢救、防止或减少货损的措施而支付的合理费用。但以不超过该批被救货物的保险金额为限。(6)运输工具遭遇海难后,在避难港由于卸货所引起的损失以及在中途港、避难港由于卸货、存仓以及运送货物所产生的特别费用。(7)共同海损的牺牲、分摊和救助费用。(8)运输合同中订有"船舶互撞责任"条款,根据该条款规定应由货方偿还船方的损失。

平安险是三种基本险别中保险人责任最小的一种。所谓"单独海损不赔"实际上是不确切的。它仅指对由于自然灾害造成的单独海损不赔,对由于意外事故发生的单独海损以及运输工具在运输途中发生搁浅、触礁、沉没、焚毁等意外事故前后发生的单独海损,保险公司仍要赔偿。

2. 水渍险(With Particular Average, W. P. A.)

原意为"单独海损负责"。其范围除包括上述平安险的各项责任外,还负责被保险货物由于气候恶劣、雷电、海啸、地震、洪水等自然灾害所造成的部分损失。即水渍险包括平安险以及平安险中不包括的那部分单独海损损失。

3. 一切险(All Risks)

除包括上述平安险和水渍险的各项责任外,还负责被保险货物在运输途中由于外来原因招致的全部或部分损失。所谓"外来原因"是指一般附加险承担的责任,而不包括特别附加险和特殊附加险。因此,投保一切险并不意味着保险公司承担了一切损失责任。

(二)除外责任

对海上运输中被保险货物发生的下列损失,中国人民保险公司不负责赔偿:(1)被保险人的故意或过失导致的损失;(2)属于发货人责任引起的损失;(3)损失责任开始前,被保险货物已经存在的品质不良或数量短差造成的损失;(4)被保险货物的自然损耗、本质缺陷、特性以及市场跌落、运输延迟引起的损失或费用;(5)属于中国人民保险公司海洋运输货物战争险条款和货物运输罢工险条款中规定的责任范围和除外责任。

(三)保险责任起讫

1. 仓至仓条款(Warehouse to Warehouse Clause, W/W)

又称运输条款(Transit Clause)。根据中国保险条款的规定,承保人的责任起讫为"仓至仓"即:(1)从被保险货物运离保险单所载明的启运地仓库或储存处开始运输时起,至该货物到达保险单所载目的地收货人的最后仓库或储存处,或被保险人用作分配、分派或非正常运输的其他储存处所为止。(2)如未抵达上述仓库或储存处所,则以货物在最后卸载港全部卸离海轮后满60天为止。(3)如在上述60天内货物被转运至保单所载目的地以外地点,则保险责任从货物开始转运时终止。

2. 扩展责任条款

又称运输合同终止条款(Termination of Contract of Carriage Clause)。当货物被运往非保险单所载目的地是由于被保险人无法控制的运输延迟、绕道、被迫卸货、重行装载、转载或因承运人依运输合同赋予的权限所作的任何航海上的变更或终止运输合同,则保险单在下列情况下可继续有效:(1)被保险人及时将上述情况通知保险人;(2)加付保险费。

在这种情况下,保险人的扩展责任按下列规定终止:(1)被保险货物如在非保单所载目的地出售,保险责任至交货时止。但不论任何情况,均以被保货物在卸货港全部卸离海轮后满60天为止。(2)被保货物如在上述60天期限内继续运往保单所载原目的地或其他目的地时,保险责任仍按"仓至仓"条款的规定终止。

(四)被保险人义务

根据中国人民保险公司海洋运输货物保险条款的规定,被保险人应承担以下义务:(1)提货。当被保险货物抵达保险单所载目的港(地)后,被保险人需及时提货。(2)交纳保险费。(3)不得违反保证。(4)索赔。当发现被保险货物遭受任何损失,应即向保单上所载明的检验、理赔代理人申请检验。如发现被保险货物整件短少或有明显残损痕迹,应即向承运人、受托人或有关当局(海关、港务当局等)索取货损、货差证明。如果货损、货差是由于承运人、受托人或其他有关方面的责任造成的,则应以书面方式向其提出索赔,必要时须取得延长时效的认证。(5)保全货物。对遭受承保范围内危险的货物,被保险人应迅速采取合理的救助措施,防止或减少货物的损失。被保险人采取该项措施,不应被视为放弃委付的表示。(6)通知。当发生航程变更或发现保单所载货物、船名或航程有遗漏或错误时,被保险人应在获悉后立即通知保险人,并在必要时加付保险费,保险单继续有效。在获悉运输合同中"船舶互撞"责任条款的实际责任后及时通知保险人。(7)提供单证。在向保险人索赔时,必须提供下列单证:保险单正本、提单、发票、装箱单、磅码单、货损货差证明、检验报告及索赔清单。如涉及第三者责任,还须提供向责任方追偿的有关函电及其他必要单证或文件。被保险人未履行以上义务,影响了保险人利益时,保险人对有关损失,有权拒绝给予赔偿。

(五)索赔期限

保险单索赔时效,从被保险货物在最后卸载港全部卸离海轮后起算,最多不超过两年。

(六)特殊保险条款

1. 一般附加险

中国人民保险公司的一般附加险有11种:

(1)偷窃、提货不着险(Theft, Pilferage and Non-delivery, T. P. N. D)。承保货物在运输过程中遭偷窃或在货到目的地后整件货物短交造成的损失。但保险公司只就船方或其他责任方按运输合同规定免除赔偿的部分负责赔偿。

(2)淡水、雨淋险(Rain Fresh Water Damages)。承保直接由于淡水和雨水(包括舱汗、船上淡水舱或水管漏水等)造成的货物损失。但包装外需有淡水或雨水痕迹予以证明。与平安险和水渍险的不同之处在于,后者承保的仅是海水所致损失。

(3)短量险(Risk of Shortage)。承保货物在运输过程中因外包装破裂或散装货发生数量短少和实际重量短缺的损失,但不包括正常的途耗。

(4)混杂、玷污险(Risk of Intermixture and Contamination)。承保货物在运输过程中因混进杂质及与其他货物接触混装而被污染引起的损失。

(5)渗漏险(Risk of Leakage)。承保流质、半流质、油类货物在运输过程中由于容器损坏而引起的渗漏损失以及用液体储存的货物因液体渗透而使货物发生变质、腐烂等损失。

(6)碰损、破碎险(Risk of Clashing and Breakage)。承保被保险货物在运输过程中因震动、碰击、被压造成的破碎和碰撞损失。所谓碰损,主要指对金属货物或木制家具等在运输过程中因受震、受压、碰击造成货物本身凹瘪、脱瓷等。所谓破碎,主要指对易碎货物(如玻璃、瓷器等)在运输过程中因受震、受压、受撞造成的破碎。

(7)串味险(Risk of Odour)。承保货物在运输过程中受其他货物影响引起的串味损失。如茶叶、食品、药材、化妆品等与樟脑放在一起,受樟脑味影响发生串味损失。

(8)受潮、受热险(Damages Caused by Sweating and/or Heating)。承保货物在运输过程中由于气候变化或船上通风设备失灵导致舱内水气凝结、发潮、发热造成的货物损失。

(9)钩损险(Hook Damages)。承保货物在运输过程中因使用钩子装卸导致包装破裂、货物外漏或钩子直接勾破货物的损失以及对包装进行修补或调换所支付的费用。

(10)包装破裂险(Loss and/or Damages Caused by Breakage of Packing)。承保货物在运输过程中因搬运或装卸不慎使包装破裂造成的货物短少、玷污、受潮等损失以及为继续运输对包装进行修补或调换所支付的费用。

(11)锈损险(Risk of Rusting)。承保货物在运输过程中受海水、淡水、雨淋或潮湿生锈发生的损失,可锈、必锈物资如裸装金属板、块、条等,不予承保。

以上11种一般附加险不能单独投保,它们全部包括在一切险之中;或是由投保人在投保了平安险或水渍险之后,根据需要,再选择加保其中的一种或几种险别。

此外,中国人民保险公司还设立了7种特别附加险和3种特殊附加险。与一般附加险不同,这些险别不包括在一切险之中,而需要投保人向保险公司提出申请,经特别同意后,在投保了基本险别的情况下,保险公司予以承保。

2. 特别附加险

包括交货不到险、进口关税险、舱面险、拒收险、黄曲霉素险、出口货物到香港(九龙)或澳门存仓火险责任扩展险及卖方利益险。现分述如下:

(1)交货不到险(Failure to Deliver)。指自货物装上船舶时开始,满6个月未运到原目的地交货,则不论任何原因,保险公司按全损予以赔付。对于战争险下可以赔付的损失或因未申领进口许可证不能进口导致的交货不到,保险公司不予赔偿。

(2)进口关税险(Import Duty)。承保被保险货物发生保险范围内损失,被保险人仍要按完好货物的价值交纳进口关税时,保险公司对这部分关税损失给予赔偿。

(3)舱面险(On Deck)。承保货物因置于舱面被抛弃或风浪冲击落水的损失。

(4)拒收险(Rejection)。承保被保险货物在进口时,不论什么原因,在进口港遭有关当局禁止进口或没收发生的损失。为此,被保险人必须保证提供所保货物进口所需要的许可证及其他证明文件。

(5)黄曲霉素险(Aflatoxin)。承保被保险货物经进口国卫生当局化验发现其所含黄曲霉素超过规定的限制标准,被拒绝进口、没收或强制改变用途而造成的损失。

(6)出口货物到香港(九龙)或澳门存仓火险责任扩展条款(Fire Risk Extension Clause-for Storage of Cargo at Destination Hong Kong including Kowloon or Macao)。承保出口到香港(包括九龙)或澳门的货物,卸离运输工具后,如直接存放于保单所载明的过户银行所指定的仓库时,保单存仓火险责任扩展,自运输责任终止时开始,直至银行收回押款解除对货物的权益后终止,或自运输责任终止时起算,满30天为限。

(7)卖方利益险(Contingency Insurance Covers Sellers' Interest only)。承保在FOB和CFR合同中以托收方式支付货款的情况下,买方拒绝付款赎单时卖方蒙受的货物损失。

3. 特殊附加险

包括战争险、战争险的附加费用和罢工险。

(1)战争险(War Risk)。中国人民保险公司《海上运输货物战争险条款》规定,其承保范围包括:①由战争、类似战争行为、敌对行为、武装冲突或海盗行为直接引起或作为上述行为的后果造成的被保险货物的损失;②由于上述事件导致货物被捕获、没收、扣留、禁制或扣押造成的损失;③因各种常规武器包括水雷、鱼雷和炸弹造成的损失;④由上述原因导致的共同海损牺牲、分摊和救助费用。但对由于敌对行动使用原子和核武器造成的损失和费用,基于执政者、当权者或任何其他武装集团扣留、限制或扣押造成的承保航程损失或落空提出的索赔,保险公司不予赔偿。与其他险别不同,战争险的承保责任是自被保险货物在保单所载明的装运港装上油轮或驳船时开始,至保单所载明的目的港卸离海轮或驳船为止。如果被保险货物不卸离海轮,则保险责任从船舶到达该港口之日午夜时起算,满15天为限。当需要中途转船时,不论被保险货物是否卸载,则保险责任在该转运港的最长期限从船舶到达该港口或卸货地之日午夜起算,满15天为限。然而,如果被保险货物装上续运海轮,则本保险恢复有效。

(2)战争险的附加费用(Additional Expenses-War Risks)。承保因战争后果所引起的附加费用,如卸货、存仓、转运、关税,等等。

(3)罢工险(Strikes Risk)。承保因罢工被迫停工、工潮、暴动或民变造成被保险货物的直接损失。按照国际保险习惯、罢工险通常与战争险同时承保,投保人只需在保单上注明战争险包括罢工险并附上罢工险条款即可,无须另加付保险费。

二、伦敦保险业协会货物保险条款

在我国的进出口业务中,除了使用中国保险公司的保险单和货物保险条款外,常用的还有伦敦保险业协会制定的《货物保险条款》。目前通用的是 1983 年 4 月 1 日起与新保险单配套使用的新货物保险条款。

(一)伦敦保险业协会货物保险条款的特点

1. 用英文字母表示原来各基本险别名称

新保险险别分别改用英文字母 A、B、C 来表示旧的一切险、水渍险和平安险,从而避免了过去因险别名称含义不清且与承保范围不符而容易产生的误解。

2. 消除了原险别之间的交叉和重叠

例如,原水渍险和平安险承保的范围基本是重叠的。水渍险只增加了平安险不承保的那一部分,即对由于自然灾害引起的货物部分损失给予赔偿。而平安险虽称为单独海损不赔,但对在运输工具发生触礁、搁浅等意外事故的情况下,如在此之前或之后又遇自然灾害给货物造成部分损失,又给予赔偿。这样水渍险和平安险之间的差别更小了。修改后 B 险承保因自然灾害造成的全部或部分损失以及因重大或非重大意外事故(如装卸时货物落海或摔落造成整件全损)造成的货物全部或部分损失,而 C 险只承保由重大意外事故造成的货物全损或部分损失,这样,两种险别之间减少了交叉和重叠,界限更为清楚。

3. 新货物险条款增加了承保陆上风险

如 B、C 条款承保由于陆上运输工具的颠翻、出轨、碰撞引起的保险标的的损失或损害以及湖水、河水浸入船舶造成的损害。

4. 独立投保的保险条款

伦敦保险业协会的新货物保险条款共有 6 种。除协会货物保险 A、B、C 条款外,还有协会战争险条款、罢工险条款、恶意损害险条款。除恶意损害险条款外,各条款均分为承保范围;除外责任;期限;赔偿;保险受益;减少损失;避免延误;法律和惯例以及附注 9 部分,19 项条款。与旧货物保险条款不同,新的协会战争险条款和罢工险条款既可以在投保了 A、B 或 C 条款后加保,也可以在需要时作为独立的险别进行投保。

(二)六种保险条款的承保范围与除外责任

1. 协会保险条款 A(Institute Cargo Clause A)

相当于旧协会货物保险"一切险"条款。其承保范围为一切险减除外责任。即除了该条款规定的除外责任外,承保被保险货物的一切灭失和损害风险及费用。

除外责任包括两部分:一般除外责任和特殊除外责任。

(1)一般除外责任。包括:①被保险人的故意行为造成的损失,损害或费用;②保险标的的自然渗漏,重量和数量的自然消耗,或自然磨损或破裂;③因保险标的的包装或准备不充分或不适当造成的损失或费用,此包装指由被保险人或其雇用人员完成的包括集装箱或运输专用箱在内的装载;④因保险标的内在缺陷或性质引起的损害或费用;⑤因延迟直接造成的损失、损害或费用;⑥因船舶所有人、经理人、租船人或经纪人破产或拖欠款项造成的损失、损害和费用;⑦因使用任何原子或核子裂变和(或)聚变或其他类似反应堆或放射性作用或物质的战争武器而造成的损失、损害或费用。

(2)特殊除外责任。包括:船舶不适航、不适货以及战争、罢工。不适航、不适货指:船舶或驳船的不适航;船舶、驳船、运输工具、集装箱或运输专用箱不适宜安全运送保险标的;当保险标的装载时,被保险人或其雇佣人员知道这种不适航或不适货。战争、罢工指:战争、内乱、革命、叛乱、造反或由此引起的骚乱,或交战势力或针对交战势力的任何敌对行为;捕获、拘留、扣留、禁制或扣押(海盗行为除外)及因此引起的后果或任何企图;遗弃的水雷、鱼雷、炸弹或其他遗弃的战争武器;因罢工、停工、工潮、暴动或民变造成;因任何恐怖主义者或任何带有政治动机的人的行为造成的。

2. 协会货物保险条款 B(Institute Cargo Clause B)

相当于旧协会货物保险条款“水渍险”。其承保因自然灾害以及重大与非重大意外事故造成的保险标的的损失或损坏。

自然灾害包括:地震、火山爆发或雷电等。重大意外事故包括:火灾或爆炸;船舶或驳船搁浅、触礁、沉没或倾覆;陆上运输工具的颠翻或出轨;船舶、驳船或运输工具与除水之外的任何外界物体的碰撞或接触;在避难港卸货。非重大意外事故包括:货物在装卸时落海或摔落造成整件货物的灭失。

此外还承保共同海损牺牲;抛货或浪击入海;海、湖或河水进入船舱、驳船、运输工具、集装箱、运输专用箱或储存处所造成的损失。

其除外责任中,除两点与协会货物保险条款 A 的规定不同外,其余均与 A 条款的除外责任相同。这两个不同点是:(1)除被保险人外,A 条款对一切人的故意行为造成的损失、损害或费用给予承保;而 B 条款对任何一人或数人采取非法行为故意损坏或故意破坏保险标的或其中任何一部分,均不予承保(第 47 条)。(2)在战争险除外责任中,A 条款将海盗行为从战争除外责任中排除,即对海盗行为引起的后果予以承保;B 条款在战争除外责任中未将海盗行为排除,则意味着对海盗行为造成的后果不予承保(第 62 条)。

3. 协会货物保险条款 C(Institute Cargo Clause C)

相当于旧协会货物保险的“平安险”。其承保因重大意外事故造成的保险标的损失、损害及其费用。此外,还承保共同海损牺牲与抛货。

除外责任与协会货物保险条款 B 相同,故不赘述。

4. 协会货物战争险条款(Institute War Clause-Cargo)

承保范围包括:(1)战争等敌对行为对货物造成的损害;(2)因战争行为引起的捕获、扣留、扣押等;(3)非敌对行为使用原子武器造成的损失。对海盗行为、敌对行为使用原子武器不予承保。

5. 协会货物罢工险条款(Institute Strike Clause-Cargo)

承保范围包括:(1)由罢工者及参与罢工的人员造成的货物损失或损害;(2)因罢工、停工等给保险标的造成的损害;(3)恐怖分子或出于政治动机而行动的人对保险标的造成的损害。但对航程终止后因罢工造成的存仓费、重新装船费等不予承保。

6. 恶意损害险条款(Malicious Damage Clause)

与修改前的"罢工、暴动和民变险"内容基本相同。其承保由于恶意行动、故意破坏行动而导致的保险标的的灭失或损害。但如是出于政治动机的人的行为,则不予承保。

关于各险承保责任起讫,新、旧条款的规定与中国人民保险公司《海洋运输货物保险条款》的规定基本相同。

第三节 国际陆上货物运输保险条款

一、承保范围

1. 陆运险

其承保范围包括:(1)被保险货物在运输途中遭受暴风、雷电、洪水、地震等自然灾害。(2)运输工具遭受碰撞、倾覆、出轨;或在驳运过程中因驳运工具遭受搁浅、沉没;或由于遭受隧道坍塌、崖崩或失火、爆炸等意外事故所遭受的全部或部分损失。(3)被保险人对遭受承保范围内危险的货物采取抢救、防止或减少货损的措施而支付的合理费用,但以不超过该批被救货物的保险金额为限。

2. 陆运一切险

其承保范围除包括上述陆运险的责任外,还负责承保被保险货物在运输途中由于外来原因所致的全部或部分损失。

二、责任起讫

陆运货物保险条款负"仓至仓"责任。包括正常运输过程中的陆上和与其有关的水上驳运在内。如货物未抵达目的地仓库或储存处所,则以被保险货物运抵最后卸货的车站满60天为止。

三、被保险人义务

(1)被保险货物运抵目的地以后,被保险人应及时提货,当发现保险货物遭受任何损失,应立即向保险单上所载明的检验、理赔代理人申请检验。如发现被保险货物整件短少,或有明显残损痕迹,应立即向承运人、受托人或有关当局索取货损货差证明。如货损货差是由于承运人、受托人或有关方面责任造成的,则应以书面方式向他们提出索赔,必要时须取得延长时效的认证。

(2)对遭受承保责任内危险的货物,被保险人应迅速采取合理的抢救措施,防止或减少货物的损失。

(3)在向保险人索赔时,须提供下列单证:保险单正本、运单、发票、装箱单、磅码单、货损货差证明、检验报告及索赔清单。当涉及第三者责任时,还须提供向第三者追偿的有关函电及其他必要单证或文件。

四、除外责任

根据陆运货物保险条款的规定,保险公司对由于下列原因造成的货物损失,不负赔偿责任:(1)被保险人的故意行为或过失造成的损失;(2)属于发货人责任引起的损失;(3)在保险责任开始前,被保险货物存在的品质不良或数量短差造成的损失;(4)被保险货物的自然损耗、本质缺陷、特性以及市价跌落、运输延误造成的损失和费用;(5)陆上运输货物战争险条款和货物运输罢工险条款规定的责任范围和除外责任。

五、索赔期限

索赔时效自被保险货物在最后目的地车站全部卸离车辆后计算,最多不超过2年。

第四节　国际航空货物运输保险条款

一、责任范围

航空运输货物保险分航空运输险和航空运输一切险两种:

1. 航空运输险

承保:(1)被保险货物在运输途中遭受雷电、火灾、爆炸或由于飞机遭受恶劣气候或其他危难事故而被抛弃,或由于飞机遭受碰撞、倾覆、坠落或失踪等意外事故所造成的全部或部分损失。(2)被保险人对遭受承保范围内危险的货物采取抢救、防止或减少货损的措施而支出的合理费用,但以不超过该批被救货物的保险金额为限。

2. 航空运输一切险

除包括上述航空货物运输险的责任外,还负责被保险货物由于外来原因所致的全部或部分损失。

二、责任起讫

(1)航空运输货物保险条款负“仓至仓”责任,自被保险货物运离保险单所载明启运地仓库或储存处所开始运输时生效。包括正常运输过程中的运输工具在内,直至该货物到达保险单所载明目的地收货人的最后仓库或储存处所或被保险人用作分配、分派或非正常运输的其他储存处所为止。

(2)如未抵达上述仓库或储存处所,则以被保险货物在最后卸载地卸离飞机后满30天为止。

(3)由于被保险人无法控制的运输延迟、绕航、被迫卸货、重新装载、转载或承运人适用运输合同赋予的权限所作的任何航行上的变更或终止运输合同,致使被保险货物运到非保险单所载目的地时,在被保险人及时将所获知的情况通知保险人,并在必要时加付保险费的情况下,保险单继续有效,并按下列规定终止:①被保险货物如在非保单所载目的地出售,保险责任至交货时为止。但无论如何,均以被保险货物在卸载地全部卸离飞机后满30天为止。②被保险货物如在上述30天期限内继续运往保单所载原目的地或其他目的地时,保险责任仍按"仓至仓"的规定终止。

还有除外责任、被保险人义务以及索赔期限等三部分条款,由于与陆上运输货物保险条款相同,故不赘述。

另外,关于国际多式联运货物保险,目前我国尚无单独的保险条款。实践中,采取按各个承保区段分别计算的办法处理。

本章思考题

1. 试析最大诚信原则与近因原则的相互关系。
2. 试析国际海上货物运输保险标的的损失种类及界定。
3. 叙述委付和代位的含义。
4. 叙述国际海上货物运输保险的主要险别及其承保范围。

推荐阅读案例

谢肯塔为诉 UMS GENERALI MARINE S. P. A 海上货物运输保险合同纠纷

[中华人民共和国上海海事法院民事判决书(2001)沪海法商初字第445号]

第七章　国际贸易支付

有形商品的国际贸易一般包括买卖、运输、保险、支付及争议解决 5 个环节（其中争议解决并非必经环节）。货物买卖是其他环节的基础和起点，其他环节皆是因货物买卖才产生，并为实现货物买卖而服务。从法律上说，货物买卖合同是其他各个环节上合同的根据，其他各个环节上的合同或安排必须符合买卖合同的运输条款、保险条款、支付条款及其余有关条款。另外，货物买卖也有赖于其他环节的顺利进行，其他环节的合同或安排又相对独立于买卖合同，与买卖合同具有不同的当事人、不同的法律关系、不同的法律问题，其中支付环节尤甚。支付所涉及的当事人最多，各国的法律差异最大，对双方当事人的利害最深，是国际贸易中的重要环节。

在国际贸易中，货物的收付比国内贸易要复杂得多，这是因为：第一，国际贸易支付会遇到国内贸易支付所没有的汇率变动风险、外汇管制风险、法律冲突所带来的适用法律方面的不确定性等特殊问题；第二，买卖双方身处异国，相互之间更倾向于不信任对方，力求使自己减少钱货两空的风险，并得到某种资金融通。例如，就卖方来说，最好是能够先收到全部预付货款，然后才发运货物，或者是在取得银行的付款保证后才发货，至少也要求在收到货款之前不把货物或代表货物所有权的单据（如提单）交给卖方；而就买方来说，最好是采取记账贸易方式，先取得货物并把货物出售之后再支付货款，至少也要求在卖方把货物或代表货物所有权的单据交付给他的时候，才把货款付给卖方。国际和国内关于国际贸易支付的法律体制，正是在围绕解决上述问题而发展起来的。本章分支付工具和支付方式两节探讨国际贸易支付的法律问题。

第一节　国际贸易的支付工具

支付工具是指买卖双方之间用什么手段进行货款的收付。国际贸易中的支付工具主要包括货币和票据。以货币（现金）支付货款，无论是在国际贸易还是在国内贸易中，都既不方便又不安全，因而甚少采用。实际中更常用的是以代替货币流通的票据完成买卖双方货款的收付。

一、支付货币

国际货物买卖合同中所规定的支付货币一般与计价货币相一致,但当事人亦可约定不同于计价货币的货币来进行支付,且有时必须如此,如计价货币是特别提款权,或欧洲货币单位,或者是不能自由兑换和在国外不能流通的货币。

国际货物买卖合同中规定的支付货币可能是进口国的货币、出口国的货币或第三国的货币,这将取决于下列因素:(1)货币是否可以自由兑换。国际贸易在客观上需要以可自由兑换的货币作为支付工具,所以货款的支付一般以可自由兑换的货币来完成。(2)货币的币值是否稳定。币值的上涨或下降对买卖双方的损益是不同的,如果支付时的币值高于买卖合同签订时的币值,则卖方受益,买方受损;反之则卖方受损,买方受益。虽然谈判双方力量的差异会使支付货币的选择有时有利于力量占优势的一方,但外汇市场变化无常,无法预测,因此买卖双方一般会选择币值相对稳定的货币。(3)政治风险。所约定货币的发行国或支付地所在国不会对买方或卖方所属国采取冻结资产等使支付不能进行或不能顺利进行的措施。(4)行业习惯。在国际贸易中,某些商品的买卖习惯上以某种货币(如英镑)报价、计价和支付,买卖双方一般会遵循这样的习惯。在国际贸易的实践中,通常被选为支付工具的货币是美元、日元、西德马克、英镑或法国法郎等主要资本主义大国的可兑换货币。

二、国际贸易支付中使用的票据

(一)票据的范围

各国的票据法或有关法律对票据的理解是不尽相同的。法国和德国的法律认为,票据只包括汇票和本票两种,不包括支票。有关支票的法律另有单行法规予以规定,不包括在票据法之内。日本商法典则明确规定,票据包括汇票、本票和支票三种。《美国统一商法典》所规定的可流通票据则包括汇票、本票、支票、银行存单等。

1. 汇票(Bills of Exchange 或者 Draft)

英国《1882年汇票法》第一节将汇票定义为:由出票人向受票人开出并由出票人签名的,要求受票人于见票时或规定的某一将来时间或可以确定的将来时间,对某人或某人指定的人或持票人无条件支付一定金额的命令。

2. 本票(Promissory Note 或者 Note)

又称期票,是出票人于见票时或某一确定的将来时间,向某人或其指定的人无条件支付一定金额的书面承诺。

3. 支票(Check)

支票是以银行为受票人的见票即付的汇票,是一种特殊的汇票。支票与一般汇票的区别是:支票的受票人以银行为限,而汇票的受票人不限于银行,可以是公司、个人等;支票只限于见票即付,而汇票除此之外还包括其他到期方法(详见汇票部分)。

在国际贸易中,最常用的是汇票,因此本节重点介绍汇票。本票多用于借贷、赊销和现存债务的证明。使用支票则需要满足下列条件:出票人在银行有存款,与银行订有使用支票的协议，不得透支，因此在国际贸易中亦不常用。

（二）票据的法律特性

1. 票据是流通证券

多数国家的立法都倾向于肯定和保护票据的流通性，它主要表现在：（1）规定票据可以自由转让，让与人或受让人不必通知债务人（付款人）就可以使受让人能以自己的名义对债务人行使权利。而民法上的债权（如合同权利）虽然一般亦可转让，但以通知债务人为转让生效的条件。（2）规定正当持票人享有优于前手的权利，而合同权利的受让人则不受此种保护，合同的无效或被撤销会导致受让人合同权利的无效或终止，债务人对让与人（原债权人）享有的抗辩权利对受让人照样有效。举例来说，某人将偷得或拾得的来人式抬头汇票转让给受让人，受让人在接受汇票时对此并不知情并支付了对价，那么承兑人（债务人）不能以让与人的权利有缺陷而拒绝向该受让人（正当持票人）付款。再如，甲与乙签订买卖合同，甲卖与乙旧卡车一辆，价格是1000美元，于交货后60天内付款。甲在合同中保证该车可以正常运转，但事实上刹车有缺陷且甲知道该缺陷，甲在交货后将接受货款的权利转让给丙，丙及时通知了乙，乙因发现刹车的缺陷，以甲违反合同义务为由拒绝向丙支付1000美元的货款，这一抗辩是成立的，丙（受让人）只能向甲（原债权人）索赔。

2. 票据是无因证券

票据是支付命令或承诺，出票人之所以作出这样的命令或承诺，一般是因为他与受款人之间另有法律关系存在，在该法律关系中他负有向受款人支付一定金额的义务，这一基础法律关系即是票据的因，比如买卖合同关系。所谓票据不要因，是指在非基础法律关系当事人的票据当事人之间，其权利义务关系不受基础法律关系的影响，特别是基础法律关系的履行情况不影响票据的权利义务关系，这种关系完全以票据上的文字记载为准。比如甲、乙签订了10万美元价金的买卖合同，甲为卖方、乙为买方，甲方以乙或其指定人为付款人开出了以某银行为受票人的即期汇票，该汇票经该银行承兑后甲将之转让给丙。乙方收到货物后，发现质量与合同不符，并将此情况通知银行要求银行拒绝付款，但是在丙要求付款时，承兑人（银行）无权拒绝付款。现在国际上除了法国以外，其他国家的法律都把票据的基础法律关系与票据上的权利义务关系严格区分开来，将票据视为不要因的证券，以保护票据的流通性。

3. 票据是一种要式证券

所谓要式，是指票据必须以书面作成，必须具备法律规定的某些格式（如背书一般在背面书写），更重要的是必须记载法律规定的事项和内容。这是因为，票据作为一种流通证券，其权利和义务完全凭票据法上的文义来确定，如果票据上的记载事项不划一，或者对其中某些重要事项没有载明，或记载不清，则当事人间的权利、义务就难以确定，票据的流通性也会因而受到影响。

（三）各国有关票据的立法及其体系

资本主义各国都制定了关于票据的法律，但各国票据法的编制体例不完全相同。

从形式上看,英国、德国等国采取单行立法的形式,专门制定了关于票据的单行法规。法国等一些国家列入商法典内作为商法典的一个组成部分。美国各州原来都订有各自的票据法,后来各州相继采用了《统一商法典》,该法第三篇调整可流通票据。瑞士则把票据法编入债务法典内,作为该法典的一个组成部分。从内容上看,资本主义各国的票据法存在不少的分歧和差异,主要可分为三个法系。

1. 法国法系

法国票据法历史最久,早在1673年法国商事条例中就有关于票据的规定,后来经过修订编入1807年商法典内,作为其中的一章。法国法系的主要特点是,仅把票据作为代替现金输送的工具,而很少考虑以票据作为流通手段和信用工具。其具体表现是没有把票据关系与其基础关系严格区别开来,按照法国的法律,凡是票据必须载明对价文句,表明已收到对价,否则就不能产生票据法上的效力。同时,法国法强调在汇票和支票的出票人与付款人之间要有资金关系,即出票人必须在付款处有资金,所以付款人才承担对该项汇票或支票的付款义务。而且此项资金可随着票据的转让而转移。法国法的这些规定,同法国制定票据法时所处的历史条件是有直接关系的,因为法国票据法制定最早,当时票据在经济生活中主要是用做输送现金的工具,至于票据作为流通工具及信用工具的作用,当时尚未充分显示出来。因此,作为上层建筑的票据法,也只能反映当时社会经济生活的客观要求。法国的票据法对欧洲各国早期的票据立法曾产生过重大的影响。但是,随着时代的推移和商业经济的发展,法国票据法的某些原则已不能适应近代经济发展的需要,因此,某些原来仿效法国票据法的国家,如意大利、西班牙、比利时等国后来都舍弃法国法转而采用德国的票据立法原则,不再要求在出票人与付款人之间必须要有资金关系。

2. 英国法系

英国法系包括英国、美国以及某些受英国普通传统影响的国家。其中有代表性的是英国《1882年汇票法》(Bills of Exchange Act 1882)和美国《统一商法典》第三编。英美票据法的主要特点是,注重票据的流通作用与信用工具的作用,保护正当的持票人。其具体表现是,把票据关系与其基础关系分离开来,即不问票据的对价关系或资金关系如何,凡正当持票人均受法律的保护,而且在形式上也采取较灵活的态度,不像大陆法系国家那样严格。这对于发挥票据在经济生活中的作用,扩大票据的流通,加速资金的周转都是有利的。

3. 德国法系

又称日耳曼法系。德国票据法公布于1871年,它亦注重票据的流通作用和作为信贷工具的职能。其特点是在某些方面与英国票据法相近而与法国票据法不同。德国法认为,票据是一种不要因的证券,票据上的权利不受其基础关系的影响。但德国法对票据的形式要求比英国法严格。现在,欧洲大陆许多国家如意大利、西班牙、比利时、瑞典、瑞士等国的票据法,都属于德国法系。

（四）关于票据的国际公约

由于各国票据法存在重大分歧，使票据在商业上的使用特别是在国际结算中的流通使用，带来了许多的不便。因此，从19世纪开始就有一些国际组织主张把各国的票据法加以统一，制定一套有关票据的统一法公约。经过长期的酝酿准备，终于在20世纪30年代初期通过了4项关于票据的日内瓦公约，即：(1)1930年关于统一汇票和本票法的日内瓦公约；(2)1930年关于解决汇票和本票的若干法律冲突的公约；(3)1931年关于统一支票法的日内瓦公约；(4)1931年关于解决支票的若干法律冲突的公约。

现在许多欧洲国家如法国、德国、意大利、瑞士、瑞典、比利时、奥地利、希腊、荷兰、挪威、丹麦、芬兰以及日本和某些拉丁美洲国家已经采用了上述各项日内瓦公约。但是，英美等国则自始就拒绝参加上述日内瓦公约。因为日内瓦公约主要是调和德国法系和法国法系的分歧的产物，而这两个法系又同属于大陆法体系，所以，日内瓦公约主要是按照大陆法的传统，特别是德国法的传统制定的。英美等国认为，如果参加日内瓦公约，将会影响英美法系各国之间已经实现的统一，并且认为日内瓦公约的某些规定与英美法的传统和实践有矛盾，因此一直拒不参加上述日内瓦公约。所以，从国际范围来说，目前在票据法方面基本上可以分为两个大的法律体系：一个是英美法系，包括英国、美国和英联邦各国；另一个是日内瓦法系，包括参加日内瓦公约的所有国家。

由于日内瓦《汇票和本票统一法公约》并没有能够达到统一各国票据法的目的，英美法系各国的票据法同日内瓦公约在许多问题上一直存在重大的分歧。这种状况的存在，对汇票在国际范围的使用流通是十分不利的。为了解决这个问题，促进各国票据法的协调和统一，联合国国际贸易法委员会从1971年起决定着起草一项适用于国际汇票的统一法公约，并于1973年提出了一项《统一国际汇票法（草案）》。这个草案是日内瓦公约体系与英美法体系相互调和、折中的产物。但由于各国在许多问题上的分歧一时难以解决，该草案迟迟不能通过。1979年又将其改名为《国际汇票和国际本票公约（草案）》，以后又进行了多次修改，到1987年8月在维也纳召开的联合国国际贸易法委员会第二十届会议上才正式获得通过，但尚未生效。该公约在协调两大法系的分歧方面取得了一些成果，且该公约并非旨在统一各国的国内立法，而是为国际汇票和本票提供统一的准据法。根据公约的规定，该公约仅适用于载有“国际汇票”和“国际本票”名称的汇票和本票。对于国际汇票，公约还要求在下列五个地点中，至少有两个地点要表明它们是处于不同的国家：(1)出票地点；(2)出票人签名旁所示地点；(3)受票人姓名旁所示地点；(4)受款人姓名旁所示地点；(5)付款地点。只有符合上述要求的汇票才是国际汇票，才具备适用该公约的条件。但不要求上述地点须位于公约的缔约国。

三、汇票

（一）汇票的出票（Issue）

1. 出票的含义

出票包括两个行为：(1)由出票人制作汇票并在其上签名。由于汇票多采用印就的格式,制作汇票实际上就是填上格式中的空缺,如汇票金额、受款人姓名等,但出票人签名是必不可少的。签名一般是手写完成,但各国法律也多允许记名盖章,且规定法人在为出票行为时不能只记法人名称和盖法人印章,还须法人代表签字或记名盖章。英美法对签名的要求更为灵活,比如按照《美国统一商法典》的规定,签名通常是手写体书写的名字,但亦可以是用手、机器或其他手段添加于票据的符号,符号可以是名字、名字首字母缩写、商号、假名、印章或指印,但采用手写体以外的签名将会损害汇票的可流通性,因为这种异常方式的签名将带来签名真伪的不确定性,将要求主张票据权利的人对票据签名的真实性进行调查和举证。(2)将汇票交给受款人,即"自愿转移对汇票的占有"。出票人制作汇票并签名后,如果将汇票留在自己手中或交给第三者代为保管,那么出票行为还没有完成。只有在出票人自愿地将对汇票的占有转移给受款人时出票行为才告完成。

2. 出票的法律效力

出票后出现了汇票最初的三个当事人,即出票人、受票人和受款人。出票人(Drawer)即是完成上述出票行为的人,在国际贸易中通常是出口人;受票人(Drawee)即是汇票上命令其付款的人,通常是进口人或其往来银行;受款人就是有权受领汇票上规定金额的人,通常就是进口人本人或其指定的银行。合法完成的出票行为产生下列效力:(1)对出票人来说,出票使出票人成了票据的第二债务人,如果票据被拒绝承兑或拒付,则出票人必须对受款人及其他正当持票人承担支付汇票金额的义务。根据《日内瓦公约》第9条的规定,出票人得免除自己保证承兑的责任,但不得免除自己保证付款的责任。(2)对受款人来说,出票使他可以享受汇票的权利,他可以要求支付汇票金额,也可以放弃这一权利,还可以将汇票转让,但受款人须遵守有关背书、提示、发出拒付或拒绝承兑通知、时效等法律规定。(3)在票据的原始当事人之间,即同为基础法律关系的当事人之间(比如国际货物买卖双方同为票据的当事人和受款人),买卖合同中买方的支付义务暂时停止履行,将由汇票上的权利义务关系替代,在汇票到期时才履行。(4)对受票人来说,汇票无任何的约束力,受票人无义务付款,除非他承兑了汇票。如果出票人与受票人另外订有协议,规定受票人有义务承兑或付款,那是合同的效力,而非票据本身的效力。

3. 汇票应记载的事项

汇票是要式证券,日内瓦公约要求汇票必须记载公约规定的事项才属有效的汇票,英美法则要求汇票载有法定事项才能被承认为"可以流通的票据"。在日内瓦法系与英美法系之间,关于法定记载事项的差异较大,下面以日内瓦公约为主加以介绍:

(1)汇票上必须写明"汇票"字样。《日内瓦公约》第1条要求在汇票上标有汇票字样,此项字样所用文字应以该项票据所用文字为准,但英美法系各国则不要求必须注明汇票字样。

(2)无条件支付一定金额的命令。这是日内瓦公约和英美法系的共同要求。

所谓"命令",是指汇票的措辞应是命令式的,一般是"向××支付",不能是请求式的,如"盼能给付"(I wish you would pay),"如蒙付款,不胜感激"之类,但是,使用"请支付"之类的礼貌用语并不改变命令语气。

所谓"无条件",是指汇票上关于付款义务的措辞应是绝对的,不是附带任何有损于该义务的条件、但书、限制或保留。比如,如果规定受款人提交货物的质量符合买卖合同的规定才予以付款即是明显的附带条件。根据《美国统一商法典》的规定,如果票据上规定票据服从于另外的协议,或规定受另外协议的支配,或者规定票据是根据另一协议订立,另一协议视为并入票据,这样的票据都是附带条件的,不能作为"可流通票据",但是,如果仅仅指出票据是源于另一协议(arise out of another agreement),这并非是有条件的命令。另外,根据《美国统一商法典》的规定,如果票据规定只能从某项资金中付款,则视为票据附带了条件。

所谓"一定金额",是指汇票金额是确定或可以确定的,或者按照《美国统一商法典》的规定,如果在票据到款日持票人仅仅根据汇票本身而不必依靠外部根据通过必要的计算即能确定应付款的,则一律视为"一定金额"。各国关于一定金额的规定的差异集中表现在允不允许票据载有利息条款。《日内瓦公约》规定,见票即付或见票后定期支付的汇票,出票人得规定票据金额应有利息。某种汇票如无此项规定,视为不记载,不影响票据的有效性,仅仅不支付利息,应付利息的利率应在汇票上载明,其未载明者,该项规定视为无记载(公约第5条)。英美法系的态度则比较宽松,根据《美国统一商法典》的规定,下列规定都视为"一定金额"(sum-certain):规定了利息率;规定了付款日前的折现率和付款日后的升水率;为违约前后付款规定了不同的利率;规定有利息但没有规定利息率[此时按该法典第3-118节(d)项计算利率];但是,如果规定"按现行利率"计算利息,则不视为"一定金额",因为此时仅仅根据票据本身已不能确定应付款项,而需要查阅外部根据(市场利率)。

(3)付款人姓名。各国法律基本上都要求汇票应载明受票人或付款人的姓名,否则无条件支付一定金额的命令就毫无意义。付款人一般是一个,有的国家也允许载有一个以上的付款人(比如由A或者B付款)。在这种情况下,任何一个付款人均须承担支付全部汇票金额的责任,不能由各人分别地仅就金额的一部分负责,当其中一个人按汇票所载金额付款后,其余付款人便可解除责任。根据《美国统一商法典》的规定,当其中任何一个付款人拒绝承兑或拒绝付款时,受票人可直接向出票人要求付款。在美国,关于数个付款人的规定主要是适应公司向分散于各地的股东发放股息的需要,数个付款人在国际贸易中并不多见。付款人通常是出票人以外的人,但日内瓦公约和英美法都规定出票人得以自己为付款人(这种汇票称为"对己汇票"),这种情况多见于公司的一个部门(如理赔部门)向同一公司的另一个部门(如财务部门)发出的汇票,在国际贸易的支付中比较罕见。这种票据是属于汇票还是本票,各国法律有不同的规定。根据《美国统一商法典》的规定,这种汇票视为本票,这就意味着持票人无须再提示、发出拒绝承兑或拒付通知。

(4)汇票的受款人。日内瓦公约规定,汇票上必须载明受款人的名称,不得开出以"交付来人"(Payable to Bearer)为抬头的无记名式汇票,而英美法则允许开立"交付来人"汇票。

汇票上的受款人可以有以下三种写法:①限制性抬头:即在汇票上载明"只能付给某公司"(pay A Co only)或在汇票上载明"不得转让"的字样。②指示式抬头:即在汇票上载明"付给甲或其制定的人"(Pay A or order 或者 Pay to the order of A)。如果只填写"付给 A"(Pay A),但没有说明"不得转让"或相似的词句(如只能付给 A),那么根据《日内瓦公约》的规定,此类汇票视为指示式抬头的汇票。根据《美国统一商法典》的规定,此类汇票如果载有"汇票"(Exchange)字样,也视为指示式抬头汇票。③来人式抬头:即在汇票上不载明受款人的姓名,而只填写"付给来人"(Payable to Bearer)字样。因为汇票多是印就的格式,有时格式上印就了"给付 × × 制定的人"(to the order of),出票人会在后面加上"来人"变成"给付持票人指定的人"(to the order of the bearer),这样的汇票亦为来人式抬头。

根据以上受款人的写法不同可将汇票划分为限制性抬头汇票、指示性抬头汇票和来人式抬头汇票。这种分类主要关系到汇票的转让:限制性抬头汇票权利的转让只能按民法上合同权利的转让办理(见前述票据的法律性质);指示性抬头汇票的转让必须经背书和交付汇票;来人式抬头汇票只需交付即可。

(5)汇票的到期日。汇票的到期日就是汇票上所载金额的支付日期。日内瓦公约要求汇票必须载明付款日期,《美国统一商法典》也要求汇票金额必须是见票即付或在某一确定时间支付才能视为可流通票据。在汇票没有载明付款日期时汇票视为见票即付。这一点上两者的差异不大。

汇票关于到期日的规定主要有以下几种:①定日付款(Fixed Date),即在汇票上载明付款的具体日期,如"1992 年 7 月 1 日",习惯上称为板期付款;②见票即付(At Sight 或 On Demand),即在汇票上规定付款人须于持票人提示汇票时即行付款提示;③规定出票日后定期付款(After Date),如规定"于出票日后 6 个月付款";④见票后定期付款(After Sight),如规定"见票之日后 3 个月付款"。根据汇票到期日规定的不同,可以将之分为即期汇票(见票即付)和远期汇票(见票即付以外的汇票)。根据日内瓦公约的规定,票据只能采用这四种方法规定到期日,规定他种到期日或分期付款的汇票无效。

除以上的主要方法之外,《美国统一商法典》还规定了下列到期日也视为"确定的时间":票据规定于某一天或此天之前支付;规定特定时间发生时可提前要求支付;规定持票人或承兑人可延长支付时间。根据英国汇票法,如果某事件将来肯定要发生,即使无法预知其发生的确切时间,票据也可以此规定到期日,比如规定"于某甲死后三个月付款",《美国统一商法典》和多数国家的法律对此不予承认。当然,如果某一事件可能发生亦可能不发生,则以此规定到期日(如规定某号货轮抵达目的港后 3 个月付款），则各国对此一般皆不承认。

（6）汇票的出票日期及地点。《日内瓦公约》规定，汇票的出票日期及地点是汇票的要件，必须在汇票上载明。这是因为出票的时间和地点在法律上具有重要意义。出票日期对于出票后定期付款的汇票（如出票后90天付款）具有确定付款日期的作用；对于见票即付的汇票起着决定提示时效的作用。出票的地点对国际汇票十分重要，因为它关系到汇票的法律适用。按照日内瓦关于本票、汇票若干法律冲突公约的规定，关于汇票的形式问题，应依出票地所在国的法律来确定。根据日内瓦公约的规定，如果票据上未载明出票地，则以出票人姓名旁边的地点为出票地。

英美法系国家则认为，这些内容并不是汇票必须记载的事项，不论汇票上是否载明都不影响汇票的有效性和可流通性。如果汇票上没有载明出票日期，则任何合法的持票人都可以将其认为正确的日期补填在汇票上；如果汇票上没有载明出票地点，则以出票人的营业所、住所或居住地作为出票地点。《美国统一商法典》还允许倒填或后填出票日期。

（7）汇票的付款地点。《日内瓦公约》要求汇票上必须载明付款地点，没有载明时，以付款人姓名旁的地点为出票地。

（8）必须由出票人在汇票上签名，这是各国法律的共同要求（详见前述出票的含义）。

实际中使用的票据多是印就的格式票据，其记载的事项一般会多于法律的要求，但无论其内容繁简，只要具备法律要求的以上记载事项或者说符合法律规定的条件，该票据即是合法有效的（按照《日内瓦公约》）或即是“可流通票据”（按照英美法）。

联合国国际汇票和国际本票公约（草案）关于票据的记载事项基本上采纳了英美法的原则，但在下列两点则采纳了日内瓦公约的精神：规定汇票上必须载有出票日期；不得开立来人式抬头汇票，但背书人可以用空白背书的方法，使汇票在实际上变成为来人式抬头汇票或称无记名式汇票。

（二）汇票的背书

1. 背书的含义及要求

指示式抬头的汇票只能以背书方式转让。所谓背书，系指持票人一般在背面签上自己的名字，写上或不写受让人的名字并将汇票交付给受让人的行为。

关于背书是否必须载明背书的日期的问题，各国法律有不同的规定。法国、比利时、意大利、荷兰等国的法律认为，背书必须载明日期；但英美等国的法律则认为，是否载明日期并不是背书的必要条件。《日内瓦公约》对此无明确规定，但在第20条第（2）款规定：“如无反证时，凡未载明日期之背书视为在规定作成拒绝证书的时限未满前所为者。”由此可以推论，日内瓦公约并不要求背书必须注明背书日期。

关于背书的位置，背书一般书写于票据背面，如背书太多超过了背书的容量，日内瓦公约和英美法都允许在粘单上背书。除日内瓦公约规定背书人仅签名而为空白背书时必须在汇票背面或其粘单上为之外,日内瓦公约和英美法都不要求背书必须在背面为之。《美国统一商法典》还规定,若无法确定汇票上的签名人的身份(是承兑人、受票人还是其他人),则一律视为背书人。

关于背书转让的金额,日内瓦公约规定部分背书视为无效,因此背书必须转让全部票据金额。英美法的态度与此基本相同,如《美国统一商法典》规定,背书必须转让全部票据金额;如票据已得到部分付款者,则必须转让全部剩余金额;如果背书只转让部分金额,那么此转让只是普通债权的转让,受让人不能取得正当持票人的地位。

2. 背书的种类

(1)记名背书(Special Indorsement)与空白背书(Blank Indorsement)。两者都必须有背书人的签名,所不同的是记名背书尚需写上被背书人(受让人)的姓名或在后面加上"或其指定的人"。而空白背书则不写被背书人的姓名或写上"付给来人"(Pay Bearer)。各国法律皆承认记名背书和空白背书。无论是指示式抬头的汇票还是无记名式汇票,都可以用记名背书或空白背书转让,经过记名背书或空白背书的票据还可以用空白背书或记名背书人任一种方式再度背书转让。从广义上说,指示式抬头的汇票既包括票据证明的受款人是指示式写法的汇票,又包括最后一次背书是记名背书的汇票。同样,无记名汇票既包括前述来人式抬头的汇票,又包括最后一次背书是空白背书的汇票。由上述可知,指示式抬头汇票和无记名式抬头汇票是可以因背书而相互转换的。日内瓦公约虽然规定出票时不得出立来人式抬头汇票,但允许背书人为空白背书,因此来人式抬头的汇票完全可以因空白背书成为无记名式汇票。

(2)限制性背书(Restrictive Indorsement)与非限制性背书(Non-Indorsement)。限制性背书是禁止汇票再度背书转让的背书,非限制性背书系指没有此种限制的背书。各国对限制性背书的效力规定不同。《日内瓦公约》第15条第(2)款规定:"背书人得禁止再为背书;禁止后,该背书人对于再以背书取得汇票的人,不负保证之责。"从这一类规定我们可以得出以下结论:①背书人得为限制性背书;②限制性背书的直接背书人仍是正当持票人,享有其权利,即可向其直接前手背书人(为限制性背书者)和所有前手背书人追索;③在票据被拒绝承兑或拒付时,限制性背书直接被背书人以后的被背书人丧失了向限制性背书人进行追索的权利,但并不丧失向除此之外的其他前手背书人追索的权利。英美法则更注重保护汇票的可流通性。根据《美国统一商法典》的规定,限制性背书无效,不影响汇票的流通。

(3)免予追索(Qualified Indorsement)与不免受追索的背书(Unqualified Indorsement)。根据各国法律的规定,在票据被拒绝承兑或拒付时,背书人对于其后手(以后的受让人)负有保证承兑和付款的责任,背书人若在背书时注明"免予追索"(without recourse)或类似措辞,则背书为免予追索背书,无此类字眼的背书是不免受追索的背书。英美法允许作免予追索的背书。《日内瓦公约》第15条第1款规定"如无相反的规定时,背书人保证其承兑与付款",可见《日内瓦公约》也承认这种汇票。这种汇票如遭到拒付，持票人在向其前手追索时，就不能向该背书人追索。

3. 背书的效力

对背书人来说，除限制性背书和免受追索背书外，合法有效的背书使他成为票据的从债务人，须对包括被背书人在内的所有后来取得该汇票的人（俗称后手）保证该汇票必将得到承兑或付款；在票据被拒绝承兑或拒付时后手持票人可向他请求承兑或付款。

对被背书人来说，背书使他取得了背书人对票据的一切权利。被背书人可以用自己的名义向付款人要求承兑、付款；也可以将汇票再度背书转让给他人；当该汇票遭到拒付时，被背书人有权向其直接的背书人以及曾在汇票上签名的一切前手直至出票人进行追索。

4. 伪造背书的问题

伪造背书的主要情况有：雇员捏造一个受款人，使雇主开立以此人为受款人的汇票，然后该雇员或其同伙伪造背书将汇票转让于第三者，雇员将开立给某一真实存在的受款人的汇票扣下，伪造其签名背书转让该汇票；某人在拾得/偷窃或骗得的汇票上冒名背书转让票据，等等。背书的伪造者当然要负刑事或民事责任，这不是票据法上的问题。票据法所关心的是谁来承担伪造背书的经济损失。在这个问题上，日内瓦公约体系与《美国统一商法典》基本一致，而与英国法分歧较大。按照日内瓦公约的规定，尽管票据曾发生过遗失、被窃或其中一个签名被伪造等情事，但对于善意而且没有重大过失的、通过一系列没有间断的背书而取得该票据的人来说，这项背书仍然是有效的，他仍可享有票据上的权利，凡在票据上有真实签名的人包括出票人、承兑人、保证人等仍须对其负责。如果付款人已对这张被伪造背书的汇票付了款，他也可以解除责任。但有一个重要的例外，即如果付款人是在票据到期以前付了款，他就必须自行承担不当付款的风险。《美国统一商法典》第3－405条（1）规定："如果有下列情况之一者，任何人以冒名的受款人的名义背书是有效的：（a）通过使用邮政或其他途径，冒名人促使制票人或出票人以受款人的名义向其或其同伙发行票据；或（b）作为或代表制票人或出票人的签名人，企图使受款人丧失对票据的权益；（c）制票人或出票人的代理人或雇员向其提供受款人的姓名，企图使后者丧失上述权益。"按照《美国统一商法典》的规定，即使背书是伪造的，正当持票人得要求受票人付款；受票人拒绝承兑或拒付时，正当持票人得向所有前手包括出票人追索；假如付款人付款，则可以向出票人要求补偿，这样，伪造背书的经济损失最终由出票人来负责。日内瓦公约和美国法律的目的是保护善意持票人，使他放心接受票据，从而有利于票据的流通转让。

英国法也承认正当持票人的权利优于其前手，但这项原则有一个重要的例外，就是任何人都不能通过伪造背书而取得票据的权利。例如，一张经过特别背书的汇票的被背书人甲不慎将该汇票遗失，被乙拾得后冒用甲的签名，将该汇票转让给另一个不知情而且支付了对价的第三者丙，则丙不得享有汇票上的权利。如果付款人对这张被伪造背书的汇票付了款,亦不能解除付款人的付款义务。因为按照英国法,伪造的背书是不起任何作用的。取得这种汇票的人也不能成为持票人,不能取得票据上的权利,因此,即使付款人向这种人付款,也不能认为是向汇票的持票人付了款,所以也就不能解除其对该汇票的真正所有人的付款义务。唯一的例外是以银行为付款人的见票即付的支票。如果银行出于善意的在正常的业务中对有伪造背书的支票付了款,则可以解除责任。按照英国法的上述规定,伪造背书的风险最终是由直接从伪造者手中取得票据的人来承担的。这样做的目的是保护票据的真正所有人。因为英国法认为,受让人应该了解出让票据的人,如果受让人不慎买进了伪造背书的汇票,则应由他自己承担损失,而不应让真正的所有人承担损失。

联合国国际汇票和国际本票公约(草案)试图用折中的方法来调和上述分歧。公约草案第16条规定,凡是拥有经过背书转让给他或前手的背书为空白背书的票据,并且票据上有一系列连续背书的人,即使其中任何一次背书是伪造的或者未经授权的代表人签字的背书,只要他对此不知情,就应当认为他是票据的持票人而受到保护。同时公约草案第26条又规定,如果背书是伪造的,则被伪造背书的人或者在伪造发生之前签署了票据的当事人有权对因受伪造背书所遭受的损失直接向伪造人、从伪造人手中直接受让票据的人以及向伪造人直接支付了票据款项的当事人或受票人索取赔偿。但是,向伪造人直接支付票据款项的当事人或者受票人如果在付款时对伪造背书一事不知情,则可不承担上述赔偿责任,除非这种不知情是由于他未依诚信原则行事或未尽适当注意所致,前一项规定是为了保护善良的受让人,它反映了日内瓦公约的原则;后一项规定是倾向于保护真正的所有人,它反映了英美国家的传统做法。按照公约草案的规定,伪造背书的风险最终是由伪造者负责,如果伪造者逃逸不获或破产,则由从伪造者手中取得票据的人负责。

(三)汇票的提示

1. 提示的含义

提示(Presentment)是指持票人向付款人出示汇票,要求其承兑或付款的行为。由该定义可见,提示包括承兑提示和付款提示。《美国统一商法典》规定,付款人有权要求提示人:出示票据;合理地证明提示者的身份;如果是代理他人提示则出示授权证明;在付款人付款后签上"收讫"字样等。

2. 提示的义务或权利

一般来说,如果要求付款人承兑,则必须作承兑提示;如果要求付款人付款,则必须作付款提示。

持票人在下列情况下必须作承兑提示:汇票本身规定必须作承兑提示,付款地在付款人住所或营业地以外的地方;汇票是见票后定期付款。根据《日内瓦公约》的规定,除后两种情况外,汇票的出票人得在票据上载明禁止提示承兑;如果出票人没有禁止作提示承兑,所有的背书人均得必须提请承兑。除以上持票人必须提请承兑和不得提请承兑的情况外，持票人有权于汇票到期日前向付款人所在地为承兑提示。在实践中，即期汇票一般不作承兑提示，远期汇票（尤其是见票后定期付款）一般要先作承兑提示，再作付款提示。

3. 提示的时间

无论是承兑提示还是付款提示，都必须在法律或票据规定的时间内提示。关于付款提示的时间，《美国统一商法典》规定应于票据到期日（定日付款、见票后定期付款、出票后定期付款汇票）作付款提示，即期汇票则应在合理时间内作付款提示。《日内瓦公约》规定，远期汇票应于到期日或以后两营业日为付款提示。

关于承兑提示的时间，英美法规定应在合理时间内提示。《日内瓦公约》规定见票后定期付款的汇票，应自出票日起一年内为承兑的提示，出票人得延长或缩短该期限，背书人得缩短；如果出票人或背书人规定必须提请承兑，则他们可以规定承兑提示的期限。一般来说，承兑提示应在票据到期日之前承兑。

4. 持票人没有适当提示的后果

如果持票人有义务作承兑提示和付款提示而他没有适当地履行这一义务（包括没有提示和没有在规定的时间内提示），那么多数国家规定这就免除了出票人和前手背书人保证承兑和付款的责任，但如果票据已得到承兑，则承兑人仍需对付款负责，除非法律规定的时效届满（《日内瓦公约》规定为3年，英国规定为6年）。《美国统一商法典》稍微有些不同，规定：在持票人拖延提示期间或拖延发出拒付或拒绝承兑期间，因受票人破产而使出票人失去了在出票人处存放的资金，只有在这种情况下，出票人将对受出票人享有的破产权益转移给持票人时，出票人才能解除自己保证付款的责任。

（四）汇票的承兑

承兑是汇票的付款人表示接受出票人的付款提示，同意承担付款义务，而将此项意思表示以书面记载于汇票之上的义务。

承兑的方式通常是由付款人在汇票正面横写“承兑”字样，签上自己的名字并注明承兑的日期。承兑的作用在于确定付款人对汇票的付款义务。因为汇票上的付款人是由出票人单方面指定的，付款人是否愿意承担付款义务，在其对签字承兑以前尚不能确定。只有当付款人承兑汇票之后，他才成为汇票的债务人，从而就承担了按汇票金额付款的义务。如果付款人拒绝承兑汇票，则由于他尚未成为该汇票的债务人，持票人就不能对他起诉，而只能对背书人及出票人进行追索。但是，如果付款人承兑了汇票，他就成为汇票的承兑人（Acceptor）。按照各国的法律，承兑人是汇票的主债务人，而出票人和背书人只是从债务人。在这种情况下，如果承兑人到期拒绝付款，持票人就可以直接对他起诉。但付款人承兑汇票并不能解除出票人和背书人对汇票的责任，因此，如果承兑人在汇票到期时拒绝付款，执票人除有权对承兑人起诉外，仍可向任何前手背书人或出票人行使追索权。

承兑主要有以下两种：一种为普通承兑（General Acceptance），即没有任何附加条件的承兑,这种承兑在法律上是完全有效的。另一种为附有限制条件的承兑(Qualified Acceptance),即有条件的承兑,如在承兑时限定付款的地点,或者只承兑汇票金额的一部分等。对于这种有条件的承兑的效力,各国法律有不同的规定。按照英国汇票法的规定,持票人可以拒绝接受附条件的承兑,并可认为这是付款人拒绝承兑汇票的行为。如果持票人接受附条件的承兑,他必须征得出票人和背书人的同意,否则出票人和背书人可以解除对汇票所承担的义务。德国票据法则认为,持票人必须接受就部分金额所作的承兑,但对未获承兑的部分应作成拒绝证书以保留其权利。至于其他方面的附条件的承兑,德国法原则上也是不允许的。

(五)汇票的付款

《日内瓦公约》规定,汇票的付款人付款时,有权要求持票人交出汇票并记载收清字样;付款人有权只支付汇票金额的一部分并要求持票人在票上记载已付金额,向自己开立收据;如果持票人未在规定期限内为付款提示,付款人得将金额提存于相应负责机关,其费用及风险由持票人负责,付款人负证明背书连续合格之责,但不负证明背书签字真伪之责;持票人在到期日前无接受付款的义务,付款人若在此之前付款则承担因此引起的风险。

关于持票人向付款人提示汇票要求付款时,付款人能否要求给予优惠日的问题,各国法律亦有不同的规定。英国汇票法规定,对远期付款的汇票,可以有三天的恩惠日,但日内瓦公约及德国、瑞士、法国、意大利、西班牙等国的法律都明文禁止恩惠日。不过,按照各国的法律或惯例,如果汇票的到期日是节假日,则付款的日期可以顺延至下一个营业日。

(六)汇票的拒付及追索

1. 拒付的含义

拒付是指付款人拒绝承兑和拒绝付款,除包括付款人明确的拒绝外,根据《日内瓦公约》的规定,还包括:因承兑而变更汇票的文字(只承兑部分金额除外);无论汇票是否已承兑,付款人已被宣告破产或裁决虽未确定,付款人已停止付款或对其财产执行尚无结果;不获承兑的票据其出票人已破产。根据《美国统一商法典》和其他国家法律的规定,拒付还包括付款人避而不见、死亡、付款人宣告出票人的存款不足以支付汇票金额等。

下列情况一般不视为拒付:付款人要求提示人满足法定要求(如出示汇票、证明身份等);付款人为了审查汇票而推迟付款或承兑(《美国统一商法典》规定对付款提示的答复应于当天作出,对承兑提示的答复应于次个营业日结束前作出,否则亦将视为拒付)。

在汇票遭到拒付时,持票人就获得了向其前手背书人、出票人、承兑人及担保人追索的权利。

2. 持票人行使追索权的对象——被追索人

被追索人可以是出票人、前手背书人以及所有在汇票上签字对汇票金额的支付承担责任的人(如承兑人、担保人)。持票人可向其中一人追索,亦可向他们共同追索。需要注意的是,持票人若欲向一个以上的人追索,他就必须向所有目标都发出拒付通知。《日内瓦公约》规定,在被追索人之间,如有一人履行了付款义务,他得向其前手追索,请求下列金额的支付:(1)所支付的总金额;(2)前项金额支付之日起周息 6 厘的利息;(3)其他任何支付的费用。

3. 持票人可以追索的金额

根据《日内瓦公约》的规定,持票人可向被追索人请求支付下列金额:(1)被拒付的票据金额,追索权如在到期日前行使,票据金额应按照持票人行使追索权时其所在地银行当日公布的贴现率计算;(2)到期日起周息 6 厘的利息;(3)作成拒绝证书与通知的费用及其他费用。

4. 持票人行使追索权的条件

持票人在行使追索权后,往往引起连锁追索,即被持票人追索的人又向其前手背书人或出票人追索,因此时间显得十分重要,所以各国法律一般都要求持票人必须在规定时间内作成拒付证书和发出拒付通知。(1)持票人应在规定时间内作成拒付证书。所谓拒付证书(Protest),是一种由付款地的公证人或法院、银行公众等作成的、证明付款人拒付的书面文件。《日内瓦公约》规定持票人应在到期日后两个营业日内(远期汇票)或付款提示后次营业日内(即期汇票)作成拒付证书,除非付款人或出票人被宣告破产,此裁决可代替拒付证书,或者票据上载有"无费退回","无须拒付证书"之类的措辞。(2)持票人应在规定时间内发出拒付通知。根据日内瓦公约和《美国统一商法典》的规定,通知可以以任何方式进行,如打电话、电报、邮寄被拒付的汇票,等等。

如果持票人没有适当地获得拒付证书或发出通知,其效果与前述没有适当提示相同。

(七)汇票转让人的保证义务

根据《美国统一商法典》的规定,无论票据是按普通债权的方式转让(限制性抬头汇票),还是按票据法转让,无论是背书转让还是仅凭交付而转让,无论是不是免予追索的转让,除非有相反协议,获得对价的转让人都负有下列保证义务(Warranties):(1)保证自己对票据享有合法的所有权;(2)保证其前手背书人签字的真实性;(3)保证在其转让时票据未受实质性改动;(4)保证对票据不存在合法有效的抗辩或权利主张;(5)保证自己不知道对出票人或承兑人开始了破产程序。

另外,根据美国的法律,违反保证义务这一瑕疵从第一个转让人当然转移给第二个转让人。比如,A 将偷来的汇票(无记名式汇票)转让给 B,B 又转让给 C,则不仅 A 违背了保证义务,B 也是如此(正当持票人例外)。

背书人(无论是否注明免受追索)不仅对其直接受让人负责上述保证义务,而且对所有善良后手受让人都负有上述义务;未经背书而转让票据的人只对其直接受让人负有上述义务。

各国法律规定,凡在汇票上签字的人(出票人、背书人、承兑人等)都对票据金额的支付承担责任,在票据遭到拒付时持票人有权向处于从债务人地位的出票人、背书人追索。这一规定使持票人在大多数情况下都能得到支付。那么,为什么法律还为所有的转让人设定保证义务,持票人(受让人)为什么会以违反保证为由起诉转让人而不行使追索权呢?其原因主要有:(1)在票据是无记名式时或背书注明免予追索时持票人无合适的追索对象;(2)持票人因没有适当提示或没有适当制作拒付证书或者发出拒付通知而失去了追索权;(3)即使持票人还享有追索权,他也可能更愿意以转让人违反保证而起诉,因为在到期日和可能的拒付发生之前持票人一旦发现转让人有违反保证行为,持票人就可以起诉;(4)以违反保证为由起诉不仅可以要求赔偿损失,而且可以撤销票据。

(八)对持票人和正当持票人的法律保护

为了使票据具有流通性,各国票据法对善意或合法的持票人都给予有力的保护,认为他可以享有优于其前手的权利。但各国法律对何谓善意或合法或正当持票人的规定并不完全相同。

英国汇票法把持票人分为持票人、付了代价的持票人和正当持票人三种,法律上对这三种持票人所给予的保护也有所不同。所谓"持票人"(Holder)是指票据的受款人、被背书人或无记名汇票的持有人。付了代价的持票人(Holder for Value)是指在任何时候曾对票据付了代价的持票人,这里的"代价"包括一切能使简式合同有约束力的对价(Consideration),如金钱、货物或劳务等。正当持票人(Holder in Due Course)是指在票据完整、正常、在没有过期的情况下,出于诚信,不知悉票据曾经遭到拒付,不知悉转让人的权利有任何瑕疵,并且付了代价而取得票据的持票人。英国法给予正当持票人以充分的保护,他可以享有优于其前手的权利,不受其前手票据的任何权利瑕疵的影响,也不受其他人对票据可能享有的衡平权益的影响。按照英国法的解释,所谓"知悉"是指实际知悉,如果仅仅是拟制知悉或推定知悉,即仅依据周围情况推定持票人知道转让人的票据权利有瑕疵,还不能动摇正当持票人的地位。

《美国统一商法典》基本上把持票人分为正当持票人与其他持票人,正当持票人的条件与英国相似,规定持票人在取得票据时符合下列要求才能取得正当持票人的地位:支付了对价;善意;对票据已过期或已被拒付或针对票据存在着抗辩或者所有权争议不知情。所谓知情(Notice)包括持票人实际上知道上述事实、他已经收到通知、根据当时他知道的事实情况他有理由知道上述事实。最后一点意味着可以推定持票人知道上述事实,或者可以以重大过失为由否认其正当持票人的地位。这一点不同于英国法。美国法律给正当持票人的保护也比一般持票人要充分得多,包括:第三人可以对正当持票人的前手提出的抗辩对正当持票人无效;即使票据曾被偷窃、骗走,其前手也不得向正当持票人追回票据;正当持票人可以豁免转让人的某些保证义务,如不向承兑人保证出票人签字的真实性等。

日内瓦公约中亦有“合法持票人”的称谓。根据公约第16条的规定,我们可以认为公约为正当持票人规定了三个条件:(1)持票人能以一系列不间断的背书证明其票据的所有权。这意味着如果汇票一开始是无记名汇票,且以后的转让全没有背书时持票人不能成为受特殊保护的“合法持票人”,这一点不同于英美法。(2)票据是以正当手段取得的,持票人不能以捡得、盗窃或欺诈获得票据,这一点相当于英美法上的善意或诚信要求。(3)持票人在获得票据时没有重大过失,这主要是指在了解其转让人的权利瑕疵方面没有重大过失,这一点类似于《美国统一商法典》的规定,但不同于英国法。因为日内瓦体系是建立在大陆法系的基础上,而大陆法系没有对价或代价的概念,所以日内瓦公约没有为“合法持票人”规定“付出代价”这一条件。

《联合国国际汇票和国际本票公约》(草案)把持票人分为持票人和受保护的持票人两种。根据公约第30条的规定,受保护的持票人必须具备下列条件:(1)持票人在取得票据时,该票据是完整的;(2)他在成为持票人时对有关票据责任的抗辩不知情;(3)他对任何人对该票据的有效请求权不知情;(4)他对该票据曾遭拒付的事实不知情;(5)该票据未超过提示付款的期限;(6)他没有以欺诈、盗窃手段取得票据或参加与票据有关的欺诈或盗窃行为。

这些条件多相似于英国法对正当持票人规定的条件,但没有以支付代价为条件,这是对大陆法系的折中。公约对受保护的持票人给予强有力的保护。根据公约第31条的规定,除公约特别指出的几种情形外,当事人不得对受保护的持票人提出任何其他抗辩,而且受保护的持票人的权利也不受任何第三人对该票据的任何请求权的限制,除非这种请求是由于他本人同提出请求权的人之间的基础交易所引起的。公约的这些规定,对于促进汇票在国际范围内的流通,保证国际交易的安全都是十分必要的。

第二节 国际贸易的支付方式

国际贸易的支付方式主要分为两大类三种。一类是收付双方不由银行提供信用,但通过银行办理的方式,如买方直接付款和银行托收;另一类是由银行提供信用,收付双方从银行得到信用保证和资金融通的便利,其中以信用证方式最为常用。虽然几种方式基本上都要通过银行,但银行在各种方式中所起的作用不一。

一、买方直接付款

买方直接付款(Direct Payment by Buyers)是买方通过银行主动将款项支付给卖方。这种方式虽然直接、省钱,但只有在卖方充分信任买方,相信买方的偿付能力时才会采用这种办法。

采用这种方式一般是买方(汇款人)委托当地银行(汇出行)向卖方(收款人)付

款,汇出行再委托卖方所在地银行(汇入行)向卖方付款。如果汇出行以邮寄方式向汇入行寄出付款委托书,这称为信汇(Mail Transfer,M/T);如果付款委托书以电报发出,则称为电汇(Telegraphic Transfer ,T/T);如果买主购买银行汇票自行寄给卖方,此为票汇(Demand Draft,D/D)。电汇的速度快于信汇,但费用较高。银行汇票一般是以买方所在银行为出票人,以卖方所在地银行为受票人,以卖方为受款人的即期汇票。

买方直接付款可以是见单付款或交单付现。见单付款是指卖方在发运货物之后,将有关装运单据寄交买方,买方在收到单据后按合同规定汇付货款,这种方法显然不利于卖方,如果买方在收到单据后拒不付款,或拖延付款,卖方就要承担钱货两空的风险。交单付现则要求买方在付款时才能得到装运单据,当卖方对买方的信誉和资信能力不了解或认为有问题时,一般会在合同中规定交单付现。

二、托收

(一)托收概述

所谓托收(Collection),是指卖方以买方为付款人开立汇票,委托银行代其向买方收取货款的一种结算方式。托收的基本程序是:

(1)卖方(委托人)出具汇票,向出口地银行提出托收申请,填具托收指示书,附具或不附具装运单据。根据国际商会《托收统一规则》的规定,送交托收的一切单据(包括汇票和装运单据),必须附有一份完整和明确的托收指示书。该规则还特别规定托收指示书应载明:付款人或提示所在地的详细地址;如果出具的是远期汇票,则须载明是承兑交单还是付款交单,否则银行按付款交单处理;托收指示书对汇票遭到拒付时是否需要作出拒绝证书(或采取其他可以代替的法律手续)应给予特别指示,否则银行无义务作出拒绝证书;如委托人指定一名代表,在遭到拒付时作为需要时的代理,则在托收指示书中应明确而充分地指明此项代理的权限,否则银行对需要时代理的任何命令可以不受理。

(2)出口地银行(托收行)接受申请后,委托它在进口地的往来银行(代收行)代为办理收款事宜。

(3)代收行向买方(付款人)做付款提示或承兑提示,在付款人付款后通知托收行,托收行即向卖方付款。如果付款人拒付,则代收行通知托收行,再由托收行通知卖方。

关于调整托收的法律:国际商会于1958年草拟了《商业单据托收统一规则》(Uniform Rules on the Collection of Commercial Paper),1967年进行了修订。1978年根据国际贸易的发展变化再次修订,并改名为《托收统一规则》(Uniform Rules for Collections),于1979年1月1日起实施,简称第322号出版物。1995年公布的新修订本,是国际商会第522号出版物(简称URC522)已于1996年1月1日起实施。该规则是对国际惯例的总结,具有国际惯例的效力,即只有在当事人自愿采用或没有明示排除时对当事人有法律的拘束力,目前它在国际贸易中已经得到广泛的承认和使用。除这一国际惯例外,许多国家都制定有关于票据、支付和托收的法律,即使当事人选择了《托收统一规则》,亦不得违背有关国家国内法中的强制性规定,如外汇管制规定等。这一原则亦为《托收统一规则》所承认,该规则规定:根据外国法律或惯例对银行规定的义务和责任,委托人应受约束并负赔偿的责任;以付款地国以外的货币(外国货币)支付时,该项外国货币应能够依照托收指示书规定立即汇出;关于光票托收的部分付款,仅在付款地现行法律准许部分付款的限度和条件下才可以接受;特别重要的是该规则“总则和定义”A 款的规定;规则除与一国、一州或地方不得违反的法律规定相抵触外,适用于一切没有明示同意排除适用的当事人。实际上,该规则的制定充分考虑了国际支付的特点和需要。除了上述几种具体情况外,规则中的规定甚少与有关国家的国内法冲突,所以上述规定并不影响该规则的广泛适用。

(二)托收的种类

《托收统一规则》将托收分为光票托收(Clean Bill Collection)和跟单托收(Documentdry Bill Collection)。光票托收是仅凭卖方开出的汇票所为的托收,不附具任何发票或装运单据;跟单托收是指凭汇票和发票、提单、保险单等商业单据进行的托收。在光票托收中,买方付款或承兑后可能不能获得货物或代表货物所有权的单据,所以甚少采用,通常只用于收取货款尾数、佣金、样品费等项费用;至少货款的支付,一般都是采用跟单托收的方式。每一笔具体交易是采用光票托收还是跟单托收,跟单托收须附具什么单据,或哪些款项用跟单托收,哪些款项用光票托收,概由当事人在买卖合同中约定并由卖方填于付款指示书中。

根据《托收统一规则》和国际贸易支付的实践,跟单托收根据交单条件的不同又可分为付款交单和承兑交单两种。前已述及,《托收统一规则》规定委托人(卖方)在托收指示书中应载明是付款交单还是承兑交单,否则银行按付款交单处理。

1. 付款交单(Document Against Payment, D/P)

按照这种方式,付款人(买方)在向代收行支付了货款或其他票据金额后才能取得提单、保险单、发票等。付款交单可以分为即期付款交单和远期付款交单。如果卖方出具的是即期汇票,付款人(买方)于见票时即付货款然后获得上述单据,此为即期付款交单;如果卖方出具远期汇票,付款人一般先承兑,然后于到期日时才付款赎单,此为远期付款交单。

在远期付款交单的条件下,买方在承兑汇票后、付清货款前,是不能取得装运单据的。因此,如果汇票的到期日晚于货物运抵目的地的日期,买方就必须设法在汇票的到期日之前拿到装运单据,以便及时提取到货。在这种情况下,有些国家的银行往往允许买方在承兑远期汇票后,凭信托收据(Trust Receipt)借出装运单据去提货,待远期汇票到期时才付还货款。所谓信托收据是由买方向银行出具的表示愿意以银行的受托人(trustee)的身份代银行保管和处理货物,并承认货物的所有权属于银行,出售货物后所得的货款亦应交给银行或代收行暂为保管的一种书面文件。通过这种办法,买方在付款之前,就可以取得货物,并可及时转售货物获得利润,然后再用出售所得于汇票到期日偿付汇票金额,以达到通融资金的目的。凭信托收据借单据的办法,通常是进口地的代收行自行做主对买方给予资金通融方便的一种做法,与卖方无关,在这种情况下,代收行必须承担汇票到期付款的责任,如果买方到期因某种原因而不能或不愿付款,则付款的责任转移到了代收行身上。如果卖方在托收指示书中指示银行允许买方预借单据提货,则日后买方拒付的风险由卖方自己承担。在采取这种办法时,卖方所承担的收汇风险同承兑交单是差不多的,因此,除非买方是信用可靠的老客户,卖方一般是不轻易采取这种做法的。

2. 承兑交单(Document Against Accepment,D/A)

承兑交单系指付款人(买方)承兑汇票后即可获得装运单据,于汇票到期日再付款。因为只有远期汇票才需办理承兑手续,所以承兑交单方式只适用于远期汇票的托收。

在付款交单和承兑交单两种方式中,承兑交单对卖方来说风险更大,卖方甚至可能钱货两空。这些风险是:买方虽有偿付能力,但不讲信用拒不付款;买方于到期日或之前被宣告破产或开始破产程序;买方出售货物后携款潜逃,不知下落;即使货物的所有权尚在买方手中,但卖方需要对他提起诉讼,从而冒败诉和增加额外费用的风险。在付款交单时,如果买方不付款,至少卖方手中还掌握着代表货物所有权的提单等票据,可以通过处理货物减少损失,这一点要优于承兑交单。但即便如此,如果买方真的拒不付款赎单,由于货物已运往国外,托收行通常又不负责提货、存仓、保管和转售等事宜,卖方往往需要指定一名"需要时的代理人"代为处理货物,这就需要支出一笔额外费用,如果货物在国外找不到买主,还要把它运回本国,支付本不用支付的运费、滞期费、仓储费。除此之外还可能因拖延时日而冒货物市价跌落的风险等。

由上述可知,无论是付款交单还是承兑交单,卖方都冒着一定的风险,但由于它对买方较为有利,例如,买方不必像申请开立信用证那样向银行交纳开证押金、银行费用比较低廉等,所以这种支付方式对促进出口成交还是有一定作用的。

(三)托收的有关当事人及其权利义务

根据《托收统一规则》的规定,一笔托收业务共有四类当事人:(1)委托人(Principle),即委托银行办理托收业务的客户。在国际贸易支付中即是国际货物买卖合同的卖方。(2)托收行(Remitting Bank),即受委托人的委托,办理托收业务的银行。国际贸易支付中通常是卖方营业地所在地的银行。(3)代收行(Collecting Bank),即托收行以外参与办理托收指示的任何银行。根据《托收统一规则》的规定,委托人可以指定代收行。如无指定,则代收行可以是托收行或其他银行视情况而选择的在付款或承兑所在国家的任何银行。在国际贸易支付中,代收行通常是买方营业地所在地的银行。(4)付款人(Payer),即根据托收指示书向其作出提示的人。在国际贸易支付中通常是国际货物买卖合同的买方,亦即卖方所出具汇票的受票人(付款人)。

1. 委托人与托收行、托收行与代收行

委托人和托收行之间是委托代理关系，按照国际上的习惯做法，委托人在委托银行代为托收时，都要填写一份托收委托书（Remittance Letter），具体规定托收的指示及双方的责任，这项委托书就构成双方的代理合同。托收行与代收行之间亦是委托代理关系，他们之间的代理合同由托收指示书、委托书、原来双方签订的业务协议等构成。既然上述两对当事人之间皆是代理关系，他们的权利、义务应受代理法的一般原则的支配，特别是本人应补偿代理人的开支，向其支付报酬，而代理人亦尽职尽责完成代理事务并不得越权。这两个原则在《托收统一规则》中都得到了体现，该规则第1条规定："银行应以善意和合理的谨慎行事。"其"总则和定义"C中规定："银行只被允许按照托收指示书中的规定和根据本规则行使。如由于某种原因，某一银行不能执行它所收到的托收指示书的规定时，必须立即通知发出托收指示书的一方。"如果代理人违反了上述原则，则应赔偿由此给本人造成的损失。

除上述原则之外，《托收统一规则》还规定托收行对委托人、代收行对托收行负有完成下列具体代理行为的义务：(1)负有及时提示的义务。遇有即期汇票应毫无延误地作付款提示；对远期汇票则必须不迟于规定的到期日作付款提示。当远期汇票必须承兑时应毫无延误地作承兑提示。(2)保证单据（包括汇票和装运单据）与托收指示书的表面一致。银行必须核实所收到的单据在表面上与托收指示书所列一致，如发现任何单据有遗漏，应即通知发出指示书的一方。(3)收到的款项在扣除必要的手续费和其他费用后必须按照指示书的规定无迟延地解交本人。(4)无延误地通知托收结果，包括付款、承兑、拒绝承兑或拒绝付款、拒付的理由。

从以上委托人与托收行、托收行与代收行的关系可以看出，托收的一个重要特点是银行的地位严格地限于作为代理人，它对货款能否支付不承担任何义务或责任。因此从信用性质上说，托收是属于商业信用，而不是银行信用，卖方能否收回货款全赖于买方。《托收统一规则》为了加强和突出银行的上述地位，还规定了许多银行不承担责任的情况，包括：(1)银行只须核实单据在表面上与托收指示书一致，除此之外没有进一步检验单据的义务。代收行对承兑人签名的真实性或签名人是否有签署承兑的权限概不负责。(2)与托收有关的银行，对由于任何通知、信件或单据在寄送途中发生延误或失落所造成的一切后果，或对电报、电传、电子传送系统在传送中发生延误、残缺和其他错误，或对专门性术语在翻译上和解释上的错误，概不承担义务或责任。(3)与托收有关的银行，对由于天灾、暴动、骚乱、叛乱、战争或银行本身无法控制的任何其他原因，或对由于罢工或停工致使银行营业间断所造成的一切后果，概不承担义务和责任。(4)除非事先征得银行同意，货物不应直接运交银行或以银行为收货人，否则银行无义务提取货物。银行对于跟单托收项下的货物无义务采取任何措施。然而，无论是否得到指示，如银行对货物采取了保护措施，它们不对货物的状况负责，也不对任何受委托看管和保护货物的第三者的行为和不行为负责，但代收行应立即就采取的措施发出通知。(5)在汇票被拒绝承兑或拒绝付款时,若托收指示书上无特别指示,银行没有作出拒绝证书的义务。

2. 委托人与代收行

关于委托人与代收行之间的关系,托收行是委托人的代理人,代收行又是托收行的代理人,根据代理法的一般原则,在委托人与代收行之间没有合同关系。但是,《托收统一规则》(URC522)第 11 条规定:"对被指示的免责:(1)为使委托人的指示得以实现,银行使用另一银行或其他银行的服务是代该委托人办理的,因此,其风险由委托人承担;(2)即使银行主动地选择了其他银行办理业务,如该行所转递的指示未被执行,该行不承担责任或对其负责;(3)一方指示另一方去履行服务,指示方应受到被指示方的法律和惯例所加于的一切义务和责任的制约,并承担赔偿的责任。"

三、银行信用证

(一)有关信用证的法律和惯例

信用证(Letter of Credit,L/C)是商业习惯的产物而不是法律的创设物,因此各国基本上没有专门调整信用证的法律。只有美国在《统一商法典》中专设一编(第五编)对信用证作了规定,但也并不详尽完备。遇有争议,法院只是根据合同法、代理法的一般原则以及银行界的习惯做法对具体争议作出判决,留下的判例不仅分散而且不成套。总之,有关信用证的法律规范,在现各国立法中基本上还是空白,一般靠各个银行自订的格式信用证条款和国际商业习惯调整。

鉴于信用证在国际贸易中已经得到广泛的使用,为了统一各国对跟单信用证条款的解释,明确各有关当事人的权利、义务,国际商会于 1930 年制订了《跟单信用证统一惯例》(Uniform Customs and Practice for Documentary Gredit),供各国银行和银行公会自愿采用。该统一惯例曾于 1951 年、1962 年、1967 年、1974 年、1983 年、1993 年和 2006 年作过七次修改。现在使用的是 2007 年 7 月 1 日生效的修订本,通称为国际商会第 600 号出版物(UCP600)。UCP600 的条文编排参照了 ISP98(《国际备用证惯例》)的格式,对 UCP500 的 49 个条款进行了大幅度的调整及增删,变成现在的 39 条。第 1 ~ 5 条为总则部分,包括 UCP 的适用范围、定义条款、解释规则、信用证的独立性等;第 6 ~ 13 条明确了有关信用证的开立、修改、各当事人的关系与责任等问题;第 14 ~ 16 条是关于单据的审核标准、单证相符或不符的处理的规定;第 17 ~ 28 条属单据条款,包括商业发票、运输单据、保险单据等;第 29 ~ 32 条规定了有关款项支取的问题;第 33 ~ 37 条属银行的免责条款;第 38 条是关于可转让信用证的规定;第 39 条是关于款项让渡的规定。UCP600 适用于包括备用信用证在内的跟单信用证。

(二)信用证的概念

UCP600 最大的变化之一是取消了"可撤销信用证"。因此,根据 UCP600 第 2 条:"信用证意指一项约定,无论其如何命名或描述,该约定不可撤销并因此构成开证行对于相符提示予以兑付的确定承诺。"信用证方式与托收方式的最大区别是在前者中,银行有条件地承担了支付货款的责任,卖方能否收到货款是以银行信用为基础,而不是依赖于买方的商业信用,一般来说,银行信用比商业信用要可靠得多,所以卖方更有保证收到货款;而在托收方式中,银行只是代理人,他们对货款的支付与否不承担任何责任,卖方只能以买方的商业信用作为其货款的基础,所以卖方承担的风险较大,尤其是承兑交单。正因为如此,信用证方式在国际贸易中比托收方式更为常用。

(三)信用证的付款程序

在采用信用证方式付款时,一般要经过以下六个基本步骤:

1. 买卖双方应在买卖合同中明确规定采用信用证方式付款

买卖合同的此类支付规定具有两方面的意义,一方面为买方设定了开立信用证的义务,另一方面也意味着如果买方履行了开立信用证的义务就认为他履行了支付货款的义务,卖方在一般情况下就不得再向买方直接要求付款,即不允许信用证“短路”。

(1)买方开立信用证的义务。在买卖合同规定采用信用证方式付款时,买方有义务负责向卖方发出信用证。根据英国法院的解释,这种义务的性质或者属于合同有效成立的先决条件,或者属于卖方履行交货义务的先决条件。如属前者,则只有在买方履行了开证义务时,合同才能成立,否则就不存在任何有效的合同;如属后者,则在买方不履行开证义务时,卖方有权拒绝进一步履行已经成立的合同所规定的义务,并要求买方赔偿损失。在英国1952年的一个案例(Trans Trust SPRL v. Danubian Trading CO. Ltd.)中,卖方并非原始供货人,他需要凭借买方开出的信用证从他的供应商处购得货物,买方对此事实是知情的,丹宁法官在此案中判决,如果买卖合同规定合同成立“以开出信用证为条件”,那么此时买方的开证义务即是合同成立的前提条件。在多数情况下,买方的这一义务一般仅是卖方履行交货义务的先决条件。

买方在履行开证义务时,所开立的信用证应符合买卖合同规定的种类,否则卖方有权解除合同。根据英国法院的解释,如果信用证与合同不符而卖方已接受,则视卖方放弃了解除合同的权利。

买方应在合理的时间内开立信用证。如果买卖合同规定了具体的开证日期或时期,则买方应如期开证。买卖合同常常规定买方应“立即”开立信用证,按照英国法院的解释,所谓“立即”是指应在“一个合理勤勉的人开立信用证所需要的时间内”。如果买卖合同对开证时间规定不明确,那么买卖合同中装运时间的规定就具有特别重要的意义。根据国际习惯和英国的判例法,卖方有权期待在自己发运货物时就能得到信用证保证的付款,因此信用证在装运期第一天前的合理时间内应该开出,或最迟不能迟于该天开出。比如说买卖合同规定的装船期限是4月上旬,那么买方应在4月1日之前的合理时间内开出信用证。需要注意的是,买方应在合同规定的装运期第一天前开证,并不是在卖方实际开始装船前开证,因为只要符合合同规定的期限,卖方可能在第一天、最后一天或中间某一天装船,这是卖方的权利。

(2)信用证的“短路”问题。如果买卖双方在买卖合同中约定以跟单信用证方式付款,而买方又正确地履行了开证义务,那么在一般情况下,卖方不得再向买方直接要求付款,即不允许信用证"短路"。在英国1966年的一个案件(Soproma spA v. Marine and Animal By-Products Corpn)中,卖方提交的单据不符合信用证的要求:提单背书不是空白背书;提单上载有"运费到付"而不是"运费预付";商品成分分析证明书显示蛋白含量仅67%,而信用证规定最低70%,这些单据被银行拒绝。后来卖方又获得了合格的单据,但信用证期限届满,银行不再支付货款,因此卖方向买方提交单据要求付款,被买方拒绝。法院在该案中判决,买方履行开证义务就视为履行了付款义务,卖方的要求无效。

上述原则有一个例外,即除非合同有明确或默示的相反规定,付款银行应有资能抵债,有财力支付货款,如果银行破产,则买方的付款责任不能解除。在英国1977年的一个案件(ED and F Man Ltd. 诉尼日利亚糖果有限公司)中,银行接受了卖方提交的单据并承兑了卖方开具的汇票,买方向开证行付款赎单,但银行在对汇票付款前破产,因而卖方向买方起诉要求买方支付货款。法院准许了原告的请求,虽然买方已付款赎单。这个例外的法律依据并不清楚,有人认为,买方用信用证付款并非绝对付款(Absolute Payment),而是附条件付款(Conditional Payment),这个条件就是银行有支付能力。还有的人认为,买卖合同中关于信用证付款的规定有一项默示条款,即买方保证银行的付款能力。但无论其根据如何,这个例外的确能使信用证"短路"。

2. 开证申请

买方向其所在地的银行提出开证申请,填具开证申请书,并交纳一定的开证押金或提供其他保证,要求银行向卖方开出信用证。买方即是开证申请人,该行即是开证行(Issuing Bank)。开证申请书以及据此开出的信用证是确定各当事人权利义务关系的最重要的文件和证据。自信用证开立之时起,开证行即不可撤销地受到兑付责任的约束。

3. 通知

开证行按申请书的内容开立以卖方为受益人的信用证,并通过其在卖方所在地的往来银行(通知行 Advising Bank)通知卖方。

信用证可经由另一银行(即通知行)通知受益人;通知行可由开证申请人指定或没有指定时由开证行选定,一般都是卖方营业地与开证行有业务往来的银行。根据UCP600的规定,通知行意指应开证行要求通知信用证的银行。信用证及其修改可以通过通知行通知受益人。除非已对信用证加具保兑,通知行通知信用证不构成兑付或议付的承诺。通过通知信用证或修改,通知行即表明其认为信用证或修改的表面真实性得到满足,且通知准确地反映了所收到的信用证或修改的条款及条件。通知行可以利用另一家银行的服务(第二通知行)向受益人通知信用证及其修改。通过通知信用证或修改,第二通知行即表明其认为所收到的通知的表面真实性得到满足,且通知准确地反映了所收到的信用证或修改的条款及条件。如果一家被要求通知信用证或修改，但不能确定信用证、修改或通知的表面真实性，就必须不延误地告知向其发出该指示的银行。如果通知行或第二通知行仍决定通知信用证或修改，则必须告知受益人或第二通知行其未能核实信用证、修改或通知的表面真实性。

4. 交单

卖方对信用证审核无误后，即发运货物并取得信用证所要求的装运单据，然后，按信用证的规定凭单据向其所在地的银行议付货款。

5. 议付

根据 UCP600 第 2 条："议付意指被指定银行在其应获得偿付的银行日或在此之前，通过向受益人预付或者同意向受益人预付款项的方式购买相符提示项下的汇票（汇票付款人为被指定银行以外的银行）及/或单据。"若信用证由保兑行议付，无追索权地议付。卖方可从下列人处获得货款（汇票金额）：(1)信用证上指定的付款行或议付行，这些银行可以是开证行、保兑行、通知行或其他银行；(2)在信用证允许时向任何银行议付，当然银行在议付时会对汇票金额打折扣，而不会免费贴现汇票。

议付银行议付货款后即在信用证背面注明议付金额，并将出口人所提交的装运单据寄交开证行向后者索偿。开证行审查单据后，如认为符合信用证的要求，即偿还议付行付出的货款。

6. 付款赎单

开证行通知进口人赎单，进口人付款赎单后，信用证交易即到此结束。至于买方如何凭单据提货，以及在提货时如果发现卖方所交货物与买卖合同不符，买方能否拒收货物或向卖方请求损害赔偿，则应由买卖双方根据买卖合同的规定来处理，与信用证交易无关，银行对此不承担责任。

（四）信用证的主要内容

信用证没有统一的格式，各银行都使用自己制定的信用证，但其基本内容是相同的，主要包括以下事项：

(1)信用证当事人的名称和地址。当事人主要包括开证申请人（买方）、开证行、通知行和受益人（卖方）、指定的议付行或付款行，有的信用证还包括保兑银行等。

(2)信用证的种类和号码。主要载明该信用证的类型，并注明开证银行的开证编号。

(3)开证行保证条款。其主要内容是，由开证行向受益人、议付行或汇票的持票人保证，银行在收到符合信用证要求的单据后，即对根据信用证开出的汇票承担付款的责任。

(4)信用证的金额。规定该信用证应支付的最高金额。一般多规定受益人有权按信用证金额的 100% 开立汇票要求付款，但有时也可以规定受益人只能按信用证金额的百分之若干（如 90%）开立汇票，其目的是，使买方能把货款的部分余额（如 10%）留在自己手中，暂时不付给卖方，如货到检验后发现卖方所交货物在品质或数量上与合同不符,买方可在这项余额中扣除。如有不足,可再向卖方索赔;如扣除后仍有剩余,则应付还卖方。

(5)汇票条款。主要规定汇票的金额、种类、份数及付款人的名称。开证行对于它所开出的信用证,不论是否出具汇票,均应承担付款义务。如果卖方(受益人)开出汇票,则不论受票人(付款人)是谁(开证行、开证申请人、信用证指定的付款行或者议付行或在信用证允许范围的任何银行),开证行都需最后承担付款的责任。

(6)单据条款。主要规定单据的种类及份数,这是信用证最重要的条款,因为银行仅凭单据付款,如果银行认为卖方所提交的单据不符合信用证的要求,银行有权拒付;但只要单据与信用证的要求相符,银行就必须付款。即使单据项下的货物与合同的要求不符,银行对此也不负责任。

信用证所要求的单据,主要是提单、保险单和商业发票,但有时也可以要求卖方提交其他单据,如商品检验证明书、原产地证书等,但信用证必须要列明其出单人及内容。如信用证不作规定,银行不审核额外单据。信用证要求多份单据时,可只交一份正本,其他用副本代替。

(7)装运条款。主要规定装运单据所应反映的启运地、目的地、装运期限及是否允许分批装运等内容。根据 UCP600 的规定,运输单据的出具日期将被视为发运、接受监管或装载以及装运日期。然而,如果运输单据以盖章或批注方式标明发运、接受监管或装载日期,则此日期将被视为装运日期。提单的出具日期将被视为装运日期,除非提单包含注明装运日期的装船批注,在此情况下,装船批注中显示的日期将被视为装运日期。

关于分批分期装运,UCP600 规定:允许分批支款或分批装运。表明使用同一运输工具并经由同次航程运输的数套运输单据在同一次提交时,只要显示相同目的地,将不视为部分发运,即使运输单据上标明的发运日期不通或装卸港、接管地或发送地点不同。如果交单由数套运输单据构成,其中最晚的一个发运日将被视为发运日。如信用证规定在指定的时间段内分期支款或分期发运,任何一期未按信用证规定期限支取或发运时,信用证对该期及以后各期均告失效。

(8)信用证的有效期限。信用证的有效期是指信用证具有法律效力的期限。根据 UCP600 的规定,信用证必须规定可以有效使用信用证的银行,或者信用证是否对任何银行均为有效。对于被指定银行有效的信用证同样也对开证行有效。

信用证必须规定提示单据的有效期限。规定的用于兑付或者议付的有效期限将被认为是提示单据的有效期限。提示若包含一份或多份正本运输单据,则必须由受益人或其代表按照相关条款在不迟于装运日后的 21 个公历日内提交,但无论如何不得迟于信用证的到期日。

(9)其他条款。当事人可根据每一笔交易的具体情况和需要,在信用证中规定不同的条款。

(五)信用证的种类

1. 付款信用证、承兑信用证和议付信用证

付款信用证是受益人在提交单据以及出具或不出具汇票后即可获得货款的信用证。如果信用证系不可撤销,则开证行根据付款信用证承担自己付款或保证指定的付款行付款的义务。付款信用证又可依据付款的时间分为即期付款信用证(交单即付款)和迟期付款信用证(交单后根据信用证规定的日期付款)。

承兑信用证系指受益人在银行或他人承兑其出具的汇票后即交单的信用证。如信用证系不可撤销,那么根据该种信用证,开证行将承担下列义务:(1)承兑以自己为付款人的汇票并到期付款;(2)保证以开证申请人或其他人为付款人的汇票得到承兑和到期付款。当然,只有在受益人开立远期汇票时这种信用证才能实现。

议付信用证系指受益人开立汇票(即期或远期汇票),并附单据,将跟单汇票卖给信用证规定的议付行或(在信用证允许时)卖给任何银行,从而获得货款。当然银行在贴现汇票时一般会对汇票金额打折扣。如果议付信用证又系不可撤销信用证,则开证行承担下列责任:照付汇票金额,并对出票人及/或善意持票人无追索权;或规定的议付行不议付时承担上述之付款义务。

2. 可撤销信用证和不可撤销信用证

可撤销信用证(Revocable L/C)是开证行在有关银行根据该信用证办理付款、承兑或者议付之前,或者(如果是迟期付款信用证)在有关银行接受符合信用证规定的单据之前,开证行可以不需事先通知受益人而修改或取消的信用证。UCP500 允许开立不可撤销信用证(Irrevocable L/C),但 UCP600 取消了这一类型。根据 UCP600,银行只能开立不可撤销信用证。

不可撤销信用证系指在信用证有效期内,不经开证行、保兑行(如已保兑)和受益人同意就不得修改或撤销的信用证。根据不可撤销的信用证,只要受益人按信用证规定的条款提供符合信用证规定的单据,开证行就必须付款、议付或承兑,或保证付款、议付或承兑。不可撤销信用证对受益人收款比较有保障,在国际贸易中使用最为广泛。

需要注意的是,根据《跟单信用证统一惯例》的精神和英国的判例法,“不可撤销”系指任何当事人不得单方面撤销(受益人当然不会撤销)和修改,尤其是开证行、保兑行和开证申请人不得撤销和修改。在英国 1975 年 Discount Records Ltd. v. Barclays Bank Ltd. 一案中,原告是不可撤销信用证的开证申请人,以收到的货物不符合同规定,卖方有欺诈行为为由向法院申请禁令,请求禁止被告根据信用证向卖方付款。法院以欺诈查无实据,仅仅是货物与合同不符不足以发出禁令而驳回了原告的请求。从这个案件中可以看出,不可撤销信用证对买方有时会带来不利,特别是卖方的货物质量与合同不符时。另外还需要注意的是,根据《跟单信用证统一惯例》的规定,接受同一个修改通知中的部分修改内容是无效的,也就是说上述任一个当事人只能接受全部修改

内容,否则就视为对修改的拒绝。

3. 保兑信用证和不保兑的信用证

根据 UCP600,保兑意指保兑行在开证行之外对于相符提示作出兑付或议付的确定承诺。如开证行授权或要求另一家银行对信用证加具保兑,而该银行不准备照办时,它必须不延误地告知开证行并仍可通知此份未经加具保兑的信用证。保兑的信用证(Confirmed L/C)是指开证行开出的信用证又经另一家银行保证兑付,而没有经过保兑的信用证叫做不保兑的信用证(Uncon-firmed L/C)。倘若规定的单据被提交至保兑行或者任何其他被指定银行并构成相符提示,保兑行必须兑付。自为信用证加具保兑之时起,保兑行即不可撤销地受到兑付或者议付责任的约束。保兑行保证向对于相符提示已经予以兑付或者议付并将单据寄往开证行的另一家被指定银行进行偿付。无论另一家被指定银行是否于到期日前已经对相符提示予以预付或者购买,对于承兑或延期付款信用证项下相符提示的金额的偿付于到期日进行。保兑行偿付另一家被指定银行的承诺独立于保兑行对于受益人的承诺。

4. 可转让信用证

根据 UCP600,可转让信用证(Transferable L/C)意指经转让银行办理转让后可供第二受益人使用的信用证。可转让信用证应注明"可以转让"。根据受益人(第一受益人)的请求,可转让信用证可以被全部或部分地转让给其他受益人(第二受益人)。转让银行意指办理信用证转让的被指定银行,或者,在适用于任何银行的信用证中,转让银行是由开证行特别授权并办理转让信用证的银行。开证行也可担任转让银行。除非转让时另有约定,所有因办理转让而产生的费用(诸如佣金、手续费、成本或开支)必须由第一受益人支付。倘若信用证允许分批支款或分批装运,信用证可以被部分地转让给一个以上的第二受益人。第二受益人不得要求将信用证转让给任何次序位居其后的其他受益人。第一受益人不属于此类其他受益人之列。任何有关转让的申请必须指明是否以及在何种条件下可以将修改通知第二受益人。转让信用证必须明确指明这些条件。由第二受益人或代表第二受益人提交的单据必须向转让银行提示。

在国际贸易中,当某些中间商经营出口业务时,往往要求进口商给他开出可转让的信用证。因为中间商自己手中并不掌握货物,他同进口商订立了出口销售合同之后,需要利用进口商给他开立的可转让的信用证作为他向供货人取得货源的信用工具,这样中间商不必动用自己的资金就可以从两者的差价中赚取利润。因此,在使用可转让的信用证时,第一受益人有权用自己的发票(通常为原信用证规定的金额)来替换第二受益人的发票(通常低于原信用证规定的金额),并可把原订的装船日期和有效期限适当提前。这样做的目的是:①中间商作为第一受益人可以从两张金额不同的发票中,把二者的差额作为自己赚取的利润;②中间商可以避免让进口商知道谁是供货人,以防止进口商日后把他甩开而直接同供货人进行交易;③使中间商可以按原信用证规定的条件和有效期办理交单结汇手续。

5. 循环信用证

循环信用证(Revolving L/C)是指信用证准许受益人在每次规定的金额使用后,能够重新恢复至原金额再度使用,直至达到规定的使用次数或总金额限度为止。

循环信用证适用于一些定期分批均衡供应、分批结汇的长年供货合同。使用这种信用证,对卖方来说,可以减少按每批交货逐批催证、审证的手续,并可以获得收回货款的保证;对买方来说,则可以减少逐笔开证的手续和费用。我们对港澳地区的某些供货合同,往往采用循环信用证付款。

6. 备用信用证

备用信用证(Standby L/C)是第二次世界大战后在美国首先发展起来的一种信用工具。虽然UCP适用于备用信用证,但是,备用信用证又有其自己的特点。1998年4月6日,在美国国际金融服务协会、国际银行法律与实务学会和国际商会银行技术与实务委员会的共同努力下,《国际备用信用证惯例》(International Standby Practices, ISP98,为国际商会第590号出版物)终于公布,并已于1999年1月1日起正式实施。此外,联合国还于1995年12月11日通过了《联合国独立担保和备用信用证公约》,旨在促进独立担保和备用信用证的使用,而不论这两种票据中是不是只有其中一种可能传统上是在某一特定国家中使用。公约加强了对独立担保和备用信用证共有的共同基本原则和特点的承认,并因此而减少了在国际贸易中使用这些票据的不确定性。公约于2000年1月1日起生效。

备用信用证实质上是银行担保,开证银行保证在主债务人(可以是买方也可以是卖方)不履行其义务时,即由该银行付款。银行在付款时也要求受益人提交某种单据,通常是表明主债务人(开证申请人)没有履行其义务的单据或文件。备用信用证同一般商业信用证相比较具有以下特点:

(1)一般商业信用证主要涉及买卖合同货款的支付,开证银行仅在受益人(卖方)提交有关单据证明他已经履行买卖合同时,才支付信用证项下的货款;备用信用证则是在受益人提供单证证明债务人(开证申请人)没有履行基础交易中的义务时,开证银行才支付信用证项下的款项。

(2)在正常情况下,当采用一般商业信用证时,开证银行是期待并愿意按信用证规定对受益人开出的汇票及单据付款的,因为这表明开证申请人和受益人之间的交易(如买卖合同)正在正常地进行(如卖方已履行交货义务并取得装运单据);但是备用信用证的开证银行则并不希望按该信用证的规定对受益人开出的汇票及提供的单证付款,因为这表明开证申请人和受益人之间的交易出了问题,在前一种情况下,开证申请人一般亦希望开证行对受益人所提供的、符合信用证要求的单据付款,以便取得单据项下的货物,从而使买卖交易的最终目的得以实现,但在后一种情况下,备用信用证的开证申请人则总是力图否认自己有违约行为,设法让开证银行拒绝对受益人付款。

(3)在进出口业务中,一般商业信用证都是以买方为开证申请人,以卖方为受益人,但在使用备用信用证时,情况则有所不同,开证申请人和受益人既可以是卖方也可以是买方。

备用信用证在性质上与银行保函(Letter of Guarantee)相类似,它主要用于借款保证、投标保证、履约保证、赊购保证等。由于美国法律不允许银行为其客户提供银行保函,因此美国的银行就用开立备用信用证的办法来代替保函。但是,近年来美国等一些国家已开始把备用信用证用于保证买卖合同项下货款的支付,其目的是减轻一般商业信用证所要求的审查单证的麻烦和费用。其做法是:由买方通过银行向卖方开出相等于发票金额的备用信用证,卖方发货后,即直接把发票寄交买方,如买方按发票付款,该信用证就备而不用。如果买方不按发票支付货款,卖方就可以根据备用信用证的规定,开立相当于发票金额的汇票,并附具一份证明买方未按发票付款的文件,要求开证银行付款。这样银行就不必费时去审查各种商业单据,银行费用也会相应降低。

(六)信用证的独立性

UCP600 第 4 条规定,就性质而言,信用证与可能作为其依据的销售合同或其他合同,是相互独立的交易。即使信用证中提及该合同,银行亦与该合同完全无关,且不受其约束。因此,一家银行作出兑付、议付或履行信用证项下其他义务的承诺,并不受申请人与开证行之间或与受益人之间在已有关系下产生的索偿或抗辩的制约。此外,受益人在任何情况下,不得利用银行之间或申请人与开证行之间的契约关系。

(七)银行的审单和付款责任

根据 UCP600,在信用证业务中,银行处理的是单据,而不是单据所涉及的货物、服务或其他行为。按照指定行事的被指定银行、保兑行(如有)以及开证行必须对提示的单据进行审核,并仅以单据为基础,以决定单据在表面上看来是否构成相符提示。相符提示意指与信用证中的条款及条件、UCP600 中所适用的规定及国际标准银行实务相一致的提示。按照指定行事的被指定银行、保兑行(如有)以及开证行,自其收到提示单据的翌日起算,应各自拥有最多不超过 5 个银行工作日的时间以决定提示是否相符。该期限不因单据提示日适逢信用证有效期或最迟提示期或在其之后而被缩减或受到其他影响。提示若包含一份或多份按照 UCP600 第 19 条、20 条、21 条、22 条、23 条、24 条或 25 条出具的正本运输单据,则必须由受益人或其代表按照相关条款在不迟于装运日后的 21 个公历日内提交,但无论如何不得迟于信用证的到期日。

值得注意的是,相比 UCP500,UCP600 规定了更加切合实际的审单标准——"单证不冲突"。它要求单据中内容的描述不必与信用证、信用证对该项单据的描述以及国际标准银行实务完全一致,但不得与该项单据中的内容、其他规定的单据或信用证相冲突。除商业发票外,其他单据中的货物、服务或行为描述若须规定,可使用统称,但不得与信用证规定的描述相矛盾。

当开证行确定提示相符时,就必须予以兑付。当保兑行确定提示相符时,就必须予以兑付或议付并将单据寄往开证行。当被指定银行确定提示相符并予以兑付或议付时,必须将单据寄往保兑行或开证行。也就是说,开证行必须按照单证一致原则承担付款责任。单证一致原则是指:受益人提交的单据必须在表面上符合信用证条款,单据之间亦应互相一致,否则银行有权拒绝接受受益人提交的单据,并拒绝付款、承兑或议付;付款、承兑和议付行不得接受单证之间、单单之间有不符的单据,否则开证行有权拒绝偿付上述银行;如果开证行接受不符的单据,开证申请人有权拒绝补偿开证行;如果受益人或付款、承兑、议付行提供的单据符合信用证的规定,那么银行无权拒绝付款、承兑、议付,开证行无权拒绝偿付付款行、承兑行或议付行。

(八)银行的免责

根据 UCP600 的规定,参与信用证业务的银行在以下情况下免责:

(1)关于单据有效性的免责。银行对任何单据的形式、充分性、准确性、内容真实性、虚假性或法律效力,或对单据中规定或添加的一般或特殊条件,概不负责;银行对任何单据所代表的货物、服务或其他履约行为的描述、数量、重量、品质、状况、包装、交付、价值或其存在与否,或对发货人、承运人、货运代理人、收货人、货物的保险人或其他任何人的诚信与否,作为或不作为、清偿能力、履约或资信状况,也概不负责。

(2)关于信息传递和翻译的免责。当报文、信件或单据按照信用证的要求传输或发送时,或当信用证未作指示,银行自行选择传送服务时,银行对报文传输或信件或单据的递送过程中发生的延误、中途遗失、残缺或其他错误产生的后果,概不负责。如果指定银行确定交单相符并将单据发往开证行或保兑行。无论指定的银行是否已经承付或议付,开证行或保兑行必须承付或议付,或偿付指定银行,即使单据在指定银行送往开证行或保兑行的途中,或保兑行送往开证行的途中丢失。银行对技术术语的翻译或解释上的错误,不负责任,并可不加翻译地传送信用证条款。

(3)关于不可抗力免责。银行对由于天灾、暴动、骚乱、叛乱、战争、恐怖主义行为或任何罢工、停工或其无法控制的任何其他原因导致的营业中断的后果,概不负责。

银行恢复营业时,对于在营业中断期间已逾期的信用证,不再进行承付或议付。

(4)关于被指示方行为的免责。为了执行申请人的指示,银行利用其他银行的服务,其费用和风险由申请人承担。即使银行自行选择了其他银行,如果发出指示未被执行,开证行或通知行对此亦不负责。指示另一银行提供服务的银行有责任负担被执释放因执行指示而发生的任何佣金、手续费、成本或开支(费用)。如果信用证规定费用由受益人负担,而该费用未能收取或从信用证款项中扣除,开证行依然承担支付此费用的责任。信用证或其修改不应规定向受益人的通知以通知行或第二通知行收到其费用为条件。外国法律和惯例加诸于银行的一切义务和责任,申请人应受其约束,并就此对银行负补偿之责。

上述不负责任的规定适用于一切以银行为一方或双方当事人的关系,包括下述中的几对关系,即开证行与开证申请人之间的关系、开证行与受益人之间的关系、通知行与受益人及开证申请人之间的关系、银行与银行的关系。

(九)信用证的当事人及其权利、义务关系

1. 信用证的当事人

从上述信用证的运转情况可以看出,信用证的当事人并非是固定不变的,常因具体交易情况的不同而有所增减,但一般来说,信用证运转可能涉及的主要当事人有:(1)开证申请人:即向银行申请开立信用证的人,国际贸易中是买卖合同中的买方。(2)开证行:即接受开证申请人的委托,为其开出信用证的银行,通常是买方营业地的银行。(3)通知行:即接受开证行的委托,负责将信用证通知受益人的银行,通常是受益人所在地与开证行有业务往来的银行。(4)受益人:即有权享有信用证上的利益的人,亦即国际贸易中的卖方。(5)付款行:即信用证上指定的向受益人付款的银行,可以是开证行自己,亦可以是其他银行。(6)议付行:即愿意买入或贴现受益人按信用证所开立的汇票的银行,可以是开证行、开证行指定的银行,开证行亦可授权任何银行作为议付行。(7)承兑行:即根据承兑信用证在卖方出具的汇票上承兑的银行,可以是开证行或其他银行。(8)保兑行:即对不可撤销信用证保证兑付的银行。

2. 信用证各方当事人之间的权利义务关系

信用证的运转可能涉及许多当事人,且几个当事人的角色可能集中于一家银行,所以他们相互间的关系比较复杂。

(1)开证申请人与开证行之间的关系。开证申请人与开证行之间的关系是以开证申请书及其他文件所确定的合同关系。在这种合同关系中,开证行承担的主要义务是:①根据开证申请书开立信用证;②承担付款、承兑、议付或保证付款、承兑或议付的责任;③小心合理地审核一切单据,确定单据在表面上符合信用证。在这种合同关系中,开证申请人的主要义务是:①交纳开证押金或提供其他保证,交纳开证费用;②银行为有效地执行开证申请人的指示而利用另一银行或其他银行的服务,这是代该申请人办理的,其风险当由申请人承担;开证申请人应受外国法律和惯例加诸银行的一切义务和责任的约束,并承担赔偿之责;③付款赎单,包括偿付银行所付的款项及其利息。

(2)开证行与受益人之间的关系。在开证行与受益人之间是否存在着合同关系,这在法学理论上是一个值得研究的问题。开证行与受益人的关系是以信用证为依据的,因此,如果信用证的种类不同,他们之间的关系也有所不同。如果开证行开出的是可撤销的信用证,则受益人并不能从开证行获得任何有约束力的允诺(Binding Promise),由于可撤销的信用证在议付行议付单据之前,可以随时由开证行撤销,而且无须事先通知受益人,因此,对受益人来说,可撤销的信用证的作用还不如一项要约(Offer),因为要约人如欲撤销其要约,必须向受要约人发出撤销通知,在该撤销要约的通知送达受要约人之前,受要约人有权对要约予以承诺,从而成立一项对双方均有约束力的合同。据此,有人认为,在可撤销信用证的场合下,开证行与受益人之间并不存在对双方有约束力的合同关系。

但是,如果开证行开出的是不可撤销的信用证,则当该信用证送达受益人时,在开证行与受益人之间就成立了一项对双方都有约束力的合同。这是目前国际上普遍接受的观点。但这种观点在英美法学理论上却遇到了一个难以解决的问题,即所谓缺乏"对价"(Consideration)的问题。因为按照英美法,一个合同如果没有对价那是没有约束力的,不能强制执行的,而且对价必须来自订约的一方。但不可撤销信用证只是开证行对受益人的一项不可撤销的允诺,受益人在收到信用证时并未付出对价,这就很难说在他们之间成立了一项对双方有约束力的合同。为了克服这个理论上的障碍,英国法院在一些判例中,曾试图从以下两个方面给予解释:第一,受益人接受了不可撤销信用证,就承担了按买卖合同交货的义务,并且放弃了直接向开证申请人(买方)收取货款的权利,这都可以作为信用证的对价;第二,按照商业惯例,银行开出不可撤销信用证,就构成开证行与受益人之间的一项交易(Bargain),它使开证行承担了绝对的付款义务。这是长期形成的商业惯例,英国法院亦应尊重此项惯例。美国对这个问题解决得比较彻底,《美国统一商法典》第5-105条明文规定,信用证无须对价。无论是开出信用证还是修改信用证,都不要求要有对价。

按照各国的法律和惯例,不可撤销信用证是开证行与受益人之间的一项独立的合同,它既独立于买卖双方之间订立的买卖合同,也独立于买方与开证行之间根据开证申请书成立的合同。因此,开证行应按照不可撤销信用证的条款对受益人承担付款义务,不受买卖合同或其他合同的影响。而且开证行按信用证的规定向受益人(卖方)付款后,即使开证申请人(买方)破产或由于其他原因拒绝付款赎单,开证行也不能对受益人(卖方)行使追索权追回已付的款项。因为开证行在信用证中已向受益人做出保证,只要受益人所提交的单据符合信用证的要求,开证行就必须付款,不能因买方破产或拒付而不承担信用证项下的付款义务。

3. 通知行与开证行、受益人、开证申请人之间的关系

通知行与开证行之间的关系是委托代理关系。通知行接受开证行的委托代理,开证行将信用证通知受益人并从开证行获取佣金。《跟单信用证统一惯例》对双方的关系没有什么规定,因此这二者的关系主要受有关国家代理法的调整。通知行与受益人之间不存在合同关系。通知行之所以通知受益人,是因为它对开证行负有义务,而不是对受益人负有此项义务。因此,通知行在通知信用证时往往在通知书中声明它并不是当事人,不因其把信用证通知受益人而在他们中间产生任何合同关系。通知行与开证申请人之间无直接合同关系,通知行只是开证行的代理人。

4. 开证行与付款行、承兑行、议付行的关系

如果开证行指定或授权其他银行付款、承兑或议付,而其他银行接受,则在两者之

间形成了合同关系。根据这种合同关系,开证行应接受付款行、承兑行或议付行寄交的符合信用证的单据,并偿付上述银行,上述银行则对开证行负有单证一致的义务,如果上述银行所据以付款、承兑或议付的单据与信用证的规定不符,开证行有权拒绝。

5. 受益人与付款行、承兑行、议付行的关系

首先需要明确的是,受益人无权要求开证行所授权或要求的银行付款、承兑或议付,但是,一旦开证行以外的银行根据开证行的授权承兑或议付了受益人出具的汇票,那么他们之间的关系将受有关国家票据法的调查,他们之间的关系将是承兑人与受款人(受益人往往指定自己为受款人)之间的关系、转让人与受让人(在议付时,议付常以背书为之)之间的关系。

(十)对信用证交易中的欺诈行为的处理

如前所述,信用证是独立于买卖合同或其他合同的交易,这些合同虽然是开立信用证的基础,但银行却与这些合同无关,也不受其约束。在信用证业务中,银行所关心的是卖方所提交的单据是否与信用证要求相符,而不是卖方所提交的货物是否与买卖合同的要求相符,那是买卖双方的事情,应由买卖双方根据买卖合同的规定来解决,而不应影响银行按信用证规定付款的义务。这是一项公认的原则,也是信用证赖以存在的基石。如果让信用证受其基础合同的左右,允许买方(开证申请人)以卖方违反买卖合同为理由阻止银行按信用证规定付款,信用证就将失去其存在的价值,卖方也将失去收回货款的保障。

但是,近年来由于在国际贸易中不断发生欺诈案件,如伪造提单、以假货充真货等,使上述信用证独立的原则受到巨大的威胁。因为如果固守原则,不允许有任何例外,在遇到卖方有欺诈行为时,银行仍按单据在表面上与信用证相符即预付款,买方就会遭受严重的损失。有鉴于此,有些国家的法律和判例认为,在承认信用证独立于基础合同的同时,也允许有例外,如果受益人(卖方)确有欺诈行为,买方可以要求法院下令禁止银行对信用证付款。在这个问题上,美国的法律和判例是具有代表性的。

1. 美国关于信用证欺诈的判例和法律规定

最早将欺诈(Fraud)概念引入到信用证交易中,当属美国 1925 年的 Maurice O'Meara v. National Park Bank 一案。该案中,卡多佐(Cardozo)法官指出:"我不同意这种观点,即如果(开证)银行作出进行调查的选择,并通过调查发现所提交的货物并不真正是单据所描述的货物,银行可以在有过失的卖方的迫使下支付货款,而将他对欺诈行为已经知情置于不顾。"卡多佐的观点第一次向传统的信用证独立原则提出挑战,他认为,当(单据中的)虚假陈述在支付前被发现时,卖方不得威胁银行以取得货款。[1] 美国法院认为,按照信用证法律的一般原则,法院基于买卖双方就买卖合同所

---

〔1〕 Maurice O'Meara v. National Park Bank, 239, N. Y. 386, 146N. E. 636 (1925). 由于卡多佐的观点与信用证独立原则相悖,故而未能得到法庭的支持和认同。

产生的争议而禁止开证行向卖方付款,是不适宜的。1925 年案是一个涉及新闻纸质量的案件。该案中,卖方向银行提交了符合信用证条款的单据要求付款,但银行却根据买方的请求,以卖方所交的新闻纸的拉力与信用证规定的规格不相符合为理由拒绝付款。卖方在纽约法院对银行提起诉讼,认为信用证并没有要求银行检验货物的质量。法院判决卖方胜诉,认为信用证并没有要求银行检验货物的质量。并在判决中指出,银行根本无权要求对纸张进行拉力试验,亦无权对纸张进行检验,除非信用证本身对此作了具体规定。

美国法院以卖方欺诈(Fraud)为理由,下令禁止银行拒绝按信用证向卖方付款的典型案例是 Sztejn v. J Henry Schroder Banking Corp (1941)一案,该案涉及一笔猪鬃交易,买卖合同规定以信用证凭单付款。卖方所交的货物不是猪鬃,而是垃圾、废纸和牛毛。纽约最高法院根据买方的请求,下令禁止银行对卖方按信用证开出的汇票及单据付款。法院在判决中指出,"如果卖方确有诈欺行为,即他所交付的货物不仅仅是质量低劣,而是一文不值的垃圾,而且银行在付款之前已经获悉了这种诈欺行为,那么,让银行拒绝付款是不为苛刻的。"法院在区别前案与本案的不同之处时强调指出,本案的关键在于它所涉及的不是货物的质量问题,而是卖方所装运的根本不是货物,只是一文不值的垃圾。这个案例开创了法院下令禁止银行按信用证要求向卖方付款的先河。其后,在 1968 年至 1984 年间,美国法院先后在几个案件中均以卖方有欺诈行为为理由,作出了禁止银行按信用证向卖方付款的决定。这是根据衡平法原则所采取的一种救济方法。美国法院的上述判例表明,美国法院已经把信用证同它的基础交易挂起钩来,只要法院发现卖方在基础交易(买卖合同)中有欺诈行为,即可下令禁止银行按信用证付款。

《美国统一商法典》采纳了上述判例所确立的法律原则,它一方面承认信用证独立于其基础交易的原则,但同时也承认有例外,欺诈行为即属于例外。按照该法第 5-114 条(1)项的规定,开证行必须按符合信用证条款开出的汇票或单据付款,而不管货物或单据是否与开证申请人和受益人之间的基础买卖合同相符。这项规定肯定了信用证独立于基础合同的原则。

《美国统一商法典》第 5-114 条(2)项又规定,除另有约定外,如果各项单据在表面上看来符合信用证条款,但其中一份必要的单据在表面上不符合它在转让物权凭证时所作出的保证,或者是伪造的,或者是带有欺诈性的,或者在交易中有欺诈行为,则:(1)如果要求付款的人是汇票的正当持票人,则开证行必须对其汇票付款(不包括出票人)。(2)在其他情况下,尽管开证申请人已经把欺诈、伪造或其他在单据表面上没有显露出来的瑕疵通知了开证行,开证行如出于诚信仍可对信用证项下的汇票付款,但有管辖权的法院可以禁止开证行付款。按照这项规定,当开证行已获悉受益人有欺诈行为的时候,它只要根据诚信原则办事,可以自行决定是否对受益人开出的汇票或单据付款,如果开证行诚信地认为应予付款,则即使在付款后证实受益人确有欺诈行为,开证行也不承担责任,开证申请人仍须付还开证行按信用证支付的款项;但如果开证行诚信地认为应予拒付,则在拒付后如查明受益人并无欺诈行为,开证行就要对其错误拒付一事负责,而且会使自己的信誉受到损害。此外,如果法院确认受益人有欺诈行为,亦可下令禁止开证行付款。然而,《美国统一商法典》对"伪造、欺诈、交易中的欺诈"都没有下定义,在法律界也有不同的理解。

《美国统一商法典》1994 年修订本第 5 – 109 条对原第 5 – 114 条作了修订。归纳起来,值得注意的有以下几点:(1)欺诈行为必须属于文件(单据)欺诈,或必须是收益人针对开证人或开证申请人所为。[2](2)欺诈必须是实质性的(Material)。为此,法院必须对"实质性的含义"加以界定,即对单据的购买人来说,该单据的欺诈性是实质性的;或该欺诈行为对参与基础合同的各当事人来说是严重的(Significant)。(3)开证人的拒付规定是选择性的,而非开证人的义务。

《跟单信用证统一惯例》强调,只要受益人所提交的单据符合信用证的要求,开证行就必须付款,这一精神不仅贯彻于惯例的许多规定中,而且明确地反映于 1983 年修订本的前言中的这段说明:"最后,我们应该注意目前存在的欺诈这个主要问题,清楚地认识到欺诈的起因首先是由于商业一方与一个无赖签订合约,但是跟单信用证只是为商业交易办理付款,它不可能当'警察'来控制欺诈的发生。"UCP500 和 UCP600 维持这一基本精神不变。主要是维护银行的利益,使银行不致卷入买卖双方关于买卖合同所引起的纠纷。其客观后果是让买方承担可能遭受卖方欺骗的风险。实践中,买方为了减少这种风险,在使用信用证方式付款时,往往在信用证中规定,卖方必须提交一份由信誉卓著的商品检验机构出具的品质、数量检验报告,作为银行议付货款的单据之一,这种做法对防止卖方欺诈有一定作用。

允许开证行在卖方有欺诈行为时拒付,这一法律原则目前尚没有被国际惯例和众多国家所接受。这一原则本身对防止和矫正欺诈的作用亦是有限的,开证行除非在极端的情况(如买方破产将无法交款赎单)中才会自行决定拒付以免自己承担经济和信誉受损的风险,法院下禁令亦仅能适用于银行尚没有承兑、付款(迟期付款信用证和承兑信用证),且这一规定又不能对抗正当持票人。因此,目前尚没有行之有效地对付欺诈的法律办法,买方应该对卖方的资信多做了解以防自己受损。

2. 中国的相关规定

1989 年 6 月,最高人民法院发布了《关于印发〈全国沿海地区、海外、涉港澳经济审判工作座谈会纪要〉的通知》,对信用证欺诈问题作出了规定。2005 年 10 月 24 日,最高人民法院又发布了《关于审理信用证纠纷案件若干问题的规定》,自 2006 年 1 月 1 日起施行。信用证纠纷案件,是指在信用证开立、通知、修改、撤销、保兑、议付、偿付等环节产生的纠纷。根据上述规定,法院处理信用证纠纷应依据下列规定:

[2] Cromuell v. Commerce & Energy Bank, 464 So. 2d. 721 (La. 1985).

(1)人民法院审理信用证纠纷案件时,当事人约定适用相关国际惯例或者其他规定的,从其约定;当事人没有约定的,适用国际商会《跟单信用证统一惯例》或者其他相关国际惯例。

(2)开证申请人与开证行之间因申请开立信用证而产生的欠款纠纷、委托人和受托人之间因委托开立信用证产生的纠纷、担保人为申请开立信用证或者委托开立信用证提供担保而产生的纠纷以及信用证项下融资产生的纠纷,适用该规定。因申请开立信用证而产生的欠款纠纷、委托开立信用证纠纷和因此产生的担保纠纷以及信用证项下融资产生的纠纷应当适用中华人民共和国相关法律。涉外合同当事人对法律适用另有约定的除外。

(3)开证行在作出付款、承兑或者履行信用证项下其他义务的承诺后,只要单据与信用证条款、单据与单据之间在表面上相符,开证行应当履行在信用证规定的期限内付款的义务。当事人以开证申请人与受益人之间的基础交易提出抗辩的,人民法院不予支持。

(4)人民法院在审理信用证纠纷案件中涉及单证审查的,应当根据当事人约定适用的相关国际惯例或者其他规定进行;当事人没有约定的,应当按照国际商会《跟单信用证统一惯例》以及国际商会确定的相关标准,认定单据与信用证条款、单据与单据之间是否在表面上相符。信用证项下单据与信用证条款之间、单据与单据之间在表面上不完全一致,但并不导致相互之间产生歧义的,不应认定为不符点。

(5)开证行有独立审查单据的权利和义务,有权自行作出单据与信用证条款、单据与单据之间是否在表面上相符的决定,并自行决定接受或者拒绝接受单据与信用证条款、单据与单据之间的不符点。开证行发现信用证项下存在不符点后,可以自行决定是否联系开证申请人接受不符点。开证申请人决定是否接受不符点,并不影响开证行最终决定是否接受不符点。开证行和开证申请人另有约定的除外。开证行向受益人明确表示接受不符点的,应当承担付款责任。开证行拒绝接受不符点时,受益人以开证申请人已接受不符点为由要求开证行承担信用证项下付款责任的,人民法院不予支持。

(6)凡有下列情形之一的,应当认定存在信用证欺诈:受益人伪造单据或者提交记载内容虚假的单据;受益人恶意不交付货物或者交付的货物无价值;受益人和开证申请人或者其他第三方串通提交假单据,而没有真实的基础交易;其他进行信用证欺诈的情形。

(7)开证申请人、开证行或者其他利害关系人发现有信用证欺诈情形,并认为将会给其造成难以弥补的损害时,可以向有管辖权的人民法院申请中止支付信用证项下的款项。

(8)人民法院认定存在信用证欺诈的,应当裁定中止支付或者判决终止支付信用证项下款项,但有下列情形之一的除外:开证行的指定人、授权人已按照开证行的指令善意地进行了付款;开证行或者其指定人、授权人已对信用证项下票据善意地作出了承兑;保兑行善意地履行了付款义务;议付行善意地进行了议付。当事人在起诉前申请中止支付信用证项下款项符合下列条件的,人民法院应予受理:受理申请的人民法院对该信用证纠纷案件享有管辖权;申请人提供的证据材料证明存在本规定第 8 条的情形;如不采取中止支付信用证项下款项的措施,将会使申请人的合法权益受到难以弥补的损害;申请人提供了可靠、充分的担保。人民法院接受中止支付信用证项下款项申请后,必须在 48 小时内作出裁定;裁定中止支付的,应当立即开始执行。人民法院作出中止支付信用证项下款项的裁定,应当列明申请人、被申请人和第三人。当事人对人民法院作出中止支付信用证项下款项的裁定有异议的,可以在裁定书送达之日起 10 日内向上一级人民法院申请复议。上一级人民法院应当自收到复议申请之日起 10 日内作出裁定。复议期间,不停止原裁定的执行。人民法院在审理信用证欺诈案件过程中,必要时可以将信用证纠纷与基础交易纠纷一并审理。当事人以基础交易欺诈为由起诉的,可以将与案件有关的开证行、议付行或者其他信用证法律关系的利害关系人列为第三人;第三人可以申请参加诉讼,人民法院也可以通知第三人参加诉讼。

(9)保证人以开证行或者开证申请人接受不符点未征得其同意为由请求免除保证责任的,人民法院不予支持。保证合同另有约定的除外。开证申请人与开证行对信用证进行修改未征得保证人同意的,保证人只在原保证合同约定的或者法律规定的期间和范围内承担保证责任。保证合同另有约定的除外。

从信用证的运转程序及当事人的关系中可以看出,信用证方式与托收方式的最大区别是在前者中,银行有条件地承担了支付货款的责任,卖方能否收到货款是以银行信用为基础,而不是依赖于买方的商业信用,而一般来说,银行信用比商业信用要可靠得多,所以卖方更有保证收到货款;而在托收方式中,银行只是代理人,他们对货款的支付与否不承担任何责任,卖方只能以买方的商业信用作为其货款保证的基础,所以卖方所承担的风险较大,尤其是承兑交单。正因为如此,所以信用证方式在国际贸易中比托收方式更为常用。

当然,任何支付方式都不是尽善尽美的。比如说,买方或银行付款后发现货物质量与合同不符,虽然买方可依据买卖合同索赔,但在许多情况下是要承担损失的,这种风险无论在托收方式还是在信用证方式中都是存在的,这是由国际贸易的特点所决定的:货物所有权的转移由单据的转移取代,买方在获得单据时货物时常还没有到达,因此没有机会对货物进行检验。再比如,信用证支付方式虽然对卖方收取货款较有保障,但也不是完全没有风险,例如银行破产无以付款,这种情况虽然罕见发生,但不是不能发生。具体选择哪一种支付方式,将取决于款项的数额、性质、双方交易的历史、了解情况及各自的资信等因素。

本章思考题

1. 国际贸易支付的工具有哪些?
2. 分析汇票及其法律制度。
3. 分析托收的概念和类型。
4. 简述有关托收的国际商业惯例。
5. 托收当事人的责任有哪些?
6. 分析信用证的概念和类型。
7. 简述有关信用证的国际商业惯例。
8. 试述信用证的当事人及其责任。
9. 试述信用证欺诈的认定和处理。
10. 与托收相比,简述信用证的性质与特征。

推荐阅读案例

潮连物资(香港)有限公司与中国农业银行湖南省分行信用证交易纠纷上诉案[中华人民共和国最高人民法院民事判决书,[3] 法公布(2001)第2号]

---

〔3〕 最高人民法院裁判文书,http://www.court.gov.cn。

第八章　国际贸易争议的解决

第一节　国际贸易争议的解决概述

一、国际贸易争议的概念和特点

国际贸易争议是指国际贸易活动主体之间在国际贸易活动中所产生的纠纷。在国际贸易交往中，由于当事人处于不同国家或地区，其法律制度不尽相同，因而发生纠纷的可能性远大于国内贸易活动中发生纠纷的可能性。

与国内贸易争议相比，国际贸易争议具有如下特点：(1)国际贸易争议发生在国际贸易领域，如国际货物买卖、国际货物运输、国际货物运输保险、国际贸易结算等领域。(2)国际贸易争议的主体具有涉外性。国际贸易争议的主体通常是不同国家的法人、自然人。此外，还有国家和国际组织。(3)发生国际贸易争议的法律关系的标的物位于国外或行为在国外完成。(4)产生、变更或消灭国际贸易法律关系的法律事实发生在国外。(5)国际贸易争议的解决所适用的法律可由当事人协商确定，可以是其中一方当事人所在国家的法律，也可以是第三国法律，或是国际公约或国际惯例。例如，1999年10月1日起施行的中国《合同法》第126条规定："涉外合同的当事人可以选择处理合同争议所适用的法律，但法律另有规定的除外。涉外合同的当事人没有选择的，适用与合同有最密切联系的国家的法律。在中华人民共和国境内履行的中外合资经营企业合同、中外合作经营企业合同、中外合作勘探开发自然资源合同，适用中华人民共和国法律。"(6)国际贸易争议的解决方式多样，程序复杂。中国《合同法》第128条规定："当事人可以通过和解或者调解解决合同争议。当事人不愿和解、调解或者和解、调解不成的，可以根据仲裁协议向仲裁机构申请仲裁……当事人没有订立仲裁协议或者仲裁协议无效的，可以向人民法院起诉。"

二、国际贸易争议的解决方式

国际贸易争议的解决方式由国际贸易活动中的当事人在相关合同或协议中协商确定。实践中常用的国际贸易争议解决方式有：协商、调解、国际贸易仲裁和国际贸易诉讼。每一种方式均有利弊。这些方式可单独使用，也可联合使用。我国的仲裁机构和法院倡导仲裁和调解相结合、诉讼和调解相结合的解决方式。目前，在西方还产生了一种新的争议解决方式，即ADR方式(Alternative Dispute Resurlution Methods)。

(一)协商

协商是争议当事人在争议发生后最优先选择采用的争议解决方法。它是指国际贸易活动的当事人在发生争议后,以双方的自愿为基础,针对所发生的争议进行口头或书面的磋商或谈判,自行达成和解协议,解决纠纷的方式。

协商解决争议方式具有如下特点:(1)协商是在当事人自愿的基础上进行,达成的和解协议易于被各方当事人履行。协商方式的采用、协商的进行与中断或终止完全由当事人自己决定,不受另一方当事人或当事人之外的任何人的干预和限制。任何当事人无权强迫另一方当事人必须协商解决争议。即使当事人在合同或协议中选用了先行协商方式,也不意味着一定要以协商方式使争议得到解决。(2)协商无须第三者介入,完全由当事人双方自行解决。(3)协商是在依据法律、双方之间存在的合同基础上进行。特别是要求双方当事人要在不违反法律基本原则的基础上进行协商。协商所达成的协议应合法,不能违反有关国家的强制性法律规范及社会公共利益,不得损害第三人的合法权益。(4)协商的程序简单、形式灵活。协商不需要遵从严格的法律程序,也不需遵从特定的形式,口头方式和书面方式均可。(5)在协商基础上达成的和解协议构成新的合同或对原合同的修改补充,只要符合形式要件即具有法律效力,当事人应严格执行,否则视为违约。

由于协商方式不需第三人介入,而且程序简单灵活,因而大多数当事人同意在争议发生之初先行协商解决,很少有当事人在发生争议后不与对方当事人协商而直接提起仲裁或诉讼。达成和解协议后,各方可以继续根据互谅互让的合作原则进行合作和发展。

协商方式简单灵活的特点可以节省当事人的时间及人力和财力。然而,协商方式也有其局限性。协商解决的结果往往取决于各方讨价还价的能力以及其所处的经济状况和经济实力,协商所达成的和解协议可能对处于弱势的一方利益保护不够。此外,当各方分歧严重时,难以自己协商解决,只能求助第三方帮助解决。

(二)调解

调解是在当事人之外的中立第三方的主持下,由第三方以中间人的身份在分清是非和责任的基础上,根据法律和合同规定,参考国际惯例,从中帮助和促使争议各方在互谅互让的基础上达成公平的调解协议,解决各方争议。该第三方称为"调解人"。调解方式主要源于我国。

在调解方面,一些国际组织或商会以及一些国家通过了调解规则。如联合国国际贸易法委员会于1980年通过了《联合国国际贸易法委员会调解规则》,供当事人选用,该规则对调解作了详细规定。此外,国际商会还于1988年1月1日通过了《调解和仲裁规则》。依调解人的不同,可将调解分为五种。

1. 民间调解

民间调解是指由仲裁机构、法院或国家指定负责调解的机构以外的第三方主持进行的调解。该调解人称“民间调解人”。民间调解人可以是个人,也可以是某一民间机构。民间调解人通常由争议当事人临时选任。经民间调解人主持所达成的调解协议构成一项新的合同或对合同的修改补充,对争议双方具有约束力,各方应严格履行,否则视为违约。

2. 专门机构调解

专门机构调解是指由设在商会或仲裁协会内部的专门调解机构主持的调解。商会或仲裁协会通常将调解程序和仲裁程序分开,分别适用调解规则和仲裁规则。调解由专门的调解委员会主持,仲裁则由仲裁庭主持。调解不成需仲裁时,原调解人不得担任同一争议案件的仲裁员。如《国际商会调解和仲裁规则》规定:任何国际性的商事争议都可以成为申请通过国际商会附设的调解委员会进行调解的对象。调解委员会由调解员二人和主席一人组成。如果调解成功则制作和解记录并签字。如调解不成功,当事人可以自由将争议提交仲裁或诉讼。曾为解决争议而参加调解委员会的任何人都不可以被指定担任同一争议的仲裁员。

中国国际贸易促进委员会/中国国际商会调解中心(CCOIC)及其各分会的调解中心,是以调解的方式,独立、公正地帮助中外当事人解决商事、海事等争议的常设调解机构。中国国际贸易促进委员会/中国国际商会调解中心(原名“中国国际贸易促进委员会/中国国际商会北京调解中心”)[1]是中国国际经济贸易促进委员会于1987年在北京成立的,并自1992年起,陆续在全国各省、市、自治区及一些主要城市的贸促分会设立调解中心(如设在北京分会的首都调解中心、设在河北分会的河北调解中心、设在上海的上海调解中心等),形成了庞大的调解网络。其中,北京调解中心是总会的调解机构。各调解中心使用统一的调解规则,在业务上受总会调解中心的指导。调解中心根据当事人之间的调解协议受理案件,如果当事人之间没有调解协议,经一方当事人申请并征得他方当事人同意后,也可受理。总会调解中心及各分会调解中心均备有各自的调解员名单,供当事人在个案中指定。各调解中心的调解属民间调解。

3. 联合调解

联合调解也称共同调解(Joint Conciliation),它是我国贸促会与美国仲裁协会于1977年共同开创的解决国际商事争议的新方式。[2]

联合调解是指由中外争议当事人中的一方向另一方发出书面通知,邀请他按照两调解中心的联合调解规则调解解决争议,如另一方当事人接受了调解邀请,调解程序开始,当事人可以协商选定两调解中心秘书处中的任何一个作为案件的行政管理机

---

〔1〕 为避免国内外当事人继续将北京调解中心误认为是地方调解中心,1999年12月,中国国际经济贸易促进委员会/中国国际商会北京调解中心更名为“中国国际经济贸易促进委员会/中国国际商会调解中心”。

〔2〕 1977年有三宗中美当事人之间的合同争议几乎同时提交中国贸促会贸易仲裁委员会和美国仲裁协会仲裁,于是中美两个机构决定在北京进行联合调解,并调解成功。

构,如未选定,由被申请人所在国家的秘书处进行管理。秘书处负责组织安排调解会议。调解程序开始后,双方当事人分别在其所在国的调解中心的调解员名册中指定一名调解员。调解员可以单独会见一方当事人,也可以提出和解建议。调解成功则制作调解书,撤销案件。如调解未成功,则按合同规定进行仲裁。调解员在调解中提出的建议或当事人所作的承认或接受不能作为仲裁或诉讼中的证据。

早在1987年,北京调解中心就与设在德国汉堡的"北京—汉堡调解中心"签署了合作协议,同时制定了《北京—汉堡调解规则》,供双方共同调解涉及中德当事人的案件。此后,中国国际经济贸易促进委员会/中国国际商会调解中心分别和德国汉堡的北京—汉堡调解中心、美国仲裁协会设立的纽约调解中心、英国伦敦国际仲裁院、设在布宜诺斯艾利斯的阿根廷—中国调解中心签订调解合作协议,并共同制定了联合调解规则。此外还和法国、意大利、日本等国签订了联合调解方面的合作协议。到目前为止,调解中心已经分别与相关国家共同组建了中加联合调解中心〔3〕、中韩商事争议调解中心〔4〕、中美商事调解中心〔5〕、中意商事调解中心〔6〕。此外,调解中心与澳门还组建了内地与澳门商事争议解决中心。〔7〕

《北京—纽约调解规则》还推荐了示范调解条款:如果发生由于本合同所引起的或与本合同有关的争议而且当事人双方愿意通过调解寻求争议的友好解决,调解应由中华人民共和国北京的北京调解中心及/或美利坚合众国纽约的纽约调解中心根据《北京—纽约调解规则》进行。1995年1月,北京调解中心加入了国际商事仲裁联合会。

4. 仲裁机构调解

仲裁机构调解是指由仲裁机构主持进行的调解,即将调解纳入仲裁程序,由仲裁机构在开始仲裁前或仲裁中征得当事人意见,当事人同意调解的,则进行调解,调解成功则制作调解书,并撤销案件。如当事人不同意调解或调解未成功,则继续仲裁。通过此种方式达成的和解,由仲裁机构制作调解书或裁决书,由仲裁员签字并加盖仲裁委员会印章,送达双方当事人。经双方当事人签收后即发生法律效力。签收前一方反悔的,仲裁机构进行仲裁。调解书在法律效力方面与仲裁机构作出的仲裁裁决是相同

---

〔3〕与加中贸易理事会共同组建。

〔4〕由中国国际贸易促进委员会/中国国际商会和大韩商工会议所/中国韩国商会联合组建,2001年12月就成立"中韩商事调解中心"达成了协议。

〔5〕与美国公共资源中心争议解决机构于2004年共同组建。美国公共资源中心争议解决机构成立于1979年,属于非营利性机构,在世界范围内吸收法律部门、律师事务所、法官和学者作为会员。该机构的使命是促进公共资源的优化并进行独立的可替代争议解决。该机构保持独立公正,是ADR(可替代争议解决)的主要倡导者。

〔6〕由中国国际贸易促进委员会/中国商会调解中心和意大利意中商会、米兰仲裁协会共同组建。双方于2004年12月7日在北京举行《中意商事调解中心合作协议》签字仪式,这是中国与欧盟国家建立的第一个商事调解机构。

〔7〕由澳门世界贸易中心与中国国际商会调解中心于2002年共同组建。

的,一方不履行调解书的,另一方有权向人民法院申请执行。

我国即采用此种方式。1995年9月1日起施行的《仲裁法》第51条规定:“仲裁庭在作出裁决前,可以先行调解。当事人自愿调解的,仲裁庭应当当庭调解。调解不成的,应当及时作出裁决。调解达成协议的,仲裁庭应当制作调解书或者根据协议的结果制作裁决书。调解书与裁决书具有同等法律效力。”第52条规定:调解书经双方当事人签收后,即发生法律效力。在调解书签收前当事人反悔的,仲裁庭应当及时作出裁决。

5. 法庭调解

法庭调解也称法院调解或司法调解。它是指由法院主持进行的调解。目前许多国家的法律规定了法院调解方式,我国也不例外。我国《民事诉讼法》第9条规定:“人民法院审理民事案件,应当根据自愿和合法的原则进行调解;调解不成的,应当及时判决。”此外,《民事诉讼法》第八章还专章对调解作了详细规定。根据我国法律规定,调解达成协议的,由法院制作调解书并由审判人员、书记员签名,加盖人民法院印章,送达双方当事人。调解书经双方当事人签收后,即具有法律效力。一方拒绝履行调解书的,对方当事人可以向人民法院申请执行。如调解未达成协议或调解书送达当事人签收前一方反悔的,法院应及时审判。

由以上可见,调解方式与协商方式一样,也是建立在当事人的自愿和互谅互让基础上进行的。但与协商方式相比,由于有第三方作为调解人,而且调解人多具有较多调解经验,因而有利于调解协议的达成,有利于维护各方当事人的合法权益。但是,调解方式也存在着和协商方式共同的局限性,即调解的成功与否依赖各方分歧大小及各方意志,如调解不能成功,还需仲裁或诉讼,因而对有些纠纷来讲,调解不是有效的解决办法,且在时间上造成拖延。与仲裁和诉讼相比,调解方式的明显优势是程序简单灵活,费用较低。

(三)国际贸易仲裁

1. 国际贸易仲裁的概念

“仲裁”(Arbitration)一词来自拉丁文,指争议当事人通过协议方式将争议提交第三方(仲裁机构)进行裁决解决的方式。国际贸易仲裁是国际商事仲裁的一种。概括而言,它是指国际贸易活动的各方当事人自愿将其争议提交第三者进行审理并作出仲裁裁决的方式。

到目前为止,各国对“国际经济仲裁”中的“国际”和“经济”或“商事”有不同的理解和规定。联合国于1985年通过的《国际商事仲裁示范法》将“国际”一词作如下理解:[8]“仲裁如有下列情况即为国际性的:(1)仲裁协议的当事各方在缔结协议时,他们的营业地点位于不同的国家。(2)下列地点之一位于当事各方营业地点所在国之

[8] 联合国国际贸易法委员会《国际商事仲裁示范法》第1条第3款。

外:(a)仲裁协议中或根据仲裁协议确定的仲裁地;(b)商事关系的主要部分将要履行的地点或与争议标的最具有密切联系的地点。(3)双方当事人已明确约定仲裁协议的标的与一个以上的国家有联系。"从上述规定可以看出,《国际商事仲裁示范法》对"国际"一词的理解是广义的,它不仅限于不同国籍的当事人,同时还考虑其他因素。国际商会最早将国际商事仲裁限定为不同国家之间的公民就所发生的争议提起仲裁的情形,但后来作了修改,在其颁布的说明手册中作了如下充分的说明:[9]"仲裁的国际性质并不意味着当事人必须具有不同的国籍。由于实体的缘故,合同可以超越国界,例如同一国家的两个公民在另一个国家履行的合同或者一个国家与在其国内经商的外国子公司订立了合同。"从该解释可以看出,国际商会对"国际"的解释也是广义的。此外,世界上很多国家和地区也是采用广义的解释。例如,香港《仲裁法令》对国际仲裁与英国的解释基本相同:如果订立仲裁协议时,当事人是以香港以外的领域的公民或者惯常居民或者当事人为法人但其组建地是在香港以外的领域,则为国际仲裁。[10]我国法律对国际经济仲裁的"国际"性没有明确规定,但从《民事诉讼法》第257条、《仲裁法》第65条、最高人民法院在《关于适用〈中华人民共和国民事诉讼法〉若干问题的意见》第304条、[11]《中国国际经济贸易仲裁委员会仲裁规则》等规定可以看出,我国对"国际"的理解是以仲裁当事人的国籍、住所、营业地以及争议的性质确定仲裁的国际性,实际上也是一种广义的理解。

就"商事"一词,《国际商事仲裁示范法》解释如下:"商事这个术语应给予广义的解释,它包括所有商事性质关系所发生的争议,不问其性质为契约性质与否。商事性的交易;销售协议;商业代理;租赁;建筑工程;咨询、许可、投资和金融;银行;保险;勘探协议或特许;合资企业或其他形式的工业商业合作;空中、海上、铁路或公路的货运或客运。"我国最高人民法院《关于执行我国加入的〈承认与执行外国仲裁裁决公约〉的通知》第2项对于"商事"一词作了相关解释:"根据我国加入该公约时已作的商事声明,我国仅对按照我国法律属于契约性和非契约性的商事法律关系引起的争议适用该公约。所谓'契约性和非契约性的商事法律关系',具体是指由于合同、侵权或者根据有关法律规定而产生的经济上的权利义务关系,例如货物买卖、财产租赁、工程承包、加工承揽、技术转让、合资经营、合作经营、勘探开发自然资源、保险、信贷、劳务、代理、咨询服务和海上、民用航空、铁路、公路的客货运输及产品责任,环境污染,海上事故和所有权争议等,但不包括外国投资者与东道国政府之间的争端。"

---

〔9〕 李建:"中国法院在国际商事仲裁中的地位和作用",载《国际法学论丛》,当代世界出版社1999年版,第563页。

〔10〕 香港《仲裁法令》第23条B(8)款。

〔11〕 最高人民法院在《关于适用〈中华人民共和国民事诉讼法〉若干问题的意见》第304条作了如下解释:"当事人一方或双方是外国人、无国籍人、外国企业或组织,或者当事人之间民事法律关系的设立、变更、终止的法律事实发生在外国,或者诉讼标的物在外国的民事案件,为涉外民事案件。"

2. 国际贸易仲裁的特点

(1)国际贸易仲裁以当事人的自愿为前提。当事人通过达成的仲裁协议,约定仲裁机构、仲裁员、仲裁程序规则、仲裁地点、适用的法律,限定仲裁事项的范围等。同时,仲裁协议也是仲裁机构受理仲裁案件的依据。没有仲裁协议,任何仲裁机构都无权受理案件。

(2)国际贸易仲裁具有专业性和公正性。当事人可以选择的仲裁机构可以是常设仲裁机构,也可以是临时仲裁机构,但多为常设仲裁机构。常设仲裁机构的仲裁员基本上是有关方面的专家,因此能够保证仲裁裁决的公正性。同时,仲裁机构有权在查明事实的基础上,独立自主地对争议进行裁决,无须征得争议各方当事人的同意。

(3)国际贸易仲裁的裁决具有终局性和可强制执行性。仲裁机构作出的仲裁裁决对各方当事人具有法律约束力,各方当事人必须执行。如一方不履行仲裁裁决,另一方当事人有权申请法院予以强制执行。如果是涉外仲裁裁决,可以根据《承认与执行外国仲裁裁决公约》的规定,要求成员方的有管辖权的法院承认和执行该裁决。

(4)国际贸易仲裁具有简单灵活性。国际贸易仲裁具有比诉讼方式简单的程序规则,有利于较快解决争议。

(5)国际贸易仲裁具有保密性。国际贸易仲裁通常以不公开方式进行,有利于保护各方当事人的商业秘密,有助于各方当事人的进一步合作。

由于国际贸易仲裁的上述特点,特别是在国际经济仲裁的承认与执行方面已达成了《承认与执行外国仲裁裁决的公约》,并有很多国家和地区参加,使得国际经济仲裁优于其他争议解决方式,为更多国家的当事人所选用,已成为近二十年来当事人首选的争议解决方式。

需要注意的是,很多国家立法对国际贸易仲裁比国内仲裁规定了更加灵活的制度以及简便的程序。我国也将国内仲裁与国际仲裁分别开来,在《仲裁法》第七章专门设置了"涉外仲裁的特别规定"。依该章规定,外籍仲裁员可以参加涉外仲裁,法院对涉外仲裁裁决只作程序上的审查,不作实体审查等。

3. 国际贸易仲裁的国际立法

目前,世界上大多数国家都制定了仲裁方面的法律。为统一各国仲裁法律,国际社会制定了若干有关国际商事仲裁方面的国际公约。国际经济仲裁的国际立法主要有以下内容:

(1)《仲裁条款议定书》。1921 年由国际联盟主持制定,是世界上第一个关于商事仲裁方面的国际公约。其制定的主要目的是促使各成员国相互承认仲裁协议的效力。已有 50 多个国家加入。

(2)《关于执行外国仲裁裁决的公约》。1927 年由国际联盟主持制定,主要目的是弥补《仲裁条款议定书》的不足。

(3)《承认与执行外国仲裁裁决的公约》。联合国于 1958 年在美国纽约主持制定的《承认和执行外国仲裁裁决的公约》(简称《纽约公约》)是国际商事仲裁方面的一个重要国际公约。到1999年6月为止,已有136个成员方。[12] 我国于1986年加入该公约,1987年4月22日起公约对我国生效。

(4)《联合国国际商事仲裁示范法》。《联合国国际商事仲裁示范法》由联合国大会于1985年12月11日通过。其目的是向各个国家的仲裁立法提供样板,促进国际仲裁法律制度的统一。由于该示范法吸收了大多数国家的做法,因而被更多国家所采用。该示范法是继《纽约公约》后在国际商事仲裁领域的又一具有重要国际影响的国际文件。《联合国国际商事仲裁示范法》主要规定了如下内容:总则、仲裁协议、仲裁庭的组成、仲裁庭的管辖权、仲裁程序的进行、裁决的作出和程序的终止、对裁决的追诉、裁决的承认和执行。

此外,还有地区性的国际公约:(1)《关于国际商事仲裁的欧洲公约》。1961年4月21日由联合国欧洲经济委员会在日内瓦签署,但参加国不多,也很少使用。(2)《美洲国家之间关于国际商事仲裁公约》。1975年1月30日由美洲国家会议在巴拿马城制定。

4. 国际贸易仲裁的国内立法

有的国家专门制定了仲裁法,也有的国家在民事诉讼法中加以规定。例如:瑞典仲裁法、英国仲裁法、美国统一仲裁法、法国仲裁法令、德国民事诉讼法、日本民事诉讼法等。我国的仲裁立法包括有关仲裁的法律、行政法规、司法解释及我国缔结和参加的国际公约。《民事诉讼法》第217条、第257条至第261条对仲裁作了相关规定。此外,我国还于1994年8月31日通过了《中华人民共和国仲裁法》(以下简称《仲裁法》),该法共有80条内容,包括:总则、仲裁委员会和仲裁协会、仲裁协议、仲裁程序(申请和受理、仲裁庭的组成、开庭和裁决)、申请撤销裁决、执行、涉外仲裁的特别规定、附则。该法既适用于国内当事人之间的仲裁,也适用于涉外经济贸易、运输和海事中发生的纠纷的仲裁。

(四)国际贸易诉讼

国际贸易诉讼是国际民事诉讼的一种,它是指国际贸易争议当事人将其争议提交某一国家的法院予以审理并作出判决的争议解决方法。与国际贸易仲裁相比,国际贸易诉讼具有如下特点:

(1)国际贸易诉讼必须遵从严格的法律程序。法院必须按照法律规定的程序进行审理并作出判决。

(2)法院对案件的管辖权不依赖争议当事人的协议,通常是由被告所在地法院管辖。但某些专属法院管辖的案件则排除当事人的协议管辖。法院作为国家的司法机关,具有维护法律尊严、维护国家和当事人合法权利的职责。它依据国内法律规定受理案件,并依法作出判决或裁决,无须当事人的事先协议。

---

〔12〕 保国:“国际商事仲裁:是非曲直的最终裁定”,载《国际商报》1999年6月27日。

(3)国际贸易诉讼受国际贸易仲裁的排斥。只要争议当事人约定以仲裁方式解决纠纷,法院就无权受理。案件仲裁裁决作出后,法院也不再受理。

(4)国际贸易诉讼具有公开性。大多数案件公开进行审理,个别情况下不公开进行。

(5)国际贸易诉讼中的一方如对法院作出的判决或裁决不服,可以向上一级法院提起上诉。

由于国际贸易诉讼比其他争议解决方式较为复杂,而且在法院判决在外国的执行方面没有一个国际公约存在,在其他国家较难得到执行,只能在两国之间达成相互承认和执行外国法院判决的双边司法协助条约或互惠关系时,一国法院判决才有可能在外国法院得到承认和执行。因此,国际贸易诉讼通常是在当事人无法通过协商或调解解决争议,而且也没有在达成仲裁协议的情况下采用。但它毕竟是解决国际贸易争议的最终手段和有效手段。

(五)ADR 方式

如上所述,调解方式主要在东方国家使用,但近年来,西方国家在调解基础上产生了 ADR 方式。

ADR 是起源于美国的争议解决的新方式,意为"解决争议的替代方式"或"备用争议解决方式"。对 ADR 方式目前有两种理解:一是理解为除了诉讼,其他方式(包括仲裁在内)均属于 ADR 方式;二是理解为除了仲裁和诉讼,其他方式均属于 ADR 方式。其中多数人采用后一种理解。也就是说,ADR 是一种是以某种形式的协商解决争议的方式。[13]

由于它没有复杂的程序,且不伤及当事人之间的合作关系,被很多西方国家采用。一些商会及仲裁机构如国际商会、中国国际经济贸易仲裁委员会、伦敦国际仲裁院都以各种形式提供 ADR 程序。[14] 国际商会还制定了《ICC 选择性调解规则》。也有的国家的法院开始运用 ADR 程序,例如,英国的中央伦敦郡法院在 1996 年曾开始试行调停方案。

通过 ADR 方式达成的协议并不具有法律约束力,因此如果一方当事人不履行达成的协议,仍然需要以仲裁或诉讼方式解决。因此,ADR 方式并不是适用于一切争议的解决。实践中,一些当事人在某些合同中约定"ADR—仲裁方式"。例如,香港新机场工程即采用了此种方式。[15] 其工程承包合同规定以下顺序的争议解决方式:将争议提交工程师解决;调解;裁判;仲裁。其中,调解、裁判、仲裁由香港国际仲裁中心管理。由于 ADR 方式在提交仲裁或诉讼前进行,也有的学者将其称为"过滤程序"。

---

〔13〕 陈立彤、李菁译:"备用争议解决方式(ADR)的功能及在国际商事领域的应用",载《国际商报》1999 年 6 月 20 日。

〔14〕 同上注。

〔15〕 朱建林:"ADR 的几种做法",载《国际商报》1998 年 9 月 5 日。

现在流行的几种主要ADR方式有以下几种：

1. 调解

ADR方式中调解与上文所述调解基本相同。

2. 调停

调停是在当事人之外的中立第三方的主持下，由第三方以中间人的身份在分清是非和责任的基础上，根据法律和合同规定，参考国际惯例，提供解决争议方案及有关意见，促使争议各方在互谅互让的基础上达成公平的调解协议，解决各方争议。调停与调解的区别，在于调停方式中调停人更多的参与争议实体问题的解决。

3. 微型听审

微型审判用于解决公司之间的争议。它是指将争议提交一个专门小组，小组成员包括双方公司各自的一名高级管理人员（与争议无关）及一名作为首席的中立的第三人。专门小组对争议进行审理，并作出一致意见。如三人不能达成一致意见，由首席提出一致解决方案。

4. 聘请一名法官

双方当事人聘请一名退休法官，由其审理争议。美国公共资源中心提供了一项“中立庭审者协议”制度，[16]由各方向中立庭审者递交其最佳解决方案，由中立庭审者向各方指出该方案的可行性，如果可行，中立庭审者帮助各方达成和解方案。

5. 在法院协助下的ADR

在诉讼的初级阶段指定一名律师，由该名律师对争议事项进行研究后指出案件的可能结果，由双方在此基础上考虑可能的解决方案。

三、解决国际贸易争议所适用的法律

国际贸易争议的法律适用是指在国际贸易争议发生后，适用哪个国家的法律解决争议。由于国际贸易争议的当事人处于不同国家、地区或争议的标的物作跨越国界的移动，因而涉及两个以上国家的法律管辖问题。而各个国家对同一问题的法律规定又不尽相同，因而正确选择解决争议所适用的法律对维护各方当事人的利益至关重要。国际贸易争议的法律适用包括实体法的适用和程序法的适用。

（一）实体法的适用

实体法主要包括国内法、国际公约、国际惯例。在实体法的适用方面主要遵守以下原则：

（1）合同中对所适用的实体法有明确规定的，按合同规定执行。但通常有以下例外：当事人选择的实体法违反仲裁机构所在地的强制性规范或公共秩序时，选择无效。在适用实体法方面，一般允许国际经济争议的当事人在争议发生前或后，共同协商选

〔16〕 陈立彤、李菁译：“备用争议解决方式（ADR）的功能及在国际商事领域的应用”，载《国际商报》1999年6月20日。

择所适用的实体法,这种由当事人选择法律适用法的原则又称为“意思自治原则”。

(2)合同中对所适用的实体法没有明确规定的,由仲裁员决定。大多数国家规定,在国际贸易争议的当事人对所发生的争议未作法律选择时,由仲裁机构或法院根据最密切联系的原则选择所适用的法律。如我国《民法通则》第145条规定:“涉外合同的当事人可以选择处理合同争议所适用的法律,法律另有规定的除外。涉外合同的当事人没有选择的,适用与合同有最密切的联系的国家的法律。”我国《合同法》第126条也有类似规定。

(二)程序法的适用

程序法主要包括国内法、国内仲裁机构制定的仲裁规则、国际公约。程序法的适用包括仲裁法律的选择和仲裁规则的选择。大多数国家规定采用属地法原则,即凡在本国仲裁都要适用本国仲裁法。仲裁规则的选择有以下方式:(1)必须依照仲裁机构的仲裁规则进行仲裁;(2)按照当事人选择的仲裁规则进行仲裁。

第二节 国际贸易仲裁

一、仲裁协议

(一)仲裁协议的概念、分类及形式要求

1. 仲裁协议的概念及分类

仲裁协议是指合同中订立的仲裁条款或以其他书面方式在纠纷发生前或纠纷发生后达成的请求仲裁的协议。仲裁协议分为两种类型:

(1)仲裁条款。仲裁条款是仲裁协议的基本形式,它是指争议当事人在合同中订立的,载明将日后可能发生的争议提交仲裁机构解决的专门条款。

为规范仲裁条款,一些仲裁机构制定了标准仲裁条款,供当事人采用。中国国际经济贸易仲裁委员会的示范仲裁条款如下:“凡因本合同引起的或与本合同有关的任何争议均应提交中国国际经济贸易仲裁委员会,按照申请仲裁时该会现行有效的仲裁规则进行仲裁。仲裁裁决是终局的,对双方均有约束力。”联合国国际贸易法委员会推荐了如下示范仲裁条款:“由于本合同发生的与本合同有关的任何争议、争端或请求,或有关合同的违约、终止、无效,应按照现行有效的联合国国际贸易法委员会仲裁规则予以解决。”国际商会推荐的示范仲裁条款是:“关于本合同发生的一切争执,最后应依据国际商会调解和仲裁规则所指定的仲裁员一人或若干人依照该规则解决。”美国仲裁协会推荐的标准仲裁条款是:“凡由本合同产生的或与本合同有关的任何争议或权利主张以及违约,都根据美国仲裁协会的《商事仲裁规则》以仲裁方式解决;并且,仲裁庭作出的有给付的仲裁可以由任何有管辖权的法院予以执行。”[17]

(2)仲裁协议书。仲裁协议书是指争议当事人在争议发生前或后单独订立的载明将争议提交仲裁机构裁决解决的协议。大多数国家都承认仲裁条款与仲裁协议书具有同等法律效力。我国《仲裁法》的规定与大多数国家的做法一致。

美国仲裁协会推荐了在纠纷发生后的标准仲裁协议书:“我们,各签字方,同意将下述争议根据美国仲裁协会的《商事仲裁规则》提请仲裁:……(简述仲裁事项)。我们还同意上述争议由从美国仲裁协会仲裁员名册中选出的(一名/三名)仲裁员进行审理。我们保证将真诚的遵守本协议和《规则》,遵守和履行仲裁员作出的仲裁裁决。我们同意可以由有管辖权的法院执行此仲裁裁决。”[18]

2. 仲裁协议的形式要求

无论是哪种类型的仲裁协议,大多数国家都要求以书面形式订立方为有效,少数国家对此无硬性规定。

1958 年 6 月 10 日由联合国国际商事仲裁会议通过的《承认和执行外国仲裁裁决公约》第 2 条规定:“(一)如果双方当事人书面协议把由于同某个可以通过仲裁方式解决的事项有关的特定的法律关系,不论是否契约关系,所已产生或可能产生的全部或任何争执提交仲裁,每一个缔约国应该承认这种协议。(二)书面协议包括当事人所签署或在互换函电中所载明的合同仲裁条款或仲裁协议书。”从上述规定可以看出,《承认和执行外国仲裁裁决公约》对书面形式的解释是广义和宽松的。

英国仲裁法对书面的解释也是采取宽松的态度。在英国的 Zambia Steel v. Clark & Eaton(1986)2 Lloyd's Rep. 225 一案中,[19] 双方的买卖合约是口头达成的。但之前,卖方在报价时送去一份标准买卖合同,格式合同中有一仲裁条款。买方未曾对该格式合同予以书面答复或是拒绝,而是照格式合同履行。事后,买方认为货物存在问题,到法院起诉,卖方则提出终止诉讼,认为双方之间不存在书面仲裁协议,因为双方并未书面同意标准买卖合同中的仲裁条款,上诉庭认为有书面形式的仲裁条款。因为,书面并不必是你书面来,我书面去。它只需要有书面记录了这种仲裁协议,当事方可去用证据来说明双方的行动或口头上对此书面记录的同意。该案判决对“书面”形式的宽松解释切合现实国际经济交往的需要,简化了交易的程序。如一味坚持“书面来,书面去”的做法,将会导致很多仲裁协议无效,不利于争议的迅速解决。英国 1996 年仲裁法对“书面”形式仍然是采用了宽松的解释。该法第 5 条第(2)、(3)项规定:一个书面的协议是指:(1)如果该协议是书面形式达成的;(2)如果该协议是通过书面通讯交换的方式达成的;(3)如果该协议被证明是书面形式的;(4)如果当事人约定,只要有关条

[17] 周大庆:“中美仲裁制度的比较”,载《国际商报》1999 年 11 月 21 日。

[18] 同上注。

[19] 杨良宜:《国际商务仲裁》,中国政法大学出版社 1997 年版,第 78 页。

款是书面的,他们之间的协议即为书面协议;(5)如果一项协议被当事人中的一方或第三方以及当事人的授权人所记录下来,该协议即被证实为书面协议;(6)当事人之间虽无书面协议但在他们之间的书面文件交换过程中,或在仲裁或司法程序当中,一方当事人声称他们之间存在一个协议,而另一方当事人在其答复中不作否认表示的,关于书面协议的声称即为有效;(7)其他有关参考文件,即以任何方式被记载的或以任何方式被记录的。

但联合国《国际商事仲裁示范法》对"书面"形式的解释则不是很宽松。该法第7条第2款规定:"仲裁协议应是书面的。协议如载于当事各方签字的文件中,或载于往来的书信、电传、电报或提供协议记录的其他电讯手段中,或在申诉书和答辩书的交换中当事一方声称有协议而当事他方不否认,即为书面协议。"

我国《仲裁法》及中国国际经济贸易仲裁委员会《仲裁规则》都要求仲裁协议必须采用书面形式,但对"书面"的含义没有具体解释。最高人民法院《关于适用〈中华人民共和国仲裁法〉若干问题的解释》第1条则规定,书面形式包括合同书、信件和数据电文(包括电报、电传、传真、电子数据交换和电子邮件)等形式。该司法解释实际上参照了我国《合同法》第11条[20]对"书面形式"的规定。

(二)仲裁协议的内容

各国对仲裁协议内容的要求不一,有繁有简。大多数国家只要求当事人表明仲裁的意愿,仲裁协议就是有效的,并不要求仲裁协议必须规定某些特定的内容,如写明仲裁机构的要求。从目前司法实践看,各国法院对仲裁协议的法律效力采取的是宽松的态度。

我国《仲裁法》对仲裁协议的要求相对较为严格,要求仲裁协议应具有下列三项内容:请求仲裁的意思表示;仲裁事项;选定的仲裁委员会。如果出现下列情形,仲裁协议将无效:约定的仲裁事项超出法律规定的仲裁范围;无民事行为能力人或者限制民事行为能力人订立的仲裁协议;一方采取胁迫手段,迫使对方订立仲裁协议。此外,《仲裁法》还规定,仲裁协议对仲裁事项或者仲裁委员会没有约定或约定不明确的,当事人可以补充协议;达不成补充协议的,仲裁协议无效。也就是说,依照中国法律的规定,当事人必须在仲裁协议中指定仲裁机构。

有学者认为,上述严格的仲裁协议内容要求违背了当事人意思自治的原则,不符合国际商事仲裁发展的趋势,不利于中国仲裁事业的发展。[21]

如上所述,虽然各国对仲裁协议没有统一规定,但为便于仲裁的顺利进行,仲裁协议除应包括仲裁事项、选定的仲裁委员会外,还应当将仲裁适用的程序法和实体法、仲

---

〔20〕 该条规定:"书面形式是指合同书、信件和数据电文(包括电报、电传、传真、电子数据交换和电子邮件)等可以有形地表现所载内容的形式。"

〔21〕 蔡鸿达:"规范的仲裁条款和国际惯例的探讨",载《国际商报》1998年2月28日。

裁裁决的效力、仲裁费用的承担等予以明确规定。

(三)仲裁协议的效力和作用

1. 仲裁协议是仲裁机构行使仲裁管辖权的依据

仲裁机构只受理当事人根据双方达成的仲裁条款或仲裁协议书所提交的争议案件,不受理没有仲裁协议的任何争议案件。《国际商会调解和仲裁规则》第 12 条规定:在当事人之间没有签订仲裁条款,或者虽然签订仲裁条款,但是没有指定由国际商会仲裁的情况下,如果被诉人没有在规定的期限内对仲裁员的人数和选任的建议作出答复,或者拒绝由国际商会通知申诉人本案不可以提交国际商会仲裁。我国《仲裁法》第 4 条规定:"当事人采用仲裁方式解决纠纷,应当双方自愿,达成仲裁协议。没有仲裁协议,一方申请仲裁的,仲裁委员会不予受理。"由此可见,写明完善的仲裁协议非常重要。

2. 仲裁协议排除法院的司法管辖权

仲裁协议排斥司法管辖有两方面的含义:一方面是指争议当事人达成仲裁协议后必须受仲裁协议约束,依仲裁协议向双方指定的仲裁机构提出仲裁,而不能向法院提起司法诉讼。我国《仲裁法》第 5 条规定:"当事人达成仲裁协议,一方向人民法院起诉的,人民法院不予受理,但仲裁协议无效的除外。"第 26 条还规定:"当事人达成仲裁协议,一方向人民法院起诉未声明有仲裁协议,人民法院受理后,另一方在首次开庭前提交仲裁协议的,人民法院应当驳回起诉,仲裁协议无效的除外;另一方在首次开庭前未对人民法院受理该案提出异议的,视为放弃仲裁协议,人民法院应当继续审理。"此外,《承认和执行外国仲裁裁决公约》第 2 条第 3 款还规定:"如果缔约国的法院受理一个案件,而就这个案件所涉及的事项当事人已经达成仲裁协议时,除非法院查明该项协议是无效的、未生效的或不可能执行的,应该依照一方当事人的请求,令当事人将案件提交仲裁。"

仲裁排斥司法管辖的另一方面含义是指仲裁机构作出仲裁裁决后,当事人不能就同一纠纷再向法院起诉。但是,如果仲裁裁决被法院裁定撤销或者不予执行的,当事人可以就同一纠纷向法院提起司法诉讼。我国《仲裁法》第 9 条即有类似规定。

3. 仲裁协议具有独立性

仲裁协议的独立性是指仲裁协议(包括仲裁条款和仲裁协议书)应视为与合同的其他条款分离地、独立地存在的条款或部分,国际商事合同的变更、解除、终止、无效或失效以及存在与否,均不影响仲裁协议的效力。一方当事人仍可依据仲裁协议提交双方约定的仲裁机构仲裁。《国际商会调解和仲裁规则》第 13 条第(4)项规定:"除非双方另有规定,仲裁员不由于有人主张契约无效或者不存在而丧失权利。如果他认定仲裁条款是有效的,即使契约应当无效或不存在,仍然继续有权决定当事人的各自权利,并且作出有关他们的要求和抗辩的决定。"《联合国国际贸易法委员会仲裁规则》第 21 条第 2 款规定:仲裁庭应有权决定包括仲裁条款为其组成部分的合同的存在和效力。

作为合同组成部分并按规定的国际商会仲裁规则进行仲裁的仲裁条款将被视为独立于合同其他条款的一种协议。仲裁庭所依合同为无效的和作废的裁决并不在法律上影响仲裁条款的效力。我国《仲裁法》第19条也明确规定:“仲裁协议独立存在,合同的变更、解除、终止或者无效,不影响仲裁协议的效力。”

4. 仲裁协议是仲裁机构确定仲裁事项范围的依据

仲裁协议除规定受理案件的仲裁机构外,还规定仲裁的事项。仲裁机构只能在争议当事人约定的仲裁事项范围内仲裁,不能超越范围。我国《仲裁法》第58条规定,裁决的事项不属于仲裁协议的范围时,仲裁委员会所在地的中级人民法院有权撤销该仲裁裁决。《承认和执行外国仲裁裁决公约》第5条也规定:如果裁决涉及仲裁协议所没有提到,或者不包括在仲裁协议规定之内的争执,或者裁决协议内含有对仲裁协议范围以外事项的决定,被请求承认和执行裁决的管辖当局有权拒绝承认和执行该项裁决。

二、仲裁地点

仲裁地点是指争议案件在何地进行仲裁。仲裁地点的确定对争议当事人至关重要,它决定仲裁所要适用的程序法甚至实体法,决定该地仲裁机构作出的仲裁裁决是否能够得到执行。在签订仲裁协议时,争议当事人选择仲裁地点通常主要考虑以下因素:该地点是否在《纽约公约》成员国领土范围之内;该地有关仲裁程序法的规定及是否可以选择其他仲裁机构的仲裁规则;该地法院对仲裁裁决的干预程度;该地对境外仲裁员选任的要求;仲裁费用;仲裁声誉等。

实践中,争议当事人由于对本国仲裁方面的法律比较熟悉,通常力争在本国仲裁,其次选择到中立的第三国仲裁。无论在何地仲裁,为使仲裁裁决能够在败诉方国家得到执行,该地必须是《纽约公约》的参加方。

我国《仲裁法》第6条规定:“仲裁委员会应当由当事人协议选定。仲裁不实行级别管辖和地域管辖。”从该条规定可以看出,我国也赋予争议当事人自由选择仲裁地点的权利。

三、仲裁机构

国际经济仲裁机构从组织形式上,可分为临时仲裁机构和常设仲裁机构。提交临时仲裁机构进行的仲裁称临时仲裁,也称特别仲裁;提交常设仲裁机构的仲裁称常设仲裁,也称机构仲裁。

(一)临时仲裁机构

临时仲裁机构是指争议双方当事人根据达成的仲裁协议,在争议发生后,按仲裁地所属国的仲裁法律规定,自行选任仲裁员组成的、仲裁裁决作出后即行解散的仲裁机构。

临时仲裁机构进行的临时仲裁的优势在于,争议双方当事人在仲裁员的选任、仲裁程序的决定和适用方面有较大自主权。但是,由于临时仲裁无固定的组织、地点和规则,缺乏相应的行政配备和便利(如文件送达、仲裁场所及记录等),因此,我国仲裁法中未规定这种形式。

(二)常设仲裁机构

1. 常设仲裁机构的概念和特征

常设仲裁机构是依照国际条约或某一国内法组成的有固定名称、地址、仲裁程序规则以及组织机构的永久性仲裁机构。常设仲裁机构的特点是,有固定的组织、组织章程、仲裁程序规则、健全的行政管理制度和较齐全的设施、可供选择的仲裁员名册等,因此,相对临时仲裁机构具有较大的稳定性和健全的组织、完善的制度和仲裁规则。目前,很多国家均设有常设仲裁机构,并在国际上具有重要影响。

2. 我国常设仲裁机构

我国没有规定临时仲裁制,因此,主要通过设立常设仲裁机构解决仲裁案件。我国涉外仲裁机构最早只有设在中国国际贸易促进委员会(也称中国国际商会)内部的中国国际经济贸易仲裁委员会和中国海事仲裁委员会。但自从《仲裁法》颁布后,涉外仲裁案件的受理机构除了上述两个机构外,还包括依照《仲裁法》设立的各地仲裁机构。

中国国际经济贸易仲裁委员会(The China International Economic and Trade Arbitration Commission,CIETAC)的前身是1954年5月6日经前中央人民政府政务院批准在中国国际贸易促进委员会内设立的“对外贸易仲裁委员会”。1980年2月26日经国务院批准,将“对外贸易仲裁委员会”改称为“对外经济贸易仲裁委员会”。1988年6月21日经国务院批准又将“对外经济贸易仲裁委员会”改称为现在的“中国国际经济贸易仲裁委员会”。2000年9月,经中国国际商会批准通过,中国国际经济贸易仲裁委员会自2000年10月1日起,在使用“中国国际经济贸易仲裁委员会”的同时,启用“中国国际商会仲裁院”(The Court of Arbitration of China Chamber of International Commerce,CCOIC Court of Arbitration)的名称。中国国际经济贸易仲裁委员会设在北京,在深圳经济特区设有仲裁委员会华南分会(此前称深圳分会),在上海设有仲裁委员会上海分会。仲裁委员会分会是仲裁委员会的组成部分。争议当事人可以约定将其争议提交仲裁委员会在北京仲裁,或者约定将其争议提交仲裁委员会华南分会在深圳进行仲裁,或者约定将其争议提交仲裁委员会上海分会在上海进行仲裁;如无此约定,则由申请人选择,由仲裁委员会在北京仲裁,或者由其华南分会在深圳仲裁,或者由其上海分会在上海仲裁;作此选择时,以首先提出选择的为准;如有争议,应由仲裁委员会作出决定。

根据中国国际经济贸易仲裁委员会2005年5月1日起生效的《仲裁规则》第3条,其受理案件的范围为契约性或非契约性的经济贸易等争议,这些争议包括:(1)国际的或涉外的争议;(2)涉及香港特别行政区、澳门特别行政区或台湾地区的争议;(3)国内争议案件。

中国国际经济贸易仲裁委员会的仲裁员包括中国籍和外籍仲裁员。此外,中国国际经济贸易仲裁委员会还与日本、法国、意大利、瑞典、加拿大、比利时、新加坡、美国、德国、韩国、瑞士、加纳、泰国等国家的仲裁机构签订了仲裁和调解合作协议;在国际商事仲裁委员会、联合国世界知识产权组织仲裁中心、亚太仲裁机构理事会等国际仲裁机构担任理事。

中国海事仲裁委员会(CMAC)的前身是根据国务院 1958 年 11 月 21 日的决定在中国国际贸易促进委员会内于 1959 年 1 月 22 日设立的“中国国际贸易促进委员会海事仲裁委员会”。1988 年 8 月 12 日改称为“中国海事仲裁委员会”。目前,中国海事仲裁委员会既有中国籍仲裁员,也有外籍仲裁员。现行的仲裁规则是 2004 年 10 月 1 日实施的仲裁规则。海事仲裁委员会受理案件的范围自仲裁委员会成立以来不断扩大。现行规则第 2 条规定了受案范围。此外,中国国际商会于 2003 年 4 月 4 日还通过了《中国海事仲裁委员会仲裁规则关于渔业争议案件的特别规定》(2003 年 5 月 8 日起施行)。

3. 国际商会仲裁院

国际商会仲裁院是国际商会附设的国际商事仲裁机构,1923 年在法国巴黎成立。其现行的仲裁规则是 1998 年 1 月 1 日生效的《国际商会仲裁规则》。该规则共 7 章 35 条。对仲裁申请、仲裁庭的组成、仲裁程序、法律适用、仲裁裁决的作出等作了明确规定。

4. 斯德哥尔摩商会仲裁院

斯德哥尔摩商会仲裁院于 1917 年成立,是瑞典全国性仲裁机构。其现行仲裁规则是 1988 年 1 月 1 日生效的仲裁规则。该仲裁院可以根据当事人的申请采用《联合国国际贸易法委员会仲裁规则》。该院没有仲裁员名册。

5. 伦敦国际仲裁院

伦敦国际仲裁院于 1892 年成立。其现行仲裁规则是 1985 年生效的仲裁规则。该仲裁院可以根据当事人的申请采用《联合国国际贸易法委员会仲裁规则》。

6. 美国仲裁协会(AAA)

美国仲裁协会于 1926 年成立,总部设在纽约,在各主要城市设立分部。它受理争议的范围广泛,不仅包括商事争议,也包括家庭、消费者、劳动雇佣和团体等方面的争议。美国仲裁协会也可以进行调解。其现行仲裁规则是 1991 年 3 月 1 日生效的《国际仲裁规则》和《商事仲裁规则》。该仲裁院可以根据当事人的申请采用其他仲裁规则。

7. 日本商事仲裁协会

日本商事仲裁协会于 1950 年成立,总部设在东京。其现行仲裁规则是 1992 年生效的《商事仲裁规则》。该仲裁院可以根据当事人的申请采用《联合国国际贸易法委员会仲裁规则》。

8. 香港国际仲裁中心(HKAC)

香港国际仲裁中心于 1985 年成立。该中心的仲裁事务分为本地仲裁和国际仲裁。

本地仲裁适用本地仲裁规则，国际仲裁适用《联合国国际贸易法委员会仲裁规则》。该中心也可以采取调解或调停的方式解决争议。

9. 世界知识产权组织仲裁中心

1993年7月23日由世界知识产权组织大会一致同意设立，1994年7月1日开始运作。仲裁中心的服务面向个人、企业、国家，不限于缔约国。受案范围是有关知识产权方面的争议，同时也不仅仅限于知识产权争议。

除上述机构外，瑞士苏黎世商会仲裁院、新加坡国际仲裁中心、解决国际投资争端国际中心等也是国际上较有影响的常设仲裁机构。

四、仲裁程序规则

仲裁程序规则是指争议当事人和仲裁机构对争议进行仲裁过程中所应遵循的规则。其中包括仲裁申请的提出、答辩、指定仲裁员、仲裁庭的组成、仲裁审理、仲裁裁决的作出以及仲裁裁决的法律效力等内容。仲裁程序规则是仲裁机构进行仲裁的重要行为准则，是保证仲裁公正而顺利进行的重要而必不可少的规范。

仲裁程序规则分为三种，一是当事人或临时仲裁机构制定的临时仲裁规则；二是常设仲裁机构制定的仲裁规则；三是非仲裁机构的国际组织制定的仲裁示范规则，如《联合国国际贸易法委员会仲裁规则》。

在仲裁规则的选择方面，有的国家的仲裁机构规定，如争议当事人选择该机构作为其争议案件的仲裁机构，则本机构的仲裁规则必须适用。有的仲裁机构则允许当事人自行决定采用其他国际商事仲裁规则。如采用临时仲裁，争议当事人可以自由选择仲裁规则。中国国际经济贸易仲裁委员会《仲裁规则》第7条规定："凡当事人同意将争议提交仲裁委员会的，均视为同意按照本仲裁规则进行仲裁。但当事人另有约定且仲裁委员会同意的，从其约定。"中国国际经济贸易仲裁委员会现行的《仲裁规则》于2000年9月5日修订，10月1日起实施。该规则规定了管辖、组织、仲裁申请、答辩、反请求、仲裁庭的组成、审理、裁决、简易程序、附则等内容。此外，中国国际贸易促进委员会在2003年4月4日还通过了《中国国际经济贸易仲裁委员会金融争议仲裁规则》(2003年5月8日起施行)。

联合国没有专门设立常设性的仲裁机构。但为规范仲裁机构的仲裁规则，1976年12月15日，联合国第31届大会通过了《联合国国际贸易法委员会仲裁规则》，供争议当事人自愿采用。该规则规定了总则、仲裁庭的组成、仲裁程序、裁决。由于该规则充分吸收了一些常设仲裁机构仲裁规则的优势，得到世界上很多仲裁机构的承认和采用。

(一)仲裁申请和受理、答辩

1. 仲裁申请

仲裁申请是指争议当事人根据达成的仲裁协议，请求将争议提交仲裁的意思表示。

常设仲裁机构对仲裁申请的内容和形式都有一定的要求。《国际商会调解和仲裁规则》规定,仲裁申请书应用书面形式作成,并应当包括如下内容:(1)双方当事人的名称和地址;(2)申诉人的案情说明;(3)当事人间的全部契约、证明仲裁协议的文件、来往信件的正本和所根据的任何其他文件或资料;(4)关于仲裁员人数的规定,所选定的仲裁员。我国《仲裁法》第22条和第23条规定:“当事人申请仲裁,应当向仲裁委员会递交仲裁协议、仲裁申请书及副本。”“仲裁申请书应当载明下列事项:(1)当事人的姓名、性别、年龄、职业、工作单位和住所,法人或者其他组织的名称、住所和法定代表人或主要负责人的姓名、职务;(2)仲裁请求和所根据的事实、理由;证据和证据来源、证人姓名和住所。”第27条规定:“申请人可以放弃或者变更仲裁请求。被申请人可以承认或者反驳仲裁请求,有权提出反请求。”中国国际经济贸易仲裁委员会现行的《仲裁规则》第14条规定:“申请人提交仲裁申请时应:(一)提交仲裁申请书,仲裁申请书应写明:(1)申请人和被申请人的名称和住所(如有邮政编码、电话、电传、传真、电报号码或其他电子通信方式,也应写明);(2)申请人所依据的仲裁协议;(3)案情和争议要点;(4)申请人的请求及所依据的事实和理由……”第18条至第20条的规定与我国《仲裁法》第27条规定相似。

2. 仲裁案件的受理

仲裁机构受理仲裁案件的前提是争议当事人之间达成的仲裁协议和仲裁申请。仲裁机构在收到仲裁申请后,经过审查认为申请仲裁的手续完备的,即向被申请人发出通知。仲裁机构主要审查仲裁申请是否载明仲裁事项、仲裁机构、仲裁请求的事项是否在仲裁机构的受理权限范围之内。如仲裁协议中未载明仲裁事项或仲裁机构或约定不明确,当事人对此也未达成补充协议,仲裁协议无效,仲裁机构不予受理。

我国《仲裁法》第24条规定:“仲裁委员会收到仲裁申请书之日起5日内,认为符合受理条件的,应当受理,并通知当事人;认为不符合受理条件的,应当书面通知当事人不予受理,并说明理由。”第25条规定:“仲裁委员会受理仲裁申请后,应当在仲裁规则规定的期限内将仲裁规则和仲裁员名册送达申请人,并将仲裁申请书副本和仲裁规则、仲裁员名册送达被申请人。”

3. 答辩

一方当事人提交仲裁申请后,大多数常设仲裁机构要求另一方当事人应在规定期限内提交答辩书。《国际商会仲裁和调解规则》要求被诉人在接到秘书处的通知及所送文件后30天内,必须对仲裁员人数和选任的建议作出答复,并提交案情说明及所有相关资料。我国《仲裁法》规定,仲裁委员会收到仲裁申请书后5日内应当决定是否受理并发出通知。同时对受理的案件应将仲裁规则和仲裁员名册在规定时间内送交申请人和被申请人。被申请人应在规定期限内提交答辩状。不提交答辩状的,不影响仲裁程序的进行。申请人可以放弃或变更仲裁请求,被申请人可以承认或反驳仲裁请求,并有权提出反请求。

(二)仲裁庭的组成

仲裁庭是对当事人提交的争议进行审理的机构。各国仲裁法和仲裁机构的仲裁规则对仲裁庭的组成都有明确规定,包括仲裁员的指定、仲裁员的任命、仲裁员的回避和责任等。

1. 仲裁员资格、回避

仲裁员一般由自然人担任,但有的国家也允许法人担任。各国对仲裁员资格普遍有以下要求:(1)具有民事行为能力和民事权利能力;(2)具有公正、独立和无私的道德品质;(3)具有一定的专业资格和能力。

中国《仲裁法》第13条规定:“仲裁委员会应当从公道正派的人员中聘任仲裁员。仲裁员应当符合下列条件之一:(一)从事仲裁工作满八年的;(二)从事律师工作满八年的;(三)曾任审判员满八年的;(四)从事法律研究、教学工作并具有高级职称的;(五)具有法律知识、从事经济贸易等专业工作并具有高级职称或者具有同等专业水平的。”第87条规定:“涉外仲裁委员会可以从具有法律、经济贸易、科学技术等专门知识的外籍人士中聘任仲裁员。”

中国国际经济贸易仲裁委员会现行的《仲裁规则》第10条规定:“仲裁员由仲裁委员会从法律、经济贸易、科学技术等方面具有专门知识和实际经验的中外人士中聘任。”

为保持仲裁的公正,大多数仲裁机构都规定仲裁员应该在某种情况下回避。大陆法系国家一般规定,对仲裁员提出异议和回避的理由与向法官提出异议和回避的理由基本相同。英美法系国家对法官提出异议的程序很少规定,而对仲裁员提出异议和回避有较明确的规定。总的来讲,各国基本要求只要当事人有合理理由怀疑仲裁员的公正性和独立性,就可以对仲裁员提出异议,要求其回避。同时也规定,仲裁员发现自己有法定回避的情形时,应主动提出回避。我国《仲裁法》第34条详细规定了仲裁员回避的四种情况:(1)是本案的当事人或者当事人、代理人的近亲属;(2)与本案有利害关系;(3)与本案当事人、代理人有其他关系,可能影响公正裁决;(4)私自会见当事人、代理人或者接受当事人、代理人的请客送礼的。

2. 仲裁庭的人数

大多数国家或仲裁机构要求仲裁庭应由单数组成(多为一人独任或仲裁员三人组成仲裁庭),旨在避免僵持现象的发生。当然,也有的国家规定,在仲裁庭处于一对一的僵持状态时,由公断人作出裁决。公断人由仲裁员之外的第三人担任,通常是在该案所涉及领域有经验的专业人士。但是由于公断人只是在仲裁员的意见处于一对一的状态时才介入,而以前仲裁审理的程序并没有参与,这样就需要公断人对所有案情逐一了解,既耗费时间,也使得仲裁费用增加。根据《国际商会调解和仲裁规则》的规定,争议当事人可以协议由独任仲裁员仲裁。如对仲裁员人数不能达成协议,仲裁院则指定独任仲裁员。我国《仲裁法》第30条规定:“仲裁庭可以由三名仲裁员或者一名仲裁员组成。由三名仲裁员组成的,设首席仲裁员。”第32条规定:“当事人没有在仲裁规则规定的期限内约定仲裁庭的组成方式或者选定仲裁员的,由仲裁委员会主任指定。”

独任仲裁员审理仲裁案件具有以下优势:节省仲裁费用、工作效率高。

(三)开庭审理

大多数国家或仲裁机构在开庭审理方面都有如下共同规定:(1)以书面审理为主,在当事人要求下也可口头审理。(2)仲裁不公开进行,经当事人同意可公开。(3)当事人在仲裁审理中有权辩论和提供证据。(4)案件审理中至裁决作出前,一方当事人可请求仲裁庭或法院对争议标的物或有关财产采取临时保全措施。

我国《仲裁法》第39条和第40条规定:“仲裁应当开庭进行。当事人协议不开庭的,仲裁庭可以根据仲裁申请书、答辩书以及其他材料作出裁决。”“仲裁不公开进行。当事人协议公开的,可以公开进行,但涉及国家秘密的除外。”

关于外国律师是否可以代表当事方参与仲裁审理,大多数国家和地区没有禁止性规定,如英国、美国和中国香港。也有的国家禁止外国律师代表当事方参与仲裁审理,如日本。

(四)裁决

我国《仲裁法》第53、55、57、62条分别规定:“裁决应当按照多数仲裁员的意见作出,少数仲裁员的不同意见可以记入笔录。仲裁庭不能形成多数意见时,裁决应当按照首席仲裁员的意见作出。”“仲裁庭仲裁纠纷时,其中一部分事实已经清楚,可以就该部分先行调解。”“裁决书自作出之日起发生法律效力。”“当事人应当履行裁决。一方当事人不履行的,另一方当事人可以依照民事诉讼法的有关规定向人民法院申请执行。受申请的人民法院应当执行。”第58条还规定:“当事人提出证据证明裁决有下列情形之一的,可以向仲裁委员会所在地的中级人民法院申请撤销裁决:(一)没有仲裁协议的;(二)裁决的事项不属于仲裁协议的范围或者仲裁委员会无权仲裁的;(三)仲裁庭的组成或者仲裁的程序违反法定程序的;(四)裁决所依据的证据是伪造的;(五)对方当事人隐瞒了足以影响公正裁决的证据的;(六)仲裁员在仲裁该案时有索贿受贿、徇私舞弊、枉法裁决行为的。”

五、法院对仲裁裁决的监督

(一)各国关于法院对仲裁裁决监督的规定

各国多规定一次性仲裁,即仲裁裁决作出后即发生法律效力。同时也规定仲裁排斥司法管辖。尽管法院并不参加仲裁审理,但是,由于法院负责仲裁裁决的执行,那么,法院是否在执行前需要对仲裁裁决予以审查呢,法院对仲裁是否不能有任何干预或参与呢?事实是,大多数国家的仲裁法律都赋予了法院一定的监督权,只是监督的程度有所不同。事实证明,法院过多地干预仲裁,只会导致仲裁信誉的下降,不利于仲裁机构独立仲裁,削弱仲裁的作用。从目前来看,法院尽可能少地干预仲裁是大势所趋。

(二)我国有关法院对仲裁裁决司法监督的规定

《仲裁法》第五章至第七章对法院对仲裁的司法监督作了详细规定。该法赋予法院对仲裁裁决的裁定撤销权、裁定中止撤销程序权、裁定中止执行权。

1. 裁定撤销权

《仲裁法》第58条规定,国内仲裁的当事人如提出证据,证明裁决有下列情形之一的,可以向仲裁委员会所在地中级人民法院申请撤销裁决:(1)没有仲裁协议的;(2)裁决的事项不属于仲裁协议的范围或者仲裁委员会无权仲裁的;(3)仲裁庭的组成或仲裁的程序违反法定程序的;(4)裁决所根据的证据是伪造的;(5)双方当事人伪造了足以影响公正裁决的证据的;(6)仲裁员在仲裁该案时有索贿受贿、徇私舞弊、枉法裁决行为的。人民法院经组成合议庭审查核实裁决有前款规定的情形之一的,应当裁定撤销。人民法院认为裁决违背社会公共利益的,应当裁定撤销。

从上述规定可以看出,法院对国内仲裁裁决的监督范围不仅包括仲裁程序方面的审查,也包括证据方面的审查。

而在涉外仲裁裁决的撤销方面,《仲裁法》则另有不同规定,法院对我国涉外仲裁机构作出的仲裁裁决的监督范围仅限于仲裁程序方面的审查,不包括证据等实体法方面的审查。[22] 《仲裁法》第70条规定:"当事人提出证据证明涉外仲裁裁决有民事诉讼法第260条第1款规定的情形之一的,经人民法院组成合议庭审查核实,裁定撤销。"而《民事诉讼法》第260条第1款则规定:对中华人民共和国涉外仲裁机构作出的裁决,被申请人提出证据证明仲裁裁决有下列情形之一的,经人民法院组成合议庭审查核实,裁定不予执行:(1)当事人在合同中没有订有仲裁条款或者事后没有达成书面仲裁协议的;(2)被申请人没有得到指定仲裁员或者进行仲裁程序的通知,或者由于其他不属于被申请人负责的原因未能陈述意见的;(3)仲裁庭的组成或者仲裁的程序与仲裁规则不符的;(4)裁决的事项不属于仲裁协议的范围或者仲裁机构无权仲裁的。人民法院认定执行该裁决违背社会公共利益的,裁定不予执行。

此外,为保证诉讼和仲裁活动依法进行,我国对法院撤销我国涉外仲裁裁决建立报告制度。[23] 凡一方当事人向法院申请撤销涉外仲裁裁决,如法院经过审查认为具有《民事诉讼法》第260条第1款规定情形之一的,在裁定撤销裁决或通知仲裁庭重新仲裁之前,须报请本辖区高级人民法院进行审查。如高级人民法院同意撤销裁决或通知仲裁庭重新裁决,应将其审查意见报最高人民法院,待最高人民法院答复后方可撤销仲裁裁决或通知仲裁庭重新仲裁。

---

〔22〕 有学者认为,应将法院对国内仲裁裁决的监督范围也限在仲裁程序审查方面。

〔23〕 参见最高人民法院《关于人民法院撤销涉外仲裁裁决有关事项的通知》,1998年4月23日法[1998]40号。

2. 裁定中止撤销程序权

人民法院受理撤销裁决的申请后,认为可以由仲裁庭重新仲裁的,通知仲裁庭在一定期限内重新仲裁,并裁定中止撤销程序。仲裁庭拒绝重新仲裁的,人民法院应当恢复撤销程序。[24]

被申请人提出证据证明裁决有《民事诉讼法》第 217 条第 2 款规定的情形之一的,经人民法院组成合议庭审查核实,裁定不予执行。[25] 仲裁裁决被人民法院裁定不予执行的,当事人可以根据双方达成的书面仲裁协议重新申请仲裁,也可以向人民法院起诉。

3. 裁定中止执行权

一方当事人申请执行裁决,另一方当事人申请撤销裁决的,人民法院应当裁定中止执行。撤销裁决的申请被裁定驳回的,人民法院应当裁定恢复执行。裁定撤销裁决的,应当裁定终结执行。[26]

为防止法院盲目干预仲裁,最高人民法院于 1999 年 1 月 29 日和 1998 年 4 月 23 日分别发布了《关于当事人对人民法院撤销仲裁裁决的裁定不服申请再审人民法院是否受理问题的批复》、《关于人民法院撤销涉外仲裁裁决有关事项的通知》。根据上述规定,当事人对人民法院撤销仲裁裁决的裁定不服申请再审的,人民法院不予受理。人民法院在裁定撤销仲裁裁决或通知仲裁庭重新仲裁之前,须报经高级人民法院、最高人民法院审查、答复后,才可作出裁定或通知。

六、仲裁裁决的承认与执行

由于仲裁机构属民间性质,因此不具有强制执行仲裁裁决的能力。各国法律大多规定,如败诉方不执行仲裁裁决,胜诉方有权要求有关国内法院对仲裁裁决予以强制执行。一般情况下,多为败诉方财产所在地法院负责执行。

(一)外国仲裁裁决的承认与执行

法院对一国仲裁裁决的执行通常依照本国诉讼法执行,而且多只进行形式审查。只要形式审查合格,则按本国法律执行。外国仲裁裁决在本国执行十分复杂,它不仅涉及争议各方当事人的经济利益,也涉及仲裁地和执行地所在国的国家利益,因此,许多国家对外国仲裁裁决的执行都以外国仲裁裁决首先获得本国承认为前提条件,并且还附加了很多要求。

为统一各国在承认和执行外国仲裁裁决方面的分歧,1923 年在日内瓦通过了《日

---

〔24〕 我国《仲裁法》第 11 条。

〔25〕 我国《民事诉讼法》第 217 条第 2 款规定:被申请人提出证据证明仲裁裁决有下列情形之一的,经人民法院组成合议庭审查核实,裁定不予执行:当事人在合同中没有订有仲裁条款或者事后没有达成书面仲裁协议的;裁决的事项不属于仲裁协议的范围或者仲裁机构无权仲裁的;仲裁庭的组成或者仲裁程序违反法定程序的;认定事实的主要证据不足的;适用法律确有错误的;仲裁员在仲裁该案时有贪污受贿、徇私舞弊、枉法裁判行为的。

〔26〕 我国《仲裁法》第 64 条。

内瓦仲裁条款议定书》,1927 年通过了《日内瓦执行外国仲裁裁决公约》。但上述公约在执行外国仲裁裁决上条件过严,手续烦琐,需要制定更加简便的国际公约,方便外国仲裁裁决的执行,保证仲裁裁决的真正有效性,维护胜诉一方当事人的合法权益。为此,联合国经济与社会理事会在纽约召开了有 45 个国家和有关国际组织的代表参加的国际商事仲裁会议,于 1958 年 6 月 10 日在纽约通过了《承认与执行外国仲裁裁决公约》(简称《纽约公约》),该公约于 1959 年 6 月 7 日生效。到 2008 年 9 月 30 日,有 142 个国家加入该公约。1923 年《日内瓦仲裁条款议定书》、1927 年《日内瓦执行外国仲裁裁决公约》在《纽约公约》的缔约国之间不再生效。实际上,上述两个公约的缔约国几乎都参加了《纽约公约》,《纽约公约》已经完全取代 1923 年《日内瓦仲裁条款议定书》以及 1927 年通过的《日内瓦执行外国仲裁裁决公约》。由于《纽约公约》放宽了条件,简化了程序,使外国仲裁裁决更容易得到执行,因而具有广泛的成员,使得该公约成为国际上影响较大的公约之一。《纽约公约》有 16 条内容,主要规定如下:

1. 公约适用范围

公约适用于因自然人或法人之间的争议而产生且在申请承认和执行地所在国以外的国家领土内作成的仲裁裁决。公约对于仲裁裁决经申请承认及执行地所在国认为非内国裁决者,也适用。也就是说,《纽约公约》适用于任何性质的仲裁裁决。而且,被申请执行地所在国有权依照本国法确定何为"内国裁决",属于内国裁决者,不适用该公约。

由于《纽约公约》的适用范围较宽,不仅适用于商事仲裁裁决,同时还适用于非商事仲裁裁决。很多国家在加入该公约时对此作出了保留。例如,美国联邦仲裁法第 202 条规定,《纽约公约》在美国仅适用于按美国法律所认为的"非领土性"或"非国内性"的仲裁协议。而且,联邦法庭只能认可执行那些由"被认为是商业性"的关系所产生的外国仲裁协议或仲裁书。[27]

我国《仲裁法》和《民事诉讼法》并没有明确规定何谓"国内仲裁",但最高人民法院在《关于执行我国加入的〈承认与执行外国仲裁裁决公约〉的通知》中明确规定:"我国对在另一缔约国领土内作成的仲裁裁决的承认和执行适用该公约。"也就是说,我国以作出仲裁裁决的机构所在地确定该仲裁裁决是否在本国裁决。

2. 拒绝承认和执行外国仲裁裁决的条件

根据公约的规定,一缔约国必须承认和执行另一缔约国的仲裁裁决,除非在下列情况下方可拒绝承认和执行:(1)仲裁协议的双方当事人根据对其适用的法律,当时是处于某种无行为能力的情况之下;或者根据双方当事人选定适用的法律或在没有这种选定时,根据作出裁决国家的法律,仲裁协议无效。(2)作为裁决执行对象的当事人,没有被给予指定仲裁员或进行仲裁程序的适当通知,或者由于其他情况而不能对案件提出意见。(3)裁决涉及仲裁协议未提到的,或不包括在仲裁协议规定范围之内的争

---

〔27〕 詹姆斯·吉莫曼:"仲裁书在美国的认可和执行",载《国际商报》1998 年 4 月 11 日。

议;或者裁决内含有对仲裁协议范围以外事项的决定。但是,对于仲裁协议范围以内事项的决定,如果可以和对于仲裁协议范围以外的事项的决定分开,则该部分的决定仍然可予以承认和执行。(4)仲裁庭的组成或仲裁程序同当事人间的协议不符,或当事人之间没有这种协议时,同进行仲裁国家的法律不符。(5)裁决对当事人还未产生法律效力,或者裁决的国家或据其法律作出裁决的国家的管辖当局撤销或停止执行裁决。(6)争议的事项依照被请求国的法律,不可以用仲裁方式解决。(7)承认或执行该项裁决将和被请求国的公共秩序相抵触。只要具备上述条件之一,被请求国有权拒绝承认和执行。

3. 执行外国仲裁裁决的程序

对外国仲裁裁决予以承认后,在执行方面,不应比对承认和执行本国仲裁裁决规定较烦琐的条件或较高费用。

(二)我国关于仲裁裁决执行的规定

我国自改革开放以来,与27个国家缔结了35个双边司法协助条约。此外,1991年批准加入了《关于向国外送达民商事司法文书和司法外文书公约》,1997年批准加入了《关于从国外调取民事或商事证据的国际公约》。更重要的是,我国还于1986年12月2日批准加入了1958年《承认与执行外国仲裁裁决公约》(1987年4月22日起在中国生效)。1987年4月10日,最高人民法院发布了《关于执行我国加入的〈承认与执行外国仲裁裁决公约〉的通知》。1991年4月9日公布实施的《民事诉讼法》第269条专门规定了外国仲裁裁决在中国的承认和执行。此外,最高人民法院还于1995年8月28日发布了《关于人民法院处理与涉外仲裁及外国仲裁事项有关问题的通知》。

1. 我国涉外仲裁裁决在国内的执行

根据我国《仲裁法》第62条以及《民事诉讼法》第259条的规定,对我国仲裁机构作出的涉外仲裁裁决,一方当事人不履行的,对方当事人可以向被申请人住所地或财产所在地的中级人民法院申请依照《民事诉讼法》的有关规定执行。

2. 我国涉外仲裁裁决在外国的承认和执行

我国仲裁机构作出的发生法律效力的涉外仲裁裁决,当事人请求执行的,如果被执行人或者其财产不在我国境内的,应当由当事人直接向有管辖权的外国法院申请承认和执行。我国已是《纽约公约》的成员国,我国涉外仲裁机构作出的涉外仲裁裁决在公约缔约国内可以申请承认和执行。

3. 外国仲裁裁决在我国的承认与执行

如上所述,我国于1986年12月2日正式加入《纽约公约》,但提出了如下两项保留:[28]一是我国只在互惠基础上对在另一缔约国领土内作出的仲裁裁决的承认和执行适用

〔28〕 参见"全国人民代表大会常务委员会关于我国加入《承认与执行外国仲裁裁决的公约》的决定",1986年12月2日通过。

该公约；二是只对根据我国法律认定属于契约性和非契约性商事法律关系引起的争议适用该公约。

根据《民事诉讼法》第238条的规定，中国在处理外国仲裁裁决在中国的执行方面有以下几种情况：(1)对于来自《纽约公约》成员国的仲裁裁决，按照《民事诉讼法》第269条规定执行。即由当事人直接向被执行人住所地（自然人户籍所在地或居住地、法人主要办事机构所在地）或其财产所在地的中级人民法院申请（一方当事人是公民的，申请期限是1年；双方当事人是法人的，申请期限是6个月。自裁决规定的履行期限的最后一日计算起），人民法院将依照我国加入的《纽约公约》的规定对申请进行审查，经审查符合《纽约公约》规定的承认与执行的条件并且没有拒绝执行的条件的，应当裁定承认其效力，并依《民事诉讼法》规定的程序通知被执行人在指定期限内履行，逾期不履行的，予以强制执行。反之，驳回其申请，拒绝承认和执行。(2)对于来自与我国订有双边仲裁协议的国家的仲裁裁决，依照双边仲裁协议办理。(3)对于来自与我国没有双边或多边仲裁协议的国家的仲裁裁决，依照互惠原则办理。

（三）我国香港特别行政区仲裁裁决与我国内地仲裁裁决的相互承认与执行

由于历史的原因，在1997年7月1日以前，香港被英国强行租用99年。英国于1975年9月24日加入《纽约公约》，而中国于1986年12月2日加入《纽约公约》，所以，在我国加入《纽约公约》以前，我国内地与香港之间的仲裁裁决不能得到承认和执行。我国加入《纽约公约》后至1997年7月1日以前，我国内地与香港之间的仲裁裁决依照《纽约公约》得到相互承认和执行。1997年7月1日之后，香港回归中国，香港跟从中国继续成为《纽约公约》的成员方，[29]香港的裁决书虽然仍然可以在美国、日本等《纽约公约》的成员方得到承认和执行，但香港与英国成为不同成员方，仲裁裁决的相互承认与执行则依照《纽约公约》。而香港裁决书到国内执行则不能再适用《纽约公约》，因为香港已经回归中国，香港与中国不再是国家之间的关系，而是一个主权国家内部的地区之间的关系。根据最高人民法院在《关于执行我国加入的〈承认和执行外国仲裁裁决公约〉的通知》中明确规定："我国对在另一缔约国领土内作成的仲裁裁决的承认和执行适用该公约。"也就是说，香港仲裁机构作出的仲裁裁决为国内仲裁裁决。根据《香港特别行政区基本法》第95条的规定，[30]为解决香港仲裁裁决和国内仲裁裁决的相互承认和执行问题，最高人民法院审判委员会第1069次会议于1999年6月18日通过了《关于内地与香港特别行政区相互执行仲裁裁决的安排》（简称"安

---

〔29〕"中国向联合国递交首批适用于香港的国际多边公约清单"，载《深圳特区报》1997年6月25日。

〔30〕《香港特别行政区基本法》第95条规定："香港特别行政区可与全国其他地区的司法机关通过协商依法进行司法方面的联系和相互提供协助。"

排")。该"安排"于2000年2月1日起实施。其主要内容[31]如下:

(1)香港法院同意执行内地仲裁机构(由国务院法制办和港澳办确定名单)按《中华人民共和国仲裁法》作出的仲裁裁决;内地人民法院同意执行香港按香港特别行政区《仲裁条例》作出的仲裁裁决。

(2)在内地或香港作出的仲裁裁决,一方当事人不履行的,另一方当事人可以向被申请人住所地或财产所在地的有关法院(内地为中级人民法院,香港为高等法院)申请执行。被申请人的住所地或财产所在地既在内地又在香港的,申请人不能同时分别向两地提出申请。只有一地法院执行不足以偿还其债务时,可就不足部分向另一法院申请执行。

(3)申请人应提交如下文件:执行申请书、仲裁裁决书、仲裁协议。

(4)申请人申请执行的期限依照执行地的法律规定。

(5)被申请人提出证据证明有下列情形之一的,经审查核实,内地法院或香港法院可裁定不予执行:①仲裁协议当事人依对其适用的法律属于某种无行为能力的情形;或该仲裁协议依照约定的准据法无效;或未指明以何种法律为准时,依仲裁裁决地的法律是无效的。②被申请人未接到指派仲裁员的适当通知,或因他故未能陈述意见的。③裁决所处理的争议不是交付仲裁的标的或不在仲裁协议条款之内,或裁决载有关于交付仲裁范围以外事项的决定的;但交付仲裁事项的决定可与未交付仲裁事项划分时,裁决中关于交付仲裁事项的决定部分应当予以执行。④仲裁庭的组成或仲裁庭程序与当事人之间的协议不符,或在有关当事人没有这种协议时与仲裁地的法律不符的。⑤裁决对当事人尚无约束力,或业经仲裁地的法院或按照仲裁地的法律撤销或者停止执行的。⑥有关法院认定依照执行地的法律,争议事项不能以仲裁解决的,则不予执行。⑦内地法院认为执行该仲裁裁决违反内地社会公共利益或香港法院认为执行该仲裁裁决违反香港公共政策,则不予执行。

(6)1997年7月1日以后申请执行的内地或香港作出的仲裁裁决按该安排执行。

第三节　国际贸易诉讼

一、国际贸易诉讼案件管辖权

(一)国际贸易诉讼案件管辖权的概念及作用

国际贸易诉讼案件管辖权是指由哪一国法院享有审理某一国际贸易诉讼案件的

[31]　有学者认为,由于内地与香港有关仲裁协议的形式要件和实质要件的不同,实际上,该安排对香港当事人更为有利。参见宋崇宇:"关于内地与香港相互执行仲裁裁决的制度",载《国际商报》1999年12月19日。

权力。国际贸易纠纷案件具有涉外因素，通常涉及两个或两个以上国家的当事人，因此在采用司法诉讼方式解决纠纷时，由哪一国法院受理案件至关重要，一个案件由不同国家的法院审理往往会得到不同的处理结果。而它又涉及争议各方当事人的经济利益。

此外，国际贸易诉讼案件管辖权最重要的作用在于，它是国际贸易诉讼程序得以开始的依据，是一个国家法院审理案件的依据。如果某一国法院对某一国际贸易纠纷案件没有管辖权，其作出的判决不会得到有关国家的承认与执行。

（二）各国确立国际贸易诉讼案件管辖权的原则

1. 属地管辖原则

属地管辖原则，又称地域管辖原则。它是指一国对其本国领土范围内的一切人、物、法律行为都具有司法管辖权，但享有司法豁免权者除外。具体而言，属地管辖的确认从以下几方面进行：(1)被告的住所、居所或营业地在本国领土范围内。(2)诉讼标的物所在地或被告财产所在地并在本国领土范围内。(3)国际经济合同订立地、履行地、侵权行为发生地在本国领土范围内。以上三方面中，只要有其中一方面条件，本国法院即拥有司法管辖权。属地管辖原则最早在德国被采用，目前已为大多数国家所认可并使用。

2. 属人管辖原则

属人管辖原则，是指根据当事人的国籍来确定法院管辖权，只要争议当事人一方具有某国国籍，该国法院就可行使司法管辖权。法国最早采用属人管辖原则。由于属人管辖导致过多保护本国当事人的利益，因此采用这一原则的国家并不太多。但是，有些属地管辖的国家为了保护本国人的利益，将属人管辖原则作为属地管辖原则的补充。同时采用属人管辖原则的国家也将属地管辖原则作为补充。

3. 实际控制原则

实际控制原则，是指在对人诉讼中，法院行使管辖权以被告收到传票或在本国为依据。在对物诉讼中，法院行使管辖权以争议的标的物在本国领域内为依据。实际控制原则多为英美法系等国家所采用。

4. 协议管辖原则

协议管辖原则，是指依照当事人在法律允许的范围内通过协商达成的选择管辖法院的协议，来确定管辖法院的原则。

5. 专属管辖原则

专属管辖原则，是指一国主张其法院对某些案件具有独占的管辖权，任何其他国家的法院对这类案件都无权管辖。通常情况下，本国境内的不动产纠纷、继承纠纷、租赁纠纷、破产纠纷等都列入专属管辖范围。

以上确认管辖权的原则在许多国家是兼用的。

（三）我国关于国际贸易诉讼案件管辖权的规定

我国《民事诉讼法》(2007 年修改)第四编第二十四章专章规定了涉外民事诉讼的

管辖问题。根据该章规定,我国在涉外民事诉讼(包括国际贸易诉讼)管辖权方面采用了属地管辖原则,同时也规定了协议管辖和专属管辖原则。其具体规定如下:

(1)因合同纠纷或者其他财产权益纠纷,对在中国领域内没有住所的被告提起的诉讼,如果合同在中国领域内签订或者履行,或者诉讼标的物在中国领域内,或者被告在中国领域内有可供扣押的财产,或者被告在中国领域内设有代表机构,可以由合同签订地、合同履行地、诉讼标的物所在地、可供扣押财产所在地、侵权行为地或者代表机构住所地人民法院管辖。

(2)涉外合同或者涉外财产权益纠纷的当事人,可以用书面协议选择与争议有实际联系的地点的法院管辖。选择中国法院管辖的,不得违反级别管辖和专属管辖的规定。

(3)因在中国履行中外合资经营企业合同、中外合作经营企业合同、中外合作勘探开发自然资源合同发生争议提起的诉讼,由中国法院管辖。

(4)涉外民事诉讼的被告对法院管辖不提出异议,并应诉答辩的,视为承认该法院为有管辖权的法院。

在海事诉讼方面,1984 年 12 月以前,海事和海商纠纷的诉讼案件的一审法院是各地中级人民法院。1984 年 12 月以后,随着我国对外经济活动的增多,海事案件大量出现,而海商案件又比较复杂,涉及许多方面的专业知识,因此,1984 年 11 月 14 日通过了《关于在沿海港口城市设立海事法院的决定》,授权最高人民法院决定海事法院的设置、变更和撤销。根据该决定,海事法院只管辖第一审海事和海商案件,不受理刑事案件和其他民事案件。对海事法院的判决和裁定的上诉案件由海事法院所在地的高级人民法院管辖。最高人民法院于 1984 年 11 月 28 日发布了《关于设立海事法院几个问题的决定》,根据该决定,在广州、上海、青岛、天津、大连五个城市设立海事法院。后又在武汉设立海事法院。1990 年还在海口、厦门设立了海事法院。到目前为止,我国共有 10 个海事法院。[32]

为专门规范海事诉讼的程序,1999 年 12 月 25 日,第九届全国人民代表大会第十三次会议通过了《海事诉讼特别程序法》,2000 年 7 月 1 日起生效。该法是对《民事诉讼法》涉及海事诉讼的补充和扩大。其主要特点是将过去涉及船舶扣押和拍卖的有关规定纳入其中。此外,还规定了海事强制令、海事证据保全、海事担保、涉外送达、船舶碰撞、共同海损、海上保险的代位求偿权、海事赔偿限制责任基金、海事请求、债券登记和受偿顺序、船舶优先权等。

根据 2001 年 8 月 9 日最高人民法院通过的《关于海事法院受理案件范围的若干规定》(自 2001 年 9 月 18 日起施行),海事法院的受案范围包括海事侵权纠纷案件、海商合同纠纷案件、其他海事海商纠纷案件、申请执行海事法院及其上诉审高级人民法院

---

〔32〕 广州海事法院、上海海事法院、大连海事法院、天津海事法院、青岛海事法院、北海海事法院、宁波海事法院、武汉海事法院、海口海事法院、厦门海事法院。

和最高人民法院就海事请求作出的生效法律文书的案件。

二、国际贸易行政诉讼

为依法公正及时地审理国际贸易行政案件,根据《行政诉讼法》、《立法法》以及其他有关法律的规定,最高人民法院于2002年8月27日通过了《关于审理国际贸易行政案件若干问题的规定》,自2002年10月1日起施行。根据该规定,国际贸易行政案件包括有关国际货物贸易的行政案件,有关国际服务贸易的行政案件,与国际贸易有关的知识产权行政案件,其他国际贸易行政案件。

自然人、法人或者其他组织认为中国具有国家行政职权的机关和组织及其工作人员有关国际贸易的具体行政行为侵犯其合法权益的,可以依照行政诉讼法以及其他有关法律、法规的规定,向人民法院提起行政诉讼。当事人的行为发生在新法生效之前,行政机关在新法生效之后对该行为作出行政处理决定的,当事人可以依照新法的规定提起行政诉讼。

第一审国际贸易行政案件由具有管辖权的中级以上人民法院管辖。人民法院审理国际贸易行政案件,应当依照行政诉讼法,并根据案件具体情况,从以下方面对被诉具体行政行为进行合法性审查:(1)主要证据是否确实、充分;(2)适用法律、法规是否正确;(3)是否违反法定程序;(4)是否超越职权;(5)是否滥用职权;(6)行政处罚是否显失公正;(7)是否不履行或者拖延履行法定职责。

人民法院审理国际贸易行政案件,应当依据中国法律、行政法规以及地方立法机关在法定立法权限范围内制定的有关或者影响国际贸易的地方性法规。地方性法规适用于本行政区域内发生的国际贸易行政案件。人民法院审理国际贸易行政案件,参照国务院部门根据法律和国务院的行政法规、决定、命令,在本部门权限范围内制定的有关或者影响国际贸易的部门规章,以及省、自治区、直辖市和省、自治区的人民政府所在地的市、经济特区所在地的市、国务院批准的较大的市的人民政府根据法律、行政法规和地方性法规制定的有关或者影响国际贸易的地方政府规章。人民法院审理国际贸易行政案件所适用的法律、行政法规的具体条文存在两种以上的合理解释,其中有一种解释与中国缔结或者参加的国际条约的有关规定相一致的,应当选择与国际条约的有关规定相一致的解释,但中国声明保留的条款除外。

外国人、无国籍人、外国组织在中华人民共和国进行国际贸易行政诉讼,同中国公民、组织有同等的诉讼权利和义务,但有《行政诉讼法》第71条第2款规定的情形的,适用对等原则。涉及香港特别行政区、澳门特别行政区和台湾地区当事人的国际贸易行政案件,参照上述规定处理。

三、外国法院判决的承认与执行

(一)外国法院判决的承认与执行的概念与作用

根据国家主权原则,任何国家法院的判决原则上只能在该国领域内具有法律效力,并可以强制执行,而在外国则没有法律效力。但由于国际贸易纠纷的当事人身处不同国家,如果一国法院对其纠纷作出的判决不能在另一方当事人所在国家执行,则这一国际贸易诉讼案件的判决就变得没有实际意义,不能真正保护当事人的合法权益。为解决这一问题,必须使一国法院的判决在他国得到承认和执行。

所谓外国法院判决的承认和执行是指承认外国法院的判决在本国境内具有与本国法院判决同等的法律效力,并在承认的基础上根据一方当事人的请求或作出判决法院的请求,按照本国法和本国缔结或参加的国际条约所规定的条件和程序,在本国境内强制执行外国判决。可见,承认是执行的必要前提条件,但承认并不一定导致执行。承认外国法院判决的后果就是根据外国法院判决来确定当事人的权利义务关系,如果当事人就同一案件向承认判决国法院起诉,承认判决的国家将不再受理。

(二)关于我国与外国相互承认与执行法院判决的规定

我国《民事诉讼法》第244条至第266条对我国与外国相互承认与执行法院判决问题作出了详细规定。

1. 我国法院判决在外国的承认与执行

我国《民事诉讼法》第266条至第268条作了如下规定:人民法院作出的发生法律效力的判决、裁定,如果被执行人或者其财产不在中国领域内,当事人请求执行的,可以由当事人直接向有管辖权的外国法院申请承认和执行,也可以由人民法院依照中国缔结或参加的国际条约规定,或者按照互惠原则,请求外国法院承认和执行。

2. 外国法院判决在我国的承认与执行

外国法院作出的发生法律效力的判决或裁定,需要我国法院承认和执行的,可以由当事人直接向我国有管辖权的中级人民法院申请承认与执行,也可以由外国法院依照该国与我国缔结的或参加的国际条约的规定,或按互惠原则,请求人民法院承认和执行。人民法院对申请或请求承认的外国法院作出的发生法律效力的判决、裁定,依照我国缔结或参加的国际条约,或按互惠原则进行审查后,认为不违反我国法律基本原则或者国家主权、安全、社会公共利益的,裁定承认其效力,需要执行的,发出执行命令,依民事诉讼法规定执行。违反我国法律的基本原则或国家主权、安全、社会公共利益的,不予以承认和执行。

本章思考题

1. 简述国际贸易争议的概念和特点。
2. 简述国际贸易争议的解决方法及其特点。
3. 概述仲裁协议的概念、种类和效力。
4. 概述法院对仲裁的监督。
5. 概述仲裁裁决的执行。
6. 国际贸易诉讼案件的管辖原则有哪些?
7. 概述国际贸易行政案件的管辖和处理。

下编　政府管理贸易的法律与制度

第九章　政府管理贸易的法律与制度概述

第一节　政府管理贸易的法律与制度概述

我们在上篇阐述了国际贸易法的渊源和发展,阐述了国际贸易法和国际商法的关系:国际贸易法作为国际经济法的一部分,产生于国家对经济的干预。我们也分析了人们从事国际贸易的动机,即有关国际贸易理论方面的几种古典的和现代的学说和观点,分析了这些西方国际贸易理论的合理内核以及它们存在的共同弱点。这些弱点概括起来主要有两条:第一,他们把刺激国际贸易发展的各种因素——自然条件和社会经济因素都看成是孤立的、不依附于任何社会制度的现象,忽视了这一切归根结底要受到社会生产关系的制约。第二,这些西方国际贸易理论回避了国家及政府在国际贸易中的作用。政府在处理国际贸易问题时的政策、法律以及采用的各种手段,时时在制约着一国仅仅从自然条件或经济利益为出发点所产生的国际贸易动机。

政府管理贸易的法律与制度是各国政府或为保护和促进国内生产,增加出口,限制进口而采取的鼓励与限制措施;或为政治目的,对进出口采取禁止或限制的措施。它是一国对外贸易政策的体现。政府管理贸易的法律制度分为两种:一种是对进口贸易的管理;另一种是对出口贸易的管理。这些法律都属强制性法律规范,任何人不得随意加以改变。对于违法者,轻的要受行政处罚、经济制裁,重者要承担刑事责任。政府管理贸易的制度主要包括:关税制度、许可证制度、配额制度、外汇管理制度、商品检验制度、原产地规则以及有关保护竞争、限制垄断及不公平贸易做法的法律与制度等。

政府对贸易进行管理由来已久,古代雅典城邦国家曾对其谷物出口加以限制。15世纪的重商主义者主张用国家权力手段对贸易实行管制,因此也是对外贸易的保护主义者。第一次世界大战前,各国政府主要是用关税措施限制他国商品的输入。第二次世界大战后,除关税措施外,又出现了许多新的措施,称为“非关税壁垒”,如许可证制度、配额制度以及繁杂的通关手续的规定、苛刻的产品质量与卫生安全标准、各种形式的政府补贴措施和自动限制、有秩序的销售协议等,据统计,各种名目的非关税措施达上千种之多。

政府对贸易进行管理是资本主义发展到帝国主义,资本主义市场自动调节机制失灵,垄断资本与国家政权相结合的产物,是各国经济发展不平衡、资本主义强国争夺世界市场的结果,也是广大发展中国家捍卫本国经济主权、发展民族经济、抵制资本主义经济掠夺的武器。目前,政府对贸易进行管理和监督已成为各国政府不可或缺的一项重要职能,尤其值得注意的是,进入20世纪80年代以来,政府管理贸易的法律与制度正在成为一些国家的政府推行贸易保护的有力工具。90年代蓬勃发展的区域贸易集团,在促进利益相关国家贸易自由化的同时,也将各国政府管理贸易的水平推向了新的阶段,对政府管理贸易法律和制度的丰富与发展起了极大的推动作用。

关税和贸易总协定从1947年起举行了一系列谈判,就其成员间多边互惠的削减关税,减少非关税壁垒达成了一系列国际协议,提出了一整套为世界大多数国家所接受的国际贸易原则和规则。20世纪60年代以后,发展中国家为保护和发展民族经济所采取的合理保护措施与发达国家为争夺世界市场而采取的某些侵略扩张性保护措施之间的矛盾日益尖锐,关贸总协定为解决这些矛盾,协调各国在国际贸易法律与政策方面的重要问题,发挥了重要作用。1995年1月1日世界贸易组织的成立以及乌拉圭回合谈判中达成的一系列积极成果,标志着世界各国政府管理贸易的政策、法律和措施走上了进一步的协调和统一。

第二节　政府管理贸易的历史发展

政府对贸易进行管理由来已久。自从有了国家,有了对外贸易,就存在政府对贸易的管理。在这里,我们把政府管理贸易的正常职能的运作与贸易保护主义加以区分。

一、古罗马帝国经济立法中的管制性质

早在罗马时代,古代雅典城邦国家对其谷物的出口就曾加以限制和禁止。由于缺乏史料记载,使我们不能详细描绘出罗马时代经济立法中的细节,只好借用比利时根特大学历史系教授亨利·皮朗(Henri Pirenne,1862~1935)在其著作《中世纪欧洲经济社会史》中的一段结论来说明,他写道:“支配罗马帝国整个经济立法的那种管制的性质,并没有随着罗马帝国的衰亡而消失,甚至在中世纪农业时期,从国王与封建当局对度量衡、货币铸造、赋税与市场所握有的控制权上,也看得出罗马帝国经济立法中的那种管制性质。”[1]

这种管制性质曾作为一种王权的象征或作为推动国内经济改革的手段出现。例如,禁止谷物出口就是作为雅典执政官梭伦进行农业改革的一部分出现的。[2]

---

〔1〕 顾准:《希腊城邦制度——读希腊史笔记》,中国社会科学出版社1982年版,第121页。

〔2〕 同上注。

二、重商主义时代

重商主义是和贸易保护主义同时建立起来的，14 世纪发端于英国，十六七世纪是其全盛时期。所谓重商主义（Mercantilism），是指自公元 1500 年至 1776 年亚当·斯密《国富论》出版为止，西欧各国所推行的经济政策和理论而言。该词为亚当·斯密所创造，此后为历史学家所沿用，主要是用于与重农主义（Physiocracy）作比较分析。

重商主义名为重商，实际上关注的乃是如何对当时的农本社会（Agrarian Society）的农、工、商业加以改造，以建立一个统一而独立的国家，在这个意义上，重商主义学说可以说是“国家主义经济学”（Economics of Nationalizm），是一种干涉经济自由的主义。〔3〕 重商主义政策首先来自西班牙、葡萄牙，之后是荷兰，最后是英国、法国和德国。由于各国经济发展情况不同，该政策因时因地而异。通常多以英国学说为代表，阐述重商主义的发展与演变。

中世纪，至少在 15 世纪以前，贸易管制作为一种保护主义的迹象并没有出现。作为中世纪文明特征的“国际主义”在各个国家中表现得非常明显。“他们从来不曾在控制商业活动方面作过任何尝试，我们也绝找不到什么可以叫做经济政策的迹象。”〔4〕 例如，当时的集市对所有的商人都开放，如同所有的港口对所有的船舶开放一样。集市被授予一定特权：如集市的土地不受侵犯，赶集人受到地方诸侯的保护，集市警卫队维持秩序，经其盖章的契约具有特殊的法律拘束力。赶集的商人在集市外犯罪和欠债，他人不得在集市上对其进行报复性处分，不能在其赶集时没收其土地。集市期间暂停诉讼和法律处分。暂停禁止取息和放款（当时的教会是禁止这样做的）。〔5〕 没有任何国家对本国贸易施以优惠，以保护他们与国外进行的竞争。

过境税的征收是管理贸易的唯一手段。最初是为满足诸侯个人的财政需要，其后则是为公共目的或作为其权力的象征。对当时的人来说，没有像保护关税这种现代经济措施的概念。提罗尔人为抵制意大利进口货的竞争而征收酒税，可以说是少数的例外。〔6〕

战争时期逮捕敌方商人，没收其财物，扣留其船只，禁止与敌国进行交易等，仅仅是作为迫使对方就范、实现武力征服的辅助性手段。例如 13 世纪和 14 世纪，英格兰的国王们在和法兰德斯作战时，禁止羊毛输往该地，以引起该地的产业危机，但延续时间很短，一旦和平恢复，一切又归于正常。〔7〕 现代贸易战的观点，如侵占夺取对方市场、挤垮竞争对手的产业这类想法在当时是不存在的。

14 世纪初的英国是重商主义的发源地，因为当时的英国比其他任何地方都具有权

---

〔3〕 赵捷谦：《国际贸易政策——理论与实际》，亚南图书出版社 1984 年版，第 7～8 页。

〔4〕 同注〔1〕书，第 83 页。

〔5〕 马克斯·维贝尔：《世界经济通史》，上海译文出版社，第 294 页。

〔6〕 同上注，第 88～90 页。

〔7〕 亨利·皮朗：《中世纪欧洲经济社会史》，上海人民出版社，第 84 页。

力较大的统一的政府。1381 年的法令曾要求把英国贸易划归由英国商船经营,由于遭到反对而无法实行。但这预示着国家的一项新政策,即国家干预经济、对贸易进行管制的开端。[8] 1440 年通过的一条法令可以视为一个转折点,标志着重商主义在英国的建立。它规定:(1)外国商人运货到英国,必须将全部价款转换成英国货物;(2)英国商人在海外经商,至少须将一部分售货所得用现金形式带回本国。1651 年的《航海法》标志着重商主义在英国达到了其全盛时期。该法规定,运送货物必须使用英国的商船。

15~17 世纪的欧洲,正处在资本的原始积累时期,重商主义作为一种国家主义经济学,代表着商业资本利益的一种经济思想和政策体系。其追求的目标是在国内积累资本财富,把重金属(货币)留在本国国内。早期重商主义和晚期重商主义的共同思想是:只有金银是一国真正的财富。国内贸易买卖相抵,不能增加财富,只有对外贸易才能积累财富。一国所得必是另一国所失,因此主张用政府干预手段保证国际贸易出超和金银进口来积累财富。

1. 早期重商主义

又称重金主义。以英国威廉·斯塔福(W. Stafferd,1554~1612)为代表。早期重商主义用金银多寡来衡量一国的财富,反对进口。认为进口会减少货币,而货币的减少对国家是有害的。因此,国家应干预经济。这一理论又被马克思称为“货币差额论”。

2. 晚期重商主义

代表人物是英国的托马斯·曼(Thomas Man, 1571~1641),其代表作是《英国得自对外贸易的财富》。该著作被称为是重商主义的圣经。

晚期重商主义认识到货币在流动中可以升值,因此主张货币应当流动,鼓励商品出口。但贸易要顺差,即多出少入,出口大于进口,实行奖出限入以保证货币流回本国。1651 年的《航海法》是这一思想在法律上的集中体现。[9]

在英国,为了增加贸易顺差,重商主义的做法如下:(1)制定限制进口标准。①凡外国之货,来销国中而与本国之货争销者,不问何国,皆阻抑之,使勿畅流;②凡与其国通商,而贸易为逆差者,不问何国,皆阻抑之,使渐相抵。其具体做法是,通过征收高关税或颁发禁令达此目的。(2)鼓励出口。①退税。分外销退税与进口原料退税,前者指本国之货,征抽已纳,至于出口,则还已征之全或半。后者指凡外国之货,才入国而征之,及其更出,则还已征之全或半。②奖励。分进口替代业(Import-substitution In-

---

[8] 亨利·皮朗:《中世纪欧洲经济社会史》,第 137 页注[2]。皮朗认为,英国的航运却没有与羊毛的出口一同发展,这似乎是令人诧异的事。最初,英格兰的羊毛主要由大陆船只运输,13 世纪时几乎为条顿的汉撒同盟的船只所独占。

[9] 马克斯·维贝尔前书,第 296 页。在里普逊的《英国经济史》中还谈到 1455 年,禁止丝织品进口以保护本国的织造业,1463 年禁止外国输入羊毛,1464 年对大陆呢绒进口的限制都预示着英国第一个新派国王亨利七世(1485~1509)坚决的保护主义和重商主义政策。参见亨利·皮朗:《中世纪欧洲经济社会史》,第 196 页。

dustry)与出口业补贴。前者指对新兴之制造业有利于国家者,于设厂之初,则加以鼓励;后者指对旧有制造业,必以外销方能维持对国家有利者加以奖励。(3)制定条约,利用有利的通商条约,使本国之货品及本国之商人得于外国享有优于他国在该国之特权。(4)建立殖民地。通过建立殖民地,不仅给母国商人及货物以特殊特权,同时授予独占权。〔10〕

在法国,法王路易十四的财政顾问简·巴布蒂斯、柯尔伯特(Jean Baptiste Colbert)和马扎林(Mazarin)也曾寻求贸易管制来积蓄国家的经济力量。他们的高关税政策导致法国和荷兰的关税战以及英格兰的报复。在18世纪末长达15年多的时间里,两国几乎停止了一切贸易往来。〔11〕 在西欧,整个18世纪,政府对国际贸易的管制成为对外和经济政策的重要手段。

重商主义是资本主义因素在封建制度内孕育成长的结果。其进步作用在于促进了资本主义的原始积累,促进了商品经济在流通领域的发展。其局限性在于:重商主义关心的是一国财富的增加,但"国"并不包括该国所辖下之全体人民,而仅包括上层阶级的人民,与亚当·斯密认为包括全体人民有所不同;"富"仅包括黄金及白银等贵金属,即说货币为财富,与斯密认为的财富不是货币,而是货物及服务的流量,即"国民所得"也有不同。〔12〕 其次,该理论的探讨只停留在流通领域,而未深入到生产领域。重商主义强调国民财富的移转性(Transfer),而忽视财富的增值性(Creation),认为一国所得必是另一国的所失,因此,在资源有限的世界里,国与国之间为争夺对资源的控制必然发生冲突。因此,国际间冲突是不可避免的。例如,在英国从1650年至1815年的165年间,就有84年是处于战争状态。〔13〕 而亚当·斯密看重的是财富的增值性,即贸易双方均能因贸易获益,帝国主义思想就此失去了根据,各国之间可以共存共荣,战争是可以避免的。

随着科学技术的发展,工业革命的到来,贸易领域的扩大,这种以贸易平衡为特征、以邻为壑的重商主义必然阻碍经济和国际贸易的发展。

三、自由贸易时代

其代表有法国的重农主义和英国的大卫·休默(David Hume)、亚当·斯密、大卫·李嘉图等。与重商主义的贸易差额论相对应,重农主义反对高额关税,主张自由贸易,自由竞争。

1776年,亚当·斯密在他的《国富论》中提出了著名的"看不见的手"的理论,他写道:"每个人都在力图用他的资本,来使其生产品能得到最大的价值。一般地说,他并不企图增进公共福利,也不知道他所增进的公共福利为多少,他所追求的仅仅是他个

---

〔10〕 赵捷谦:《国际贸易政策——理论与实际》,亚南图书出版社1984年版,第11页。

〔11〕 参见C. W. Cole:《柯尔伯特与法国的重商主义时代》Vol. 1,1939年,第428~450页。

〔12〕 同注〔10〕,第8~9页。

〔13〕 同上注,第11~12页。

人的安乐,仅仅是他个人的利益。在这样做时,有一只看不见的手引导他去促进一种目标,而这种目标绝不是他所追求的东西。由于追逐他自己的利益,他经常促进了社会利益,其效果要比他真正想促进社会利益时所得到的效果为大。"这一理论为以后一切主张资本主义市场经济,主张经济上自由放任的资产阶级经济学家所推崇,经过不断地完善和修改,成为自由贸易的理论基础,支配着整个西方自由资本主义世界近二百年,直至20世纪30年代始受到挑战。[14]

在与重商主义及贸易保护主义长达数十年的斗争中,自由贸易理论最终在19世纪的英格兰取得了胜利。1820年伦敦商人向议会提交请愿书,宣布"无限制的自由即是最大限度的对外贸易以及资本主义工业化"。[15] 1846年英格兰作为第一个成熟了的工业社会,废除了著名的谷物法。[16] 当时的英国首相及保守党人罗伯特·皮尔(Robert Peel)明显地接受了斯密、李嘉图、穆勒等人的学说及主张,以至于背叛了曾经选举了他的地主阶级。从那时起直至第一次世界大战,英国基本上是一个自由贸易国家。此后,英国单方面降低了关税,废除了重商主义标志的航海法(1849年),1860年与法国签订了柯布登条约(The Cobden-chevalier Treaty),其中规定对法国的葡萄酒、烧酒降低关税。该条约中第一次出现了体现自由贸易精神的无条件最惠国条款的内容,以此为开端,西欧大陆各国之间签订了许多含有无条件最惠国条款的条约,并陆续走上了自由贸易之路。

建立在地域分工、比较利益基础上的国际贸易理论,遵循着亚当·斯密"看不见的手"(Invisible Hand)的教训,主张经济上的自由放任,反对干涉贸易自由的政府措施。这一自由贸易政策符合野心勃勃的资本家利益,适应了资本主义生长条件,促进了资本主义首先在英国的发展。"自由贸易意味着英国对内对外全部财政和贸易政策都改变得适合于工业资本家的利益"。[17] 一百多年来,随着科学技术的发展,国际分工在形式和内容上发生了很大的变化,促进了国际贸易在广度和深度上的发展。比较利益学说不断地被人们重新衍释和探讨,其合理内核至今仍在影响着国际贸易的发展方向,影响着各国的对外贸易政策,它们在不同层面上解释着人们从事国际贸易的动机和目的。而自由贸易作为一种未能实现的理想,始终以其无穷的魅力吸引着一代又一代的人们为之奋斗。另外,以比较利益为基础的自由贸易是资产阶级上升时期的经济学说,"它排除一切仍然阻碍着资本前进的民族障碍,只不过是让资本能充分地自由活

---

〔14〕 在亚当·斯密之后,出现了大卫·李嘉图的"比较利益"学说以及约翰·斯图亚特·穆勒(John Stuart Mill)对比较利益学说的发展。

〔15〕 A. G. Guest:Anson's "Law of contract" 1984,26th. ed. p. 4.

〔16〕 该法以不同形式在价格上禁止谷物进口,以保护英国的地主阶级。

〔17〕 恩格斯:《英国工人阶级状况(序言)》,载《马克思恩格斯选集》(第4卷),人民出版社1995年版,第412页。

动罢了”。[18] 它将弱肉强食、适者生存的自然法则引入到人类社会,以极端个人主义的哲学思想为基础,在实际运作中,反映出的是一种霸道的、强权者的价值取向。“英国制造业者及其代言人,经济学家的今后任务,便是使其他一切国家皈依自由贸易的福音,来建立以英国为最大的工业中心,而其余一切国家为依存这个中心的农业地域的世界。”[19] 自由贸易理论以“看不见的手”、“国际分工”等口号掩盖了资本主义阶段压迫和阶级剥削的本质,掩盖了先进的殖民大国对殖民地人民的残酷压榨和掠夺。因此,二百年来,对这一放任主义的经济政策的批评、质疑和斗争,从来就没有停止过。

四、现代贸易保护主义

现代贸易保护主义之所以冠以现代,以示与古典重商主义的贸易保护主义相区别。它是一种与自由贸易理论相对立而又共生共长的国际贸易理论,主张为保护本国工业,保护本国市场,限制外国商品竞争,限制进口的一种政策和措施。现代贸易保护主义可分为保护主义与超保护主义两个阶段。前者与古典自由贸易理论同时存在,后者出现于 1929 ~ 1933 年的经济危机以及两次世界大战期间。前者以美国第一任财政部长汉密尔顿和德国的李斯特为代表,后者以英国经济学家凯恩斯为代表。

亚历山大 · 汉密尔顿(A. Hamilton,1757 ~ 1804)的代表作是 1791 年的《关于制造业的报告》(Report on Manufacture)。该报告在杰佛逊和汉密尔顿之间引发了一场关于国家商业政策的大辩论。实际是自由贸易和贸易保护主义之间的一场大辩论,而这种性质的辩论在美国历史上从未停息过。汉密尔顿主张在对外贸易中多出少进,以保护国内的幼稚工业,增加财政收入。在这种重商主义思想指导下,建立了美国的关税制度(1789 年)。1816 年正式将保护主义确定为关税法的基本精神。在这种精神指导下,美国的关税逐年增高,高关税壁垒政策贯穿了整个 19 世纪的美国。[20]

在德国,代表人物是弗里德里希 · 李斯特(Friedrich. List,1789 ~ 1846)。他早年主张自由贸易,1825 年从美国回来后,受到美国高关税政策的鼓舞,特别是为了保护幼稚工业而对制造业实行高关税的影响,转向坚决的贸易保护主义。其代表作是 1841 年《政治经济学的国民体系》。该书鼓吹德国应通过国家干预以保护德国的制造业——幼稚工业。德国在俾斯麦时代由于银根紧缩实行高关税政策,与法国、奥地利、俄国进行了关税战争,1879 年的关税法导致在一系列进口产品上大幅度提高了关税,部分原因出于当时经济上的拮据,此外也受到李斯特著作的影响。它标志着德国从自由贸易政策的后退。这种做法随后得到法国和其他欧洲国家的响应,只有英国仍旧保持着自

---

〔18〕《马克思恩格斯全集》(第 4 卷),第 456 页。

〔19〕马克思等著,北京对外贸易学院编:《马、恩、列、斯论国际贸易》,对外贸易学院 1959 年版,第 272 页。

〔20〕1816 年摩利尔关税法的关税是 7.5% ~30%,1824 年增加为 40%,到 1828 年增为 45%。

由贸易。[21]

贸易保护主义促进了当时工业后进国家,如美国、德国的迅速发展。在美国,贸易保护主义帮助年轻的合众国迅速摆脱殖民强国——英国的控制与掠夺,保护美国工业免受来自欧洲大陆的竞争而顺利发展。在欧洲各国之间以及欧洲各国与殖民地之间,关税保护作用成为欧洲强国之间相互争斗,并掠夺殖民地的有力工具。

凯恩斯(John Maynard Keynts ,1883 ~ 1946)的国际贸易理论又称新重商主义理论(Neo-Mercantilism)或超贸易保护理论,盛行于第一次世界大战和第二次世界大战之间。其代表作是1936年的《就业、利息和货币通论》(*The General Theory of Employment, Interest and Money*)。在1929 ~ 1933年大危机之前,凯恩斯也是一个自由贸易主义者,他曾一口否认保护贸易政策会有利于国内的经济繁荣与就业。他写道:若保护主义者认为保护政策可以医救失业,则保护主义之谬误,可说是到了最荒唐最赤裸裸的地步。[22] 大危机以后,凯恩斯改变立场,批评自己以前师承而且拿来教人的自由放任学说理论基础不够充分,缺乏远大的目光,没有看到重商主义保护政策的重大意义。于是转而推崇重商主义,认为重商主义的保护贸易政策确实能够保证经济繁荣,扩大就业。[23]

超贸易保护主义产生于大危机和两次世界大战期间,它既是资本主义发展到垄断时期,其固有矛盾总爆发的产物,也是资本主义各国经济发展不平衡的产物。和以前的保护主义相比,具有以下特点。(1)保护措施激增且形式呈多样化。保护措施不再限于关税和贸易条约,还有数量限制、许可证制度、配额限制、外汇管理限制等。这些措施在短期内急剧增加。(2)保护措施的暂时性。由于这些措施主要是为了进行战争或遏止经济衰退,因此,这些保护措施的最初目的在很大程度上是临时性的短期行为,一俟战争结束或经济形势好转,即将被取消(尽管日后证明,事实并非如此)。(3)保护对象扩大。不只限于对一国幼稚工业的保护,还扩及农业、濒于萎缩的行业或垄断性行业。(4)保护措施的公开性、有害性。20世纪30年代及战时的保护措施,是政府赤裸裸地干预经济,控制经济的产物。由其歧视性带来的灾难性后果不仅毒化了国际贸易秩序,而且恶化了国家之间的政治关系。

五、新贸易保护主义

战后,尽管由于关税与贸易总协定(GATT)的出现,保护主义特别是在主要发达国家中的关税壁垒得到极大的削弱,但保护贸易政策在各国仍旧存在。战后新贸易主义的发展也可分为两个阶段,第一阶段是从GATT临时生效时起的20年,第二阶段是20世纪的最后30年。

应当说GATT运行的前20年内,国际贸易有秩序进行的前景是非常美好的。贸

---

〔21〕 Michael J. Trebilcock and Robert Howse, *The Regulation of Int' l Trade-political Economy and Legal Order*. 1995 by Routledge, pp. 18 – 19.

〔22〕 凯恩斯:《就业、利息和货币通论》,商务印书馆1983年版,第284页。

〔23〕 薛荣久:《国际贸易政策与措施概念》,求实出版社1989年版,第19 ~ 20页。

易壁垒特别是关税壁垒得到遏制,总体上关税水平是下降的。例如1947年通过关税谈判资本主义国家进口值54%的商品关税水平平均下降了35%,到肯尼迪回合的1967年工业品进口关税全面大幅度平均下降了35%。特别是1957年欧洲共同市场协定(European Common Market agreement)的签订,欧洲经济共同体和欧洲自由贸易区的建立,欧洲国家大部分非农产品进口已实现了自由化,共同的外部关税水平也大大低于它所取代的各国平均关税。此外,欧洲国家和其前殖民地地中海国家及不发达国家建立起程度不同的优惠安排,欧洲对来自美元区的进口的自由化等,都表明在GATT体制下,各国乃至世界贸易自由化程度的加强以及保护主义的削弱。和"一战"前欧洲国家之间以最惠国(MFN)为核心建立的双边条约体系不同,战前的条约体系是在一个新的基础上对1914年体系的重建,是规范世界大国之间权力竞争中,在经济上相互信赖的唯一可行的办法。在当时相互嫉妒的、追逐权力的、相互敌对的主权国家之间,不歧视的最惠国待遇是实现国家之间权力平衡的唯一手段,而不歧视的后面是由国家的武器和全民动员计划为后盾。"二战"后,国际合作代替了权力平衡,主权国家从两次战争的惨重损失中终于承认了大卫·休谟的观点:"一个邻居的繁荣并不减损而是有益于你自己"(The prosperity of one's neighbor did not detract from but contributed to one's own)。[24] 因此这个时期的新贸易保护主义大多是在GATT之外以隐蔽的形式出现。

新贸易保护主义发展到20世纪七八十年代则出现了一些新特点,由于它是随着美国经济优势的衰退,美国在战后培养起来的霸权地位和自信心的动摇而产生的,因此这个时期的贸易保护主义集中体现出对美国利益的保护,并以此为核心发展起来。

(1)在"自由贸易但是公平贸易"(Free Trade but Fair Trade)的借口下,政府对来自其他国家贸易伙伴的所谓"不公平贸易做法"作出反应,这些进攻性的贸易保护政策采取了法律的形式,通过国内立法将保护措施法律化。授权美国总统可以无视国际条约规定的义务,对其他国家采取单方面的报复措施。这些措施典型地反映在美国1974年贸易法及1988年综合贸易法案的第301条款的规定中。

(2)从20世纪80年代起,美国从原先不含糊地支持一个开放的、不歧视的多边贸易体制转向支持贸易体制的"双轨制"(Two Track)。即在支持GATT的同时,与特定国家签订区域自由贸易协定。[25] 这些特定国家即是在贸易自由化方面和美国有相同

---

〔24〕 Jan Tumlir, *Protectionism-trade Policy in democratic Societies*, AEIStadies 436, 1985.

〔25〕 这一思想的产生,部分原因是出于对发起新一轮贸易谈判程序上的落空。1982年日内瓦部长会议结束时,关于在东京回合后如何进一步推进贸易自由化方面没有达成任何协议。当时的美国贸易代表威廉·布洛克(William Brock)宣布,美国将准备和"志同道合"(Like Minded)的贸易伙伴在GATT标准之外(ina "GATT plus")在贸易自由化方面进行进一步的合作,其基本设想是,如果通过GATT达成进一步贸易自由化安排受阻,则在经济一体化方面想超出GATT标准的国家之间可以进行优惠的贸易安排,这些贸易进一步自由化国家经济上的成功将吸引更多的国家参加到"GATT plus"安排中来,并最终将使不参加这种做法的国家付出代价。他们认为,以这种方式,即使没有新一轮的由GATT发起的多边贸易谈判,贸易的进一步自由化也会取得进步。参见 Anne O. Krueger, *American Trade Po Licy-A Tragedy in the making*, The AEI Press, 1995, p. 87。

思想的国家(Like Minded Countries)。典型的区域性贸易安排有美加自由贸易区协定及后来的美加墨自由贸易区协定、亚太经合组织等。

(3)美国越来越频繁地依赖于"行政保护"(Administrative Protection)来实现其对特定行业(而不仅仅是工业)的保护。即在与外国特定部门、特定国家的争战中,越来越多地通过两国之间进行双边谈判消除来自国内某一行业的保护主义压力。在这个时期的立法中,美国越来越多地求助于偏离 GATT 的做法。许多行政法规如反倾销法、反补贴法在确定倾销、补贴或不公平做法时所规定的条件远远超出了这些法律的历史水平。

双边谈判的结果,往往是迫使美国的贸易伙伴与美国签订公然违反自由竞争原则的自愿出口限制协议(VERS,Voluntary Export Restriction)、自愿进口扩大协议(VIES,Voluntary Import Expansion)及制定启动价格(trigger price)等。在某种程度上说这些行政程序和做法不是法律上的强制性规定,而是可以由行政机关自己加以解释的。行政的自由裁量可以任意确定适用的条件和标准,明显地带有对外国生产者的歧视。因此,这些行政救济手段本质上是保护主义的。由于美国的贸易对其贸易伙伴更重要,因此,美国的行政保护一方面成为一种阻止进口的贸易壁垒,另一方面成为美国在双边谈判中讨价还价的工具。

到 80 年代中期,美国成为采用行政救济手段最多的国家。美国在诸如反倾销法、反补贴法案件中的行政做法和程序,遭到其贸易伙伴的抗议和报复,并争相效仿美国的做法作为进行反击的手段。无休止的报复与反报复损害了多边贸易体制及其建立起来的争议解决办法,最终将埋葬以 GATT 为基础的世界贸易秩序。人们有理由怀疑,美国还能在多大程度上继续遵守和维护多边的贸易体系。

(4)管理贸易制度的出现。管理贸易(Managed Trade)是实施行政保护的一种重要手段。当任何问题都可以成为"不公平贸易"问题时,权力就成了检验"公平"的唯一办法。其结果必然是大大减少了按规则导向的贸易制度达成一致的可能性,致使由国内(如院外压力集团)和外国政治实力支配的、由官僚加以分配的管理贸易的出现。

管理贸易是指使用数量限制,通过双边谈判在贸易中确定数值指标(Quantitative Targets)并采用强制手段(如征收惩罚性关税等)加以实施的行政手段,也被称为"结果导向性贸易"(Results-oriented Trade)或固定数量的贸易制度(Fix-quantity Trading Regime)。[26] 该制度始于 20 世纪 30 年代的日本。30 年代,作为接受美元的条件,日本对其纺织品、铅笔、电灯向英国、美国、澳大利亚及其他国家的出口,通过谈判,签订自愿出口限制协议。到了 80 年代,大量的对鞋类、汽车等的自愿出口限制都是由美国施

---

〔26〕 Jagdish Bhagwati, *The world Trading System at Risk*, Princeton University Press, 1991, pp. 46 – 47, 101.

加的。[27] 自愿出口限制协定(VERS)和自愿进口扩大协议(VIES)是其最基本的形式。与之相对应的是"规则导向性贸易"(rules oriented trade)或称固定规则的贸易制度(Fix-rule Trading Regime)。依据后者,交易数量不是预先确定的,而是按照既定的规则由市场决定。

值得注意的是,管理贸易和贸易管理(Trade Management)是两个截然不同、相互对立的概念。前者是政府的贸易政策,是一种新贸易保护主义。而后者涉及制定规则的贸易谈判以及对谈判产生的贸易权利和义务的执行。因此贸易管理是和维护自由竞争的固定规则的贸易制度相一致的。例如GATT规则、东京回合达成的贸易守则、削减贸易壁垒的谈判、新贸易纪律的建立、一国贸易权利的行使、遵守贸易义务的保证等都属于贸易管理,是正常行使的政府职能。

新贸易保护主义和20世纪30年代的超保护主义相比有着本质的区别,主要表现在:(1)新贸易保护主义是在GATT多边贸易体系存在的情况下出现的,它是在政府长期计划的精心安排下,通过谈判,逐步成长起来并经明智地加以运用,最终形成为一个系统化了的保护体系。(2)这个保护体系范围之广远远超出了GATT传统的货物或产品贸易范围,扩及于技术贸易和服务贸易、与贸易有关的投资措施、与贸易有关的知识产权、环境保护、劳工权利等。既涉及国家层面的,也涉及私人之间的交易。而且这个保护体系的每一部分都适应了有关行业、部门的特殊需要,并由一群训练有素而且高度专业化了的官僚在操作,经过和其他公共服务部门、行业协会协调和合作,巧妙而合法地享受着国内反托拉斯法、反不正当竞争法的豁免。(3)和GATT的不歧视原则相反,GATT本身存在着诸多例外,再加上GATT之外灰色区域措施的存在,使得大量歧视性做法成为各国实行新贸易保护主义的正常手段,而GATT本身的不歧视原则倒似乎成了一个例外。(4)新贸易保护主义的限制是通过谈判,而且多数是双边谈判或区域内谈判形成的。从形式上看,它是经合作各方同意的,是一种合法的拟制。由于这些谈判不是在GATT内进行的,因此它的出现使得GATT的一般法典原则和多边论坛的作用黯然失色,作为汲取战争教训和经验建立国际新秩序的目标将被淡化。更重要的是,由于这种保护主义是建立在国家之间进行谈判和合作的基础上,因此它反映的不但是出口国的利益和需要,也反映了进口国的利益和需要,甚至更广泛的公共利益和需要,由于是考虑了诸多方面的利益而作出的安排,因此在政治上力量格外强大,更难于应付和击败。

---

[27] Anne O. Krueger, *American Trade Policy – A Tragedy in the making*, The AEI Press, 1995, pp. 26 – 27.

第三节　无条件最惠国待遇与有条件最惠国待遇原则的历史分析

自由贸易政策与贸易保护主义政策的分歧在法律上集中表现于无条件最惠国待遇原则与有条件最惠国待遇原则之间。关于最惠国待遇(the Most Favoured Nation, MFN),学者们有不同说法。[28] 但在贸易条约中第一次出现,则公认为是在17世纪欧洲各国之间订立的双边贸易条约中。[29]

一、英国的无条件最惠国待遇原则

众所周知,产业革命最早发生在英国,也最早在英国完成。在国际贸易法史上,1860年,英国和法国之间签订的柯布登—舍维利尔条约(the Cobden-chevalier Treaty of 1860)之所以有名,是因为它包含了体现自由贸易精神的无条件最惠国待遇之原则。根据这一原则,从事关税减让谈判的两国之间相互同意,将一方现在或将来与第三国谈判取得的更优惠关税减让,自动地、无条件地适用于对方。[30]

无条件的最惠国待遇原则体现了欧洲国家对李嘉图比较利益经济学说的认同。按照李嘉图的观点,与其他国家相比,任何一国总有一种产品花费的劳动要相对少一些,因此,通过贸易,双方各得其利。他认为,一个在机器和技术方面含有极大优势,因而能够用远少于邻国的劳动制造商品的国家,即使土地较为肥沃、种植谷物所需的劳动也比输出国少,也仍然可以输出这些商品,以输入本国消费所需要的一部分谷物。[31] 因此,根据比较利益,单方面的贸易自由化仍旧可以提高一国的福利。在这种思想指导下,[32] 促使英国终于第一个打破重商主义保护,废除了1846年谷物法以及1849年的航海条例。这两项措施降低了英国工业品的价格,刺激了英国工业品的输出,而粮食和原料进口税率的大幅度下降,便利了英国工业品占领海外市场,却造成了

〔28〕　一说起源于12世纪国内法,一说起源于15世纪的通商航海条约。

〔29〕　最早可见1609年荷兰与西班牙订立的贸易条约,以后又有1611年英国和瑞典的贸易条约。奥本海认为,现代意义的最惠国条款出现于1667年英国和西班牙订立的条约,此外,在1675年英国和土耳其,1680年荷兰和土耳其订立的贸易条约中,都有关于最惠国待遇的规定,参见奥本海:《国际法》;H. M. 库利舍尔:《国际贸易政策的基本问题》,莫斯科,1929年版,第436页;赵维田:《最惠国与多边贸易体制》,中国社会科学出版社1996年版,第1页。

〔30〕　条约一签订就遭到来自法国工业部门的反对,因为他们将面临英国货的竞争而遭受损失。自柯布登条约后,英国又与一系列欧洲国家签订了含有最惠国待遇条款的双边条约。

〔31〕　大卫·李嘉图:《政治经济学及赋税原理》,王亚南、郭大力译,商务印书馆1972年版,第114页,附注。

〔32〕　加上当时爱尔兰的饥荒,新兴工商业和制造业掀起的政治鼓噪。

来自海外工业品输入的困难。英国成了名副其实的世界工厂,而欧洲其他国家和殖民地则成为依附于这个世界工厂的基地。与其同时,英国积极在全球的海洋和陆地推行其殖民主义政策,至19世纪中,英国成为最大的殖民强国。工业革命促使英国在工业制造业上对其他欧洲国家居于优势地位,并执世界经济之牛耳。

比较利益的科学性在于它以劳动价值论为基础,推导出两国劳动生产率的差异而产生出比较利益,揭示了国际分工实现这种比较利益即节省社会劳动的可能性。但是,其阶级和历史的局限性也是显而易见的。

显然,英国之所以能单方面削减关税,单方面开放国内市场,实行无条件最惠国待遇,是以其经济实力为后盾的。英国及欧洲列强之间,通过无条件最惠国待遇,相互削减关税,开放市场,是因为实力相当。对于英国来说,按照当时的经济实力,并不害怕因单方面开放市场、降低关税而遭受来自欧洲国家产品的冲击。相反,英国和欧洲国家之间通过无条件最惠国待遇联系起来的双边商务条约体系,对于应付作为后起之秀的欧洲以外的两个竞争对手,美国和俄国,则成了重要的工具。[33] 以俄国为例,英国废除谷物法以后,来自俄国的粮食和原料进口得到增加,占俄国出口商品的30% ~35%,仅英国就占了其中的40%以上。但俄国出口的纺织品、金属制品却极为有限,只占其出口总值的3% ~4%,而且主要是输往中国、中亚、伊朗、土耳其等。而俄国整个进口额中50%以上是来自英国和欧洲的工业原料和制成品。[34] 可以说,从1850年至1885年,由无条件最惠国待遇架构的欧洲双边贸易体系支撑了欧洲自由贸易的黄金时代。在这个体系中,任何一国关税的变化都将对其他贸易伙伴发生影响,在实践中,这就意味着关税的改变要经过谈判。成员之间谈判达成的关税减让,被称为约束关税(Conventional Tariffs),即从条约是双方当事人之间的合同关系角度谈判达成的关税减让对双方是有约束力的。

英国是欧洲拥有强大的行政权力的中央集权制国家,精致的外交传统,是这种框架结构得以建立起来的政治体制基础。

无条件最惠国待遇,即单方面削减关税,单方面开放市场,是资本主义上升阶段强国掠夺弱国的产物。国际分工、比较利益成为资本主义残酷压榨、掠夺殖民地的借口。欧洲国家之间由无条件最惠国待遇形成的关税减让的背后,是各国的经济实力。对殖民地来说,则是帝国主义、殖民者的洋枪洋炮。

随着欧洲列强之间竞争的加剧,新兴工业国家与老牌工业国家之间矛盾日益尖锐,面对来自欧洲以外俄、美的竞争压力,德、法先后抛弃了无条件最惠国待遇的自由

---

〔33〕 以无条件最惠国待遇联系起来的欧洲双边贸易体系促成了日后欧洲大陆的一体化经济的形成。

〔34〕 交通工具的落后严重阻碍了俄国国内贸易和国际贸易的发展,19世纪中俄国拥有的铁路总长不过1000俄里,在蒸汽运输方面,农奴制俄国远远落后于其他欧洲资本主义国家。

贸易政策,转向高关税的贸易保护主义。到20世纪初[35](1900~1903年),世界经济危机以及英国与布尔人之间的战争,迫使以约瑟夫·张伯伦为首的英国内阁放弃自由贸易政策,代之以"英联邦帝国特惠制"。根据这一制度,凡是进口到英国的商品将被课以高关税,只对来自英国各殖民地自治领域的商品免税或征收较低关税,以此巩固大英帝国内部的经济与政治联系,抵御外来的竞争威胁。至此为止,英国式的或欧洲式的无条件最惠国待遇终止,并从历史上消失。

二、美国的有条件最惠国待遇原则

在亚历山大·汉密尔顿共和党统治下,出于保护幼稚工业和提高美国的财政收入,美国实行的是高关税政策。和英国及欧洲国家的做法不同,美国的对外贸易建立在两个原则基础之上:一是有条件最惠国待遇;二是关税自治。[36]

1. 有条件的最惠国待遇

有条件的最惠国待遇是指,两个缔约国相互之间保证,一方已经给予或将要给予第三方的关税减让,自动扩及适用于对方,条件是,对方应作出相应的减让。与无条件最惠国待遇相比,有条件最惠国待遇在实践中产生的问题是显而易见的:(1)歧视性。在无条件最惠国待遇原则下,A国(施惠国)或作出关税减让方的给惠是单方面的,即不在乎对方是否作出回报。而有条件最惠国待遇则要求作为美国(给惠国)的贸易伙伴,如享受其最惠国待遇,必须对美国与他国之间的关税减让付出代价,即作出回报。这就意味着欧洲国家将它们之间谈判成的关税减让自动地单方面地适用于美国。实际上由于美国输往欧洲的主要是航海产品(原材料、农产品),而这些产品的进口在欧洲,英国大多是免税的,所以这种无条件最惠国待遇在很大程度上不过是个姿态而已。美国却可以筑起高关税壁垒,一方面保护自己的幼稚工业,阻挡来自英国和欧洲的工业制成品。另一方面利用英国、欧洲的免税或低关税,将农副产品源源输入这些国家。因此,有条件最惠国待遇是歧视性的。从18世纪末开始,关于有条件最惠国待遇的解释不但遇到美国外交部门,而且遇到法院的支持,认为这是根据普通法的对价学说,一个有效合同所需要具备的必要因素。[37] 随着时间的推移,有条件最惠国待遇的条件五花八门、与日俱增,其歧视性也愈发显著。(2)美国要求作出回报的有条件最惠国待遇,其本意就是不鼓励与欧洲体系的国家进行商业谈判。

2. 关税自治

关税自治来自美国的联邦体制。在这个体制下,决定关税率的权力来自国会特有的特权。根据这个体制,美国不可能参与欧洲的这种双边商业条约体系,因为根据无条件最惠国待遇,缔约双方之间相互遵守约束关税,关税的任何改变要经过缔约双方

---

〔35〕 20世纪初,在加强输出资本和殖民扩张的同时,英国本土的工业出现了停滞状态,工业技术水平提高很慢,工业制成品出口遇到了困难,英国的世界工业霸权地位已经丧失。

〔36〕 Jan Tumlir, *Prote ctionism-Trade Policy in Democratic Societies*, AEI Studies 436 ,1985, p. 20.

〔37〕 同上注, p. 21。

谈判。这就意味着国会必须授权行政(总统)从事关税减让的谈判,从而使其获得了关税减让的任择权,以及由此而来的政治和经济影响。[38] 这是精致地平衡联邦权限和州权、三权分立联邦制度不能容忍的。关税自治阻碍了美国加入欧洲的双边条约体系,为了防止贸易伙伴的报复,当然最好的办法就是不与任何国家进行关税减让的谈判。正如雅克布·维纳(Jacob Viner)所说,如果普遍遵循有条件最惠国待遇做法,事实上不过是根本不给予最惠国待遇的一种礼貌做法。[39]

关税自治和有条件最惠国待遇原则相互支持,互为补充,充分满足了美国实行贸易保护主义政策的需要。

3. 有条件最惠国待遇向互惠的最惠国待遇的转变

19 世纪的最后 30 年,石油工业和无线电通讯事业的发展,内燃发动机等一系列新技术的使用,使国际运输成本普遍急剧下降。来自美国和俄国的大量廉价谷物涌进欧洲。来自美国的工业制成品的进口从绝对数量上也急剧增加。与普遍盛行自由贸易实行低关税的欧洲相比,美国的保护主义高关税形成了强烈反差。有条件最惠国待遇的弊端显露无遗,导致欧洲大陆与美国之间的商业矛盾日益尖锐起来。1879 年欧洲谷物价格骤跌,促使德国提高关税,1892 年法国通过了 Meline Tariff,1887 年和 1888 年意大利也提高了对谷物的征税。

列强之间的经济竞争以及对海外殖民地的争夺大大毒化了全球关系。第一次世界大战结束后,美国成立了关税委员会,其主要任务是提出一个能充分保护美国出口利益所需要的政策报告。1918 年,委员会报告建议通过无条件最惠国待遇原则作为美国对外贸易政策的法律基础,并被列入威尔逊总统(Woodrow Wilson)列举和平条件和战后国际秩序的十四点计划中的第三点。

代表美国向无条件最惠国待遇原则转变的是 1922 年的 Fordney-Mccumber 关税法。但是,由于美国联邦政府无权承担特别的关税保证(即约束关税),因此,欧洲国家意识到,即使美国国会投票赞成无条件最惠国待遇,也不意味着国会打算放弃它所拥有的关税权力。[40] 即美国的关税仍旧是充分自治的,即是不可以谈判的。而且作为战后最大的债权国,美国正就欧洲巨大的债务偿还办法与其进行谈判。因此,在欧洲国家看来,法律上的这一变化不过是强化了美国在对欧洲国家谈判关税减让或贸易自由化措施时的单方面的要求而已。这种建立在双边基础之上的无条件最惠国待遇不过是形式上的,其促进贸易自由化的作用是极为有限的。

美国政府最终承认无条件最惠国待遇和关税自治之间的自相矛盾,并在 1934 年《互惠贸易协定法》中抛弃了关税自治。根据新法,国会授权美国总统从事关税谈判,

---

〔38〕 Jan Tumlir, *Protectionism-Trade Policy in Democratic Societies*, AEI Studies 436, 1985, p. 21.

〔39〕 Jacob Viner, *Int'l Economics*, *Glencoe*, Ⅲ, the Free Press, 1951, p. 105.

〔40〕 同上注。

并可以采取其他缓和与他国政府间贸易政策措施的有限权力。此种双边互惠的最惠国待遇安排从此成为美国贸易立法中的一个永久的特点,直到GATT出现。

美国的有条件的最惠国待遇产生于美国的特定的政治结构、法制体系和经济发展水平。随着美国在国际上经济地位的转变,其形式和内容也在发生变化,正所谓己所不欲,勿施于人。在国际经济交往中,美国不愿受到别国的歧视,理所当然地也不应当歧视别国。两次世界大战之前的历史经验证明,建立在双边基础上的无条件最惠国待遇或互惠的最惠国待遇都未能作为实现不歧视、自由贸易的法律基础。

三、GATT与WTO多边贸易体制下的无条件最惠国待遇

(一)GATT

GATT第1条"一般最惠国待遇"规定,在对输出或输入,有关输出或输入及输出入货物的国际支付转账、所征收的关税和费用方面,在征收上述关税和费用的方法方面;在输出和输入的规章手续方面,以及在协定第3条第2款(国内税)及第4款(国内规章)所述事项方面,一缔约方对来自或运往其他国家的产品所给予的利益、优惠、特权或豁免,应当无条件地给予产自或运往所有其他缔约方的相同产品。

和19世纪欧洲的双边商务体系中建立起来的无条件最惠国待遇以及美国的互惠的最惠国待遇相比,GATT所主张的无条件最惠国待遇最大的特点在于:它是在GATT的多边体制内形成的。

GATT的关税减让表是在缔约方国家对国家(包括单独关税领土)、产品对产品的基础上经谈判形成约束的关税。即针对某一特定产品,缔约方在主要的供货国与主要进口国之间进行讨价还价,最后形成双方都能接受的有约束力的税率。这种优惠税率无条件地适用于其他未参加该谈判的缔约方。在孤立的双边体制下,未参加谈判的第三者就成了"搭便车"者。为了避免出现"搭便车"者,无条件最惠国待遇只能在一个多边体制下实现。GATT创始之初及其后所有的新成员加入GATT时,都要进行关税减让谈判,交出关税减让协定书,这就是GATT第2条关税减让表的内容。因此,就某一特定产品来说,GATT成员中"搭便车"者只能是那些在该产品的进出口数量或金额上微不足道的第三者。就整个关税减让义务承担方面,每一个缔约方都为此支付了对价,但是,在具体产品的关税减让义务方面,缔约方的付出是单方面的,是无条件的(除了实施减让的时限外),因此,无条件、不歧视的实现,只在放在GATT的多边体制框架下观察才有意义。在这个意义上,可以说GATT是把19世纪盛行于欧洲的用无条件最惠国待遇联系起来的双边商务条约体系纳入一个多边法律框架中,使之更规范化、制度化、贸易自由化,更具有稳定性,真正达到缔约方之间互不歧视的目的。

此外,GATT的多边无条件最惠国待遇原则的特点可归纳为:(1)只适用于货物贸易。(2)关税是唯一的贸易保护手段,因此无条件最惠国待遇原则主要体现在有关的关税减让方面、义务方面。(3)在GATT多边框架下显示其价值,即是无条件的、不歧视的。而缔约方在承担具体关税减让是互惠的。(4)是一个有条约约束力的原则。

（二）WTO

1995 年 1 月 1 日，世界贸易组织成立，世界贸易组织协议全面继承了 GATT1947 的基本原则，但是时代不同了，世界贸易组织协议所体现的多边无条件最惠国待遇原则有了以下创新和发展：

1. 适用范围扩大

WTO 的多边无条件最惠国待遇原则的适用从货物贸易扩大适用于服务贸易、与贸易有关的知识产权诸协议中，并且被明确限制在有关协议的适用范围之中。

（1）货物贸易协议。最惠国待遇适用于：①货物的进出口；②与货物进出口有关的国际收支转账；③关税及征收方法；④货物进出口手续及规章；⑤国内税与规章。不适用于：①历史遗留的特惠安排；②关税同盟和自由贸易区；③对发展中国家的特殊安排；④复边贸易协定；⑤反倾销、反补贴、保障措施；⑥第 20 条规定的一般例外；⑦第 21 条的安全例外；⑧第 25 条缔约方的联合行动等。

（2）服务贸易协议。最惠国待遇只适用于成员方的一般义务，适用于服务、服务提供者，包括资格认定、认定程序和标准等。不适用于：①成员方列入豁免清单中的服务和服务提供者。②为便利双方在毗邻边境地区进行生产和消费的服务交换而给予毗邻国的优惠。③经济一体化或劳动一体化协议的安排。④垄断和专营服务提供者。⑤保障措施和补贴、政府采购。⑥基于收支平衡的措施。⑦安全例外。⑧作为一般例外的内容，如基于维护公共道德、公共秩序、保护人类、动植物生命或健康；为防止欺诈，保护个人隐私，安全、确保与法律和法规相符而采取的措施；保证直接税征收的平等和有效而对服务或服务提供者采取的差别待遇以及为履行避免双重征税的国际条约义务而采取的差别待遇等。

（3）知识产权保护协议。和其他有关知识产权方面的国际条约不同，TRIPs 规定，[41] 一成员给予任何其他成员国民的任何利益、优惠、特权或豁免，应当立即无条件地给予所有其他成员的国民，即适用最惠国待遇原则。但这一义务不适用于：①并非限于知识产权保护的根据司法协助或一般性的法律实施的国际协定；②依照《伯尔尼公约》（1971 年）或罗马公约的规定授予的不是国民待遇性质而是基于互惠原则提供的；③TRIPs 未作规定的表演者权、录音制品制作者及广播组织的权利；④WTO 协议生效前已经存在的有关保护知识产权协议中产生的。

2. 世界贸易组织建立了较完备的争端解决机制和对成员方的贸易政策审议机制，这对多边无条件最惠国待遇原则的贯彻实施，提供了监督和执行保证

结论：历史上最惠国待遇的出现是在主权国家之间进行交往、特定历史和经济、政治、法律条件下的产物，它的内容和形式会随着国家政治、经济发展的变化而变化，不变的是其内在的价值取向，即保证国家之间在经济交往中不受歧视，促进国际合作，最

---

〔41〕 在有关知识产权的国际公约中，对知识产权拥有者多要求提供国民待遇。

终以多边无条件最惠国待遇的形式存在于GATT/WTO多边体制下,成为自由贸易的基石。

虽然WTO为传统的GATT的多边无条件最惠国待遇注入了新的生命活力,但是也要看到,从GATT到WTO,各成员方之间已举行了八轮关税减让的谈判,关税作为贸易保护的作用大为降低(在服务贸易、知识产权、投资措施方面,关税几乎不发生作用),大量的贸易限制是以非关税措施的形式出现,其中相当多的措施实际属于无条件最惠国原则的适用例外。此外,20世纪末期,超大型的区域贸易集团的出现,这些都对WTO多边无条件最惠国待遇原则的实施形成强烈冲击。

政府管理贸易的法律与制度是优秀的经济学思想的胜利,指导着主权国家的立法和实践。GATT/WTO的原则和法律规则是历史经验的产物,是各国实施自由贸易与保护贸易理论和实践的总结。经过半个世纪的考验,GATT/WTO在市场经济基础上,完成了各国政府管理贸易的法律与规则的协调和统一。

本章思考题

1. 试述对外贸易管理的目的。
2. 试述贸易保护主义的发展。
3. 试论最惠国待遇原则的发展。

第十章 对外贸易管理的国内法制度

第一节 关 税 措 施

关税措施是对外贸易管理措施中最古老、使用最为普遍、效果最为直接的调控工具。由于进口关税措施常常成为各国限制他国产品进口从而实施贸易保护主义的有力手段,又称为“关税壁垒”(Tariff Barrier)。在《关税与贸易总协定》的历次谈判中,关税减让始终都是各成员方一项重要的议题。

一、关税的含义和作用

关税(Customs Duty/Tariff Duty)是指一国政府设置在关境的海关根据国家制定的海关法律法规,在货物进出本国关境时,对货物所有人课征的一种税收。

关境(Customs Territory/Customs Boundary)是指一国海关征收关税的地域范围,它直接决定一国行使关税主权的权力范围大小。通常情况下,关境与国境是一致的。但有时关境大于或小于国境。当两个或两个以上国家缔结条约或协定组成关税同盟时,参加关税同盟的各成员国的领土即成为统一的关境,此时关境大于一国国境,如欧洲共同体(EC)就是典型的关税同盟,其关境大于各成员国国境。当一国设有自由港、自由贸易区或海关保税仓库时,其关境小于其国境,外国商品进入上述区域时,大多数国家规定可以免缴关税,而从上述区域进入所在国海关管制区域时则需缴纳关税。目前,世界上已设立了各类免征关税的自由贸易区,也有很多自由港,如香港、新加坡、汉堡、哥本哈根、吉布提等。各国设立上述区域的目的大多在于发展本国过境贸易和转口贸易,增加本国财政收入。

一国政府对进出口货物征收关税是其行使国家主权的体现。在各国征税之初,增加本国财政收入是其主要目的。但到了重商主义时期,各国开始重视关税的保护作用,逐渐将关税措施作为保护本国民族工业以及调节和执行对外贸易政策的重要手段和工具。但是,值得注意的是,随着各国关税措施的采用,一些负面效应相继产生,通常情况下,对进口货物征收关税将导致商品价格的提高,自然增加本国消费者的负担,进而使进口减少。另外,征收进口关税还将导致同行业生产的不合理扩张。可见,进口关税的征收将最终降低贸易双方国家国民的福利。因此,关税措施必须运用得当。

二、关税的种类

1. 财政关税和保护关税

财政关税(Financial Tariff)是指以增加国家财政收入为主要目的而征收的关税。财政关税的税率比较低。在征收财政关税时,各国通常考虑国库收入的需要、消费者的承受能力以及税率对进出口贸易额的影响等因素。一般情况下,各国大多对本国不生产或产量特别少且无代用品,而国内需求量又很大的商品征收财政关税。随着世界贸易组织对关税措施的严格规范,关税措施已不可能再成为一国增加本国财政收入的主要手段。对于财政关税的作用,凯恩斯在其著作《预言与劝说》第六篇"借助关税来缓解当前严重的事态"中有这样一段阐述:"与其他任何可供我们采用的方法相比,这一措施具有独到之处,即一方面它可以解除预算方面的迫切问题,另一方面又可以恢复企业界的信心。如果有人认为在不借助财政关税的情况下,仍然可以拟定出一个明智而又审慎的预算方案,那我要说,这是绝对不可能发生的。但这还不是它的唯一优点。它能够促进进口国生产进口替代产品,因而会增加国内的就业机会。与此同时,它还可以解除贸易平衡方面所面临的压力,从而可为支付扩张政策所必需的额外进口增量,以及伦敦给予贫困债务国的财政贷款,提供一笔迫切需要的资金。财政关税的实行限制了某些商品的进口,从而掠夺了世界上其他地区的购买力。通过增加进口、提供贷款的方式,我们就可以在另一方面恢复这些地区的购买力。有些不切实际的自由贸易主义者也许会宣称,进口关税对出口产生的不利影响,将使所有上述想法尽成泡影,但事实上却并不是这样的。自由贸易主义者可能坚定不移地认为,关税收入是我们紧急备用的干粮,只能在出现紧急情况时作一次性使用。现在紧急情况已经出现了。凭借喘息的时间和由此提供给我们的财政余力,我们可以拟定一项国际国内的政策和计划,以便向紧缩主义精神和恐惧心理发动进攻。"

保护关税(Protective Tariff)是指一国以保护本国经济特别是本国民族工业为主要目的而征收的关税。保护关税对本国民族工业的保护程度主要取决于保护关税税率的高低。虽然保护关税在一定程度上可以有效地保护本国民族工业的发展,但不适当的保护将扭曲正常贸易秩序。

2. 自主关税和协定关税

自主关税(National Tariff/Autonomous Tariff)是指一国不受双边或多边贸易条约或贸易协定的约束,而是根据本国国情,独立自主制定本国关税法规并据以征收的关税。实行自主关税的国家同时也可以与签订贸易协定的国家在自愿对等的基础上相互减让关税,实行协定关税。

协定关税(Convention Tariff)是指一国根据与他国签订的双边或多边贸易协定或贸易条约,在本国原有自主关税之外,另行制定一种关税税率并据以征收的关税。协定关税是一种优惠性关税,税率低于自主关税。协定关税通过两个或两个以上国家谈判形成,自动适用于协定的成员国。协定关税分为单边协定关税、双边协定关税和多边协定关税。

单边协定关税是指仅由给惠国给予受惠国优惠关税,而不要求受惠国给予反向优惠。例如,欧洲经济共同体于1975年2月与非洲、加勒比和太平洋地区的46个发展中国家签订了为期5年的《洛美协定》,该协定规定,上述46个国家对欧共体出口的全部工业品和96%的农产品可享受优惠关税,而欧共体不要求反向优惠。双边协定关税是指两个缔约国相互给予的优惠关税。多边协定关税是指三个以上缔约国相互给予的优惠关税。

3. 进口关税、出口关税和过境关税

进口关税(Import Duty)是指一国海关对输入本国境内的商品征收的关税。目前,进口国通过征收高额进口关税已成为政府实施贸易保护主义的重要工具之一。“关税壁垒”通常就是指这种高额的进口关税措施。一国海关除对进口商品征收正常的进口关税之外,有时还基于某种特定目的,额外征收进口税,这种进口关税称为附加税,如反倾销税(Anti-dumping Duty)、反补贴税(Counter Vailing Duty)等。进口附加税是限制商品进口的一种临时性措施,其目的有时是为增加政府财政收入或应付国际收支危机,有时则是为抵制外国商品的进口。当征收临时进口关税的目的达到或情况有所缓和时,进口附加税措施应予以取消。以泰国为例,在1997年的金融危机后,泰国政府曾为了增加财政收入,减少进口而增加外汇储备,对所有进口关税在5%或以上的商品的进口加征10%的进口附加税,这项措施在1999年被取消。[1]

出口关税(Export Duty)是一国海关对本国输出境外的商品征收的关税。由于征收出口关税将降低本国出口商品在国际市场上的竞争力,不利于扩大出口,所以,大多数发达国家相继削减甚至取消本国的出口关税,而代之以鼓励出口以增加本国的财政收入。即使有的国家征收出口关税,也只是针对下列少数出口商品征收:在国际市场上具有垄断地位的商品或特产;本国工业生产所必需的原材料;国内短缺的粮食等。

过境关税(Transit Duty)是指一国海关对通过该国关境输往他国的外国商品征收的一种关税,又称通过税。由于过境关税的征收使征收过境关税国的货运业中来自过境运输业务的收入大幅度减少,因此,大多数国家都先后放弃征收此种关税,对过境货物仅征收少量的签证费、准许费、印花费、统计费等费用。虽然各国对过境的外国商品不征收过境关税,但过境货物必须在过境国家海关的监督之下按照法定路线通过,不允许过境货物进入过境国的国内市场。

三、海关税则与关税税率

(一)海关税则

海关税则(又称关税税则)是一国海关法律规范的重要组成部分,它是通过一国的立法程序制定的对一切应税、免税和禁止进出口商品加以系统分类的一览表(Tariff Schedule)。其内容主要包括:税则号、商品名称、征税标准、计税单位、税率等。海关税则的重要作用是为一国海关征收关税、行使税收管辖权提供依据。目前世界上绝大多

---

〔1〕“泰国的进出口管理规定及保护措施”,载 http://songkhla.mofcom.gov.cn。

数国家都制定了本国的海关税则。

根据对同一税目所订税率的多少,可将各国的海关税则分为单式税则和复式税则。单式税则也称一栏税则,即每个税目只规定一个税率,对来自所有国家的商品按同一税率征收。单一税则的优点是简单易操作,税赋的管理负担小。但单一税则不能很好地体现一国对外贸易的国别政策和地区政策,不能实现差别待遇,使大多数国家转而采用复式税则,即对同一种商品规定两个或两个以上税率,分别适用不同的国家或地区的商品。复式税则的税率通常有基本税率、协定税率、优惠税率(Preferential Rate)、暂定税率等。复式税则使一国的贸易政策具有一定的灵活性和针对性,关税的经济杠杆调节作用能够得到充分发挥。

为了掌握本国进出口贸易的基本情况,各国通常借助进出口商品目录进行统计,对本国进出口商品进行分类和编码。1983年6月,海关合作理事会第61届会议通过了一部多用途的国际贸易商品统一分类目录,即《商品名称及编码协调制度国际公约》及其附件《协调制度》(HS),该制度于1988年1月1日起正式生效实施。HS是一部多功能的多用途的商品分类目录,同时也是国际社会协调的产物,是国际贸易商品分类的标准语言。由于该分类目录系统、合理,因而为绝大多数国家所采用。

(二)关税税率

关税税率(Tariff Rates)是指海关税则规定的对课征对象征税时计算税额的比率。一些国家为了实施贸易保护主义政策,实施差别待遇,对同一纳税商品规定两个或两个以上税率,也称复式税率。

复式税率通常包括基本税率、协定税率、优惠税率、暂定税率等。基本税率或自主税率是指一国政府对与本国没有双边或多边贸易协议的国家或地区适用的税率,该种税率最高。协定税率低于基本税率,适用于有双边或多边最惠国待遇协定的国家或地区。优惠税率是指一国政府对从某些国家或地区进口的全部产品或部分产品给予特别优惠的低关税税率待遇,其他国家无权享受这种优惠。优惠关税有的是互惠的,有的是非互惠的。优惠税率通常是指普惠制税率。最惠国税率(The Most-Favoured-Nation Rate of Duty)高于普惠制税率。暂定税率是一种临时税率,一般针对当时的特殊情况而采用,因而有效期较短,通常为一年时间。目前,大多数国家采取复式税率。例如,美国的关税税率分为三种:(1)普通税率。即最惠国税率,多数国家享受此税率。(2)特别税,适用于享受美国普惠制优惠的一些发展中国家和地区以及与美签有自由贸易协定或安排的国家。(3)第三种税适用于与美国没有最惠国待遇安排的国家和地区,包括阿富汗、古巴、蒙古、柬埔寨、越南、老挝和塞尔维亚。例如,出口到美国的玩具娃娃,最惠国待遇关税为12%,非最惠国待遇关税则高达70%,而来自享受普惠制国家以及美国以色列自由贸易区和其他双边协定安排国家的同类产品可享受免税待遇。[2]

---

〔2〕“美国的进出口管理”,载 http://newyork.mofcom.gov.cn。

四、关税的征收方法

(一)从价征税

从价征税(Ad Valorem Duties)是指以进出口商品的价格为标准征收关税,其税率表现为货物价格的百分率。征收公式如下:从价税额 = 商品总价值 × 从价税率。

从价关税在所有的征税方式中是各国最常用的计征关税的方法,它税负合理,更适用于同一种类但品质差异较大、短期内价格稳定或品种繁多不易分类的商品。

完税价格(Dutiable Value)是指海关据以计算进出口货物关税税额的价格。目前各国采用的完税价格从进口税的征收来看,主要有以下几种:(1)进口商品的到岸价格(CIF 价格),大多数西欧国家采用此种价格。(2)出口地的离岸价格(FOB 价格),美国、加拿大、澳大利亚采用此价格。(3)输入国官定价格。(4)输出国国内市场价格。(5)输入国批发市场价格。(6)输入国输入货物的出售价格。(7)构成价格。根据各国实践,大多数国家以到岸价格作为进口货物的完税价格,因为以到岸价格征收进口关税的保护程度要比以离岸价格征收进口关税的保护程度高。进出口货物的价格经货主向海关申报后,海关根据本国海关法的有关规定进行审查,确定或估定其完税价格。经海关审查确定后的关税价格称为海关估定价格。由于各国海关估价的规定不同,有的国家有时利用估定价格提高进口关税,形成税率以外的限制进口的非关税措施,所以,许多国家要求制定统一的海关估价国际协定。目前,已经签署的国际性的海关估价协定主要有《布鲁塞尔估价定义》等。

(二)从量征税

从量征税(Specific Duty)是指海关以课征对象的重量、长度、件数、面积、体积、容积等计量单位作为征税标准,以每一计量单位应纳税金额作为税率进行征税。在从量征税中,大部分商品是按重量或数量征税,征税公式如下:从量税额 = 商品重(数)量 × 从量税率/单位。

从量征税手续简单,无须审定货物品质、规格、价格等,便于计算,适用于商品规格和品种简单、计量容易、同一种商品的规格价差较少的商品。特别是对质量均衡、难以把握完税价格或价格易波动的商品更适合从量征税。但对于不同种类的货物不论其等级质量,都课以同一税率关税显然有失公平,而且税额不能随商品价格的变动而变动,当价格下跌时可起到保护作用,价格上涨时则难以达到财政关税和保护关税的目的。因此,"二战"后,许多国家不采用此种征税方法,但也不绝对。有的国家往往使用从量征税限制外国质次价廉商品的进口,特别是发达国家,有时在食品、饮料和动植物油等商品的进口方面采用从量征税方法,这对以出口农产品为主的发展中国家不利。在以前的关税与贸易总协定谈判中,一些发展中国家主张取消从量征税,或将它转化为从价征税。

(三)复合征税

复合征税(Compound Duty)是指对同一进出口货物同时征收从价税和从量税,并以其中一种税为主的征税方式,所以又称混合关税或双重关税。混合征税有时以从量税为主,加征从价税;有时以从价税为主,加征从量税。混合征税公式如下:混合税额=从量税+从价税。混合征税在计征手续上较为烦琐,但在价格发生变动时,可以减轻价格对关税保护作用与财政收入的影响。

(四)选择征税

选择征税(Alternative Duty)是指对同一进出口货物既规定从价税,又规定从量税,海关从中选择税额较高的一种计征。英国、澳大利亚即采取此种方法征收关税。

在上述征税方式中,大部分国家采取从价征税方式。以美国为例,美国自1989年起实行统一的税目,其中约17%为免税税目,其余多数征从价税,少数征从量税或混合税。从量税主要适用于农产品,混合税适用于工业品。[3]

(五)滑准征税

滑准征税的关税税率与进口商品的价格高低成反比,即某种商品的进口价格越高,则其进口关税税率就越低。反之,则越高。采用滑准税计征方法,可以使商品保持其国内价格的相对稳定,不受国际市场价格波动的影响。

五、保税制度

保税制度是指经海关批准的境内企业所进口的货物,在海关监管下,在境内指定的场所储存、加工、装配,并暂缓缴纳各种进口税费的一种海关监管业务制度。海关指定的保税区域通常包括为国际商品贸易服务的保税仓库、保税区、寄售代销和免税品商店,为加工制造服务的进口来料加工、保税工厂、保税集团等。

保税制度具有如下特征:(1)货物的进口具有特定目的。即进口货物必须是在保税区域进行存储、加工、装配。(2)暂时免征进口关税。即对于为上述目的进口并存放保税区域的进口货物不需要办理进口纳税手续。等货物明确了最后流向,再由海关决定是否征税或免税。(3)保税货物必须复运出口。即保税货物必须以原状或加工成品的形式出口。对于不复运出口,而是经过批准可以内销或不出口的成品所耗用的进口料件,需要补征进口关税和其他环节税。对于加工出口的成品,免征出口关税。

六、关税同盟与自由贸易区

根据GATT第24条第8款,关税同盟(Customs Union)是指以一个单一关税领土替代两个或者两个以上关税领土,以便对于该单一关税领土成员之间的实质上所有贸易或者至少对于原产于该单一关税领土成员的产品的实质上所有贸易,取消关税和其他限制性贸易法规(如必要,第11条、第12条、第13条、第14条、第15条和第20条允许的关税和其他限制性贸易法规除外)。自由贸易区(Free Trade Area)是指在两个或者两个以上的一组关税领土中,对该组关税领土成员之间实质上所有原产于该类领土产品的贸易取消关税和其他限制性贸易法规(如必要,第11条、第12条、第13条、第

---

[3] “美国的进出口管理”,载http://newyork.mofcom.gov.cn。

14 条、第 15 条和第 20 条允许的关税和其他限制性贸易法规除外)。它与关税同盟的不同在于,自由贸易区成员国对非成员国不实行相同的关税税率,各成员国在关税方面对外仍保留部分的关税主权。北美自由贸易区就属于该种类型。

第二节 非关税措施

一、非关税措施的概念及特点

非关税措施(Non-tariff)就是指除关税措施以外的其他一切直接或间接限制外国商品进口的法律和行政措施。当非关税措施用于限制贸易的目的时,通常称为"非关税壁垒"。

非关税措施的采用基于下列原因:第一,关税措施不太灵活,税率的制定必须通过立法程序,确定之后必须严格执行。第二,高关税不但不能阻止进口,反而容易招致别国的报复。第三,《关税与贸易总协定》签订后,通过多轮关税减让谈判,关税税率大幅度降低,使关税的保护作用大大削弱。因此,为了更有效地保护本国的民族工业,19 世纪 70 年代以来,许多国家转而更多地采用非关税措施。

和关税壁垒相比,非关税壁垒有以下优势:(1)非关税壁垒主要依靠行政措施和命令实施,不受法律程序约束,手续灵活简便,行动迅速,针对性强。(2)非关税壁垒具有一定的隐蔽性、欺骗性和歧视性。非关税壁垒措施的采取往往以履行正常的海关手续和要求等为借口,间接地达到保护的目的。(3)非关税壁垒措施不易受汇率变化的影响。非关税措施多种多样,完全可以避开汇率的变化而达到既定的目的。(4)各国对非关税壁垒没有十分有效的国际监督和控制措施。世界贸易组织协议虽然对非关税措施的采用有所禁止或限制,但很多是一般性的禁止或限制,同时还规定了许多例外条款。例如,在进口数量的限制方面,只规定了一般性的禁止原则,而不是绝对禁止数量限制。

由于非关税壁垒具有上述特点,采用非关税壁垒措施的国家越来越多,严重阻碍了多边自由贸易体制的发展。

在国际贸易管理实践中,各国常用的非关税措施主要有进出口许可证措施、进出口配额措施、外汇管理措施、进出口商品检验措施等。

二、进出口许可证措施

进出口许可证措施是一国政府从数量上限制外国商品进口以及本国商品出口的一种贸易管理措施。在领证范围内的商品只有取得进口许可证(Import Licensing)或出口许可证(Export Licensing)方可进口或出口。

多数国家的进出口许可证通常载明下列内容:进出口商品名称、进出口商品的数量或重量、进出口商品的价值、供货国别或地区、商品输出入地点、许可证的有效期等。根据一些国家进出口许可证制度的规定,一国政府通常事先公布必须申领进出口许可证的商品目录表。凡表中所列商品若需进口或出口,必须向指定部门提出申请,取得批准后发给进出口许可证,凭该证办理进出口报关手续。

从各国应用进出口许可证的情况来看,可将其从不同角度分为以下几类:

1. 有定额的进出口许可证和无定额的进出口许可证

有定额的进出口许可证是指由国家指定机构事先规定有关商品的进出口配额,然后在配额的限度内,根据进出口商的申请,对每种进出口商品发给进出口商一定数量的进出口许可证。一旦进出口配额用完,则不再发放许可证。无定额进出口许可证则与进出口配额没有任何联系,发证机关只在个别考虑的基础上发放许可证,没有公开的标准。此种许可证缺乏透明性,其限制作用更大。

2. 公开一般许可证和特别许可证

公开一般许可证又称"公开进出口许可证"。对不需要严格管理的商品,领取公开一般许可证。进出口商提出申请后,有关机构即予以批准,并签发许可证。这种申请和审批过程比较简单,有的国家甚至不要求事先申请,也不发证,只是在报关时填明属于公开一般许可范围内的商品即可进出口,因此,又称"自动许可"。特别许可证也称"个别许可证",它是指进出口商提出申请后,必须经有关机构逐级审批方可发放的许可证。要求领取特别许可证的商品大多属于国家重点控制的商品,虽对这些商品表面上无数量与来源的限制,但实际上控制很严,因此,此种许可又称为"非自动许可"。

实践中,一些国家常常将特别许可证与无定额许可证结合起来使用,使许可证制度更具保护性。因此,《关税与贸易总协定》要求各国进口许可证的单证和申领程序应尽可能简化。自动许可程序不得用于限制进口。非自动许可程序下,必须公布发放的许可证数量并将其分配情况通知有关方面。

三、进出口配额措施

(一)进口配额措施

进口配额(Import Quotas)又称"进口限额",是指一国政府在一定时期内对某些进口商品的进口数量或金额规定一个最高限额,限额内的商品可以进口,超过限额不准进口或征收较高的关税或罚款。在配额的管理和发放中,各国通常结合采用进口许可证方式,配额商品必须领取进口许可证方可进口。综观各国采用的进口配额措施,主要有如下形式:

1. 绝对配额

绝对配额(Absolute Quotas)是指一国政府在一定时期内,对某些商品的进口数量或金额规定一个最高限额,达到这一限制后便不准进口。通常情况下,各国规定1年内或3年内的进口商品的限额。绝对配额又可分为全球绝对配额和国别绝对配额。全球绝对配额是指对来自全球的商品一律适用绝对配额,即对配额的分配不分国别或地区,而是采取先来先得的原则,直到总的配额用完为止。国别绝对配额是指在总配额内按国别或地区分别规定不等的配额,各出口国不能超过配额出口,否则进口国将禁止进口。由于国别配额往往是基于歧视某些国家或地区而制定的,有时称为“歧视性配额”。

2. 关税配额

关税配额(Tariff Quotas)是继关税和进口配额措施发展起来的一种进口限制措施,它是指进口国对进口商品在一定时期内总的数额或金额不加限制,而是规定一个数量界限,在规定的数量界限以内的进口商品给予减免关税的优惠,超过数量界限部分则征收高额关税或予以罚款,这个数量界限即关税配额。由此可见,进口绝对配额措施比关税配额措施的限制作用更强。关税配额按进口商品的来源可分为全球性关税配额和国别性关税配额。全球性关税配额是对从全世界各国进口的商品规定一个数量界限,不超过这一界限进口则减免关税,超过这一界限则征收高额关税或罚款。国别性关税配额是指针对某些国家或某个国家规定不同的进口数量界限,各出口国在界限内出口则可以减免关税,如超过界限出口则征收高额关税或罚款。

(二)出口配额措施

出口配额(Export Quotas)是指一国政府在一定时期内对某些出口商品的出口数量或金额规定一个最高限额的制度。限额内商品可以出口,限额外商品不准出口或予以处罚。出口配额有以下两种形式:

1. 主动配额

主动配额是指出口国根据国内市场容量和某种情况而对某些商品的出口规定限额。

2. 被动配额

被动配额是指出口国家或地区在进口国的要求和压力下,在一定时期内自动限制本国的某些商品对该进口国的出口数额,超过规定的数额则禁止对该进口国出口。从表面上看,由于被动配额是出口国自动实施的,因而也称“自动出口配额”或“自动限制出口”,但实际上,它是被迫的。进口国往往以商品大量进口使其相关工业受到损害为由,要求出口国实行有秩序的增长,自动限制商品出口,否则就单方面限制进口,在这种情况下,出口国为了避免进口国采取报复性的贸易措施,只好“自动”限制其出口。

自动出口配额有以下两种方式:(1)单方面无协定的自动出口配额:指由出口国单方面自行规定出口配额,限制商品出口。出口商必须向有关机构提出配额申请,获准后方可出口。(2)协定自动出口限额:指由进口国与出口国通过谈判签订自限协定或有秩序出口协定,在协定有效期内规定某些商品对进口国的出口配额,出口国根据此配额自动限制有关商品的出口,进口国根据海关统计予以监督检查。

四、外汇管理措施

外汇管理措施(Foreign Exchange Control)是指一国政府指定或授权某一政府部门

制定法规,对本国境内的本国及外国的机关、企业、团体和个人的外汇收付、买卖、借贷、转移以及本国货币的汇价和外汇市场等所实施的管理。

各国实行外汇管理的根本目的是避免国际收支危机和货币信用危机,维持国际收支平衡。由于外汇管制具有限制外国商品进口的作用,因而被许多国家作为实施贸易保护主义的一种重要措施。各国外汇管理制度主要体现在对贸易外汇进行管理、对资本项目外汇进行管理、对汇率进行管制等方面。

五、进出口商品检验措施

进出口商品检验措施(Import and Export Commodity Inspection)是指从事进出口商品检验的机构,依照有关规定对进出口商品的品质、数量、包装等进行分析和测定并出具检验证书。

各国一般设立专门检验机构。按检验机构的性质,有官方检验机构、半官方检验机构、民间检验机构。在检验商品的范围上,大多数国家只对部分进出口商品实施强制性检验。技术性贸易措施是指在国际贸易中,一国为保护本国的国家安全、生态环境、消费者利益,通过制定产品标准、法规及合格评审程序等对本国的进口贸易加以管理的措施。这些措施在很大程度上限制了他国商品进口,使技术性贸易壁垒成为贸易保护的一种新的形式。技术性贸易壁垒作为非关税壁垒,更具表面上的合理性,其隐蔽性更强,作用更为强大。

六、反倾销措施

倾销(Dumping)是指以低于产品正常价值的价格,将产品输入另一国国内市场的商业行为。世界贸易组织《反倾销反补贴协议》授予成员方征收反倾销税和反补贴税的权利。但是,近年来,一些国家频繁运用反倾销措施(Anti-dumping)。

根据各国规定,反倾销法所禁止的倾销是指在正常的贸易过程中,一项产品以低于其正常价值的价格出口到另一国家或地区,从而给对进口国相关产业造成实质性损害、实质损害威胁或实质阻碍某项工业的建立。正常价值的认定通常有以下方式:相同商品或类似商品在出口国的国内价格;相同产品或类似产品在第三国的价格以及推定价格。对来自非市场经济国家的产品通常采用替代国或类比国价格、结构价格或第三国对进口国的出口价格。由于替代国方法有很大的灵活性和不科学性,因此,经常成为反倾销国家推行贸易保护政策的工具。各国的反倾销程序大体分为以下几个阶段:提起反倾销调查申请、立案审查和公告、反倾销初步调查和初步裁决、最终裁决、行政复审。

七、补贴与反补贴措施

补贴(Subsidies)是指一国政府或公共机构向本国生产商或出口商提供的现金补贴或财政上的优惠,以提高本国商品在国际市场上的竞争力。根据补贴的形式可将补贴分为直接补贴和间接补贴。直接补贴是指由政府或公共机构给本国出口商的现金补贴,以弥补出口商品的经济损失或确保能获得较高利润。间接补贴是指政府或公共机构对本国出口商或进口商提供财政上的优惠或技术上的资助或赠与,如减免或退还国内税款、提供低息贷款或出口担保、外汇贬值等。

补贴是一国政府干预经济活动的重要方式。为消除补贴造成的不良影响,许多国家都制定了独立的或与反倾销法律相结合的反补贴(Countervailing Measures)法律,对获得补贴的进口商品征收反补贴税。各国一般规定在以下条件下征收反补贴税:第一,进口商品接受了补贴;第二,接受补贴的外国进口商品对进口国同类产品的工业造成重大损害或威胁,或对某一工业的建立造成了重大阻碍;第三,补贴和损害之间存在因果关系。此外,反补贴调查程序以及反补贴机构与反倾销也类似。近年来,随着一些国家贸易保护主义的加剧,全球反补贴案件数量大幅度上升。

八、保障措施

保障措施(Safeguard Measures)是指当因进口产品数量增加,使进口国国内相同产品或与其直接竞争的产品的生产者受到严重损害或严重损害的威胁时,进口国采取的消除或减轻该损害或该损害威胁的措施。

各国通常在防止和纠正所造成的损害所必需的时间内实施保障措施,而不能长期实施。在采取的措施方面,各国通常所采取的措施是关税措施。由于单方面采取保障措施很容易招致对方国家的贸易报复,因此很多国家在采用该措施之前都与对方国家协商,争取协商解决,进而避免保障措施的实施。

九、原产地措施

原产地规则(Rules of Origin)是一个国家或地区为确定进出口商品的原产国和地区而制定的法律法规、行政命令和行政措施。通过实行原产地规则,可以针对来(产)自不同国家的货物分别给予不同待遇。

原产地证书是证明进出口货物原产地,即货物的生产或制造地的一种证明文件,分为普惠制原产地证书、一般原产地证书、区域性经济集团国家原产地证书、专用原产地证书等。各国制定的货物原产地规则,一般分为优惠和非优惠两种。优惠原产地规则主要为了辨别产品不同来源以实施不同优惠待遇。以用于海关统计和供进口国分析进口商品结构而实施的原产地规则称为非优惠或一般原产地规则。

为协调统一各国的原产地规则,海关合作理事会于1973年5月18日签订了《京都公约》,制定了较为科学的原产地规则。此外,乌拉圭回合达成了第一个多边《原产地规则协议》,协调各国现行的非优惠原产地规则,避免原产地规则成为阻碍国际贸易的一种壁垒。但是,在优惠性原产地规则方面至今仍未达成多边协议。各国仍然自行制定可以享受普惠制等优惠待遇的原产地规则。

各国的原产地标准有完全获得标准和实质性改变标准。前者是指货物作为一个整体完全在一个国家生产和制造,并不包含有任何从别国进口和来源不明的原材料和零部件,生产或制造的国家即该产品的原产国。完全原产地标准是一个十分严格的标准。实质性改变标准是指使用进口(或来源不明)的原材料、辅料、零部件,在一国经过加工或制造,使其性质和特性发生实质性的改变。各国判断实质性改变的实施标准有:税则号列改变标准;加工制造标准;从价百分比标准;原产地累计和给惠国成分标准。

直运规则是指受惠国的原产品必须从该受惠国直接运往给惠国。直运规则的目的是保证运至进口给惠国产品就是出口受惠国发运的原产品,防止途中经过第三国时可能进行的任何再加工和换包。即使经过第三国运输,除了允许对商品进行包装加固、分类挑选等使货物保持良好状态的必要处理外,不得对商品进行任何再加工。

普遍优惠制(Generalized System of Preferences, G. S. P)是发达国家给予发展中国家出口制成品和半制成品(包括某些初级产品)一种普遍的、非歧视的和非互惠的关税优惠制度。它是在最惠国关税的基础上进一步减税直至免税的一种特别优惠关税,其税率低于一般普通税率和最惠国税率,因此,享有普遍优惠制的进口商品税率是最低的、最优惠的进口税率。1968 年 3 月,第二届联合国贸发会议通过了《发展中国家制成品半制成品出口到发达国家予以优惠进口或免税进口》文件。至今,世界上有 31 个给惠国实施 17 个给惠方案。

普惠制有三个基本原则:普遍原则、非歧视原则和非互惠原则。普遍原则要求发达国家应该对发展中国家出口的制成品和半制成品给予普遍的优惠待遇,尽可能减少被排除在普惠制之外的例外产品的数量。非歧视原则是指发达的给惠国应该给予所有发展中国家以优惠待遇,而不应只给予某些国家或针对不同国家制定不同的给惠方案。非互惠原则要求发达的给惠国在给予发展中国家以优惠待遇的同时,不能要求发展中国家的受惠国给予反向优惠。

十、政府采购措施

政府采购制度(Government Procurement)是指一国政府对政府采购主体、采购范围、采购方式、采购政策以及采购管理等一系列法律规定的总称。通常情况下,各国的政府采购制度以《政府采购法》的形式来体现。为规范各国的政府采购,《关贸总协定》乌拉圭回合多边贸易谈判达成了《政府采购协议》,强化了政府采购国际竞争的公平性和非歧视性规则,并将政府采购国际竞争扩大到中央政府实体和地方政府实体。

政府采购具有如下特点:(1)政府采购的主体包括中央政府机构、地方政府和公共部门。(2)政府采购不以营利为目的,而是以保证实现政府职能和社会公共利益为目的。(3)政府采购具有明显的政策性特征。(4)政府采购资金主要来自于政府的财政拨款,包括由纳税人缴纳税款、政府公共服务收费、国际金融组织和政府间贷款及其他债务收入形成的公共资金、其他公共投入资金等。(5)政府采购以招标方式为主。(6)政府采购规模较大,采购产品范围广泛,包括产品、服务和工程。(7)政府采购活动公开、透明。

十一、进口最低限价措施

进口最低限价制度(Minimum Price)是指一国政府规定某种进口商品的最低价

格,如进口商品低于规定价格,则征收进口附加税或禁止进口,以消除进口商品在进口国市场上的价格优势的制度。

十二、进口押金措施

进口押金制度(Advanced Deposits)是指一国政府要求进口商在进口商品时,应预先按进口金额的一定比例,在指定银行无息存放一笔现金的制度。该制度又称进口存款制度,其目的在于增加进口商在资金上的负担,减少进口。

十三、出口信贷措施和出口信贷保险措施

出口信贷措施是指出口国官方金融机构或商业银行在国家提供的信贷担保和利息补贴等优惠条件的鼓励下,对本国出口商或外国进口商(或进口商方面的银行)提供的低息贷款。提供出口信贷的目的是解决本国出口商的资金周转困难,以及满足外国进口商对进口商品所需资金的需要。大多数国家的出口信贷多向大型机械设备、成套设备的贸易商提供。出口信贷分为买方信贷和卖方信贷两种形式。买方信贷是出口方银行给予买方或买方银行的信贷。买方信贷可以保证出口商及时收回货款。卖方信贷是出口方银行给予出口商的信贷。

出口信贷保险措施是指由国家设立专门机构,对本国出口商或商业银行向外国进口商或银行提供的信贷给予担保,如果外国债务人因政治原因(如政变、革命、暴乱、战争、禁运等)或经济原因(债务人破产、通货膨胀等)拒绝偿还贷款,该机构将按承保金额给予补偿的措施。出口信贷的担保对象可以是对出口商进行担保,也可以对银行进行担保。自英国1919年设立了世界上第一个官方支持的出口信用保险机构——出口信用担保局以来,已经有许多国家建立了出口信用保险机构,开展出口信用保险业务。例如,法国外贸信贷保险公司(COFACE)向法国出口商提供信用保险,加拿大出口发展公司、美国进出口银行也提供这类业务。

本章思考题

1. 关税的征收方法有哪些?
2. 叙述关税同盟和自由贸易区的含义。
3. 叙述非关税措施的特点。
4. 叙述主要的非关税措施及其特点。

第十一章　我国对外贸易管理法律制度

第一节　我国对外贸易管理法律制度概述

一、我国对外贸易管理法律制度的含义及其法律规范

我国对外贸易管理法律制度是指我国对货物进出口、技术进出口和国际服务贸易进行管理的法律制度。它主要体现在我国制定的国内法以及签订或参加的国际条约之中。从1949年开始,我国对外贸易管理制度发生了多次大的变化,直到中国于2001年12月11日成为WTO成员后,我国的外贸管理制度才趋于稳定。

我国从新中国成立初期就开始实行对外贸易的法律管制。限于当时的国际和国内环境,我国对外经济交往范围十分狭窄。在对外贸易立法方面,制定了《对外贸易管理暂行条例》、《进出口贸易许可证制度实施办法》等法规。1979年实行对外开放政策以后,虽然我国对外贸易迅速发展,但主要也是通过一些条例或规定对其进行管理。为完善对外贸易管理法律制度,全国人大于1994年5月12日通过了《对外贸易法》(同年7月1日生效)。1994年《对外贸易法》的颁布,对于正在蓬勃发展的中国对外贸易具有划时代意义。

在我国于2001年12月11日成为WTO成员之后,履行我国加入WTO的有关承诺是我国应承担的国际法义务。而遵守WTO规则,履行我国的入世承诺是通过将有关入世承诺和WTO规则转化为我国国内法实现的。但是,1994年《对外贸易法》与我国的入世承诺和WTO规则存在一定差距,这些差距必须在规定期限内解决。再加上1994年《对外贸易法》制定后,我国对外贸易形势发生了很大变化,1994年《对外贸易法》的一些规定已经不能适应对外贸易发展中出现的新情况、新变化和新要求。[1] 基于上述考虑,全国人大于2004年4月6日发布了修订后的《对外贸易法》(以下简称2004年《对外贸易法》),并自2004年7月1日起施行。2004年《对外贸易法》主要对1994年《对外贸易法》与我国入世承诺和世界贸易组织规则不相符的内容进行修改,对我国享受世界贸易组织成员权利的实施机制和程序作出规定,并反映了《对外贸易法》

---

〔1〕 参见商务部部长吕福源于2003年12月22日在第十届全国人民代表大会常务委员会第六次会议上所作的"关于《中华人民共和国对外贸易法(修订草案)》的说明"。

自1994年颁布以来发生的变化以及出现的新情况。

除2004年《对外贸易法》外,我国还颁布了《货物进出口管理条例》、《技术进出口管理条例》以及大量的对外贸易管理方面的其他法规。这些法律规范与《对外贸易法》共同构成了我国对外贸易管理法律制度的完整法律体系。概言之,我国对外贸易管理制度主要有:对外贸易经营者管理制度、货物进出口管理制度(包括进出口许可证制度、进出口配额制度、进出口关税制度、进出口商品的外汇管理制度、进出口商品检验检疫制度、原产地规则制度、政府采购制度等)、技术进出口管理制度、国际服务贸易管理制度、贸易救济制度(包括反倾销制度、反补贴制度、保障措施制度)等。

除国内法之外,我国作为WTO成员,还必须履行WTO以及我国在加入WTO时所作的承诺。我国于1986年7月10日正式提出"恢复在关税与贸易总协定中的缔约国地位"的申请。从申请"恢复在关税与贸易总协定中的缔约国地位"(复关)到申请加入WTO(入世),历时15年,终于在2001年12月11日成为WTO成员。中国加入WTO时所作承诺体现在《中国加入世界贸易组织议定书》和《中国加入世界贸易组织工作组报告书》中。[2]

此外,中国还与一些国家和WTO成员签订了双边或多边贸易协定。例如,(1)内地在2003年6月29日和10月17日分别与香港和澳门签署了《内地与香港关于建立更紧密经贸关系的安排》、《内地与澳门关于建立更紧密经贸关系的安排》(两者均简称CEPA),于2004年1月1日正式实施。这一实施,标志着我国在区域贸易合作方面的重要发展,它是一个主权国家内部的单独关税区之间经济合作的重要尝试。CEPA的基本目标就是逐步减少或取消双方之间实质上所有货物贸易的关税和非关税壁垒;逐步实现服务贸易自由化,减少或取消双方之间实质上所有歧视性措施;促进贸易投资便利化。(2)2002年11月4日,中国和东盟10国还共同签署了《中华人民共和国与东南亚国家联盟全面经济合作框架协议》,从总体上确定了中国和东盟自由贸易区的基本架构,如货物贸易、服务贸易、投资和经济合作等。其中,货物贸易是核心内容,除涉及国家安全、人类健康、公共道德、文化艺术保护等WTO允许例外的产品以及少数敏感产品外,其他全部产品的关税和贸易限制措施将逐步取消。为落实中国东盟框架协定,中国与东盟在2004年11月29日又签订了《中华人民共和国政府与东南亚国家联盟成员国政府全面经济合作框架协议货物贸易协议》(以下简称《中国东盟货物贸易协议》)、《中华人民共和国政府与东南亚国家联盟成员国政府全面经济合作框架协议争端解决机制协议》(以下简称《中国东盟争端解决协议》)。2007年1月14日又签署了《中华人民共和国政府与东南亚国家联盟成员国政府全面经济合作框架协议服务贸易

[2] 关于中国加入世界贸易组织法律文件的说明,参见《中国加入世界贸易组织法律文件导读》,人民出版社2002年版,第5页。具体内容见外经贸部网站,http://www.moftec.gov.cn/moftec_cn/wto/wtolaw.html。

协议》(以下简称《中国东盟服务贸易协定》)。(3)2005 年 11 月 18 日在韩国釜山签署的《中华人民共和国政府和智利共和国政府自由贸易协定》(以下简称《中智自由贸易协定》),2006 年 10 月 1 日开始实施。2008 年 4 月 13 日,中国与智利在中国海南省三亚市签署了《中华人民共和国政府和智利共和国政府自由贸易协定关于服务贸易的补充协定》(即《中智自贸区服务贸易协定》)。该协定是中国与拉美国家签署的第一个自贸区服务贸易协定。(4)中国与巴基斯坦于 2006 年 11 月 24 日在巴基斯坦首都伊斯兰堡签署的《中华人民共和国政府和巴基斯坦伊斯兰共和国政府自由贸易协定》(以下简称《中巴自由贸易协定》),2007 年 7 月 1 日起开始实施。这些协定的性质均为自由贸易协定而不是建立关税同盟的协定。(5)中国与新西兰于 2008 年 4 月 7 日签署的《中华人民共和国政府和新西兰政府自由贸易协定》。这是我国与发达国家签署的第一个自由贸易协定。该协定于 2008 年 10 月 1 日生效。根据该协定,新方承诺将在 2016 年 1 月 1 日前取消全部自华进口产品关税,其中 63.6% 的产品从协定生效时起即实现零关税;中方承诺将在 2019 年 1 月 1 日前取消 97.2% 自新进口产品关税,其中 24.3% 的产品从协定生效时起即实现零关税。此外,双方还就服务贸易作出了高于 WTO 的承诺,并对包括技术工人在内的人员流动作出了具体规定。

二、2004 年《对外贸易法》的主要内容

《对外贸易法》在我国对外贸易法律制度中具有重要作用,它是我国对外贸易法律制度的核心和基本法。2004 年《对外贸易法》并不调整中国所有的对外贸易关系,而只是调整对外贸易管理关系以及与贸易有关的知识产权保护。作为调整对外贸易管理关系的基本法,2004 年《对外贸易法》对我国对外贸易管理关系的法律调整作了原则性规定,它对于我国外贸体制改革以及制定对外贸易管理的其他法规具有重要的指导意义。

2004 年《对外贸易法》共有 11 章 70 条,其变化主要体现在以下方面:第一,扩大了对外贸易经营者范围;第二,在 1994 年《对外贸易法》8 章内容的基础上,增加了与对外贸易有关的知识产权保护、对外贸易调查和对外贸易救济 3 章新内容。

(一)适用范围

2004 年《对外贸易法》调整对外贸易关系以及与贸易有关的知识产权保护。所调整的对外贸易管理关系包括货物进出口管理关系、技术进出口管理关系以及国际服务贸易管理关系。也就是说,2004 年《对外贸易法》适用于国家对货物进出口、技术进出口和国际服务贸易的管理,而不适用于处于平等地位的对外贸易经营者之间合同关系的调整。2004 年《对外贸易法》附则对下列情况作出了特别规定。

1. 边境贸易的管理

考虑到为了方便边境地区边民的生产和生活,照顾在边境地区城镇之间进行的双方互通有无的贸易活动,对于边境城镇与接壤国家边境城镇之间的贸易以及边民互市贸易的管理,国家不按《对外贸易法》加以管理,而是采取灵活措施,给予优惠和便利,

促进边境地区的繁荣和发展。《对外贸易法》第 68 条规定:“国家对边境地区与接壤国家边境地区之间的贸易以及边民互市贸易,采取灵活措施,给予优惠和便利。”

值得注意的是,我国虽然在《加入世界贸易组织议定书》第 2 条中承诺《WTO 协定》和议定书的规定适用于中国的全部关税领土,包括边境贸易地区、民族自治地方、经济特区、沿海开放城市、经济技术开发区以及其他在关税、国内税和法规方面已建立特殊制度的地区(统称为特殊经济区)。但是,该承诺并不意味着中国承诺不再设立或维持特殊经济区或不再对特殊经济区实行特殊制度。而且,对边境贸易实行优惠制度与 GATT1994 第 24 条第 3 款第 1 项的规定也是一致的,该条规定:“本规定的各项规定,不得阻止任何缔约方为便利边境贸易对毗邻国家给予某种利益。”可见,给予边境贸易以优惠是 GATT1994 所允许的。

由于国家可以对边境贸易给予优惠和便利,我国于 1996 年 1 月 3 日另外发布了《国务院关于边境贸易有关问题的通知》,原则性规范了边境贸易管理形式、边境贸易进出口关税和进口环节税问题、边境小额贸易的进出口管理问题、与边境地区毗邻国家经济技术合作项下的进出口商品的管理等问题。〔3〕 此外,我国还发布了边境贸易的其他法规,应该说,我国在边境贸易管理方面已经拥有了较为完善的法律体系。

2. 单独关税区的对外贸易管理

我国《对外贸易法》不适用于单独关税区。单独关税区又称单独关境、独立关税区、单独关税领土等,它是指一个国家中的某一部分在贸易上保持单独税率或特别贸易规范的领土。由于单独关税区的这一特性,如同样适用《对外贸易法》或适用对我国大部分地区适用的法律,将使单独关税区丧失其优势,不利于单独关税区对外贸易的发展。此外,《对外贸易法》之所以不适用于单独关税区,也考虑到我国香港特别行政区和澳门特别行政区在 1994 年《对外贸易法》制定时已经以“单独关税区”名义成为 GATT 的缔约方,即使在 WTO 成立后,香港和澳门也以“单独关税区”名义成为 WTO 成员,因此,如果将《对外贸易法》适用于香港和澳门显然是不适合的。在内地对港澳贸易方面,内地于 2003 年 6 月 29 日和 2003 年 10 月 17 日分别与香港及澳门签署了《内地与香港关于建立更紧密经贸关系的安排》以及《内地与澳门关于建立更紧密经贸关系的安排》(CEPA),以逐步减少或取消双方之间实质上所有货物贸易的关税和非关税壁垒;逐步实现服务贸易的自由化,减少或取消双方之间实质上所有歧视性措施;促进贸易投资便利化。此外,台湾也以“台湾、澎湖、金门、马祖单独关税区”(以下简称中

---

〔3〕 根据该通知,我国的边境贸易分为两种:(1)边民互市贸易,系指边境地区边民在边境线 20 公里以内、经政府批准的开放点或指定的集市上,在不超过规定的金额或数量范围内进行的商品交换活动。(2)边境小额贸易,系指沿陆地边境线经国家批准对外开放的边境县(旗)、边境城市辖区内(以下简称边境地区)经批准有边境小额贸易经营权的企业,通过国家指定的陆地边境口岸,与毗邻国家边境地区的企业或其他贸易机构之间进行的贸易活动。边境地区已开展的除边民互市贸易以外的其他各类边境贸易形式,均统一纳入边境小额贸易管理,执行边境小额贸易的有关政策。

国台北)名义于2002年1月1日正式成为WTO成员,因此,台湾作为单独关税区也不适用《对外贸易法》。关于大陆对"台湾、澎湖、金门、马祖单独关税区"的贸易,原外经贸部早在1986年就会同海关总署发布了《对台湾地区小额贸易管理办法》。2000年12月9日又发布了《对台湾地区贸易管理办法》,对对台贸易(包括货物贸易、技术贸易和服务贸易)的指导原则、管理方式、纠纷解决等进行了规范。它是大陆对台贸易的法律依据。

3. 特定贸易的管理

除上述两项不适用《对外贸易法》外,2004年《对外贸易法》第67条还规定:"与军品、裂变和聚变物质或者衍生此类物质的物质有关的对外贸易管理以及文化产品的进出口管理,法律、行政法规另有规定的,依照其规定。"为此,我国发布了《军品出口管理条例》(2002年)、《核出口管制条例》(1997年颁布,2001年修订)、《核两用品及相关技术出口管制条例》(1998年)、《易制毒化学品进出口管理规定》(2006年)等。

(二)对外贸易主管机构

对外贸易管理权属于国务院,国务院授权商务部[4]统一领导和管理全国的对外贸易以及其他对外经济工作。我国的对外贸易管理分为两级管理,即中央一级和地方一级。

商务部是我国对外贸易的中央一级行政领导机关,负责我国对外贸易的宏观管理。为推动和促进进出口企业实行以口岸为中心的按行业联合经营,原外经贸部从1982年7月起在上海、天津、大连、广州、深圳、海南、青岛、西安、成都、武汉、郑州、福州、南京、南宁、杭州、昆明设立特派员办事处,负责在授权范围内审批、签发进出口商品许可证,协调解决内地与口岸的经济关系,对进出口企业的违法行为或交易予以干涉,对违法进出口商品经营规定和拒绝接受协调的进出口企业进行干预和禁止等。此外,在我国驻各国和各地区的大使馆、公使馆或代办处设立"经济商务参赞处",受大使馆、公使馆或代办处与商务部的双重领导,负责在平等互利基础上发展我国同驻在国之间的经济贸易往来,检查、监督和归口管理我国在驻在国的对外贸易,吸收外资和引进技术等方面的工作,维护我国合法权益。

各省、自治区、直辖市、计划单列市的对外贸易主管部门是商务部授权负责管理本地区内外经贸事务的地方经贸行政管理机关(如各地商务局等)。地方外经贸主管机关受商务部和同级人民政府的双重领导。

(三)《对外贸易法》的基本原则

1. 国家实行统一的对外贸易制度原则

WTO要求成员方以统一和透明方式实施各自的国内对外贸易法律。《中国加入

[4] 2003年3月10日,十届全国人大一次会议通过国务院机构改革方案,撤销"对外经济贸易委员会"(外经贸部)和"国家经济贸易委员会"(国家经贸委),组建"商务部",负责主管国内外贸易和国际经济合作。这个改革实现了内外贸管理的合一。

世界贸易组织议定书》(以下简称《加入议定书》)第 2 条规定了贸易制度的实施要求。根据该要求,《WTO 协定》和《加入议定书》适用于中国的全部关税领土,包括边境贸易地区、民族自治地方、经济特区、沿海开放城市、经济技术开发区以及其他在关税、国内税和法规方面已经建立特殊制度的地区。中国应该以统一、公正和合理的方式,适用和实施中央政府有关或影响货物贸易、服务贸易、与贸易有关的知识产权(TRIPs)或外汇管制的所有法律、法规及其他措施,以及地方各级政府发布或适用的地方性法规、规章及其他措施。中国地方各级政府的地方性法规、规章及其他措施应该符合在《WTO 协定》和《加入议定书》中所承担的义务。

实际上,自新中国成立以来,我国一直实行对外贸易的统一管理制度。1950 年通过的《对外贸易管理暂行条例》和《对外贸易管理暂行条例实施细则》就规定:凡经营进出口业务的公私营商号及经营出口的工厂,都必须向所在地区对外贸易管理局申请登记。对外贸易和国内贸易实行统一管理,归中央人民政府贸易部统一领导,具体管理事宜由贸易部对外贸易管理局执行。1994 年《对外贸易法》第 4 条以及 2004 年《对外贸易法》第 4 条仍然明确规定:"国家实行统一的对外贸易制度"。

统一的对外贸易制度是指我国对外贸易领导权和管理权由国家统一行使,即由国家制定统一的对外贸易方针、政策和法律,设立专门的对外贸易管理机构,采取各种管理措施,对全国的对外贸易发展进行指导、控制和调节。现行统一的对外贸易制度不同于过去高度集中、外贸经营权由国家垄断的制度,国家只在宏观上对对外贸易活动予以统一规范,而不从微观上进行过多地干预和控制。

2. 维护公平、自由的对外贸易秩序原则

公平、自由的对外贸易秩序是实现对外贸易公平、自由的重要前提条件,因此,无论是 1994 年《对外贸易法》还是 2004 年《对外贸易法》,一直将这一原则作为对外贸易的基本原则。它要求对外贸易经营者必须依照国家法律规定,与其他对外贸易经营者进行公平、合理的竞争,形成稳定、公平的对外贸易秩序,促进对外贸易的发展。为实现这一原则,《对外贸易法》还专章规定了"对外贸易秩序",对于违反对外贸易秩序的行为予以惩罚。

3. 国家鼓励发展对外贸易原则

鼓励发展对外贸易是发达国家和发展中国家一贯坚持的原则。对外贸易得到发展后可以带动国内经济的发展与提高。无数国家的经济发展历史都证明了这一点。为了发展对外贸易,《对外贸易法》专章规定了"对外贸易促进",将促进对外贸易的发展提升到法律责任的高度。

4. 平等互利原则

平等互利原则是指国家不论大小强弱,政治与经济制度如何,在对外贸易中都应处于平等地位,不应以强凌弱,同时还应做到对双方经济发展有益。《对外贸易法》第 5 条规定:中国根据平等互利原则,促进和发展同其他国家和地区的贸易关系,缔结或者参加关税同盟、自由贸易区等区域经济贸易协定,参加区域经济组织。[5]

5. 依国际条约或互惠、对等原则给予对方最惠国待遇、国民待遇等其他待遇的原则

最惠国待遇是指中国根据所缔结或参加的国际条约、协定,给予国际条约、协定的其他缔约方的待遇,不低于其给予任何其他缔约方所享有的待遇。国民待遇是指中国根据所缔结或参加的国际条约、协定,给予国际条约、协定的其他缔约方、参加方的产品、服务或服务提供者及知识产权所有者或持有者的待遇,不低于本国同类产品、服务或者服务提供者以及知识产权所有者或持有者所享有的待遇。最惠国待遇和国民待遇是实现平等互利的重要措施。《对外贸易法》第6条要求,我国在对外贸易方面应根据缔结或参加的国际条约、协定,给予其他缔约方、参加方或根据互惠、对等原则给予对方最惠国待遇、国民待遇等其他待遇。

6. 对等采取歧视性措施的原则

对等原则是一个国家保护本国对外贸易利益的重要原则。《对外贸易法》第7条规定,任何国家或者地区在贸易方面对中国采取歧视性的禁止、限制或者其他类似措施的,中国可以根据实际情况对该国家或者该地区采取相应的措施。

(四)对外贸易经营者

1994年《对外贸易法》规定,对外贸易经营者是指从事对外贸易经营活动的法人和其他组织。从事货物进出口与技术进出口的对外贸易经营,必须具备规定条件,并获得商务部及其授权部门的许可。也就是说,依1994年《对外贸易法》,中国的自然人不能从事对外贸易活动。即使是法人和其他组织,也只有在符合规定条件并得到许可后方可从事对外贸易活动。但是,这种外贸经营许可制度不符合我国加入WTO所作承诺。事实上,为满足向WTO以及世界贸易自由化的要求过渡,我国在加入WTO之前,在对部分企业实行外贸经营许可制的同时,开始对另一部分企业试行外贸经营权登记制,即只要进行这种登记注册即可从事对外贸易经营活动。

2004年《对外贸易法》考虑到中国加入WTO时所作承诺以及近年来的外贸经营权制度改革实践,对1994年《对外贸易法》的上述规定作了如下修改:

1. 扩大了对外贸易经营者的范围

《中国加入世界贸易组织议定书》第5条[6]是关于"贸易权"的规定。根据该承诺,如果外国自然人能够在中国从事对外贸易活动,中国的自然人也应当能够从事对外贸易经营活动。特别是在中国的技术贸易领域和国际服务贸易领域、边境贸易领

---

[5] 作为GATT1994最惠国待遇原则的例外,WTO允许建立自由贸易区和关税同盟。因此,一些WTO成员积极谋求签订自由贸易协定,与其他国家建立自由贸易区或关税同盟。

[6] 石广生主编:《中国加入世界贸易组织法律文件导读》,人民出版社2002年版,第9页。

域,自然人从事对外贸易经营活动已经大量存在。[7] 因此,2004 年《对外贸易法》第 8 条将对外贸易经营者扩大到自然人,将对外贸易经营者定义为依法办理工商登记或者其他执业手续,从事对外贸易经营活动的法人、其他组织或者个人。根据商务部于 2004 年 6 月 25 日发布的《对外贸易经营者登记管理办法》,从事货物进出口或者技术进出口的对外贸易经营者,应当向商务部或商务部委托的机构办理备案登记;但是,法律、行政法规和商务部规定不需要备案登记的除外。对外贸易经营者未办理备案登记的,海关不予办理进出口的报关验放手续。

2. 将货物贸易和技术贸易的经营权放开

根据《中国加入世界贸易组织议定书》第 5 条第 1 款,[8] 中国必须在加入 WTO 后的 3 年内(即 2004 年 12 月 11 日前),取消对外贸易经营许可制度。为履行该承诺,2004 年《对外贸易法》第 9 条规定:从事货物进出口或者技术进出口的对外贸易经营者,应当向商务部或者其委托的机构办理备案登记;但是,法律、行政法规和商务部规定不需要备案登记的除外。对外贸易经营者未按照规定办理备案登记的,海关不予办理进出口货物的报关验放手续。2004 年 6 月 25 日,商务部发布了《对外贸易经营者备案登记办法》,对外贸易经营者应在本地区备案登记机关办理备案登记。

3. 国际服务贸易的经营资格不受承诺约束

由于我国在《加入议定书》中所作承诺只限于"货物贸易",并不包括国际服务贸易。因此,2004 年《对外贸易法》第 10 条规定:从事国际服务贸易,应当遵守本法和其他有关法律、行政法规的规定。从事对外工程承包或者对外劳务合作的单位,应当具备相应的资质或者资格。上述规定意味着,在某些国际服务贸易领域,我国仍可以实行经营许可制。为规范对外劳务合作经营者资格,商务部会同国家工商局于 2004 年 7 月 26 日发布了《对外劳务合作经营资格管理办法》。在中国境内注册的企业从事对外劳务(含研修生)合作必须取得经营资格。

4. 在国营贸易方面仍然可以授予专营权或者特许权

国营贸易是指国家授予对外贸易经营者在特定贸易领域从事贸易的专营权或者特许权,取得授权的国营贸易企业在授权的特定贸易领域内从事进出口贸易。其特点是,"被授予包括法定或宪法权力在内的专有权、特殊权利或特权的政府和非政府企业,包括销售局,在行使这些权利时,它们通过其购买或销售影响进出口的水平或方向。"[9] 国营贸易与政府采购不同。国营贸易企业可以是政府企业,也可以是非政府企业;国营贸易企业的经营范围是特定的贸易领域;国营贸易的目的是转售进出口产品,以谋求营利。而政府采购机构采购的目的是供政府或公共机构使用或消费,而非

---

〔7〕 参见商务部部长吕福源于 2003 年 12 月 22 日在第十届全国人民代表大会常务委员会第六次会议上所作的"关于《中华人民共和国对外贸易法(修订草案)》的说明"。

〔8〕 石广生主编:《中国加入世界贸易组织法律文件导读》,人民出版社 2002 年版,第 9 页。

〔9〕《关于解释 1994 年关税与贸易总协定第 17 条的谅解》。

以营利为目的的转售。此外,国营贸易与指定经营也不同。指定经营是指国家授权特定的外贸经营者从事某些特定货物的进出口。只有指定的经营者才能从事指定货物的对外贸易,未经指定的外贸经营者不得从事指定经营货物的进出口。而国营贸易则是政府授权国营贸易企业在特定贸易领域的经营权利。

根据《中国加入世界贸易组织议定书》第5条第1款,自加入WTO后3年内放开外贸经营权的规定不适用于实行国营贸易管理的货物。此外,GATT1994第17条和《服务贸易总协定》第8条的规定也允许各缔约方在国际贸易中,建立或维持国营贸易,给予专有权或者特权。鉴于上述要求,2004年《对外贸易法》第11条规定:国家可以对部分货物的进出口实行国营贸易管理。实行国营贸易管理货物的进出口业务只能由经授权的企业经营;但是,国家允许部分数量的国营贸易管理货物的进出口业务由非授权企业经营的除外。实行国营贸易管理的货物和经授权经营企业的目录由商务部公布。擅自进出口实行国营贸易管理的货物的,海关不予放行。

(五)货物进出口与技术进出口

货物进出口是指有形货物的进出口。传统的对外贸易就是指有形货物的进出口。但是,随着各国经济的发展,技术进出口成为对外贸易的重要组成部分。2004年《对外贸易法》对货物进出口与技术进出口实行如下制度:

1. 国家准许货物与技术的自由进出口

国家原则上准许货物与技术的自由进出口,但是,在某些条件下,国家可以限制甚至禁止货物或技术的进出口。

此外,为了收集统计信息,原外经贸部于1994年8月13日发布了《特定商品进口自动登记管理暂行办法》,对特定商品的进口实行自动进口许可制度。但是,在中国加入WTO的谈判中,一些工作组成员担心,上述暂行办法(特别是批准登记的标准)可能成为对进口产品的限制。因此,中国在《加入世界贸易组织工作组报告书》第136段中承诺,自加入WTO时起,中国将使自动许可制符合WTO《进口许可程序协定》第2条。

根据上述承诺,2004年《对外贸易法》第14条和第15条规定:国家准许货物与技术的自由进出口。但是,法律、行政法规另有规定的除外。商务部基于监测进出口情况的需要,对部分自由进出口货物实行进出口自动许可并公布其目录。实行自动许可的进出口货物,收货人、发货人在办理海关报关手续前提出自动许可申请的,商务部或者其委托的机构应当予以许可;未办理自动许可手续的,海关不予放行。进出口属于自由进出口的技术,应当向商务部或者其委托的机构办理合同备案登记。

2. 在特定条件下限制或禁止进出口

虽然1994年《对外贸易法》分别规定了限制进出口以及禁止进出口的情况,但由于这些规定与GATT1994第11条、第12条、第18条和第20条相比不完整,不利于充分保护我国的经济安全和国家利益,因此,2004年《对外贸易法》第16条在WTO协定允许的范围内,将限制和禁止进出口的情况合并,并作了补充规定。根据该条规定,国家基于某些原因,可以限制或者禁止有关货物、技术的进口或者出口。

3. 对特定货物可以采取任何必要措施

2004 年《对外贸易法》第 17 条规定:国家对与裂变、聚变物质或者衍生此类物质的物质有关的货物、技术进出口,以及与武器、弹药或者其他军用物资有关的进出口,可以采取任何必要的措施,维护国家安全。在战时或者为维护国际和平与安全,国家在货物、技术进出口方面可以采取任何必要的措施。

4. 对货物贸易和技术贸易采取不同管理方式

2004 年《对外贸易法》第 19 条规定:(1)对限制进口或出口的货物,实施配额、许可证等方式管理。其中,对部分进口货物可以实行关税配额管理。(2)对限制进口或出口的技术,实行许可证管理。实行配额或者许可证管理的货物和技术,必须取得有关部门许可,方可进口或出口。

事实上,国务院已于2001 年发布了《货物进出口管理条例》(自2002 年1 月1 日起实施),该条例是《对外贸易法》在货物进出口管理方面的细化,是我国管理货物进出口的重要法律依据。条例共有 8 章 77 条,包括总则、货物进口管理、货物出口管理、国营贸易和指定经营、进出口监测、临时措施、对外贸易促进、法律责任以及附则。为更好地执行《货物进出口管理条例》,我国还发布了与之相配套的一系列法规。货物进出口管理法律制度主要包括关税管理制度、进出口许可证和配额管理制度、外汇管理制度、进出口商品检验管理制度、原产地规则、贸易救济措施制度、政府采购制度(包括货物采购和服务采购)等。此外,2001 年还发布了《技术进出口管理条例》(自 2002 年 1 月 1 日起实施),这些条例发布的目的是履行我国在加入 WTO 时所作的承诺,同时也是为了弥补 1994 年《对外贸易法》的滞后和不足。货物进出口管理制度是指国家对进出口货物的经营范围和经营方式等进行管理的法律制度。

(六)国际服务贸易

在国际服务贸易方面,2004 年《对外贸易法》对 1994 年《对外贸易法》并没有作出修改,对国际服务贸易同样没有规定明确的概念,而只是作了如下原则规定:

1. 促进国际服务贸易的逐步发展并履行承诺

该法第 24 条规定:我国在国际服务贸易方面根据所缔结或者参加的国际条约、协定所作的承诺,给予其他缔约方、参加方市场准入和国民待遇。

2. 在特定条件下限制或禁止国际服务贸易原则

2004 年《对外贸易法》第 26 条将限制和禁止的情况合并起来,规定基于某些原因,国家也可以限制或者禁止有关的国际服务贸易。

3. 对特定领域的服务贸易可以采取任何必要措施

2004 年《对外贸易法》第 27 条规定:国家对与军事有关的国际服务贸易,以及与裂变、聚变物质或者衍生此类物质的物质有关的国际服务贸易,可以采取任何必要的措施,维护国家安全。在战时或者为维护国际和平与安全,国家在国际服务贸易方面可以采取任何必要的措施。

由于服务贸易涉及众多领域,目前,我国还没有制定与《货物进出口管理条例》、《技术进出口管理条例》并行的《国际服务贸易条例》,而是针对不同的服务部门单独作出规定。我国在《加入世界贸易组织议定书》中,对服务贸易的市场准入等作出了承诺,我国的国际服务贸易法律规范必须履行这些承诺。

(七)与对外贸易有关的知识产权保护

与贸易有关的知识产权是国际贸易中的一个重要问题,也是 WTO 协定所规范的重要内容之一。2004 年《对外贸易法》根据 WTO 规则,并借鉴发达国家的立法,增加了第五章"与对外贸易有关的知识产权保护"。该章只是对进出口贸易中的侵犯知识产权行为以及滥用知识产权的专有权或优势地位并对贸易产生不利影响的行为进行规范,通过对这些行为采取贸易措施,防止侵权产品进口和知识产权权利人滥用权利,并促进我国知识产权在国外的保护。第五章规定了如下内容:

1. 保护与贸易有关的知识产权

国家依照有关知识产权的法律、行政法规,保护与对外贸易有关的知识产权。进口货物侵犯知识产权,并危害对外贸易秩序的,商务部及其授权部门可以采取在一定期限内禁止侵权人生产、销售的有关货物进口等措施。

2. 防止知识产权人滥用权利

知识产权权利人有阻止被许可人对许可合同中的知识产权的有效性提出质疑、进行强制性一揽子许可、在许可合同中规定排他性返授条件等行为之一,并危害对外贸易公平竞争秩序的,商务部及其授权部门可以采取必要的措施消除危害。

3. 对等原则

其他国家或者地区在知识产权保护方面未给予中国的法人、其他组织或者个人国民待遇,或者不能对来源于中国的货物、技术或者服务提供充分有效的知识产权保护的,商务部可以依照法律、行政法规的规定,并根据中国缔结或者参加的国际条约、协定,对与该国家或者该地区的贸易采取必要的措施。

为加强对知识产权的保护,2003 年 11 月 26 日,国务院发布新的《知识产权海关保护条例》(自 2004 年 3 月 1 日起实施)。为执行该条例,海关总署于 2004 年 5 月 25 日又发布新的《海关关于〈中华人民共和国知识产权海关保护条例〉的实施办法》(自 2004 年 7 月 1 日起施行)。根据上述规定,对于侵犯知识产权的货物,国家禁止进出口。海关为此所采取的保护措施主要有:要求收发货人申报进出口货物的知识产权状况、扣留侵权嫌疑货物、对货物的侵权状况和收发货人进行调查、没收侵权货物、处置侵权货物、对侵权货物收发货人依法进行处罚等若干环节。

(八)对外贸易秩序

对外贸易秩序是指对外贸易经营者在对外贸易活动中的公平与自由竞争的秩序。在高度集中的外贸体制下,由于国家垄断了对外贸易,竞争机制难以形成。而外贸体制改革以来，外贸经营权逐步放开，越来越多的企业和经济组织具有独立的法人地位，通过对外贸易活动获取更多的经济利益成为每个经济组织最为关心的问题，因而竞争日益加剧，损害国家利益和他方利益的竞争手段被一些企业所用。为维护国家利益，保证对外贸易的正常发展，规范对外贸易秩序是必然的和现实的。特别是外贸经营许可制取消后，维护公平的竞争秩序更加重要。

由于1994年《对外贸易法》在对外贸易秩序方面的规定不够全面，没有包括因垄断等而扰乱对外贸易秩序的行为，因此，2004年《对外贸易法》予以补充，作出如下规定：[10]

1. 禁止限制竞争行为

在对外贸易经营活动中，不得违反有关反垄断的法律、行政法规的规定实施垄断行为。在对外贸易经营活动中实施垄断行为，危害市场公平竞争的，依照有关反垄断的法律、行政法规的规定处理。有上述违法行为，并危害对外贸易秩序的，商务部可以采取必要的措施消除危害。

2. 禁止不正当竞争行为

在对外贸易经营活动中，不得实施以不正当的低价销售商品、串通投标、发布虚假广告、进行商业贿赂[11]等不正当竞争行为。在对外贸易经营活动中实施不正当竞争行为的，依照有关反不正当竞争的法律、行政法规的规定处理。有上述违法行为，并危害对外贸易秩序的，商务部可以采取禁止该经营者有关货物、技术进出口等措施消除危害。

3. 外贸经营禁止性行为

在对外贸易活动中，不得有下列行为：(1)伪造、变造进出口货物原产地标记，伪造、变造或者买卖进出口货物原产地证书、进出口许可证、进出口配额证明或者其他进出口证明文件；(2)骗取出口退税；(3)走私；(4)逃避法律、行政法规规定的认证、检验、检疫；(5)违反法律、行政法规规定的其他行为。

4. 对外贸易经营者在对外贸易经营活动中，应当遵守国家有关外汇管理的规定

(九)对外贸易调查

贸易调查是各主要贸易国家保护本国产业和市场秩序的重要法律手段。为了应对针对我国入世承诺而滥用救济措施的行为，最大限度地保护国内产业利益，2004年《对外贸易法》增加了第七章“对外贸易调查”。该章规定，为了维护对外贸易秩序，商务部可以自行或者会同国务院其他有关部门，依照法律、行政法规的规定对下列事项进行调查：(1)货物进出口、技术进出口、国际服务贸易对国内产业及其竞争力的影响；

---

〔10〕《对外贸易法》第32～36条。

〔11〕根据国家工商行政管理局于1996年11月15日发布的《关于禁止商业贿赂行为的暂行规定》，商品贿赂是指经营者为销售或者购买商品而采用财物或者其他手段贿赂对方单位或者个人的行为。

(2)有关国家或者地区的贸易壁垒;(3)为确定是否应当依法采取反倾销、反补贴或者保障措施等对外贸易救济措施,需要调查的事项;(4)规避对外贸易救济措施的行为;(5)对外贸易中有关国家安全利益的事项;(6)为执行第7条、第29条第2款、第30条、第31条、第32条第3款、第33条第3款的规定,需要调查的事项;[12](7)其他影响对外贸易秩序,需要调查的事项。启动对外贸易调查,由商务部发布公告。调查可以采取书面问卷、召开听证会、实地调查、委托调查等方式进行。商务部根据调查结果,提出调查报告或者作出处理裁定,并发布公告。

贸易壁垒调查是贸易调查的一个重要方面,它是一国就其出口货物、技术和服务在其他国家或地区遭受的不公平待遇进行调查,并根据有关国内法律或缔结的条约或协定采取适当措施。目前,许多国家都建立本国的贸易壁垒调查机制,例如,美国贸易法"301"条款、欧盟贸易壁垒条例都赋予本国相应机构调查权。2002年9月23日,原外经贸部发布了中国第一个《对外贸易壁垒调查暂行规则》(自2002年11月1日起施行),在2002年暂行规则的基础上,商务部又发布了新的《对外贸易壁垒调查规则》(自2005年3月1日施行)。据此,中国商务部还从2003年开始每年发布《国别贸易投资环境报告》,[13]还发布了2002年《技术性贸易壁垒调查结果》。[14]

《对外贸易壁垒调查规则》详细规定了贸易壁垒调查的程序以及实体问题的认定。根据该规则,外国(地区)政府采取或者支持的措施或者做法,存在下列情形之一的,视为贸易壁垒:(1)违反该国(地区)与我国共同缔结或者共同参加的经济贸易条约或者协定,或者未能履行与我国共同缔结或者共同参加的经济贸易条约或者协定规定的义务;(2)造成下列负面贸易影响之一:对我国产品或者服务进入该国(地区)市场或者第三国(地区)市场造成或者可能造成阻碍或者限制;对我国产品或者服务在该国(地区)市场或者第三国(地区)市场的竞争力造成或者可能造成损害;对该国(地区)或者第三国(地区)的产品或者服务向我国出口造成或者可能造成阻碍或者限制。

商务部进出口公平贸易局负责规则的实施。商务部可以应申请人(被诉贸易壁垒涉及的产品生产或者服务供应有直接关系的企业或者产业或者代表国内企业、国内产业的自然人、法人或者其他组织)的申请立案,进行贸易壁垒调查。商务部认为有必要的,也可以自行立案。贸易壁垒调查应当自立案决定公告之日起6个月内结束。如果被调查的措施或者做法被认定构成贸易壁垒,商务部视情况采取以下措施:进行双边

---

〔12〕 第7条规定,任何国家或者地区在贸易方面对中华人民共和国采取歧视性的禁止、限制或者其他类似措施的,中华人民共和国可以根据实际情况对该国家或者该地区采取相应的措施。第29~31条是关于知识产权保护的规定。第32条和第33条是关于禁止限制竞争行为和禁止不正当竞争行为的规定。

〔13〕 《国别贸易投资环境报告》主要包括以下内容:我国与该贸易伙伴双边贸易、相互投资、经济合作概况;该贸易伙伴贸易管理体制概述;该贸易伙伴在外贸管理中采取的具体贸易措施情况。

〔14〕 《技术性贸易壁垒调查结果》主要包括:我国出口受技术性贸易壁垒影响的情况;主要国家实施技术壁垒的状况;出口企业跨越技术壁垒的现状及问题。

磋商;启动多边争端解决机制;采取其他适当的措施。2002 年《对外贸易壁垒调查暂行规则》颁布后,我国在 2004 年启动了第一起贸易调查案。2004 年 10 月 21 日,商务部中止这次调查。[15] 2005 年 2 月 28 日又彻底终止该调查。[16]

(十)对外贸易救济

2004 年《对外贸易法》第八章规定,国家根据对外贸易调查结果,可以采取以下适当的贸易救济措施,维护国家利益:(1)采取反倾销措施。(2)采取反补贴措施。(3)采取保障措施。(4)采取中止或终止履行国际义务措施。与中国缔结或者共同参加经济贸易条约、协定的国家或者地区,违反条约、协定的规定,使中国根据该条约、协定享有的利益丧失或者受损,或者阻碍条约、协定目标实现的,中国政府有权要求有关国家或者地区政府采取适当的补救措施,并可以根据有关条约、协定中止或者终止履行相关义务。[17] (5)建立预警应急机制。商务部和国务院其他有关部门应当建立货物进出口、技术进出口和国际服务贸易的预警应急机制,应对对外贸易中的突发和异常情况,维护国家经济安全。(6)采取反规避措施。国家对于规避《对外贸易法》规定的对外贸易救济措施的行为,可以采取必要的反规避措施。[18]

(十一)对外贸易促进

2004 年《对外贸易法》第九章规定:(1)国家制定对外贸易发展战略,建立和完善对外贸易促进机制。(2)国家根据对外贸易发展的需要,建立和完善为对外贸易服务的金融机构,设立对外贸易发展基金、风险基金。(3)国家通过进出口信贷、出口信用保险、出口退税及其他促进对外贸易的方式,发展对外贸易。(4)国家建立对外贸易公共信息服务体系,向对外贸易经营者和其他社会公众提供信息服务。(5)国家采取措施鼓励对外贸易经营者开拓国际市场,采取对外投资、对外工程承包和对外劳务合作等多种形式,发展对外贸易。(6)对外贸易经营者可以依法成立和参加有关协会、商会。有关协会、商会应当遵守法律、行政法规,按照章程对其成员提供与对外贸易有关的生产、营销、信息、培训等方面的服务,发挥协调和自律作用,依法提出有关对外贸易救济措施的申请,维护成员和行业的利益,向政府有关部门反映成员有关对外贸易的建议,开展对外贸易促进活动。(7)中国国际贸易促进组织开展对外联系,举办展览,提供信息、咨询服务和其他对外贸易促进活动。(8)国家扶持和促进中小企业开展对外贸易。(9)国家扶持和促进民族自治地方和经济不发达地区发展对外贸易。

(十二)法律责任

1994 年《对外贸易法》关于法律责任的规定只有 4 条,而且比较原则,处罚手段不

---

〔15〕 中华人民共和国商务部公告 2004 年第 65 号《关于中止对日本紫菜进口管理措施的贸易壁垒调查的公告》。

〔16〕 商务部公告 2005 年第 10 号《关于终止日本紫菜进口管理措施贸易壁垒调查的公告》。

〔17〕《关于争端解决规则与程序的谅解》第 22 条。

〔18〕《关税与贸易总协定》第 20 条。

够且单一,主要规定了行政责任,个别情况下追究刑事责任。

2004 年《对外贸易法》第十章根据对外贸易管理中出现的新情况和新问题,结合对外贸易管理的实际需要,补充、修改和完善了有关法律责任的规定,针对未经登记从事货物和技术进出口、违反国营贸易管理和制定经营管理、违反自动许可管理、违反货物贸易以及技术贸易的禁止或限制进出口规定、非法从事国际服务贸易等行为,通过刑事处罚、行政处罚等多种手段,加大了对对外贸易违法行为的处罚力度。

第二节 进出口管理的具体法律制度

一、关税管理制度

(一)关税立法

关税是海关代表国家,依照国家制定的关税政策和法律,对进出境货物和物品征收的一种流转税。它是我国税收的一种,具有强制性、无偿性和固定性。我国在关税方面的法律依据主要有《海关法》中有关关税的规定、《进出口关税条例》和进出口关税税则以及国务院或海关总署等行政部门制定的有关行政法规。其中,《海关法》具有最高法律地位,其他两类必须与之相符。

我国第一部海关法是原政务院于 1951 年 4 月 8 日颁布的《暂行海关法》。为使海关工作适应新形势的要求,1987 年 1 月 22 日,我国通过了《海关法》(同年 7 月 1 日起实行)。2000 年 7 月 8 日又通过了《关于修改〈中华人民共和国海关法〉的决定》(2001 年 1 月 1 日实施)。2001 年《海关法》对进出境运输工具、进出境货物、进出境物品、关税、海关事务担保、执法监督等问题作出了详细规定。

《进出口关税条例》依据《海关法》制定,是《海关法》中关税规定的具体化。我国第一部《进出口关税条例》于 1985 年 3 月 7 日由国务院发布(1987 年 9 月 12 日第一次修订,1992 年 3 月 18 日第二次修订)。虽然 2001 年《海关法》第五章专门对“关税”问题作出规定,但《海关法》作为规范海关各方面行为的基本法,不可能对关税问题作出详细规定,因此,进出口关税条例必须解决这些具体问题。而 1992 年《进出口关税条例》依据 1987 年《海关法》制定,不仅涉及问题有限,内容也比较简单,已经不适应我国对外贸易管理的需要,而且也不符合 2001 年《海关法》的规定,更没有可能考虑 WTO 规则的要求。在这种背景下,国务院于 2003 年 11 月 23 日发布了新的《进出口关税条例》,自 2004 年 1 月 1 日起实施。2004 年《进出口关税条例》共有 6 章 67 条,包括:总则、进出口货物关税税率的设置和适用、进出口货物完税价格的确定、进出口货物关税的征收、进境物品进口税的征收和附则。与 1992 年《进出口关税条例》相比,该条例详细规定了进出口货物关税税率的设置和国别适用,进出口货物完税价格的确定以及海关估价问题，完善了进出口货物的关税征管其他制度。

《进出口关税条例》规定：国务院制定《中华人民共和国进出口税则》、《中华人民共和国进境物品进口税税率表》，规定关税的税目、税则号列和税率，作为条例的组成部分。国务院设立"关税税则委员会"，负责《税则》和《进境物品进口税税率表》的税目、税则号列和税率的调整和解释，报国务院批准后执行。加入 WTO 以前，我国税则税率栏目分为基础税率和年度实施税率两栏，其下又分优惠和普通两种税率。基础税率是我国于 1992 年开始实施的税率，并作为 1992 年之后若干年内中国加入 WTO 关税谈判的基础税率。现在中国已正式加入了 WTO，并承诺了对所有税目的约束税率，因此，基础税率已无保留的必要。从 2002 年开始，我国实行新的进口税则税率栏目，新的进口税则分设最惠国税率、协定税率、特惠税率和普通税率 4 个栏目，取消原基础税率栏目。[19] 而在出口关税方面，一直设置一栏出口税率，但可以对出口货物在一定期限内实行暂定税率。我国进出口税则自 1992 年 1 月 1 日起开始采用国际上通用的《国际商品名称及编码协调制度》（即 HS）目录，并参加了该公约。从 1996 年进出口税则起，我国又开始采用世界海关组织修订的 1996 年版《国际商品名称及编码协调制度》目录。自 2007 年 1 月 1 日起，我国开始采用以世界海关组织 2007 年版《商品名称及编码协调制度》为基础的进出口税则。

（二）进出口关税税率

我国海关关税按照进出口货物的流向分为进口关税和出口关税。其中，征收进口关税的商品比较多，而征收出口关税的商品比较少。

1. 进口关税税率

1992 年《进出口关税条例》对进口关税设置了两栏税率，即普通税率和优惠税率。同时也规定在特殊情况下可以实行暂定税率。2004 年《进出口关税条例》根据 WTO 协定以及我国对外经济合作的实际情况，对进口关税税率设置了最惠国税率、协定税率、特惠税率、普通税率、关税配额税率等税率，并对进口货物在一定期限内可以实行暂定税率。

（1）最惠国税率。适用于：原产于共同适用最惠国待遇条款的 WTO 成员的进口货物；原产于与中国签订含有相互给予最惠国待遇条款的双边贸易协定的国家或者地区的进口货物；原产于中国境内的进口货物。

（2）协定税率和特惠税率。适用于原产于与中国签订含有关税优惠条款的区域性贸易协定的国家或者地区的进口货物。特惠税率适用于原产于与中国签订含有特殊关税优惠条款的贸易协定的国家或者地区的进口货物。

（3）普通税率。适用于原产于适用最惠国税率、协定税率和特惠税率国家或地区

---

〔19〕 国务院关税税则委员会关于 2002 年关税实施方案的通知，2001 年 12 月 21 日，税委会［2001］14 号。

以外的国家或者地区的进口货物以及原产地不明的进口货物。

(4)关税配额税率。《进出口关税条例》规定,实行关税配额管理的进口货物,关税配额内的,适用关税配额税率。

我国从1996年起,陆续对部分农产品实行关税配额税率。[20]

(5)暂定税率。暂定税率是一种临时税率,一般针对当时的特殊情况采用,有效期较短。2001年《进出口关税条例》规定,适用最惠国税率的进口货物有暂定税率的,应当适用暂定税率;适用协定税率、特惠税率的进口货物有暂定税率的,应当从低适用税率;适用普通税率的进口货物,不适用暂定税率。根据该规定,我国只对最惠国税率、协定税率、特惠税率规定暂定税率,而对普通税率的货物不适用暂定税率。此外,按照有关法律、行政法规的规定对进口货物采取反倾销、反补贴、保障措施的,其税率的适用按照《反倾销条例》、《反补贴条例》和《保障措施条例》的有关规定执行。任何国家或者地区违反与中国签订或者共同参加的贸易协定及相关协定,对中国在贸易方面采取禁止、限制、加征关税或者其他影响正常贸易的措施的,对原产于该国家或者地区的进口货物可以征收报复性关税,适用报复性关税税率。上述反倾销税、反补贴税、报复性关税等都属于暂定税率的性质。

改革开放初期,我国的进口关税税率较高,而且还对关税作了很多特殊安排(如各种关税优惠政策),再加上部分进口商品的进口关税税率不尽合理,外商来华投资进口设备、加工贸易原材料实行零关税,经济特区等实行特殊的关税安排等,使我国的名义关税很高,而实际关税[21]很低。为恢复我国在GATT中的缔约方地位,进一步发挥关税的调节作用,自1986年4月开始,我国就对进口关税税率进行了多次调整,使进口关税水平大为降低。1986年中国对国内产业实行高度保护,其关税水平列为发展中国家第6位最高者。1992年,降低2898个税目进口商品关税税率,关税算术平均税达到43.2%。在中国成为WTO成员后的第一年即2002年,5332个税目的税率有不同程度的降低。降税后,进口关税总水平下降到12%。[22] 2003年,降低了进口税则中3019个税目的最惠国税率,调整后的关税算术平均总水平降至11%。[23] 2004年降低了进口税则中2414个税目的最惠国税率,调整后的关税总水平降至10.4%。[24] 2005年的进口关税总水平降低至9.9%。[25] 2006年和2007年的进口关税总体水平仍保持

---

〔20〕 海关总署《关于实行关税配额税率商品适用税率等有关问题的通知》(署税[2000]231号),2000年4月12日发布(现已失效)。

〔21〕 指一国对进口商品实际征收的关税率,即当年实际征收的关税额除以当年实际进口额。

〔22〕 海关总署2001年第22号公告,2001年12月30日发布。

〔23〕 海关总署2002年第39号公告,2002年12月30日发布。

〔24〕 海关总署2003年第84号公告,2003年12月30日发布。

〔25〕 海关总署公告《关于2005年进出口税则调整问题的公告》(2004年第46号),2004年12月30日发布。

9.9%。2008年的进口关税总体水平为9.8%。

2. 出口关税税率

国家对出口关税只设置一栏出口税率,但可以对出口货物在一定期限内实行暂定税率。适用出口税率的出口货物有暂定税率的,应当适用暂定税率。

例如,在2005年,出口税则的税目37个,对174项出口商品实行暂定税率。其中包括对148种纺织品实行暂定出口税率。[26] 之所以对部分纺织品实行出口暂定税率,是因为从2005年1月1日起,纺织品贸易实现一体化,为了促进全球贸易的稳定发展,同时考虑到一些国家面临着产业调整,我国决定自2005年1月1日起对部分服装征收出口关税。出口关税的计征采用从量计征标准。应税服装的税率从每个数量单位0.2元、0.3元或0.5元不等。对一般贸易、加工贸易、边境小额贸易等监管方式下出口的上述应税服装以及经济特区企业出口的特区生产的上述应税服装,均征收出口关税。[27]

(三)关税的征收方法

如前所述,各国征收关税的方法有从价关税、从量关税、复合关税、选择征税、滑准征税等。其中,从价征税是大多数国家的常用标准,我国采用的征税方法也是以从价税为主,辅之以从量征税、复合征税以及滑准税。我国自1997年7月1日起对啤酒、原油和部分感光胶片试行从量关税,对录像机、摄像机试行复合关税,[28] 这是我国首次采用从量和复合征税方式。试行从量关税和复合关税是我国关税制度的一项改革,对于抑制国外低价倾销,防止低瞒报价格,保护民族工业,保证正常进口将起到积极作用。此外,从1997年10月1日起,我国对新闻纸试行滑准关税。[29] 2001年《海关法》第55条对进出口货物的完税价格作了原则性规定。进出口货物的完税价格由海关以该货物的成交价格为基础审查确定。当成交价格不能确定时,完税价格由海关依法估定。完税价格确定的核心是到岸价格的确定和海关估价的适用。2004年《进出口关税条例》细化了《海关法》的规定。此外,在2001年《海关法》颁布后至2004年《进出口关税条例》颁布前,海关总署还专门制定了《海关审定进出口货物完税价格办法》(自2002年1月1日起施行)。根据该规定,进口货物的完税价格由海关以成交价格以及该货物运抵中国境内输入地点起卸前的运输及其相关费用、保险费为基础审查确定。出口货物的完税价格由海关以该货物的成交价格以及该货物运至中国境内输出地点装载前的运输及其相关费用、保险费为基础审查确定。进口货物或出口货物的成交价

---

〔26〕 同上注。

〔27〕 海关总署公告2004年第44号,2004年12月29日发布。

〔28〕 海关总署《关于试行从量关税、复合关税有关问题的通知》(署税[1997]481号),1997年6月9日发布。

〔29〕 海关总署《关于执行从1997年第四季度起降低关税税率有关问题的通知》(署税[1997]746号),1997年9月15日发布。

格不能确定的,海关与纳税义务人进行价格磋商后,估定该货物的完税价格。

(四)保税制度

我国设立了许多保税区。为加强对保税区的管理,海关总署于 1997 年曾发布了《保税区海关监管办法》。2000 年发布了《海关对出口加工区监管的暂行办法》(2003 年修订)。2003 年发布了《海关对保税仓库及所存货物的管理规定》(自 2004 年 2 月 1 日起执行)。2004 年又发布了《海关关于加工贸易保税货物跨关区深加工结转的管理办法》(自 2004 年 3 月 1 日开始实施)等。根据《保税区海关监管办法》,在中国境内设立保税区,必须经国务院批准。在保税区内设立的企业,应当向海关办理注册手续。保税区与境外之进出的货物,由货物的收货人、发货人或其代理人向海关备案。转口货物和在保税区内储存的货物按照保税货物管理。从保税区进入非保税区的货物,按照进口货物办理手续;从非保税区进入保税区的货物,按照出口货物办理手续。

二、贸易救济措施制度

贸易救济措施是指针对国际贸易中存在的不公平贸易行为或者严重损害进口国贸易利益的行为所采取的措施。2004 年《对外贸易法》规定了以下贸易救济措施:反倾销措施、反补贴措施、保障措施、采取中止或终止履行国际义务措施、建立预警应急机制、反规避措施。

1997 年 3 月 25 日,国务院首先发布了《反倾销反补贴条例》。1997 年 12 月 10 日,我国首次使用反倾销手段对外国出口商品发起反倾销调查。虽然 1997 年《反倾销和反补贴条例》在总体上与 WTO 规则是一致的,并在我国对外反倾销中起到了非常重要的作用。但是,条例与 WTO 规则仍然存在差距,在一些具体问题上不够明确。《反倾销反补贴条例》主要规定了反倾销制度,而在反补贴方面,只是规定了补贴的概念和补贴金额的计算原则。而补贴造成的损害、反补贴调查和反补贴措施的实施,则适用《反倾销反补贴条例》中有关反倾销的相应规定。很明显,我国的反补贴规定缺乏可操作性。而且,在 WTO 规则中,反倾销和反补贴分别用两个规则予以规定。在这种情况下,2001 年 10 月 31 日,国务院通过了《反倾销条例》和《反补贴条例》,自 2002 年 1 月 1 日起施行。

2002 年《反倾销条例》共有 59 条,主要规定了总则、倾销与损害、反倾销调查、反倾销措施、反倾销税和价格承诺的期限与复审以及附则。2002 年 1 月 1 日起施行的《反补贴条例》共有 6 章 58 条,主要规定了总则、补贴与损害、反补贴调查、反补贴措施、反补贴税和承诺的期限与复审以及附则。上述条例基本上是 WTO《反倾销协定》和《反补贴协定》的翻版。

我国商务部负责反倾销、反补贴和保障措施调查。涉及农产品的反倾销、反补贴、保障措施的产业损害调查,由商务部会同农业部进行。商务部设立"产业损害调查局"(IBII)和"公平交易局"(BOFT),分别负责审核反倾销、反补贴、保障措施等案件立案审查以及有关国内产业损害等内容。

在2002年《反倾销条例》和《反补贴条例》颁布后，商务部、原外经贸部、原国家经贸委、最高人民法院还颁布了一系列行政法规和司法解释。在保障措施方面，1994年《对外贸易法》虽然原则性规定了政府主管部门可以采取保障措施，但没有具体规定采取保障措施的详细条件和程序，为履行WTO义务，2001年10月31日，国务院通过了《保障措施条例》，自2002年1月1日起施行。2002年《保障措施条例》是对1994年《对外贸易法》第29条的细化，共5章35条，包括总则、调查、保障措施、保障措施的期限与复审以及附则等内容。此外，商务部、原外经贸部和原国家经贸委还发布了一系列行政法规和司法解释。

由于《反倾销条例》、《反补贴条例》、《保障措施条例》在中国加入WTO前夕制定，主要针对中国刚刚加入WTO时保护国内产业的需要，再加上经验和认识有限，确实有部分条文已经不能适应当今需要。因此，国务院又修改了《反倾销条例》、《反补贴条例》和《保障措施条例》（自2004年6月1日起施行）。2004年《反倾销条例》、《反补贴条例》和《保障措施条例》的主要修改是增加了公共利益的考虑。

（一）采取贸易救济措施的条件

我国在以下情况下可以采取反倾销措施、反补贴措施、保障措施：（1）任何国家（地区）对中国的出口产品采取歧视性反倾销措施或反补贴措施的，中国可以根据实际情况对该国家（地区）采取相应的措施；（2）在符合法定实体条件的情况下也可以采取反倾销措施或反补贴措施、保障措施。我国主要是在后一种情况下采用贸易救济措施。

我国采取反倾销措施、反补贴措施以及保障措施的条件与WTO是一致的。所以，本章不再赘述。

（二）反倾销和反补贴的司法审查

根据WTO协定，我国规定了反倾销和反补贴司法复审，而在保障措施方面则没有设置司法复审制度。为依法公正地审理反倾销和反补贴行政案件，最高人民法院根据《行政法》于2002年11月21日分别发布了《最高人民法院关于审理反倾销行政案件应用法律若干问题的规定》、《最高人民法院关于审理反补贴行政案件应用法律若干问题的决定》，自2003年1月1日起实施。

在反倾销方面，对作出的终裁决定、是否征收反倾销税的决定、追溯征收、退税、对新出口经营者征税的决定、对作出的复审决定不服的；在反补贴方面，对作出的终裁决定、是否征收反补贴税的决定、追溯征收的决定以及复审决定不服的，可以依法申请行政复议，也可以依法向人民法院提起诉讼。

1. 原告

与反倾销（反补贴）行政行为具有法律上利害关系的个人或者组织为利害关系人，可以向人民法院提起行政诉讼。利害关系人是指向商务部提出反倾销（反补贴）调查书面申请的申请人,有关出口经营者和进口经营者及其他具有法律上利害关系的自然人、法人或者其他组织。

2. 被告

反倾销(反补贴)行政案件的被告,应当是作出相应被诉反倾销(反补贴)行政行为的国务院主管部门。与被诉反倾销(反补贴)行政行为具有法律上利害关系的其他国务院主管部门,可以作为第三人参加诉讼。

3. 管辖法院

第一审反倾销(反补贴)行政案件的管辖法院是被告所在地高级人民法院指定的中级人民法院;被告所在地高级人民法院。人民法院对被诉反倾销(反补贴)行政行为的事实问题和法律问题,进行合法性审查。

4. 受理案件范围

人民法院依法受理对下列反倾销行政行为提起的行政诉讼:(1)有关倾销及倾销幅度、损害及损害程度的终裁决定;(2)有关是否征收反倾销税的决定以及追溯征收、退税、对新出口经营者征税的决定;(3)有关保留、修改或者取消反倾销税以及价格承诺的复审决定;(4)依照法律、行政法规规定可以起诉的其他反倾销行政行为。

人民法院依法受理对下列反补贴行政行为提起的行政诉讼:(1)有关补贴及补贴金额、损害及损害程度的终裁决定;(2)有关是否征收反补贴税以及追溯征收的决定;(3)有关保留、修改或者取消反补贴税以及承诺的复审决定;(4)依照法律、行政法规规定可以起诉的其他反补贴行政行为。

5. 举证

被告对其作出的被诉反倾销(反补贴)行政行为负举证责任,应当提供作出反倾销(反补贴)行政行为的证据和所依据的规范性文件。原告对其主张的事实有责任提供证据。被告在反倾销(反补贴)行政调查程序中依照法定程序要求原告提供证据,原告无正当理由拒不提供、不如实提供或者以其他方式严重妨碍调查,而在诉讼程序中提供的证据,人民法院不予采纳。

6. 裁决

人民法院审理反倾销(反补贴)行政案件,根据不同情况,分别作出以下判决:(1)被诉反倾销(反补贴)行政行为证据确凿,适用法律、行政法规正确,符合法定程序的,判决维持。(2)被诉反倾销(反补贴)行政行为有下列情形之一的,判决撤销或者部分撤销,并可以判决被告重新作出反倾销(反补贴)行政行为:主要证据不足的;适用法律、行政法规错误的;违反法定程序的;超越职权的;滥用职权的。(3)依照法律或者司法解释规定作出的其他判决。

7. 诉讼程序

人民法院审理反倾销(反补贴)行政案件,可以参照有关涉外民事诉讼程序的规定。

(三)贸易救济措施中的公共利益问题

在采取反倾销或反补贴措施的同时,往往会对上、下游产业以及消费者带来损害。因此,一些国家在决定是否采取反倾销措施或反补贴措施时,对公共利益问题进行了充分的考虑。但是,各国都没有对公共利益给予定义,而是规定了应该考虑的一系列因素,如工业用户的利益和消费者的利益。公共利益条款的实质在于通过利益冲突主体之间的相互制衡,使反倾销或反补贴能够在更广阔的利益背景下进行,确保反倾销或反补贴符合本国的最大利益。

WTO《反倾销协定》和《反补贴协定》并没有直接规定公共利益条款,但《反倾销协定》第6.12条要求在反倾销调查中对被调查产品的工业用户和消费者利益给予考虑。该条规定:主管机关应向被调查产品的工业用户,或在该产品通常为零售的情况下,向具有代表性的消费者组织提供机会,使其能够提供与倾销、损害和因果关系的调查有关的信息。也就是说,在反倾销过程中不仅要考虑本国生产商的利益,还要考虑进口国下游用户和消费者的利益。《反补贴协定》第12.10条也有类似规定。有鉴于此,一些WTO成员已经或正在考虑将公共利益问题纳入反倾销或反补贴立法中。例如,欧共体、加拿大、美国在其反倾销法或反补贴法中已经对公共利益问题作出了较为详细的规定。但各有特色,相同之处就是都没有对“公共利益”予以定义。

欧盟反倾销条例[30]要求采取反倾销措施必须要符合共同体利益(Community Interest)。即实施反倾销措施必须同时具备存在倾销、存在倾销对欧盟产业造成的损害以及符合共同体利益三个条件。第21条规定,共同体利益是否要求实施反倾销措施,应在评价各方利益整体的基础上做出决定,其中包括国内工业用户和消费者的利益。欧盟公共利益评估主要包括以下方面:竞争结构的评估(包括国内生产者之间的竞争、国内生产者与国外出口商之间的竞争)、对共同体产业影响的评估(包括对共同体产业市场份额的影响、对价格和利润率的影响、对将来的生产和生产能力的影响、对就业的影响、对申诉的共同体产业的影响)、与其他经济主体之间利益的平衡(包括贸易商和进口商、上游供应商、工业用户、消费者、对外政策)为了使主管机关在决定反倾销措施是否符合共同体利益时全面考虑各方意见,反倾销调查申请方、进口商及其代表性商会、代表性用户和代表性消费者组织,可以在反倾销调查立案通知中规定的时间内向调查机构提交有关信息。这些信息向其他当事方公开,对方有权对上述信息作出回应。如果主管机关依据全部信息明确得出结论从为实施反倾销措施不符合共同体利益,则可以不实施该措施。反倾销条例第7条和第9条还规定,在初步或最终裁定存在倾销并对欧盟产业造成损害的情况下,如决定采取临时或最终反倾销措施,必须以符合共同体利益为前提。如申请人撤诉,反倾销调查程序将予终止,除非终止调查不符合共同体利益。概言之,在欧盟反倾销法律框架下,对共同体公共利益的考虑将产生

---

〔30〕 即欧洲理事会条例第384/96号,1995年12月22日。

两种结果:征收反倾销税、不征收反倾销税。而没有减幅征税的情况。[31]

加拿大反倾销法律《特殊进口措施法》(Special Import Measures Act, SIMA)在1984年就对公共利益问题作出规定。[32]该法在2000年又完善了反倾销调查中的公共利益程序规定。该法第45部分规定,在作出最终损害裁定后,如果有充分理由相信按确定的倾销幅度征收反倾销税不符合公共利益,加拿大国际贸易法院可以自行或依据利害关系人的请求发起公共利益调查。利害关系人除了反倾销调查有关各方,还包括下游用户、消费者协会和竞争政策当局。加拿大国际贸易法院在公共利益调查时主要考虑以下因素:是否可以从与反倾销调查无关的国家获得相同产品;全额征收反倾销税是否将大大降低国内相同产品的竞争市场、是否对以有关产品为投入品的加拿大生产商造成重大损害、是否因限制获得生产或服务中使用的投入品或技术而严重损害产业竞争力、是否将严重限制消费者按竞争性价格选择或获得产品的权利或通过其他方式给消费者造成严重损害等;降低或取消反倾销税是否会给国内相似产品生产中使用的投入品的国内生产商造成重大损害;其他因素。与欧共体不同,加拿大反倾销程序对公共利益问题的考虑具有如下特点:第一,公共利益调查是独立程序,并非每一起反倾销案件都涉及公共利益调查。只有在听取各利害关系方意见后认为存在公共利益问题时,才发起公共利益调查。但不管是否开展公共利益调查,工业用户和消费者的意见可以在反倾销调查期间随时提交给调查机关。第二,公共利益调查与反倾销税率的确定结合在一起,即在考虑公共利益问题后可能裁决减幅征税。[33]

美国反倾销法中有关公共利益原则的规定主要体现在其调查终止与调查中止两个环节上。与欧共体不同的是,美国反倾销法将公共利益的考虑作为中止与终止反倾销措施的前提条件,而不是作为采取反倾销措施的条件。[34]

我国最初的反倾销法律和反补贴法律并没有关于公共利益的规定,但是,在反倾销实践中对公共利益问题是有所考虑的。例如,在不锈钢冷轧薄板反倾销案[35]中,立案公告确定的被调查产品范围包括所有型号的不锈钢薄板,但调查中发现有一些特殊型号、规格、用途的不锈钢我国还不能生产或不能完全生产。最终,原国家经贸委结合我国实际情况,考虑到包括下游产业利益在内的公共利益需求,裁定将四种型号的进

---

〔31〕 见王传丽教授主持的科研项目:《反倾销调查中的公共利益问题研究报告》。

〔32〕 根据该法,加拿大产业由于进口商品的不公平竞争而造成实质性损害时,加拿大政府可对该商品开展反倾销和反补贴措施。

〔33〕 同上注。

〔34〕 同上注。

〔35〕 外经贸部公告1999年第5号,《对来自日本和韩国的不锈钢冷轧薄板反倾销调查正式立案》;外经贸部2000年4月13日公告,《关于对原产于日本和韩国的进口不锈钢冷轧薄板反倾销调查的初步裁定》;外经贸部公告2000年第15号,《关于对原产于日本和韩国的进口不锈钢冷轧薄板反倾销调查的终局裁定》。

口不锈钢排除在反倾销税征税的范围以外。[36] 为了使对公共利益的考虑有明确的法律依据,2004 年 6 月 1 日发布了修改后的《反倾销条例》。2004 年《反倾销条例》最实质的变化就是增加了公共利益的规定。该法第 33 条第 1 款规定:“商务部认为出口经营者做出的价格承诺能够接受并符合公共利益的,可以决定中止或者终止反倾销调查,不采取临时反倾销措施或者征收反倾销税。中止或者终止反倾销调查的决定由商务部予以公告。”第 37 条规定:“仲裁决定确定倾销成立,并由此对国内产业造成损害的,可以征收反倾销税。征收反倾销税应该符合公共利益。”此外,2004 年《反补贴条例》在第 38 条中也增加“征收反补贴税应当符合公共利益”的规定,将这一条修改为:“在为完成磋商的努力没有取得效果的情况下,终裁决定确定补贴成立,并由此对国内产业造成损害的,可以征收反补贴税。征收反补贴税应当符合公共利益。”2004 年《保障措施条例》第 19 条规定,“终裁决定确定进口产品数量增加,并由此对国内产业造成损害的,可以采取保障措施。实施保障措施应当符合公共利益”。可见,我国在是否接受价格承诺以及是否征收反倾销税或反补贴税或采取保障措施方面,公共利益是一个重要考虑因素。但是,这些法律都没有对公共利益给予定义,也没有规定如何考虑公共利益问题。

(四)反倾销和反补贴中的反规避问题

2004 年《反倾销条例》第 55 条以及 2004 年《反补贴条例》第 54 条都规定了以下反规避条款:商务部可以采取适当措施,防止规避反倾销措施(反补贴措施)的行为。但条例都没有具体规定构成规避行为的条件以及可以采取哪些反规避措施。

反倾销(反补贴)规避是指在产品被征收反倾销税之后,有关当事人通过对产品本身或是其生产和销售方式进行改变等,逃避其本应缴纳的反倾销税(反补贴税),从而达到继续在进口国境内低价销售同类产品目的的行为。

WTO《反倾销协定》并没有规定反规避(Anti-circumvention)问题,但是,WTO 专门有一个部长声明:《关于反规避的决议》。决议指出:“部长们,注意到反倾销措施的规避问题是《关于履行 1994 年关贸总协定第六条的协议》谈判的一部分,然而谈判各方未达成具体文本;考虑到在该领域尽快适用统一规则的愿望,决定将此问题提交在该协议项下成立的反倾销措施委员会的解决。”实际上,该决议授权反倾销委员会研究反规避问题,根据这一授权,反倾销委员会成立了反规避非官方小组,一致对反规避问题进行讨论。虽然《反倾销协定》没有明确规定反规避问题,但是,一些国家已经制定了本国反规避立法。美国 1988 年《综合贸易与竞争法》、1994 年《乌拉圭回合协议法》及据此修订的 1930 年美国关税法规定了反倾销中的反规避问题,针对的规避行为主要包括美国组装规避、外国组装规避、细微改变和后期发展。欧盟 1987 年制定的 1761/

---

〔36〕 国家经贸委产业损害调查局副局长宋和平:“产业调查中的五大问题”,载 www. setc. gov. cn,2004 年 1 月 10 日访问。

87法令最早规定了反规避问题,但是,乌拉圭回合谈判结束后,欧盟多次对该发令进行修改,2004年的461/2004号法令规定的反规避条款主要针对细微改变、转运、销售形式或渠道的变更及进口国或第三国组装等规避行为。

规避反倾销或反补贴的行为主要有以下几种:

1. 组装规避

主要是指生产商在其出口产品被进口国征收反倾销税或反补贴税后,利用零部件不属于征税范围的便利,在进口国或第三国建立组装厂,通过零部件加工组装继续其成品销售,从而使反倾销税或反补贴税的目的落空。组装规避根据其设立组装厂的不同,分为进口国组装(Importing Country Assembly)和第三国组装(Third Country Assembly)。进口国境内组装是指出口商将已被征税产品的零组件出口到进口国,并在进口国组装后进行销售的行为。这种规避主要是利用零组件与制成品在各国海关税则分类上不属于同一税则之内,从而规避反倾销税或反补贴税的征收。第三国境内组装是指出口商将已被征税产品的制成阶段转移到第三国进行,然后将制成品以第三国产品的身份出口到进口国。这种规避方法的出现主要是因为,在正常情况下,进口国当局通常只对来自特定出口国的特定或不特定出口商的产品征收反倾销税或反补贴税。

2. 产品轻度改变(Minor Alteration)

即出口商对已被征税产品进行非功能性改造,如外型等,以使产品有别于那些根据进口国当局反倾销税令的描述而确定的征税对象,而使之归入不征收反倾销税或反补贴税的关税税目,并向征收反倾销税或反补贴税的国家出口,进而规避反倾销税或反补贴税的征收。

3. 产品后期开发(Later-development)

即出口商使用新的技术对已被征税产品进行功能性改造,使其成为一种在原反倾销或反补贴调查期间并不存在的新产品。这种规避方法的原理与产品轻度改变相同。

三、进出口配额和许可证制度

我国从1979年就已开始对纺织品出口实施被动配额管理。1986年又对港澳地区出口的部分商品实行主动配额管理。到目前为止,实行配额管理的商品从部分出口商品扩大到部分进口商品。为便于管理,原外经贸部先后颁布了大量的有关进出口商品配额管理的专门法规。在中国加入WTO前夕发布的《货物进出口管理条例》对进出口配额问题也作了详细规定。根据该条例规定,进出口经营者进出口需要取得配额的货物时,应凭进出口配额管理部门发放的配额证明,向商务部及其授权部门申领进出口配额许可证,并凭进出口配额许可证向海关办理报关验放手续。因此,配额管理制度是和许可证管理制度结合在一起的。但是,并不是所有需要领取进出口许可证的货物都需要申请进出口配额。

(一)进口配额措施

根据《货物进出口管理条例》,我国对进口配额的管理分为一般配额管理和关税配额管理。

1. 一般配额管理

国家规定有数量限制的限制进口货物，实行配额管理。商务部每年公布下一年度进口配额总量。配额申请人应当向进口配额管理部门提出下一年度进口配额的申请。进口经营者凭进口配额管理部门发放的配额证明，向海关办理报关验放手续。随着我国外贸体制改革的深入，我国一直逐步减少进口配额商品。值得注意的是，我国对原来实行多年的进口配额管理的机电产品以及汽车产品也已经开始实行进口自动许可管理。[37]

2. 关税配额管理

属于关税配额内进口的货物，按照配额内税率缴纳关税；属于关税配额外进口的货物，按照配额外税率缴纳关税。实行关税配额管理的进口货物目录由商务部公布。商务部每年公布下一年度的关税配额总量。关税配额申请人应当向进口配额管理部门提出关税配额的申请。进口经营者凭关税配额证明向海关办理关税配额内货物的报关验放手续。此外，我国还发布了对特定货物的进口关税配额管理办法。例如，《化肥进口关税配额管理暂行办法》、《农产品进口关税配额管理暂行办法》等。

（二）出口配额措施

现行有效的关于出口配额管理的法规是《货物进出口管理条例》以及原外经贸部于2001年12月20日发布的《出口商品配额管理办法》。

国家规定有数量限制的限制出口货物，实行配额管理。实行配额管理的出口商品目录由商务部公布。出口商品配额总量由商务部确定，并于每年公布下一年度出口配额总量。出口配额可以通过直接分配的方式分配，也可以通过招标等方式分配。地方管理企业向地方外经贸主管部门提出配额申请；中央管理企业直接向商务部申请出口商品配额。出口经营者凭配额证明向海关办理报关验放手续。

值得注意的是，纺织品是我国的传统产业，也是我国重要的出口支柱产业。从2005年1月1日起，我国出口纺织品不再受配额限制。但是，根据中国在《加入世界贸易组织工作组报告》中的承诺，在2008年12月31日前，WTO成员可以对我国出口的纺织品采取纺织品特别保障措施。为了避免我国纺织品出口在国外遭受"特保"、反倾销、绿色壁垒、技术壁垒等。我国从2005年1月1日起，对部分纺织品实行出口暂定税率。出口关税的计征采用从量计征标准。[38] 但随着中国与欧盟以及美国签署双边纺织品协定，我国又取消了对纺织品征收暂定出口关税。

四、进出口许可证措施

我国自20世纪50年代开始就实施进出口许可证制度。1959年，进出口许可证制

---

〔37〕 见商务部公告2004年第92号，《汽车产品自动进口许可证签发管理实施细则》；商务部、海关总署公告2004年第94号，《2005年自动进口许可机电产品目录》。

〔38〕 海关总署公告2004年第44号，2004年12月29日发布。

度实际上被取消,出口计划文件代替了全面的出口许可证,进口订货通知单代替了全面的进口许可证。1979年,国务院决定恢复对进出口商品的许可证管理制度,并先后颁发了一系列法规。2004年重新修订《对外贸易法》后,商务部于2004年12月10日发布了新的《货物出口许可证管理办法》以及《货物进口许可证管理办法》,自2005年1月1日起实施。

根据《对外贸易法》和《货物进出口管理条例》的规定,我国对进出口货物实行自动进出口许可证管理以及非自动进出口许可证管理。在非自动进出口许可证管理方面,除实行一般许可证管理外,还对部分货物实行配额许可证管理。

我国对进出口商品实行分级发证制度。商务部授权配额许可证事务局统一管理、指导全国各发证机构的进出口许可证签发工作。许可证局及商务部驻各地特派员办事处和各省、自治区、直辖市、计划单列市以及商务部授权的其他省会城市外经贸主管部门为进出口许可证发证机构,负责授权范围内的发证工作。商务部在上一年发布下一年度《出口许可证管理货物分级发证目录》以及《进口许可证管理货物分级发证目录》。

(一)非自动进出口许可证的管理

在进口许可证方面,1994年实行进口许可证管理的商品有53种。而到加入WTO后的第一年,即2002年,实行进口许可证管理的商品只有12种。[39] 2005年实行进口许可证管理的货物有3种(监控化学品、易制毒化学品和消耗臭氧层物质)。[40] 2006年3种(监控化学品、易制毒化学品和消耗臭氧层物质),[41]2007年和2008年只有消耗臭氧层物质1种。[42] 在出口许可证方面,1992年,我国实行出口许可证管理的商品有234种。[43] 2002年有54种。[44] 2005年有47种,分别实行出口配额许可证、出口配额招标和出口许可证管理。2006年46种[45];2007年41种;[46]2008年42种。[47]

凡实行进出口配额许可证管理和进出口许可证管理的货物,对外贸易经营者应当在进出口前向指定的发证机构申领进出口许可证,海关凭进出口许可证接受申报和验放。出口配额的有效期为当年12月31日前(含12月31日)。出口许可证的有效期不得超过6个月。进口许可证的有效期为一年。

---

〔39〕 外经贸部、海关总署公告:《2002年进口许可证管理商品目录》,2001年12月20日发布。

〔40〕 商务部、海关总署公告:《2005年进口许可证管理货物目》(2004年第72号),2004年12月10日发布。

〔41〕 2006年进口许可证管理货物分级发证目录。

〔42〕 商务部公告:《2007年发证机构发证目录(进口)》(2006年第117号);商务部、海关总署公告:《2008年进口许可证管理货物目录》(2007年第100号)。

〔43〕 对外经济贸易部:《关于实行出口许可证管理的商品目录(234种)》,1991年12月5日发布。

〔44〕 外经贸部:《2002年出口许可证管理商品目录》,2001年12月20日发布。

〔45〕 2006年出口许可证管理货物分级发证目录。

〔46〕 商务部公告:《2007年发证机构发证目录(出口)》(2006年第116号)。

〔47〕 商务部、海关总署公告:《2008年出口许可证管理货物目录》(2007年第101号)。

（二）自动进出口许可证管理

如前所述，自动进出口许可证通常适用于不需要严格管理的商品，在进出口商提出申请后，有关机构即自动签发许可证。因此，自动进出口许可证并不属于限制进出口的一种措施。目前，我国已经颁布了自动进口许可方面管理法规。例如，2004 年 11 月 10 日，商务部与海关总署联合发布了新的《货物自动进口许可管理办法》，自 2005 年 1 月 1 日起实施。

根据上述办法，国家只对属于自由进口的部分货物实行自动进口许可证管理。《自动进口许可证》在公历年度内有效，有效期为 6 个月。实行《自动进口许可管理货物目录》由商务部公布。收货人可以直接向发证机构书面申请《自动进口许可证》，也可以通过网上申请。进口属于自动进口许可管理的货物，收货人（包括进口商和进口用户）在办理海关报关手续前，应向所在地或相应的发证机构提交自动进口许可证申请，并取得《自动进口许可证》。海关凭加盖自动进口许可证专用章的《自动进口许可证》办理验放手续。银行凭《自动进口许可证》办理售汇和付汇手续。

以下列方式进口自动许可货物的，可以免领《自动进口许可证》：加工贸易项下进口并复出口的（原油、成品油除外）；外商投资企业作为投资进口或者投资额内生产自用的；货样广告品、实验品进口，每批次价值不超过 5000 元人民币的；暂时进口的海关监管货物；国家法律法规规定其他免领《自动进口许可证》的。

此外，我国还对机电产品自动进口许可管理、外商投资企业自动进口许可管理、重要工业品自动进口许可管理、汽车产品自动进口许可管理作出了详细规定。值得注意的是，根据我国加入世界贸易组织的承诺，从 2005 年 1 月 1 日起，取消汽车进口的配额许可证管理。为了有效监测汽车产品进口情况，商务部于 2004 年 12 月 17 日发布了《汽车产品自动进口许可证签发管理实施细则》，自 2005 年 1 月 1 日实施。一般贸易、易货贸易、边境小额贸易、租赁、援助与赠送、捐赠等方式进口列入《货物自动进口许可商品目录》的汽车产品，进口单位在向海关申报前，必须向商务部或其授权的地方、部门机电办申领《自动进口许可证》。

在自动出口许可管理方面，为加强对纺织品出口的统计分析和监测，及时向出口经营者发布纺织品出口预警信息，商务部于 2005 年 2 月 6 日发布了《纺织品出口自动许可暂行办法》（自 2005 年 3 月 1 日起施行），对列入《纺织品出口自动许可目录》的纺织品通过《纺织品出口自动许可证》实施出口自动许可管理。[48] 列入《纺织品出口自动许可目录》的商品，出口经营者在办理海关出口报关手续前，须向发证机构提出自动许可申请。出口经营者可通过网上申请《纺织品出口自动许可证》。海关在办理相关纺织品出口手续时，须验核加盖出口自动许可证专用章的《纺织品出口自动许可证》。《纺织品出口自动许可证》有效期 3 个月。

---

〔48〕 商务部令 2005 年第 3 号。

五、进出口货物检验制度

(一)出入境检验检疫立法概述

出入境检验检疫制度是指出入境检验检疫机构和其他指定的机构,依照法律、法规或对外贸易合同的规定,对进出口商品进行检验,对进出境动植物以及国境卫生进行检疫,并出具检验检疫证书的制度。

1989 年 2 月 21 日,全国人大通过了《进出口商品检验法》,规定了商品检验的宗旨、商检机构的基本职责、法定检验的内容和标准,以及质量认证、质量许可、认可国内外检验机构等监管制度以及法律责任。1992 年 10 月,原国家商检局发布施行了《进出口商品检验法实施条例》。上述法律的施行,标志着商检工作进入法制化阶段。根据 WTO 规则和我国的承诺,全国人大于 2002 年 4 月 28 日通过了《关于修改〈中华人民共和国进出口商品检验法〉的决定》。除国务院颁布的进出口商品检验法之外,原国家商检局还陆续颁布了一系列法规。这些法律法规是调整我国进出口商品检验关系的重要法律依据。

在动植物检疫方面,1980 年,国务院正式批准成立"国家动植物检疫总所",负责统一管理全国口岸动植物检疫工作。同年还颁布了《进出口动植物检疫条例》。1983 年,农业部制定了《进出口动植物检疫条例实施细则》,之后又发布了一系列配套规章。1991 年,全国人大通过了《进出境动植物检疫法》,它是新中国成立之后颁布的第一部动植物检疫法律,明确了动植物检疫的宗旨、性质和任务。1996 年 12 月,国务院颁布《动植物检疫法实施条例》,细化了动植物检疫法中的原则规定。上述法规颁布施行后,农业部、原国家动植物检疫局先后又制定了一系列配套规章及规范性文件。

在国境卫生检疫方面,1986 年 12 月 2 日,全国人大颁布了《国境卫生检疫法》。1989 年发布了《国境卫生检疫法施行细则》。1988 年 5 月 4 日,"中华人民共和国卫生检疫总所"成立,1995 年更名为"中华人民共和国卫生检疫局"。

1998 年 3 月,国家进出口商品检验局、国家动植物检疫局和国家卫生检疫局合并,组建"国家出入境检验检疫局",并于 1998 年 4 月成立。2001 年 4 月 10 日,原国家出入境检验检疫局和原国家质量技术监督局合并,成立"中华人民共和国国家质量监督检验检疫总局"(简称国家质检总局),负责主管全国出入境卫生检疫、动植物检疫和商品检验。为便于对特殊商品进行检验,我国还设立了特殊性检验机构,专门负责对特定商品进行检验,如药品检验所、计量局、锅炉和压力容器安全监察局、船舶检验局等。此外,1980 年 6 月,国务院还批准成立了中国进出口商品检验总公司(CCIC)。中国进出口商品检验总公司及其分公司主要根据客户的委托,从事进出口商品检验,进出口商品鉴定业务及其他服务业务。同时,根据国家质检总局的指定,承担法定检验业务。

客观而言,我国在出入境检验检疫方面已经形成了配套的法规体系。但是,相对于 WTO 的要求而言,我国的出入境检验检疫法律法规还很不健全,绝大部分文件没有以立法形式出现，而是以通知、办法、意见等行政文件形式发布，在效力方面存在一定问题。此外，国家质检总局统一负责质量监督、进出口商品检验、进出境动植物检疫以及国境卫生检疫，有利于对我国商品质量以及出入境检验检疫的统一管理，消除分散管理带来的一系列问题。但是，我国目前在商品质量、进出口商品检验、进出境动植物检验以及国境卫生检验方面仍分别执行各自独立的法律，造成执法的混乱。虽然自2000年1月1日起，我国已将《进出口商品检验种类表》、《进出境动植物检疫商品与HS目录对照表》、《进口卫生监督检验食品与HS目录对照表》合并调整为《出入境检验检疫机构实施检验检疫商品目录》，但是，这种统一还远远不能解决上述问题。因此，我国必须将各法合一。

(二)出入境检验检疫机构

国家质量监督检验检疫总局是国务院主管全国质量、计量、出入境商品检验、出入境卫生检疫、出入境动植物检疫和认证认可、标准化等工作，并行使行政执法职能的直属机构。按照国务院授权，国家质检总局管理的"中国国家认证认可监督管理委员会"和"中国国家标准化管理委员会"分别承担认证认可工作以及标准化工作。

我国拥有进出口商品检验权的机构有两类：(1)各地商检机构。国家质检总局在省、自治区、直辖市以及进出口商品的口岸、集散地设立的进出口商品检验局及其分支机构，管理所负责地区的进出口商品检验工作。商检机构的职责是，对进出口商品实施法定检验以及受委托的检验，办理进出口商品鉴定，对进出口商品的质量和检验工作实施监督管理。(2)经国家质检总局许可的检验机构。经国家商检部门许可的检验机构，可以接受对外贸易关系人或者外国检验机构的委托，办理进出口商品检验鉴定业务。我国对进出口商品检验鉴定业务一直实行经营许可制度。根据国家质检总局、商务部以及国家工商行政管理总局于2003年9月4日发布的《进出口商品检验鉴定机构管理办法》(自2004年1月1日起施行)，进出口商品检验鉴定机构可以是中资进出口商品检验鉴定机构、外商投资进出口商品检验鉴定机构。申请设立中资进出口商品检验鉴定机构，应当向所在地直属检验检疫局提出申请，经初审合格的，报送国家质检总局批准，经审核许可的签发《进出口商品检验鉴定机构资格证书》。申请外商投资进出口商品检验鉴定机构还需经过商务部批准。

(三)法定检验检疫制度

法定检验检疫是指对国家指定范围内的商品等实施的强制性检验检疫。根据《进出口商品检验法》，列入目录的进出口商品由商检机构实施检验。列入目录的进口商品未经检验的，不准销售、使用；列入目录的出口商品未经检验合格的，不准出口。实施法定检验旨在加强进出口商品质量管理，增强出口商品在国际市场上的竞争力，维护我国的对外贸易信誉，防止次劣商品进口，维护我国当事人的合法权益，维护我国人民的身体健康。

1. 法定检验检疫范围

在1989年《商检法》颁布以前,我国对所有进出口商品都实施法定检验。但是,随着我国对外贸易量的增加,对所有进出口商品实施强制性检验使商检机构不堪重负,同时也影响进出口商品的交付,不利于对外贸易的开展。为此,1989年《商检法》只规定对部分进出口商品实施法定检验,法定检验的商品由国家颁布《商检机构实施检验的进出口商品种类表》予以确定。但从2000年2月1日起,[49]《进出口商品检验种类表》、《进出境动植物检疫商品与HS目录对照表》、《进口卫生监督检验食品与HS目录对照表》合并,调整为《出入境检验检疫机构实施检验检疫商品目录》,并开始实施。2005年1月1日,执行调整后的《出入境检验检疫机构实施检验检疫商品目录》。[50]法定检验范围的商品等必须经出入境检验检疫机构实施检验检疫,海关凭出入境检验检疫机构签发的检验检疫证书如《入境货物通关单》或《出境货物通关单》等验放。

2. 免予法定检验检疫的范围

列入必须实施检验的进出口商品目录的进出口商品,由收货人、发货人或者其生产企业提出申请,经国家质检总局审核批准,可以免予检验,并向免验申请人颁发《进出口商品免验证书》。免验证书有效期为3年。根据国家质检总局发布的《进出口商品免验办法》(自2002年10月1日起施行),对下列进出口商品不予受理免验申请:食品、动植物及其产品;危险品及危险品包装;品质波动大或者散装运输的商品;需出具检验检疫证书或者依据检验检疫证书所列重量、数量、品质等计价结汇的商品。

3. 法定检验检疫的项目

检验检疫机构对进出口商品等实施法定检验时,主要检验列入目录的进出口商品是否符合国家技术规范的强制性要求的合格评定活动。合格评定程序包括:抽样、检验和检查;评估、验证和合格保证;注册、认可和批准以及各项的组合。

4. 法定检验检疫的依据

根据《商检法》,列入目录的进出口商品,检验检疫机构按照国家技术规范的强制性要求进行检验;尚未制定国家技术规范的强制性要求的,应当依法及时制定,未制定之前,可以参照国家商检部门指定的国外有关标准进行检验。

5. 法定检验检疫以外的检验检疫

对法定检验以外的商品,商检局可以抽查检验,进出口合同当事人也可以约定自愿检验。抽查检验重点选择涉及安全、卫生、环境保护,国内外消费者投诉较多,退货数量较大,发生过较大质量事故以及国内外有新的特殊技术要求的《目录》外进出口商品。进出口合同当事人可以自行约定法定检验检疫以外的进出口商品、物品等是否需要检验,检验检疫机构可以接受委托,实施检验并出具商检证书。

---

〔49〕 国家出入境检验检疫局、海关总署2000年第1号公告。

〔50〕 国家质量监督检验检疫总局、海关总署公告2004年第207号。

(四)检验检疫证书

出入境检验检疫证明是贸易当事人交货、结算、计费、计税和索赔的有效凭证。中国出入境检验检疫机构对进出口商品实施检验、对进出境动植物实施检疫以及进行国境卫生检疫,并提供的各种检验鉴定证明,就是为对外贸易当事人提供的具有权威性的必要证件。检验检疫证书是指出入境检验检疫机构出具的证明货物的品质、数量、重量、包装、安全与卫生等状况的文件。在对外贸易业务中,进出口商品检验证书具有以下作用:法定检验进出口商品向海关办理报关必需的证件;海关征收和减免关税的有效凭证;国际货物买卖双方交接货物的依据;买卖双方议付货款的重要凭证;托运方与承运方计算运费的依据;对外索赔的有效凭证。

我国检验检疫机构对进出口商品签发的检验证书主要有以下几种:(1)品质检验证书:用于证明进出口商品的规格、等级、性能等内容,是卖方和买方交接货物、结算货款、处理索赔和报关的有效凭证。(2)数(重)量检验证书:用于证明进出口商品的数量或重量,是交接货物、结算货款、处理索赔、报关征税、计算运费的依据。(3)包装检验证书:用于证明进出口商品的包装是否牢固、完整、清洁、干燥,是否能够保护商品等。它是交接货物、处理索赔的依据。(4)兽医检验证书:用于证明动物产品和食品是否符合卫生要求,它是通关的依据。(5)卫生(健康)证书:用于证明可供食用的动物产品、食品卫生及人员卫生状况。例如,关于人员健康方面的证书包括《国境口岸交通工具服务行业人员健康证》、《国境口岸食品、饮用水从业人员健康证》、《国际旅行健康证明书》。(6)消毒检验证书:用于证明动物产品及食品经过消毒处理。(7)产地证明书:用于证明进出口商品产地。(8)价值证明书:用于证明进出口商品的真正价值。(9)残损证书:用于证明进出口商品残损、短缺状况。(10)货载衡量证书:用于证明装载进出口商品重量和体积。除上述证书之外,检验检疫机构还出具其他方面的证书,如测温、签封样品、销毁货物、监装等证书。

检验检疫机构对进出口商品检验完毕之后,签发商检证书正本一份,副本若干份,正本具有法律效力。出口商品检验证书的有效期从签发日起算,一般商品为2个月,鲜果和鲜蛋类为2个星期。报验人必须在商检证书的有效期内报运出口,超过期限的,应当重新报验。

(五)进出口商品检验检疫的监督管理

对进出口商品检验工作进行监督管理是检验检疫机构的重要任务之一。其目的是保证进出口商品符合合同及有关法规的要求,防止次劣产品的进出口,保护对外贸易关系人的合法权益,维护国家信誉。

1. 进出口商品的认证管理

认证是指由认证机构证明产品、服务、管理体系符合相关技术规范、相关技术规范的强制性要求或者标准的合格评定活动。进出口商品的认证则是指认证机构证明进出口商品符合相关技术规范、相关技术规范的强制性要求或者标准的合格评定活动。

认可是指由认可机构对认证机构、检查机构、实验室以及从事评审、审核等认证活动人员的能力和执业资格,予以承认的合格评定活动。国家认证认可监督管理委员会主管全国认证认可工作。

在认证认可领域,我国在加入 WTO 时所作承诺主要是,对国产品和进口产品的法规和技术标志的要求实现“四个统一”,即统一产品目录,统一技术规范的强制性要求、标准和合格评定程序,统一标志,统一收费标准。因此,为了实现承诺,国务院于 2003 年 9 月 3 日发布了《认证认可条例》(2003 年 11 月 1 日起施行),适用于产品(包括进出口产品)的认证认可、服务的认证认可以及管理体系的认证认可。同时,该条例还规定了部分产品的强制性认证制度。[51] 强制性产品认证制度是各国政府为保护消费者人身和动植物生命安全,保护环境、保护国家安全,依照法律法规实施的一种产品合格评定制度。它要求产品必须符合国家标准和技术规范。强制性产品认证是指通过制定强制性产品认证的产品目录和实施强制性产品认证程序,对列入目录的产品实施强制性监测和审核。此外,经申请,目录中的有些产品无须办理强制性认证或免予办理强制性认证。凡列入目录的产品必须经国家指定的认证机构认证合格、取得指定认证机构颁发的认证证书并加施认证标志后,方可出厂销售、进口和在经营性活动中使用。我国强制性产品认证标志的名称为“中国强制认证”(China Compulsory Certification,英文缩写“CCC”,也可简称“3C”标志)。

2. 标准化管理

我国标准化问题由国家质检总局设立的国家标准化委员会负责。从 1949 年中央人民政府批准发布我国第一个国家标准《工程制图》到现在,我国已经制定了国家标准、行业标准、地方标准、企业标准,基本形成了以国家标准为主体,行业标准、地方标准和企业标准相互协调配套的标准体系。标准化从传统的工农业产品向高新技术、信息技术、环境保护和管理、产品安全和卫生、服务等领域发展。

六、原产地规则

(一)原产地规则立法

早在 1986 年 12 月 6 日,海关总署就颁布了《海关关于进口货物原产地的暂行规定》。该进口原产地规则属于非优惠原产地规则,旨在贯彻实施《进出口关税条例》中关于两种关税税率(普通关税和最低关税)运用的规定,并用于进口国别贸易统计。在出口原产地规则方面,鉴于国别歧视性贸易措施针对进口商品实施,各国对进口商品的原产地均以本国法律规定的原产地规则为准进行认定,出口国制定的原产地标准对进口国并无法律约束力,也就是说,进口国的进口原产地规则就是出口国应遵循的出口原产地规则。因此,我国出口商品无论是享受进口国优惠或非优惠待遇的,在进口

---

〔51〕 国家质检总局和国家认证认可监督委员会于 2001 年 12 月 3 日联合发布了《强制性产品认证管理规定》(自 2002 年 5 月 1 日起施行)。

国适用何种原产地规则取决于进口国对该商品按何种贸易措施管理。对于我国普惠制项下和被动配额项下出口的商品，适用的是给惠国制定的普惠制原产地规则或被动配额产品原产地规则。根据双边贸易协定，我国必须根据给惠国制定的进口原产地规则为这类出口商品签发中国产地证书，否则，进口方不承认。对于非普惠制和被动配额项下的我国出口商品，适用的是进口国制定的非优惠制原产地规则。尽管如此，1992年3月8日，原外经贸部还是颁布了《出口货物原产地规则》，4月1日又颁布了《出口货物原产地规则实施办法》及《含有进口成分出口货物原产地标准主要制造、加工工序清单》。该规则确定了以加工工序为主，辅以增值百分比的标准（增值25%及以上）作为制定出口原产地规则的基础。该规则的制定旨在减缓与美欧等国的贸易摩擦，即希望进口国在评估对华贸易平衡状况时，将我方认定的中国产品算作从中国进口，我方认定非属中国的产品，不能算作从中国进口。然而事实上，我国出口商品无论是享受进口国优惠或非优惠待遇，在进口国适用何种原产地规则，均取决于进口国对该商品按何种贸易措施管理。对于普惠制项下和被动配额项下的我国出口商品，适用的是给惠国制定的普惠制原产地规则或被动配额产品原产地规则。只有当我国出口商品符合对方的原产地规则时，对方才认定其为中国产品，从而给予关税优惠待遇。根据双边贸易协定，我国有关主管部门必须以给惠国制定的进口原产地规则为依据，为这类出口商品签发中国产地证书，否则进口方不予承认。我国出口的加工贸易产品，尽管实际外汇收益有限，但由于其实质性改变的加工基本上在我国关境内完成，按照绝大多数国家的非优惠制原产地规则，无论我国的签证机构是否签发我国的产地证，其产地都会判定为我国。但外国海关对非优惠进口商品的原产地一般接受进口商的申报，必要时才实际查证。

由于上述规则分别规范进口原产地和出口原产地问题，造成标准的不统一，同时，其法律地位较低，而随着我国在世界经济和国际贸易中地位的不断提高，我国迫切需要一部进出口统一的、具有更高法律层级的、与国际通行规则相衔接的原产地规则。因此，国务院于2004年9月3日发布了《进出口货物原产地条例》（自2005年1月1日起施行）。[52] 1992年《出口货物原产地规则》以及1986年《海关关于进口货物原产地的暂行规定》同时废止。此外，海关总署还在2004年12月6日发布了《关于非优惠原产地规则中实质性改变标准的规定》（自2005年1月1日起实施），适用于非优惠性贸易措施项下确定两个以上国家（地区）参与生产货物的原产地，并确认进出口货物实质性改变的确定标准以税则归类改变为基本标准，税则归类改变不能反映实质性改变的，以从价百分比、制造或者加工工序等为补充标准。

《进出口货物原产地条例》共27条，分别对立法宗旨、适用范围、原产地确定原则、原产地证书签发及核查、违反条例的法律责任等问题作了明确规定。

---

〔52〕 中华人民共和国国务院令第416号。

(二)我国非优惠原产地标准

我国非优惠原产地标准采取完全获得标准和实质改变标准。

"完全获得标准"是指完全在一个国家(地区)获得的货物,以该国(地区)为原产地。"完全在一个国家(地区)获得的货物"是指:(1)在该国(地区)出生并饲养的活的动物;(2)在该国(地区)野外捕捉、捕捞、搜集的动物;(3)从该国(地区)的活的动物获得的未经加工的物品;(4)在该国(地区)收获的植物和植物产品;(5)在该国(地区)采掘的矿物;(6)在该国(地区)获得的除本条第(1)项至第(5)项范围之外的其他天然生成的物品;(7)在该国(地区)生产过程中产生的只能弃置或者回收用作材料的废碎料;(8)在该国(地区)收集的不能修复或者修理的物品,或者从该物品中回收的零件或者材料;(9)由合法悬挂该国旗帜的船舶从其领海以外海域获得的海洋捕捞物和其他物品;(10)在合法悬挂该国旗帜的加工船上加工本条第(9)项所列物品获得的产品;(11)从该国领海以外享有专有开采权的海床或者海床底土获得的物品;(12)在该国(地区)完全从本条第(1)项至第(11)项所列物品中生产的产品。

在确定货物是否在一个国家(地区)完全获得时,不考虑下列微小加工或者处理:(1)为运输、贮存期间保存货物而作的加工或者处理;(2)为货物便于装卸而作的加工或者处理;(3)为货物销售而作的包装等加工或者处理。

"实质性改变标准"是指两个以上国家(地区)参与生产的货物,以最后完成实质性改变的国家(地区)为原产地。"实质性改变"的确定以税则归类改变为基本标准,税则归类改变不能反映实质性改变的,以从价百分比、制造或者加工工序等为补充标准。以"制造或者加工工序"和"从价百分比"为标准判定实质性改变的货物在《适用制造或者加工工序及从价百分比标准的货物清单》中具体列明,并按列明的标准判定是否发生实质性改变。未列入《适用制造或者加工工序及从价百分比标准的货物清单》货物的实质性改变,应当适用税则归类改变标准。

1. 税则归类改变

是指在某一国家(地区)对非该国(地区)原产材料进行制造、加工后,所得货物在《中华人民共和国进出口税则》中某一级的税目归类发生了变化。

2. 从价百分比

是指在某一国家(地区)对非该国(地区)原产材料进行制造、加工后的增值部分,超过所得货物价值一定的百分比。根据2005年1月1日起实施的《关于非优惠原产地规则中实质性改变标准的规定》,"从价百分比"标准是指在某一国家(地区)对非该国(地区)原产材料进行制造、加工后的增值部分超过了所得货物价值的30%。用公式表示如下:

工厂交货价 - 非该国(地区)原产材料价值/工厂交货价 × 100% ≥30%

在上述公式中,"工厂交货价"是指支付给制造厂生产的成品的价格。"非该国(地区)原产材料价值"是指直接用于制造或装配最终产品而进口原料、零部件的价值(含原产地不明的原料、零配件),以其进口"成本、保险费加运费"价格(CIF)计算。

3. 制造或者加工工序

是指在某一国家(地区)进行的赋予制造、加工后所得货物基本特征的主要工序。

(三)反规避措施

如果对货物进行的任何加工或者处理,是为了规避中国关于反倾销、反补贴和保障措施等有关规定的,海关在确定该货物的原产地时可以不考虑这类加工和处理。但是,《反倾销条例》、《反补贴条例》和《保障措施条例》并没有具体规定规避反倾销、规避反补贴以及规避保障措施的具体认定标准。实践中,规避反倾销的主要形式就是改变被采取措施商品的原产地。

(四)出口货物原产地证书和普惠制原产地证书

出口货物原产地证书是指出口国(地区)根据原产地规则和有关要求签发的,明确指出该证中所列货物原产于某一特定国家(地区)的书面文件。

出口货物发货人可以向各地出入境检验检疫机构、中国国际贸易促进委员会及其地方分会,申请领取出口货物原产地证书。出口货物发货人申请领取出口货物原产地证书,应当在签证机构办理注册登记手续,按照规定如实申报出口货物的原产地。签证机构接受出口货物发货人的申请后,审查确定出口货物的原产地,签发出口货物原产地证书。

普惠制产地证是依据给惠国要求而出具的能证明出口货物原产自受惠国的证明文件,并能使货物在给惠国享受普遍优惠关税待遇。为保证签证符合给惠国有关规定,使我国出口商品在给惠国顺利通关,获得减免关税的优惠待遇,原国家商检局在1982年就颁布实施了《普惠制产地证明书签证管理办法》。此后,原国家商检局于1989年发布了修改后的《普遍优惠制原产地证明书管理办法》,对普惠制原产地证书的签发作出了详细规定。此外,原国家商检局还在1990年9月28日发布了《关于下发〈中华人民共和国普遍优惠制原产地证明书签证管理办法实施细则〉的通知》。

普惠制产地证书是具有法律效力的官方证明文件。我国普惠制产地证书的签证工作由国家质检总局负责统一管理,由设在各地的进出口商品检验机构负责签发。普惠制产地证书的签发,限于给惠国已公布法令并正式通知对我国实行普惠制待遇的国家所给予关税优惠的商品。这些商品必须符合给惠国的原产地规则。凡申请办理普惠制产地证书的单位,必须预先在当地商检机构办理注册登记手续。申请单位原则上向所在地商检机构申请办理签证。申请单位应于货物装运前向商检机构提出申请。申请单位若需要申请后发证书,必须向商检机构提交货物确已出运的证明文件。

普惠制原产地证书采用联合国贸发会议规定的统一格式《普惠制原产地证明书(FORM A)》(简称GSP FORM A)。FORM A产地证书是受惠国的原产品出口到给惠国时享受减、免关税优惠待遇的法律凭证。FORM A产地证书不同于一般产地证书(简称C/O)。一般产地证是享受最惠国待遇的有效证件,普惠制FORM A产地证则是享受普惠制减、免税待遇的有效证件。

(五)协定税率和特惠税率下的优惠原产地规则

为确定协定税率和特惠税率的适用,海关总署等部门发布了《关于〈亚洲及太平洋经济和社会理事会发展中国家成员关于贸易谈判的第一协定〉项下进口货物原产地的暂行规定》(2002 年)、《〈中泰蔬菜水果协议〉项下的货物原产地暂行规定》(2003 年)、《关于执行〈内地与香港关于建立更紧密经贸关系的安排〉项下〈关于货物贸易的原产地规则〉的规定》(2004 年)、《关于执行〈内地与澳门关于建立更紧密经贸关系的安排〉项下〈关于货物贸易的原产地规则〉的规定》(2004 年)、《中国—东盟自由贸易区原产地规则》(2004 年)、《海关关于执行〈中华人民共和国与东南亚国家联盟全面经济合作框架协议〉项下〈中国—东盟自由贸易区原产地规则〉的规定》(2004 年)、《海关关于执行〈中华人民共和国给予非洲最不发达国家特别优惠关税待遇的货物原产地规则〉的规定》(自 2005 年 1 月 1 日起施行)等,专门对来自优惠地区货物的原产地认定问题作出规定。优惠原产地规则相对非优惠原产地规则更为严格,例如,有的规定了直接运输要求。

七、进出口货物外汇管理制度

(一)我国外汇管理立法与改革

1979 年改革开放以前,中国一直实行严格的、高度集中的计划经济体制,对外汇也一直实行比较严格的管制。改革开放后,中国外汇管理体制开始朝着逐步缩小指令性计划、培育市场机制、有序地由高度集中的外汇管理体制向与社会主义市场经济相适应的外汇管理体制转变的方向改革。

1979 年 3 月,国务院批准设立了国家外汇管理总局,全面管理外汇工作。1980 年 12 月 18 日,国务院正式颁布了《外汇管理暂行条例》。根据该条例,我国对外汇管理仍然实行“集中管理、统一经营”的方针。特别是对国有和集体企业的外汇仍然实行计划管理,而对外商投资企业的外汇管理实行宽松政策。随着我国经济体制改革的深入,中国人民银行于 1993 年 12 月 28 日发布了《关于进一步改革外汇管理体制的公告》,从 1994 年 1 月 1 日起,进一步改革我国的外汇管理体制。通过这次改革,中国在 1994 年顺利地实现了人民币经常项目的有条件可兑换。1996 年,我国的外汇管理体制又进行了一次大的改革,1996 年 1 月 29 日,国务院发布《外汇管理条例》,取代《外汇管理暂行条例》,标志着我国外汇管理法律制度进一步完善和发展。1996 年《外汇管理条例》对经常项目外汇、资本项目外汇、金融机构外汇业务、人民币汇率和外汇市场都作了明确的法律规定。经过 1996 年的改革,中国取消了所有经常性国际支付和转移的限制,达到了《国际货币基金协定》第 8 条的要求。我国在取消对经常项目的外汇管制后,对资本项目的外汇收支仍有所限制,人民币仍不是完全可以自由兑换的货币。但随着中国经济的发展,逐步放松资本项目的外汇管制并最终实现包括资本项目可兑换在内的人民币自由兑换,是我国外汇体制改革的最终目标。自中国于 2001 年加入 WTO 以来,继续深化外汇体制改革,减少审批、简化手续、规范管理、放宽限制,积极推进贸易投资便利化,采取了一系列措施。这些改革主要是:[53]改革外汇账户管理,扩大企业灵活使用外汇的自主权;简化进出口核销管理,便利企业对外贸易活动;支持跨国公司服务贸易售付汇,方便企业贸易支付活动;放宽境外投资外汇限制,支持国内企业"走出去";有选择分步骤地开放证券投资,拓宽资金流出流入渠道;帮助企业合理调整资产负债结构,支持银行改革发展;积极创新资本项目外汇管理,便利企业投融资活动;进一步放宽个人购汇用汇限制,便利个人外汇收支;支持香港澳门银行试行办理个人人民币业务,便利人员往来。

改革开放二十多年来,我国外汇管理制度发生了根本性变化:从计划与市场共同配置外汇资源,转变为政府宏观调控下市场发挥基础性作用;从官方定价和市场调剂价并存的双重汇率制,转变为以市场供求为基础的、单一的、有管理的浮动汇率制;从分散的外汇调剂市场,发展成为全国统一的银行间外汇市场;从人民币基本不可兑换,逐步过渡为人民币在经常项下完全可兑换、资本项下部分可兑换。根据国际货币基金组织对资本项目43项交易的划分标准,目前我国资本项目实现可兑换的有8项,占18.6%;完全禁止的只有6项,占13.9%;其他近七成的项目均实现了不同程度的可兑换。[54]

近年来,随着我国经济的快速发展和国际经济形势的深刻变化,外汇管理面临一些新情况、新问题,需要从制度上加以解决。这些新情况和新问题是:(1)外汇管理改革日益深化,经常项目已实现完全可兑换,企业可自行保留经常项目外汇收入,个人的外汇需求基本得到满足,资本项目可兑换程度不断提高,人民币汇率形成机制进一步完善,需要修订条例以巩固改革成果,并为下一步改革留出余地。(2)我国国际收支形势发生根本性变化,由外汇短缺转为外汇储备增长过快,原条例重在管理外汇流出,需要修订条例以对外汇流入流出实施均衡、规范管理。(3)在我国经济日益国际化,国际资金流动加快的情况下,需要进一步完善跨境资金流动监测体系,建立健全国际收支应急保障制度,以有效防范风险,提高开放型经济水平。

基于上述情况,国务院于2008年8月5日发布了新的《外汇管理条例》。新条例对原条例作了全面修订。修改后的条例共54条,进一步便利了贸易投资活动,完善了人民币汇率形成机制及金融机构外汇业务管理制度,建立了国际收支应急保障制度,强化了跨境资金流动监测,健全了外汇监管手段和措施,并相应明确了有关法律责任。具体体现为:(1)对外汇资金流入流出实施均衡管理。要求经常项目外汇收支应当具有真实、合法的交易基础,取消外汇收入强制调回境内的要求,允许外汇收入按照规定

[53] 国家外汇管理局副局长马德伦:"迎接经济全球化挑战推动外汇管理体制改革——在'中国经济和世界经济共同发展'国际研讨会上的讲话",2004年9月10日。

[54] 国家外汇管理局副局长马德伦:"迎接经济全球化挑战推动外汇管理体制改革——在'中国经济和世界经济共同发展'国际研讨会上的讲话",2004年9月10日。

的条件、期限等调回境内或者存放境外;规范资本项目外汇收入结汇管理,要求资本项目外汇及结汇资金应当按照批准的用途使用,增加对外汇资金非法流入、非法结汇、违反结汇资金流向管理等违法行为的处罚规定;明确外汇管理机关有权对资金流入流出进行监督检查及具体管理职权和程序。(2)完善人民币汇率形成机制及金融机构外汇业务管理。规定人民币汇率实行以市场供求为基础的、有管理的浮动汇率制度;经营结汇、售汇业务的金融机构和符合规定条件的其他机构,按照国务院外汇管理部门的规定在银行间外汇市场进行外汇交易;调整外汇头寸管理方式,对金融机构经营外汇业务实行综合头寸管理。(3)强化对跨境资金流动的监测,建立国际收支应急保障制度。健全国际收支统计申报制度,完善外汇收支信息收集,加强对跨境资金流动的统计、分析与监测;根据世界贸易组织规则,规定国际收支出现或者可能出现严重失衡,以及国民经济出现或者可能出现严重危机时,国家可以对国际收支采取必要的保障、控制等措施。(4)健全外汇监管手段和措施。为保障外汇管理机关依法、有效地履行职责,增加规定了外汇管理机关的监管手段和措施,同时规定了外汇管理机关进行监督检查的程序。

(二)经常项目下的结汇、售汇与付汇管理

《外汇管理条例》规定,"经常项目"是指国际收支中经常发生的交易项目,包括贸易收支、劳务收支、单方面转移等。因此,货物进出口的外汇管理属于经常项目外汇管理的一部分。《外汇管理条例》第二章对"经常项目外汇"作出了专章规定。该章规定了对经常项目外汇的如下管理原则。

1. 对境内机构经常项目外汇的管理

《外汇管理条例》总则第五条和第二章是对经常项目外汇管理的主要规范。与原条例相比,新条例大大简化了经常项目外汇收支管理的内容和程序。新条例规定了如下内容:(1)经常项目外汇收支应当具有真实、合法的交易基础。经营结汇、售汇业务的金融机构应当按照国务院外汇管理部门的规定,对交易单证的真实性及其与外汇收支的一致性进行合理审查。外汇管理机关有权对上述规定事项进行监督检查。(2)经常项目外汇收入,可以按照国家有关规定保留或者卖给经营结汇、售汇业务的金融机构。(3)经常项目外汇支出,应当按照国务院外汇管理部门关于付汇与购汇的管理规定,凭有效单证以自有外汇支付或者向经营结汇、售汇业务的金融机构购汇支付。(4)携带、申报外币现钞出入境的限额,由国务院外汇管理部门规定。

2. 个人经常项目外汇管理

在2004年《对外贸易法》赋予个人以对外贸易经营资格后,国家外汇管理局在2004年8月10日发布了《关于个人对外贸易经营有关外汇管理问题的通知》(自2004年9月10日起实施),对个人对外贸易经营者从事对外贸易的有关外汇管理政策进行了全面规范。

个人对外贸易经营者是指依法办理工商登记或者其他执业手续,取得个人工商营业执照或者其他执业证明,并办理备案登记(依法不需要办理备案登记的除外),取得对外贸易经营权,从事对外贸易经营活动的个人。个人对外贸易经营者从事对外货物贸易经营活动,应当在海关办理"中国电子口岸"入网手续后,到工商登记或者取得其他执业资格所在地的外汇局办理"对外付汇进口单位名录"或者出口收汇核销备案登记手续。办理上述手续后,个人对外贸易经营者才能开立个人对外贸易结算账户,办理外汇收付。个人外贸经营者的进口付汇和出口收汇,应比照境内机构办理核销手续。

八、政府采购制度

自新中国成立以来,在政府购买方面我国一直实行由国家财政部门分配预算资金,各支出单位自主使用的购买制度。也就是说,国家对财政支出的使用实行限定的控购办法。这一制度与所有制形式单一、商品匮乏的计划经济体制是相适应的。国家通过采用分配预算资金和控购方式,有效地控制了集团购买力,缓解了商品供求矛盾,抑制了通货膨胀,防止了铺张浪费。但是,随着我国经济体制由计划经济向市场经济的改革以及政府采购量的迅速增多,这一购买制度与市场经济体制越来越不协调,远远不能适应市场经济条件下加强财政支出管理的客观需要。传统的政府采购体制最大的弊病就是缺乏对国家财政资金使用的有效监管,同时也没有充分发挥政府通过政府采购实现对国民经济的有效调整和对民族工业的保护。因此,必须从根本上改革传统的政府采购体制,使政府采购制度发挥其应有的作用,适应市场经济体制的需要。

WTO《政府采购协定》属于诸边贸易协定,因此,中国在加入 WTO 时没有签署该协定,我国在政府采购方面的立法可以不受《政府采购协定》的约束。

(一)政府采购立法

为探索在市场经济条件下实现对国家财政支出进行有效管理的方法,我国从 1995 年开始,在部分省、市的支出领域进行新的政府采购制度试点,并颁布了一些行政法规。2002 年 6 月 29 日,全国人大常务委员会通过了《政府采购法》(自 2003 年 1 月 1 日起施行)。该法在总结试点经验的基础上,规定了总则、政府采购当事人、政府采购方式、政府采购程序、政府采购合同、质疑与投诉、监督检查、法律责任和附则共九章内容,适用于在中国境内进行的政府采购。对于使用国际组织和外国政府贷款进行的政府采购,贷款方、资金提供方与中方达成的协议对采购的具体条件另有规定的,适用其规定,但不得损害国家利益和社会公共利益。对因严重自然灾害和其他不可抗力事件所实施的紧急采购和涉及国家安全和秘密的采购,也不适用该法。《政府采购法》的颁布意味着我国政府采购法律在全国范围内的统一和完善。

(二)政府采购的基本规定

1. 政府采购的界定

《政府采购法》规定,政府采购是指各级国家机关、事业单位和团体组织,使用财政性资金采购依法制定的集中采购目录以内的或者采购限额标准以上的货物、工程和服务的行为。采购是指以合同方式有偿取得货物、工程和服务的行为,包括购买、租赁、委托、雇用等。货物是指各种形态和种类的物品,包括原材料、燃料、设备、产品等。工程是指建设工程,包括建筑物和构筑物的新建、改建、扩建、装修、拆除、修缮等。服务是指除货物和工程以外的其他政府采购对象。

《政府采购法》对政府采购的上述界定具有以下特点:(1)政府采购的主体。《政府采购法》从中国的实际情况出发,并参照国际通行做法,将采购单位限定为各级国家机关、事业单位和团体组织。这些机构包括各级国家权力机关、行政机关、审判机关、检察机关、政党组织、政协组织、工青妇组织以及文化、教育、科研、医疗、卫生、体育等事业单位。考虑到我国国有企业和国有控股企业面广量大,其职能和国家机关、事业单位、团体组织不同,为了保证企业经营自主权的落实,该法没有将国有企业和国有控股企业的采购(包括使用财政资金进行的采购)纳入调整范围。军事装备和军用物资的采购涉及国家的安全和机密,其采购过程不可能遵循透明、公开等原则,因此也未将军事采购纳入调整范围,而是在附则中规定军事采购法规由中央军事委员会另行制定。[55] (2)政府采购资金。《政府采购法》将政府采购资金限定为财政性资金,即财政预算内资金和预算外资金。这两类资金来源于税收和政府部门及所属事业单位依法收取的费用以及履行职责获得的其他收入。(3)政府采购的对象。《政府采购法》根据国际通行做法以及我国政府采购的实践,将采购对象限定为采购单位使用财政性资金采购的货物、工程和服务。但是,并不是上述所有对象都在《政府采购法》的约束范围之内,而是集中采购目录以内以及限额以上的采购对象。集中采购目录以外的或者采购限额标准以下的货物、工程和服务的采购不属于《政府采购法》所规范的政府采购。

2. 政府采购的原则和模式

政府采购应当遵循公开透明原则、公平竞争原则、公正原则和诚实信用原则。例如,政府采购的信息除涉及商业秘密的以外,应当在政府采购监督管理部门指定的媒体上及时向社会公开发布,政府采购的招标投标过程应该透明等。此外,政府采购应当有助于实现国家的经济和社会发展政策目标,包括保护环境,扶持不发达地区和少数民族地区,促进中小企业发展等。

政府采购实行集中采购和分散采购相结合。集中采购是采购单位对纳入集中采购目录的政府采购项目,必须委托集中采购机构进行的代理采购。分散采购是采购单位对未纳入集中采购目录的政府采购项目自行组织的采购,或者委托集中采购机构在委托范围内进行的代理采购。集中采购的范围由省级以上人民政府公布的集中采购目录确定。属于中央预算的政府采购项目,其集中采购目录由国务院确定并公布;属于地方预算的政府采购项目,其集中采购目录由省、自治区、直辖市人民政府或者其授

〔55〕 全国人大财政经济委员会副主任委员姚振炎 2001 年 10 月 22 日在第九届全国人民代表大会常务委员会第二十四次会议上所作《关于〈中华人民共和国政府采购法(草案)〉的说明》,2001 年 10 月 23 日中国人大新闻。

权的机构确定并公布。纳入集中采购目录的政府采购项目,应当实行集中采购。未纳入集中采购目录的,由采购人自行采购。

3. 政府采购的地域限制和采购方式

政府采购应当采购本国货物、工程和服务。但有下列情形之一的除外:需要采购的货物、工程或者服务在中国境内无法获取或者无法以合理的商业条件获取的;为在中国境外使用而进行采购的;其他法律、行政法规另有规定的。

政府采购采用以下方式:公开招标;邀请招标;竞争性谈判;单一来源采购;询价;国务院政府采购监督管理部门认定的其他采购方式。公开招标应作为政府采购的主要采购方式。

4. 政府采购当事人

政府采购当事人是指在政府采购活动中享有权利和承担义务的各类主体,包括采购人、供应商和采购代理机构等。(1)采购人。采购人是指依法进行政府采购的国家机关、事业单位、团体组织三类机构。采购人采购纳入集中采购目录的政府采购项目,必须委托集中采购机构代理采购;采购未纳入集中采购目录的政府采购项目,可以自行采购,也可以委托集中采购机构在委托的范围内代理采购。(2)采购代理机构。集中采购机构为采购代理机构。设区的市、自治州以上人民政府根据本级政府采购项目组织集中采购的需要设立集中采购机构。集中采购机构是非营利事业法人,根据采购人的委托办理采购事宜。(3)供应商。是指向采购人提供货物、工程或者服务的法人、其他组织或者自然人。采购人可以根据采购项目的特殊要求,规定供应商的特定条件,但不得以不合理的条件对供应商实行差别待遇或者歧视待遇。采购人可以要求参加政府采购的供应商提供有关资质证明文件和业绩情况,并对供应商的资格进行审查。

5. 政府采购合同

关于政府采购合同的法律性质和法律适用,在立法过程中,有少数人主张政府采购合同是行政合同,但大多数人认为政府采购合同应为民事合同(或商事合同)。也有学者认为,政府采购合同是具有特殊性的民事合同,但其一般性大于特殊性。此外,全国人大财经委在2001年10月22日第九届全国人民代表大会常务委员会第二十四次会议上所作的《关于〈中华人民共和国政府采购法(草案)〉的说明》中也明确指出:"政府采购本身是一种市场交易行为,在采购合同订立过程中,不涉及行政权权力的行使,购销双方的法律地位是平等的,因此,政府采购合同一般应作为民事合同。同时还应当注意到,政府采购资金属于财政性资金,采购是为了公共事务,政府采购还具有维护公共利益、加强财政支出管理、抑制腐败等功能,因此,政府采购合同又不完全等同于一般的民事合同,需要在明确适用合同法的前提下,对政府采购合同的有关特殊问题作出规定"。[56] 鉴于以上原因,《政府采购法》规定,政府采购合同适用合同法。采购

〔56〕 刘俊海:"《政府采购法》重视对供应商合法权益的保护",载 http://www.civillaw.com.cn。

人和供应商之间的权利和义务,应当按照平等、自愿的原则以合同方式约定。

采购人可以委托采购代理机构代表其与供应商签订政府采购合同。由采购代理机构以采购人名义签订合同的,应当提交采购人的授权委托书,作为合同附件。政府采购合同应当采用书面形式。政府采购项目的采购合同自签订之日起7个工作日内,采购人应当将合同副本报同级政府采购监督管理部门和有关部门备案。

采购人与中标、成交供应商应当在中标、成交通知书发出之日起30日内,按照采购文件确定的事项签订政府采购合同。中标、成交通知书对采购人和中标、成交供应商均具有法律效力。中标、成交通知书发出后,采购人改变中标、成交结果的,或者中标、成交供应商放弃中标、成交项目的,应当依法承担法律责任。

6. 政府采购当事人基于政府采购合同所发生的民事纠纷

《政府采购法》规定,供应商对政府采购活动事项有疑问的,可以向采购人或采购代理机构提出询问,采购人应当及时作出答复,但答复的内容不得涉及商业秘密。质疑供应商对采购人、采购代理机构的答复不满意或者采购人、采购代理机构未在规定的时间内作出答复的,可以在答复期满后15个工作日内向同级政府采购监督管理部门投诉。投诉人对政府采购监督管理部门的投诉处理决定不服或者政府采购监督管理部门逾期未作处理的,可以依法申请行政复议或者向人民法院提起行政诉讼。

九、国际服务贸易的管理

(一)国际服务贸易的概念

2004年《对外贸易法》对"国际服务贸易"给予解释。根据WTO《服务贸易总协定》,国际服务贸易包括以下形式:(1)跨境支付。指自一成员领土向任何其他成员领土提供服务。(2)境外消费。指在一成员领土内向任何其他成员的服务消费者提供服务。(3)商业存在。指一成员的服务提供者通过在任何其他成员领土内的商业存在提供服务。(4)自然人存在。指一成员的服务提供者通过在任何其他成员领土内的自然人存在提供服务。跨境支付和境外消费属于简单的服务方式。"商业存在"和"自然人存在"则是比较复杂的服务贸易方式。根据乌拉圭回合服务贸易谈判时GATT秘书处开列的提交各缔约方参考的服务贸易项目清单,服务贸易涉及150多个项目。此外,根据《服务贸易总协定》的4条标准归类划分为12大类:商业服务、通信服务、建筑及有关工程服务、分销服务、教育服务、环境服务、金融服务、健康与社会服务、与旅游有关的服务、娱乐文化与体育服务、运输服务以及其他服务。

(二)中国的服务贸易立法

2004年《对外贸易法》只是对国际服务贸易做了原则性规定,如促进国际服务贸易的逐步发展并履行承诺;在特定条件下限制或禁止国际服务贸易;对特定领域的服务贸易可以采取任何必要措施等。

由于服务贸易涉及众多领域,目前,我国还没有制定与《货物进出口管理条例》、《技术进出口管理条例》并行的国际服务贸易方面的管理条例,而是针对不同的服务部门单独作出规定。我国在《加入世界贸易组织议定书》附件 9 中,对服务贸易的市场准入等作出了分阶段开放的承诺,我国的国际服务贸易法律规范必须履行这些承诺。具体的对外开放领域依照《外商投资产业指导目录》执行,并由开放行业的主管部门制定专门法规。

目前,我国已经先后颁布了一系列服务贸易领域的法律规范,例如,2001 年发布了《外商投资道路运输业管理规定》、《外商投资民用航空业规定》、《设立外商投资进出口商品检验鉴定公司的审批规定》;2002 年颁布的法规包括:《外资金融机构管理条例》、《外资保险公司管理条例》、《中外合作音像制品分销企业管理办法》、《外商投资电信企业管理规定》、《国际海运条例》、《旅行社管理条例》、《外国律师事务所驻华代表机构管理条例》、《外商投资国际货运代理业管理规定》、《外商投资建筑业企业管理规定》、《外商投资城市规划服务企业管理规定》、《设立外商投资印刷企业暂行规定》、《外商投资图书、报纸、期刊分销企业管理办法》;2003 年发布了《外商投资电影院暂行规定》;2004 年发布了《外商投资商业领域管理办法》、《外商投资广告企业管理规定》、《设立外商投资会议展览公司暂行规定》;2005 年发布了《外商投资租赁业管理办法》;等等。

(三)服务贸易领域市场准入安排

我国从 1997 年开始发布《外商投资产业指导目录》,2002 年和 2004 年进行修改。新的《外商投资产业指导目录》自 2005 年 1 月 1 日起施行。2005 年《外商投资产业指导目录》附件列明了与我国加入世界贸易组织所作承诺有关的产业开放安排。

十、技术进出口管理制度

(一)我国技术进出口管理立法

早在 20 世纪 60 年代初,中国就通过对外经济技术援助和国际科技合作,向一些发展中国家出口技术。80 年代以后,通过贸易途径出口的技术越来越多。为规范技术引进行为,国务院于 1985 年 5 月 24 日发布了《技术引进合同管理条例》。1988 年 1 月 20 日,原外经贸部又发布了《技术引进合同管理条例施行细则》,1996 年 3 月 22 日发布了《技术引进和设备进口贸易工作管理暂行办法》。为履行我国作为 WTO 成员的义务,国务院于 2001 年发布了《技术进出口管理条例》。条例共有 5 章 55 条,规定了总则、技术进口管理、技术出口管理、法律责任和附则。2001 年 12 月 30 日,原外经贸部与原国家经贸委又发布了《禁止进口限制进口技术管理办法》和《技术进出口合同登记管理办法》,原外经贸部与科学技术部发布了《禁止出口限制出口技术管理办法》,上述法规从 2002 年 1 月 1 日起施行。与此同时,过去的条例及施行细则全部废止。

(二)技术进出口管理的基本原则

技术进出口是指从中国境外向中国境内,或者从中国境内向中国境外,通过贸易、投资或者经济技术合作的方式转移技术的行为。具体包括专利权转让、专利申请权转让、专利实施许可、技术秘密转让、技术服务和其他方式的技术转移。从这一概念可以看出,衡量技术进出口的标准以技术进出中国国境为准。

除了《对外贸易法》规定的国家实行统一的对外贸易制度、维护公平和自由的对外贸易秩序、鼓励发展对外贸易、平等互利、依国际条约或互惠或对等原则给予待遇、对等原则外,《技术进出口管理条例》还特别规定了以下原则:(1)符合国家政策原则。技术进出口应当符合国家的产业政策、科技政策和社会发展政策,有利于促进我国科技进步和对外经济技术合作的发展,有利于维护我国经济技术权益。(2)以自由进出口为主,限制和禁止进出口为辅的原则。《对外贸易法》第16条对限制或者禁止有关技术的进口或者出口的情况作出了详细规定。[57]

(三)技术进口管理制度

2001年12月30日,原外经贸部与原国家经贸委又发布了《禁止进口限制进口技术管理办法》和《技术进出口合同登记管理办法》,原外经贸部与科学技术部发布了《禁止出口限制出口技术管理办法》,上述法规从2002年1月1日起施行。

1. 对禁止进口技术的管理

商务部会同国务院有关部门制定、调整并公布禁止或者限制进口的技术目录。2001年12月30日,原外经贸部与原国家经贸委发布了《中国禁止进口限制进口技术目录》(第一批),自2002年1月1日起施行。列入目录的技术,任何企业都不能进口。

2. 对限制进口技术的许可证管理

我国对限制进口的技术,实行许可证管理。进口属于限制进口的技术,技术进口经营者将《中国限制进口技术申请书》报送商务部。获得批准的,由商务部颁发《技术进口许可意向书》。技术进口经营者可以对外签订技术进口合同,并在签订合同后持有关文件到商务部申请《技术进口许可证》。技术进口经许可的,颁发《技术进口许可证》。技术进口合同自《技术进口许可证》颁发之日起生效。

3. 对自由进口技术的合同登记管理

对属于自由进口的技术,实行合同登记管理。合同自依法成立时生效,不以登记为合同生效的条件。进口属于自由进口的技术,应当向商务部办理登记。商务部经审查后颁发《技术进口合同登记证》。申请人凭《技术进口许可证》或者《技术进口合同登记证》,办理外汇、银行、税务、海关等相关手续。

技术进出口合同包括专利权转让合同、专利申请权转让合同、专利实施许可合同、技术秘密许可合同、技术服务合同和含有技术进出口的其他合同。技术进口合同中,不得含有下列限制性条款:要求受让人接受并非技术进口必不可少的附带条件,包括购买非必需的技术、原材料、产品、设备或者服务;要求受让人为专利权有效期限届满或者专利权被宣布无效的技术支付使用费或者承担相关义务;限制受让人改进让与人提供的技术或者限制受让人使用所改进的技术;限制受让人从其他来源获得与让与人

[57] 见本章第一节。

提供的技术类似的技术或者与其竞争的技术；不合理地限制受让人购买原材料、零部件、产品或者设备的渠道或者来源；不合理地限制受让人产品的生产数量、品种或者销售价格；不合理地限制受让人利用进口的技术生产的产品的出口渠道。

商务部负责对重大项目的技术进口合同进行登记管理。技术进口经营者在合同生效后，在中国国际电子商务网上进行登记，并持有关文件到商务部履行登记手续。商务部经审查后向技术进口经营者颁发《技术进口合同登记证》。各省、自治区、直辖市和计划单列市外经贸委(厅、局)负责对重大项目以外的自由进出口技术合同进行登记管理。中央管理企业的自由进出口技术合同，按属地原则到地方外经贸主管部门办理登记。地方外经贸主管部门可授权下一级外经贸主管部门对自由进出口技术合同进行登记管理。技术进出口经营者在合同生效后，应在中国国际电子商务网上进行登记，并持有关文件到地方外经贸主管部门或其授权机构履行登记手续。地方外经贸主管部门或其授权机构经审查后，向经营者颁发《技术进口合同登记证》或《技术出口合同登记证》。

(四)技术出口管理制度

1. 对一般技术的出口管制

(1)对禁止出口技术的管理。商务部公布禁止或者限制出口的技术目录。2001 年 12 月 30 日，原外经贸部和原国家经贸委发布了《禁止出口限制出口技术目录》。

(2)对限制出口技术的许可证管理。我国对限制出口的技术，也实行许可证管理。

技术出口经营者出口限制出口技术及相关产品时，将《中国限制出口技术出口申请书》报送商务部。技术出口申请经批准的，由商务部发给有效期为 1 至 3 年的《技术出口许可意向书》。申请人根据该意向书对外进行实质性谈判，在意向书有效期内签订技术出口合同。

技术出口经营者签订技术出口合同后，持有关文件到商务部申请《技术出口许可证》。商务部对许可出口的技术颁发《技术出口许可证》。限制出口技术的技术出口合同自《技术出口许可证》颁发之日起生效。

(3)对自由出口技术的合同登记管理。对属于自由出口的技术，实行合同登记管理。

合同自依法成立时生效，不以登记为合同生效的条件。出口属于自由出口的技术，应当向商务部办理登记。商务部对技术出口合同进行登记，颁发《技术出口合同登记证》。申请人凭《技术出口许可证》或者《技术出口合同登记证》办理外汇、银行、税务、海关等相关手续。

2. 对特殊技术的出口管制

特殊技术主要是指核技术、核两用品相关技术、监控化学品生产技术、军事技术等，上述技术的出口受到严格限制，并发布了相应法规。根据这些法规，我国对上述技术和产品实行许可制度，制定的专营单位出口时，应当向海关出具出口许可证。

3. 鼓励高新技术产品出口的措施

高新技术产品是指《中国高新技术产品出口目录》所载明的产品。1979 年改革开放以来,尽管我国对外贸易迅速发展,并跨入世界贸易大国行列,但是,技术含量高、附加值高的产品在出口总额中所占比重仍然很低,与发达国家的40%左右的水平相比存在巨大差距。因此,国务院以及相关部门发布了一系列文件,将对高新技术产品的出口给予多方面的扶植。我国对高新技术出口主要采取以下支持措施:海关便捷通关措施、便捷的商检措施、相关人员便捷的出境措施、驻外使(领)馆的协助措施、知识产权保护措施、技术型贸易措施的预警与防范措施、提高检测水平、对高新技术产品出口提供资金支持、出口信用保险措施、出口退税措施。

本章思考题

1. 简述中国对外贸易管理的法律框架。
2. 介绍《对外贸易法》的主要内容。
3. 介绍中国的关税立法及征税方法。
4. 简述中国贸易救济措施立法。
5. 简述中国的进出口配额制度。
6. 简述中国的进出口许可证制度。
7. 简述中国的进出口商品检验制度。
8. 简述中国的原产地规则。
9. 简述中国的外汇管理制度。
10. 分析中国的政府采购制度。
11. 分析中国的服务贸易立法。
12. 分析中国的技术进出口管理制度。

第十二章　美国对外贸易管理制度

第一节　美国对外贸易管理体制

一、美国国会在对外贸易方面的主管地位

美国是联邦制共和政体，实行二元制的立法和行政管理体制，联邦和各州有独立的立法权和行政管理权，有各自独立的法律体系。然而，一个重要的例外就是对外贸易事务由联邦统一管理，国家实行统一的对外贸易政策和法律。美国对外贸易管理的另一个重要特点是国会、总统、独立的行政机构共同决定对外贸易政策、法律、国际协议的制定和实施，其中国会发挥核心的主管作用。国会管理对外贸易的方式是行使广泛的贸易立法权，包括：(1)制定规范性的对外贸易管理实体法；(2)批准颁布非规范性的对外贸易法令；(3)实行授权立法，授予总统、行政机构对外贸易管理权；(4)批准国际贸易条约、协议、行政实施法案。近年来，国会在对外贸易管理中的作用日益强化，这同大多数国家国会只批准有关法律，并不更多地介入对外贸易管理的做法形成鲜明的对照。

国会与总统管理对外贸易是依据宪法、法律的授权。宪法第1条第8款规定：国会有权"规定和征收税费、关税和货物税"以及"管制与外国通商"。宪法第2条第2款规定，美国总统有权经参议院建议和2/3以上多数同意，签订条约，任命大使、公使和领事。美国最高法院的一项判例确认，总统是美国对外事务方面唯一的正式代表。从法律上看，美国国会在对外贸易方面拥有大部分权力，总统所管辖的仅仅是涉及对外贸易谈判事项。

二、总统权力

历史上，国会向总统授予两方面重要权力：一是贸易协议谈判权，二是争端解决谈判权，包括必要时对外国不公平贸易做法行使制裁的权力，这些授权形成总统与国会合理分工制衡，共同管理对外贸易的局面。

贸易协议谈判权属于实体法上的授权，它与程序法上的"快轨"程序授权相配合来发挥作用。1934年，美国通过《互惠贸易协定法》，该法第一次授权总统不经过国会批准，在指定期间与22个国家进行相互减让关税的谈判，最后签订了关贸总协定。国会授权同时保持对总统的监督，在1955年通过的《贸易协定扩展法》中，要求总统每年向

国会提交报告,汇报贸易协定的执行情况;1958年国会通过立法,要求总统进行对外贸易谈判时必须与工业、农业、劳工界代表协商,收集信息,征求意见。1962年,国会在修订1955年《贸易协定扩展法》后通过《贸易扩展法》,授权肯尼迪总统在1962年7月1日至1967年6月30日期间与GATT缔约方进行贸易谈判,在关税减让等方面给予总统更大的权力。由于肯尼迪政府在谈判结束后越权签署了《反倾销守则》,遭到国会抵制,并在以后很长一段时间被国会停止了授权。1974年,为了在GATT东京回合谈判中实现美国的政策目标,获取更多利益,国会批准了《1974年贸易法》,该法授权总统不经国会批准实施目的在于减让和修订关税的协议,在与国会适当协商条件下可以缔结和实施削减非关税壁垒方面的协议。这里的"适当协商条件"就是后来产生重要影响的"快轨"(Fast Track)程序。

"快轨"程序实际上是国会授权总统在一定条件下对向其提交的对外贸易协议法案迅速作出批准与否的表决程序,它最早在批准政府签署的GATT东京回合协议文件中采用,后将这一程序扩大适用于批准政府签署的其他多边和地区性贸易协定。根据《1974年贸易法》的规定,总统采用"快轨"程序通过法案必须符合以下条件:(1)在总统谈判期间允许国会进行监督和提出建议;(2)总统必须与众议院筹款委员会和参议院财政委员会以及其他受谈判协议影响的委员会协商;(3)在谈判达成的协议实施前90日内通知国会,向国会提交协议、协议实施草案、行政执行说明。"快轨"程序允许国会以协商形式提前介入总统起草协议及实施法案过程,在国会正式批准前事实上已会同总统完成了协议的审定、讨论、消除分歧工作,国会正式批准则采用通过与否的表决方式(不得提出修正案),使协议一般能顺利通过。采用这一程序使政府提交的《东京回合协议实施法》顺利批准,国会称赞这是两个部门成功合作的宪法性实验。以后在《1984年贸易和关税法》中规定,"快轨"程序适用于总统与外国缔结的任何自由贸易协议,条件是其他国家就协议谈判提出请求;在谈判前60日内总统应通知国会,并就谈判内容与参众两院的有关委员会进行协商,允许其监督总统的谈判活动。

《1974年贸易法》授予总统的另一重要权力是谈判解决与他国贸易争端以及必要时实施报复性贸易制裁的权力。这一授权体现在该法及以后进一步发展的301条款中。国会两项授权的目的都是打开外国市场,促进贸易自由化和美国产品的市场准入。[1] 能否获得"快轨"程序授权成为美国和外国政府决定是否展开贸易谈判的关键因素。国会的授权还形成国会与总统两部门在对外贸易管理中新的相互协调合作和制衡关系,它很好地解决了国会对贸易谈判的介入与政府谈判代表担心谈判成果被国会完全否决的紧张关系,有利于保持对外贸易政策的合理平衡。一方面,总统获得授权后,增强了对外贸易管理的主动性、独立性,有利于在具体工作中灵活贯彻美国对外

---

〔1〕 GATT东京回合谈判以后,美国国会采用"快轨"程序批准的贸易协定有:《美以(色列)自由贸易协议》、《美加自由贸易协议》、《北美自由贸易区协议》、《乌拉圭回合协议》及实施立法。

贸易政策,抑制国会的贸易保护主义倾向。另一方面,总统在许多情况下又不能自作主张,国会以不同方式保持监督和影响总统的决策,主要有:(1)在谈判期间,要求总统履行与国会相关委员会进行协商的义务;(2)在立法中规定"落日条款",限制总统行使谈判权的期限,超过一定期间不能完成谈判,总统则失去了授权;[2](3)在贸易立法中规定总统谈判授权范围,谈判所要达到的目标和实质标准,对总统具有重要的约束作用。

三、对外贸易管理机构

除国会和总统外,一些行政机构也发挥着特殊的对外贸易管理职能,这些机构主要分为两种类型:一类是独立的行政机构,如国际贸易委员会、商务部、财政部,这些机构依法设立,职权独立,不从属任何部门;另一类是内阁行政部门,如贸易代表办公室、贸易政策委员会等,这些机构是总统的顾问或工作机构,对总统负责。

1. 国际贸易委员会(ITC)

其前身为国会于1916年建立的美国关税委员会。根据《1974年贸易法》改为现名称。国际贸易委员会是独立的行政机构,不从属于任何部门,它依据宪法、法律和行政法规设立和行使职权,具有准司法权力。其主要职责是:(1)研究美国与外国经贸关系,调查外国进口对于美国国内工业竞争力及美国经济的影响,并向总统、众议院筹款委员会、参议院财政委员会报告。(2)就美国与外国签订贸易协定的内容条款以及是否给外国关税优惠向总统提出报告和建议。(3)负责反倾销法、反补贴法,管制不公平进口法律的实施,作为行政裁判机构,受理国内工业界的申诉,展开调查,作出裁决。(4)建立进出口统计标准,解释美国关税表。国际贸易委员会由6名委员组成,由参议院提名,总统任命。

2. 商务部国际贸易管理局(ITA)

它是管理美国对外贸易的政府行政部门之一,下设三个处:(1)国际经济政策处,负责国际经济、贸易投资问题的调查研究,收集情报资料,制定进出口贸易和投资规划,监督检查贸易协定的执行情况。(2)贸易管理处,负责反倾销、反补贴方针政策法规的执行,与国际贸易委员会合作进行案件调查,作出裁决;参加贸易协定谈判;管理出口许可证。(3)贸易发展处,拟订促进出口的计划,为企业出口提供服务,安排重大出口项目。

3. 财政部

财政部主管海关事务,其中负责国际贸易和投资事务、负责国际货币事务的助理部长办公室对美国贸易政策有重要影响。

---

〔2〕 由于GATT乌拉圭回合谈判没能在预定的1990年年底结束,经总统布什请求,国会决定延长"快轨"授权至1993年6月。然而这一回合谈判直至1993年12月15日才最后解决所有问题,克林顿总统再次请求延长"快轨"授权,1993年6月,国会参众两院以大多数通过延长授权至1994年年底的决定,1993年7月4日,总统签署两院决定,使之生效。

4. 美国贸易代表办公室(USTR)

这是根据《1962 年贸易扩大法》设立的内阁级单位,最初只是总统的贸易谈判代表和工作机构,20 世纪 80 年代以后成为总统处理对外贸易事务顾问和决策机构。其职能是:(1)作为贸易谈判的首席代表,负责多边贸易协定的谈判和执行;(2)协调政府各有关对外贸易机构的工作,协调贸易政策的制定和执行;(3)代表总统参加美国在各国经济组织中的活动,处理相关事务。美国贸易代表是大使级内阁官员,直接对总统负责。

5. 贸易政策委员会

其职责是向总统提出贸易政策建议,就国际贸易委员会提出的关税建议向总统提出咨询,根据总统的要求执行有关贸易协定。主席由美国贸易代表担任。

6. 贸易政策审查委员会

其职责是协调各机构有关贸易协定的活动,向贸易代表推荐有关贸易的政策和措施,审查批准贸易政策工作委员会的建议。委员会主席由美国副贸易代表担任。

7. 贸易政策工作委员会

它是总统对外贸易决策的具体工作部门,内设许多小组委员会和特别工作小组。委员会主席由美国贸易代表助理担任。

四、社会团体和私人企业参与政府决策

美国贸易政策和立法有较高透明度,可以吸引民间各界广泛参与贸易政策的讨论,民间对政府决策的影响越来越重要,已成为美国决策体制的一大特色。在 20 世纪 90 年代初期北美自由贸易协定谈判期间,正是由于国内环保组织和劳工组织的压力,迫使克林顿政府重视贸易自由化对美国环境和劳工状况可能带来的不利影响,最后采用签订两个分协议的办法解决这一问题。[3] 民间的参与采取两种方式:一种是通过院外集团的活动向国会游说,对政府施加压力;另一种是通过正式组织反映各方面意见和要求。依据《1974 年贸易法》,国会设立"贸易谈判咨询委员会",后改为"贸易政策和谈判咨询委员会",由私人企业代表 45 人组成,是民间咨询机构,其作用是使私人企业了解美国贸易谈判代表的观点,也使政府通过该机构了解民间各界对美国谈判立场的意见和建议。《1988 年综合贸易与竞争法》还授权该机构根据总统请求,向国会提

---

〔3〕 在 1991 年至 1994 年北美自由贸易区协议谈判期间,美国环境组织"公共市民"、"地球之友"、"山地俱乐部"三次向美国地区及上诉法院起诉,第一次是 1991 年,要求美国贸易代表办公室准备一份 NAFTA 环境影响报告;第二次是 1992 年,要求被告美国贸易代表及克林顿政府准备 NAFTA 环境影响报告(IES);第三次是 1994 年,除上述请求外还要求被告美国贸易代表坎特促成颁布法规,确保乌拉圭回合协议法的实施符合国家环境政策法(NEPA)。这三次诉讼原告没有胜诉,主要理由是,上诉法院认为美国贸易代表办公室的行政行为并不是可以依据美国行政程序法(APA)进行司法审查的"最后机构的行为",因为总统有权决定再谈判或不将 NAFTA 提交国会批准,总统的行动对环境组织有更直接影响,而总统提交国会批准的行为也不是可以进行司法审查的"最后机构行为"。

交要求延长贸易谈判授权的报告,这一机构在整个乌拉圭回合谈判期间发挥了重要作用。

第二节　美国进出口贸易管理法

一、立法历史和现状

美国现代史上最早的进口管制法是《1930 年关税法》,它构建了美国对外贸易法的基本框架,该法自生效以后经过多次修订补充,不断完善。历史上对《1930 年关税法》的更新是《1934 年互惠贸易协定法》、《1955 年贸易协定扩展法》、《1962 年贸易扩展法》、《1974 年贸易法》、《1979 年贸易协定法》、《1984 年关税与贸易法》、《1988 年综合贸易与竞争法》、《1994 年乌拉圭回合协议法》。其中最重要的是《1988 年综合贸易与竞争法》对原法的修改。这次修订的重要性首先在于它被美国官方称为一次最为彻底的改革,改动的范围广泛,主要有:(1)授权总统截至 1993 年 5 月 31 日前就双边和多边贸易协定进行谈判,适用"快轨"程序批准实施这些协议(包括《乌拉圭回合协议》、《美加自由贸易协议》、《北美自由贸易协议》);总统有权进行关税减让而无须国会批准,允许减让最大幅度为现行税率的 50%,税率在 5% 以下者可减至为零。(2)修订第 301 条款,将违反第 301 条款的调查和实施制裁的权力移交给美国贸易代表办公室,使之灵活运用。把违反第 301 条款的所谓不公平贸易做法扩大到双边贸易不平衡,侵犯劳工权益、侵犯知识产权、政府采购、电讯等服务贸易市场准入广泛领域。(3)完善反倾销、反补贴法,规定对非市场经济国家认定倾销的办法。针对规避反倾销、反补贴法的行为(如以倾销零部件、原材料的办法逃避对制成品的倾销调查)规定监控措施,扩大了反倾销调查案申诉人的范围。(4)修改第 337 条款,规定对于涉及专利、联邦登记注册的商标、登记的版权和半导体集成电路设计作品的侵权产品进口,申诉人无须证明进口给国内工业造成损害,只要有进口侵权产品的行为就构成违法。(5)规定"保障条款"适用的时限,在紧急情况下,可采取临时性保障措施。(6)决定加入"协调编码制度",调整关税税则。

这次修改又是具有里程碑意义的改革,它标志着美国对外贸易政策的战略转变,从 20 世纪 80 年代以前奉行的单纯的自由放任的贸易政策转向带有明显保护主义倾向的"自由和公平"的贸易政策。其实质是在遵循自由贸易原则,维持现行国际贸易体制前提下,强调更严格地执行美国对外贸易法和与外国缔结的贸易协定,更有力地反击所谓对美不公平贸易做法,迫使外国对美国开放市场。公平与自由贸易政策是美国奉行的一项长期的对外贸易政策。

1994 年美国政府签署了关贸总协定乌拉圭回合谈判的最后文件,国会随后以"快轨”程序批准了乌拉圭回合协议实施法案即《1994 年乌拉圭回合协议法》,该法已于 1995 年 1 月 1 日生效。其中对美国现行贸易法以及相关的其他法律作了修改,使之与多边贸易协议相符合。除专门管制对外贸易的单行法以外,美国《海关法》等其他一些法规中也有管制进出口的规定,这是整个对外贸易管理法的组成部分。

二、进口管理的主要法律制度

(一)进口管理的一般性法律制度

美国也采取各国通行的关税和非关税措施管制进口,《1930 年关税法》及其后续立法以及其他有关对外贸易管理的法律规定了美国关税税则、海关监管、海关估价、原产地规则、配额等方面的基本制度。

1. 关税制度

自 1989 年 1 月 1 日起开始实施的《美国协调关税制度》将关税分为两栏,第一栏为一般税率和特殊税率,一般税率是最惠国税率,适用于其他 WTO 成员或享有最惠国待遇的非 WTO 成员,属于正常贸易关系税率。特殊税率包括普惠制税率,适用于大多数发展中国家的货物进口;特惠税率,适用于最不发达国家(多数商品为零关税);协定税率是根据美国与其他贸易伙伴国自由贸易协定安排规定的优惠税率。目前适用协定税率的自由贸易安排主要有北美自由贸易协定;加勒比海湾计划(CBI),适用于 24 个加勒比地区国家货物进口;安第斯贸易优惠法(ATPA),适用于玻利维亚等 4 个安第斯国家;美以(色列)自由贸易协定;美约(旦)自由贸易协定;自由联合计划,适用于马绍尔群岛等三国;非洲增长和机会法(AGOA),适用于南撒哈拉非洲国家;美国—加勒比海湾贸易伙伴法。享有上述优惠税率都需要进口人提交出口商出具的书面原产地证书作为主张权利的基础。第二栏税率是全额或法定最高税率,适用于不享有美国最惠国待遇的国家。关税税率分为从价税、从量税、复合税率。

支付关税的义务由名义上向海关提交进口申报的人或企业负责。当货物已经进口用于仓储时,缴纳关税的责任转移到任何购买该货物和想要以其名义提取的人身上。当货物到达美国时,在海关文件中登记的进口人(即货物所有人、购买人、收货人或由他们指定的报关人)应向口岸海关提交货物进口文件申报进口,在货物到达口岸,海关许可交付或支付估算的关税后,进口货物得以合法进入美国。进口人有责任办理货物查验和放行手续,在多数情况下,报关手续是由运至口岸的承运人指定的人或企业办理,这一实体在海关手续意义上被认定为“所有人”。有些情况下,通过在商品到达前依据海关表格 3461 提出立即放行申请获准后可快速放行,这适用于来自加拿大和墨西哥的货物、新鲜蔬菜水果或由美国政府代收的货物等。如果货物到达后 5 个工作日内不在指定口岸报关,可被放入政府指定保税仓库,由进口人承担风险和费用。如果入境后 6 个月内未申报进口,它们可被公开拍卖,易腐物、易贬值物可提前变卖。有关货物的仓储费、关税、国内税或其他留置费用应从变卖货物的所得款项中提取,剩余款项交提单所有人。进口人如对清关时的应税地位有异议应在清关后 90 天内提出,如果海关否决了异议,进口人可提起诉讼。退税是指因特定法律规定而对进口商退还99%已征收的关税和国内税,美国法律规定三类退税:(1)制造性退税,适用于那些用来制造被出口产品的进口货物或被销毁的进口货物。(2)未使用商品的退税,适用于未经加工和从未在美国使用并且被出口的或被销毁的进口商品所征收的关税。(3)不合格商品退税。

美国海关法要求所有在外国生产的进口商品均应用英语在显著位置标明商品状况所允许的永久性牢固的原产国名称,以向美国消费者指明商品的制造国家。但艺术品和某些因商品性状(如钉子、纸牌、纽扣等)无法标明者除外,为个人使用和用于进一步加工的货物除外。美国商标法禁止标有虚假原产地证明的货物进口,如发现此类进口货物将由海关查扣或没收,或经海关许可在消除违禁标志、代替以适当标志后放行,或经海关批准复出口,或经海关监管被销毁,且不应对政府产生成本。海关规费是海关处理货物的成本费用以及港口费用,对于价值高于2000美元的进口货物,货物处理费为进口货物价值的0.21%,但每次申报最低为25美元,最高为485美元;2000美元以下的进口货物,为2~9美元。港口维护费为货物价值的0.125%。

《1930年关税法》第592条原则规定,任何人以电子传输、书面或口头申报提供实质性的虚假信息,或以文件、作为或不作为的方式过失、欺诈性地将商品进口或试图进口美国,应被处以罚款。刑事欺诈法规定向海关官员提供虚假信息的刑事处罚为2年以下监禁或罚金。《1930年关税法》第596条规定以下物品将被查扣或没收:(1)盗窃或走私物品;(2)因健康卫生和环境法规定限制或禁止进口物品;(3)法律要求申领许可证而未申领的货物;(4)侵犯知识产权商品进口;(5)违反原产地标记要求的货物进口;(6)申报时提供虚假文件货物进口。

2. 配额制度

美国的进口配额分为绝对配额和关税配额。关税配额规定了特定时间以内可以较低关税进口某种货物的数量,该产品进口的数量没有限制,但是超过配额数量的进口被征收较高关税。多数情况下来自不友好国家的货物无权享受关税配额优惠。绝对配额是数量限制性的,即在配额有效期内不得进口超过配额限制数量的产品。有些绝对配额是全球性的,也有国别配额。超过配额进口的货物可存放在自由贸易区或保税仓库等待下一个配额期,也可在海关监管下出口或销毁。美国法律规定国会有权规定进口配额,也可授权总统和行政机构管理和公布进口商品配额,以保护美国工农业,维护国家安全和国际收支平衡。目前一般性商品的配额由海关处管理,配额管制的进口商品主要是根据《农业调整法》第22条对农牧渔产品、奶制品进口实行数量限制,根据双边和多边协议对食糖、咖啡、纺织品进口实行的数量限制。

3. 政府采购

美国自1933年开始实行《购买美国货法》,经多次修订现仍有效。该法规定凡美国政府所需要的公用物品,应购买美国国内制造的或用美国原料、零部件、半成品制造的产品。对于公共建筑物或公共场所的建筑、改建、翻修,承包人或分包人、材料员、供应商必须使用美国生产的产品、原材料。(详见本书关于WTO政府采购协议内容)

(二)为保护美国国内工农业免受进口损害限制进口的法律

《1974年贸易法》第201条(《美国法典》第19卷,第2251节)规定,因外国进口产品的增加使生产相同或类似产品的国内工业遭受严重损害或损害威胁,有关的企业、团体可向国际贸易委员会申请救济,委员会经调查确认受害企业及损害后果,可以建议总统(后改为美国贸易代表)采取限制进口措施,包括增加或征收关税,实行配额等数量限制,签订有秩序地销售协议。保障条款与GATT有关规则一样是针对正常的进口竞争可能给国内工业造成损害所采取的救济措施,与不公平进口竞争无关,此类案件国际贸易委员会每年立案超过200件,立案标准又有很大随意性,是限制进口的重要法律手段。

《1974年贸易法》第406条(《美国法典》第19卷,第2463节)规定,如果来自共产主义国家的进口产品增多,引起美国市场扰乱和工业损害,有关企业、团体可请求国际贸易委员会调查,经总统批准可以采取关税和数量限制措施。第406条款的性质与保障条款相同,但是对国内工业损害的标准要求低,该条款长时间很少援用,但在1993年10月,应美国蜂农联合会起诉,国际贸易委员会根据"406条款"对我国蜂蜜进口实行"市场扰乱"调查,最后在中方努力下,美国总统决定不采取进口限制措施。

1933年《农业调整法》第22条规定,任何有利害关系的团体、组织可以要求美国农业部长裁定,外国农产品价格支持计划威胁美国农业部门,农业部长应向总统报告,总统可转请国际贸易委员会进行调查,经调查可向总统建议采取限制进口措施,由总统批准实施,限制办法是实行配额和许可证、征收费用。

(三)管制不公平进口的法律

此类法律规定的共同点是约束所谓不公平进口竞争的行为。在美国实行公平自由贸易政策的今天,这些法律有越来越频繁适用的趋势,已成为美国管制进口的重要法律规则。这类法律主要有:(1)反倾销、反补贴法,《1930年关税法》第773条、第771条(《美国法典》第19卷第1677节、第1671节)分别规定了反倾销和反补贴规则,规定了倾销、补贴行为定义,认定倾销补贴的标准,反倾销、反补贴调查程序及制裁措施。《1979年贸易协定法》修改了《1930年关税法》,将反倾销、反补贴问题作为单独部分(第七部分)专门规定,并取消《1921年反倾销法》。《1988年综合贸易与竞争法》、《乌拉圭回合协议法》又对反倾销、反补贴法作出修改,使之更为完备。(2)管制侵犯知识产权产品进口。《1930年关税法》第337条(《美国法典》第19卷,第1337节)规定,外国厂商、进口商如将侵犯美国知识产权的产品进口美国,侵权受害人可向国际贸易委员会申诉,委员会调查确认后发出排除进口令,阻止侵权产品进口,也可向联邦地区法院起诉,请求损害赔偿。(3)禁止劳改产品进口。《1930年关税法》第307条(《美国法典》第19卷,第1307节)规定,外国通过罪犯或强制劳动或刑罚下的定期劳动生产的产品,海关将禁止进口。禁止劳改产品进口表面上涉及人权保护,而实质上是限制不公平竞争,因为劳改产品生产成本低,美国认为这种低成本又是违反人权所得,故加以禁止。

(四)惩罚性进口限制

此类限制意在报复和压制出口国政府,求得它们在经济上和政治上向美国让步,或停止损害美国利益的活动。具体法律条款有:(1)《1974 年贸易法》第 301 条款(《美国法典》第 19 卷,第 2411 节)授权美国总统就外国限制美国产品进口所采取的不公平、不合理、歧视性政策法律和做法采取报复行动,征收惩罚性关税等。第 301 条款的立法目的是以制裁相威胁,迫使外国政府与美国实行谈判,承诺对美开放市场。《1988 年综合贸易与竞争法》扩充了第 301 条款的内容,形成普通 301 条款、特殊 301 条款和超级 301 条款。(2)美国关税法一般不将 MFN 授予敌对国家,包括冷战时期的共产主义国家,这些国家对美国出口适用普通税率,这相当于《1930 年关税法》规定的水平。但是《1974 年贸易法》第四部分改变了这一政策,该法授权美国总统与非市场经济国家签订给予非歧视待遇的贸易协定经国会批准生效。根据杰克逊—瓦尼克修正案设立的《1974 年贸易法》第 402 条规定,非市场经济国家如不允许该国公民自由移民就不享有美国的最惠国待遇,同时总统有权发布行政命令豁免某些国家适用上述规定,但需经国会批准才能生效。由于国会对总统的豁免授权每年一次,造成对某些国家(包括中国)延长最惠国待遇问题年年审查。多年来,美国在批准延长中国最惠国待遇时与人权问题及其他双边关系问题联系起来,使之政治化。1994 年 5 月 26 日,克林顿总统宣布将每年一度的延长中国最惠国待遇的审查与人权问题脱钩。1998 年克林顿签署法案,将最惠国待遇更名"正常贸易关系"。1999 年 11 月 15 日,中美达成中国加入 WTO 的双边协议。2000 年 5 月 25 日,美国国会众议院通过了授权给予中国非歧视贸易待遇法案,参议院于 9 月 19 日批准了该法案,美国对华永久正常贸易关系得以确定。(3)除了依据上述规范性法律条文实施进口限制以外,美国总统和国会还根据对外关系的变化以及外交政策的需要,针对特定国家发布贸易禁令。如 1979 年 11 月,因伊朗扣押美国使馆人员,美国宣布禁止进口伊朗原油;1982 年宣布禁止进口利比亚原油。

(五)依据环保、卫生、技术安全标准实施的进口限制

1. 农产品

牛奶和奶制品应符合食品和药品管理局、农业部的规定,除受制于进出口许可证和配额外,这些产品只能由卫生部食品药品管理局和农业部授权许可的进口商进口。水果、蔬菜、干果的进口必须符合法律规定的质量等级、规格、成熟度要求,由农业部食品安全和检验署颁发检验证明,由农业部动植物卫生检验署依据《植物检疫法》检疫方可进口。牲畜和动物进口必须在自原产国装运前取得农业部颁发的许可证,并附有兽医卫生证书,货物进口后应在检疫口岸经过检疫。肉类和肉制品进口应符合农业部规定,并在海关放行之前由农业部动植物卫生检疫署和食品安全检疫署检验。肉类制品

和家禽及其制品进口还应符合《联邦食品、药品和化妆品法》的规定,符合鱼类及野生动植物署的规定。

2. 消费产品、工业设备

家用电器进口首先要符合《能源政策和节能法》规定的能耗标准,并要求标明预期的能源消耗和效率。同时应符合美国保险商试验室的安全标准(UL),任何进口的消费产品如果没有遵守产品安全的有关标准规定,特定的标识或认证要求,将被认定为有实质性的产品危害,不得进口。这些规定由美国消费产品安全委员会负责实施。《联邦有害物质法》对于儿童玩具、含铅涂料、自行车、易燃性织物、美术材料等规定了严格的安全标准。打火机应符合《消费产品安全法》。工业设备必须遵守能源部和联邦贸易委员会的规定。汽车、车辆和车辆设备应符合安全、缓冲及排放要求。

3. 食品、药品、化妆品和医疗设备

此类货物进口由卫生部食品和药品管理局依据《联邦食品、药品和化妆品法》管理,该法禁止进口掺假和伪造品牌的物品,包括残次、不安全、不卫生条件下生产的产品。任何可能致病的载体,昆虫、动植物带菌体不得进口。《联邦杀虫剂、杀真菌剂和灭鼠剂法》、《毒物控制法》、《有害物质法》、《腐蚀性毒药法》、《消费产品安全法》管制进口杀虫剂、有毒物质和有害物质,具体由联邦环保署监管。

4. 纺织品、羊毛和毛革产品

所有进口到美国的纺织品均应依据《纺织纤维产品鉴别法》的规定以印戳、标牌、标记或其他方式标明纤维成分含量,制造商名称及加工制造国家名称。此外《羊毛产品标识法》和《皮革产品标识法》规定了这两类产品特殊的标识要求。

5. 野生动植物及其制品

任何进出口野生动植物必须从美国鱼类及野生动植物署取得许可,并应符合《1972 年海洋哺乳动物保护法》、《美国濒危物种法》、《野生鸟类保护法》,符合《濒危物种国际贸易公约》、《候鸟条约法》、《国际大西洋金枪鱼保护委员会公约》的义务。如果野生动植物的捕获、运输或占有是违反外国法律的,该野生动植物就不得进口美国。

6. 淫秽、不道德和煽动性物品及彩票

《1930 年关税法》第 305 条规定任何包含鼓吹或煽动背叛或颠覆美国、暴力抵制服从美国法律,或威胁伤害和剥夺美国人生命内容的书籍、著述、广告、图片或属于淫秽性质的此类物品,可能引起非法流产的药品,任何彩票都禁止进口。

三、出口管理法

(一)出口管理法概况

1949 年,美国国会通过了《出口管制法》(Export Control Act),1969 年修改为《出口管理法》(Export Administration Act,EAA)。这是美国当代比较系统的管制出口的单行法,此法在 1979 年、1985 年、1988 年几次修改,现采用的是 1988 年文本。1984 年,商务部颁布《出口管理条例》(Export Administration Regulation,EAR),是出口管理法的实施细则。除这两部法律外，涉及原子能产品、军火、防御物资等特殊产品出口还有专门的法律调整。

美国出口管制的目的有三个方面：一是防止可用于军事用途产品和技术落入不友好国家，危害国家安全；二是为了执行美国对外政策、履行国际义务，如管制预防犯罪的物品、危险品出口，管制大规模杀伤性武器出口；三是防止国内供应短缺引起通货膨胀。管制的出口产品分为两类，一类是民用或军民两用产品和技术；另一类是军事物资和技术。民用或军民两用物资和技术出口由商务部（出口管理办公室和许可证处）和财政部（海关事务处）共同管理，国防部和国务院作为咨询机构有审查权，对于可能用于军事目的的产品出口以及向某些国家的出口，两机构分别从国家安全和外交政策方面考虑进行审查，并有否决权。军事防御物资由国务院军火管制处管理，原子能产品、药品、食品、危险品和废弃物、船舶、天然气等特殊产品出口，分别由原子能管理委员会、食品药品管理局、环保局、交通部海事局、联邦能源管理委员会和能源部管理。涉及技术转让的还需要商务部专利商标处批准。《出口管理法》授权总统"禁止和削减"全部商业性出口。

《出口管理法》规定了严格的法律制裁措施保证出口管制有效实施。《出口管理法》规定，故意违反本法以及其他出口管理方面的条例、命令、签发的许可证，将处以最高达出口价值5倍的刑事罚金或者对个人罚款25万美元，并处6年监禁，对法人罚款50万美元；明知产品出口到被管制出口的国家或将被这样的国家利用而故意、预谋、意图出口，将对个人处以25万美元罚金，并处12年徒刑，对法人处以100万美元刑事罚金。商务部还将追究被告的民事责任，可处以最高10万美元的民事罚金。在行政处罚方面，商务部有权中止和撤销违法者的出口权以及外国当事人领受美国产品的权利，《出口管理法》明确授权总统中止给予任何违反该法的外国人进口美国产品的权利。

（二）出口管理措施

为了实现美国的政策目标，政府采取出口的国别管制和出口商品的分类管制。关于国别管制，商务部把外国按照其与美国的关系分为8组，分别实行不同的出口控制标准，8个组分别以英文字母P、Q、S、T、V、W、Y、Z为代表，加拿大不属于任何一组，给予特殊待遇；前苏联、东欧某些社会主义国家曾被视为对美不友好国家，列为Y组，控制大部分商业性出口；越南、古巴、朝鲜属于美国的敌对国家，被列为Z组，管制全部商业性出口，除普通民品外，战略物资和军用物资不准出口；中国、南斯拉夫被列为V组，出口限制较为宽松。在商品分类管理方面，《出口管理法》附录中列出200多种管制商品清单，按货物性质、技术水平分为10类，分别用从0～9的代号表示，如"0"代表金属加工机械，"1"代表石化设备，每一种管制商品都冠以一个字母代号和四位数字编号，以说明该商品类别、战略技术水平。出口产品按技术分为三个区，绿区产品对美国安全影响较小，商务部可直接发放出口许可证，不必经国防部等咨询部门审查；中间区产品表示有较高技术水平,商务部必须经国防部等咨询部门审批才能签发出口许可证;红区产品是尖端技术产品,这类产品对于像加拿大、欧盟这样的伙伴国也限制出口。

出口许可证制度是美国重要的出口管理制度。许可证分为一般的许可证、一次有效的许可证和多次有效的许可证。一般许可证适于七类货物和技术出口,从商品类别、价值、出口国别看属于管理最宽松的,一般许可证的发放不需要出口商向商务部申请,不需要逐一审批,只要在报关单上填写该商品的一般许可证编号即可出口;一次有效许可证需要出口商专门办理,由商务部出口许可证处审批,每一许可证限于特定种类、数量、价值的商品出口,两年内有效,许可证项下的商品出口完毕后失效。发放此类许可证的关键是出口商列明最终收货人和出口商品的确切资料;多次有效的许可证包括经销许可证、综合经营许可证、项目许可证、提供服务许可证等,这些许可证授权出口商可向不同的收货人多次出口货物,也不限定出口商品的数量和价值,有效期限长(经销许可证经续展有效期长达4年),极大地方便出口商交货,但是这类许可证审批严格、审批时间长,在许可证有效期间,商务部许可证处可能随时进行审计、监督其使用。

美国出口管制的一个重要特点是实行域外管辖,政府不仅管制从美国本土直接出口的产品或技术,也管制从外国再出口原产于美国的产品或技术以及含有美国产品或技术的外国产品;不仅管制美国本土出口商的出口行为,也管制境外的美国政府认为有管辖权的美国关联企业的出口行为,而不论其出口产品是否美国制造。1982年,某欧洲国家公司向苏联出口某种产品以支持其天然气管线建设,美国政府认为,虽然所出口的产品非美国制造,但是这家欧洲公司是美国公司的下属,美国对其出口有管辖权。这一政策措施的目的是防止美国重要产品或技术经第三国间接流入对美国不友好的国家。

(三)"冷战"结束后美国出口管理法的变化

美国学者认为,出口管理法是美国对外贸易法中近年来变化较小较单纯的领域,这种变化的结果可表述为"解除限制"。[4] 因为冷战结束后,与西方国家对峙的苏联东欧社会主义阵营已不存在,主要的国际威胁已消除。放松出口管制也是提高美国出口竞争力的需要。冷战结束后,国际竞争转为经济实力和综合国力的竞争,面对日本、欧盟的竞争压力和亚洲新兴国家经济崛起,美国不得不调整其出口管制策略,放宽出口限制,加强出口促进工作。1995年2月,克林顿政府向国会提交了全面修改现行《出口管理法》的修正案,这个修正案反映了美国新时期出口管理工作的重要变化,一是将出口管制的重点放在防止大规模杀伤性武器和技术扩散威胁;二是改革出口许可证管制范围、审批程序,以提高效率、促进出口。

与美国的变化相呼应的是冷战时期成立的多边出口管制机构——巴黎统筹委员

---

〔4〕 杰弗里·加藤:"世界经济变革中的美国贸易法",载《国际律师》1995年第1期。

会（以下简称"巴统"）也结束了它的历史使命。"巴统"的正式名称是"多边出口管制协调委员会"，1994 年 11 月在美国提议下秘密成立，它是 17 个西方工业发达国家组成的管制国际贸易的非官方国际机构，宗旨是限制成员国向社会主义国家出口战略物资和高技术。"巴统"活动初期掌握的禁运物资清单有三大类万种商品，被列入禁运对象的国家有 30 多个，成员国向禁运国家出口管制产品除本国政府批准外，还需"巴统"的批准。1990 年，根据国际形势变化，"巴统"大幅度放宽对苏联和东欧国家高技术产品出口限制，以后禁运项目和禁运国家大大减少。1994 年 4 月 1 日，历经 44 年的该组织正式宣告解散，根据有关决定，将成立一个新的更开放的机构取代"巴统"，新机构将在原巴统成员国基础上增加新成员，其中包括前华约国家、俄罗斯和中国，职能是限制向第三世界冲突地区和有可能发生冲突的国家转移常规武器和军民两用技术。同时，原巴统成员国对利比亚、叙利亚、伊朗、伊拉克、古巴、朝鲜的出口限制仍然有效。

四、美国贸易法的主要特点

美国贸易法具有如下主要特点：

1. 美国对外贸易法有很强的政治倾向性，紧密地服务于它的内政和外交政策。因为美国对外贸易的决策中心在国会，国会议员从各自的立场出发很难孤立地看待和处理对外贸易问题，必然受国内利益集团要求、政党政策和外交政策的左右，并且很容易把贸易问题与公众所关心的其他问题如环保、人权、知识产权保护、劳工权益等联系起来。第二次世界大战结束后，美国在全球实行扼制共产主义的政策，导致对社会主义各国全面的贸易封锁。这些年来又集中表现为以人权、国家安全、反对恐怖主义等理由对一些国家进行军事干涉和贸易封锁，寻求把商业目标与人权等外交政策目标结合起来的更好方式。

2. 在美国对外贸易法中，贸易救济措施（包括反倾销和反补贴保障措施）已成为保护国内产业，阻止不公平进口的主要武器，也是对外贸易法中的实质部分。美国甚至把能否自由合理地解释和实施这两方面法律作为衡量政府参加的多边贸易谈判成功与否的标准，也就是说，多边贸易协议不能削弱这两类法律的适用。

3. 美国对外贸易法的重要发展是严格管制外国侵犯美国知识产权产品的不公平做法。在国内法方面，美国利用"特殊 301 条款"和《1930 年关税法》第 337 条，对外国政府施加压力，对外国生产商和出口商实施制裁；在国际上，美国积极运用 WTO《与贸易有关的知识产权协议》、地区贸易协定中知识产权保护安排维护自身利益。

4. 在对外贸易管理中，美国把单边国内法措施与多边、双边和地区性贸易管制措施结合起来。美国一方面积极参与 WTO 活动，运用多边贸易体制维护自身利益；另一方面通过建立北美自由贸易区等地区经济一体化安排，保证重要贸易伙伴在更大范围开放市场。

第三节 应对外国不公平贸易行为的法律措施

一、美国贸易法的301条款

301条款原指美国《1974年贸易法》第三编第一章中第301条(《美国法典》第19卷第2411节),该法授权美国总统采取切实可行的措施,报复并迫使外国政府消除对美贸易的歧视性限制做法,实现美国根据贸易协定应获得的利益。经过《1988年综合贸易竞争法》“大修”之后,301条款分为普通301条款、特殊301条款、超级301条款以及电信301条款,不论在程序上还是实质内容都更加完备。

(一)普通301条款

普通301条款是指《1988年综合贸易与竞争法》(以下简称OTCA)第1301节,它反映了《1974年贸易法》301条款的基本精神。该条规定:如果外国贸易政策法律和措施违反了与美国签订的贸易协定,否定了美国根据贸易协定应享有的权利,或损害美国应享有的贸易利益,或不公平、不合理地歧视性地加重了美国商业负担,限制美国商业,美国总统被授权采取一切适当可行的行动去实现美国的权利,迫使外国取消限制。

首先,普通301条款要保护美国根据贸易协定应享有的权利,贸易协定既包括WTO多边贸易协定,也包括美国参加的双边或地区性贸易协定,其享有的权利是广泛的,如根据最惠国待遇和国民待遇原则使本国出口的产品和服务以及对外直接投资在进口国享有公平待遇,依据知识产权协议使本国知识产权得到合理保护,根据争端解决的谅解协议使本国与他国争端合理解决。其次,普通301条款要保护美国根据贸易协定应享有的利益,它要求各国能切实履行其在贸易协定中作出的关税减让,减少非关税贸易壁垒,以及市场准入安排的承诺,使美国商品和服务出口达到应有水平,减少逆差。最后,要保护美国商业,使之免受外国歧视性限制,外国不得对美国出口商、制造商、服务提供者的各类有形产品和无形产品的出口设置不合理障碍。美国的商业是最广泛意义上的,包括农业和各类工业产品制造业、服务业,特别是远距离通讯、信息服务、运输服务等;技术贸易包括知识产权保护、技术许可和转让、计算机软件及各类版权作品的贸易;直接投资原则上要与商品和服务有关。《1984年贸易和关税法》还对所谓“不公平不合理的歧视性限制”下了定义,“不公平”是指外国贸易政策、做法违背贸易协定义务,损害了美国权利;“不合理”是指外国贸易政策虽不违反国际法规定的权利,但是对美国是不公正的,如外国违反劳工权利进行生产经营,允许强制劳工生产;规定出口目标,由政府协调组织企业产品出口;外国政府容许该国企业实行有系统的不公平竞争。歧视性是指外国贸易政策做法否认了应给予美国出口产品、服务、投资的国民待遇和最惠国待遇。

301 条款由美国贸易代表办公室下设的 301 条款委员会负责实施,具体程序如下。

1. 申诉

任何有利害关系的个人、企业、协会团体都可以向美国 301 条款委员会申诉,美国贸易代表办公室(USTR)也可主动立案。由于美国贸易代表将要代表申诉人与有关国家进行谈判,在正式申诉前当事人应与 301 条款委员会协商,然后提出正式申诉书。

2. 调查

委员会收到申诉书后应在 45 天内决定是否发起调查,如决定展开调查则应在《联邦公报》上正式公布申诉文本,以引起关注。调查内容包括外国是否违反贸易协定,是否存在损害美国贸易利益的不公平不合理的歧视性贸易做法。为减少行政资源浪费,对于政府其他部门受理或立案的调查案件以及采取调查制裁措施可能损害美国经济的案件都不立案调查。同时美国贸易代表立即向有关国家提出磋商要求,也可寻求 WTO 的争议解决,但是这不影响美国单方面调查处理。一般情况下自发起调查 12 个月内完成调查,并作出采取适当行动的决定。

3. 采取行动

如果委员会调查后决定采取行动,USTR 应在作出决定 30 日内采取行动,特殊情况下可推迟实施,但是推迟时间不超过 180 日。美国依法可采取的报复行动有:(1)中止、撤销和停止适用根据贸易协定应给予其他国家的关税减让;(2)在适当时期对外国商品征税或施加其他限制,对外国输入美国的服务征收费用或进行其他限制;(3)以适当方式限制给予外国服务业许可,限制市场准入的期间和条件直到拒绝授权。报复行动实施后总统可根据事态发展随时指示终止实施。实施报复的期间为 4 年,4 年届满时如利害关系人没有提前要求延长,实施就自动终止。

美国贸易法规定以下情况应尽量避免采取报复行动:(1)WTO 专家小组否认了美国当事人申诉的事实;(2)虽然存在申诉的事实,但美国贸易代表认为该国家已经采取了令人满意的措施加以解决,如外国同意撤销或终止执行有关的政策法律和措施,或同意立即解决限制美国商业的问题;(3)USTR 认为案件特殊,如采取报复行动会影响美国经济或国家安全,弊大于利。

事实上美国真正诉诸报复制裁的情况很少,一般的结果是与外国签订协议,消除不公平贸易行为,或消除对美国商业限制,或给予美国相当的贸易机会作为补偿,这也是最符合美国利益的结果。根据世界银行统计,301 条款调查最终导致放松对美商业限制的占 35%,导致报复的只占 10%,调查结论不明者为 10%,调查毫无结果的占 40%。[5]

(二)特殊 301 条款

特殊 301 条款是指美国 OTCA 第 1302 ~ 1307 节,核心是 1303 节的规定,即确定未

---

〔5〕 转引自《国际商务译丛》1994 年第 5 期,第 41 页。

能给予美国知识产权充分有效保护,未能给予美国有关企业市场准入的重点国家,在短期内迅速调查,决定采取报复措施。具体内容有:

1. 要求 USTR 每年审查一次美国贸易法律在知识产权保护方面的情况,在向国会提交《国家评估报告》后 30 日内,确定那些未能对知识产权提供充分有效保护或者未能给予依赖知识产权保护的美国人公平市场准入的国家,将这些国家分为"重点国家"、"列入重点观察名单国家"、"列入观察名单国家"。其中的重点国家被认为是严重损害美国利益,应优先考虑立案调查和采取措施的国家。美国确认"重点国家"除了依据《国家贸易评估报告》以外,还可根据美国私人企业部门和美国驻贸易伙伴国的使馆提供的信息,并且同联邦版权登记处、商标专利委员会及其他有关部门协商。美国确定重点国家的标准是:(1)未能充分有效地保护知识产权,未能给予依赖知识产权保护的美国人公平市场准入,其不公平贸易做法极端严重;(2)外国不公平贸易做法给美国相关产品造成极不利影响;(3)不能积极地与美国展开谈判,在双边和多边知识产权谈判中没有取得重要进展。

2. 美国贸易代表应在确定重点国家之后 30 日内对重点国家不公平贸易做法发起调查,同时展开谈判,寻求解决办法,如能达成协议,将该国家从重点名单中除名,如未能达成协议,就在调查结束后决定采取报复措施,即增加关税和实行其他进口限制。对于"重点观察国家"美国也要与其协商,使之做出改进,原则上也可实行贸易制裁。

(三)超级 301 条款与电信 301 条款

超级 301 条款是指 OTCA 第 1310 节所谓"贸易自由化优先确定条款",它是作为普通 301 条款的补充而设立的。超级 301 条款与普通 301 条款实质内容相同,都是针对外国在货物和服务贸易、直接投资方面对美不公平、不合理或歧视性贸易做法发起调查,以制裁和报复相威胁迫使外国政府与美国谈判,消除不公平贸易做法,对美开放市场。与普通 301 条款不同的是超级 301 条款的适用不是依据美国当事人的投诉,而是由 301 条款委员会依据国家评估报告等信息确定"重点国家",主动发起调查。USTR每年 4 月以前向国会提交一份按国别划分的《国家贸易评估报告》(National Trade Estimates Report),内容包括 34 个国家和 2 个地区贸易集团的货物、服务贸易、对外投资及知识产权保护情况,作为美国制定对外贸易政策的依据。另一个不同点是超级 301 条款是暂时生效的法律条款,1988 年由 OTCA 公布后到 1990 年应该失效,但是 1994 年克林顿总统签署一项行政命令,恢复实施已经失效的超级 301 条款至 1995 年,这说明超级 301 条款是随时可能由总统签署行政命令生效的法律条文。

电信 301 条款是指 OTCA 第 1377 节,该条款直接调整与外国的远距离通讯服务贸易,要求 USTR 每年审查一次所有重要的与外国签订的通讯服务贸易协定,确定外国遵守协议的情况。如认定某外国没有遵守协定,美国就把它作为 301 条款管辖的不公平贸易做法,根据国会要求,在做出确认后 30 天由 USTR 实施贸易制裁,制裁首先是对该国电信产品和服务进口实行限制,也可以是其他贸易利益。

（四）301条款与WTO多边贸易体制

301条款是美国以单方面报复制裁相威胁，利用谈判手段施加压力，迫使外国政府遵守贸易协定，履行开放市场承诺的一种国内法律机制。它是与WTO多边贸易体制相对立的。WTO成立后，301条款调整的领域应纳入多边调整范围，结果是"更多的涉301条款案件将不得不通过GATT争议解决程序。这一发展符合301条款的规定，即当301条款调查涉及GATT问题时，要求美国发起GATT（指WTO）争议解决程序"。[6] 但是这一结果并不妨碍美国动用301条款制裁外国其他一些WTO规则不能涵盖的不公平贸易做法，如根据地区贸易协议的安排产生的权利义务，国际投资方面的权利义务。即使属于WTO规则调整范围，美国也保留适用301条款权力，监督别国遵守多边协议。301条款的另一作用是对非WTO成员实行制裁。

二、美国关税法的337条款

美国对外贸易政策发展的重要趋势就是加强管制外国制造出口侵犯美国知识产权产品的不公平贸易做法。这方面的主要法律依据是《1974年贸易法》的301条款和《1930年关税法》的337条款，前者规定了针对外国政府的此类不公平贸易做法的制裁措施；后者规定了针对外国厂商对美出口侵权产品的管制办法。近年来，美国337条款违反的调查、立案增多，引起国际社会的广泛关注。

（一）337条款的形成及法律适用

337条款原指美国《1930年关税法》第337条，它最初主要管制对美倾销产品和垄断商业等不公平贸易行为，以后经过多次修改补充，形成系统的主要管制外国厂商对美输入侵犯美国知识产权产品的法律规则，目前适用的337条款是指经1994年修订的1988年《综合贸易与竞争法》第1337节。该条款规定：以不公平竞争方式和不公平行为将货物进口美国，由其所有人、进口人、进货人及其代理人在美国销售，造成现存的工业企业实质损害或损害威胁，或阻碍该工业企业的建立，或限制和垄断商业贸易，这种不公平竞争方式和不公平行为属于非法。

构成违反337条款的首要条件是存在不公平竞争方式和不公平竞争行为。受337条款管制的不公平竞争方式和行为主要有以下三类：第一类是进口和销售侵犯美国知识产权的产品，违法产品包括侵犯美国专利权产品，即未经授权制造、进口销售带有美国专利权的商品，此类337条款违反案件占多数；侵犯美国商标权的产品，即进口产品违反保护商标权的制定法（拉海姆法）和普通法，与联邦登记注册的商标、装潢相同或相似，可能引起混淆；侵犯美国版权的产品，这些产品载有受美国版权法保护的信息，如磁带、光盘、磁盘、半导体集成电路芯片及其后续产品。第二类是制造、进口和销售违反美国反不公平竞争法的产品，即进口产品假冒美国商标和装潢，或带有虚假的地

---

[6] Jeffrey E. Garten, *American Trade Law in a Changing World Economy*, *The International Lawyer* (1995. Spring)，作者为美国商业部官员。

理原产地标识,欺骗性的产品说明和描述足以误导他人购买;带美国商标的平行进口商品;侵犯美国商业秘密法的商品。第三类不公平竞争方式是违反联邦反垄断法,非法地限制进出口贸易、垄断商业,非法定价以及价格歧视,如跨国公司转移定价,进口倾销产品和补贴产品。

不公平竞争方式或不公平行为要与产品进口美国或在美国销售相联系,侵权产品如果在国外被制造和销售,没有进口美国就不属于337条款管辖。此外,由政府实施的进口,其进口产品享有豁免,可以不受337条款违法立案调查。执法机关对进口侵权产品的行为作扩大解释,在时间上,现在的进口可以立案,过去的进口或即将发生的进口也可以立案调查。在"自动指纹识别系统"调查案中,被控侵权的自动指纹识别系统并没有进入美国,国际贸易委员会仍召开旨在采取临时限制措施的听证会,理由是被控侵权产品的进口合同开始执行,进口即将发生。而且是否构成违法也不完全由进口产品的商业价值决定,在"手推车轮组件"调查案中,被控侵权的手推车轮组件只进口一套,被诉人辩称,该组件没有被销售,没有商业价值,不属于违法。国际贸易委员会认为,证据显示进口该组件的目的是供给美国经销商样品,以便获得大量订单,而国内经销商已经向申诉人发出该车轮组件的要约,该组件是否被销售或有商业价值并不重要,这一进口行为本身足以构成美国司法管辖,促使其考虑是否会有损害美国工业的趋势。

337条款的适用还要求侵权产品进口造成:(1)美国工业的破坏和实质损害或损害威胁;(2)阻碍相关的工业企业建立;(3)限制、垄断美国商业贸易。关于国内工业,337条款违反的立案要求是申诉人(美国以及外国的公民法人)证明与受保护的美国知识产权有关的国内工业存在或正在建立,仅有受美国法律保护的知识产权而没有在美国实施该权利,即与受保护知识产权相关的工业开发活动存在,就不能立案调查。国内工业存在或正在建立是指:已对建厂和设备作了重要投资;投入重要资本或劳务;在知识产权产品开发、设计、研究、取得许可等方面作了重要投资。在个案中,国内工业可以是相关产品的工业生产开发,也可以是一定水平的商业经营活动。实质损害通常考虑被控侵权产品在生产国国内所占份额和出口潜力,以及在美国市场的销售量。损害后果与侵权产品之间的联系可参考的因素是受害方因进口产品竞争引起顾客损失,销售额下降;减价或廉价销售引起的利润损失;国内生产下降,雇工减少。进口产品的市场渗透力阻碍相关工业建立是指受害方已经开始制造相关产品,侵权产品的进口威胁其稳定开工,或受害方即将开始生产,因侵权产品进口而使其经营受挫。

过去,所有违反337条款案件都要求申诉人证明侵权方的不公平进口行为至少造成前述三种损害中的一种损害,并且这种损害与不公平进口有直接的联系,为了强化337条款管制侵权产品进口的作用,1988年《综合贸易与竞争法》对此做了重要修改,规定严格的损害后果要求仅适用于普通商标、商业秘密及其他非登记注册的知识产权侵权产品进口,对于涉及专利、联邦登记注册的商标,登记的版权和半导体集成电路设计作品的侵权产品进口，申诉人不需证明进口给国内工业造成损害，只要有进口侵权产品的行为就构成违法，执法机关就可立案调查，这大大减轻了申诉人证明负担，增强了337条款的保护作用。

（二）违反337条款的法律救济

美国和外国的侵权受害人可通过两种途径取得违反337条款的法律救济，一种途径是向联邦国际贸易委员会申诉，由其展开调查，作出裁决，发出排除进口令，这是准司法性的行政救济，其效果是指向将来，防止未来可能产生的损失，被诉人对已经造成的损失不必负责；另一种途径是向联邦地区法院起诉，请求损害赔偿，是司法救济，属于事后补救，赔偿已经造成的损失。在1994年修改337条款以前，申诉人可同时采取两种救济办法，而国际贸易委员会（以下简称“委员会”）调查程序对当事人更有利。委员会的行政调查程序为：

（1）调查发起。《联邦条例法典》规定，委员会根据申请人书面申诉发起调查，任何与进口的侵权产品有利害关系的个人、合伙、协会组织、公司，包括美国和外国的，都可作为申诉人向委员会提出书面申诉。在特殊情况下，委员会也可主动发起调查。委员会收到申诉书后，在30日内，根据申请内容决定是否发起调查，是否发出临时排除进口令，如果委员会认为申诉理由成立，则在联邦公报上公布发起调查的通告，否则，通知申诉人撤诉。

（2）调查开始。委员会决定发起调查后，将申诉书副本寄送所有被诉人、被诉人所在国家的政府和相关的联邦机构，被诉人应在20日内针对每一项指控作出书面答复，由委员会转交申诉人和相关人，同时，委员会任命主审行政法官展开调查，此间应召开各方参加的听证会，如果被诉人不答复，也不到场参与审理，委员会可认定申诉事实成立，作出缺席裁决，调查自发布通知之日起12个月内结束，复杂案件18个月内结束。

（3）临时措施。调查开始后不迟于90日内，申诉人可以在交付保证金条件下，申请委员会发出临时排除进口令，这适用于需要证明国内工业损害的侵权案件，其适用标准等同于联邦法院发出临时限制令和禁令的标准。

（4）初裁。主审官根据听证会记录和相关证据事实做出初裁决定，说明引起争议的事实和法律意见，初裁自调查开始起9个月内完成，复杂案件14个月完成，初裁被提交委员会45日后成为委员会的决定，除非这一期间当事人要求委员会审查。争议方在调查期间可以达成和解协议或知识产权许可协议，经主审官审查后终结调查，将协议作为初审决定提交委员会。

（5）委员会审查。争议方在收到初裁决定10日内，关于临时措施和基于当事方协议的初裁决定5日内，可以请求委员会审查，委员会审查后作出维持、撤销、修改初裁结果的决定或要求主审官继续调查。

（6）终裁、初裁决定经委员会认可而成为委员会决定后，调查结束。委员会决定被送达当事人、总统和有关联邦机构，并在联邦公报上发布。如总统不在60日内否决该决定或在此间发出批准通知，委员会决定就在提交总统60日以后或自总统批准之日起生效。此后60日内当事人可向联邦巡回上诉法院上诉。

如果终裁生效并且认定被诉人违反了337条款，委员会采取的制裁措施是发出排除进口令，授权海关在所有口岸禁止侵权产品进口，委员会作出制裁决定要考虑这种救济措施对公共健康福利、美国经济的竞争环境，国内相同或类似的竞争产品以及以美国消费者产生的影响。排除进口令分为一般的排除进口令（General Exclusion Order）和限制性排除进口令（Limited Exclusion Order），前者对物不对人，禁止所有相同的侵权产品进口，不论其制造者和出口人是否被诉人；后者仅阻止违反337条款的被诉人的产品进口。根据"真空喷漆泵"一案确立的判例原则，一般排除进口令的适用受严格限制，申诉人请求此种救济时必须证明：未授权的使用申诉人专利或其他知识产权的情况普遍存在；除被诉人以外的其他外国厂商也企图对美进口侵权产品的商业条件存在。排除进口令生效后必须执行，被诉人规避该项法令，继续进口和销售侵权产品，海关将没收进口货物，并处以最多每一违法日10万美元或相当于进口货物总值两倍的民事罚金。排除进口令的解除有三种方式：第一种是在适当时机，委员会认为导致排除进口令实施的条件不存在，可以主动停止实施；第二种是被诉人改装侵权产品使之不构成侵权，然后提请委员会撤销排除进口令，运用这种方式被诉人举证困难，不易成功；第三种是原申诉人或其他美国进口商以被诉人的行为不再违反337条款为由，建议委员会停止排除进口令的实施，这种做法较常用。

与排除进口令配合使用的另一救济措施是委员会发出制止令（Cease and Desis Order），它阻止正在进行的进口以及在货物已经进口美国销售，排除进口令证明无效的情况下使用，并且主要对国内从事不公平竞争行为的进口人、进口产品经销商适用，实施方式是禁止其销售侵权的进口产品或违法产品，如继续销售将同样被处以民事罚金。

（三）1994年乌拉圭回合协议法修改337条款

美国单方面适用337条款限制进口，引起贸易伙伴不满。1987年4月29日，欧共体通知GATT全体缔约方，请求就337条款的适用与美国进行协商，协商未果，欧共体请专家小组裁决，专家小组最后裁决，美国未能给337条款调查案中被控侵权的进口方国民待遇，并提出六个方面违反国民待遇的表现。主要是对进口产品侵权，被害人可同时向委员会和法院起诉，而国内产品侵权受害者只能向法院起诉；委员会审理规定1年时限，国内法院审理无此时限；委员会调查不允许反诉，而法院审理可反诉；国际贸易委员会可以对所有被控侵权产品发出排除进口令，不论是否属于案件当事人的，而法院只能对被告货物发出排除进口令。美国鉴于其在乌拉圭回合谈判中所持的强化GATT争议解决的立场，没有阻止专家小组报告的批准，而是接受了这一裁决，决定待乌拉圭回合谈判结束时，视TRIPs协议的内容，修改337条款。

1994年，美国《乌拉圭回合协议法》正式实施。该法参考GATT专家小组裁决，从以下几个方面改动了337条款：（1）原法允许被控侵权的进口产品的受害方向委员会和联邦地区法院同时申诉和起诉，加重了被控方的负担，新法仍允许受害方采取双重救济措施，但是要求申诉人向委员会请求发起调查30日内，经被诉人请求，地区法院中止案件审理，待委员会作出最后裁决后再行审理，并允许法院利用委员会记录。(2)委员会审理规定了1年时限，而涉及国内货物的侵权案无此时限，新法取消了1年时限，规定调查和终裁应在"可行的最早时间内"完成，要求委员会在发起调查后45日内确定终裁决定的期限。(3)委员会调查不允许被诉人反诉，新法维持这一做法，但是规定，被诉人如向委员会提出反诉，该反诉将被迅速移送对同案有管辖权的地区法院审理，地区法院仅对源于本诉的同一事件的反诉有管辖权。(4)关于一般性排除进口令，新法坚持"真空喷漆泵"一案确立的两项适用标准，同时强调只有在两种条件都具备，查证侵权产品来源困难的情况下才可适用。(5)新法授权委员会在争议方就337条款违反问题达成诉诸仲裁协议时终结案件调查。

本章思考题

1. 谈谈美国的对外贸易管理机构及其职权。
2. 介绍美国进口管理的主要法律制度。
3. 介绍美国出口管理的主要法律制度。
4. 介绍美国301条款的适用。
5. 介绍美国337条款的适用。

第十三章　反倾销法、反补贴法与保障措施制度

反倾销法、反补贴法与保障措施制度是国家对外贸易立法的重要组成部分。近几年,发展中国家反倾销的案件逐步增多。此外,各国采取保障措施的数量出现了上涨的趋势。国外反倾销、保障措施诉讼的频繁出现,给商品出口国带来了不利影响,对国际贸易的危害也越来越大。在激烈的国际贸易竞争中,物美价廉的中国产品始终是各国反倾销和采取保障措施行动的主要对象。

第一节　反倾销的国内立法

一、倾销的含义、形式及其影响

(一)倾销的含义

倾销(Dumping)的最初含义是指一项产品的出口价格低于该产品在出口国的国内市场的销售价格(即正常价值)的行为。然而,由于各个国家确定正常价值的方法各不相同,因而经常发生争议。

(二)倾销的形式

1. 临时性倾销

临时性倾销也称偶然性倾销,是指出口商偶然进行的倾销。一般是在时令季节已过,货物尚有积压时才在国外削价出售,以清理存货。这种倾销由于时间很短,只是偶然进行一次,所以对进口国、出口国以及第三国不致造成太大的影响。

2. 短期倾销

短期倾销也称为间歇倾销。此种倾销的目的是迫使竞争对手退出某些国外商品市场,待其占领市场后,再提高售价,以取得巨额利润。由于此种倾销的目的是打垮竞争对手,实现对外扩张,因而不会是一种临时或偶然性措施,而纯粹是有一定精神和物质准备,且准备打一定时间战的掠夺性倾销或侵略性倾销。

3. 长期倾销

此种倾销的目的和短期倾销的目的完全相同,也属掠夺性倾销。所不同的是掠夺

的目的性更强，而且准备打持久战或连续战，所以又称之为“持续性倾销”或“持久性倾销”。

出口商倾销商品可能会使其利润暂时减少，甚至亏损，但他们往往又可通过其他办法或通过倾销得到补偿。其补偿办法主要有以下几种：(1)国外损失国内补：通过采取贸易保护措施，维护国内市场的垄断价格，获得高额利润，以补偿对外倾销的损失；(2)政府予以补偿：出口商从本国政府得到补偿，并享受减免税优惠；(3)倾销损失倾销后补：出口商以倾销方式击败竞争对手，占领国外市场后，则停止倾销，改以垄断高价出售，获得巨额利润，弥补倾销造成的损失。

(三)倾销影响

1. 对进口国经济的影响

倾销对进口国经济的影响最为直接。倾销产品进入进口国市场之后，由于其价格低廉，消费者转而购买进口产品，这样就造成进口国同类产品的生产企业和销售企业失去国内市场，利润下降，工人失业，甚至企业破产倒闭。而且，倾销商品的进口数量越多，倾销幅度越大，对进口国同类产品的生产和销售损害更为严重。倾销除对同类产品的生产业和销售业造成损失之外，对生产相似产品的工业以及对使用倾销产品作为原材料或零部件生产另一制成品的工业也会造成一定的损害。

倾销不只是对进口国造成损害，同时也会给进口国带来某些好处，主要体现在消费者身上。消费者可低价购买商品，但倾销对进口国的利多数是小于弊的。一般来讲，偶发性倾销对消费者带来的低价好处可以超过对进口国工业造成的实际损害，但会对有关工业造成不良影响。而掠夺性倾销对进口国工业造成的损失远远大于为进口国消费者带来的好处。

2. 对出口国经济的影响

虽然倾销商品的出口企业从倾销之中可得到某些利益，但对出口国的经济也会造成一定影响，主要体现在以下方面：(1)倾销商品的企业往往是有一定经济实力或在国内占垄断地位的企业，它倾销之后就可以占领国外市场。而国内同类产品其他企业因无力进行倾销，很可能失去国外市场，这样就等于排挤了国内企业。(2)由于倾销商品的进口国使用低价倾销商品作为原材料或零部件生产制成品，这样，出口国以及第三国的同类产品的生产和销售企业在国外市场也无法与之抗衡，只好失去部分市场。(3)倾销商品对出口国消费者也会带来不良影响。因为倾销的损失可以用“国外损失国内补”的办法补偿。倾销企业利用其在国内市场的垄断地位，可以提高国内价格，使消费者的利益受到影响。(4)出口商倾销商品的行为一旦被进口国提起反倾销调查，进口国往往采取某些措施，如进口商将停止向出口商发出订单、签订新合同等，这样，倾销商品的出口商在调查期间往往失去这一市场，使其遭受经济损失。如经调查认定构成倾销，进口国还将征收反倾销税，使出口商倾销的经济目的不能实现，而且反倾销案诉讼旷日持久，少则半年，多则几年，既浪费人力，又浪费财力。

3. 对第三国的影响

对第三国的影响主要是指对那些与倾销商品在进口国市场进行竞争的第三国的影响。一旦倾销商品成功,第三国同类产品的生产和销售商则不得不退出这一市场,造成其利润下降,所以《关税与贸易总协定》的《反倾销守则》规定:第三国可以要求进口国对倾销产品进行调查。

二、各国的反倾销措施

为抵制倾销对本国经济造成的不良影响,目前世界上许多国家都制定了反倾销法律。然而也有一些国家实施反倾销法的目的不是抵制不公平贸易行为,而是作为贸易保护主义的一种措施,限制他国商品进口。因此,关税与贸易总协定对倾销问题作出明确规定,以避免各国滥用反倾销措施。虽然各国反倾销法的具体规定不同,但其反倾销措施大多是征收反倾销税(Antidumping Duty)。

(一)征收反倾销税的前提条件

从各国的反倾销立法来看,并不是对所有倾销行为都征收反倾销税,而只是对部分倾销行为征收反倾销税。征收反倾销税的前提条件有以下三个:有倾销的事实;倾销行为已对进口国的某项工业造成了实质损害或存在实质损害的威胁;倾销与损害之间存在因果关系。以上条件缺一不可。

1. 倾销的认定

认定倾销行为是实施反倾销措施的首要条件,如果没有倾销行为,则不能采取反倾销措施,这也是遭受反倾销调查的国家在抗辩中所极力论证的。

虽然各国都将倾销解释为一国出口商在另一国市场上以低于正常价值的价格销售商品的行为,但对什么是正常价值却解释不一。根据各国反倾销法律的规定,有以下几种认定正常价值的方法:

(1)相同商品或类似商品在出口国的国内价格。相同商品是指在所有方面同倾销商品完全相同的商品。如果相同商品也在国内市场销售,则以其在国内市场上的销售价格作为正常价值,如出口价格低于在国内市场上的销售价格则构成倾销。没有相同产品时,以类似产品的国内价为准。

(2)相同产品或类似产品在第三国的价格。此种方法多在不存在相同产品或类似产品的国内价格或国内价格不能作为依据时采用。如果出口国也向第三国销售相同或类似产品,则以向第三国的出口价作为正常价值。

(3)推定价格。推定价格也称构成价格或估定价格,指以相同产品在出口国的生产成本,加上合理的费用以及利润所形成的价格。此种方法多在前两种价格无法确定时采用。

(4)替代价格。西方国家在确定非市场经济国家的出口商品正常价值时往往选择一个替代价格。他们认为,非市场经济国家的生产和销售受国家计划控制,产品价格受行政命令控制,而不是由市场供求关系决定,因此不能以其国内价格作为正常价格,必须选择一个经济发展水平与该非市场经济国家相类似的市场经济国家作为替代国，以替代国相同或类似产品的国内价或向第三国的出口价格作为非市场经济国家出口商品的正常价值。以替代方法确定非市场经济国家产品的正常出口价值对非市场经济国家来讲很不合理。首先，替代国的选择本身就有很大的灵活性和不科学性，有时可能成为西方国家歧视非市场经济国家的一种手段。其次，各国的经济发展水平不可能完全相同。而且替代国相同或类似产品的价格有时也很难确定。在现今的反倾销诉讼案中，很多纠纷都是由于使用替代国价格造成的。

2. 实质损害的认定

实质损害是指对进口国相同或类似产品的生产和销售造成的严重损害，其认定可以从以下几个方面进行：(1)进口数量：进口数量大，损害程度也将加深。(2)对进口国相同商品价格的影响：如进口国国内相同产品的价格因商品进口而大幅度削减或妨碍了进口国相同商品价格的合理提高，则可认定为实质损害。(3)对进口国国内相同产品生产工业来讲，如使其产量、生产能力、就业、工资、利润等方面造成大幅度降低，则构成实质损害。

3. 因果关系

实质损害必须是由商品倾销造成，如不是由商品倾销引起，则不能采取反倾销措施。损害程度的确定同正常价值的确定一样，也具有一定的主观随意性，往往也成为实施贸易保护主义的一种手段。

（二）反倾销诉讼的程序

1. 反倾销申请

申请是立案的依据。申请人必须是有利害关系的人，包括自然人、法人或行业协会。其申请必须以书面形式向有管辖权的机构提出。各国一般都有专门的机构负责审理反倾销案件。

2. 反倾销立案

有关机构接到申请后，在一定时间内作出是否受理的决定，并予以公布。各国规定的期限为20～60天不等，有的更长。

3. 反倾销调查

有关机构立案受理后，即向有关各方发送反倾销调查表，有关各方必须在一定期限内以书面形式答复，并附送有关材料。澳大利亚规定100天，土耳其规定45天。受理机构也可以作其他形式的调查，以确定出口商品的正常价值、倾销幅度、损害程度等。

4. 反倾销应诉

在反倾销调查阶段，出口方应及时提供书面申诉材料，并进行抗辩，如不主动抗辩，则视为自动放弃辩护权利。

5. 反倾销裁决

大多数国家将裁决分为初步裁决和终局裁决。如经调查，初步确认存在倾销事实,且对本国有关工业造成了损害,则作出初步裁决,征收临时反倾销税。初裁之后,有关方可进一步抗辩。有关反倾销案件受理机构经全面调查,最终确认倾销事实及损害后果后,则在一定期限内作出最终裁决并征收反倾销税。反倾销税额等于倾销商品的正常价值与倾销价格之差。

三、美国反倾销法

美国是世界上运用反倾销措施最为频繁的一个国家。特别是20世纪80年代以来,由于美国的外贸逆差迅速增多,且一直居高不下,致使其贸易保护主义抬头。美国最早的反倾销法律规定见于1916年制定的《1916年关税法》中的反倾销条款。1921年,美国仿照加拿大1904年反倾销法制定了单独的《反倾销法》。1974年,美国制定了《贸易法》,对1921年反倾销法作了修改和补充,首次规定反倾销法适用于非市场经济国家。1979年,美国制定的《贸易协定法》将反倾销法和反补贴法合并为1930年关税法的新一章,并作了相应修改和补充。1984年,美国《贸易与关税法》在反倾销法上又新加了累积性规定。1988年美国《综合贸易与竞争法》对反倾销问题又作了具体规定。确定了划分市场经济与非市场经济的标准,将结构价格作为计算非市场经济国家出口商品正常价值的主要方法,规定了反规避措施等。《1994年乌拉圭回合协议法》修改了价格比较方法,取消了结构价格中的固定比例,实行"日落复审"等。

(一)征收反倾销税的条件

根据美国反倾销法律的规定,征收反倾销税的条件是:进口商品以低于正常价值的水平销售,且对美国某一工业造成重大损害,或重大损害威胁,或对国内新建工业有重大阻碍。

1. 正常价值的认定

在美国反倾销法中,正常价值(Normal Value)被认为是外国市场价值的预测。一般情况下,外国市场价值(Foreign Market Value)与正常价值的含义是一致的,可以互换使用。

正常价值或外国市场价值在不同情况下,有不同的确定方法。

(1)基于出口国价格的外国市场价值。进口到美国的外国市场价值通常以被调查产品或类似产品在调查期间,在出口国的国内市场以通常商业数量和正常交易做法,为国内消费者实际支付或约定支付的价格。

(2)在出口国销售不充足时的外国市场价值。为确保使用国内市场价格,应满足所谓"国内市场可行性"(Home Market Viability),即如果国内销售量低于对进口国的出口量的5%,则国内市场价格不宜用于进行比较。当数量上不可比时,如被调查产品既包括成品又包括零部件时,可考虑销售价值的比较。

(3)基于对第三国销售的外国市场价值。如果国内市场缺乏可行性,则可采用被调查产品向第三国的出口价格(同样以第三国市场可行性为条件)或结构价格确定正常价值。

在选择第三国时,应优先考虑下列因素:出口到该国家的产品与出口到美国的产品相比,比出口到其他国家的产品有更大类似程度,对此种国家的销售数量是对本国市场或美国以外的最大销售数量;在组织与开发上,该国的市场最类似于美国的市场。

(4)以结构价格决定的外国市场价值。结构价格由以下几部分构成:①被调查商品或类似商品的生产成本;②相同种类的产品在正常交易过程中,以通常批发数量销售而产生的一般管理费用;③利润,原贸易法规定一般管理费用的数量不应少于生产成本的10%,利润的数量不应少于一般管理费用和生产成本之和的8%。新贸易协定法修改了原来一刀切的固定比例的做法,改用以正常贸易中实际发生的数额为基础。

(5)低于生产成本销售时的外国市场价值。在一个相当长期间内,以相当大的数量低于成本销售,或不是以在一段合理期限内以正常交易程序允许收回所有成本的价格销售,或在高于生产成本销售不能充足地用来确定外国市场价值时,以构成价值作为外国市场价值。上述情况包括在出口国国内市场以低于成本价格销售,也包括在第三国以低于生产成本价格销售。生产成本应以在生产此种或类似商品的原料、劳动力成本和一般管理费用加上利润后所得到的最佳资料决定。按照乌拉圭回合协议法的规定,确定低于成本,销售的持续时间为一年。为确定厂家回收的合理时间,新法要求对生产厂家的"启动成本"给予考虑。

(6)基于相关公司在第三国销售的外国市场价值。相关公司在这里是指跨国公司。在下列三种情况下,以有关第三国的价格作为外国市场价值:①跨国公司在两个以上国家直接或间接拥有或控制生产设备,生产对美出口商品或类似商品;②被调查或类似商品在出口国国内市场没有销售或销售太少,不足以作为比较基础;③出口国以外生产的被调查或类似商品的外国市场价值,高于在出口国生产的被调查或类似商品的外国市场价值。

(7)从非市场经济国家进口商品的外国市场价值。对"非市场经济"或称"国家控制经济",美国过去的反倾销法没有下明确的定义,也没有列出哪些国家是非市场经济国家。《1930 年关税法》第 771 节就反倾销调查中确定一国是否具备市场经济地位规定了 6 条标准:该国货币对其他国家货币的兑换程度;雇员和雇主谈判工资的自由程度;政府所有权或对生产资料的控制程度;政府对合资企业或其他外国投资的准入程度;通过进口许可证和外汇管制措施对对外贸易的控制程度;政府对资源分配、企业产品的价格、产量决定权方面的控制程度等。1988 年贸易法颁布后,对"非市场经济"或"国家控制经济"国家定义为:不按成本原则或不按市场价格体制经营的国家。美国认为,"国家控制经济"的国家的国内市场价格不能反映商品的公平价值,必须以某个市场经济国家作为替代国,以该替代国类似产品在该国市场销售或对第三国销售价格作为正常价值,或以市场经济国家的结构价格作为正常价值。如找不到一个经济可比的市场经济国家,或无法得到或无法核实必要的资料,则以美国生产或销售价格或结构价格作为正常价值。

美国在选择替代国时,通常考虑替代国与"非市场经济"或"国家控制经济"国家在经济上是否具有可比性。在决定经济可比性时,主要考虑市场经济替代国与出口国有大致相同的人均国民生产总值和基础发展(特别是生产此种或类似产品的工业)。然而,实践中,替代国方法被证明为随意性太大,是非常不公正的。1988 年以后,结构价格方法成为计算非市场经济国家出口商品正常价值的主要方法。1991 年 10 月 18 日,美国商务部第一次在中国出口美国的电风扇倾销案中,使用了非市场经济出口国的生产要素成本价格,提出"单项经济部门分析"法(Sectoral Analysis)。1992 年商务部第一次提出了如何进行单项经济部门分析,即"市场取向工业测试法"(MOI Test)的具体方法。①受诉产品的定价和产量不存在政府的实际干预和介入;②受控产品的生产应以私有为主,可以包括国有企业,但所占比例不应过大;③所有的有形、无形投入,都应以市场决定的价格购买;④货币汇率;⑤企业账簿。

2. 美国价格的确定

美国价格(U. S. Price)是指被调查商品的出口价格或推定出口价格(Export Price)。出口价格是指出口之前,为出口到美国,被调查商品从商品制造者或生产者实际支付或约定支付的价格。推定出口价格是指进口以后,被调查商品在美国首次转卖给一个无特殊关系的买主时的出售价格。

3. 正常价值与美国价格比较

长期以来,美国的价格比较方法是用出口商品的个别美国价格与加权平均正常价值相比较,即主管当局根据特定时期内(通常是 6 个月调查期)出口国国内所有可比销售价格求出一个平均值作为正常价值,然后与每一次商品出口到美国的价格相比较(个别对平均比较法)。这一做法虽为美国首创,但其后为其他国家所效仿,被公认为是反倾销实践中仅次于替代国制度的最不公平的做法。有鉴于此,美国新贸易法按照乌拉圭回合达成的反倾销协议修改了这一做法,规定:(1)用加权的平均正常价值与所有可比的出口交易的加权平均价格相比较(平均对平均比较法);(2)正常价值与出口价格以逐笔交易为基础相比较(个别对个别比较法)。然而这种平均对平均,个别对个别的比较方法仅适用于反倾销的初始调查阶段,在复审阶段,仍适用原来的个别对平均的比较方法。例如,某出口商于同一天在美国及其本国两个市场出售相同数量的商品,单价均为 100 美元,若干天后,该出口商又在这两个市场上出售相同数量的商品,单价均为 200 美元。此时,出口商品的国内平均价格,即加权平均正常价值为 150 美元,按美国个别对平均比较法,第一批货物的倾销幅度为 50%,第二批货物倾销幅度为 0,最终结果是该出口商出口倾销幅度为 50%,按照这种方法,尽管出口商对每一批在本国与在美国两个市场上销价相同,仍可被判为倾销,按修改后的方法,则无论采用平均对平均或个别对个别比较法,该产品的倾销幅度都为零,显然修改后的新规定公平得多。

此外,如果出口价格因不同出口商、地区及时间的差距而差异较大,且不考虑对这种差异的解释时，仍采用个别对平均的比较方法。

4. 实质损害、实质损害威胁以及对国内新建产业有实质阻碍的确定

(1)实质损害的确定。实质损害是指并非无关紧要的、非实质性或不重要的损害。美国1921年的反倾销法没有规定实质损害要件，只是要求造成损害即征收反倾销税。1979年的《贸易协定法》则将实质损害作为征收反倾销税的前提条件。在决定什么是实质损害时，一般考虑以下因素：①被调查商品进口的数量是否有明显增长，在美国市场份额中的数量是否明显增长；②被调查商品的进口是否造成美国国内同类产品价格降低或不能合理提高；③对美国国内产业，即对美国同类产品全部的生产者或占国内生产大部分的同类产品生产者，造成的影响。在考虑对国内产业造成影响时，一般审查以下因素：产量、销售、市场份额、利润、生产率、投资回收、生产能力利用的实际和潜在的减少；对资金流动、库存、就业、工资增长、筹资的能力和投资实际和潜在影响；影响国内价格的因素。

(2)实质损害威胁的确定。实质损害威胁是指可能发展成实际损害的情况。实际中一般考虑下列因素：在出口国生产能力或现存未利用能力的增加可能导致对美国商品进口的大量增加；在美国市场的占有率的迅速增长和占有率增长到损害程度的可能性；进口商品对美国同类产品价格的降低和抑制的可能性；美国商品库存情况；表明商品进口将造成实际损害的不利趋势；由外国制造商拥有或控制的生产设备转产被调查商品的可能性。

(3)对国内新建产业有实质阻碍的确定。它是1988年立法中新增加的确定是否存在损害的一个新条件。实质阻碍标准包括对还没有投产的产业，已开始生产但还没有稳定经营的新工厂以及国内产业现有的开发和生产的努力，包括对开发产品的变形和更改所产生的影响。在反倾销实践中，美国还没有采用过这一条件征收反倾销税。

(4)国内产业的认定。无论是实质损害、实质损害威胁或实质阻碍都是指对美国某项产业造成的。某项产业是指同类产品全部的国内生产者，或在适当情况下占国内同类产品生产大部分的生产者。也就是说，当倾销不仅限于对同类产品全部的国内生产者造成实质损害、实质损害威胁或实质阻碍，而且也包括对区域产业造成上述损害。如果在一个区域性市场中发现实质损害等，即使国家产业没有受到实质损害，也可以作出肯定性损害的决定。根据美国反倾销法的规定，区域产业具体构成要件是：①该区域生产的同类产品几乎全部在该区域市场出售；②在该市场的供给不是在相当数量程度上由美国其他地区生产商提供的；③低于公平价值销售集中在该独立市场上。所谓"适当的情况"是指特定地区应该占国内消费和生产的重要比例、该地区同类产品的生产商的条件应比大部分地区的工业更差。同类产品是指在物质方面即所有方面相似于被调查产品的产品，如没有此项产品，以在特征上和作用上最接近于被调查产品的产品作为同类产品。美国在决定同类产品时具有很大的灵活性。

随着产品跨国生产的发展，产品的加工、组装、包装、测试、研制与开发分布于世界

各地的情况已成为普遍趋势,判断某产品的生产制造是否构成国内产业成了一个十分复杂的问题。

1983 年无线电寻呼可调接收器案中,国际贸易委员会在裁决中表示:国内生产并不要求所有的生产活动都在美国境内进行,鉴于研制开发对产品生产制造的至关重要性,在美国境内从事 R&D(Research & Development)构成国内生产的决定因素,因此,判定在美国完成 R&D 的摩托罗拉公司属于美国国内产业,而在日本完成 R&D 的 NEC 和 Matsushita 不是。[1]

1991 年兄弟公司(美国)诉史密斯公司案中,国际贸易委员会就以下六个因素对跨国公司进行综合评价,确定其是否是"国内公司":①公司资本投资规模与来源;②美国境内生产涉及的技术专长;③产品在美国境内的销售;④就业水平;⑤来源于美国的零部件种类和数量;⑥在美国境内直接导致相同产品生产的一切成本或活动(包括 R&D)。其中①和④是判断的关键条件。[2]

(5)累计分析(Cumulative Analysis)。指在确定国内工业损害时将来自两个或两个以上出口国的倾销对其工业造成的损害视为一个整体进行分析,从而强化损害存在的可能性。根据新法规定,累计分析的具体做法是:①凡是正在调查中的不同出口国间相互竞争并对美国同类产品构成竞争的进口产品都纳入累计分析。②重点考察已有的不公平进口(无论是否构成倾销)是否因后来的倾销进口而使国内工业处于更易遭受倾销损害的境地;如结论是肯定的,则纳入累计分析。③加权平均倾销幅度低于 2% 以下的进口可以忽略不计,但只限于初始调查阶段,在复审中仍沿用 0.5% 的旧规定。④对于来自一国低于倾销总量的 3% 的进口量,可以忽略不计,但倾销产品来自几个进口量分别低于 3% 但总和超过 7% 的出口国,则这些国家都将纳入累计分析。

5. 因果关系

根据美国反倾销法的规定,因果关系是构成倾销的实质要件之一。倾销与给国内产业造成实质损害之间应存在因果关系。主要考虑以下因素:(1) 进口数量(多少)与价格(高低);(2) 国内需求与消费模式的变化对国内产业经营的影响;(3) 技术进步对国内产业生产的影响;(4) 原国内产业的出口业绩和生产率状况等。

(二)反倾销调查机构

美国负责反倾销调查机构有两个,且各司其职。一是美国国际贸易委员会(U. S. International Trade Commission, ITC),另一个是美国商务部(U. S. Department of Commerce, DOC)。

---

[1] Rainer Mand Bierwagen: GATT Article VI and Protectionist Bias in Anti-dumping Laws, Studies in Transnational Economic Law Vol. 7. Kluwer Law and Taxation Publishers, Deventer Boston, 1990, pp. 13 – 14, 36.

[2] 张玉卿:《国际反倾销法律与实务》,中国对外经济贸易出版社 1993 年版。胡盛涛:"美国反倾销法及中国对策"。

(三)反倾销程序

美国的反倾销程序包括提起反倾销调查、进行初步调查和初步裁决、最后调查和最后裁决、征收反倾销税等。

1. 提起反倾销调查

在美国,反倾销调查有下列两种提起方式:

(1)反倾销机构自己提起。美国商务部可以根据自己掌握的情况,在认为进口到美国的商品有倾销事实,并有充分的理由和证据时,可以在联邦公报上发布"反倾销调查提起的通知"。

(2)有利害关系的当事人提起。有利害关系的当事人是指代表美国的同类产品的生产商或批发商、工会或行业协会的申请人等。1994 年新贸易法明确了申请资格的判断标准:①支持该申请的国内生产商或工人在国内同类产品总生产中至少占 25%;②表示支持的这 25% 所代表的生产量必须高于国内产业中对该申请或支持或者反对的那部分生产总量的 50%。有利害关系的当事人应向国际贸易委员会和商务部同时提出书面申请书。

根据美国商务部反倾销规则的规定,申请书应包括下列内容:①申请人名称、地址及申请人代表的当事人;②申请人所代表的产业;③申请人是否依其他法律规定寻求救济;④进口商品的具体情况;⑤进口商品的出口国或原产国;⑥出口商的名称;⑦商品在出口国和美国出售或要约出售的价格,或输往第三国的生产成本、运输费、保险费;⑧如进口商品来自"国家控制经济国家"则应提交替代国的国内销售价格或出口到第三国的价格,或其估定价格;⑨如出口国国内价低于生产成本,则应提供有关证据;⑩进口商品在近两年内销往美国市场的数量和金额;进口商的名称和地址;美国国内同类产品的生产商或销售商的名称和地址;进口商品对美国同类产品的工业造成的实质损害、实质损害威胁或同种工业建立有实质阻碍的资料;⑪需申请的其他情况及有关证明材料。

申请人向商务部提交申请书的同时,也应向国际贸易委员会提交,并通知被调查商品受影响的国家的代表。在提交申请书的 20 天内,商务部必须审查申请书的内容是否准确、理由是否充分。如理由充分、证据全面则在收到申请书 20 天内作出受理反倾销案的决定,并将其决定在联邦公告上予以公布,载明将提起反倾销调查。如商务部认为申请书理由不充分、证据不全面,则驳回申请,并在联邦公告上发布驳回申请的通知。

2. 进行初步调查和初步裁决

美国的反倾销调查程序是严格按照时间表进行的,而且国际贸易委员会和商务部各自调查各自负责的事项。美国商务部在发布提起反倾销调查的通知后,则着手进行调查工作。一方面向申请人发出固定格式的调查问卷,要求申请人填写;另一方面也可采取其他调查方式。如要求出口国提交接到申请前 150 天到该日后 30 天的价格资料。有关方面必须密切配合,及时提供有关材料,否则,商务部将根据所掌握的材料作出裁决。商务部主要负责调查被指控的进口商品是否以低于公平价值的价格在美国市场上销售,并且要在收到申请书之日起160天内作出裁决,如情况复杂可延长50天。商务部的裁决在国际贸易委员会的初步裁决之后作出。国际贸易委员会在商务部受理反倾销案件后,对被指控的进口商品是否对美国某一工业造成损害进行调查,并在有利害关系的当事人向其提交申请书副本的45天内作出初步裁决。如果其裁决是否定的,反倾销程序就此终止,并将初步裁决在联邦公告上公布。如果国际贸易委员会的初裁是肯定的,商务部即开始进一步调查,并在160天内作出初裁,初裁结果要在联邦公告上刊登。如果商务部作出的初步裁决是否定的,调查仍然继续下去,直到作出最后裁决为止。如果其裁决是肯定的,则立即下令暂停被调查商品的完税通关。如被调查商品要完税通关,必须向海关提交现金保证金或银行担保,其数额相当于预计的倾销差额。美国反倾销法还规定,申请人无权对商务部作出的初步裁决向法院请求司法复审。

3. 最后调查和最后裁决

商务部应在其作出初步裁决之后75天之内,就其调查的问题作出最后裁决,经申请人提出请求时,可延长60天。商务部在作出最后裁决前,应召开听证会,听取当事人的意见。在商务部作出肯定最后裁决后45天内,或在商务部作出初步裁决后120天内,国际贸易委员会必须对实质损害作出最后裁决。如商务部的初步裁定是否定的,则在商务部最终肯定裁决后的75天内作出最后裁决。如果商务部或国际贸易委员会作出最后否定裁决,反倾销程序就终止。并恢复被调查商品的进口通关,而且应退还所有预估反倾销税及所有担保。如果商务部和国际贸易委员会的最后裁决都是肯定的,商务部在收到国际贸易委员会决定7日内发布反倾销税令。无论是肯定性或否定性的最后裁决,都必须在联邦公告上予以公布,并通知所有有关当事人。

4. 征收反倾销税

反倾销税令由海关予以执行。一般在商务部接到必要评估资料后6个月内征收。反倾销税由进口商承担。在征税时,海关要求进口商提交证明进出口双方没有订立反倾销税补偿协议的证明,避免进口商从外国出口商处得到补偿,使反倾销税失去作用。

商务部签署反倾销税令还要求进口方提存预估反倾销税,预估反倾销税在商品放行后10个工作日内提存,预估反倾销税的数量一般等于倾销差额。有时,进口方可提供担保,而不用提存预估反倾销税,海关也可放行被调查的进口商品,但有一个前提条件,即商务部相信能够在90天内得到足够的资料计算下述时间全部进口商品的倾销差额,即国际贸易委员会最后裁决前与商务部初裁后之间的进口。

反倾销税数额等于外国市场价值超过美国价格的数额。美国反倾销税的起征点通常是停止清关的日期,具体征税起征点如下:(1)如国际贸易委员会裁定为重大损害,商务部必须对所有停止清关的商品征收反倾销税;(2)如国际贸易委员会裁决有重大损害威胁时，自国际贸易委员会作出裁决之日起征税。

从1980年起，美国开始实行追溯征收反倾销税的方法，即在紧急情况下，反倾销税命令具有追溯力，可以对临时反倾销税开征前90天内的进口产品征税。所谓紧急情况是指：同类产品是否有倾销历史并且造成了实质损害；进口商是否知道或理应知道出口商正在从事倾销并极有可能造成实质损害。

5. 反倾销调查的结束与中止

美国的反倾销调查在以下两种情况下结束：(1)因申请人撤回申请而结束；(2)因国际贸易委员会作出否定性初步裁决或最后裁决或商务部作出否定性最后裁决而结束。

反倾销调查在下列条件下可中止，不征收反倾销税：(1)签订完全消除低于公平价值销售的协议，或停止出口该种商品协议。根据上述协议，出口人必须提高出口商品价格，消除外国市场价值与美国价格之间的差额，或在调查中止日期后6个月内停止对美出口，并保证在停止出口前所出口的数量不能多于最近代表期间内的出口数量。(2)消除倾销进口造成的损害影响的协议。此种协议必须在下列情况下才能达成：反倾销调查比较复杂，且调查中止比调查继续对国内工业更为有利；能避免因商品进口造成国内价格降低或抑制；倾销差额要减少85%以上。

以上两种协议必须在商务部的监督下实施。如果中止调查协议已经或正在被违反，或不符合法定条件，则做以下处理：(1)没有清关的商品停止通关，自违反协议之日或不符合法定条件之日起算；(2)继续完成调查；(3)如调查已完成，则发布反倾销税令；(4)如有意违反协议，另得征一定罚金。

6. 日落复审与新出口商复审

所谓日落复审，是指反倾销的到期复审。过去，美国不实行日落复审，但在发布反倾销税令或中止调查通知公布一年后的每12个月，商务部至少审查一次(称为年度复审)，决定是否有倾销差额存在以及中止调查协议的遵守情况。按照新贸易法规定，反倾销法税令不满5年的，商务部或国际贸易委员会不进行撤销审查。新出口商是指在反倾销调查期间未出口被调查产品，而且与被调查的出口商、生产者无关联关系的出口商、生产者。为了就其出口同类产品得到公平调查和单独裁决，新出口商一般应在反倾销税令颁布后向商务部提出书面申请。

7. 反倾销的司法审查

美国反倾销的司法审查是20世纪70年代才实行的一种新程序。其司法审查机关有两个：一是国际贸易法院；二是美国海关与专利上诉法院。凡不满征收反倾销税裁决的利害关系人，包括外国制造商、进口商、国内贸易商、贸易团体等均可对以下决定向国际贸易法院提出诉讼：(1)商务部的最后肯定性裁决；(2)国际贸易委员会的最后肯定性裁决；(3)商务部或国际贸易委员会的最后否定性裁决；(4)商务部和国际贸易委员会有关反倾销税数量的定期审查的决定；(5)商务部终止反倾销调查的决定；

(6)国际贸易委员会作出的有损影响的决定。

利害关系人对上述决定不服时,必须在该项决定在联邦公报上公布后30日内提出。在司法审查中,国际贸易法院可根据当事人的请求发布禁令,禁止所有商品通关。国际贸易法院在作出判决后10日内在联邦公报上公布判决,如对此判决不服,可上诉到美国海关与专利上诉法院。

8. 反规避规定

反规避规定第一次出现于1988年贸易与竞争综合法案中,1994年乌拉圭回合协议法进一步强化了这些反规避措施。

所谓规避行为主要是指:(1)把受反倾销税命令约束的成品的零部件或原材料输入美国加工、组装。或(2)将这些零部件或原材料在第三国加工或组装后再输入美国。或(3)轻微改变的产品。为了使产品脱离被征反倾销税产品的范围,将产品作轻微加工(如农产品)或在形式或外观上作些改变,不管是否还属于同一关税分类当中。(4)后期开发产品(Later-developed Merchandise)。在发起反倾销调查后开发的产品称为"后开发产品",与之相对,受反倾销调查的产品称为前产品(Earlier Product),如果后开发产品符合以下条件则也属于征收反倾销税命令管辖范围的产品:①与前产品在物理性能上相同;②最终购买者对其期望与对产品的期望相同;③后开发产品与前产品最终用途相同;④与前产品销售渠道相同;⑤在广告宣传与展示方式上与前产品相同。

四、欧盟反倾销法

(一)欧盟反倾销法的立法演变

欧盟,是世界上最大的区域性国际贸易组织。欧盟反倾销法经历了近半个世纪的发展,逐步走向完善,其对国内产业的保护力度逐渐加强。

1958年1月1日生效的《欧洲经济共同体条约》,即通常所说的《罗马条约》,首次确立了欧共体的建立是以海关联盟为基础的原则。该条约第113条规定,在共同体形成之后,共同体有权制定统一的对内及对外贸易政策,在其内部将取消关税,在对外贸易中可以根据欧共体利益的需要实施一系列保护性措施。《罗马条约》为欧共体反倾销法的制定奠定了重要的法律基础,是欧共体反倾销立法的法律依据。

1968年欧共体反倾销法以关贸总协定多边贸易谈判——肯尼迪回合中达成的反倾销守则(以下简称1967年守则)为蓝本制定的,即《欧洲经济共同体理事会关于抵制来自非共同体成员国的进口产品倾销和补贴条例》(EEC No. 459/68)其内容多与守则相同。但该协定遭到美国的强烈抵制。1973年欧共体公布了第2011/73号规则,对1968年的规则进行了修改,加强了欧共体委员会(即现在的欧盟委员会)在反倾销调查中的权利,增加了协商程序。1979年欧共体公布了第1681/79号法令,强调了倾销与损害之间的因果关系,增加了程序上的透明度,规定在征税前要向出口商或进口商披露基本事实和理由,同时明确了非市场经济国家的标准,并首次规定了低于成本销售的问题。

随着关贸总协定东京回合对1967年守则的修改,欧共体又于1979年颁布了第3017/79号规则,强调了公开公布通知的要求,对商业机密材料的处理作出了更具体的规定,并对非市场经济国家产品倾销的正常价值的确定方法进行了规定。因为在该年,欧共体首次遇到了非市场经济国家产品的倾销问题,即欧共体首次对来自中国的糖精钠反倾销案。

1984年欧共体颁布了第2176/84号规则,首次规定了"日落条款"(即一般情况下反倾销措施在实施5年期满时将自动终止)。该条款后来被WTO《反倾销守则》采纳。1987年欧共体第1761/87号规则增加了反规避措施,当时GATT并未将反规避问题纳入反倾销守则。1988年7月11日,欧共体通过了第2423/88号规则,新增加了反吸收条款(Anti-absorption),即如反倾销税是由进口商承担转而由出口商承担,则可能导致原反倾销税的提高。

1994年以来,欧盟反倾销法进入其最活跃时期。1994年3月对欧共体反倾销法进行了重要修订,即部长理事会决定征收反倾销法的决策程序从特定多数表决制度变为简单多数表决制度;同时,对反倾销程序的各个环节规定了更严格的时间限制。此次修改的目的是提高欧共体反倾销行动的效率,以求更有效地保护其统一的内部市场。

乌拉圭回合后,为遵循关贸总协定1994年反倾销协定对明确化、透明化的进一步要求,并进一步完善反规避制度,以满足日益增多的反倾销案件的需要,欧共体于1994年底对其刚刚修订的反倾销法再度修订,并于1994年12月通过了第3283/94号反倾销规则,自1995年1月1日正式付诸实施,与1988年第2423号规则相比,1994年第3283规则具有两个明显特点:第一,鉴于1994年反倾销守则中对倾销和补贴作了区别,欧盟认为有必要为这两个领域制定不同的规则。1994年第3283号规则是关于反倾销的专门规定,第3284号规则是对反补贴的单独规定。第二,与1979年反倾销协定相比,1994年反倾销协定有了重大变化,特别是制定了许多新的和详细的规定,如关于倾销幅度计算、提起诉讼的程序和调查的程序,包括事实的认定和处理、临时措施、征收反倾销税、反倾销措施的期限、复审以及公开披露有关反倾销调查的信息等,为了确保这些规定的贯彻和执行,欧共体新的反倾销规则吸收了1994年反倾销协定的许多表述,在实体和程序方面与乌拉圭回合达成的1994年反倾销协定更为接近。

1995年12月22日通过了第384/96号规则及修改2331/96号规则,是现行的欧盟反倾销法。其适用范围包括欧盟以外的任何国家,无论其是否为WTO成员国。

1998年905/98修正案确立对中国和俄罗斯部分企业"市场经济地位"的有条件确认,条件为:(1)企业按照市场供求关系决定价格、成本和投入(包括原料、技术与劳动力成本、产品销售与投资等事项),其决策明显地没有受到国家干预,主要生产要素的成本基本反映市场价值;(2)企业有一套明晰的基础会计账簿,该账簿需按国际通用会计准则进行过独立审计并具有通用性;(3)企业的生产成本和财务状况没有受过去的非市场经济体系的显著影响,特别是在资产折旧、勾销账目、易货贸易、偿债冲抵付款等方面;(4)涉诉企业应受破产法和财产权法的约束和保护,以保证其在经营中法律资格的确定性和稳定性;(5)货币兑换汇率的变化由市场决定。2232/2000修正案扩大了有条件承认"市场经济地位"国家的范围,除中国、俄罗斯外,增加了乌克兰、越南、哈萨克斯坦及其他在发起反倾销调查时已成为世贸组织成员的非市场经济国家。1972/2002修正案正式给予俄罗斯市场经济地位。欧盟反倾销法分为两个相互独立的组织体系:一是1957年3月25日的《欧共体条约》及其欧共体反倾销条例;二是1951年8月18日在巴黎签署的《建立欧洲煤钢共同体的条约》及其煤钢共同体反倾销规则。而上述所提及的反倾销法规即欧盟反倾销规则只是欧盟对一般贸易产品的反倾销。关于煤炭和钢铁的反倾销,欧共体理事会于1984年7月27日颁布了《欧共体关于抵制来自非欧洲煤钢共同体成员国的进口倾销或产品补贴的规则》,即欧洲煤钢共同体第2177/84号反倾销规则,专门适用于对煤、钢产品的反倾销。该规则经1988年7月29日修订后形成欧洲煤钢共同体第2424/88号反倾销规则,至今有效。我们通常所说的欧盟反倾销法是指适用于一般贸易产品的反倾销法。

(二)欧盟反倾销法的基本内容

欧盟反倾销法对征收反倾销税规定了三个实质性条件:其一,某种产品的出口价格低于同类产品的正常价值;其二,倾销对欧盟的产业造成重大损害和威胁,或对某一产业的建立有重大妨碍;其三,欧共体利益要求进行干预。

1. 正常价值的确定

正常价值是欧盟反倾销法用语,类似于美国反倾销法中的公平价值或外国市场价值。欧盟有以下几种确定正常价值(Normal Value)的方法。

(1)出口国国内市场价。指相似产品(the like product)在原产国或出口国的正常贸易过程中,独立的消费者实际已支付或可支付的可比价格。[3]

(2)推算正常价值。当相似产品在出口国或原产国国内市场没有销售,或不存在有代表数量的相似产品的销售(国内销售量达到向欧盟出口量的5%及以上)或因为特殊的市场情况,这种销售没有适当的可比性,则采用原产国相似产品的生产成本加上合理的销售、管理和一般费用以及合理的利润计算,或根据正常贸易过程中,出口到一个适当的第三国的可比价格。[4]

(3)结构价格。结构价格由被调查的出口商、生产者在正常贸易过程中相似产品的生产和销售的实际数据为基础进行推算。

(4)低于成本销售。指相似产品在原产国或出口国国内市场销售价格或者向第三国的出口价格低于单位生产成本加上销售、管理和一般费用。此种销售不视为是在正常贸易过程中。如果确定这种销售是在一段持续时间内(1年或至少6个月)进行,数

---

〔3〕 Reg. 384/96, Art2(1).

〔4〕 Reg384/96, Art2(3).

量巨大(总的加权平均销售价格低于加权平均单位成本;或低于单位成本的销售量占总销售的20%以上),且不能在合理期限内收回成本(低于调查期平均成本)。

(5)非市场经济国家。对来自非市场经济国家的产品,其正常价值以下列价格为准:①一个市场经济第三国的相似产品的国内价;②市场经济的第三国向其他国家(包括欧盟)销售的价格;[5]③构成价值;④ 如上述价格不能确定,则采用任何其他合理方法"计算正常价格",[6]包括共同体国内市场相似产品实际支付价格等。欧盟反倾销法选择替代国时不强调经济可比性。

(6)倾销产品不是直接从原产国而是从中间国出口到共同体。其正常价值应是相似产品在出口国或原产国的国内市场实际已支付或可支付的可比价格。

2. 出口价格

出口价格是指对欧盟出口销售的实际支付或可支付的价格。如果出口价格低于正常价值则构成倾销。

出口价格应扣除实际给予的,且与被调查商品有直接关系的所有税收、折扣和回扣。

在没有任何出口价格,或进出口双方有联系或一种强制性安排,或因其他原因对欧盟出口销售产品已支付或可支付价格不可靠时,则以进口产品向一个独立买方第一次转售的价格为基础构成出口价格。如该产品没有对一个独立买方转售或不是在进口条件下转售,则在任何合理基础上构成。在此种情况下,应对进口和转售之间所花费的成本予以扣除。

3. 实质损害的确定

欧盟反倾销法所说的实质损害是指对某种已建立的欧盟产业造成实质损害(material injury)或实质损害的威胁,或对此种产业的建立有实质阻碍。[7]

在确认损害时,首先要证明受损害的欧盟生产者的产品与被指控的第三国产品属"相似产品",而且相似产品的欧盟生产者必须能够代表"欧共体产业"。所谓"代表欧共体产业"是指,相似产品的欧盟生产者的总和,或其产量之和构成欧盟此等产品总产量的50%以上的欧盟生产者。[8] 当欧盟存在两个或两个以上独立竞争市场时,该市场内的生产者可视为单独产业。

在判断损害程度时,应考虑以下因素:(1)倾销数量是否有明显增加;(2)倾销价格和共同体的相似产品相比是否有明显的价格下降;[9](3)有关经济因素(如生产、生产能力的利用、存货、销售、市场份额、价格、利润、投资回收、现金流动、工资就业)的实际

---

〔5〕 Reg. 384/96, Art. 2(7).

〔6〕 Reg. 384/96, Art. 2(7).

〔7〕 Reg. 384/96. Art. 3 (1).

〔8〕 Reg. 384/96. Art. 5 (4).

〔9〕 Reg. 384/96. Art. 3 (3).

或潜在趋势表明对涉及产业产生的影响。

根据规则第3条第9款,这里特别考虑的因素是:(1)向共同体市场倾销进口的增长幅度;(2)出口商是否具有可随意提高或迅速扩大的生产能力;(3)进口价格是否大幅度地压低了共同体的价格或阻止合理的提价;(4)倾销产品的存量。

判断是否存在实质威胁时,欧盟考虑下列因素:(1)对欧盟倾销出口的增长率;(2)在原产国或出口国已存在的或在可预见的将来可使用的出口能力和将导致对欧盟出口的可能性;(3)进口价格对欧盟产品价格的影响。

4. 因果关系

欧盟反倾销法还规定,倾销与损害之间需有因果关系,即倾销进口是造成损害的原因之一,才能征收反倾销税。[10]

5. 共同体利益

在1994年条例之前,法律并没有给"欧共体利益"下定义,实践中通常将其解释为"欧共体生产者利益",因此,常招致其他利益方的不满,1994年反倾销法将其明确为既包括国内产业的利益,也包括消费者和使用者的利益。规定各方在反倾销案件中均有提供信息,要求听证以及发表意见的权利。[11] 在确认"欧盟利益要求干预"时应对各方利益进行总体评估,并对消除倾销造成的贸易扭曲效果作特别考虑。

(三)欧盟反倾销机构

欧盟委员会是欧共体的反倾销机构。欧盟委员会有17名委员,每一成员国至少有一名委员,由成员国指定。委员任期4年,负责反倾销的立案、调查、初裁、决定接受出口方承诺、制作最终征税提案。

欧盟咨询委员会也参与反倾销案件,负责对倾销和损害问题进行协商,对欧盟委员会终止反倾销程序提出异议。

此外,欧盟理事会有权否决委员会的决定,并对反倾销作最后决定。

(四)欧盟反倾销程序

1. 提起反倾销调查

欧盟也有两种提起反倾销调查的方式:一是由任何因倾销而遭受损害的自然人或法人,或任何非法人组织以欧盟产业的名义提起。二是在特殊情况下,没有欧盟产业的指控,欧盟当局可以基于倾销损害以及因果关系的充分证据,主动开始反倾销程序。[12] 申请人提起反倾销调查时,应以书面形式进行,申请书应包括存在倾销并且因此导致损害的充足证据。申请人的申请可直接提交委员会,也可交成员国,由其转交欧盟委员会。

---

〔10〕 Reg. 384/96. Art. 3 (6).

〔11〕 Reg. 384/96. Art. 21 (1)(3).

〔12〕 Reg. 384/96. Art. 5 (1)(6).

欧盟在正式开始反倾销调查前，进行协商。协商在咨询委员会内进行，协商的内容包括：(1)倾销是否存在以及倾销差额；(2)损害是否存在及损害程度；(3)为防止或补贴因倾销造成损害的适当措施和方法。

2. 调查

如经上述协商，认为提起反倾销调查是正当的，委员会则立即在欧盟官方公报上公告反倾销调查开始，并说明反倾销所涉及的产品和国家。有关利害关系人可在一定期限内向委员会进行书面陈述。

欧盟委员会的调查时间为6个月。在此期间，委员会可审查和核实进出口方、生产商、代理商、贸易协会等有关方面的记录，也可到第三国调查。

在调查过程中，委员会对出口商提出的义务承担建议予以接受时，则不再征收临时或最后的反倾销税，调查可以因此而中止。欧盟委员会也可以主动提出义务承担的建议。义务承担应在委员会已对倾销、损害等调查结束后，考虑临时措施时提出。义务承担的内容主要是提高价格或停止出口、限制出口数量，使欧盟委员会对倾销差额或损害已消失感到满意。

根据规则第9条第3款，当调查结果倾销幅度低于2%，则立即终止调查。[13] 如果一个国家的进口产品在共同体市场所占份额不足1%，则不发起调查；除非此类国家的进口总和达到共同体消费的3%或更多份额。[14]

3. 采取临时税收措施

如初步调查证明倾销是存在的，且有充足的证据，根据成员国的请求，欧盟委员会可决定课征临时反倾销税。作为应急措施，采取临时措施的时间不能早于反倾销程序开始之日起算的第60天，最迟不能迟于同一起算点后的9个月，征收临时反倾销税的期限为6个月，特殊情况下可延长3个月。[15]

4. 征收反倾销税

如经全面调查，证明确实存在倾销和损害，欧盟理事会以简单多数对委员会协商以后提交的征收反倾销税建议进行表决，确定是否征收反倾销税，为期不超过5年。

此外，当欧盟委员会决定接受出口商提出的修正其出口价格或作出停止以倾销价格出口的承诺(under takings)时，欧盟当局可对已作出初步肯定确认的“倾销”和“损害”的案件，在确认“承诺”足以消除有关的损害时，停止反倾销程序。

(五)反规避条款(Anti-circumvention Clause)

欧盟反倾销法中的反规避条款最早出现在1988年制定的2423/88条例中。所谓规避是指生产者、出口商为了逃避交纳反倾销税，通过改变贸易渠道或产品状态，将应

〔13〕 Reg. 384/96. Art. 9 (3).

〔14〕 Reg. 384/96. Art. 5 (7).

〔15〕 Reg. 384/96. Art. 7(1)(7).

税产品进口到欧盟的行为。为阻止面临欧盟反倾销税的第三国公司通过在欧盟内装配其有关产品,从而规避对该产品征收反倾销税的行为,在一定条件下可对在欧盟内完成其生产或装配后进入欧盟市场的此等产品征收反倾销税。

构成规避行为的实质要件是:(1)反倾销措施对国内产业的救济效果因组装的相似产品的数量和价格方面受到损害,并与以前为相似产品确定的正常价值之比,存在倾销的证据;(2)欧盟内的装配或生产活动始于或大幅度增加于反倾销立案之后或即将开始之前;且(3)在装配或生产完成的产品中,占总价值60%以上的部件或材料的原产地为面临被征反倾销税的出口国,但如果这些零部件在组装过程中增值大于生产成本的25%以上,不视为规避行为。欧委会的反规避调查通常在海关协助下,9个月内结束。

(六)反吸收

反吸收也被称为"反吸收反倾销税行为",是指出口商替进口商承担反倾销税,致使进口商仍以采取反倾销措施前的价格在欧盟销售进口产品。吸收反倾销税行为导致反倾销措施达不到预期效果,受到影响的欧盟产业可以向欧委会提出申请,重新调查涉案产品的出口价格和正常价值。如有证据证明存在吸收事实,欧委会将向理事会建议采取新的反倾销税率。反吸收调查通常在调查开始后6个月内结束。

第二节　反补贴的国内立法

一、补贴的概念及其作用

补贴(subsidies)是指一国政府或公共机构向当地生产商或出口商提供的现金贴补或财政上的优惠,以提高出口商品在国际市场上的竞争力。根据补贴的形式,可将补贴分为直接补贴和间接补贴。直接补贴是指由政府或公共机构给本国出口商的现金贴补,以弥补出口商品的经济损失或确保能获得较高利润。目前,美国、欧盟对农产品都给予直接补贴。间接补贴是指政府或公共机构对本国出口商或进口商提供财政上的优惠或技术上的资助或赠与。其主要措施有:减免或退还国内税款;提供低息贷款或出口担保;外汇贬值等。目前,世界各国的间接补贴多种多样,不胜枚举。

补贴是一国政府干预经济活动的重要方式。一方面,补贴可以鼓励出口的积极性,促进生产的发展。另一方面,通过补贴可以提高出口商品的国际竞争能力,使按实际生产成本不能在国际市场上竞争的商品因接受补贴而降低生产成本,这样不仅可以低于竞争成本,还可以低于竞争对手的价格在国际市场上出售,扩大出口创汇。补贴最早始于20世纪60年代,当时主要对造船业和航运业进行补贴。60年代末,补贴重点是电子工业。进入70年代,则主要是对农产品进行补贴,许多国家都制定了农产品补贴计划。

二、各国反补贴的法律制度

(一)各国反补贴的目的

西方国家普遍认为,在当今国际贸易竞争十分激烈的情况下,享有政府或同业公会补贴的商品由于降低了生产成本,使之在国际市场上比没有享受补贴的同类产品处于有利的竞争地位,从而使没有补贴的国家的同类商品的生产和销售遭受严重损失,这是不公平的,是一国政府以人为方式扭曲或改变国际市场竞争地位的一种方式,因此,必须要对补贴加以限制,并允许各国对损害性补贴予以抵制。

(二)各国的反补贴措施

为消除补贴造成的不良影响,许多国家都制定了单独的反补贴法或和反倾销法一起制定在同一个法律或条例中,对获补贴的进口商品征收反补贴税(Counter Vailing Duty)。反补贴税是进口国在本国关境对享有补贴的外国进口商品征收的一种进口附加税,其作用是抵消补贴,对付国外因出口补贴而获得不公平优势的进口产品。有的国家在不能完全确定某种进口商品是否接受补贴,但对其产生怀疑时,则采用反补贴保证金制度,即先交纳一定数额的保证金,如经调查核实未接受补贴,则将保证金如数退回,这实际上是一种变相的反补贴税。

1. 征收反补贴税的前提条件及程序

征收反补贴税需具备两个条件:一是进口商品接受了补贴;二是接受补贴的外国进口商品对进口国同类产品的工业造成实质损害或威胁,或对某一工业的建立造成了实质阻碍。

确定外国进口商品是否接受补贴是征收反补贴税的首要前提条件。一般情况下,各国只是对产品的出口补贴采用反补贴措施,而对产品的生产补贴不予限制。此外反补贴措施不是针对所有产品的补贴。从目前来讲,发展中国家可给予任何产品补贴,但发达国家多给予农产品补贴,如给予工业品出口补贴,其他国家往往征收倾销税或补贴税。

确定某种商品接受补贴是否对进口国造成严重损害时,其判断方法基本上与反倾销法的规定相同。反补贴调查程序以及各国反补贴机构与反倾销的程序和机构基本相同。

2. 美国的反补贴法

美国是迄今为止使用反补贴手段最多的一个国家。其反补贴法律主要体现在《1930 年关税法》、《1974 年贸易法》、《1979 年贸易协定法》、《1984 年贸易和关税法》、《1988 年综合贸易与竞争法》以及最新贸易立法《乌拉圭回合协议法》(Uruguay Round Agreement Act)之中。

美国的反补贴法律规定:补贴是指出口产品得到的奖励金或津贴。当进口产品在生产、制造或出口阶段接受了外国政府的补贴(如政府津贴、特许贷款、保证金、出口折扣、税收减免等),而且使美国的同类产业遭受重大损害,或重大损害威胁,或对同类工业的建立有重大阻碍,美国海关有权对进口产品征收反补贴税,反补贴税的数额相当于接受补贴的数额。美国的重大损害要件只适用于参加协定国家,包括:参加国际反补贴协定的国家;虽未正式参加协定,但实际上承担与协定相同的义务的国家;与美国签订了双边协定,要求美国对其出口产品给予无条件最惠国待遇的国家。对从上述以外的国家输入的产品,只要接受了出口国的补贴,无论对美国同类产业是否造成了实质损害,一律都征收反补贴税。

美国的反补贴程序与反倾销程序基本相同,商务部负责调查是否存在补贴,并作出初步裁决和最后裁决。美国国际贸易委员会负责调查补贴是否对美国同类产品产业造成实质损害,并也作出初步裁决和最后裁决。如裁决是肯定的,则由商务部下令征收反补贴税,征税对象同样是进口方。反补贴调查的期限一般为7~10个月,经当事人请求可适当延长。

3. 欧盟反补贴法

长期以来,欧盟的反补贴法是和反倾销法规定在一个条例中,所占比例较小。1994年为了履行乌拉圭回合达成的反补贴协议,欧盟把反补贴法从反倾销法中分离出来,颁布了单独的反补贴条例,称为3284/94号理事会规则。对以前有关补贴的规定作了重大修改与补充。

该补贴条例采纳了乌拉圭回合《补贴与反补贴协定》关于补贴的定义。现适用的是1997年修订的2026/97规则。根据该规则,补贴是指:(1)即存在有关产品的原产地国或出口国政府或任何公共机构的财政支持或任何形式的收入支持或价格支持,包括政府的直接奖金转移(如赠与、贷款、资产投入),与潜在的资金或债务转移(如贷款担保);政府预定税收的扣除或不征收(如税收减免等财政鼓励);政府以不同于一般基础设施的企业的方式提供货物或服务,或购买货物;政府向基金机构付款,或指示某一私人机构执行上述通常由政府实施的行为。(2)有关产品由此获取了利益。[16] 根据以上定义,规则将补贴分为“可采取反补贴措施的补贴”(Counter Vailable Subsidies)和“不可采取反补贴措施的补贴”(Non-counter Vailable Subsidies),并且明确规定,存在可采取反补贴措施的补贴是反补贴行动的首要先决条件。[17]

根据规则,“可采取反补贴措施的补贴”是指特定性的补贴。[18] 所谓特定性(Specificity),指补贴特定的给予某个企业或某个产业或某个产业的部分企业:(1)法律将补贴明确地限于特定企业。(2)虽然法律规定不具有特定性但补贴的实际使用限于数量有限的某些企业,或对某些企业优先使用补贴;或补贴不成比例地给予某些特定企

〔16〕 Reg. 2026/97, Art. 2.

〔17〕 Reg. 2026/97, Art. 11(6).

〔18〕 Reg. 2026/97, Art. 3(1)(2).

业；或政府当局随意作出实施补贴的决定，则此类补贴均属于具有特定性。(3)补贴限于实施当局管辖范围内的指定地区的特定企业。(4)尽管有以上确认补贴是否具有特定性的原则，出口补贴与用国产产品以替代进口产品的补贴均属特定性补贴。所谓出口补贴，是指“在事实上或法律上，以出口实绩为唯一条件，或若干条件中之一项条件给予的补贴”。[19] 规则中的附件开列了与乌拉圭反补贴协定一样的属于此种补贴的清单。

“不可采取补贴措施的补贴”是指：(1)不具有特定性的补贴；(2)虽具有特定性，但为国家执行其社会经济发展政策所必需：如企业与科研机构在合同基础上进行研究给予的支持；根据地区发展计划给予落后地区的补贴；为使企业适应新环保要求给予的资助等；[20] (3)法律对补贴的获得资格和数量规定了明确的标准和条件并严格执行之。

根据 2026/97 号规则，对于可采取反补贴措施的补贴的实质要件，除要求其具备特定性之外，还需要该补贴对欧盟产业造成实质损害、因果关系、欧盟利益要求进行干预等条件。

关于实施反补贴行动的程序、救济措施、时限等规定，均与其反倾销规则相同。

与反倾销规则一样，反补贴规则中也规定了反规避措施，[21] 其定义与程序规则与其反倾销规则中的规定相同。此外，对发展中国家，反补贴措施有特殊规定，即不区分补贴的种类，不给予过渡期，如果进口产品最低补贴量达 2%（最不发达国家，年人均国民生产总值低于 1000 美元的国家以及 WTO 中完全消灭了出口补贴的发展中成员国，则为 3%），进口份额达 4%，占进口国消费份额的 9%，欧盟将采取反补贴行动。[22]

第三节　保障措施的国内立法

一、保障措施的概念、性质与特征

(一)保障措施的概念和性质

1. 保障措施的概念

保障措施起源于 1942 年美国和墨西哥签订的贸易协定。该协定规定“如未能预见的发展和给予本协定附录所列商品的优惠致使该商品进口增加的情势严重损害或严重威胁本国同类或类似商品生产者，签字一方的政府有权在必要的时间或范围内全

[19] Reg. 2026/97, Art. 3(4)(a).

[20] Reg. 2026/97, Art. 3(6)(7)(8)(9).

[21] Reg. 2026/97, Art. 14.

[22] Reg. 2026/97, Art. 11(4)(5).

部或部分撤销或修改该优惠,以避免上述损害。”以后这些措施进入美国与他国签订的所有双边贸易协定中,又在美国的积极倡导下成为1947年临时实施的《关税与贸易总协定》的第19条保障条款。1995年世界贸易组织成立以后,成员方签订了《保障措施协议》作为《建立世界贸易组织协议》的附件A《货物贸易总协定》的附件。

保障措施是GATT/WTO允许其成员采用的一种贸易救济措施。它是指当不可预见的发展导致一产品的进口数量增加,以致对生产同类或直接竞争产品的国内产业造成严重损害或严重损害威胁时,进口成员方可以在非歧视原则的基础上对该产品的进口实施限制。GATT1947第19条第1款(a)项规定:“如因不能预见的情况和一缔约方在本协定下负担包括关税减让在内义务的影响,进口至该缔约方领土的产品数量增加如此之大且情况如此严重,以致对该领土内同类产品或直接竞争产品的国内生产者造成严重损害或严重损害威胁,则该缔约方有权在防止或补救此种损害所必需的限度和时间内,对该产品全部或部分中止义务或撤销或修改减让。”WTO《保障措施协定》第2.1条规定:“一成员只有在根据下列规定确定正在进口至其领土的一产品的数量与国内生产相比绝对或相对增加,且对生产同类或直接竞争产品的国内产业造成严重损害或严重损害威胁,方可对该产品实施保障措施。”

从上述规定我们可以看出,保障措施和反倾销、反补贴措施一样,是一种贸易救济措施,它的实施需要满足四个条件:(1)存在不可预见的发展;(2)一产品的进口增加;(3)对生产同类或直接竞争产品的国内产业造成了严重损害或严重损害威胁;(4)增加的进口和严重损害或严重损害威胁之间存在因果关系。

虽然依据GATT1947第19条的规定,一成员为了救济进口的严重损害可以采取保障措施,但是在GATT体制下,保障措施很少被采用。各国政府宁愿通过采用“灰色区域”措施来保护国内产业,即通过双边谈判,说服出口国“自愿”限制出口或达成其他划分市场份额的协议。WTO协定建立了新的基础,它禁止使用“灰色区域”措施,并为所有保障措施规定了时间限制。它规定任何成员都不能寻求、采取或维持自动出口限制、有秩序的市场安排或任何其他类似措施。

2. 保障措施的性质

对于保障措施的性质,GATT第三任秘书长奥利弗·隆(Oliver Long)指出:“保障措施代表了两种相反目标之间的联系,一个目标是各国政府对放松贸易限制承诺的尊重,一个目标是各国政府希望保持国内市场”。[23] 因此,WTO保障措施制度的确立增加了成员方在国际贸易中的回旋余地,使其在经济形势需要时能够采取柔和而非粗暴的方式解决国内的经济压力,从而避免破坏WTO的自由贸易体制。保障条款作为WTO的例外措施,其功能在于划定成员方承担减让义务的界限,用以协调各成员方共

---

〔23〕 [瑞士]奥利弗·隆:《关贸总协定多边贸易体系中法律及其局限》,刘星红译,中国对外翻译出版公司1990年版,第34页。

同和长远利益与某些成员方眼前利益的矛盾与冲突，平衡各成员方的利益，以实现自由贸易和公平贸易的内在统一。正因如此，保障措施被称为"为保证 GATT 多边贸易体制的稳定运行而设立的'安全阀'"，[24]在 WTO 的法律制度中发挥着特殊而重要的作用。为实现保障措施的"安全阀"作用，必须解决这样一对矛盾：一方面，保障措施必须足够的严格，以使它们的例外性质是明显的，否则，频繁而无限制地适用保障措施必然造成整个 WTO 体制的崩溃；另一方面，保障措施又需具有一定程度的灵活性，从而促使各成员方最大程度地承担义务，避免"灰色区域措施"的适用。

保障措施是一种在紧急情况下采取的非常补救措施。它们是以进口限制的方式在没有任何不公正贸易指控的情况下采取的。在这点上，保障措施区别于反倾销措施和反补贴措施，后两种措施都是针对不公正贸易做法。如果条件得到满足，保障措施可以适用于其他 WTO 成员的"公平贸易"，限制它们的进口，阻止那些 WTO 成员享受 WTO 协定下贸易减让的全部利益。

（二）保障措施制度的特征

与反倾销税、反补贴税一样，保障措施构成成员方承担约束关税义务的例外。但与反倾销税、反补贴税不同的是，保障措施不是针对不公平的贸易做法，而是针对公平的但却对国内产业造成严重损害的进口的紧急救济措施。由于保障措施旨在保障自己而非针对外国产品，因而进口成员方对其采取保障措施给产品出口成员方造成的损害应予以补偿。采取保障措施的条件比反倾销措施或反补贴措施的条件严格。下面将保障措施制度与反倾销和反补贴措施制度进行比较，以说明保障措施制度的特征：

1. 针对的对象不同

保障措施针对的是外国的公平贸易做法。而反倾销和反补贴针对的是倾销和补贴行为，是不公平的贸易做法（unfair trade practice）。这样，两者存在本质的不同。要采取反倾销和反补贴措施，必须证明倾销和补贴行为的存在，而采取保障措施，只要证明进口数量大大增长，而这种进口增长是一成员承担 WTO 义务的结果，因而具有紧急性、不可预见性和临时性。所以，保障措施比反倾销、反补贴措施更容易被滥用。

2. 实施条件不同

实施保障措施的条件是：正在进口至一成员领土的产品的数量与国内生产相比绝对或相对增加，且对生产同类或直接竞争产品的国内产业造成严重损害或严重损害威胁。而根据《反倾销协定》和《补贴与反补贴协定》的规定，采取反倾销和反补贴措施必须满足以下条件：（1）确定倾销和补贴的存在；（2）倾销和补贴对一国内产业造成实质性损害或实质性损害威胁或对此类产业建立的实质阻碍；（3）倾销和补贴与实质性损害或实质性损害威胁或对产业建立的实质阻碍之间存在因果关系。

---

〔24〕 赵维田：《世界贸易组织的法律制度》，吉林人民出版社 2000 年版，第 208 页。

从实施条件上可以看出,保障措施的实施条件比反倾销、反补贴措施的实施条件要严格。首先,对于进口数量,采取保障措施必须证明进口数量的增加,而且这种增加必须是“足够突然、足够迫近和足够显著”。采取反倾销、反补贴措施并不需要进口增加,只要存在倾销和补贴行为就可以了。其次,对于损害程度,采取保障措施必须证明“严重损害”的存在,而“严重损害”是指对国内产业“全面的重大损害”。采取反倾销和反补贴措施要证明对国内产业的“实质性损害及损害威胁”或“对此类产业建立的实质阻碍”。可见,保障措施是针对已有产业遭受的损害,而反倾销和反补贴措施还包括对产业建立的阻碍,后者范围较大。

在界定“国内产业”时,《保障措施协定》规定的“国内产业”是指:“生产同类或直接竞争产品的国内产业”,而《反倾销协定》和《反补贴协定》界定的国内产业为:“生产同类产品的国内产业”,在范围上,显然在采取保障措施时针对“国内产业”范围要宽于采取反倾销、反补贴措施针对的“国内产业”范围。另外,保障措施针对的是一种产品,不论产品来源于哪个国家,而反倾销、反补贴措施只针对存在倾销和补贴的产品,受保障措施影响的产品范围也宽于受反倾销和反补贴措施影响的产品范围。因此,尽管采取保障措施的条件要比采取反倾销、反补贴措施的条件严格,但是保障措施对贸易的限制作用更明显、更有效。

3. 在调查程序和方式方面的差异

在调查程序上,二者基本相同,在调查方式上存在一些差异。首先,提起调查申请的国内产业代表有差异,提起保障措施调查的国内产业代表可以是国内产业中的个人、企业或其他组织,并没有数量或产量的限制。而提起反倾销和反补贴调查时,在表示支持申请或者反对申请的国内产业中,支持者的产量占支持者和反对者的总产量的50%以上的,应当认定申请是由国内产业或者代表国内产业提出,可以启动反倾销调查;但是,表示支持申请的国内生产者的产量不足国内同类产品总产量的25%的,不得启动反倾销调查。其次,保障措施的调查机关一般为一个,而反倾销、反补贴措施的调查机关为两个。如果美国负责保障措施调查的机关为美国国际贸易委员会(USITC),而负责反倾销和反补贴调查机关为美国商务部和USITC,美国商务部负责调查是否存在倾销和补贴,USITC负责调查是否存在实质性损害或损害威胁。

4. 在实施手段和期限方面

实施保障措施的方式包括提高关税、实施数量限制和关税配额,临时保障措施只能采用征收关税的形式。保障措施的期限不能超过4年,特殊情况下可以延长,最多不能超过8年。临时保障措施的期间不能超过200天。反倾销、反补贴措施为征收反倾销、反补贴税,临时反倾销、反补贴措施可以为征收临时反倾销、反补贴税或提供现金或保函担保。反倾销、反补贴税的幅度一般应与倾销和补贴的幅度相当。征收反倾销、反补贴税的期间不能超过5年,但是,经复审确定终止征收反倾销、反补贴税有可能导致倾销、补贴和损害的继续或者再度发生的,反倾销、反补贴税的征收期限可以适当延长。临时反倾销、反补贴措施实施的期限,自临时反倾销、反补贴措施决定公告规定实施之日起,不超过4个月;在特殊情形下,临时反倾销措施可以延长至9个月。

从比较可以看出,保障措施的手段要比反倾销、反补贴措施多,期限也更长。特别是,保障措施可以采用数量限制措施,它比提高关税更能限制和扭曲国际贸易。

5. 在司法审查方面

《反倾销协定》第13条和《补贴与反补贴协定》第23条都规定,国内立法包含反倾销措施、反补贴措施的每一成员均应设有司法、仲裁或行政庭或程序,其目的特别包括迅速审查与最终裁定有关的行政行为。此类法庭或程序应独立于负责所涉裁定或审查的主管机关。且应向参与行政程序及直接和间接受行政行为影响的所有利害关系方提供了解审查情况的机会。我国的《反倾销条例》和《反补贴条例》规定,对是否征收反倾销、反补贴税的决定以及追溯征收、退税、对新出口经营者征税的决定不服的,或者对复审决定不服的,可以依法申请行政复议,也可以依法向人民法院提起诉讼。《保障措施协定》中没有关于司法审查的规定。

上述规定提出了对成员国违法行使反倾销、反补贴措施的三种可能的救济途径。这三种救济渠道分别是司法途径,即由法院对反倾销措施的合法性依照司法程序进行审查;或者是仲裁的,即由民间仲裁机构依照仲裁程序进行仲裁;或者是行政法庭或裁判所的,即由行政法庭或裁判所依照行政裁判程序对反倾销措施的合法性进行审查。该规定是1994年乌拉圭回合谈判的创新,同时也是大陆法系和英美法系及其他法律体系之间协调和妥协的结果。[25]

WTO《保障措施协定》和我国的《保障措施条例》都没有关于司法审查的规定。对保障措施缺乏司法审查,可能会增加保障措施的随意性。虽然,受到保障措施影响的成员方可以直接向WTO的争端解决机构提出申诉,但从诉讼成本来说,国内法院诉讼一般会低于向WTO的申诉。从诉讼效果来说,国内法院判决产生的影响也低于WTO争端解决机构的裁决产生的影响。因为在国内法院诉讼的一般为个人、公司或其他组织,主权国家一般不会接受外国法院的管辖,法院的判决只针对具体的行政行为,也只对诉讼的双方当事人有效,被诉方如果败诉的话,只要终止该行政行为并作出赔偿就行了。而在WTO的争端解决机制中,诉讼的双方不是个人或公司,而是主权国家或单独关税区,争端解决机构作出的裁决也是针对主权国家有效,其影响涉及该国家所有生产某类产品的个人和企业。

WTO协定的起草者没有解释为什么不规定对保障措施的司法审查。似乎可以从以下两方面理解:首先,保障措施针对的是来自所有出口成员方的某一产品,与反倾销、反补贴措施不同的是,它不是针对具体生产该产品的个人或企业。如果保障措施不符合WTO协定或进口成员方国内法的话,它直接侵害的不是某个个人或企业的经

---

〔25〕 吉罗洪、程虎:"WTO反倾销司法审查规则的适用",载《人民司法》2002年第1期,第29~30页。

济利益,而是出口成员方在 WTO 协定中应当享受的权利,所以起诉方(或原告)应当是出口成员方,而不是它领土内的个人或企业。出口成员方出于主权豁免的考虑,不会向进口成员方的国内法院提起诉讼,而直接向 WTO 的争端解决机构寻求救济。其次,如果允许受保障措施影响的所有生产某一产品的个人和企业寻求司法审查的话,可能是一个非常庞大的诉讼。以美国钢铁案为例,该案涉及 8 个申诉方,而每个申诉方国内受钢铁保障措施影响的企业可能有好几家,再加上案件中涉及的第三方,如果这些受影响的钢铁企业都向美国国内法院起诉,光原告就有上百个,无疑诉讼成本是非常高的。因此,由成员方代表受影响的国内产业直接向 WTO 争端解决机构申诉,可能更有利于争端的解决。

二、各国保障措施

为了防止和补救进口产品急剧增加对国内产业的冲击,大部分国家都制定了保障措施法律。[26] 保障措施是针对公平贸易的救济措施,各国保障措施法大多以 GATT1947 和 WTO 保障措施协定为蓝本,但具体规定略有不同。

1. 实施保障措施的条件

(1)进口增长。进口增长指"数量增长",而非进口价值或金额的增长。这种增长包括两种情况:绝对增长和相对增长。绝对增长是指产品的进口数量在某一段时期内的绝对增加,如去年进口 1000 件,今年进口 2000 件。相对增长是指在某一段时期内产品的进口数量相对于进口方内部生产而言的相对增加,这往往反映在市场份额的变化方面。如,去年进口某产品 1000 件,同期国内产品的销量为 5000 件,今年进口仍为 1000 件,但国内产品的销量却下降到了 3000 件。这种情况就属于相对增长。在相对增长的情况下,进口量并不一定发生变化。一些学者指出,"相对增长"这一概念不尽合理,因为它等于是把国内产业调整的负担转移到外国产品身上,是贸易保护主义的一种体现。

(2)国内产业存在严重损害或严重损害威胁状况。"国内产业"应理解为在进口成员方领土内生产相似产品(like product)或直接竞争产品的国内生产者全体,或相似产品或直接竞争产品的总体产量占该成员国内总产量主要部分的生产者。

"严重损害"是指对国内某一产业的状况造成重大的总体损害。由于各成员经济发展水平不同、相关产业的成熟度也有所差异,因此不可能事先就何为"严重损害"确定一个非常明确的量化标准,而且这样做也并不科学。但是从东京回合和乌拉圭回合的谈判可以看出,标准问题是谈判各方非常关注的一个问题。标准过高则会迫使成员在多边规则之外去寻求一些不正当的解决途径,而标准过低则会导致保障措施的滥用,进而严重扭曲国际贸易。进口成员的调查机构在评估国内某一产业是否存在严重损害或严重损害威胁时,必须评估与该产业状况相关的所有客观的和可量化的因素。包括绝对或相对条件下的有关产品进口的比例和数量,增加的进口所占有的市场份

---

〔26〕 如美国、欧共体、中国、墨西哥、菲律宾、日本、韩国、印度等国家,都先后制定了保障措施法律。

额,销售水平、产量、生产率、设备利用率、盈亏及就业的变化情况。从实践角度讲,要评估"所有相关因素"是一件非常困难的事。"严重损害威胁"应理解为危急且显而易见的威胁,必须有事实依据,不能仅根据指控、推测或极小的可能性便裁定"存在严重损害威胁"。

(3)进口增长与严重损害或严重损害威胁之间必须存在因果关系。进口增长与严重损害或严重损害威胁之间存在因果关系是实施保障措施的一个必要条件。如果产业损害或损害威胁是由进口增长之外的其他因素造成的,则进口成员不得实施保障措施。不得将由进口增长之外的因素造成的损害归咎于进口增长。这实际上是给因果关系的认定提出了更高的要求。在美国—麦麸案中,专家小组认为,在排除了其他因素造成的损害之后,如果进口增长造成的损害仍达到了严重的程度,则可以认定进口增长与损害之间存在因果关系。当然,从操作的角度来讲,这一点很不容易做到。排除其他因素造成的损害并不像4减1那么容易,因为各种因素造成的损害的比例很难(甚至是不可能)量化。

2. 实施保障措施的程序

实施保障措施前,必须通过调查证明前提条件都得以满足。为了保证调查程序的公正和透明,也为了尽量减小因实施保障措施造成的贸易扭曲,拟实施保障措施的成员必须在整个调查过程中,给其他有利害关系的成员充分的磋商机会。

(1)调查。保障措施调查是采取保障措施的必经步骤。调查必须按照事先已经确定的程序进行,而且必须符合GATT1947第10条关于透明度的要求。各国进行保障措施调查的机关不同,有的国家为两个部门,有的国家为一个部门,但无论如何,调查机构应向所有利害关系方作出适当的公告,给进口商、出口商以及利害关系方提供陈述意见和抗辩的适当机会(如举行公开听证会等方式),而且必须特别注意各方对保障措施的采取是否符合公众利益的看法。调查结束后,调查机构必须公布调查报告,列明经调查后认定的相关事实和法律结论。

(2)通知。实施保障措施的成员应将下列事项立即通知WTO保障措施委员会:①对严重损害、损害威胁及其原因发起的调查;②对进口增长造成严重损害或严重损害威胁所作的裁决;③对采取或延长保障措施作出的决定。在作出②项和③项的裁决时,拟实施保障措施的成员应向保障措施委员会提供全部相关资料。货物贸易理事会或保障措施委员会可以要求准备采取保障措施的成员提供其认为必要的补充资料。此外,拟实施保障措施的成员还应将其拟采取的具体措施在该措施生效之前通知保障措施委员会。协议的这些规定充分体现了WTO的透明度原则。不过作为例外,协议并不要求成员披露任何将阻碍法律实施、违反公共利益、影响任何公有或私有企业合法商业利益的机密资料。

3. 保障措施的形式和实施方式

(1)保障措施的形式。保障措施大体包括修改减让、提高关税、实行数量限制或关税与数量限制相结合的措施(如关税配额)等。根据 GATT 秘书处 1987 年的统计,20 世纪 50 年代 GATT 缔约方大多采用关税措施,到了 70 年代数量限制占多数,80 年代两类措施使用数量相近。

鉴于数量限制措施对贸易的扭曲作用更大,在实施数量限制时,不得使进口数量低于过去 3 个有代表性的年份的平均进口水平,但进口方有正当理由的除外。在采用配额管理方式时,进口方应当与有利害关系的供应方就配额分配达成协议,若协议不成,则实施保障措施的成员应按其他成员在前一有代表性的时期在总进口中所占的份额,按比例分配配额。

(2)保障措施的实施。保障措施应当以非歧视的方式实施,即保障措施只针对进口产品,而不论其来源。保障措施的实施期限一般不应超过 4 年。如果经过重新调查,认为保障措施对防止损害或补救损害仍有必要,而且有证据表明受救济的产业正处于调整之中,则实施期限可以延长,但总期限(包括临时措施的实施期和最初实施期限在内)不应超过 8 年。对同一进口产品再次适用保障措施时,后一次适用应与前次适用保持一定的时间间隔。该时间间隔应与前次适用期相等,但不得短于 2 年。如果保障措施的预定适用期在 1 年以上,实施保障措施的成员在适用期内应按固定的时间间隔逐渐放宽该措施;如果实施期超过 3 年,则该成员须在中期之前审议保障措施的实施情况,并根据审议情况撤销或加快放宽该措施。

4. 临时保障措施

在紧急情况下,如果延迟会造成难以弥补的损失,可不经磋商而采取临时保障措施。进口成员主管当局只有在初步裁定进口增长已经或正在造成严重损害或威胁时,才能采取临时保障措施。临时保障措施的实施期限不得超过 200 天,并且该期限计入保障措施总期限。临时保障措施只能采取增加关税的形式。

各国保障措施立法一般还规定了如果受到外国歧视性的保障措施限制,将采取对等措施,对该国产品采取报复措施。

三、美国保障措施立法

(一)美墨双边协定中的逃避条款

在 1942 年美国与墨西哥的贸易协定中,首次出现了一个免责条款,规定"如未能预见的发展和给予本协定附录所列商品的优惠致使该商品进口增加的情势严重损害或严重威胁本国同类或类似商品生产者,签字一方的政府有权在必要的时间或范围内全部或部分撤销或修改该优惠,以避免上述损害",〔27〕即缔约方若因承担协定义务而对己方不利,可以全部或部分地免除义务。既然协定规定了双方应承担的义务,那么,根据"有约必守"的原则,除了情势根本变迁,双方都不可逃避规定的义务。而逃避条

〔27〕 John H. Jackson, *Legal Problems of International Economic Relations*, West Publishing Co. ,1986,2nd ed. ,p. 554.

款的规定,无异于在双方严格规定的义务上打开了一个缺口,使得一方有权逃避义务,而不必顾忌协定的规定。由于该条款是针对公平贸易实施限制,实质上是允许发起国背离已经承诺的国际义务,故这一条款通常又被称做"逃避条款"。第二次世界大战后,美国凭借强大的经济实力极力推行贸易自由化政策,这就不可避免地带来了日益增加的进口对其国内产业的压力。为使美国产业在与外国产品竞争时不致受损,美国总统杜鲁门向国会保证,未来所有的贸易协定中都将包括上述逃避条款。1947 年 2 月,杜鲁门在 9832 号行政命令中宣布,美国以后签订的所有贸易协定均应包括逃避条款。[28]

(二)美国 1974 年贸易法中的 201 条款

所谓"美国贸易法 201 条款",是指美国《1974 年贸易法》第 201~204 节[29]的有关规定。该法经多次修改,目前主要体现在《乌拉圭回合协定执行法》中。根据该法,如经调查证实美国国内一产业因进口激增而受到严重损害或严重损害威胁,总统有权采取进口限制措施(包括提高关税、实施关税配额或配额等),总统还可以对国内受损产业实施补贴,以减轻产业面临的外来竞争压力,帮助其作出调整,适应竞争环境。下面介绍美国 201 条款的主要内容。

1. 主管机关

201 条款规定的采取保障措施的调查机关为美国国际贸易委员会(United States International Trade Commission, USITC),最后决定是否采取保障措施及采取何种保障措施的决定权在美国总统。一般程序是,USITC 经调查确定一产品以增长的数量进入美国并对美国生产同类或直接竞争产品的国内产业造成严重损害或严重损害威胁后,向美国总统提出采取保障措施的建议,美国总统根据该建议决定是否采取保障措施,总统最后决定的保障措施可能与 USITC 建议的措施不一致。

2. 采取保障措施的条件

根据 201 条款的规定,只有经过调查证明了以下条件成立,才能采取保障措施:

(1)一产品以增长的数量进入美国。进口增长包括绝对数量增长和相对于国内产量的增长。例如,某产品的进口数量从 1000 件增长到 2000 件,为绝对增长。当进口数量没有变化,但国内产量下降了,则进口相对于国内产量而言,它占国内市场的比例增长了。

(2)对生产同类或直接竞争产品的国内产业造成严重损害或严重损害威胁。"国内产业"是指生产同类或直接竞争产品的生产者全体或同类产品或直接竞争产品的总产量占这些产品全部国内产量主要部分的生产者,包括美国岛屿上的生产者。"严重

〔28〕 李居迁:"WTO 保障条款的源流及法律特征",载《比较法研究》1997 年第 2 期,第 190 页。

〔29〕 编于美国法典标题 19,第 12 章,第 2 小章,第 1 部分,第 2251~2254 节,标题为"受进口损害产业的积极调整"。

损害”是指对国内产业状况的重大全面减损。“严重损害威胁”是指明显迫近的严重损害。

USITC在作出严重损害裁决时,应当考虑:①国内产业生产设备的显著闲置,包括关闭工厂和生产能力的不充分利用;②很大一部分公司不能在合理利润的基础上从事生产经营活动;③国内产业大量的失业或就业不充分。在作出严重损害威胁的裁决时,USITC应当考虑:①国内产业销量或市场份额的下降,存货增加,产量、利润、工资、生产率或就业出现下降趋势;②国内产业中的公司不能获得足够的资本对国内工厂和设备进行现代化,或不能维持现有的研发开支水平的程度;③由于限制某一产品的出口或进口到第三国,而使美国市场成为该产品的出口转移地的重要程度。

(3)增长的进口是造成国内产业严重损害或严重损害威胁的“实质原因”。所谓“实质原因”是指一个重要原因,而且不比其他原因更次要。在审查实质原因时,应考虑进口的绝对或相对增长水平,国内产业所占市场份额的下降。USITC还应当考虑国内产业在有关商业循环过程中的状况,但不能将需求下降和美国经济衰退集合为严重损害或严重损害威胁的单一原因。还要审查进口以外的可能对国内产业造成严重损害或严重损害威胁的因素。

3. 调查、裁决和建议

调查程序可通过以下途径提起:(1)由任何一个代表某一国内产业的实体向USITC申请采取行动,帮助国内产业为适应进口竞争而进行积极调整,这种代表某一工业的实体包括贸易协会、公司、工会组织或一组工人;(2)调查程序还可以通过总统或USTR的要求,众议院筹款委员会或参议院财经委员会的决议及USITC自己的动议而开始。

一旦收到代表国内产业的申诉人的申请,总统或USTR的要求,众议院筹款委员会或参议院财经委员会的决议,或USITC通过自己的动议,USITC应立即进行调查,并确定美国对某种产品的进口是否在增加,以致成为对生产相同或直接竞争产品的国内产业构成严重损害或严重损害威胁的实质性原因。

在通常情况下,USITC应在收到诉状、请求和决议,或通过自己的动议之后的120天内作出裁决(如果存在紧急情况,则在180天内作出)。如果USITC在收到诉状之日起100天之内,认定调查是非常复杂的,则应在收到诉状之日起150天内作出裁决(如果存在紧急情况,则在210天内作出)。

USITC应当在联邦纪事(Federal Register)上公告调查程序的开始,并在合理的时间内举行公开的听证会,为利害关系方和消费者提供出席、举证、就调整计划提出建议及互相辩论的机会。

如果USITC作出的是肯定性裁决,它应当基于国内产业受到的损害或损害威胁,就总统应采取的行动向总统提出建议。USITC建议的措施应当是防止和救济严重损害并便利国内产业积极调整的最有效的措施。包括对进口产品提高或征收关税、对该产品实施关税配额、对该产品的进口实施数量限制、一个或几个适当的调整措施或上述措施的结合。USITC 应当指出它建议的措施的种类、数量和期限。USITC 还可以建议总统就进口增长或减轻损害或威胁问题开展国际谈判,采取其他合法措施以便利针对进口竞争的积极调整。

USITC 应向总统提出报告。这些报告应尽可能早地提交总统,最晚不得迟于 USITC 收到诉状、请求或决议,或通过自己的动议之后 180 天(存在紧急情况时,不迟于 240 天)。报告应包括以下内容:(1)有关裁决和对裁决依据的解释;(2)如果裁决是肯定的,包含建议采取的措施和对每个建议的依据的解释;(3)USITC 委员有关裁决或建议的不同或个别意见,调查结果;(4)调整计划副本;(5)国内产业的公司和工人将要采取的步骤和计划以针对进口竞争进行积极的调整;(6)建议措施的实施可能对国内产业、国内其他产业、消费者带来的短期和长期影响。

4. 总统采取行动

总统在收到 USITC 的建议和包含肯定性裁决的调查报告之后,应当在其权力范围内采取有助于国内产业进行积极调整,且经济和社会效益大于代价的,合适、可行的行动。在决定采取措施时,总统应当考虑:USITC 的建议和报告;国内产业的工人和公司受益于人力计划和进行再培训的情况;国内产业为了适用进口竞争进行积极调整所作的努力;为便利积极调整而采取措施可能带来的影响;拟采取的措施短期和长期的经济和社会成本与利益的比较;其他与美国经济利益相关的因素。

总统被授权采取的行动包括:宣布对进口产品提高或征收关税;宣布对进口产品实施关税配额;宣布对进口产品修改或施加数量限制;采取一项或多项适当的调整措施;与外国谈判、达成并实施限制该产品出口到美国的协议;宣布通过拍卖在进口商之间分配进口数量的程序;就该产品的进口增长或减轻损害或损害威胁开展国际谈判;向国会提交立法建议以帮助国内产业进行针对进口竞争的积极调整;采取认为合适且合法的其他措施及上述措施的结合实施。

总统应在收到 USITC 包含肯定性裁决的报告之后 60 天内采取行动(如果总统已宣布了采取临时措施,则在 50 天内)。总统可以在收到 USITC 报告 15 天内要求 USITC 提交补充报告,USITC 应在收到总统要求 30 天内提交补充报告,总统应在收到补充报告后 30 天内采取行动。总统采取行动后,应向国会提交报告,说明采取的措施及其理由。如果总统采取的措施与 USITC 建议的措施不一致,需要特别详细说明理由。

总统采取的行动若是提高或征收关税、实行关税配额、修改或施加数量限制,其决定应在公布后 15 天生效。但若总统在决定采取以上行动时,宣布了其与外国进行谈判以达成协议的意向,则以上行动措施应在总统这一决定之后的 90 天内公布并生效。总统在采取行动后仍可同外国商谈有秩序的销售协议,而且可在该协议生效后全部或部分地中止或终止其以前采取的行动。

总统采取的行动只能在防止和补救国内产业遭受的严重损害或严重损害威胁的

必要限度内实施,其目的只能是帮助国内产业为适应竞争而进行积极的调整。行动的期限包括临时措施在内,不能超过4年。如果有必要继续采取措施以防止和救济严重损害,而且有证据表明国内产业正在针对进口竞争进行积极调整,可以延长保障措施的期限,但最长不能超过8年。这种行动提高的税率不能超过采取保障措施时已有税率的50%。如果采取数量限制的形式,不能使进口水平降低到低于最近有代表性的3年的平均进口水平,除非清楚地证明为了救济严重损害,有必要采取不同的水平。

如果涉及易腐烂的农产品和柑橘类产品,国内生产者可以向USTR提出申请,要求对该产品的进口进行监督,USTR收到申请后21天内应当确定,该进口产品是否易腐烂的农产品或柑橘类产品,该产品的进口是否对生产同类或直接竞争产品的国内产业造成严重损害或严重损害威胁。如果答案是肯定的,USTR可以要求USITC对该产品的进口进行监督和调查,USITC应当在收到要求后21天内作出裁决,如果裁决是肯定的,应立即报告总统。总统在收到报告后7天内决定是否采取临时救济措施。

在其他紧急情况下,USITC也可以建议总统采取临时救济措施。临时救济措施的形式为提高现有关税或征收新关税。临时救济措施的期间不能超过200天。

5. 行动的监督、修改和终止

USITC应在总统采取行动后,监督国内产业的发展情况,密切注视国内产业所取得的进展及工人与公司为进行积极调整所作出的各项努力,并将其监督工作的结果每两年向总统提交一份报告。

总统可在以下两种情况下削减、修改或终止他所采取的行动:(1)总统在考虑了USITC的报告与意见,并征求了商务部长及劳工部长的意见之后,认为国内产业没有作出足够努力为适应竞争而进行积极调查,或者变化了的经济环境减损了其行动的有效性,因而削减、修改或终止其所采取的行动措施是合理的;(2)国内产业的多数代表认为他们已经对进口竞争作出了积极调整,要求总统作出削减、修改或终止其行动的决定。

当出现以下情况时,可以认为针对进口竞争的积极调整完成了:(1)国内产业在保障措施结束后能够成功地与进口竞争,或国内产业的资源有秩序地向其他产业转移;(2)失业的工人有秩序地转产。即使产业的规模和结果与调查开始时的产业规模和结构不同,也可以认为已经针对进口竞争作了积极的调整。另外,总统还可在必要的限度内采取进一步的行动,以消除进口商或出口商对他以前所采取的行动的规避。

根据总统的要求或国内产业的请求,USITC应当调查和评估是否有必要延长保障措施的期限。USITC应当召开公开的听证会,有关利害关系方可以出席、提供证据并进行辩论。USITC应就此问题的调查和裁决在措施结束后60天内向总统提交报告。

总统采取的行动终止之后,USITC应就这些行动对帮助国内产业为适应竞争所进行的积极调整的有效性进行评估。在评估过程中,USITC应就这一行动的有效性召开听证会,所有利益方都应有机会出席这种听证会,并提出证据。评估报告及听证会报告应在不迟于总统行动终止后的第180天提交总统和国会。

四、欧盟保障措施立法

欧盟大市场建成后，欧盟于1994年3月颁布了理事会第519/94号规则，对来自某些特定第三国（即欧盟认为的“国营贸易国家”）的进口进行管理，其中涉及对这些国家的保障措施条款。除519/94号法规以外，欧盟于1994年12月颁布了3285/94号法规，对来自一般第三国（即除519/94法规附录中“特定第三国”之外的国家）的进口进行管理，其中很重要的一部分就是针对这些一般第三国的保障措施条款。

中国加入WTO以后，欧盟根据中国《加入议定书》第16条〔30〕颁布了第427/2003号规则，制定了针对中国的特保法规，对来自中国的除纺织品以外的产品实行特保机制。因此，中国加入WTO以后，在保障措施领域，欧盟由过去对中国仅可适用针对某些特定第三国的519/94号法规变为可以适用只针对中国的特保法规和针对所有WTO成员的《保障措施法》，手段更加多样化。〔31〕下面简要介绍欧盟针对一般国家的保障措施法，即3285/94号法规中的保障措施条款。

1. 适用范围

3285/94号法规不适用于纺织品（纺织品受517/94号法规的管辖），也不适用于来自519/94号法规附录所列国家的产品。

2. 通知和磋商

如果欧盟某些成员认为需要对进口进行调查并采取保障措施，应当通知欧盟委员会，该通知应包含所有相关的信息。委员会应当立即将该信息通知所有的欧盟成员。应成员要求或委员会的动议，在收到信息后8个工作日内（无论如何应在调查或采取保障措施之前）与有关国家进行磋商。磋商代表团由每个成员派出的代表组成，欧盟委员会派一名代表任主席。磋商可以用书面和口头的方式进行。

3. 调查

在采取保障措施之前应当进行调查，以确定进口产品是否对欧盟生产商造成或威胁造成严重损害。“严重损害”是指对欧盟生产商的全面的重大损害。“严重损害威胁”是指明显迫近的严重损害。“欧盟生产商”是指生产同类或直接竞争产品的生产商全体或其产量占同类或直接竞争产品大部分的生产商。委员会在调查时应当收集所有它认为必要的信息，并与进口商、贸易商、代理商、生产商、贸易协会和组织联络。欧盟成员应当配合委员会的行动，向其提供所有相关的信息。在确定严重损害时，应当考虑进口量、进口价格、产量、存货量、生产能力、销量、市场份额、利润、资金流量、失业率等因素。委员会应当举行听证会，所有利害关系方可以提供书面和口头意见。如果

〔30〕中国《加入议定书》第16条允许其他WTO成员在一定条件下可以只针对中国的出口产品采取保障措施，而WTO《保障措施协定》要求对所有的进口产品采取保障措施，不问其来源。

〔31〕万怡挺：“欧盟对华特定产品过渡性保障措施（TPSSM）法规浅析”，载《WTO经济导刊》2003年9月。

委员会认为有必要采取保障措施,它应当在发起调查后 9 个月之内作出决定,特殊情况下可以延长 2 个月。委员会应当在欧盟官方刊物上公布该决定。

4. 临时保障措施和监管措施

在紧急情况下,如果拖延会造成难以弥补的损失,经初步裁定进口增长造成或威胁造成严重损害,可以采取临时保障措施。临时保障措施采用提高关税的形式,其期限不能超过 200 天。如果最后发现不存在严重损害或严重损害威胁,则应当将征收的临时保障措施关税尽快返还。如果来自第三国的进口对欧盟生产商造成威胁,损害欧盟利益,委员会可以决定对该产品的进口采取监管措施。监管措施应规定有效期,不能超过 12 个月。

5. 最终保障措施

如果最终裁定进口急剧增长,以至于对欧盟生产商造成或威胁造成严重损害,为了保护欧盟的利益,应成员要求或委员会动议,委员会可以决定对进口产品采取最终保障措施。保障措施的形式可以为限制进口批文的有效期和修改进口规则。具体可以为设立配额、提高关税等措施。对于 WTO 的发展中国家成员,如果其单个进口量不超过总进口量的 3%,且这些发展中国家总计进口量不超过总进口量的 9%,则不能对这些发展中国家成员的进口采取保障措施。保障措施的期限(包括临时保障措施期限在内)不能超过 4 年,如果有必要延长,最长不能超过 8 年。

6. 审查

如果保障措施的期限超过 3 年,委员会应当进行中期审查,包括审查保障措施的效果、决定如何加速放宽限制和决定是否有必要继续实施保障措施。委员会根据情况可以修改或取消监管措施和保障措施。

第四节 反倾销、反补贴与保障措施的国际立法

倾销与补贴是国际贸易中的一种不正当竞争手段,针对这种不正当行为各国纷纷颁布反倾销法和反补贴法抵制和消除因这种不正当行为给本国工业造成的损害。保障措施不是不正当竞争行为,而是一种合法的自卫手段,是国家在面临未预见的紧急情况下,基于利益受到损害而采取的补救措施。但由于各国法律确认倾销、补贴和利益受到损害的标准、程序、实施办法不同,使得各国国内的反倾销、反补贴和保障措施的实施往往成了一种变相的贸易保护手段,由此引起的争议层出不穷。为消除和减少这种不公平的竞争手段,国际社会所作的努力体现在 1947 年实施的《关税和贸易总协定》中。该协定是迄今为止,协调和统一各国外贸政策和法律的最早的多边国际公约,其中关于反倾销与反补贴和保障措施的规定,见诸公约的第 6 条、第 16 条、第 23 条和

第19条的规定,构成了国际反倾销、反补贴和保障措施立法的核心。1967年6月关贸总协定第6轮谈判(即肯尼迪回合)第一次就削减非关税壁垒达成了协议,签订了《反倾销法典》,对总协定第6条的实施作了详细规定。1973年至1979年关贸总协定第7轮谈判(即东京回合),分别达成《反倾销守则》和《补贴与反补贴税守则》,对总协定第6条、第16条和第23条的适用作了进一步解释和规定。1995年1月1日生效的乌拉圭回合《反倾销协议》、《反补贴协议》和《保障措施协议》,在实体和程序两方面严格了国际反倾销、反补贴和保障措施的纪律,使总协定确立的国际反倾销、反补贴与保障措施立法更臻于完善。

一、乌拉圭回合反倾销协定的实体规则

该协定全称为《关于实施关贸总协定1994第六条的协定》(Agreement on Implementation of Article VI of the General Agreement on Tariffs and Trade 1994,以下简称《反倾销协定》),其主要内容分为反倾销的实体规则和程序规则。其实体规则如下:

(一)倾销的定义

根据关贸总协定第6条的规定,一国产品以低于正常价值的价格进入另一国市场,如因此对某一缔约方领土内已经建立的某项工业造成实质性损害或产生实质性损害的威胁,或对某一国内工业的新建产生实质性阻碍,则构成倾销。

因此,构成倾销应具备三个条件:(1)产品价格低于正常价值;以及(2)给有关国家同类产品的工业生产造成实质性损害,或存在此种威胁,或对某一工业的新建造成实质性阻碍;并且(3)低于正常价值的销售与损害之间存在因果关系。三项条件缺一不可。进口国为抵制倾销可以对该倾销产品征收不超过倾销幅度的特别关税。

(二)倾销的确定

1. 正常价值

所谓正常价值,通常是指产品以通常的商业数量在正常贸易过程中出口国国内消费的价格,也称为国内市场价格,是确定正常价值的最基本的方法。

这里的产品是指与倾销产品相同或相类似的产品(like products),即在各方面与所指产品相同,或在没有这种产品的情况下,尽管不是在所有方面与所指产品相同,但具备与所指产品相类似的特征。

正常贸易过程,即指出口商与进口商或与第三者之间没有合伙或补偿性安排的销售。

通常的商业数量,是指为使国内市场价格具有可比性而确定的被调查产品在国内市场销售量必须达到的确定比例。根据《反倾销协定》的规定,出口国国内类似产品的销售量如果占该进口国销售量的3%或以上,才是确定正常价值的足够数量。

如果出口国国内市场在正常贸易过程中不存在这种相同或类似产品,或销售量过低,无法进行适当比较时,则可采用:(1)第三国价格,即相同或类似产品向第三国出口的可比价格;或(2)结构价格,即产品在原产国的生产成本加上合理的管理费、销售费、

一般费用和利润之和。和欧美反倾销立法的规定不同,在计算结构价格时,《反倾销协定》没有对有关利润和费用的规定采取固定比例的做法,而是明确规定应以正常贸易做法中实际发生的数额为基础,以防止人为地抬高正常价值,导致倾销的产生或夸大倾销幅度。

以上国内市场价格,第三国价格以及结构价格是确定正常价值的一般方法,其中最常使用的基本方法是采用国内市场价格的方法。在特殊情况下,如何确定正常价值,《反倾销协定》主要规定了以下确定正常价值的方法:

(1)低于成本销售。所谓低于成本销售,是指一项产品在出口国或在第三国以低于成本的价格出售,按照《反倾销协定》的规定,如果有关当局确定这类销售在一段持续时间内大量销售,并且价格未能弥补合理期间内的所有成本,则这种销售不属于正常贸易做法下的销售,在计算正常价值时可以对该销售价格不予考虑。

所谓持续时间内的大量销售是指通常为一年,无论如何不得少于6个月的时间内,加权平均销售价格低于加权平均单位成本;或低于单位成本的销售量不低于国内总销售的20%。是以进口时的条件转售时,则由有关当局在合理的基础上再确定。

(2)当产品不是从原产国直接进口,而是从一中间国出口,则用产品从出口国销往进口国的价格与出口国的可比价格相比较。但当产品仅仅是从出口国过境运输,或非出口国生产或在出口国没有可比价格时,出口价则应与原产国的价格相比较。

对于不同经济制度,如非市场经济或称计划经济制度的国家,如何确定正常价值的问题,总协定和《反倾销协定》没有作出回答,只是在总协定附件九,关于第6条的注释中提到了这个问题:认识到对全部或大体上全部由国家垄断贸易并由国家规定国内价格的国家进口的货物,在决定可比价格时,可能存在特殊困难,在这种情况下,进口缔约国可能发现有必要考虑这种可能性:与这种国家的国内价格作严格的比较不一定经常适当。实践中,这个问题是由各国的国内立法来解决的。

2. 出口价格

所谓出口价格,是指在正常贸易情况下,进口商向出口商购买商品所实际支付的价格。

在特殊情况下,如果不存在出口价格,或者出口商与进口商或与第三者之间有合作或补偿安排,在这种非正常贸易情况下的出口价格应以进口商品首次转售给某个独立买者的价格为基础予以推定;在没有独立的买方,或不是以进口的条件转售时,当局可在合理的基础上确定。

3. 出口价格与正常价值的比较

《反倾销协定》确定了出口价格与正常价值进行比较的基本原则:

(1)公平原则。出口价格与正常价值应进行公平比较,即应当基于相同的贸易水平,通常是在出厂价的水平,以及尽可能相同的时间内发生的交易进行比较。根据每一案件的具体情况,对影响价格可比性的差异,如销售情况和条件、税收、贸易水平、数量、商品的物理特性、汇率变化等等作出相应的调整。

(2)平均对平均比较法和个别对个别比较法。《反倾销协定》第一次明确规定了出口价格与正常价值进行比较的方法,规定:①用加权平均正常价值与所有可比出口交易加权平均价格相比较(平均对平均比较法);或②每笔交易的正常价值与每笔交易的出口价格进行比较(个别对个别比较法)。

为了调和与美国反倾销实践的矛盾,《反倾销协定》有条件地采纳了美国的一贯做法:(1)平均对平均或个别对个别比较法只适用于反倾销的调查阶段;(2)如果主管当局发现某一出口价格结构因购买者、时间、地点不同而存在差异,或者对不使用平均对平均或个别对个别比较法作出解释时,则可以采用加权平均正常价值与每笔出口交易的价格(平均对个别)进行比较。

《反倾销协定》的这一重要补充是对美国在反倾销实践中一贯采用的不公平的用个别美国价格与加权平均正常价值(个别对平均)进行比较做法的重要纠正,尽管不十分彻底,但对完善国际反倾销纪律、增加透明度起了重要作用。

根据以上原则进行公平比较,当产品出口价格低于正常价值时,则存在倾销,两者之间的差额,即为倾销幅度;当出口价格低于正常价值的数额是微不足道时,即倾销幅度按出口价格的百分比小于2%时,则可忽略不计;当产品出口价格高于或等于正常价值时,不存在倾销,倾销幅度为零。

(三)损害的确定

根据《反倾销协定》的规定,征收反倾销税的基本条件除了存在确定的倾销之外,另一个基本条件是对某一成员国内已建立的生产同类产品的某项产业造成实质性损害或存在实质性损害的威胁,或对国内产业的新建产生严重阻碍。为此,需要明确以下几个问题:同类产品;国内产业;实质性损害与累计评估;倾销与损害的因果关系。

1. 同类产品

倾销产品给进口国的产业造成实质性损害,必须是进口国生产同类产品的产业。按照《反倾销协议》的定义,同类产品(Like Product,法语为 product similaire)有两个含义,一个含义即指相同产品(a product which is identical),即在所有方面都与被考虑的产品相似;第二个含义是类似产品,即在没有这种产品时,尽管不是在所有的方面与所指产品相同,但具备与所指产品相类似的特征。

由于这一定义过于抽象和概括,所以留给各国立法和行政当局如何进行解释以极大的灵活性。

2. 国内产业(Domestic Industry)

为确定损害之目的,"国内产业"系指国内生产同类产品的生产者全体,或这些产品的合计总量占全部国内同类产品生产重大比例的那部分生产者,但是:(1)当生产商与进口商或出口商有关联,或当生产商就是倾销产品的进口商时,国内产业系指其余的生产者。所谓生产商与出口商或进口商有关联,是指:①一方直接或间接控制他方;

②他们都直接或间接受某一第三方控制;③他们共同直接或间接控制某一第三方,他们被怀疑有关系,是因为他们之间的行为与无关系的生产商不同。当一方在法律上或经营活动中能对另一方实施限制或指导时,则被视为前者控制了后者。(2)在特殊情况下,当该项产品的生产把一成员国境内分成两个或更多的竞争性市场时,每个市场内的生产者可以被看做是一个单独的产业(separate industry),其条件是:①该市场的生产者在本市场区域内销售全部或几乎全部产品;②该市场的需求在很大程度上不是由境内其他地区的生产商供应,在这种情况下,如果倾销产品集中进入其中某个分立的市场并对市场区域内所有的或几乎所有的生产者造成损害,则也确认为发生了损害,即使整个国内产业的大部分并未受到损害。(3)当两个或更多国家达到总协定第24条第8款(a)项所指一体化水平,具有单一而统一市场的特征时,整个一体化区域内的产业被视为"国内产业"。

3. 实质性损害

按照《反倾销协定》的解释,损害包括对某一国内产业的实质性损害,对国内产业实质性损害的威胁或者对某一产业的建立造成实质性阻碍。

(1)实质性损害(Material Injury)。为确定进口产品是否给国内产业造成实质性损害,主要考虑以下几个因素:①倾销产品的进口数量;②对进口国同类产品价格的影响;③对进口国同类产品的生产者或产业的影响。

在进口数量方面,调查当局应考虑倾销产品的进口量或进口国国内消费量的绝对或相对数量是否都存在明显的增加。

在对价格的影响方面,调查当局应考虑,与进口国同类产品的价格相比,倾销产品是否存在大幅度的削价,考察倾销产品是否严重抑制了价格或严重阻碍了本应发生的价格大幅度上升。以上因素中的一个或几个因素不能必然起决定性作用。

在考虑对国内生产者或对国内产业的影响时,应对影响产业状况的所有相关经济因素加以分析,包括但不限于在销售量、利润、产量、市场占有率、生产率、投资收益、设备能力及利用状况等方面实际和潜在的下降;影响国内价格的因素;倾销幅度的大小;对资金流动、存货、就业、工资、增长率、筹措资金及投资能力等方面实际或潜在的负作用等,以上因素中的一个或几个都不能必然起决定性作用。

(2)实质性损害威胁(Threat of Material Injury)。实质性损害的威胁,是指实质性损害尚未发生,但事实的发展将导致这种损害的发生。为此,《反倾销协定》要求对实质性损害威胁的确定必须根据事实,而不能仅仅依据宣称、猜测或极小的可能性。倾销导致损害的发展必须是能够预见到的,迫在眉睫的。如不采取保护措施,则实质性损害肯定会发生。为此,当局在作出此等裁决时,应主要考虑以下因素:①倾销产品大幅度增加地进入进口国市场,表明进口将可能大量增加;②出口商有充分自由的出口能力,或其出口大幅度增长表明其向进口国市场的倾销进口量有可能大幅度增加;③进口商品的价格是否对进口国价格造成明显的抑制或削价作用,并可能进一步增加对进口商品的需求;④被调查产品的库存情况。

(3)对某一产业的建立的实质性阻碍(Material Retardation of the Establishment of Such an Industry)。《反倾销协定》对何谓对某一产业的建立造成实质性阻碍并未作出明确定义也未规定明确的判定标准。实践中,不能理解为阻碍了建立一个新产业的计划或设想,而是新产业的实际建立过程进度受到影响,如厂房已处在建设之中或设备已经订购,由于进口产品大量涌入,致使该产业的建立失去意义。

(4)累计评估(Cumulative Assess)。是指进口国当局在确定进口产品对国内产业造成损害时,将同时来自几个不同国家的进口产品数量作为一个整体,考察其对国内产业的影响,以防止在单个进行评估时不会得出损害结论的小量进口逃避反倾销税的可能性,从而达到强化损害存在的目的。

根据《反倾销协定》的规定,能够进行累计的进口必须符合以下条件:①来自不同国家的进口在同一天(simultaneously)受到反倾销指控;②来自每一个国家的进口其倾销幅度都大于第5条第8款微不足道的(de minimis)倾销幅度,即大于2%的倾销幅度;③从每一个国家的进口产品数量不是可以忽略不计的,即来自每一国家进口产品数量超过3%,或来自几个国家的进口量分别低于3%但总和超过7%,则可进行累计评估;④比较竞争条件,即进口产品之间的竞争条件以及进口产品与生产同类产品的国内产品之间的竞争条件相比较,考虑累计评估是否适当,这是一个很具有弹性的条件,给进口国当局留有充分的自由裁量权。

(5)倾销与损害之间的因果关系(A Causal Relationship Between the Dumped Imports and the Injury)。根据《反倾销协定》的规定,有关当局必须拥有充分的证据,证明倾销与国内产业的损害之间存在因果关系。除了前述在判断实质性损害时的三个要素:进口产品数量,对国内同类产品的价格,对国内同类产品的生产者和产业的影响外,还需考察不能归咎于倾销产品的其他因素。例如,非倾销产品进口的数量和价格;国内需求的减少;消费模式的改变;限制性贸易做法;外国生产者和国内生产者之间的竞争;技术的发展;出口实绩以及国内产业的生产能力。

在考察倾销与损害的因果关系时,应当证明倾销是造成损害的最重要的原因。

二、乌拉圭回合反倾销协定的程序规则

(一)发起和延续调查(Initiation and Subsequent Investigation)

1. 申请人资格

按照《反倾销协定》的规定,在一般情况下,反倾销调查是依据进口国生产同类产品的国内工业的代表(包括雇员或雇员代表)提出申请开始的。为此,进口国当局应依据国内同类产品的生产商对此申请表示支持或反对的程度来判断申请人是否拥有足以代表生产同类产品的国内工业(或国内同类产品生产商协会),其标准是:(1)支持申请的国内同类产品生产商的产量至少占国内同类产品总产量的25%;(2)表示支持的国内同类产品生产商的总产量超过国内工业中参与对申请进行表态的(支持或反对)

的那部分生产总产量的50%。在特殊情况下,没有国内工业或其代表的申请,有关当局在掌握了关于倾销、损害和因果关系的足够证据时,也可以自己发起反倾销调查。除特殊情况外,调查应在其开始后一年之内结束,最长不得超过18个月。

2. 终止调查

在下列情况下,主管当局应终止调查:(1)在缺乏倾销和损害的充分证据时,应尽快终止调查;(2)当倾销幅度是微不足道或当倾销数量或损害是可以忽略不计时,应立即终止。

(二)证据(Evidence)

根据《反倾销协定》的规定,主管当局无论是作出是否进行调查的决定还是在整个调查期间,都要充分考虑有关倾销损害以及倾销与损害的因果关系的证据的准确性与充分性,为此,在收集证据方面,应做到:

(1)通知。当局应将要求提供资料的通知给予反倾销调查涉及的所有利益关系方。所谓利益关系方(Interested Parties)是指:①受调查产品的出口商、进口商或外国生产商,或多数会员为该产品的生产商,出口商或进口商的贸易商会或生产者协会;②出口国政府;③进口国同类产品的生产商或多数会员为进口国生产同类产品的贸易商会或生产者协会;④其他国内或国外当事方。

(2)提供资料。一旦决定发起调查当局应将申请人的书面申请材料提供给有关的出口商和出口国当局,并经要求提供给其他利益方;任何一个利益关系方提供的书面证据都应迅速提供给其他利益关系方。

对于任何需要保密的资料,即如果公开将给竞争对手带来巨大的竞争优势,或给提供资料者或要求提供该资料者造成十分不利的后果,原则上这些资料未经提供者特别许可不得公开。但有关当局可要求其提供概况或以摘要形式提供该资料。

对于无正当理由,拒不提供资料或不愿将资料公开,也不提供摘要或阻碍调查者,当局将在现有资料上作出肯定或否定的初裁和终裁。

(3)辩护与协商。出口商或外国生产者自收到调查表后至少给予30天的时间作出回答,并对任何要求延长期限的请求只要可行应予以同意。

在整个反倾销调查过程中,所有的利益关系方应有充分的机会和足够的时间为其利益进行辩护。

为达上述目的,当局应为所有利益关系方提供与其有相反利益的其他当事人进行协商的机会。任何当事人没有必须参加协商的义务,当局不得因当事人不参加协商而对其产生偏见。

(4)调查。为了证实提供的资料或获取进一步的情报,有关当局在必要时可在其他成员国境内进行调查。其前提是,与有关厂商达成协议,通知该成员政府,并得到该成员国同意。除受保密限制,调查结果应予公布。

(5)分别审查与限定审查。作为一般原则,当局应对与被调查产品有关的每一个出口商或生产商分别裁定其倾销幅度。如涉及人数和产品类型庞大不能作出分别裁定时,则可限定审查范围:①抽样审查:即抽样审查合理数目的产品和利益关系方;②对占该国产品出口量百分比最大的利益关系方进行审查。除非分别裁定会给当局造成不合理负担或妨碍其调查,否则对及时提供了必要资料虽未被选为分别进行裁决的出口商或生产商均应分别裁定其倾销幅度。

(三)临时措施与价格承诺

1. 临时措施(Provisional Measures)

(1)采取临时措施的条件。根据《反倾销协议》的规定,临时措施只在下列情况下实施:①发起反倾销调查的通知已经公告且给予利益关系方提供资料和发表意见的适当机会;②已作出倾销和造成损害的肯定性初裁;③有关当局裁定临时措施对于防止在调查期间发生损害非常必要。

(2)临时措施的形式。①征收临时税的形式。②保证金方式。通过现金存款或债券保证的形式,其金额相当于临时估计的反倾销税,但不得高于临时估计的倾销幅度。

(3)时限。临时措施应限制在尽可能短的时间内,一般不应超过4个月,起始日不得早于发起反倾销调查之日后60天;或者按占该贸易份额很大的出口商的要求,该期限可限制在不超过6个月的时间内。但如果当局在调查中在审查是否征税额低于倾销幅度足以抵消损害时,上述期限可分别为6个月和9个月。

2. 价格承诺

(1)定义。所谓价格承诺(Price Undertakings),是指出口商自愿修订其价格或停止以倾销价格向有关地区出口的承诺,使当局满意地确信倾销造成的损害影响已经消除。出口商承诺提高的价格不应超过需要消除的倾销幅度。当这种提价可以消除对国内工业的损害时,提价幅度应小于倾销幅度。

进口国当局可以提出价格承诺的建议,但不得强迫出口商作出该承诺。出口商不接受建议或不作出承诺,不对当局考虑该案造成不利影响。

(2)接受价格承诺的后果。①当局接受出口商价格承诺,诉讼程序应当中止或终止,不采取临时措施或征收反倾销税。②出于出口商的意愿或当局的决定,继续完成关于倾销和损害的调查。如对倾销或损害作出否定性裁决,则价格承诺自动失效;如否定裁决很大程度上是基于价格承诺,则当局可要求价格承诺继续维持一般合理时间;如对倾销或损害作出肯定性裁决,则承诺继续有效。③进口国当局可要求承诺商定期提供执行该承诺的资料,并对这些数据进行核实。如承诺商违反承诺,当局可立即按现有最佳资料采取临时措施,并对实施临时措施前90天进入消费市场的产品征收最终反倾销税,但不对违反承诺前进口的产品追溯征税。

(3)不接受价格承诺的条件。进口国当局已就倾销及损害作出肯定的初裁时,不应向出口商寻求或接受其价格承诺;当局认为接受承诺是不切实际的,如实际或潜在出口商数目庞大,或基于政策在内的其他原因,当局可以不接受价格承诺,但应说明拒绝理由并给出口商发表意见的机会。

(四)反倾销税的确定与征收

1. 征收反倾销税的确定

当征收反倾销税的所有条件均已具备,即存在倾销、损害及因果关系三要素时,是否征收反倾销税,是按倾销幅度的全部还是部分征税,均由进口国当局决定。

2. 反倾销税的征收

除已接受价格承诺的产品外,应当在无歧视的基础上对构成倾销和损害的所有进口产品按适当的数额进行征税,并列明有关产品供货商的名称或有关供货国。

(1)反倾销税额的确定。反倾销税额不应超过业经确定的倾销幅度,如果部分征税足以抵消给国内工业造成的损害,则征税幅度可以小于倾销幅度:①如果反倾销税额是在追溯征收的基础上估算的,则应尽快确定支付反倾销税的最终责任,通常自提出对反倾销税额进行最终估算要求之日起,12 个月内作出,无论如何不能超过 18 个月。任何退款应尽快进行,通常应在确定最终责任后 90 天内退还,否则,当局应根据当事方的请求,对延迟退还作出解释。②如果反倾销税额是在预计征收的基础上估算的,则对超过倾销幅度的部分尽快退还。通常应在有关产品的进口商提出充分的退款证据和退款要求之日起 12 个月内退还,无论如何不得超过 18 个月。通常应在上述决定作出后 90 天内退还。

退款时应考虑出口价格,正常价值的变化,进口和转售时费用的变化以及转售后最终销售价格的变化等。

(2)非倾销产品的出口额。对于非倾销产品的出口商,即在反倾销调查期间,没有出口被指控倾销的产品,但在反倾销税命令生效期间开始向进口国出口相同或同类产品的出口商,如果他们能证明自己与被调查倾销的出口商之间不存在任何特殊关系时,当局应适用快速审查程序(review on an accelerated basis)。在快速审查期间,不对该出口商或生产商的产品征收反倾销税,但可要求其提供担保,以便在确定其构成倾销时,能自审查之日起追溯征收其反倾销税。

3. 追溯效力

原则上,反倾销的临时措施与反倾销税只适用于作出反倾销调查决定生效后或征收反倾销税的所有条件均已具备,当局作出征税决定生效后进入消费领域的产品。当作出损害(不是损害威胁或对建立工业的阻碍)的终裁时,或在作出损害威胁的终裁时,如不采取临时措施,将导致损害后果发生,反倾销税可追溯至临时措施开始之日起征收。

如作出损害威胁或实质性阻碍的裁决(但损害尚未发生),最终反倾销税从作出上述裁决之日起征收;在实施临时措施时的保证金予以退还,债券保证予以解除。如果最终裁决时否定的,则任何在临时措施时的保证金应予退还,债券保证予以解除。

在下列情况下,可对采取临时措施前 90 天内进入消费领域的产品征收最终反倾销税:①有造成损害的历史,或进口商知道或理应知道出口商在进行倾销并且该倾销会造成损害;②损害是由倾销产品在短时间内的大量进口造成的。

在临时反倾销税(初裁)与最终反倾销税(终裁)结果不一致时,按照"高退低不补"的原则,临时反倾销税高于最终反倾销税时,差额部分应予退还,如临时反倾销税额低于最终反倾销税额,差额部分无须补交。

(五)反倾销税的期限与复审

1. 反倾销税的期限

按照《反倾销协定》,原则上,反倾销税只在抵消造成损害的限度内有效。应自征收之日起(或最近一次复审之日起)不超过5年结束(又称"日落条款")。

2. 复审

为确定反倾销税是否有继续征收的必要,当局可经任何一利益关系方的请求或自行进行复审,如认为继续征收不再合理,应立即终止。

复审应自发起之日起12个月内结束,在复审期间,征收可继续进行。

(六)代表第三国采取的反倾销行动

当一国向另一国倾销商品时,给第三国的相同或同类产品的生产造成实质损害时,第三国向产品的进口国当局提出申请,要求进口国当局采取反倾销行动。

与前述反倾销做法不同之处在于:(1)提出要求进口国采取行动的申请人必须是第三国政府,而不是其国内工业的代表。(2)是否受理该项请求取决于进口国当局,如进口国决定采取行动,是否向世贸组织货物贸易委员会提交报告以寻求对该行动的支持,也取决于进口国。(3)第三国在申请中要包括倾销产品的价格资料,对第三国有关工业造成损害的详细资料,并全力协助进口国当局取得所需要的进一步资料。(4)进口国在考虑申请时,应考虑该倾销对第三国有关工业总体上造成的影响,而不能仅仅以该倾销影响该工业向进口国出口能力或影响该工业整个出口能力为基础来估算其损害程度。

根据《反倾销协定》,GATT建立了反倾销实施委员会并建立了协商和解决争议的程序。

三、乌拉圭回合反补贴协定

该协定全称为《补贴与反补贴措施协定》(Agreement on Subsidies and Countervailing Measures,以下简称《反补贴协定》)其内容分补贴与反补贴措施的实体规定和程序性规定,由于其程序性规定与《反倾销协定》的内容基本相同,故不赘述,以下主要介绍该协定的实体性规定。

(一)补贴的定义

根据《反补贴协定》第1条的规定,补贴(Subsidy)是在指某成员境内由某一政府或任何公共机构作出的财政支持,任何形式的收入支持或价格支持,以及由此给予的利益。

(二)特定性补贴与非特定性补贴

特定性(Specificity)补贴包括:(1)一项补贴如果是在实施当局的管辖范围之内由主管当局或其遵守的法律明确给予特点企业或某个产业或某个产业的部分企业,统称为"特定企业"(Certain Enterprises);(2)一项补贴仅限于向实施当局管辖内的特定地区的特点企业使用;(3)《反补贴协定》中属于"禁止使用的补贴"。

如果实施当局或其遵守的法律为补贴的获得规定了客观的标准和条件,符合这些标准和条件,补贴将自动取得,则补贴将不具有特定性。

在考虑一项补贴是否具有特定性时,要考虑以下因素:(1)为补贴确定的标准和条件是否具有透明度,即这些标准和条件是否明确地在法律、法规或其他官方文件中写明,并能加以核实;(2)补贴的使用是否被限制在有限数量的特定企业中;(3)对特定企业是否优先使用补贴;(4)向特定企业使用不相称的大量补贴;(5)补贴当局是否以随意方式作出实施补贴的决定;(6)补贴当局管辖范围内经济活动的多样性;(7)实施补贴的时间性等。

考虑到WTO成员经济的多样性以及补贴形式的复杂性,《反补贴协定》将补贴分为禁止使用的补贴,可申诉的补贴以及不可申诉的补贴,针对这三类不同性质的补贴,分别制定可与反补贴措施平行使用的救济方法。

(三)禁止使用的补贴

按照《反补贴协定》的规定,除《农产品协定》的规定外,禁止使用的补贴(Prohibited Subsidies)有两种。

1. 出口补贴

即在法律上或事实上,仅向出口行为使用的补贴。该协定附录一补贴清单列举了12种出口行为:(1)政府根据出口完成情况给予某一产业或工业企业的直接补贴。(2)外汇留成计划或类似的出口奖励做法。(3)政府或政府授权为出口货物提供优于内销货物的国内运输及其运费。(4)政府或政府代理机构为用于出口货物生产的进口或国内产品或劳务提供的条款或条件优于国内消费品生产的同类产品或直接竞争的产品或劳务,以及这些条款或条件对它们的出口商来说比世界市场现有商业条件更为优惠。(5)对工业或商业企业出口品已缴或应缴的直接税或社会福利费实行全部或部分免税、退税或缓付税款。(6)在计算直接税税基时,对出口品或出口实绩给予的特别折扣高于给予内销品生产的折扣。(7)对出口品生产和分配实行免除或退还的间接税超过给予同类内销品生产和分配的间接税者。(8)对用于出口品生产的货物或劳务实行免除、退还或缓付的预提累进间接税超过对同类内销产品实行免除、退还或缓付的预提累进间接税;但如果对实际上已经并入出口品中的产品已预征提累进间接税,则尽管用于内销时,对其预提累进间接税不予免除、退还或缓征,对出口品仍可免除、退还或缓缴。(9)对进口费用的减征和退还超过了在出口产品生产中进口消费投入的征税。在特定情况下企业可用部分其质量和性能相当于进口品的国内产品代替进口品,以便从本规定中获得好处，但进口及相应的出口交易需发生在一段合理的期限内，通常不超过两年。(10)政府(或由政府控制的专门机构)提供的出口信贷担保或保险项目，提供的不使出口品成本提高的保险或担保项目或汇率风险计划，不适当地弥补了这些项目的长期经营费用和损失。(11)政府(或由政府控制的专门机构)给予的出口信贷利率低于实行用款应付利率(或低于从国际资本市场借支同等金额、同样偿还期、同样货币所应付的利率)或它们支付出口者或金融机构为取得信贷而付出的全部或部分费用，只要这些费用是用来取得实质上有利的出口信贷条件。(12)构成总协定第16条出口补贴的公开账户上的任何费用。

2. 进口替代行为

即使用国产品替代进口品的行为，按照《反补贴协定》的规定，各成员不应实施和维持这种被禁止使用的补贴。如果其他成员一经发现，或有理由相信其他成员正在实施或维持这种补贴，则可采取本协定第五部分的反补贴措施，或依照本协定，采用协定第二部分第4条给予的救济方法(二者只能取一)，即(1)协商。协商的目的在于澄清事实，并达成双方都能接受的解决办法。(2)提交争端解决机构设立专家小组。协商不成(从发出协商申请30天之内)则将争议提交本协定的争端解决机构以便建立专家小组。(3)常设专家小组审议。专家小组邀请本协定的常设专家组审议，作出该项补贴是否属于禁止使用的补贴的结论。(4)专家小组报告。专家小组应在90天内(自设立之日起)向争端各方提出报告，供所有成员传阅。如补贴属禁止使用的补贴，则专家小组应建议实施补贴的成员立即取消该项补贴，并规定取消的时间限制。如30天内，争端一方不上诉，或争端解决机构不是一致否决该报告，则争端解决机构应采纳这一报告。(5)上诉。如争端一方对专家小组报告提出上诉，则30天内，上述机构应作出决定(自提交上诉意图之日起)，但无论如何不能超过60天。除非争端解决机构在收到上述机构报告20天内一致否决该报告，否则争端解决机构与争端各方应无条件采纳该报告。(6)申诉成员自助。如争端解决机构的建议未在专家小组规定的时间内得到执行，则争端解决机构可授权申诉成员采取适当的对策。(7)仲裁。如果争端一方要求按《争端解决谅解》第22条第6款要求仲裁，则由仲裁员裁定申诉人的对策是否适当。

除《反补贴协定》明确规定的时间限制外，依据《争端解决谅解》处理补贴争端时的时间限制应一律减半。

(四)可申诉的补贴

可申诉的补贴(Actionable Subsidies)，是指《反补贴协议》第1条所指的补贴，如给成员带来不利影响或严重损害，受损害的成员可采取协定第五部分的反补贴措施或依据《反补贴协定》第三部分第7条的规定，采取协定给予的救济办法。但依据《农产品协定》第13条给农产品的补贴除外。

1. 不利影响

《反补贴协定》规定的“不利影响”(Adverse Effect)是指：(1)损害其他成员的国内

产业。此处损害国内工业的概念与《反倾销协定》中的概念相同;(2)使其他成员依据《关贸总协定1994》直接或间接获得的利益,特别是《关贸总协定1994》第2条关税减让的利益丧失或受到损害;(3)严重损害其他成员的利益。此处"严重损害"的含义与《关贸总协定1994》第16条第1款的含义相同,包括严重损害和严重损害的威胁。

2. 严重损害

根据《反补贴协定》第6条的规定,"严重损害"在下列情况下应被视为存在:(1)对某项产品的从价补贴总额超过5%;(2)弥补某项工业经营亏损的补贴;(3)弥补某企业经营亏损的补贴,属于非周期性的、非重复使用的,为长期发展和避免严重社会问题的一次性措施;(4)直接免除债务,即解除政府债权,实施补贴以抵消应付债款。

对于上述"严重损害"的存在,如果实施补贴的成员说明该补贴未产生下列后果,则可视为不存在严重损害:(1)补贴的后果是排斥或阻碍另一成员同类产品进入实施补贴的成员的市场;(2)是排斥或阻碍另一成员同类产品向第三国市场出口;(3)是在同一市场上,与另一成员的同类产品的价格相比,被补贴产品存在明显的削价,或对同类产品造成严重的抑价,降价或销售量减少的后果;(4)造成实施补贴成员的初级产品或商品在世界市场上的份额与前三年的平均市场份额相比有所增长,该份额的增长在实施补贴后呈持续上升的趋势。

在下列情况下,由上述(1)(2)所指的"排斥或阻碍"同类产品所导致的严重损害不能成立:(1)对来自申诉成员同类产品的出口或进入第三国市场加以禁止或限制;(2)对有关产品进行垄断贸易或国营贸易的进口国以非商业原因将进口从申诉成员转向其他国家;(3)发生自然灾害、罢工、交通紊乱等不可抗力事件对申诉成员有关产品的生产数量、质量、价格等造成重大影响;(4)存在限制申诉成员进口的协议安排;(5)申诉成员自动减少有关产品的出口能力;(6)申诉成员出口产品不符合进口国技术标准或其他法规要求。

如果某成员有理由相信其他成员正在实施或维持《反补贴协定》第1条所指补贴,并对其国内工业造成了损害,使其利益丧失或遭到损害或严重损害,该成员或采取第五部分反补贴措施,或依照本协定第三部分第7条给予的救济方法(二者只能取一):(1)协商。(2)提交争端解决机构,以便成立专家小组。与"禁止使用的补贴"救济中的规定不同,协商时间改为60天(不是30天),达不成一致意见,则提交争端解决机构。(3)设立专家小组。明确规定专家小组应在15天内设立,并在120天内提交最终报告(从设立之日起,不是90天),如30天内争端一方不上诉,或争端解决机构未一致否决该报告,则争端解决机构应采纳该报告。实施或维持补贴成员应采取适当步骤消除不利影响或取消补贴。(4)上诉。如专家小组报告被上诉,上诉机构应在60天内(从提交上诉意见之日起)(不是30天内)提交报告,如延长最多不得超过90天(不是60天)。除非争端解决机构在报告向其成员发布后20天内一致否决该报告,否则争端解决机构和争端各方应无条件采纳该报告。(5)申诉成员自助。如自争端解决机构采纳专家小组报告或上诉报告之日起6个月内(禁止使用的补贴中该时间由专家小组确定),该成员未予执行也未达成关于补偿的决定,争端解决机构将授权申诉成员采取与裁定的不利影响的性质和程度相适应的对策,除非争端解决机构一致否决了申诉成员的请求。(6)仲裁。如争端一方根据《争端解决的谅解》第22条第6款要求仲裁,则由仲裁员裁定对策是否适当。

(五)不可申诉的补贴

1. 不可申诉的补贴的识别

根据《反补贴协定》第8条的规定,下列补贴为不可申诉的补贴(Non-actionable Subsidies):(1)前述不具有特定性的补贴;(2)虽具有特定性,但符合下述(3)中全部条件的补贴;(3)尽管有可申诉的补贴和反补贴措施的规定,但下列三种类型的补贴属于不可申诉的补贴:①对企业开展的研究活动或由高等院校、科研机构应企业的合同要求开展的研究活动给予资助;②按照地区发展总体规划,在同等条件的地区之间不具有特定性向境内落后地区提供资助;③为使企业适应保护环境的需要,对由法律和法规施加的给企业造成更大限制和财政负担给予资助。

对于上述(3)中不可申诉的补贴,如某成员有理由认为这种补贴给国内工业造成严重不利影响,则可采取本协定第五部分的反补贴措施或第四部分第9条不可申诉的补贴的救济办法(二者只能取一):(1)协商。(2)60天内协商不成,则将争议提交补贴与反补贴委员会,委员会应在120天内作出裁定结果。如裁定存在严重不利影响,则建议实施补贴的国家以消除此中影响的方式修改其补贴计划。(3)如委员会建议在60天内未得到执行,委员会可授权提出要求的成员,按照所认定的影响的程度和性质采取适当的措施。

2. 透明度

由于存在不可申诉的补贴,协议要求各缔约方将任何补贴的形式、数量、日期以及可能对贸易带来的影响的估价,即时通报各成员并公之于众以保持其补贴的透明度。

3. 反补贴措施的程序性规定

按照协议的规定,反补贴的程序规定和对损害的认定均与《反倾销协定》相同,故不赘述。它和协定中第二部分、第三部分规定的救济办法均可适用,但两者只能择一而用。

4. 对发展中国家的例外规定

这些例外包括:(1)禁止出口补贴的规定不适用于最不发达国家以及人均年国民生产总值(GNP)不足1000美元的发展中国家(包括印度、巴基斯坦、埃及等),其他发展中国家应在8年内逐步取消出口补贴。(2)对达到出口竞争性标准的产品,发展中国家应在两年内逐步取消出口补贴,对最不发达国家和年人均GNP不足1000美元的发展中国家,可在8年内逐步取消。所谓出口竞争性标准是指该产品连续两年在世界贸易占3.25%的份额。(3)禁止进口替代的规定在5年内不适用于发展中国家,8年内不适用于最不发达国家。(4)如进口国发现来自发展中国家的产品,其总补贴额不超过单位产品金额的2%,或该产品不足同类产品进口总额的4%,或所有发展中国家的所有该补贴产品加起来不足同类产品进口总额的9%,则对该产品的补贴调查应立即终止。(5)对于从计划经济过渡到市场经济的国家的补贴行为,协议作了专门规定,允许这些国家在7年内逐步取消出口补贴。

值得注意的是,根据《补贴与反补贴措施协定》第8条和第9条的规定,不可诉补贴的规定只在协议生效之日起5年内适用。期满前180天将由反补贴委员会审议该项规定的适用情况,以便决定是否继续适用。当该事项在1999年被委员会审议时,委员会没有一致同意其继续适用,因此,从1999年12月31日起,关于不可诉补贴的规定停止适用。但是,考虑到协议的定义和范围,许多原来属于不可申诉的补贴将成为可诉补贴。

四、乌拉圭回合《保障措施协定》

(一)GATT1947第19条

乌拉圭回合前关于保障措施的规定是GATT1947第19条关于"对某种产品进口的紧急措施"。是GATT1947为各缔约方设置的自我保护条款之一。该条规定源于美国的建议。美国最早在其对外签订的双边贸易协定中订入"保障条款",以便当某类产品的进口增加对美国造成损害时,免除美国应尽的条约义务。1947年2月,美国总统正式发布行政命令,要求美国在与其他国家签订贸易协定时必须包含"保障条款"。1947年在起草国际贸易组织宪章时,美国代表极力主张应包含逃避条款,其理由是,可以使各国在执行第四章时有更多的灵活性,使各国在遇有紧急情况时可跳出国际协定束缚的桎梏。逃避条款可使各国在特殊情况下,临时修改其所承担的义务。为避免对该项权力的滥用,逃避条款必须规定各国在采取行动前通知国际贸易组织,并与该组织和其他有关国家进行磋商,结果得到了大多数国家的赞同。经过对美国的草案的修改,保障条款在关贸总协定中产生,体现为GATT1947第19条。由于GATT是一个多边协定,保障条款的影响就远远超过了美墨双边协定中的影响。此后,国际条约中频频出现保障条款,如1957年建立欧洲经济共同体的罗马条约,即吸收了关贸总协定的这一规定。

GATT1947第19条的标题为"对某些产品进口的紧急措施",从该标题可以清楚地看出保障措施的"紧急"和"异常"的性质。其内容如下:"(1)(甲)如因意外情况的发展或因一缔约方承担本协定义务。(包括关税减让在内)而产生的影响,使某一产品输入这一缔约方领土的数量大为增加,对这一领土内相同产品或与它直接竞争产品的国内生产者造成严重损害或产生严重的威胁时,这一缔约方在防止或纠正这种损害所必需的程度和时间内,可以对上述产品全部或部分地暂停实施其所承担的义务或者撤销或修改减让。(乙)属于优惠减让对象的某一产品,如在本款(甲)项所述情形下输入到一缔约方领土,并因此对目前或过去享受这种优惠的另一缔约方领土内的相同产品或与它直接竞争的产品的国内生产者造成严重损害或产生严重威胁时，经这一另缔约方提出请求后，输入这种产品的缔约方可以在防止或纠正这种损害所必需的程度和时间内，全部或部分地对这种产品暂停实施所承担的有关减让，或者撤销或修改减让。(2)缔约方在根据本条第1款的规定采取行动以前，应尽可能提前用书面通知缔约方全体，以便缔约方全体及与这项产品的出口有实质利害关系的缔约方，有机会与它就拟采取的行动进行协商。如涉及的是有关优惠方面的减让，在书面通知中应注明要求采取行动的缔约方名称，在紧急情况下，如果延迟会造成难于补救的损害，不经事前协商，可以采取本条第1款规定的行动，但在采取行动以后，必须立即进行协商。(3)(甲)如在有利害关系的缔约方之间不能就这项行动达成协议，则提议采取或维持这项行动的缔约方仍然可以执行它。当它这样做以后，受到影响的缔约方在采取这项行动以后的90天内，可以从缔约方全体收到暂停实施减让的书面通知之日起30天期满以后，对采取这项行动的缔约方的贸易暂停实施本协定规定的那些大体上对等的减让或其他义务，或如为本条第1款(乙)项所述情况，对要求采取这项行动的缔约方，暂停实施这种减让或其他义务，如果缔约方全体对此不表示异议。(乙)在未经事前协商即按本条第2款采取行动并对一缔约方领土产品的国内生产者造成严重损害或产生严重威胁，尽管有本款(甲)项的规定，如果延迟会造成难于补救的损失，一缔约方在这项行动采取以后以及在整个协商期间，可以暂停实施防止或纠正损害所必需的那种减让或其他义务。"

概括起来，GATT1947第19条共有3款。第1款是实施保障措施的条件，即在下列情况下可以采取保障措施：(1)某一产品的进口大量增加，包括绝对增加和相对增加。(2)产品进口大量增加的原因必须是不可预见的情况发生或承担包括关税减让在内的GATT1947的义务引起。(3)存在"严重损害"或"严重损害威胁"的事实。(4)"严重损害"或"严重损害威胁"是由于进口大量增加造成的。

但是，第19条并没有明确一些术语的解释和理解，如对进口产品"大量增加"的理解、对"不可预见的情况发生"、"严重损害"或"严重损害威胁"等的理解，因此，在实践中引起很多争议。关于"不可预见的情况"，GATT曾经在1950年审理了一宗捷克诉美国案件。在该案件中，当时由于女帽样式变化，导致美国从捷克进口的制帽毛皮大量增加，于是美国采取了保障措施，捷克不满，诉诸GATT。专家小组认为："所谓未能预料的情况是指当事双方关税减让谈判后的新情况，谈判的一方在做出减让时能够并应当预料而未能合理预料的情况。女帽样式的变化本身不构成未能预料的情况，但是样式的变化影响了帽子的竞争形式，这是美国当年谈判时所未能合理预料的情况，因而，本案符合未能预料的情况这一条件。"[32]为重申GATT的纪律，维护GATT的权威

---

〔32〕 王磊："WTO允许成员国免除义务的主要规则"，载《国际商报》2001年2月18日。参阅关贸总协定："美国依关贸总协定第19条撤销其关税优惠的报告"，1951年10月。

性,东京回合谈判将保障措施问题纳入谈判议题,希望通过谈判建立一套多边保障体系,但是,东京回合就保障措施问题并没有达成协议。

由于GATT1947关于保障条款的规定比较笼统,因此为缔约方滥用保障措施提供了方便。但是,由于援用保障条款面临着与有关国家进行磋商和补偿的要求,因此自20世纪70年代以来出现规避保障措施条款的灰色区域如自动出口限制、有秩序的出口安排等。在GATT的历史上,各缔约方共有150次使用保障措施,其中欧盟43次,澳大利亚38次,美国27次,加拿大23次。[33] 第2款为程序条件,主要规定了通知和磋商义务。任何缔约方根据本条第1款的规定采取行动之前,应尽可能提前书面通知缔约方全体,并应给予缔约方全体和对有关产品的有实质利害关系的出口缔约方就拟议的行动进行磋商的机会。如就关于优惠的减让作出通知,则通知应列明请求采取行动的缔约方名称。在迟延会造成难以补救的损害的紧急情况下,可不经事先磋商而临时采取本条第1款规定的行动,但条件是在采取该行动后应立即进行磋商。

第3款为报复措施的规定,即受保障措施影响的缔约方可以依规定采取报复措施。如有利害关系的缔约方之间未能就该行动达成协议,则提议采取或继续采取该行动的缔约方仍然有权这样做,且如果采取或继续采取该行动,则受影响的缔约方有权在不迟于该行动采取后90天内,在缔约方全体收到有关中止义务的通知起30天期满后,对采取该行动的缔约方的贸易,中止实施本协定项下与上述影响实质相等的减让或其他义务,只要缔约方全体对此不持异议。在未经事先磋商而根据本条第2款采取行动并对一缔约方领土内受该行动影响的产品的国内生产者造成损害或威胁造成严重损害,则该缔约方在迟延会造成难于补救的损害的情况下,有权在采取措施后和整个磋商期间,中止防止或补救损害所必需的减让或其他义务。

虽然保障措施制度是GATT1947的重要内容之一,但是,在GATT生效以来的40多年的历史中,保障措施一直未被各缔约方认真严格地履行,这与GATT保障条款自身的先天不足有着密切的联系。GATT1947第19条对实施保障措施的条件规定含糊不清,也没有规定具体的程序和实施期限,为成员随意解释和滥用保障措施提供了机会。另外,由于援用保障条款面临着与有关国家进行磋商和补偿的要求,而GATT1947第19条并没有禁止"灰色区域措施",因此很多成员可以绕过GATT的规定而采用双边协议的方式限制出口。自20世纪70年代以来出现大量规避保障措施条款的灰色区域如自动出口限制、有秩序的出口安排等。为重申GATT的纪律,维护GATT的权威性,东京回合谈判将保障措施问题纳入谈判议题,希望通过谈判建立一套多边保障体系。1973年9月东京回合部长宣言中称,应当"包括一个检查多边保障体系充分性办法,要特别考虑第19条的适用方式,以便既保留效果,又使贸易进一步自由化",于是

---

〔33〕 王磊:"WTO允许成员国免除义务的主要规则",载《国际商报》2001年2月25日。Robert. E. Hudec, *Enforcing International Trade Law, the Evolution of the Modern GATT Legal System* (1993), p. 171.

保障条款谈判便提到东京回合的议事日程上来。为此，关贸总协定成立了一个专门工作小组，分析保障条款存在的问题，组织缔约方进行谈判。但由于争议各方意见相左，在以后的十余年里未能达成一致协议。

(二)乌拉圭回合《保障措施协定》

随着实践的发展，由于GATT1947第19条保障条款本身的漏洞而产生的争论日渐增多。如何解释保障条款，准确适用保障条款，成为一个问题。发达国家希望保障条款的适用能够给其提供更多便利，倾向于宽松地解释保障条款。而发展中国家则希望能够严格保障条款的条件，使得保障条款不被频繁地适用，以免自己的低成本出口产品受到选择性保障措施的限制。GATT乌拉圭回合谈判开始于1987年1月，保障措施条款被列为第八谈判议题。《乌拉圭回合部长宣言》指出："就保障问题达成一项全面谅解协议，对加强关贸总协定体制和这轮多边贸易谈判的进展，具有特别重要的意义。"该宣言并且规定，谈判保障措施问题应以GATT的基本原则为基础，并特别考虑下列方面：(1)保障措施的透明度问题。应将所有依第19条实施的保障措施以及"灰色区域"措施通知缔约方全体，以便做到最大限度的透明度。(2)适用范围问题。这一问题包括：第一，保障措施的实施方式是关税措施还是数量限制；第二，保障措施适用客体应是所有产品，个别产品是否可考虑例外；第三，保障措施适用的国别范围是在选择性基础上适用个别国家，还是适用所有缔约方。(3)确定第19条中的一些概念的具体含义，如"严重损害"或"严重损害威胁"等。

此外，还应考虑临时性实施保障措施的具体时间的长短、保障措施使用程度的确定及递减性的要求、关于保障措施与国内产业结构调整问题、关于补偿与报复的处理、保障措施中引入GATI'争端解决机制等问题。

围绕以上问题进行的谈判过程并不顺利，矛盾集中于东京回合遗留下来的问题，如是否允许采取"选择性"保障措施和如何处理"灰色区域"措施等。美国和欧共体等发达贸易大国主张，将选择性保障措施引进GATT第19条；其他一些中小发达国家和广大发展中国家则坚持，应在非歧视原则基础上实施保障措施，同时反对美国和欧共体将选择性保障措施与灰色区域措施挂钩，两者择其一的做法，要求逐步取消现行一切不符合第19条规定的保障措施，包括自愿出口限制、有秩序的市场安排等灰色区域措施。经过长达7年有余的艰苦谈判，各缔约方在妥协的基础上于1994年4月在摩洛哥马拉喀什城签订了乌拉圭回合一揽子协议，其中包括《保障措施协定》。

《保障措施协定》作为乌拉圭回合最后文件的一部分，是对GATT1947第19条的解释和细化，其目的是澄清和加强GATT1947的纪律，特别是其中第19条的纪律(对某些产品进口的紧急措施)，重建对保障措施的多边控制，并消除逃避此类控制的措施。

(三)《保障措施协定》的主要内容

《保障措施协定》由14个条款和1个附件组成。主要内容包括：总则、实施保障措施的条件、保障措施调查、严重损害或损害威胁的确定、保障措施的实施、临时保障措施、保障措施的期限和审议、减让和其他义务的水平、补偿谈判与报复、对发展中成员的特殊待遇、先前存在的第19条措施、某些措施的禁止和取消、通知和磋商、多边监督及争端解决。附件所列举的是第11条第2款所指例外,是欧共体与日本之间于1999年12月31日终止的一项"灰色区域"措施。

1. 协议的目的和宗旨

协议基于以下目的制定:澄清和加强GATT1994的纪律尤其是第19条纪律,重建对保障措施的多边控制,并消除规避此类控制的措施;承认结构调整的重要性以及增加而非限制在国际市场上竞争的需要;制定一项适用于所有成员并以GATT1994基本原则为基础的综合协议。

由此可见,《保障措施协定》是以GATT1994(GATT1947)第19条为基础制定的。

2. 适用范围

适用于GATT1994第19条规定的保障措施。

3. 实施保障措施的条件

实施保障措施的条件与反倾销和反补贴的条件非常类似,包括实质性条件和程序性条件。

(1) 实质性条件。协议规定,当输入其境内的产品绝对地或相对地大量增长,并对国内生产同类或直接竞争产品造成严重损害或严重损害的威胁时,可以采用保障措施。也就是说,采取保障措施的实质条件是:

其一,输入其境内的产品绝对地或相对地大量增长。关于这一实质条件,GATT1994第19条的规定不同。后者要求进口产品的绝对或相对增加必须是因意外情况的出现引起,而前者没有这一要求。关于GATT1947第19条与WTO《保障措施协定》的关系,不同成员有不同理解。

其二,有业已或正在造成严重损害或严重损害威胁的事实发生。严重损害是指对某一国内产业的状况造成重大的总体损害。严重损害威胁是指严重损害之危急显而易见。对存在某种严重损害威胁的确定必须基于事实,而不能仅凭指定、推测或极小的可能性作出。在1998年欧盟与阿根廷关于鞋类保障措施案件中,专家组指出,根据《保障措施协定》第4条第1款(b),不管损害威胁是单独存在还是与损害共存,调查时都应该明确分析有关证据,如果只是进口数量可能增加,而不是实际增加,就不足以确认存在损害威胁。[34] 在确定损害或其威胁时,"某一国内产业"应理解为在一成员领土内经营同类产品或直接竞争产品的所有生产者,或那些同类产品或直接竞争产品的全部生产在这些产品国内全部生产中占有重大比例的生产者。与反倾销和反补贴相

---

〔34〕 朱榄叶:《世界贸易组织国际贸易纠纷案例评析》,法律出版社2000年版,第473、492页。见WT/DS121/R。

比,对国内产业的认定更加广泛。

在确定进口的增长是否对某一国内产业业已或正在造成严重损害或严重损害威胁的调查中,主管当局应评估与该产业状况相联系的客观的以及可以量化的所有相关因素,特别是在绝对和相对的条件下;有关产品进口增长的比例和数量、增长的进口产品在国内所占市场份额、销售水平的变化、总产量、生产率、能耗、盈亏及就业。可见,进口产品的绝对和相对增加都包括在内。在1997年欧盟与韩国关于对奶制品的保障措施的纠纷案件中,专家小组认为,成员方必须评估《保障措施协定》所列举的上述因素,而韩国没有评估上述所有因素,例如,没有比较全部产品,没有解释生产总量与国内产业遭受损害之间的关系,没有分析生产率和生产能力利用因素,没有充分分析损益情况等。此外,在是否需审查进口产品的价格方面,欧盟指出,韩国没有审查进口产品价格,违反了《保障措施协定》第2条第1款。韩国则指出,《保障措施协定》并没有要求审查进口产品的价格情况。专家组认为,价格因素是重要的,但《保障措施协议》并没有规定成员方必须审查进口产品的价格。

其三,进口增长与严重损害或其威胁之间存在因果关系。只有在客观证据证明,有关产品的进口增长与严重损害或其威胁之间存在因果关系,才能确定进口增长已经或正在造成严重损害或严重损害威胁。如果在同一时期内,产业所受损害是由进口增长以外的各类因素造成,这类损害不得归咎于增长的进口。协议没有要求进口是造成损害的唯一或主要的原因。

(2)程序性条件。成员方只有在其主管当局依照以前建立的并按GATT1994第10条(贸易条例的公布和实施)的程序进行调查之后,才可采取保障措施,调查应包括向所有利害有关方作出适当的公告、举行公开听证会或进出口商以及利害有关方能够陈述证据和看法的其他适当方式,包括给予机会,对其他相关方的陈述作出回答并提出其观点。主管当局应公布报告。

任何机密性质或在机密基础上提供的资料,在被公开前必须由主管当局作为机密件处理,未经提供方允许不得泄露。如果主管当局发现有关保密的要求不适当,或如果有关方不愿意将资料公之于众,也不愿授权以笼统方式或摘要方式使之泄露,主管当局可以不考虑这些资料,除非由适当的来源证实这些资料的正确性。

4. 保障措施的应用

(1)保障措施适用的对象。保障措施应该对正在进口的某一产品实施,而不管其来源。也就是说,采用保障措施只能针对产品,而不能只针对某些国家或某些国家的产品。

(2)可采用的保障措施及其限度。成员方只能在防止或补救严重损害并促进调整的必要限度内实施保障措施。

如果使用数量限制措施,该措施不得把进口量降到最近一段时期的进口水平以下,即统计数据表明有代表性的前3年平均进口水平,除非有明确、正当的理由表明某一不同水平对防止和补救严重损害是必要的。因此,成员方应选择最合适的措施。如果在供应国之间分配配额,实施限制成员方应与在供应有关产品方面具有重大利益的所有其他成员,就配额的分配达成协议。如果在分配中,该方法不可行,有关成员方必须以先前有代表性的一段时期内该成员在该产品进口总量或总额中所占比例为基础份额,分配给在供应该产品方面具有重大利益的成员方,并适当考虑可能已经或正在影响该产品贸易的任何特别因素。但是,在下列条件下,成员方可背离该项关于配额分配的规定,即在保障措施委员会主持下进行磋商并向委员会提供了以下证据:在有代表性的时间内,从某一成员的进口在有关产品进口的总增加中占过分大的比例;背离该项规定的正当理由;该背离对产品所有供应者是公平的。背离措施的实施期不得超过4年。但是,在严重损害或严重损害威胁的情况下,不允许使用上述背离措施。

(3)临时保障措施的采取及其形式。在拖延将导致难以弥补的损害的紧急情况下,成员方据一项明确证实进口的增加已经或正在造成严重损害或严重损害的威胁的初步裁定,可以采取临时保障措施。采用临时保障措施的期限不得超过200天。

临时保障措施应该采用增加关税形式。但是,如果随后的调查不能证实增加的进口已经导致或将要导致对某一国内产业的严重损害威胁,增加的关税应该迅速退还。

(4)保障措施的实施期限。成员方只能在防止和补救严重损害以及促进调整所必要的时间内采取保障措施,该期限一般为4年。但在下列情况下可以延长:进口成员主管当局根据规定程序确定,为防止或补救严重损害继续实施保障措施是必需的;拥有该产业正在进行调整的证据;有关减让水平和其他义务的规定、通知的规定以及磋商的规定得到遵守。

一项保障措施的全部适用期限应该包括任何临时措施的适用期、最初适用期及其任何延展期,但不得超过8年。

在《WTO协议》生效后对已经受过保障措施限制的某一产品的进口,在与以前采取的保障措施期限相等的时间内,不得再次采用保障措施。这种不适用期限至少为2年。

(5)减让水平及其他义务。GATT1994第19条规定,任何保障措施必须付出代价。提议适用或延长某项保障措施的成员应努力维持可能受保障措施影响的各出口成员之间与现存水平实质相等的减让和其他义务的水平。有关成员应就保障措施在其贸易上产生的不利结果商议贸易补偿的有效方式。

如果磋商在30天内未达成协议,受影响的各出口成员可在保障措施实施后的90天内和货物贸易理事会收到中止的书面通知之日起30天期满时,对实施保障措施成员的贸易中止实施GATT1994项下实质相等的减让和其他义务。

(6)关税同盟:关税同盟可以作为一个单独方或代表同盟的某个成员实施保障措施。当作为一个单独方实施保障措施时,严重损害或严重损害威胁的确定应以整个同盟现时的情况为基础。当代表某个成员实施时,严重损害或严重损害威胁的确定应以该成员现实的情况为基础,保障措施也仅以该成员为限。上述规定不影响对GATT1994第19条和第24条第8款关系的解释。

5. 禁止和取消某些措施

成员方不得对某一特定产品的进口采取或寻求GATT1994第19条规定的任何紧急行动。但是,这类行动符合根据协议所实施的GATT第19条规定的除外。成员方不得在出口或进口方面采用或维持任何自愿出口限制、有秩序销售安排或任何其他类似措施。但协议不适用于成员方根据GATT1994第19条以外的其他规定,除《保障措施协定》以外的其他多边贸易协议以及在GATT1994框架内达成的其他协议而寻求、采用或维持的措施。[35]

成员方不得鼓励或支持公营或私营企业使用或维持与上述措施相似的非政府措施。

各成员必须在不迟于各种保障措施首次适用后的8年,或《WTO协议》生效后的5年内(以晚者为准),终止《WTO协议》生效前已存在的、根据GATT1947第19条所采用的所有保障措施。[36]

6. 保障措施委员会

协议设立"保障措施委员会",受货物贸易理事会领导。其职能是监督协议的执行,对协议提出改进建议;根据受影响成员的要求,调查某一保障措施的实施是否遵守了协议的程序要求;应各成员要求,协助进行协商;检查协议第10条和第11条第1款涉及的措施,监视这些措施的逐步取消进程;应采取保障措施成员要求,审查中止减让或其他义务的建议是否"实质性的对等";接收并审查协议规定的所有通知。保障措施委员会应适时向货物贸易理事会汇报其工作情况等。

7. 通知和磋商

一成员方应将下列情况立即通知保障措施委员会并提供有关资料和证据:对严重损害或严重损害威胁及其发生的原因发起调查;对进口增加引起的严重损害或严重损害威胁进行裁决;对采取或延长保障措施作出决定。

准备采取或延长保障措施的成员,应当给予那些作为有关产品的出口商并具有长期利益关系成员提供优先协商的适当机会。成员方在采取临时保障措施之前应通知保障措施委员会,在采取措施后应尽快进行协商。此外,成员方应将协商结果、中期评审结果、补偿、要求暂时中止关税减让或其他义务及时通知保障措施委员会。

各成员应及时向保障措施委员会提供其法律、法规和有关保障措施的行政程序以及作出的改动,同时也可以将任何非政府措施通知保障委员会。

一成员方在发起调查、作出结论和决定采取保障措施时,必须将与该措施有关的

---

〔35〕《保障措施协定》第11条第1款。

〔36〕《保障措施协定》第10条。

信息和事实依据立即通知保障措施委员会,并给贸易可能受到影响的成员方提供磋商的机会。在1997年欧盟与韩国关于对奶制品的保障措施纠纷案件中,专家小组审查了韩国发出的每份通知的时间和内容,认为通知时间与实际作出决定相隔14天或40多天不等,属于通知不及时,并且也没有给予欧盟以充分磋商的机会。

8. 发展中国家成员

对于来自某一发展中国家成员产品的进口份额如果不超过3%,就不得对之实施保障措施。但是,如果这些不超过3%份额的发展中国家成员加起来所占份额超过该产品总进口的9%,就可以采取保障措施。

发展中国家成员有权在8年的最长期限外,将某一保证措施的适用期限延长,但延长时间不能超过2年。发展中国家成员有权在《WTO协议》生效后对已经受过保障措施限制的某一产品的进口再次采用保障措施,但该措施的实施时间应在相等于以前所采取的保障措施期限的一半时间之后,且不得短于2年。

9. 磋商和争端解决

适用《关于争端解决规则与程序的谅解》(DSU)和GATT1994第22条和第23条的规定。

(四)《保障措施协定》的实践

保障措施的设置旨在推进成员在贸易自由化的同时兼顾自身实际状况,使成员在坚持贸易自由化的前提下适当维护其经济利益和经济安全。同时,保障措施的采用应有利于维护WTO规则的多边性和稳定性。实践中,出现以下问题:

第一,GATT1947(GATT1994)第19条与WTO《保障措施协定》的关系问题。在1997年欧盟与韩国关于对奶制品的保障措施纠纷案件中,韩国认为,GATT1994第19条与《保障措施协定》有冲突,其冲突之处应该根据《保障措施协定》解决。欧盟则认为两者没有冲突,GATT1994第19条规定的义务应该叠加在《保障措施协定》第2条之上。专家组认为,GATT1994第19条与《保障措施协定》不存在冲突。第19条的目的是允许缔约方暂时背离GATT第2条和第11条规定的义务,这一款的前半句并没有规定缔约方的义务,而只是解释需要采取措施的原因。考虑到GATT制定的背景及其宗旨,更应当作此解释,而《保障措施协定》中没有这一规定也就很自然了。据此,专家组不支持欧盟关于韩国没有按照GATT第19条第1款(a)的规定审查受调查产品的进口是否"因意外情况的出现"而造成大量增加,而违反GATT第19条第1款(a)的诉请。[37] 上诉庭不同意专家组关于"前半句并没有规定缔约方的义务,而只是解释需要采取措施的原因"的观点,认为,前半句的含义是,要实施保障措施,必须证明出现了某些意外情况。

---

〔37〕 朱榄叶:《世界贸易组织国际贸易纠纷案例评析》,法律出版社2000年版,第473、477页。见WT/DS98/R。

在 1998 年欧盟与阿根廷关于鞋类保障措施案件中，欧盟指出，阿根廷在调查中没有审查进口的增加是否“因意外情况的出现”（也称“未预见的情况”）和因“成员方履行 GATT 义务，包括关税减让义务”造成。专家组指出，20 世纪 50 年代初，在 GATT 处理的一个纠纷中，曾经分析过 GATT 第 19 条所指的“因意外情况的出现”，在谈判签订《保障措施协定》时，如果各国希望明确“未预见的情况”的含义，完全可以在《保障措施协定》中作出详细规定，而不可能将其完全删除。从《保障措施协定》的前言来看，谈判者要制定的协议包含保障措施实施的各个方面，他们是有意删去了“未预见的情况”这一条件。专家组据此认为，《WTO 协议》生效之后开始的保障措施调查和实施的保障措施，只要符合《保障措施协定》的规定，就不违反 GATT 第 19 条的规定。上诉庭不完全同意专家组的观点，《保障措施协定》第 1 条和第 11 条第 1 款都提到了 GATT 第 19 条，从其措辞上看，WTO 协议的起草者绝不想以《保障措施协定》取代第 19 条规定的条件，《WTO 协议》生效后实施的保障措施必须同时符合《保障措施协议》和 GATT 第 19 条的规定。

第二，在关税同盟采用保障措施方面，在 1998 年欧盟与阿根廷关于鞋类保障措施案件中，欧盟指出，阿根廷的保障措施调查是以总进口数据为依据的，其中包括 MERCOSUR（南锥共同市场）国家的数据，但仅对非 MERCOSUR 国家采取保障措施，不符合《保障措施协定》第 2 条和第 4 条。阿根廷指出，如果它对 MERCOSUR 国家采取保障措施，不符合 GATT 第 24 条第 8 款。

专家组指出，所有调查应当依据“该成员现实的情况”，这一规定没有要求阿根廷排除其他 MERCOSUR 国家向阿根廷出口。“实行措施也仅限于该成员”的规定是指关税同盟实行保障措施只能代表进行调查的成员，而不能将调查结果适用于整个关税同盟。这几句话都只明确了谁可以实行保障措施，而没有明确可以对谁实行保障措施。《保障措施协定》第 2 条第 1 款的注释也没有回答保障措施是否可以只对从某一国进口的产品实施的问题。而根据《保障措施协定》第 2 条第 2 款，保障措施应该无差别地实施。专家组指出，如果关税同盟以单独单位实施保障措施，措施只能针对同盟外的国家进口的产品，因为同盟成员国被作为“国内”；而如果代表某一成员国实行保障措施，而损害是由区内和区外产品进口共同造成，没有理由只对区外进口产品而不对区内进口产品实施保障措施。专家组的结论是，针对各国进口产品对一国产业造成损害或损害威胁的综合调查结论，不能用来对其中某一国进口产品实行保障措施。专家组还认为，GATT 第 24 条本身并没有禁止在关税同盟或自由贸易区成员之间实行保障措施，没有要求关税同盟立即达到一体化。

上诉庭认为，该案件采取措施的并不是 MERCOSUR，而是阿根廷政府。阿根廷政府的措施也不是在缔结关税同盟过程中采取的，因此，与 GATT 第 24 条第 8 款无关，专家组适用《保障措施协定》第 2 条第 1 款的注释和 GATT 第 24 条第 8 款是不恰当的。阿根廷在调查了所有国家进口结果的基础上对非 MERCOSUR 国家采取保障措施，是没有理由的。[38]

《保障措施协定》生效以来,在执行中暴露出了一些问题,其中最主要的问题是保障措施具有很大的不确定性。虽然协议对"严重损害",或"严重损害威胁"作了规定,但是很原则,判断权主要掌握在实施保障措施的成员手里;即使存在"严重损害"或"严重损害威胁",进口方是否采取保障措施以及采用何种保障措施都由其自主决定。此外,保障措施的实施期限也由进口方自行确定,即在防止和补救严重损害以及促进调整所必需的一段时间内采取保障措施。为防止进口方设置不合理期限,有学者建议,应设置促进进口方产业结构调整的具体制度。例如,设立监督机构,敦促成员通过相应立法并报监督机构备案;拟采用保障措施的成员需制定调整计划,通知其他成员和监督机构;赋予监督机构相应权力,如有权要求行动方定期做出报告、有权考察国内产业结构调整的实际情况、有权对未履行义务的行动方作出惩罚决定等。[39] 由于采取保障措施的门槛较高,一般很难证明进口增加是由于成员承担关税减让义务还是承担其他多边义务造成,而且保障措施只能针对来自所有成员的某种产品采取,因此,过去GATT第19条使用不是很多。大多通过与主要供应国进行双边谈判达成双边协议解决进口增加带来的问题或采取更容易通过的其他措施,如反倾销措施达到目的。据统计,《保障措施协定》生效后,各成员发起保障措施调查的仅有20多件,而且胜诉的寥寥无几。但是,保障措施案件涉及的国家数量多、标的大、时间长,以2001年美国钢铁保障措施案为例,涉案国家8个,为时20个月,该案的结果是世贸组织上诉机构虽然判美国败诉,但在长达20个月的时间里美国已赢得了产业调整的宝贵时间,权衡利弊,美国仍旧是赢家。有鉴于此,近年来滥用保障措施的国家有上升的趋势。

本章思考题

1. 美国的反倾销、反补贴和保障措施立法有哪些?
2. 欧共体的反倾销、反补贴和保障措施立法有哪些?
3. 简述WTO反倾销制度的主要内容。
4. 简述WTO反补贴制度的主要内容。
5. 简述WTO保障措施制度的主要内容。

---

〔38〕 朱榄叶:《世界贸易组织国际贸易纠纷案例评析》,法律出版社2000年版,第483~496页。见WT/DS121/AB/R。

〔39〕 阮振宇、杨欢:"世贸组织保障措施及其适用情况的法律分析",载http: //wjj. he. cninfo. net/wto/Fx17. htm, 2000年12月19日。

第十四章　控制限制性商业行为的法律

第一节　限制性商业行为概述

一、限制性商业行为的概念和表现

（一）限制性商业行为的概念

限制性商业行为（Restrictive Business Practice）也称"限制型商业惯例"、"限制性商业做法"等。对于限制性商业行为的概念，不同国家的解释不尽相同。联合国制定的《多边协议的控制限制性商业惯例的公平原则和规则》规定，限制性商业惯例是指企业的下述行动或行为：通过滥用或谋取和滥用市场力量的支配地位，限制进入市场或以其他方式，不适当地限制竞争，对国际贸易，特别是对发展中国家的国际贸易及其经济发展造成或可能造成不利影响；或通过企业之间的正式或非正式、书面或非书面的协议或安排造成同样的影响。市场力量的支配地位是指一个企业本身或与其他几个企业一起，有能力控制某一货物或服务、几类货物或服务的有关市场。

尽管不同国家对限制性商业行为有不同的解释，但其基本含义都是指在商品交易中的阻止、限制或妨碍其他企业和个人参与市场竞争的行为。

（二）限制性商业行为的表现

限制性商业行为具有很多种表现形式，但各个国家在分类方面却存在较大区别。日本将限制性商业行为分为私人垄断、不当交易限制和不公正交易方法。而匈牙利则将垄断和限制竞争行为包括在不正当竞争行为之中。

本书根据狭义的分法，将限制性商业行为分为：垄断行为、限制竞争行为和不正当竞争行为。但是，限制竞争行为与垄断行为、不正当竞争之间有着密切的联系，实践当中很难区分。因此，一些国家在其竞争法律中对垄断行为和限制竞争行为没有严格划分，而是作交叉规定，将竞争法分为反垄断法和反不正当竞争法两大类。反垄断法中包含反限制竞争的规定。[1]

1. 垄断行为

垄断行为（Monopoly）是指经营者自身或通过与其他企业的兼并等方式，对市场拥

---

〔1〕国家工商行政管理局条法司：《现代竞争法的理论与实践》，法律出版社1993年版，第18页。

有独占或控制权。垄断行为从不同角度可以分为以下不同类型:

(1)根据垄断行为形成的方式,可以将垄断行为分为自然垄断行为与行政垄断行为。自然垄断行为(Natural Monopoly)也称经济垄断,指由于企业的经营规模达到一定程度而形成的独占或控制地位。自然垄断行为主要是在市场的激烈竞争中,通过企业自身的努力形成,或与其他企业的合谋行为形成。但自然垄断行为随时面临其他企业的挑战和竞争,其垄断地位并不稳定。当某一行业形成自然垄断或垄断者采取垄断价格,从而造成资源配置的扭曲时,各国政府通常对此进行管制。法定垄断行为(Statutory Monopoly)也称行政垄断行为,指由于政府发布的限制竞争的行政命令而形成的企业的独占或控制地位。通常情况下,政府通过限制市场准入的方式使某些企业获得独占经营地位。获得法定垄断地位的企业多限于政府的公用企业。行政性垄断行为限制了竞争,形成高额垄断价位,并可能产生价格同盟、掠夺性定价、价格歧视、指定购买、搭售等情况。因此,法定垄断的最大弊端是排斥了正当的竞争,同时也将导致腐败现象的产生,损害政府的威信。

法定垄断与自然垄断有以下不同:①形成的条件不同。法定垄断通过限制竞争的行为形成垄断地位。而自然垄断则是在积极参与竞争中形成,它是市场竞争的结果。②滥用优势的形式不同。自然垄断基于其经济优势的滥用而形成,法定垄断则基于行政权力的滥用形成。③市场准入限制的形态不同。自然垄断表现为独占进入市场的机会,法定垄断则表现为拥有进入市场和进行竞争的机会,并在其给予其他经营者机会时给予不平等的待遇。

法定垄断与自然垄断的共同之处主要体现在:①经济基础相同,即滥用优势。不管是滥用经济优势的自然垄断还是滥用行政优势的法定垄断,垄断行为或垄断状态的形成都是源于一定优势的占有者或行政权力的优势占有者。②本质相同,即限制竞争行为的开展。③目的相同,即谋求经济利益。谋求经济利益是所有经济组织的根本动力和最终目标,因此,经济组织的一切经营行为,包括限制竞争的行为的目的都是为了巩固其市场优势,并借此获得超额利润。④危害相同,即损害了竞争者和消费者的利益,阻碍了市场经济体制的建立。自然垄断和法定垄断限制了其他竞争对手的竞争,导致某种或某几类产品长期占据统治地位,产品品种单调,质量不能提高,价格居高不下等情况,最终使消费者处于被动地位。

(2)根据垄断联合体的表现方式,可以将垄断行为分为卡特尔、辛迪加、托拉斯和康采恩。第一,卡特尔。是法语"Cartel"的音译,指同类产品的生产企业为了获取高额利润,在市场划分、商品产量、商品价格等方面达成一致协议而形成的垄断联合体。卡特尔各成员在生产、销售和财务上保持各自的独立性,但根据相互之间的协议,在某些方面则采取一致行动或联合。卡特尔这种垄断形式消除了企业之间本应进行的竞争,限制了企业的经营活动。卡特尔在第二次世界大战前非常盛行,遍及各个经济部门。但战后,私人卡特尔的数量大大减少,但跨国公司在经营中仍经常采用卡特尔方式。

常见的卡特尔有价格卡特尔、数量卡特尔和分割销售市场的卡特尔。价格卡特尔是指生产同类产品的企业对产品的销售价格进行协商,规定最高销售价格或最低销售价格。数量卡特尔是指生产同类产品的企业通过协商方式,对产品的生产数量和销售数量进行限制。由于增加产品的产量将导致价格的下降,影响价格卡特尔的安排,因此,数量卡特尔通常与价格卡特尔联系在一起。分割销售市场的卡特尔(也称地域卡特尔)是指企业通过相互之间的协议,约定在各自的销售地域保持垄断地位,以维持产品的价格。第二,辛迪加。是法语"Syndicat"的音译,指同类产品的生产企业订立统一采购原材料和销售商品的协议,以实现垄断联合的联合体。辛迪加各成员在生产上保持各自的独立性,但在购销方面则没有独立性,只能由辛迪加统一管理。购销垄断可以使垄断企业以低价购进原材料,以高价销售其产品。第三,托拉斯。是英语"Trust"的音译,指同类产品的生产企业从生产环节到销售环节进行全面合并而形成的垄断联合体。与卡持尔和辛迪加不同的是,托拉斯的成员不具有独立的法律地位,而只是托拉斯的股东,并按股权获得利益。第四,康采恩。是德语"Konzern"的音译,指以一个大企业为核心形成的不同生产企业的垄断联合体。这种联合多以金融控制为基础,核心企业通过持股等方式控制其他企业,以实现企业之间的垄断联合。

(3)根据垄断行为的方式,可以将垄断行为分为独占和兼并行为。独占行为是指在特定市场上,经营者没有竞争对手或取得了压倒性地位和排除竞争的能力。独占企业很容易滥用其市场优势,损害消费者和其他经营者的利益,因此,许多国家严禁独占企业滥用其经济优势。兼并行为是指两个或两个以上企业基于长期的经营目的而组成新企业。兼并行为很容易造成经济力量过于集中,形成垄断,妨碍竞争。因此,许多国家规定,企业之间进行兼并必须事先申请批准,以防止出现垄断实体。

2. 限制竞争行为

限制竞争行为是指经营者滥用经济优势或几个经营者通过协议等联合方式,损害竞争对手利益的行为。限制竞争行为主要表现为:(1)限制转售价格。指生产企业要求批发商或零售商必须按其确定的价格销售其生产的产品。该行为限制了批发商或零售商之间的竞争。(2)掠夺性定价。指企业以低于成本的价格销售其产品,以打垮竞争对手,取得市场竞争的优势。该行为不仅损害竞争对手的利益,从长远上也损害消费者的利益。(3)价格歧视。指企业对条件相同的若干买方实行不同的售价。该行为妨碍了各个买方之间的相互竞争。

此外,限制竞争行为还包括搭售、附加不合理交易条件、强制交易、价格联盟、生产联盟等。

3. 不正当竞争行为

不正当竞争的最初含义是指诚实的生产者和经营者所不会采取的行为。而现代意义的不正当竞争则是指违背商业道德和善良习惯而进行的竞争行为。不正当竞争行为除了侵害竞争对手的行为外,还包括"搭便车"、投机取巧或者损害消费者权益的其他不正当的商业行为,所以,有的国家也将不正当竞争称为“不公平交易”或者“不公平竞争”。在19世纪初,一些国家的法规规范,如商标法、广告法、专利法、民商法等就已经涉及了“不正当竞争”问题。

值得注意的是,很多国家认为,经营者之间是否存在竞争关系并不是判断构成不正当竞争行为的要件。大多数国家的反不正当竞争法所禁止的不正当竞争行为有以下三种类型:行为人与他人之间存在着竞争关系,但却采用不道德的方式排挤竞争对手的商业行为;经营者虽未排挤竞争对手的竞争,但通过不正当手段获取竞争优势的行为,如搭没有竞争关系的经营者的“便车”或者误导消费者,以获取竞争优势的行为;以不正当手段破坏他人竞争优势的行为。

具体而言,不正当竞争行为主要表现为以下形式:(1)经营者采用欺骗、胁迫手段从事交易。(2)经营者诋毁竞争对手的商业信誉或商业声誉。(3)经营者做虚假或让人误解的广告。(4)经营者从事巨额奖金的销售。(5)经营者从事商业贿赂,以获得交易机会。(6)经营者采取不正当的手段获取或泄露或使用他人的商业秘密。

不正当竞争行为不同于垄断行为。垄断行为是一种反竞争行为,即不允许其他企业与垄断企业进行竞争。而不正当竞争则是积极参加到众多企业的竞争之中,但却采用违背商业道德和善良习惯的手段对付竞争对手。

二、控制限制性商业行为法律的产生

(一)控制限制性商业行为法律产生的经济学基础

竞争在古代就已存在,进入商品经济时期以后,竞争更加激烈。一方面,竞争可以最大限度地调动生产和经营者的积极性,促使其采用新技术和新工艺,提高产品的质量,增加产品的品种,不断完善经营管理,降低生产经营成本,提高产品的竞争力。另一方面,竞争也带来巨大的社会效益,竞争可以优化配置社会资源,带动行业的发展,带动整个国民经济的提高,同时也可以保护消费者的利益。可以说,竞争是市场经济制度的核心。

但是,值得注意的是,商品经济越发达,竞争就越为激烈。竞争的优胜劣汰作用将会导致一部分企业亏损,甚至破产,工人失业等。此外,也会导致生产和资本的集中,产生垄断现象。此外,在竞争压力下,企业极易采取限制竞争的行为,以维持其竞争优势或减少竞争,不正当竞争等不利于竞争的现象将大量出现。一些企业为了在竞争中取得优势,往往不惜采用各种违背商业道德和善良习俗的行为,排斥和打击竞争对手。有的甚至通过各种方式的联合,垄断生产和销售市场,以获得高额利润。垄断和不正当竞争行为的出现,严重损害了绝大多数诚实的生产者或经营者以及广大消费者的利益,妨碍了正当竞争的进行和市场的良好秩序。因此,许多国家建立了保护竞争的制度,采取相应的法律手段,制止企业之间的妨碍竞争行为,对于垄断行为和不正当竞争行为予以规范,以保护企业之间的正当竞争。因为,竞争是商品经济的必然产物,正当的竞争可以实现优胜劣汰,商品经济才会得以发展。正如恩格斯所说:“没有竞争的商业,就等于有人而没有身体,有思想而没有产生思想的大脑。”

目前,大多数国家制定了反垄断法或反不正当竞争法。世界上的著名竞争法是美国于1890年制定的《谢尔曼法》。虽然各国的竞争法各有不同特点,但都是基于相同经济学理论:一个企业在市场所占份额过大,这个企业就会抬高产品价格,减少对市场供给,影响消费者利益。此外,各国的竞争法并没有禁止企业的一切竞争行为,而是对妨碍竞争的行为进行管制。

(二)控制限制性商业行为的立法及立法模式

1. 各国关于控制限制性商业行为的立法

早在古罗马时期就已存在控制限制性商业惯例的国内法律。到了17世纪,各国开始制定直接保护竞争的法律规定,但这些规定都散见在各个法规和判例之中,没有形成体系。现代意义上的专门控制限制性商业惯例的法律在19世纪产生。19世纪末20世纪初,西方各国的资本和生产迅速集中,垄断现象比较严重,各种不正当竞争行为、滥用经济优势和限制竞争行为大量出现。尤其是在英国、法国、德国等欧洲国家,不正当竞争行为更加突出。法国法院于1850年根据《法国民法典》第1382条作出的判决中最早使用了"不正当竞争"的概念。[2] 1889年,加拿大制定《禁止限制贸易合并法》,它是世界上最早的一部独立的控制限制性商业惯例的法律。随后,美国于1890年制定了《谢尔曼法》,德国于1896年制定了世界上的第一部《反不正当竞争法》等。但是,综观各国的立法,第二次世界大战之前制定和颁布控制限制性商业惯例的单行法律的国家为数不多。

第二次世界大战之后,各国的经济逐渐恢复和发展,限制性商业行为越来越多,并对经济发展产生了阻碍作用。于是,已经制定控制限制性商业惯例法律的国家对以前的立法予以修改和补充,一些没有制定控制限制性商业惯例法的国家则开始制定这方面的法律。例如,日本于1947年颁布了《关于禁止私人垄断和确保公平交易的法律》,英国于1948年制定了《垄断和限制性行为(调查和管制法)》,美国于1950年颁布了《赛勒—凯弗维尔法》,德国于1957年重新制定了《反对限制竞争法》。到目前为止,西方发达国家基本上都制定了控制限制性商业惯例的法律,有些发展中国家也已制定或正在制定这方面的法律。概括而言,发达国家希望发展中国家通过制定竞争法提高其市场的开放度和透明度,发展中国家则希望通过制定竞争法抵抗跨国公司的国际垄断行为,维护其经济安全。此外,联合国贸易与发展会议、世界贸易组织、经济合作与发展组织等国际组织也都在致力于推动竞争法的国际化。

2. 各国控制限制性商业行为的立法模式

大多数国家的竞争法所规范的行为主要包括三种:垄断行为、限制竞争行为和不正当竞争行为。实践中,一些国家的立法并没有严格划分上述三种行为。例如,美国法律对垄断和限制竞争的规定相互交叉。德国的《反对限制竞争法》对限制竞争和垄

〔2〕 国家工商行政管理局条法司:《现代竞争法的理论与实践》,法律出版社1993年版,第5页。

断两种行为都作了规范。所以,大多数国家将现代竞争法分为两大部分,即反垄断法和反不正当竞争法。

控制限制性商业行为的立法模式有两种:(1)统一立法模式。即将反垄断、反限制竞争和反不正当竞争三方面的内容在一部法律中作出规定。例如美国就是这种立法体例。(2)分离式立法模式。即分别规定反垄断法律、反限制竞争法律和反不正当竞争法律。德国是该立法体例的代表,德国既制定了《反不正当竞争法》,也在1957年制定了《反对限制竞争法》(由于规范对象主要是卡特尔,因此,也称为《卡特尔法》)。此外,日本也制定了《不正当竞争防止法》和《禁止私人垄断和确保公平交易法律》。在有些国家,竞争法通常指反垄断法。

反垄断法和反不正当竞争法各有侧重,反垄断法主要维护自由竞争的市场结构,而反不正当竞争法主要维护商业伦理。但是,两者的最终目的都是维护良好的市场竞争秩序和保护消费者权益。正是由于目的的统一性,有些国家才会将反垄断和反不正当竞争合并在一部法律之中。

目前,大多数国家分别制定限制垄断以及制止不正当竞争的法律,少数国家只制定反垄断法或反不正当竞争法。

(三)控制限制性商业行为法律的基本框架

无论采取哪种立法模式,实体法和程序法都是其重要组成部分。实体法主要规定禁止的垄断行为、限制竞争行为和不正当竞争行为。程序法则主要规定执行控制限制性商业行为法律的机构以及对限制性商业行为的处罚。

1. 实体法规定

实体法主要规定禁止的限制性商业行为。这些行为通常包括:

(1)禁止的垄断行为。绝大多数国家的竞争法并不禁止垄断地位本身。各国竞争法所禁止的是滥用垄断地位的行为。只要具有垄断地位的企业不滥用垄断地位,法律不会干预。因此,很多学者认为,竞争法不会阻碍经济的发展。然而,也有个别国家的竞争法对垄断地位加以禁止,只要企业具有垄断地位,不论是否实施了妨碍竞争的行为,其垄断地位的本身就构成竞争法所禁止的对象。例如,日本及东欧个别国家就采取这种立法态度。

目前,各国竞争法对滥用垄断地位的行为有以下两种处理方式:①对于滥用垄断地位的行为,只禁止和制裁行为本身,并不分拆垄断企业。欧盟以及大多数国家的反垄断法都采取这种态度。②禁止以不正当方式获取垄断地位以及以不正当方式维持垄断地位的情形,并可以采取分解垄断企业的制裁措施,以从根本上消除其滥用垄断地位的基础。美国采取这种态度。[3]

综观各国的反垄断法律,并不是所有垄断行为都是法律所禁止的,有些行为虽构

---

〔3〕“反垄断并不反对规模经济”,载 http://www.macrochina.com.cn/zhzt/000029/001/20010427003169.shtml。

成垄断,但却不在禁止之列。有些经济部门根据一国经济政策的需要,必须垄断实行经营,以促进本国经济的发展。例如,美国反托拉斯法豁免了农业银行、保险运输业、通信事业、国有企业等重要部门,允许这些部门实行垄断经营。日本则允许铁路、电力、煤炭等行业实行垄断经营。概括而言,各国通常对以下情况允许存在垄断或限制竞争行为:①某些特定经济部门。例如,电力、煤气、通信、银行、铁路、保险、石油、农业等涉及国计民生的重要行业;②特定时期、特定情况下以及具有特定内容的某些行为。例如,经济危机时期、严重自然灾害时期等。而对于不正当竞争行为,各国通常均予以严格禁止,而没有豁免的规定。[4]

对于垄断行为的认定,有些国家采用列举方式,而不对垄断行为予以定义。有些国家采取定义和列举式相结合的方法。一般情况下,各国只对使正当竞争遭受实质上的限制或损害的垄断行为才加以禁止,这些行为主要包括:①限制竞争的行为。私人垄断和卡特尔协议是限制竞争的常用手段。私人垄断是指个人、公司或财团通过合并、收买等手段,排挤其他竞争对手,取得市场上的支配地位。卡特尔协议是指企业之间以垄断市场并获得高额利润为目的,就生产、销售等方面达成的一致协议。例如,日本反垄断法也称禁止私人垄断法律,对禁止私人垄断和禁止不正当交易限制两种行为作出了规定。根据该法规定,构成私人垄断必须具备两个要件:必须在规模上达到垄断状态;从事了不公正交易行为。有一段时期,德国的“价格卡特尔”、“销售地区卡特尔”和“限制产量卡特尔”非常盛行,因此,德国的竞争法以禁止卡特尔为主,也被称为“卡特尔法”。②经济力量过度集中的行为。主要体现为兼并行为。兼并是指一家企业购买另一家企业的资产、股份或与其他企业联合等行为。如果兼并使企业的经济力量过度集中,就会形成垄断。③滥用市场优势的行为。滥用市场优势是指在市场上居支配地位的企业,凭借其优势,控制其他企业,迫使其他企业接受不合理的条件等,从而妨碍竞争的进行。德国法律规定,滥用市场优势的行为是指已达到一定实力标准的拥有市场支配地位的企业不公平地阻碍竞争的行为,包括歧视行为、抑制行为、剥削性滥用和隐匿性滥用等行为。

尽管垄断是一种反竞争行为,但是,有的学者认为,不应该反对垄断。这种观点认为,不论垄断的手段如何正当,从结果而言,都是对社会财富与资源的一种独享,况且,所谓正当与不正当也是相对的,不是绝对不变的东西,今天看似正当的明天可能因一个法令和政策就变为不正当,因此,只有结果是最稳定最客观的评价依据。值得注意的是,自20世纪70年代以来,以芝加哥大学为首兴起的“法与经济学”运动从根本上推翻了反垄断法的经济学依据,指出了自然垄断存在着合理性,真正的垄断来自于政府在行业入口处所设置的障碍。此外,经济学家M. 弗里德曼也不支持制定反垄断法。他指出,“多年来,我对反垄断法的认识发生了重大的变化。在刚入行的时候,作为一

---

〔4〕 国家工商行政管理局条法司:《现代竞争法的理论与实践》,法律出版社1993年版,第18页。

个竞争的支持者,我非常支持反垄断法,我认为,政府能够通过实施反垄断法推动竞争。但多年的观察告诉我,反垄断法的实施并没有推动竞争,反而抑制了竞争,因为官僚总舍不得放弃调控的大权。我得出结论,反垄断法的害处远远大于好处,所以,最好干脆废除它。"对于微软的反垄断诉讼案,他评论道:"打这场官司劳民伤财。科技的进步,比法庭的步伐要快得多。到这宗官司了结时,谁会知道行业的局面是怎样?肯定不是今天这样。邀请政府的官僚来调停,你就请来了未来的管制。过去电子行业有幸免受政府插手,得以进步神速,但你会马上看到,以后轮到政府的管制增长神速了。"〔5〕

香港著名经济学家张五常先生认为,"我赞成竞争,所以从来不反对以竞争的方法去争取垄断。因此,在自由市场竞争下所产生的反垄断案例中,我永远是站在辩方那一边"。"据我所知,赞成自由市场、高举竞争的有道的经济学者,反对的垄断只有第四种,那就是由政府管制牌照数量,或由政府立法来阻止竞争而产生的垄断"。〔6〕张五常先生认为,垄断和垄断行为本来就是两码事,该反的垄断应属那些通过不正当手段占有或独享社会财富资源的垄断行为。反垄断反对的应是垄断的动词(Monopolize)而不是其名词(Monopoly)。

还有学者认为,反垄断的理论依据在于,垄断的结果是以怎样的手段和途径获得的,如果是以正当的不损人的手段和途径获得,就应当鼓励和保护,反之,如果以不正当的手段和途径取得,就应当反对和制止。就垄断本身而言,无所谓善恶,评价其善恶只能看其获取垄断的手段是否正当,是否合乎道德和法律规范。如果正当且符合规范获得了垄断地位,就不应列为可反之列。至于结果如何,那是不可预见的,即使形成了垄断,也不应过多指责。相反,如果不是通过正当和符合道德规范的手段去获得资源,且实现垄断目的,这样的垄断就应该坚决地反对。如果一种垄断,从现行法律道德规范而言,获取垄断的手段是正当的,可以允许,但就结果而言不利于社会整体利益的增进和秩序的稳定与和谐,那么,这样的垄断应予制止和反对。这是评价垄断本身善恶与否的最高目标,也是一个社会制定规范的根本标准,舍此,都会失于偏颇。当然,如果获取垄断的途径和手段本身的正当性合法性就有问题,那这种垄断当然在应反之列,必须坚决予以制止。〔7〕

(2)禁止的不正当竞争。在各国的反不正当竞争法中,有的规定了明确的定义,有的采用罗列方式,有的则采用定义与罗列方式相结合的方式。

各国禁止的不正当竞争行为主要有以下几种:①不正当地诱惑顾客。例如,利用欺骗、引诱、道义上强迫、主动拨打电话做广告宣传等手段诱惑顾客。②不正当的干预竞争者。例如,采用联合抵制、掠夺性定价、歧视等方法干预竞争。③不正当的利用竞争者的作品、成就或荣誉。例如,不正当的仿制他人产品等。④发布令人误解的广告等。

---

〔5〕 纪昀:"反垄断的迷思",载《微电脑世界》2001 年第 52 期。

〔6〕 "垄断可能是竞争的结果:为微软说几句话",载 http://www. stevenxue. com/ref_84. htm。

〔7〕 姚轩鸽:"反垄断的道德基础",载 http://www. wtyzy. net/yaoxuangelongdua. htm。

事实上,各国的反不正当竞争法不可能罗列所有的不正当竞争行为,因此,在实践中,各国都授权反不正当竞争执行机构根据实际情况作出判断。

2. 程序法规定

控制限制性商业行为法律在市场经济国家占有相当重要的地位,素有"经济宪法"之称。因此,一些国家设立了专门机构负责该法的实施,但是,也有一些国家由几个机构分别负责。

各国设立的控制限制性商业行为的机构主要有两种类型:①国家的司法机关。如美国、澳大利亚的司法部。②依法设立的独立的专门机关。例如,美国根据《联邦贸易委员会法》设立了"联邦贸易委员会",与联邦司法部共同负责执行美国的反托拉斯法。日本根据《关于禁止私人垄断和确保公平贸易的法律》设立了"公平贸易委员会";英国设立了"公平贸易署",德国设立了"卡特尔局",瑞典设立了"竞争管理局"等。

由于控制限制性商业行为对于市场秩序具有重要影响,各国对违反控制限制性商业行为法律的行为规定了较为严格的处罚措施。这些处罚措施包括民事制裁、行政制裁和刑事制裁措施。有的国家只规定民事制裁和行政制裁措施,也有的国家三者并用。早期的竞争法主要规定了民事责任,自美国制定的《谢尔曼法》采用民事责任、行政责任和刑事责任相结合的综合责任制度以后,许多国家的竞争法律相继效仿。但是,在民事责任的赔偿方面,有些国家采用过错责任制度,有的国家采用无过错责任制度。有的国家采用实际赔偿制度,有的国家采用三倍赔偿制度。在行政责任方面,各国大多规定了责令停止违法行为、罚款、责令停业整顿、取消经营资格的处罚措施。在刑事责任方面大多采用罚金和监禁的方式进行惩罚。

从限制性商业行为的种类上看,各国对垄断行为的处罚比对不正当竞争行为的处罚更加严厉。除规定巨额罚金外,往往还对严重违法的个人追究刑事责任。不正当竞争行为在各国多视为侵权行为,一般采用民事诉讼程序。因不正当竞争行为而遭受损害的人可以行使下列权利:要求停止不正当竞争行为;要求赔偿因不正当竞争造成的损失;要求排除或恢复因不正当竞争造成的信誉上的损害。例如,德国《反不正当竞争法》第1条规定,行为人在商业交易中以竞争为目的而违背善良风俗,可向其请求停止行为和损害赔偿。

在发生了法律禁止的限制性商业行为后,经济利益遭受损害或威胁的任何人(包括民间协会和国家行政部门)都有权提出反垄断或反不正当竞争的诉讼。如果当事人对判决或裁决不服,可以向有关法院上诉。日本竞争法采用了反垄断法执行机构与企业之间充分的事先协商与事后谈判制度,警告、罚金等非正式处理和劝告等半正式处理措施以及广泛的适用除外的规定。

三、美国竞争法

(一)美国竞争法的产生

19世纪80年代,美国进入工业化革命阶段。19世纪末20世纪初,公司这种新的工商业组织形式开始大量出现,为资本集中和某些行业的垄断提供了前提条件。1882

年,美国石油大王洛克菲勒(John D. Rockefeller)将与其有关的40家企业合并,成立了美国的第一个托拉斯组织——洛克菲勒美孚石油公司。1884年和1885年,美国又分别出现了棉籽油托拉斯和亚麻油托拉斯。1887年,制油业、制核业、制绳业、炼铅业中的托拉斯也应运而生。到19世纪末,美国已经成为世界著名的“托拉斯王国”,形成了少数托拉斯对石油业、制糖业、钢铁业、烟草业、皮革业、电气行业、食品等行业的独占、包揽或实际控制与操纵。这些托拉斯控制了产品的生产和销售,许多中小企业无法与之抗衡,有的甚至被托拉斯挤垮。因此,一些中小企业要求美国国会制定相应的法律,对托拉斯滥用其市场支配地位、瓜分市场、牟取高额利润的各种行为加以制止。

为了缓和利益冲突,防止托拉斯对美国经济造成严重损害,美国参众两院于1890年7月2日正式通过了由俄亥俄州共和党议员约翰·谢尔曼提出的《保护贸易和商业不受非法限制与垄断危害的法案》(简称《谢尔曼法》,Sherman Act),明确了以契约、联合或共谋等形式对贸易和商业进行限制或垄断等行为是非法的。该法尽管只有8条,但它的颁布标志着现代竞争法的诞生,对世界各国的竞争立法产生了极为深远的影响。

《谢尔曼法》颁布之后,美国根据该法作出许多判决并解散了一些大的托拉斯。但是,《谢尔曼法》并未对因企业合并造成垄断的问题作出规定,未能有效地制止托拉斯的产生,于是,美国国会又于1914年通过了《克莱顿法》、《联邦贸易委员会法》,确立了反托拉斯的专门行政执法机构,扩大并强化了《谢尔曼法》的有关规定。到目前为止,美国的控制限制性商业惯例的联邦一级的成文法律主要体现在上述三个法律以及对上述法律进行修改(《鲁宾逊—帕特曼法》、《反托拉斯诉讼程序和惩罚法》、《联邦贸易委员会改进法》等)的法律之中。此外,美国各州有关限制性商业惯例的立法以及美国法院的判例也构成美国反托拉斯法的一部分。

(二)美国反托拉斯法的主要内容

美国竞争法的重点是反托拉斯,通过对托拉斯的限制和制裁,维护正当竞争。因此,美国的控制限制性商业惯例法律也被称为“反托拉斯法”(Antitrust Law)。值得注意的是,美国的反托拉斯法并没有对各种限制性商业行为作出分类,而是采用列举的方式,列举了各种限制性商业行为,并统称为托拉斯行为。因此,美国的反托拉斯法包括了反垄断法、反限制竞争法和反不正当竞争法的内容。此外,美国的反托拉斯法还规定了程序性条款。

1.《谢尔曼法》

《谢尔曼法》列举了所禁止的以下行为:(1)任何契约只要以托拉斯形式或其他形式的联合或共谋,来不合理地限制州际间或外国之间的贸易和商业,均属非法。任何人签订上述契约或从事上述联合或共谋,属于严重的犯罪行为。如果参与人是公司,则处以不超过100万美元的罚款;如果参与人是个人,将处以10万美元以下罚款或3年以下监禁,或由法院酌情并用以上两种处罚。(2)任何人垄断或企图垄断,或与他人联合共谋垄断州际间或外国间的商业和贸易,均构成严重的犯罪。如果参与人是公司,则处以不超过100万美元的罚款;如果参与人是个人,将处以10万美元以下罚款,或3年以下监禁,或由法院并处罚款与监禁。(3)任何契约只要以托拉斯形式或其他形式的联合或共谋,用来限制美国准州内、哥伦比亚区内、准州之间、准州与各州之间、准州与哥伦比亚区之间、哥伦比亚区同各州间、准州或各州以及哥伦比亚区与外国间的贸易或商业,均构成非法。任何人签订上述契约或从事上述联合或共谋,属于严重的犯罪行为。如果参与人是公司,则处以不超过100万美元的罚款;如果参与者是个人,则处以10万美元以下罚款,或3年以下监禁,或由法院并处罚款与监禁。(4)美国各地方法院对预防和禁止违反上述规定享有司法管辖权。地方检察官可以在本地区管辖范围内提起衡平诉讼。任何因反托拉斯法所禁止的事项而遭受财产损失的人,可在被告居住地、被发现或有代理机构的区法院提起诉讼,不论损害大小,一律给予其损害额的三倍赔偿。

上述第(1)项和第(3)项禁止的行为也称"联合限制竞争行为"。联合限制竞争行为的常见形式是价格协议、市场划分协议等。第(2)项禁止的行为称"垄断与兼并行为"。在美国的司法实践中,只要企业所占的市场份额超过70%,就具有垄断性的市场支配地位。如果企业所占的市场份额小于50%,就不具有支配力。如果企业所占的市场份额介于50% ~70%之间,在考察其他因素的情况下确定是否构成垄断。

对于大规模垄断企业,美国主要通过解散方式加以取缔。例如,1911年,美孚石油公司因被控其售价低于成本而被分解。1984年,美国电话电报公司(AT & T)因被控拒绝出售电话给行家及不准行家将线路通入其线路上而被分解。[8]

《谢尔曼法》兼有民法和刑法的性质,不仅规定了民事救济,还规定了刑事救济措施,不仅在美国的反托拉斯法上占有重要地位,而且对其他国家的竞争法也具有广泛影响,成为其他国家的立法蓝本。

2.《克莱顿法》

《克莱顿法》于1914年10月15日由美国国会通过,该法确认,以下行为是违法的:

(1)从事商业的人在其商业过程中,直接或间接地对同一等级和质量的商品的买者实行价格歧视,如果价格歧视的结果实质上减少竞争或旨在形成对商业的垄断,或妨害、破坏、阻止同那些准许或故意接受该歧视利益的人之间的竞争,或者是同他们的顾客之间的竞争,是非法的。商人在其商业过程中,支付、准许、收取、接受佣金、回扣或其他补偿是非法的。但对同商品购销相关的,提供给另一方当事人或代理机构、或代表人、或其他中间机构的劳务除外。商人在其商业过程中,除依据同等条件对所有在商品销售中竞争性的其他顾客支付佣金或考虑外,对因同商品的加工、处理、销售相关的劳务是由某顾客提供或通过该顾客提供的,而支付佣金或签订佣金支付合同是非法的。任何人通过合同完成或由他人直接完成与商品的加工、处理、销售有关的劳务、设施、或者他人有利于该商品的加工、处理、销售相关劳务的完成,而据此,不是根据同其他买者相等的条件进行歧视,

---

[8] 国家工商行政管理局条法司:《现代竞争法的理论与实践》,法律出版社1993年版,第38页。

是非法的。商人在其商业过程中,故意引诱或接受价格歧视,是非法的。

(2)商人在其商业过程中,不管商品是否授予专利,商品是为了在美国内、准州内、哥伦比亚区及美国司法管辖权下的属地及其他地域内使用、消费或零售、出租、销售或签订销售合同,是以承租人、买者不使用其竞争者的商品作为条件,予以固定价格,给予回扣、折扣,如果该行为实质上减少竞争或旨在形成商业垄断,是非法的。

此外,《克莱顿法》还规定了详细的民事诉讼程序,但没有规定刑事诉讼。该法规定,任何因反托拉斯法所禁止的事项而遭受财产或营业损害的人,可在被告居住的、被发现的或有代理机构的区向美国区法院提起诉讼,不论损害大小,一律给予其损害额的三倍赔偿、诉讼费和合理的律师费。但是,该诉讼必须在诉讼事由产生后的4年内提出。可以说,《克莱顿法》基本上属于民法范围。

3.《联邦贸易委员会法》

该法主要规定了联邦贸易委员会的设立和职权。联邦贸易委员会由5名委员组成,委员由总统任命,经参议院推荐和批准。委员的任期由总统指定。总统从具有委员资格的人中,选出委员会主席1人。委员会的主要办公室设在华盛顿,但委员会可以在其他地方行使其权力。联邦贸易委员会具有以下职权和义务:

(1)商业中或影响商业的不公平的竞争方法是非法的,商业中或影响商业的不公平或欺骗性行为及惯例也是非法的。联邦贸易委员会有权阻止个人、合伙人、公司使用上述违法方法及行为、惯例。

无论何时,委员会有理由确信,任何个人、合伙人、公司已经或正在实行上述非法方法及行为、惯例时,如果对此提起的诉讼与公众利益极为相关,委员会应对上述当事人发出、送达起诉状,说明起诉的内容,并附带该起诉状送达后的30天,何时何地审理的通知。上述当事人有权在规定的时间、地点出庭,并提出委员会对其上述行为不能发出停止令的原因。经审理,委员会认为当事人的有关行为、竞争方法是被禁止的,委员会将提出书面报告或禁止令,要求当事人停止使用不正当竞争方法或欺骗性的行为、惯例。在提请复审期结束前,如果没有提出复审申请,或复审期内提出申请是在诉讼记录上交美国上诉法院之前,委员会可随时以其认为合适的方式和通知,纠正或废止其发布命令的一部分或全部。提请复审期过之后,如果没有提出申请,无论何时,委员会认为事实条件和法律已变要求重审,或公众利益要求重审,委员会在通知审理和安排机会后,可重新制作、改变或修正、废止其报告、命令的一部分或全部。

委员会停止令中,要求其停止不正当竞争方法或不公正的、或欺骗性行为及惯例的个人、合伙人、公司,在该停止令送达后的60天内,可以书面形式向其居住、营业或行为实施地的美国上诉法院申请复审,以废除委员会的停止令。委员会应及时把诉讼记录送交法院。委员会的命令被确认时,法院将发布命令,要求当事人遵守委员会的命令。法院对确认、修改、执行、废除委员会命令的判决,是终局性的。

(2)任何个人、合伙人、公司传播或导致传播虚假广告是非法的。无论何时,委员会确信个人、合伙人、公司从事于或将从事于传播或导致传播虚假广告,委员会对此提出诉状,在诉状被复审法院驳回或撤销之前,或委员会的停止令最终有效之前,委员会确信,禁止该行为具有重要的公众利益。委员会将指定其律师在美国区法院或准州法院提起诉讼,以要求停止传播或引导传播虚假广告。依据充足的证明,可在没有担保情形下发布暂时禁止令或限制令。

(三)美国反托拉斯法的执行机构

美国反托拉斯法的执行机构在联邦一级有两个:司法部(DOJ)反托拉斯局和联邦贸易委员会(FTC)。在州一级有州司法总长办公室下设的反托拉斯处和消费者保护处。

司法部反托拉斯局于1933年成立,主要负责执行《谢尔曼法》和《克莱顿法》。司法部反托拉斯处有权进行调查,并提起民事诉讼或刑事诉讼。例如,美国司法部起诉微软违背反垄断法的四种方式为:非法竖立壁垒,企图阻止竞争者进入市场;把购买其主宰个人电脑系统的"视窗"跟接受微软其他软件挂钩;强制电脑厂商签署排他性合同;极力制止消费者采用别种浏览器。

联邦贸易委员会内部设有消费者保护局、竞争局和经济专家局。联邦贸易委员会根据1914年的《联邦贸易委员会法》的规定处理反托拉斯问题。它有权进行案件调查,经审理,如果认为当事人的有关行为、竞争方法是被禁止的,委员会将提出书面报告或禁止令,要求当事人停止使用不正当竞争方法或欺骗性的行为、惯例。如果对裁决不服,当事人可以向美国上诉法院申请复审,以废除委员会的停止令。总之,联邦贸易委员会实际上是一个准司法机构。

概括而言,美国在其反托拉斯立法和司法实践中确立了一些重要的原则,其中主要包括"确认违法行为的合理原则和自身违法原则"、"三倍损害赔偿原则"、"域外效力原则"、"豁免原则"等,[9]这些原则的创立是其最大的特色,同时也对其他国家的立法产生重要影响。

(四)微软案件

1. 微软垄断案件的始末

微软公司创建于1975年,在创建之初,主要致力于为个人电脑编制基础软件。1980年,微软公司开始为国际商用机器公司(IBM)的个人电脑设计操作系统,并逐渐发展为全球磁盘操作和视窗操作软件制造领域的顶级企业。目前,在全球个人电脑操作系统领域,微软公司的视窗软件约占市场份额的90%。

早在1990年,许多软件厂商就认为,微软开发的"视窗"操作系统软件将使微软更加具有不公平的竞争优势,美国联邦贸易委员会随即对微软公司是否将MS-DOS与应用

---

〔9〕 自身违法原则是指损害竞争的行为本身构成违法。合理原则是指对违法性的认定应该合理。域外效力原则是指美国竞争法的规定适用于损害美国的对内或对外贸易,但发生在美国领土之外的行为。豁免原则是指豁免在某些领域和某些方面的垄断行为或限制竞争行为。

软件捆绑在一起销售进行调查。联邦贸易委员会认为,微软的定价政策非法阻挠竞争,并在其操作系统故意设置隐瞒代码,妨碍竞争对手应用程序的运行。由于联邦贸易委员会的调查多次受挫,1993 年终止了调查。但是,美国司法部又继续对微软进行调查。1994 年 7 月,美国司法部向哥伦比亚地方法院提起指控微软公司违反反托拉斯法的诉讼。1995 年,微软公司与司法部达成协议,根据该协议,微软公司在向个人电脑制造商发放"视窗 95"使用许可证时,不能附加其他条件,但协议并没有阻止微软公司开发集成产品。

随着竞争的激烈,1995 年,微软公司推出"视窗 95"和因特网浏览器 2.0,并将两者的使用权捆绑在一起,将 IE(Internet Explorer)浏览器软件免费提供给电脑制造商,使美国网景公司导航者浏览器(Navigator)的市场份额从 80% 降到 62%,微软的份额则从零提高到 36%,引起网景等公司的极大不满。1997 年,微软公司又推出浏览器 4.0。1997 年 10 月 20 日,美国司法部向哥伦比亚地方法院递交了诉状,控告微软公司将安装 IE 作为电脑制造商申请"视窗 95"使用许可条件的做法严重违反了微软与司法部在 1995 年签订的协议,应对其课以巨额罚款,并要求停止搭售浏览器。12 月 11 日,哥伦比亚地方法院驳回该请求,但禁止微软公司将安装 IE 浏览器作为个人电脑制造商申请其操作系统使用许可的条件。1998 年 5 月 12 日,哥伦比亚地区联邦上诉法院裁定,微软的"视窗 98"不受该项禁令的影响。6 月 23 日,上诉法院作出终审裁决,认定哥伦比亚地方法院的禁令是错误的,并判决微软无罪。

1998 年 5 月 18 日,司法部和 20 个州政府(南卡罗来纳州后来退出)又分别向哥伦比亚地方法院递交诉状,指控微软公司违反反垄断法。10 月 19 日,案件正式开庭审理。司法部的目的是证明微软公司为维护自己的特许经营权以及开拓新市场,非法利用其业已拥有的市场优势,打击竞争对手。1999 年 11 月 5 日,杰克逊法官初步判定,微软利用其"视窗"操作系统垄断市场,从而阻碍了竞争和创新,损害了消费者的利益。杰克逊随后任命芝加哥联邦上诉法院法官理查德·波斯纳担任政府和微软公司之间的调解员。但是,调解失败。2000 年 3 月 24 日,微软公司向美国司法部提出了一项包括多项让步措施在内的"最终"和解建议。但司法部认为,微软的让步还不够。2000 年 4 月 3 日,美国哥伦比亚地方法院法官杰克逊作出裁决,认定微软公司通过"反竞争手段"维持其对个人电脑操作系统市场的垄断,并滥用这一垄断力量谋取对网络浏览器市场的垄断,从而违反了美国的反垄断法。杰克逊在判决书中还认定,微软"非法地"将其网络浏览器和"视窗"操作系统捆绑在一起,以排挤竞争对手的产品。微软的行动妨碍计算机软件业的竞争活动。该裁决作出后,美国司法部和 17 个州政府在 4 月 28 日正式向法庭提出要求,将微软公司一分为二。其中,一家经营操作系统(包括视窗 95、视窗 98、视窗 2000、视窗 NT 等产品),另一家则经营微软的应用软件业务(包括微软办公室、Outlook Express、Frontpage、微软网络浏览器等产品),而且,这两家公司在 10 年内不能合并。杰克逊法官在 2000 年 6 月 7 日作出裁决,将微软一分为二。

微软公司在 6 月 13 日向哥伦比亚联邦上诉法院提起上诉。6 月 20 日,杰克逊法官要求美国最高法院受理微软公司的上诉，认为由美国最高法院审理该案件符合美国公众的利益。2001年6月28日，美国哥伦比亚特区联邦上诉法院作出裁决，驳回哥伦比亚特区地方法院法官杰克逊在2000年6月作出的将微软一分为二的判决，但维持有关微软从事了违反反垄断法的反竞争商业行为的判决。参与审理的7位上诉法院法官一致认为，微软使用了反竞争手段维持对个人电脑操作系统市场的垄断，微软将其网络浏览器与"视窗"操作系统捆绑在一起是为了谋取对浏览器市场的垄断。同时，上诉法院要求地方法院指定一位新法官重新审理该案。上诉法院对四个关键问题的审判结果如下：[10]（1）关于微软采用非法和反竞争手段维持它在基于英特尔芯片的电脑系统操作系统软件上的垄断地位。上诉法院的判决认为微软在这个领域确实是一家垄断企业。（2）关于微软试图将其垄断地位扩展到浏览器软件领域。上诉法院不同意初审法院的判决，否定了初审法院原先关于微软试图扩大其垄断地位的判决。（3）关于微软将浏览器软件与"视窗95"和"视窗98"操作系统捆绑在一起的做法违反了反垄断法。上诉法院判决将此问题发回初审法院重新审理。（4）关于杰克逊法官在作出判决的过程中没有给予微软公司充分的发言权，因而导致微软被判分拆。上诉法院判决驳回此项判决，不再允许杰克逊担任本案主审。

由于上述判决仍然认定微软公司存在垄断，微软于2001年8月初向美国最高法院提出上诉，要求最高法院完全推翻杰克逊的判决。美国司法部在9月6日宣布，将不再寻求通过分割的方式处罚微软，同时，还撤销了有关微软非法地将其网络浏览器和"视窗"操作系统捆绑在一起的指控，使这一案件出现了新的转折。法官要求双方实现和解，并规定11月2日为达成和解的最后期限。如果届时双方仍无法和解，将于2002年3月开始审理此案，以确定对微软采取什么样的处罚。2001年10月9日，美国最高法院作出决定，驳回微软公司要求最高法院否决联邦地区法院法官托马斯·杰克逊关于该公司是一家违法垄断公司的判决的请求。

2001年11月6日，作为原告的18个州中有9个州同意接受微软公司与美国司法部达成的调解协议，但其他州却表示继续进行诉讼。[11] 微软公司与司法部达成的协议要求，微软公司给予电脑制造商更大灵活性，允许它们与微软公司竞争的软件开发商签署合同，把产品标识置于微软公司的视窗操作系统上，禁止微软公司对电脑生产商、软件开发商和行业里其他选择开发或使用竞争者产品的企业进行报复。9个州与哥伦比亚特区表示，如果微软不能按照政府方面的要求限制自己的商业活动，他们将要求微软公开源代码。2002年3月6日，美国司法部的一名律师向法官表示，微软反垄断案应当画上句号了，和解协议中对微软的限制措施已经超过了继续起诉微软所能得到的对微软的限制措施。微软和司法部的律师都试图使法官相信，尽管还有9个州

〔10〕"微软案：上诉法院判决审理的四个关键之处"，载人民网，2001年6月29日。

〔11〕一些州已经放弃诉讼。

在起诉微软,但他们达成的和解协议是符合公众利益的。司法部的律师菲利浦表示,和解协议中的条款已经“超出了我们通过诉讼能够得到的对微软的制裁措施”。[12]

在案件审理过程中,著名反托拉斯法专家麦凯兹曾指出:微软不是垄断,垄断是通过独霸某种产品而使其升值。而从1990年至1998年,微软的销售价格下跌了53%。微软带来更多的是技术的进步。而且监管者们也经常被自己的“管理”所作弄。AT&T1984年被一分为八之后不过10年,又发育成为庞大的电信帝国。而IBM最后未被拆分,却也没有变得更加强大。[13] 盖茨也指出:“消费者知道,软件行业内健康的竞争正产生一流的产品、低廉的价格和迅速的创新。如果在上诉期间,微软被强迫披露其最宝贵的知识产权和按照司法部要求的规范重新设计Windows软件,将严重损害我们创造使消费者受益的一流产品的能力。”[14]

对于微软垄断案件,一种看法认为,如果司法部胜诉,微软公司将被一分为二甚至一分为三。这种处理将使微软公司在继续运用其现有优势进入市场方面受到制约。但是,这也为其他公司带来发展的机会和空间。也有一部分人认为,微软公司依靠自身的实力不断开发新产品并加强售后服务,给消费者带来了很多利益。如果微软败诉,无形中将鼓励在市场竞争中处于不利地位的企业求助政府的干涉,而不是将精力用于提高产品质量和技术创新。如果微软这个软件帝国被击垮,受损的将不仅仅是盖茨本人,而是整个信息产业面临衰败。不管最终的处理结果如何,大多数专家认为,微软垄断案件的审理结果将对美国未来的技术产业政策产生重要的影响。

2. 微软被指控的事项

美国《时代杂志》根据联邦法官针对微软违反反托拉斯法法案所提出的事实判定报告,列出了盖茨的“七大罪状”:[15](1)网景公司在1994年推出Navigator浏览软件,使微软感受到了威胁,于是在1995年要求将该软件纳入Windows系统。在遭到网景公司的拒绝后,便极力阻碍网景公司新一代浏览器的研究,打压其市场,并将自己的IE浏览器捆绑进了Windows系统。(2)Intel在1995年开发了一种新的软件规格技术,盖茨担心这种技术会危及Windows系统,便威胁Intel说,要削弱对该公司个人计算机的支持,Intel马上停止了该项技术的研究。(3)苹果电脑选择Navigator为预设浏览器后,盖茨大表失望,并威胁将取消微软的Mac Office软件。后来,苹果电脑仍以微软的IE为预设浏览器。(4)多年来处于敌对状态的盖茨与美国在线负责人凯斯终于达成一项合作协议,但后者因此付出了沉重代价:微软从此对美国在线进行严密监视,以防该网站提供网景公司的软件。(5)康柏电脑原与美国在线达成协议,将Windows系统桌面上的微软网站图标换成美国在线网站的图标。后来,康柏公司在微软公司撤销Windows系统授权的威胁下恢复

---

[12] “美司法部:已尽全力修改同微软的和解协议”,载人民网,2002年3月7日。

[13] 甄芳洁:“一个更可怕的微软”,载 http://www.sina.com.cn,2001年8月4日。

[14] 同上注。

[15] “微软七大罪状”,载 http://www.hongen.com/proedu/flxy/zjft/zhuizong/zk042801.htm。

了微软网站图标,而微软也降低了 Windows 系统价格以回报康柏公司。(6)Intuit 公司在 1995 年开始通过其极受欢迎的 Quicken 软件提供 Navigator 浏览器。盖茨在电子邮件中向 Intuit 首席执行官表示,如果该公司能够换掉浏览器,微软将支付他 100 万美元作为回报。一年后,Intuit 将浏览器换成了微软的 IE。(7)由于 Java 计算机语言对 Windows 系统造成威胁,微软在 1995 年研究出只能在 Windows 系统下运行的 Java 语言。

此外,针对司法部对微软的指控和微软的上诉,上诉法院的判决如下:〔16〕(1)微软上诉的原因是地方法院裁决它触犯了反垄断法案第 1 条、第 2 条条款和对它的惩罚措施。地方法院裁定,微软主要在三点上触犯了反垄断法案,其一是非法利用在个人电脑操作系统市场上的垄断地位,其二是企图垄断浏览器市场,其三是在 Windows 中捆绑 IE。(2)微软对地方法院的裁决和惩罚措施都进行了上诉。首先,微软认为地方法院的裁决有失公允,其证据是不充分的;其次,必须推翻地方法院作出的惩罚措施,因为地方法院没有给予微软充足的时间举行听证会;最后,微软认为杰克逊法官在审判过程中对微软是不公平的。根据对卷宗进行的详细审查,上诉法院认为微软确实存在着严重问题,但还不致受到肢解这样的极刑,同时将微软在 Windows 中捆绑 IE 是否违法这一问题交由地方法院重新审理。上诉法院没有就惩罚措施作出判决,希望等到复审结束时,再作出合情合理的裁决。(3)上诉法院裁定,微软在市场确实具有垄断地位,而且也有维护其垄断地位之嫌。地方法院裁定,微软在配置 Intel 芯片的个人电脑操作系统市场上的份额超过了 95%,已经形成了垄断力量。微软认为,地方法院在市场的划分上是有误的,进入这一市场不存在壁垒。微软还认为,地方法院不应该将中间件从操作系统市场中划分出去。在市场份额认定方面,双方没有分歧。微软认为,市场份额不会形成壁垒,软件开发商一般会在几个平台上推出功能相似的软件。地方法院认为,各开发商在不同平台上开发的软件的功能并不完全相同,也不完全兼容,因此对市场大的平台有利。微软承认 Windows 平台上的应用软件要多于其他平台,这主要是由 Windows 的普及造成的,只要其他的操作系统厂商能够投入足够的资源,市场份额也完全可以达到微软产品的水平。

3. 微软反垄断案件的特点

与美国历史上的其他重大的反垄断案件相比,微软垄断案件具有以下特点:〔17〕(1)微软公司是自我发展起来的垄断公司。而在 1911 年和 1984 年分别被分拆的美孚石油公司和美国电话电报公司则是在并吞其他竞争对手的基础上发展起来的垄断公司。(2)微软公司是在知识产权和知识创新的基础上发展起来的垄断公司。其“视窗”软件不断适应市场的需求进行改进。(3)微软公司虽然对个人电脑操作系统市场拥有绝对垄断权,但并没有利用这一垄断优势抬高价格,其网络浏览器最初免费赠送。

---

〔16〕 刘彦青:“微软垄断案判决摘要”,载人民网,2001 年 6 月 29 日。

〔17〕 王建生:“从微软垄断案看美国反托拉斯政策取向”,载新华网,2001 年 7 月 29 日。

微软案件是美国进入信息经济时代以来最具代表性的反垄断案件,从此案件立案到现在,其间已经经历了6年的时间,引起美国国内以及全世界的高度重视。美国著名经济学家、"新增长理论"的创立者保罗·罗默支持对微软公司采取反垄断行动。他认为,创新是决定消费者福利的最重要因素,而竞争比垄断更有可能带来创新。由此可见,美国以反垄断法为核心的竞争政策的重点已转向鼓励创新。[18]

四、欧盟竞争法

欧盟并没有一部完整的竞争法典,其竞争法规范主要体现在《欧洲共同体条约》中。[19] 此外,欧盟部长理事会和欧盟委员会制定的法规、指令、决定以及欧洲法院的判决和先行裁决也构成了欧盟竞争法的内容。欧盟竞争法仅适用于可能影响欧盟成员国之间贸易的不正当竞争行为,对于仅仅影响某一成员国国内市场的不正当竞争行为不适用,而是由该成员的国内法管制。欧盟竞争法的效力高于成员国国内法,各成员

---

〔18〕 王建生:"从微软垄断案看美国反托拉斯政策取向",载新华网,2001年7月29日。

〔19〕 1951年4月18日,法国、联邦德国、意大利、荷兰、比利时和卢森堡在巴黎签订了《建立欧洲煤钢共同体条约》(ECSC),并于1952年7月23日生效(2002年7月23日失效),欧洲煤钢共同体成立。1957年3月25日,上述6个国家在罗马签署了《欧洲经济共同体条约》(EEC)和《欧洲原子能共同体条约》(Euratom)(统称为罗马条约体系),1958年1月1日条约生效,欧洲经济共同体正式成立,欧洲原子能共同体成立。1965年4月8日,6国又签订了《布鲁塞尔条约》,决定将三个共同体各自的部长理事会和执行委员会合并,但三个组织仍各自存在,具有独立法人资格。《布鲁塞尔条约》于1967年7月1日生效。1973年1月1日,英国、丹麦和爱尔兰加入共同体。1981年1月1日,希腊加入共同体。1986年1月1日,西班牙和葡萄牙加入共同体。1986年2月17日和28日,修改罗马条约的单一欧洲法在布鲁塞尔和海牙签订,1987年7月1日生效。1992年2月7日12个国家在荷兰城市马斯特里赫特签订了以建立欧洲经济货币联盟和欧洲政治联盟为目标的《欧洲联盟条约》(也称《马斯特里赫特条约》,简称"马约")。根据该条约第52条的规定,公约在取得所有签署国的批准后,方始生效。公约原定生效时间是1993年1月1日,但实际上,完成所有国家批准程序的时间是1993年11月1日,故"马约"在该时间正式生效,欧洲联盟正式成立(European Union,简称欧盟,总部设在比利时首都布鲁塞尔),标志着欧共体从经济实体向经济政治实体的过渡。此外,该条约将"欧洲经济共同体"改称为"欧洲共同体",将《欧洲经济共同体条约》作了重大修改和补充后更名为《欧洲共同体条约》。1995年1月1日,芬兰、奥地利、瑞典加入欧盟。1997年10月2日,《阿姆斯特丹条约》签署,该条约对《欧洲联盟条约》、《欧洲共同体条约》的条文布局作了大幅度修改,1999年5月1日,该条约生效。2001年2月26日,15个成员国签订了修改欧盟条约的《尼斯条约》,2003年2月1日起生效。2002年1月1日,欧元正式进入流通领域。2002年2月28日,欧盟15国的法定货币退出市场。2004年吸收中欧、东欧、地中海的爱沙尼亚、拉脱维亚、立陶宛、波兰、匈牙利、捷克、斯洛伐克、斯洛文尼亚、马耳他、塞浦路斯10国加入,共计25国。2007年保加利亚、罗马尼亚加入欧盟,目前成员共计27国。

欧盟的主要组织机构有:(1)欧盟的理事会,即部长理事会,是欧洲联盟的决策机构,拥有欧洲联盟的绝大部分立法权。总秘书处设在布鲁塞尔。理事会实行主席国轮值制,任期半年。(2)欧盟委员会,是欧盟的常设执行机构,负责实施欧共体条约和理事会作出的决定,向理事会和欧洲议会提出报告和立法动议,处理欧盟日常事务,代表欧盟对外联系及负责经贸方面的谈判。总部设在布鲁塞尔。(3)欧洲议会,在欧盟内部执行监督、咨询的机构,有部分决定权并可以2/3多数弹劾委员会,迫其集体辞职。议会大厦设在法国的斯特拉斯堡,议会秘书处设在卢森堡。(4)欧洲法院,设在卢森堡,是欧盟的仲裁机构,负责审理和裁决在执行欧洲联盟条约和有关规定中发生的各种争执。(5)欧洲审计院,设在卢森堡,负责欧盟的审计和财政管理。

可以直接适用欧盟的竞争法。此外，欧盟竞争法具有域外效力，不仅适用于欧盟内的企业，也适用于欧盟之外但对欧盟贸易有影响的企业的可能对欧盟产生影响的限制性商业行为。

《欧洲共同体条约》直接涉及竞争法的规范既包括实体法规范，也包括程序法规范。这些规范主要体现在第81条（原第85条）、第82条（原第86条）、第86条（原第90条）至第89条（原第94条）中。

欧盟竞争法主要禁止以下行为：[20]第一，禁止限制竞争协议、决议或者协同行为，即卡特尔。第二，禁止滥用市场支配（独占）地位的行为。第三，控制集中或者购并。"集中"是指企业通过合并、收购或者联营等方式达到垄断市场的地位。一般情况下，只要合并可以产生或者加强市场支配地位，主管机关可以禁止合并，但在某种情况下也有例外。

五、我国的竞争法和反垄断法

（一）我国竞争法和反垄断法的立法状况

目前，我国没有一部统一的包括反垄断行为和反不正当竞争行为在内的保护竞争法典或法律规范，而是在不同的法律法规中分别作出规定。这些法律主要有《反垄断法》、《反不正当竞争法》、《价格法》、《广告法》、《产品质量法》、《商标法》、《专利法》、《著作权法》等。

我国从1994年开始起草《反垄断法》，成立了起草小组。在起草过程中有很多争议。这些争议主要体现在以下方面：（1）中国目前是否需要制定《反垄断法》？一种观点认为，中国目前制定并实施《反垄断法》不合时宜。另一种观点认为，中国迫切需要制定《反垄断法》。（2）是否应当反对行政垄断。一种观点认为，中国目前的垄断主要是行政垄断，因此，我国的反垄断法应将反对行政垄断作为首要和迫切的任务。另一种观点认为，行政垄断应通过体制改革予以改善，不应成为《反垄断法》的主要目标。还有学者认为，经济垄断往往同行政垄断融为一体，难以区分，因此，没有必要区分经济垄断和行政垄断。（3）企业合并的控制。大部分学者认为，控制企业兼并是世界各国反垄断法中的一项重要内容。反垄断法规范兼并行为的目的在于防止垄断企业的形成以及滥用经济优势行为的发生。我国法律应该规定企业兼并的申报和批准程序。另有一些学者坚持以公司法规范公司合同问题。（4）反垄断的执法机构。大部分学者主张应该设立一个统一的、权威的、由国务院直接领导的机构作为反垄断机构，以提高执法机构的权威性和独立性。（5）反垄断法的域外适用。反垄断法的域外适用是指作为国内法的反垄断法的国外效力。有学者主张我国的反垄断法也应该具有域外效力，以保护我国的利益。（6）反垄断法的适用例外。大部分学者主张应规定反垄断法的适用例外，对一些行业给予豁免。

---

〔20〕 祁欢："从欧盟竞争法看中国的反垄断法"，载《政法论坛》2003年第4期。

(二)《反垄断法》

《中华人民共和国反垄断法》由第十届全国人民代表大会常务委员会第二十九次会议于2007年8月30日通过,自2008年8月1日起施行。它是中国第一部反垄断法律,对于预防和制止垄断行为,保护市场公平竞争,提高经济运行效率,维护消费者利益和社会公共利益,促进社会主义市场经济健康发展具有重要意义。该法共有57条和如下八章内容:总则;垄断协议;滥用市场支配地位;经营者集中;滥用行政权力排除、限制竞争;对涉嫌垄断行为的调查;法律责任;附则。中国境内经济活动中的垄断行为,以及中国境外的垄断行为但对境内市场竞争产生排除、限制影响的,适用该法。经营者依照有关知识产权的法律、行政法规规定行使知识产权的行为,不适用该法,但是,经营者滥用知识产权,排除、限制竞争的行为,适用该法。农业生产者及农村经济组织在农产品生产、加工、销售、运输、储存等经营活动中实施的联合或者协同行为,不适用该法。国务院设立反垄断委员会,负责组织、协调、指导反垄断工作。

根据《反垄断法》规定,国家规制的垄断行为包括:

(1)经营者达成垄断协议。垄断协议,是指排除、限制竞争的协议、决定或者其他协同行为。禁止具有竞争关系的经营者达成下列垄断协议:固定或者变更商品价格;限制商品的生产数量或者销售数量;分割销售市场或者原材料采购市场;限制购买新技术、新设备或者限制开发新技术、新产品;联合抵制交易;国务院反垄断执法机构认定的其他垄断协议。禁止经营者与交易相对人达成下列垄断协议:固定向第三人转售商品的价格;限定向第三人转售商品的最低价格;国务院反垄断执法机构认定的其他垄断协议。经营者能够证明所达成的协议属于下列情形之一的,不在禁止之列:为改进技术、研究开发新产品的;为提高产品质量、降低成本、增进效率,统一产品规格、标准或者实行专业化分工的;为提高中小经营者经营效率,增强中小经营者竞争力的;为实现节约能源、保护环境、救灾救助等社会公共利益的;因经济不景气,为缓解销售量严重下降或者生产明显过剩的;为保障对外贸易和对外经济合作中的正当利益的;法律和国务院规定的其他情形。行业协会不得组织本行业的经营者从事本章禁止的垄断行为。

(2)经营者滥用市场支配地位。市场支配地位,是指经营者在相关市场内具有能够控制商品价格、数量或者其他交易条件,或者能够阻碍、影响其他经营者进入相关市场能力的市场地位。禁止具有市场支配地位的经营者从事下列滥用市场支配地位的行为:以不公平的高价销售商品或者以不公平的低价购买商品;没有正当理由,以低于成本的价格销售商品;没有正当理由,拒绝与交易相对人进行交易;没有正当理由,限定交易相对人只能与其进行交易或者只能与其指定的经营者进行交易;没有正当理由搭售商品,或者在交易时附加其他不合理的交易条件;没有正当理由,对条件相同的交易相对人在交易价格等交易条件上实行差别待遇;国务院反垄断执法机构认定的其他滥用市场支配地位的行为。有下列情形之一的,可以推定经营者具有市场支配地位:

一个经营者在相关市场的市场份额达到1/2的；两个经营者在相关市场的市场份额合计达到2/3的；三个经营者在相关市场的市场份额合计达到3/4的。有后两种情形的，其中有的经营者市场份额不足1/10的，不应当推定该经营者具有市场支配地位。被推定具有市场支配地位的经营者，有证据证明不具有市场支配地位的，不应当认定其具有市场支配地位。

(3)具有或者可能具有排除、限制竞争效果的经营者集中。经营者集中是指下列情形：经营者合并；经营者通过取得股权或者资产的方式取得对其他经营者的控制权；经营者通过合同等方式取得对其他经营者的控制权或者能够对其他经营者施加决定性影响。经营者集中达到国务院规定的申报标准的，经营者应当事先向国务院反垄断执法机构申报，未申报的不得实施集中。但经营者集中有下列情形之一的，可以不向国务院反垄断执法机构申报：参与集中的一个经营者拥有其他每个经营者50%以上有表决权的股份或者资产的；参与集中的每个经营者50%以上有表决权的股份或者资产被同一个未参与集中的经营者拥有的。经营者集中具有或者可能具有排除、限制竞争效果的，国务院反垄断执法机构应当作出禁止经营者集中的决定。但是，经营者能够证明该集中对竞争产生的有利影响明显大于不利影响，或者符合社会公共利益的，国务院反垄断执法机构可以作出对经营者集中不予禁止的决定。国务院反垄断执法机构应当将禁止经营者集中的决定或者对经营者集中附加限制性条件的决定，及时向社会公布。对外资并购境内企业或者以其他方式参与经营者集中，涉及国家安全的，除进行经营者集中审查外，还应当按照国家有关规定进行国家安全审查。

行政机关和法律、法规授权的具有管理公共事务职能的组织不得滥用行政权力，限定或者变相限定单位或者个人经营、购买、使用其指定的经营者提供的商品。行政机关和法律、法规授权的具有管理公共事务职能的组织不得滥用行政权力，以设定歧视性资质要求、评审标准或者不依法发布信息等方式，排斥或者限制外地经营者参加本地的招标投标活动。行政机关和法律、法规授权的具有管理公共事务职能的组织不得滥用行政权力，采取与本地经营者不平等待遇等方式，排斥或者限制外地经营者在本地投资或者设立分支机构。行政机关和法律、法规授权的具有管理公共事务职能的组织不得滥用行政权力，强制经营者从事本法规定的垄断行为。行政机关不得滥用行政权力，制定含有排除、限制竞争内容的规定。行政机关和法律、法规授权的具有管理公共事务职能的组织不得滥用行政权力，实施下列行为，妨碍商品在地区之间的自由流通：对外地商品设定歧视性收费项目、实行歧视性收费标准，或者规定歧视性价格；对外地商品规定与本地同类商品不同的技术要求、检验标准，或者对外地商品采取重复检验、重复认证等歧视性技术措施，限制外地商品进入本地市场；采取专门针对外地商品的行政许可，限制外地商品进入本地市场；设置关卡或者采取其他手段，阻碍外地商品进入或者本地商品运出；妨碍商品在地区之间自由流通的其他行为。

(三)《反不正当竞争法》

如上所述，我国在竞争法立法方面并非完全没有相关的法律规范，只是现有法律的调整范围过于狭窄,有些规定过于原则。1993 年 9 月 2 日由第八届全国人民代表大会常务委员会第三次会议通过的《反不正当竞争法》(自 1993 年 12 月 1 日起施行)就是我国竞争法的一个重要法律规范。

该法共有 33 条,包括总则、不正当竞争行为、监督检查、法律责任以及附则。我国工商行政管理部门负责对不正当竞争行为进行监督检查。

根据该法规定,不正当竞争是指从事商品经营或者营利性服务的法人、其他经济组织和个人损害其他经营者的合法权益,扰乱社会经济秩序的行为。《反不正当竞争法》明确禁止以下不正当竞争行为:

1. 非法的市场交易行为

经营者采用下列不正当手段从事市场交易,损害竞争对手:(1)假冒他人的注册商标;(2)擅自使用知名商品特有的名称、包装、装潢,或者使用与知名商品近似的名称、包装、装潢,造成和他人的知名商品相混淆,使购买者误认为是该知名商品;(3)擅自使用他人的企业名称或者姓名,引人误认为是他人的商品;(4)在商品上伪造或者冒用认证标志、名优标志等质量标志,伪造产地,对商品质量作引人误解的虚假表示。

2. 非法利用独占地位的行为

公用企业或者其他依法具有独占地位的经营者,不得限定他人购买其指定的经营者的商品,以排挤其他经营者的公平竞争。

公用企业是指涉及公用事业的经营者,包括供水、供电、供热、供气、邮政、电讯、交通运输等行为的经营者。依法具有独占地位的经营者是指在特定市场上处于无竞争状态,或取得了压倒性地位和排除竞争能力的单个经营者或两个以上相互间不进行价格竞争,在对外关系上具有上述地位和能力的经营者。目前,由国务院行政法规、法规性文件或规范性文件所确定的某一特定地区的某项商品只能由某个经营者生产经营,该经营者实际上就是"依法具有独占地位的经营者"。

3. 滥用权力行为

政府及其所属部门不得滥用行政权力,限定他人购买其指定的经营者的商品,限制其他经营者正当的经营活动,限制外地商品进入本地市场或者本地商品流向外地市场。

4. 贿赂行为

经营者不得采用财物或者其他手段进行贿赂,以销售或者购买商品。在账外暗中给予对方单位或者个人回扣的,以行贿论处;对方单位或者个人在账外暗中收受回扣的,以受贿论处。经营者销售或者购买商品,可以以明示方式给对方折扣,可以给中间人佣金。经营者给对方折扣、给中间人佣金的,必须如实入账。接受折扣、佣金的经营者必须如实入账。

5. 虚假宣传行为

经营者不得利用广告或者其他方法,对商品的质量、制作成分、性能、用途、生产者、有效期限、产地等作引人误解的虚假宣传。广告的经营者不得在明知或者应知的情况下,代理、设计、制作、发布虚假广告。

6. 侵犯商业秘密的行为

商业秘密是指不为公众所知悉,能为权利人带来经济利益、具有实用性并经权利人采取保密措施的技术信息和经营信息。经营者不得采用下列手段侵犯商业秘密:(1)以盗窃、利诱、胁迫或者其他不正当手段获取权利人的商业秘密;(2)披露、使用或者允许他人使用以前项手段获取的权利人的商业秘密;(3)违反约定或者违反权利人有关保守商业秘密的要求,披露、使用或者允许他人使用其所掌握的商业秘密。第三人明知或者应知上述所列违法行为,获取、使用或者披露他人的商业秘密,视为侵犯商业秘密。

7. 恶意低价销售行为

经营者不得以排挤竞争对手为目的,以低于成本的价格销售商品。但有下列情形之一的,不属于不正当竞争行为:(1)销售鲜活商品;(2)处理有效期限即将到期的商品或者其他积压的商品;(3)季节性降价;(4)因清偿债务、转产、歇业降价销售商品。

8. 强制搭售或附加条件销售行为

商品经营者销售商品,不得违背购买者的意愿搭售商品或者附加其他不合理的条件。

9. 非法有奖销售行为

经营者不得从事下列有奖销售:(1)采用谎称有奖或者故意让内定人员中奖的欺骗方式进行有奖销售;(2)利用有奖销售的手段推销质次价高的商品;(3)抽奖式的有奖销售,最高奖的金额超过5000元。

10. 恶意损害竞争对手信誉的行为

经营者不得捏造、散布虚伪事实,损害竞争对手的商业信誉、商品声誉。

11. 恶意串通招投标行为

投标者不得串通投标,抬高标价或者压低标价。投标者和招标者不得相互勾结,以排挤竞争对手的公平竞争。

经营者违反上述规定,给被侵害的经营者造成损害的,应当承担损害赔偿责任。被侵害的经营者的损失难以计算的,赔偿额为侵权人在侵权期间因侵权所获得的利润,并应当承担被侵害的经营者因调查该经营者侵害其合法权益的不正当竞争行为所支付的合理费用。被侵害的经营者的合法权益受到不正当竞争行为损害的,可以向人民法院提起诉讼。

此外,《反不正当竞争法》还规定了行政处罚措施和刑事制裁措施。当事人对监督检查部门作出的处罚决定不服的,可以自收到处罚决定之日起15日内向上级主管机关申请复议,也可以直接向人民法院提起诉讼;对复议决定不服的,可以自收到复议决定书之日起15日内向人民法院提起诉讼。

《反不正当竞争法》的制定和实施,对维护市场秩序、建设社会主义市场经济体制起到了重要的保障作用。但是,随着我国市场经济的发展,《反不正当竞争法》列举的11种不正当竞争行为已经难以涵盖目前形式多样的不正当竞争行为。此外,对反不正当竞争行为的多头管理造成执法主体的多元化以及执法的松散。没有赋予行政执法机关采取强制措施的权力,也影响了对不正当竞争行为的制裁。所以,我国应该修改补充《反不正当竞争法》,并加大对不正当竞争行为的制裁力度。

(四)《对外贸易法》

由于1994年《对外贸易法》在对外贸易秩序方面的规定不够全面,没有包括由于垄断等而扰乱对外贸易秩序的行为,因此,2004年修订后的《对外贸易法》对上述规定予以补充修改,[21]规定了禁止限制竞争行为、禁止不正当竞争行为、外贸经营禁止性行为等。

1. 禁止限制竞争行为

在对外贸易活动中,不得滥用市场优势地位或通过协议、串通等方式实施下列影响公平对外贸易秩序的行为:(1)实施不正当或者歧视性的贸易条件;(2)不合理地限制生产、销售以及技术的开发和转让;(3)不正当地拒绝提供货物、服务或者实施技术;(4)其他滥用市场优势地位或者通过协议、串通等方式实施影响公平对外贸易秩序的行为。对于上述行为之一,主管部门可以采取禁止进出口等措施消除其危害或者影响。

2. 禁止不正当竞争行为

在对外贸易活动中,不得实施下列不正当竞争行为:(1)擅自使用与他人商品相同或者近似的注册商标,或者擅自使用他人的企业名称、商号等商业标识;(2)以不正当的低价等手段排挤竞争对手;(3)故意扰乱进出口货物配额的招投标程序;(4)以广告等方式进行引人误解的宣传;(5)商业贿赂;[22](6)其他不正当竞争行为。对于上述行为之一,危害对外贸易秩序和公共利益的,主管机关可以采取禁止进出口等措施消除其危害或影响。工商行政部门对进出口货物在国内交易中的不正当竞争行为进行查处。

3. 外贸经营禁止性行为

在对外贸易中,不得有下列行为:(1)伪造、变造或者买卖进出口原产地标记和原产地证书、进出口许可证和配额证明及其他进出口证明文件;(2)骗取国家的出口退税;(3)逃汇、套汇;(4)走私;(5)逃避法律、行政法规规定实施的检验检疫;(6)违反法律、行政法规规定的其他行为。

---

〔21〕《对外贸易法》第六章。

〔22〕根据国家工商行政管理局于1996年11月15日发布的《关于禁止商业贿赂行为的暂行规定》,商品贿赂是指经营者为销售或者购买商品而采用财物或者其他手段贿赂对方单位或者个人的行为。

4. 对外贸易经营者在对外贸易经营活动中，应当依照国家有关规定结汇和用汇

（五）《技术进出口管理条例》

2002 年 1 月 1 日开始实施的《技术进出口管理条例》明确规定了禁止的限制性商业条款。该法第 29 条规定，技术进口合同中，不得含有下列限制性条款：(1)要求受让人接受并非技术进口必不可少的附带条件，包括购买非必需的技术、原材料、产品、设备或者服务；(2)要求受让人为专利权有效期限届满或者专利权被宣布无效的技术支付使用费或者承担相关义务；(3)限制受让人改进让与人提供的技术或者限制受让人使用所改进的技术；(4)限制受让人从其他来源获得与让与人提供的技术类似的技术或者与其竞争的技术；(5)不合理地限制受让人购买原材料、零部件、产品或者设备的渠道或者来源；(6)不合理地限制受让人产品的生产数量、品种或者销售价格；(7)不合理地限制受让人利用进口的技术生产产品的出口渠道。

有关知识产权领域的保护正当竞争的法律除《技术进出口管理条例》以外，上述 1993 年制定实施的《反不正当竞争法》的有关条款虽然不是专门针对知识产权领域行为的，但同样也可适用于涉及知识产权的有关行为。1994 年制定实施的《对外贸易法》规定的不得“以不正当竞争手段排挤竞争对手”的规定也包括滥用知识产权的限制竞争行为。1999 年制定实施的《合同法》第 329 条也规定：“非法垄断技术、妨碍技术进步或者侵害他人技术成果的技术合同无效。”第 334 条规定：“技术转让合同可以约定让与人和受让人实施专利或者使用技术秘密的范围，但不得限制技术竞争和技术发展。”

从以上我国现行的与知识产权有关的保护竞争的法律规范来看，这些规定零散、不完整、不明确，而且，现有的多数法律规范是适用于有关对外经济贸易活动中的行为，而不是普遍适用于我国市场上的与知识产权有关的垄断或限制竞争行为。因此，有专家建议，我国首先应当建立基本的反垄断法律制度，并将该制度适用于知识产权领域，即适用于与知识产权有关的垄断或限制竞争行为。

第二节　限制性商业行为的国际控制

一、国际许可协议中限制性商业条款的产生

国际许可协议中的限制性商业条款是国际贸易中各种限制性商业条款的一个方面。与其他贸易中的限制性商业条款相比，国际许可协议中的限制性商业条款更加复杂和难以识别。国际许可协议中之所以出现限制性商业条款，与国际许可贸易的特点紧密相连。如前所述，国际许可协议所转让的技术与普通商品相比，需要耗费大量的开发资金以及人力、物力和时间，因此，许可方不仅希望通过转让所开发技术的使用权，收回其开发投资并获得一定的利润，同时，也更希望在转让技术使用权后，最大限

度地使自己仍处于技术上的优势和垄断地位,防止受让方在获得技术使用权后取得竞争优势,从而对许可方构成威胁。为了达到这一目的,许可方往往在国际许可协议中规定一些不合理的条款,以限制受让方的某些行为,使受让方在受让技术后对许可方所构成的威胁减到最低。但是,这一做法却严重地妨碍了公平竞争原则,对技术引进国家的经济发展将造成不利影响。为此,很多国家,尤其是发展中国家大多通过国内立法或双边条约、多边公约,对国际许可协议中的某些限制性商业条款予以限制或禁止。

二、控制限制性商业行为的国际立法概述

关于竞争的国际立法在20世纪初已经开始。1947年,联合国贸易与就业会议起草的《哈瓦那宪章》第5章就对限制性商业惯例作出了规定。1951年联合国经济与社会理事会起草了《国际反垄断法协议(草案)》,并为进行国际限制性商业行为的实际调查设置了临时专门委员会。1957年,法国、德国、意大利、比利时、荷兰和卢森堡签订了《欧洲经济共同体条约》,其第85条和第86条对限制竞争行为也作出了详细规定。到了60年代,跨国公司迅速增多,并在国际贸易中频繁使用限制性商业做法,对发展中国家的贸易造成极大的影响。

此外,由于各国竞争法以及有关限制性商业行为的法律在限制性商业行为的名称、含义、制裁措施、管理机构等方面有不同的规定,使得一些企业难以适从,而且,各国法律对影响国际贸易的限制性商业行为也缺乏相应的规定,因此,在1972年,在联合国贸易与发展会议第3次会议上成立了专门研究限制性商业惯例的专家小组。1979年11月19日,联合国贸易与发展会议主持召开了限制性商业惯例问题会议,会议确认了限制性商业惯例对国际贸易,特别是对发展中国家的国际贸易及其经济造成不利影响,提出制定一套多边国际协议,以消除限制性商业惯例。联合国大会第35届会议在1980年12月25日通过《多边协议的控制限制性商业惯例的公平原则和规则》。根据《多边协议的控制限制性商业惯例的公平原则和规则》的规定,联合国贸易与发展会议秘书处在1984年完成了限制性商业惯例法律范本,并根据各国意见不断修改。该范本共有11条,主要规定了法律的目标和宗旨、定义和适用范围、限制性协定或安排、滥用或谋取和滥用实力支配地位的行动或行为、在保护消费者方面可能做到的若干事项、申报、管理机构及其组织、管理机构的职能和权力、制裁、上诉、要求赔偿的法律行动。

在1993年,专家们还起草了一份国际反垄断法典草案,希望成为世界贸易组织的一个多边贸易协议,但没有成功。实际上,WTO协议对贸易中的限制性商业行为已经作出规定。例如,反倾销、反补贴、保障措施、国营贸易及其限制、知识产权领域内的反不正当竞争(如对商标的保护、对地理标志的保护、对商业秘密的保护、许可合同中对反竞争行为的控制)等都是为了维护公平竞争而允许WTO成员采用的贸易措施。但是,由于全球关税的逐渐降低,一些企业为保持垄断地位而越来越多地从事反竞争行为,影响国际贸易的发展。欧盟与美国就是否有必要为此制定世界范围的反垄断法规曾经发生争执。在世界贸易组织的美国西雅图部长级会议的议程拟订中,欧盟委员会副主席布里坦曾表示,应设法限制合伙垄断市场以及其他独占市场以控制价格的行为,同时提出限制跨国兼并和出口垄断以促进成员间合作的基本原则。但美国司法部副部长克雷恩则称布里坦的建议是“糟糕的主意”。克雷恩认为,WTO 谈判必须“建立在经验和承诺的基础上,而不是基于希望和模糊的概念”。他认为,在 135 个世界贸易组织成员中,仅有一半实施了反垄断法,因此,制定统一的国际反垄断法规时机尚不成熟。布里坦则指出,很有必要建立国际反垄断框架,以对付日益增加的阻碍国际竞争的案件。他认为,排斥竞争的做法不仅危害一个国家的利益,而且也将影响其他贸易伙伴的利益。分析家认为,不断加剧的垄断行为已构成威胁世贸发展的关键问题之一。[23]

在知识产权方面,为管制国际技术转让中的限制性商业行为,1883 年签订的《保护工业产权巴黎公约》和 1900 年布鲁塞尔修订本对工业产权领域中的限制性商业行为作出了规定。1978 年 10 月,联合国贸易与发展会议还起草了《国际技术转让行动守则》(草案),该草案对国际技术转让中的限制性商业行为也作出了规定,但是,由于各国对该草案的分歧很大,至今未获通过。

三、《多边协议的控制限制性性商业惯例的公平原则和规则》

(一)目标和适用范围

《多边协议的控制限制性商业惯例的公平原则和规则》基于以下目标订立:(1)保证限制性商业惯例不致妨碍或取消因降低不利于世界贸易,特别是不利于发展中国家贸易和发展的关税和非关税壁垒而应获得的利益。(2)根据国家的经济和社会发展目标和现有的经济结构,通过造成、鼓励和保护竞争方法、控制资本和(或)经济力量的集中方法以及鼓励革新的方法,提高国际贸易和发展,特别是发展中国家的贸易和发展的效率。(3)保护和促进发达国家与发展中国家的一般社会福利,特别是消费者的利益。(4)消除跨国公司或其他企业的限制性商业惯例对贸易和发展可能造成的不利条件,从而尽量扩大国际贸易,特别是发展中国家的贸易和发展方面的利益。(5)规定一套多边协议的控制限制性商业惯例的公平原则和规则,供各国采用,从而便利国家一级和区域一级采用和加强这方面的法律和政策。

原则和规则适用于对国际贸易,特别是对发展中国家的国际贸易及其经济发展有不利影响的限制性商业惯例,包括跨国公司的这种限制性商业惯例在内,即使这种惯例涉及一个国家或者一个以上国家的企业,该原则和规则也适用。原则和规则不适用于由于政府间协定或这种协定直接造成的限制性商业惯例。

(二)限制性商业惯例的界定

限制性商业惯例是指企业通过滥用或谋取和滥用市场力量的支配地位,限制进入

---

〔23〕“欧美反垄断方案之争”,载和讯财经,2000 年 5 月 25 日。

市场或以其他方式不适当地限制竞争,对国际贸易特别是对发展中国家的国际贸易及其经济发展造成或可能造成不利影响的行动或行为,或通过企业之间的正式或非正式、书面或非书面的协议或安排造成同样的影响的行动或行为。

市场力量的支配地位是指一个企业本身或与其他几个企业一起,有能力控制某一货物或服务和几类货物或服务的有关市场。

(三)控制限制性商业惯例的原则

1. 一般原则

(1)缔约国应以互相支持的方式,在国家、区域和国际各级采取适当的行动,消除或有效地对付不利于国际贸易,特别是不利于发展中国家的国际贸易及其经济发展的限制性商业惯例,包括跨国公司的这种惯例。(2)各国政府之间应建立双边和多边的协作以促进对限制性商业惯例的控制。(3)应筹划设置国际一级的适当机构或改进对现有国际机构的运用,以利于各国政府之间交换和传播有关限制性商业惯例的资料。(4)应制定适当办法,以利于就有关控制限制性商业惯例的政策问题进行多边协商。

2. 给予发展中国家的优惠待遇或差别待遇的原则

为了保证原则和规则公平地适用,各国,特别是发达国家在控制限制性商业惯例时,应考虑到发展中国家,特别是最不发达国家的发展、资金和贸易的需要,以便促进发展中国家工业的建立或发展以及其他经济部门的经济发展,以及通过发展中国家间的区域安排或全球性安排,促进其经济发展。

3. 为包括跨国公司在内的企业制定的原则和规则

(1)企业应遵守其营业所在国的限制性商业惯例法和其他法律中有关限制性商业惯例的规定,如果根据这些法律进行诉讼,应受其营业所在国法院和有关行政机关的管辖。(2)企业应同直接受影响的国家的主管当局,在控制不利于这些国家的限制性商业惯例方面进行磋商和合作。企业应提供为此目的所需要的资料,尤其是限制性安排的细节,包括可能存放在外国的资料。(3)企业在市场上从事竞争性或有竞争可能的活动时,如果通过正式或非正式、书面或非书面协定或安排,某些做法会限制进入市场或过分限制竞争,对国际贸易,特别是对发展中国家的国际贸易及其经济发展具有或可能具有不利的影响,应避免采取这些做法。但是,如果这些企业间是在彼此同受其管制,包括同为其拥有的经济实体范围内进行交易,或因其他缘故而彼此不能独立行事,则可以采取。这些做法包括:①协议共同定价(包括共同制定进出口价格);②串通投标;③安排分配市场或顾客;④定额分配销售量和生产量;⑤采取集体行动执行安排,如联合抵制交易;⑥联合拒绝向可能的进口者供应货物;⑦集体拒绝他人参加对竞争关系重大的安排或协会。(4)如果通过滥用、或谋取和滥用市场力量的支配地位,某种行动或行为会限制进入市场或以其他方式不适当地限制竞争,对国际贸易特别是对发展中国家的贸易及其经济发展具有或可能具有不利影响,企业应避免在有关市场中采取下列行动或行为:①对竞争者的掠夺性的行为,如使用低于成本的价格消灭竞争者。②在供应或购买货物或服务时，歧视性地作价（即不合理地区别对待）或订立歧视性的条件，包括在分支企业之间的交易中使用作价政策，对所购买或提供的货物或服务规定高于或低于分支企业之外的类似或相等交易的价格。③合并、接管、合资经营或其他横向、纵向或联合企业性的控制权的获取。④规定出口货物在进口国转售价格。⑤对于在国外合法标有商标的货物，如其商标与进口国中受保护的相同或类似货物的商标相同或类似，且为同一来源，即属于同一所有人，供在经济、组织、管理或法律上相互依存的企业使用，限制这种货物进口，而限制的目的在于维持人为的高价。⑥若非为了保证达到正当的商业目的，诸如质量、安全、充分的销售或服务等，部分或全部拒绝按该企业惯用的商业条件进行交易；或以接受对竞争货物或其他货物的经销或生产的限制为提供某种货物或服务的条件；或限制所供应的货物或其他货物转售或出口的地方、对象、形式或数量；或以向供应人或他指定的人购买其他货物或服务为提供某种货物或服务的条件。

4. 为各国在国家、区域和分区各级规定的原则和规则

（1）各国应在国家一级或通过区域集团，制定、改进和有效执行有关的法律并实行司法和行政程序，对包括跨国公司的限制性商业惯例在内的限制性商业惯例进行控制。（2）各国的立法首先应以下列原则为基础：消除或有效地对付企业的通过滥用或谋取和滥用市场力量的支配地位，限制进入市场或以其他方式不适当地限制竞争，对各国的贸易或经济发展造成或可能造成不利影响，或通过企业间的正式或非正式的、书面或非书面的协定或安排造成同样的影响的行动或行为。（3）各国在控制限制性商业惯例时，应按照既定的法律程序，保证对所有企业给予公正、公平、一视同仁的待遇。法律规章应公开、易知。（4）各国如果发现某种限制性商业惯例对国际贸易，特别是对发展中国家的贸易和发展具有不利影响，应在其能力范围内采取适当的补救措施或预防措施，以防止和（或）控制这种惯例的使用。（5）当一国为了控制限制性商业惯例而从企业取得含有合法的商业秘密的资料时，应给予该资料领域所通常适用的合理保障，特别是保护其机密性。（6）各国应建立或改进从企业，包括从跨国公司获取为有效控制限制性商业惯例所必需的资料的程序。（7）各国应在区域和分区域各级建立适当机构，以促进有关限制性商业惯例和有关这一领域内实施国家法律和政策的资料的交流，并互相支援，协助彼此在区域和分区各级控制限制性商业惯例。（8）在控制限制性商业惯例的制度的施行方面具有较多专门知识的国家，在接到请求时，应与拟建立或改进这种制度的国家分享其经验，或以其他方式向这些国家提供技术援助。（9）各国应根据请求或在发现有需要时，主动向其他国家特别是发展中国家提供公开资料，并在符合其法律和确定的公共利益的限度内，向接受资料的国家提供为其有效控制限制性商业惯例所必需的其他资料。

（四）国际措施、协商与国际体制机构

国际一级协作应旨在通过加强和改进对不利于国际贸易，特别是不利于发展中国

家的贸易及其经济发展的限制性商业惯例的控制，消除或有效地对付包括跨国公司的限制性商业惯例在内的限制性商业惯例。

当一个国家特别是一个发展中国家认为需要就有关控制限制性商业惯例的问题同另一个或多个国家协商时，可以要求同这些国家进行协商，以找出解决办法。

联合国贸易与发展会议还成立政府间限制性商业惯例问题专家组，负责研究和报告有关限制性商业惯例的情况。政府间专家组及其附属机构无权就某项商业交易对个别政府或个别企业的活动或行为作出裁决。

四、《保护工业产权巴黎公约》关于限制性商业惯例的规定

《保护工业产权巴黎公约》于1883年在巴黎外交会议上由11个国家缔结，1884年生效，中国于1985年加入。公约对工业产权的保护作出了详细的规定，它是知识产权领域最早达成的多边协议。公约1883年的文本没有规定反不正当竞争的内容，但是，在1900年布鲁塞尔修订本中，增加了反不正当竞争的内容，并在以后的修改中逐步完善。《保护工业产权巴黎公约》之所以将制止不正当竞争作为保护工业产权的一种重要手段，这是因为，工业产权是企业参与经济竞争重要手段之一，侵犯工业产权是一种常见的不正当竞争行为，保护知识产权与反不正当竞争具有不可分割的联系。[24]

公约第10条是关于不正当竞争的规定。该条规定，各成员国有义务对各该国国民保证给予制止不正当竞争的有效保护。凡在工商业事务中违反诚实的习惯做法的竞争行为构成不正当竞争的行为。下列各项特别应予以禁止：(1)具有不择手段地对竞争者的营业所、商品或工商业活动造成混乱性质的一切行为；(2)在经营商业中，具有损害竞争者的营业所、商品或工商业活动商誉性质的虚伪说法；(3)在经营商业中使用会使公众对商品的性质、制造方法、特点、用途或数量易于产生误解的表示或说法。对于上述不正当竞争行为，各成员国应该采取适当的法律救济，有效制止这些行为。

《保护工业产权巴黎公约》1900年布鲁塞尔修订本是最早以国际公约的形式对反不正当竞争行为作出规范的多边协议。上述规定是对一些国家反不正当竞争立法和司法实践的总结，同时也对其他国家特别是公约成员国的反不正当竞争立法起了推动作用。

五、《国际技术转让行动守则》(草案)关于控制限制性商业惯例的规定

为了促进技术的正常转让与发展，促进各国之间在技术转让领域的合作，促进国际技术转让的增长，联合国大会于1974年5月1日通过的《建立新的国际经济秩序宣言》指出："应当使发展中国家具有获得现代科学和技术成就的途径，促进有利于发展中国家的技术转让和建立本国的技术，并按照适合于他们的经济方式和程序进行。"同日通过的《建立新的国际经济新秩序的行动纲领》关于技术转让一节也规定，应当作出一切努力制定一项符合发展中国家的需要和条件的关于技术转让的国际行动准则，应

---

〔24〕 国家工商行政管理局条法司：《现代竞争法的理论与实践》，法律出版社1993年版，第139页。

当使有关技术转让的商业惯例适应发展中国家的需要，并防止卖方滥用其权利。联合国大会于1974年12月12日通过的《各国经济权利与义务宪章》也规定：所有国家都应促进国家间的科技合作和技术转让，应适当地照顾到所有的合法利益，包括技术的持有者、提供者和接受者的权利和义务。[25]

为了实现联合国的上述精神，从20世纪70年代初，在发展中国家的强烈呼吁下，联合国贸易与发展会议受联合国大会委托，着手进行技术转让方面的统一立法，并于1975年成立了专门工作组。1978年10月，联合国贸易与发展会议起草的《国际技术转让行动守则》（草案）（International Code of Conduct on the Transfer of Technology）制定完成，并交参加会议的成员讨论。此后，该草案又经多次修改。1981年4月，联合国贸易与发展会议第十七届大会第四次会议公布了《国际技术转让行动守则》（草案）。此后，各国对草案又进行了修改，1985年6月5日，联合国贸易与发展会议在第六届会议上又公布了修改后的草案文本。但是，由于发展中国家与发达国家在一些重要问题上存在严重分歧，草案至今未能获得通过。例如[26]，在起草过程中，77国集团提出，涉及受让国主权和公共秩序的合同，应当适用受让国的法律，违反了这个原则的任何条款都是非法的，私人交易所适用的法律应是与该交易有直接的、实际的和持久的联系的法律。而西方国家和前苏联东欧国家集团则认为，国际技术转让合同的双方当事人可以根据合同的效力、履行以及解释等方面自由地选择所适用的法律。如果当事人没有选择，仲裁庭将根据他们认为可适用的冲突规范确定争议所适用的法律。此外，对于行动守则的约束力，发展中国家认为，行动守则应该对所有缔约国具有约束力。而发达国家则坚持，行动守则应是一个指导性文件，对各缔约国不具有约束力。[27] 总之，发达国家和发展中国家的分歧主要因为各自代表不同的集团利益。发达国家代表了技术转让方的利益，而发展中国家则代表了技术受让方的利益。

然而，草案本身的制定意味着国际技术转让法律的统一问题已经引起各国的普遍重视，并为各国制定本国的技术转让法律以及开展该领域的双边或多边国际性合作提供了参考。联合国《国际技术转让行动守则》（1985年草案）包括序言和9章内容。这9章分别规定了定义和适用范围、目标和原则、国家对技术转让交易的管制、限制性惯例、当事人各方责任和义务、对发展中国家的特殊待遇、国际协作、国际性体制机构、适用的法律以及争议解决。

《联合国国际技术转让行动守则》（草案）在第四章详细列举了应予以禁止的列入许可协议的限制性商业条款。在草案的讨论中，代表技术许可方利益的一些发达国家极力主张使限制性商业条款在《联合国国际技术转让行动守则》中合法化。而以77国

---

〔25〕 汤宗舜：《知识产权的国际保护》，人民法院出版社1999年版，第157页。

〔26〕 朱翠微："国际技术转让合同中的法律适用"，载《经济与法》1999年第4期。

〔27〕 汤宗舜：《知识产权的国际保护》，人民法院出版社1999年版，第159页。

集团为首的发展中国家,为维护技术引进方的利益,反对发达国家的上述主张。由于发达国家和发展中国家两大利益集团在草案的许多条款上存在着严重的分歧,该守则至今未获正式通过。但是,应该看到,草案毕竟反映了一些国家有关国际技术转让的立法和实践,并且提出了在国际技术转让中应普遍遵循的原则,对指导各国有关国际技术转让的立法、建立良好的国际技术贸易新秩序有着重要的指导意义。

对于哪些行为属于限制性商业惯例,国际组织及各国有关技术转让的立法规定的均不相同,迄今尚无国际上公认的一致意见。联合国 1981 年 4 月 10 日拟定的《国际技术转让行动守则草案》中,共列举出 20 项禁止的限制性商业惯例。1985 年 6 月 5 日发表修订的《国际技术转让行动守则草案》中,又归纳为 14 项,具体是:

(1)回授条款。即要求受方在排他基础上,或者在无供方补偿或互惠的条件下,而将源于受让技术的改进技术转让给或回授给供方,或供方指定的任何其他企业;或者当这种做法构成供方对其支配市场地位的滥用时。

(2)对有效性持异议。不合理地要求受方不能对转让中包含的专利及其他形式的发明保护的有效性或者对供方声明或取得的其他这类转让标的有效性提出异议,承认任何因这样的异议引起的涉及当事人双方权利和义务的问题应由适当的适用法律以及与此法律一致的协议条款来确定。

(3)排他交易。非为保证合法利益的获得,特别是非为保证转让技术的保密性或者保证全力帮助或促进的义务所必需,而限制受让方就有关相似或竞争性技术或产品签订销售、代理或制造协议或者取得竞争技术的自由。

(4)对研究的限制。不合理地限制受方从事旨在吸收和修改转让技术以使其适于当地条件的研究和发展工作或者制定实施与新产品、新工艺或新设备有关的研究和开发方案。

(5)对人员使用的限制。在为保证技术转让的效率及使技术投入使用所必需的期限外,或者在此期限后当充分培训的当地人员可以找到或当地人员已被培训的情况下,或者对技术受让国人员的使用不利的情况下,不合理地要求受方雇用供方指派的人员。

(6)固定价格。不公平地强迫受方在技术转让所及的相应市场内就使用供方技术制造的产品或提供的服务遵守价格规则。

(7)对修改的限制。不合理地阻止受方修改进口技术以适应当地条件或对之进行革新,或者当受方基于自己的责任并且在没有使用技术供方的名字、商标、服务标记或商名情况下进行修改时,强迫受方采用其不愿采用或不必要的设计或规格变动,除非这种修改不适当地影响到提供给供方、供方指定的人或其他被许可人的产品或制造产品的工艺,或者被用作供应供方客户的产品的零部件。

(8)排他的销售或代理协议。要求受方授予供方或其指定的任何人以专卖权或独家代理权,除非在从合同或制造协议中当事人各方同意由供方或供方指定的任何人来分配技术转让协定下的全部或部分产品。

(9)附带条件的安排。不当地迫使受方接受其不愿接受的额外技术、将来发明及改进、货物或服务,或者不当地限制技术、货物或服务的来源,以此作为购买供方要求提供的技术的条件,而该技术并不是当受方使用供方的商标或服务标记或其他标记时为保持产品或服务的质量所必需的,也不是当充分达到部件的规格有困难或涉及公开非包含在协议中的额外技术时为完成某项已被担保的特殊性能义务所要求的。

(10)出口限制。

(11)共享专利或交叉许可协议及其他协议。以技术供方之间的共享专利或交叉许可协议或其他国际技术转让交流协议中对地域、数量、价格、客户或市场的限制,不当地减少受方接近新的技术进步的机会,或者导致滥用某一行业或市场的支配力量,从而造成对技术转让的不利影响。附于合作协议的适当限制,如合作研究安排,不在此列。

(12)对广告宣传的限制。不合理地规定对受方进行广告宣传的限制。但是,当广告宣传利用了供方的名字、商标或服务标记、商名或其他标记时而为防止损害供方的商誉或信誉所必需的,或者供方当可能由其承担产品责任时基于避免此责任的合法理由所要求的,或者适当情况下为了安全的目的或为了保护消费者的利益、或者为了保证转让技术的保密性所必需的对广告宣传的限制,不在此列。

(13)工业产权权利有效期届满后的付款义务和其他义务。因继续使用业已失效、被撤销或有效期届满的工业产权而要求付款或强加其他义务。承认对任何其他问题,包括就技术的其他付款义务,应依照适当的适用法以及与该法一致的协议条款来解决。

(14)协议有效期届满后的限制。

本章思考题

1. 介绍限制性商业行为的概念和表现形式。
2. 介绍控制限制性商业行为的国内立法及其相关内容。
3. 介绍中国控制限制性商业行为的法律。

第十五章 区域性贸易协定

第一节 概 述

一、区域协定的合法性

区域性贸易协定或区域经济一体化的合法性来自关税与贸易总协定(以下简称总协定)第24条的权利。第24条规定,总协定不妨碍关税联盟或自由贸易区或为成立关税联盟或自由贸易区而订立的临时协议的安排。按照第24条的解释,关税联盟是指联盟各组成区之间的大体上所有贸易或者原产于各该区产品的大体上所有贸易,取消了关税及其他限制性贸易规章(于必要时,为第11~15条和第20条所准许者除外),该联盟每个成员对非该联盟区的贸易,适用大体相同的关税及其他贸易规章。自由贸易区则指两个以上关税区的群体,其组成区方对原产于各该区产品的贸易,大体上取消了关税及其他限制性贸易规章(于必要时,为第11~15条和第20条所准许者除外)。

1947年10月总协定签署时,美英之间冲突的核心是英国坚持的英联邦帝国特惠制(Imperial Preference System)。这一明显的针对美国的歧视性安排,与美国极力推崇的总协定不歧视原则显然是背道而驰的。作为妥协,美国在总协定第一条中表达了对不歧视原则的坚定支持,同时在第24条中允许把帝国特惠制等作为一个例外存在。

美国的退让主要是出于政治上的考虑。战后的美国需要一个稳定的欧洲,而这个目标的实现需要靠欧洲的经济一体化来推动。从经济上看,美国认为关税联盟是同总协定的多边主义、不歧视的目标相一致的。用美国在总协定的谈判官员克来尔·威尔克柯斯(Clair Wilcox)的话来说:"关税联盟创立了一个广泛的贸易领域,取消了竞争的壁垒,使得资源得到更为经济的分配,由此增加了生产,提高了生活水平。——关税联盟在多边主义和不歧视的基础上,有助于扩大贸易。"[1]

经济学家从关税联盟的经济理论方面对其合理性进行的探讨,为关税联盟的合法性提供了理论基础。雅克布·维纳(Jacob Winen)在其1950年出版的《关税联盟问题》(*The Customs Union Issue*)一书中认为,数个国家或地区在结成关税联盟后,由于取消了内部关税,成员之间的相互进口增加,生产成本减少,产生出资源分配效率提高的生

---

〔1〕 Jagdish Bhagwati: *The World Trading System at Risk*, 1991, p. 63.

产利得和消费者福利增加的消费利得。从而使社会福利水准增加。这就是关税联盟的贸易创造效果(trade creation effect)。

另外,在关税联盟成立后,成员国所得关税收入的一部分转给了外国的出口商。如成员国在联盟前是从价格较低的非联盟国进口,联盟后转为从价格较高的成员国进口,则进口总支出增加,社会福利水准下降,这就是关税联盟的贸易转移效果。(trade diversion effect)在不考虑其他因素的情况下,如贸易创造效果大于贸易转移效果,则关税联盟使成员国社会福利增加;反之,则联盟使成员国社会福利减少。

因此,从关税联盟静态分析得出的结论是:

同盟前,成员间关税水平越高,供需弹性越大,生产效率越高,则联盟后社会福利水准越有可能提高;而联盟与非联盟的进口需求弹性越低,贸易成本差异越小,联盟对外关税越低、参加联盟的国家越多,则贸易转移的损失越小。

从关税联盟的动态效果来看,结成联盟后联盟之间虽竞争程度加强,专业程度加深,但市场加大,投资机会增加,生产规模加大,而风险和不确定性降低,反而吸引更多联盟外国家投资设厂,加速了联盟内的技术进步和经济增长。而对发展中国家来说,结成联盟后,通过优惠性开放市场,在联盟内形成规模经济,从而减少生产成本,提高竞争力。[2]

总之,无论从关税联盟的效果分析,还是从GATT第24条生效后半个世纪以来的实践证明,关税联盟对于联盟内成员的社会福利的改善做出了巨大贡献。而对于联盟外的国家来说,大体上关税不得高于联盟成立前税率的总体水平。[3],因此,他们原来拥有的福利并未受到侵犯。

尽管就第24条的本意来说,它要保留的是在内部实现大体上所有贸易(即100%)削除关税壁垒的关税联盟;此外,对于临时性安排应有一个时间表,否则等于事实上承认了低于100%的优惠安排。然而由于第24条是妥协的产物,它本身的漏洞和缺陷实际上为不执行第24条的规定以及程序上的松弛打开了大门。[4] 自此以后,大大小小,

---

〔2〕 雅格布·维纳对关税联盟经济理论的分析,参见欧阳勋、黄仁德:《国际贸易理论与政策》,三民书局印行,1983年9月,第426~441页,此外见Jagdish Bhagwani: *The World Trading System at Risk*, 1991, pp. 59-63,该书提出贸易壁垒优先削减的理论。该理论由四套互相联系而又不同的分析方法组成,系统地阐述了关税联盟的合理性。

〔3〕 第24条第5款(a)(b)参见Murray kemp和Henry wan的分析,见Jagdish Bhagwani: *The World Trading System at Risk*, 1991, pp. 60-61。

〔4〕 对总协定第24条的详细分析和评论,请参阅赵维田:《最惠国待遇与多边贸易体制》一书,中国社会科学出版社1996年版,第60、61页。关于欧洲煤钢联盟以及后来的欧共体罗马条约及其联系协定的合法性问题,在GATT成员中都发生过争议。有些争议不了了之,有些则以GATT的退让而结束。例如GATT第25条缔约各方的联合行动第5款规定,经缔约方全体半数中的2/3多数批准,可以免除某一缔约方的义务,参见Ralph H. Folsom, Michael wallace Gordon, John A. Spanogle Jr.: *Int' l Business Transactions-a problem oriented coursebook*, 3rd. 1995, west publishing Co. p. 414。

形形色色一体化程度不同的双边与多边区域性安排此消彼长,层出不穷。其中影响最大的多边区域安排主要有欧洲共同体(欧盟),北美自由贸易区和亚洲及太平洋经济合作组织。这三个区域性组织的范围还有扩大的趋势。[5] 此外,还有国家之间签署的大量双边贸易协定,形成了新世纪世界经济领域内引人注目的现象。

据世界贸易组织报告提供的数据表明,全球已经建立的区域性经济组织已达109个,其中1/3是在1990～1994年间建立的。[6]

世界经济一体化与区域多边、双边经济一体化已构成20世纪90年代世界经济发展的两大趋势。1995年1月1日成立的世界贸易组织标志着全球贸易以及与贸易有关的其他领域已纳入全球多边贸易体制的轨道,而与之几乎同时出现的欧盟、北美自由贸易区、亚太经合组织等区域集团以及大量的双边贸易协定则将区域经济纳入与全球多边贸易体制并驾齐驱的区域性贸易体制的轨道。由此掀起了新一轮全球法律多元化、区域化、双边化发展的高潮,中国积极投入到多边与区域、双边贸易安排的大潮

---

〔5〕 欧盟,自1995年1月1日将成员国从12国扩大到16国后,又大力东扩、南进,准备把东欧9国和地中海沿岸国家也吸收进来。1995年11月,欧盟和地中海沿岸国家外长会议商定到2010年建成欧洲——地中海自由贸易区,1995年12月15日,与南锥体共同市场签署一体化协议,规定在2005年建成大西洋自由贸易区。1996年又与马耳他、塞浦路斯、捷克、波兰、匈牙利、谈判其加入问题。北美自由贸易区,美国一方面积极推动亚太地区的经济一体化,同时,积极扩大其在美洲的势力范围,1994年1月1日,美、加、墨成立自由贸易区之后,12月在弗罗里达迈阿密召开34个美洲国家首脑会议,商定在2005年建成美洲自由贸易区。亚太经合组织在拥有了亚洲、太平洋地区21个成员之后,印度、巴基斯坦、蒙古、斯里兰卡、哥伦比亚、厄瓜多尔等也提出了加入申请。

〔6〕 例如在亚洲,除亚太经合组织外,还有1967年成立的东南亚联盟(Association of Southeast Asia Nations, ASEAN)前期多为政治合作,1976年第一次首脑会议后开展经济合作,其成员有新加坡、泰国、马来西亚、印尼、菲律宾、缅甸加上后加入的越南、文莱、老挝、柬埔寨,目前是10国。20世纪80年代在世界经济普遍不景气的情况下,创造出东亚奇迹,并计划在2003年实现贸易投资自由化。南亚区域合作联盟成员有印尼、巴基斯坦、斯里兰卡、尼泊尔、孟加拉国、不丹、马尔代夫。7国之间的优惠安排已于1995年12月生效。享受优惠安排的商品达750个项目、1000多种。该集团人口约12亿,但贸易额只占世界贸易额的3.2%。

在非洲,除成立于20世纪六七十年代的东非共同体、中非共同体、西非共同体、马哥里布集团外,1991年6月,非洲32国领导人签署了成立非洲经济共同体条约,规定在5年内建立区域性经济集团。在美洲:除北美自由贸易区以外,1991年墨西哥与智利签订两国自由贸易协定,1992年8月墨西哥又与危地马拉、萨尔瓦多、尼加拉瓜、哥斯达黎加、洪都拉斯等签订中美洲自由贸易区协议,1993年2月正式运转,1996年完成。

1991年3月阿根廷、巴西、巴拉圭、乌拉圭成立南锥共同体市场,1995年实现4国间共同市场关税削减54%。

1993年3月,沙特阿拉伯、科威特、巴林、卡塔尔、阿曼、阿联酋6国建立海湾合作委员会国家统一关税,进口货物在6国间自由流动的共同市场。

1992年6月,黑海地区沿岸11国在伊斯坦布尔签署"黑海经济合作宣言"正式成立黑海经济合作区,为商品、劳务、资金的自由流动创造条件。

1985年由伊朗、土耳其、巴基斯坦组成"经济合作组织",1992年11月正式接纳乌兹别克斯坦、土库曼斯坦、吉尔吉斯斯坦、塔吉克斯坦、阿塞拜疆斯坦和阿富汗以及哈萨克斯坦成立穆斯林共同市场,逐步降低关税,消除贸易壁垒。

中，为促进全球经济一体化以及亚太区域经济一体化发展作出了贡献。

二、多边贸易体制与区域经济一体化的关系

目前三大区域贸易集团以及无数双边贸易集团的形成和“二战”后总协定签字时存在的关税联盟、自由贸易区时的情形已大不相同。主要表现在以下几个方面：

1. 1947 年时的总协定与目前的世贸组织协议相比，前者与后者无论在内容和适用范围上均不可同日而语。同样目前的区域集团也已不仅仅停留在关税联盟和自由贸易区的规模。各种一体化程度不同的区域集团自身的扩张也早已突破了传统的地理边界的局限，形成了跨洲、跨洋的区域集团。

2. 冷战前的各种区域集团多以国家的政治、军事、安全等因素为主，目前的区域集团以及双边贸易协定则多以国家之间的经贸关系为主，且由不同层次与不同经济发展水平的国家和地区组成，前者强调的是政治合作，后者强调的是经济上的互惠与互补。

3. 双边与多边区域经济的一体化发展反映了世界朝着多极化、多样化方向发展的大趋势，标志着世界政治、经济力量的重新分化和组合。在关贸总协定实施的近半个世纪里，世界经济飞速发展。WTO 的建立有效地推动了世界贸易的自由化，但是事实证明 WTO 多边体制固有的局限性不能满足成员经济发展的需要。随着经济全球化发展带来的负面影响日益显现，发达国家与发展中国家之间的分歧日趋严重，多边谈判屡次受阻。随着各国之间竞争的加剧，保护主义不断加强、多边贸易体制不断遭受挑战，因此发挥双边与多边区域的人力、资源、经济、技术优势，通过在资金、技术、劳务方面的合作，以取得比较利益，这与总协定以及世界贸易组织的多边贸易体系的宗旨是一致的。从国家之间相互依赖、共存共荣的观点出发，多边贸易体制与双边及多边区域性经济一体化之间的关系不应是互相排斥，而应是互惠互补，并行不悖的。

当然，也应当看到，双边及多边区域安排原始的封闭性，排他性，必将导致区域内与区域外国家之间、区域集团与区域集团之间、各区域集团内部之间矛盾的加深。这种不可避免的发展趋势往往与全球多边贸易体制的发展发生冲突，破坏多边贸易体制的纪律，削弱其宗旨和基本原则，对于区域经济一体化的这种消极、破坏作用的一面，则是我们需要时时提高警惕，予以防范的。

以发达国家中的美国为例，区域经济一体化构成了美国全球经济战略的一个重要组成部分。目前三大区域贸易集团的形成，不是在战后美国经济发展的鼎盛时期，而是在美国的经济地位由强转弱的时期出现的。是在美国难以控制多边贸易体制的情况下，转而求助于区域集团中的优势以保住既得利益。

美国擅长打多边牌、双边牌和区域牌。多样手法相互为用、互为补充，共同完成其称霸世界，继续占据世界经济主导地位的野心。多边牌参加国家众多，利益往往相悖，美国时感难以驾驭，不能随心所欲，达成的协议多为流于空泛的形式；双边牌中，美国占有绝对优势地位，可谓随心所欲，无所不能。但如遇上像欧盟、日本这样势均力敌的对手，双方如均态度强硬，则游戏往往处于僵持状态，一旦发生冲突，两败俱伤，风险太大;打区域牌的优劣均处于多边牌与双边牌之间。区域集团内成员之间虽有利益冲突,但总的目标相对一致,比较容易达成较为务实的协议。因此,美国在关贸总协定乌拉圭回合长达8年之久的谈判过程中,先与加拿大后与墨西哥签订了美加墨自由贸易区协定,并积极致力于亚洲与太平洋经济合作组织的活动,同时不失时机地先后与以色列、约旦、新加坡、智利等签署双边贸易协定。双边及区域性经济一体化是其保住既得利益,且获取新的更为广阔的世界市场的有利工具。[7]

总之,自从世界贸易组织成立以后,在国际贸易领域,WTO提出了各国贸易政策的最低或基本标准,在此基础上,出现的各种双边贸易协定、区域贸易协定以及各国的国内法不过是国家间继续进行国际合作的不同表现形式,其内容有的单一,有的复杂,但其宗旨是一致的。因此它们之间不再是相互排斥而是互补和相互促进的关系。事实证明,WTO无法照顾到各国、各地区的经济发展、产业保护和人民生活水平提高的需要;面对瞬息万变的世界,也无法在短期内使各国协商出共同的行为规则以及对过时的规则及时进行修正。在促进贸易自由的大前提下,各种双边、区域安排的出现是不以人的意志为转移的全球经济一体化发展的必然趋势。它们的出现只要能促进贸易自由化、能实现WTO对资源合理配置、提高人民生活水平的宗旨,就是合法的。它们对WTO多边贸易体制的发展起着促进和推动作用,而不是一种倒退或阻碍作用。国内立法、双边、区域多边和全球多边协定是世界各国之间存在多元政治、经济、文化等制度、利益和价值观存在趋同和差异的反映,趋同是相对的,差异是永存的。这是作为自然界一部分的人类社会要符合自然界生物多样化发展的规律所必需的。

---

〔7〕 2004年2月8日,美国和澳大利亚签署了一项自由贸易协议,展示了两国之间的特殊关系。依据协议,双方将取消从对方进口的大部分工业产品、服务产品的关税。澳大利亚出口到美国的农产品66%将免除关税。美国将分阶段逐步增加进口澳大利亚的牛肉和奶制品。美国出口到澳大利亚的价值4亿美元的农产品将免除关税。美国的电信、电脑、能源、旅游等行业将在澳大利亚取得更大的市场准入。这是继1988年美国和加拿大签署自由贸易协定后,首次与一个发达国家签署的自由贸易协定。同日,南亚和东南亚6国签署了自由贸易框架协议。按照该协议的规定,签字国的产品将分为"快行道"和"普通进度"两种。印度、斯里兰卡、泰国三个发展中国家最迟在2009年6月30日前减免所有属于"快行道"产品的进口关税。缅甸、不丹、尼泊尔三个最不发达国家将在2011年6月30日前对上述产品免除关税。对于列入"普通进度"的产品,印度、斯里兰卡、泰国将在2012年6月30日前免除所有关税,缅甸、不丹、尼泊尔将在2017年6月30日前实现这一目标。从而在该区域实现贸易自由化。显示出发展中国家、最不发达国家在区域合作中团结一致的决心。

第二节 双边贸易协定的新发展[8]

全球新一轮双边自由贸易协定高潮是从20世纪80年代末出现,90年代末开始全球盛行。尤其是最近几年,双边贸易协定如雨后春笋般发展起来,以一种新的姿态再度扮演全球自由贸易的主角,并呈现出与以往不同的发展特点和趋势。[9]

一、双边贸易协定的复兴

(一)WTO多边贸易体制面临新挑战

1. WTO谈判进程受阻

贸易自由化的必然结果是经济全球化进程的加速发展,而全球化带来的负面影响和新问题日益增多。WTO协调及谈判范围已从过去的关税措施、市场开放准入等,逐渐转向各种非关税措施如各种技术标准、环境要求等,但由于多边贸易体系不易协调,难以达成共识。1999年,WTO贸易部长在西雅图会议上试图启动新一轮全球多边贸易谈判的计划,因反全球化组织的强烈阻挠而夭折。反全球化浪潮在全球尤其是发达国家急剧蔓延,直接导致WTO多边贸易谈判的难度大大增加。在WTO多哈回合坎昆部长会议上,由于发展中国家和发达国家在农产品补贴问题上分歧严重,最终导致谈判破裂。毫无疑问,WTO多边贸易谈判受阻是双边自由贸易再度盛行的主要原因。

2. WTO本身机制上的弊端

实体内容方面,首先,GATT/WTO作为一个自给自足的(self-contained system)封闭的法律体系,[10]不可能包含国际贸易的所有内容。在乌拉圭回合谈判中,虽然对一些相关条款进行了修正,在内容上做出了很大的扩展,但是面对经济全球化带来的贸易中的新问题,WTO需要与时俱进,不断完善和发展。其次,对于如全球环境的恶化、投资和竞争政策、劳工标准等问题缺乏有效的解决办法,限制了WTO的作用。

争端解决机制方面,如果遇到有关上述方面的纠纷就会形成无法可依的局面。WTO程序复杂、烦琐,争端解决期限过长,有成为变相贸易壁垒的可能。[11] 而且,WTO争端解决机制的一个重要特点是它以强硬的经济制裁方式来保证其裁决得到执行。典型的是中止减让和交叉报复。当涉及发达国家对其他发达国家或者针对某

---

[8] 参见王传丽、董刚:"双边贸易协定新发展",载《国际经济法学刊》(2004年第10卷)。

[9] 郑先武:"'双边':自由贸易的新热点",载《经济世界》2002年第10期。

[10] 王传丽:"WTO——一个自给自足的法律体系",载《国际经济法学刊》(2004年第11卷)。

[11] 例如,美国201钢铁保障措施案历时22个月。虽然专家小组和上诉机构最终判决美国钢铁保障措施违反WTO规则,但美国已完成既定目标,虽败犹胜。

些发展中国家实施,这样的经济制裁措施通常是有效的,可以带来很大的威慑力。但是,由于弱小的发展中国家经济实力与发达国家相去甚远,难以真正实行交叉报复。

(二)部分区域性多边自由贸易的进程受阻

穷国与富国之间的差距拉大,经济发展水平差异及不同利益要求的制约,多边贸易体制在区域合作的层面上也不断遇到障碍。特别是在世界经济衰退背景下出现的新贸易保护主义和反全球化浪潮的影响下,区域多边自由贸易区计划在具体实施过程中也面临越来越多的困难。以目前世界第一大自由贸易区——北美自由贸易区为例,2002年5月21日,因双方谈判破裂,美国开始对从加拿大进口的软木征收27.2%的反倾销税,从而导致美、加软木贸易争端急剧升级。墨西哥也开始抱怨在加入北美自由贸易区后农牧业损失惨重。区域性多边自由贸易区所面临的困难,给双边自由贸易再度盛行带来了契机。

(三)各国重新调整自由贸易政策导向

世界贸易组织成立以后,各国加快了调整国内贸易政策的步伐。世贸组织148个成员中的绝大多数都参加了一个以上的双边自由贸易协定。[12] 2002年国际贸易统计显示,2001年世界货物贸易总量中有43%发生在各种自由贸易区之内。到2004年参加双边贸易安排最多的国家是欧盟(参加了30多个)、拉美国家的墨西哥(参加了20多个),参加最少的是亚洲国家,如中国、韩国。

二、双边贸易协定发展的新特点

传统双边自由贸易协定大多从地缘政治、经济出发,由主权国家或具有超国家性质的区域集团(如欧盟)缔结,与旷日持久的WTO多边贸易谈判相比,它具有时间短、见效快的特点;与程序复杂且缺乏国家强制力的WTO多边贸易体制相比,双边自由贸易机制只有两个当事方,具有简便、易操作、约束力强的特点。

从20世纪末到21世纪初,双边贸易协定呈现出如下新特点:

(一)双边贸易协定数量急剧增加

根据世贸组织的统计,至2002年3月,曾向世贸组织通报的自由贸易安排(FTA)达255个。现在仍发挥作用的有173个。在255个区域贸易协定中,双边自由贸易协定约占90%。仅在2002年1月至2003年5月一年多的时间里,全球新签19个双边自由贸易协定,另有70多个双边、区域一体化安排正在谈判之中。估计到目前,全球双边、区域一体化安排将达到300个。

从国别情况看,美国自1985年4月美以自由贸易协定生效;1988年1月美国和加拿大完成自由贸易协定的签署后;2000年,美国与约旦达成双边自由贸易协定;2002年,美国国会给予总统谈判新的贸易协议的授权后,布什政府加速了与许多国家签订

〔12〕 载http://www.wto.org.com/。

双边自由贸易协议的步伐。2003年5月,美国与新加坡达成双边自由贸易协定;2003年6月,美国与智利达成双边自由贸易协定;2004年3月经过七轮谈判,美国与摩洛哥达成双边自由贸易协议。2004年4月,与澳大利亚签订了自由贸易协定。目前美国正在就与韩国、新西兰和埃及的自由贸易协定进行协商。1997年到2001年,欧盟相继与巴勒斯坦、突尼斯、南非、墨西哥、摩洛哥、以色列和智利分别签署双边自由贸易协定。2002年6月,欧盟和新加坡签署了自由贸易协议。在东亚地区,首先出现的是日本与新加坡签订的双边自由贸易协定。2002年,日本政府又先后与新西兰、墨西哥及几个非洲国家政府签署了双边自由贸易协定。接下来日本要与之进行双边贸易谈判的国家还有古巴、以色列、泰国和韩国等,尽管韩国曾经是最反感双边贸易谈判的国家之一,目前也正在与美国、日本等进行双边贸易协定谈判。[13] 2001年1月泰国与澳大利亚初签双边自由贸易协议。2002年6月,新加坡和欧盟签署了自由贸易协议。2004年4月14日新西兰政府正式承认中国已建立市场经济体系,目前两国正在谈判签署双边自由贸易协定。

(二)双边贸易协定形式的新发展

目前双边贸易协定大体可划分为以下三种类型:(1)传统的以国家为主体的两个缔约方:大部分双边协定属于此类。(2)以同一主权国家内的单独关税区为主体的双边贸易协定:即中国内地与香港、澳门分别签署的《更紧密经贸关系安排》(Closer Economic Partner Arrangement, CEPA)。(3)洲际、区域集团之间、或区域集团与一国之间双边自由贸易区的出现:如“中国—东盟”、“欧盟—拉美自由贸易区”、“欧盟—地中海自由贸易区”、“跨大西洋自由贸易区”等。

(三)双边贸易协定的政治情结

一国的对外贸易政策总是和该国的经济利益和外交政策联系在一起的,由此形成了双边贸易协定固有的政治情结。近年来出现的双边贸易协定其政治指向更为明确,而且从传统的地缘政治经济向着点菜单式的选择方式考虑。从美国对其双边自由贸易伙伴的选择中我们可以看出,其出于经济利益之外的考虑更为突出。美国选择的双边贸易伙伴通常都是“经济发达、政治开放”的所谓“民主国家”,如新加坡、智利、澳大利亚等。有分析人士指出,美国实际上是在“两手抓”,一手推进自由贸易,一手推行“美国式的民主”。[14] 以美国与新加坡签订的双边自由贸易协定为例,它既是美国打入东亚阵营的策略之一,也是其对新坚定支持美国反恐和倒萨战争的褒奖。[15] 与澳大利亚签订的双边贸易协定,其政治意义也大于经济利益。[16]

---

〔13〕“贸易谈判缘何‘双边’胜‘多边’”,载 http://www.wtolaw.gov.cn,2003年1月20日。

〔14〕“品品美国的外贸政策”,载 http://www.jjckb.com/ 。

〔15〕黄海波:“超越 GATT/WTO:美国对外贸易法中双边主义的复兴”,载《天津市政法管理干部学院学报》2003年第4期。

〔16〕曹玖梅:“美澳自由贸易协定并不甜蜜”,载《国际商报》2004年3月15日。

（四）双边贸易协定调整范围的突破

近年来新签定的双边贸易协定的最大特点就是在调整范围上对WTO协议有所突破。许多通过多边贸易谈判难以解决的棘手问题通过双边贸易协定得到解决。以美国与智利和新加坡的自由贸易协定为例,劳工问题、环境问题、投资问题、竞争政策问题、争端解决问题等都一并纳入双边自由贸易协定,一方面推进了相关国家之间的贸易自由化,另一方面可能为推行国内的贸易保护主义提供潜在的借口。

三、双边贸易协定的新内容

（一）贸易与劳工核心标准及社会条款

近年来,发达国家和发展中国家之间争论不休的一个问题是,是否需要就最低劳工标准达成全球性协议并通过WTO或其他机制在国际层面上加以强化。

1. 劳工核心标准问题在多边贸易谈判中的困境

劳工问题第一次出现于GATT时代的1952年,针对日本加入GATT,美国提出在GATT中加入禁止不公平劳动的条款。半个世纪以来由于意见分歧,[17]直到世贸组织成立,问题仍未解决。发达国家认为发展中国家较低的劳工标准是一种不公平的贸易措施,理由是发展中国家将比较优势建立在较低的劳工标准上,增强了产品的竞争力,并因此对发达国家国内经济产生了负面影响。发展中国家则认为,利用较为便宜的劳动力发展制造业是完全符合"比较成本说"和"要素禀赋说"的,不公平竞争的指控没有道理。发展中国家在其他方面的不利因素已足够抵消其由于劳工标准的差异而得到的优势。此外,发展中国家担心一旦把贸易与劳工标准挂钩将对其国内经济诸方面产生破坏作用,西方国家会利用这样的标准来达到贸易保护的目的。

1996年12月,在新加坡的WTO首届部长级会议上,"劳工核心标准"作为新议题被列入宣言之中。2001年11月,在卡塔尔多哈召开的WTO部长会议上,关于多边贸易规则谈判中的主要议题包括社会条款和劳工标准问题。随着多哈回合谈判的破裂,劳工核心标准问题在多边谈判中未获得任何进展。

2. 劳工核心标准在双边贸易协定中的发展及评述

目前,贸易与劳工关系在双边层面上取得了实质性的进展。2000年美国和约旦签署双边贸易协定,这是美国签署的第一个包含劳工和环境条款的双边协定。协定规定双方应保障国际认可的劳工权益,如组建工会、适当的工作环境、最低工资等。对于是否以贸易制裁的方式强制执行环境与劳工标准条款的问题,美国贸易代表与约旦驻美

---

〔17〕 1993年第13届世界职业安全卫生大会以及1994年国际劳工大会上,以美德为首的发达国家极力主张将基本劳工标准与国际贸易规则联系起来,并对违反者进行贸易制裁。

国大使通过换函承诺双方无意以贸易制裁的手段执行该协定。[18] 双边贸易协定的做法得到行业协会的支持。例如,美国纺织品和服装协会支持美国与柬埔寨达成的纺织品协议,因为该协定中包含了劳工条款。[19]

综上所述,可以看出:(1)发达国家在双边贸易协定抛出劳工标准问题,其真正用意是保护其受到发展中国家竞争最为严重,技术含量低的"夕阳产业",实质上是一种保护"落后"的贸易保护主义。而绝非像其自称的那样——保护人,保护劳动者的权利。因此把劳工、环境和投资等问题纳入双边自由贸易协定,为美国国内的贸易保护主义者提供了潜在的借口。(2)双边贸易协定认可由各国国内法确立各自的国内劳工标准,并要求贸易伙伴遵守各自的环境和劳动法,否则有可能遭到经济制裁。同时在双边贸易协定中明确规定出国际社会认可的劳工权利。这样无论是在国内法优于国际法还是国际法高于国内法的国家,双边协定所确立的劳工标准都能够得到对方遵守。世贸组织主持的多边贸易谈判实际上是一个努力制定国际贸易规则的博弈过程,短期内在 WTO 内制定统一的劳工标准难以实现。

(二)贸易与环境问题

当前各国为保护环境采取的措施往往牵扯到贸易政策并对国家间的贸易发生直接或间接的影响。许多贸易协议、措施几乎都涉及环保内容。

1. 贸易与环境问题在 WTO 多边贸易谈判中的困境

世贸组织成立后,尽管在贸易与环境问题上自由贸易者和环境主义者之间仍旧存在难以调和的分歧,但 WTO 各成员还是在 2001 年达成一致,将贸易与环境问题纳入"多哈回合"作为谈判的一个新议题。冲突主要围绕以下三个问题:自由贸易是否会导致环境恶化?贸易政策是否有助于解决环境问题?多边环境协定(MEAs)中有关贸易的规则与 WTO 规则发生冲突,孰先孰后?发达国家与发展中国家之间的分歧主要在于:国际环保与贸易的公平责任原则如何得到确认和落实、如何妥善处理国际贸易中

---

〔18〕 2003 年 6 月,美国与智利签订了双边贸易协定,协定第 18 章规定了劳工问题。协定第一条规定,"双方应确认其作为 ILO 成员所承担的义务,每一方成员都应尽力确保其国内法对这些劳工原则和国际上认可的劳工权利予以保护。"该条第二款规定,"确认每一方都有权确立其各自的国内劳工标准,修改其国内法律以便使其与国际确认的劳工权利相符。"协定规定了劳工法律的执行。"双方都认识到通过减弱或减少国内劳工立法保护水平来鼓励贸易或投资的行为是不适当的。"协定规定了"程序保证和公众知晓"。为此成立了"劳工事务委员会"并确立了"劳工合作机制"。协定为劳工问题设立了争端解决机制。规定如果任何一方没能充分、有效地执行劳工和环境标准,可以对其进行罚款或其他惩罚。协定确认的国际社会认可的劳工权利包括:a. 结社权;b. 组织和集体议价权;c. 禁止任何形式的强迫劳动;d. 雇佣童工的最低年龄及禁止和消除最恶劣形式的雇佣童工;e. 接受最低工资、工作时间、职业安全与健康等工作条件。

〔19〕 在 2004 年 1 月生效的美国与新加坡签订的自由贸易协定中允许新加坡生产商在邻国印度尼西亚的特定地区进行劳动密集型生产,以利用该地区的廉价劳动力,其最终产品和中间产品出口美国,被视同为原产于新加坡,从而享受该协定规定下的一切好处。该条款被称作"来源地一体化计划"(Integrated Sourcing Initiative)。尽管该原产地规则作为一种例外,没有违反世贸组织的规定,但事实上却偏离了世贸组织原则,对中国等国家形成了一种歧视。1996 年 1 月 29 日社会条款同样被包括进了韩国和欧盟的框架协议中。

的“绿色壁垒”以及在环境与贸易之间寻找一个恰当的平衡点。[20] 由于各国对环境保护的管制标准和实施范围不同,不同的环保管制标准和技术要求会对制造业的产品成本产生一些差异。在激烈的国际竞争中,发达国家抛出了所谓的“生态倾销”理论。该理论认为,各国环保管制标准和要求的不同,导致了不公正的成本优势,那些环保管制标准较低国家的产品由于低成本而取得了市场竞争的优势,从而使本国的企业处于不利的市场地位。它们把矛头指向发展中国家及其低成本的环境标准,建议本国政府征收“生态倾销税”,以抵消发展中国家低成本产品的竞争优势;要求政府对国内工业进行补贴,使其在国内市场和国际市场可以低价竞争。这些观点和做法,遭到广大发展中国家的异议和不满,发展中国家认为,在相当长的历史时期内,无论从提高生产成本,还是从限制出口潜力来说,执行严格的环境法规和标准都是对发展中国家的严峻挑战,若在 WTO 中实施过于严格的环境标准无异将为发达国家高筑绿色贸易壁垒提供借口。

2. 贸易与环境问题在双边贸易协定的发展及评述

2000 年美国与约旦双边贸易协定第一次将环境问题纳入其中。协定明确了两类应予以考虑的影响:第一类是环境执法的影响,如对保护人民健康、安全及保护自然资源等的执法造成的影响。第二类是经济原因造成的影响。即由于贸易协定引起的经济变化可能会造成对环境有利或不利的影响。例如,取消某种会产生有毒副产品的工业产品的关税会造成该产品的产量增加,从而造成有害废物的随之增加。[21]

2004 年 4 月美国与澳大利亚签署美国—澳大利亚双边贸易协定。协定第 19 章对环境问题作了规定。第一条规定“双方有权确立本国的环境保护标准和优先次序,采用和修改相应的环境法律与政策。每一方都应确保其法律提供和鼓励高水平的环境保护并且努力改善各自的环境保护水平。”“双方承认用削弱或减少各自环境法所提供的保护的方法鼓励贸易或投资是不适当的。”[22] 协定还对“环境法的执行”、“程序保证和公众知晓”、“环境合作”、“机构安排”等问题作了相应规定。

可以看出,在双边贸易谈判中,与劳工标准一样,越来越多的发达国家以在其中加入环境条款为条件达成贸易协定,以换取对发展中国家的市场开放,并以此为跳板,期待把环境与贸易问题纳入 WTO 体制中来。与劳工核心标准问题一样,发展中国家需要认真考虑这一问题。

(三)贸易与竞争政策

贸易政策和竞争政策规制的重点不同。贸易政策关注的是边境措施,贸易谈判集

---

[20] 甘英:“论国际贸易与环境规则——兼评区域性国际组织对 WTO 的影响”,载《上海交通大学学报》(社会科学版),2001 年第 4 期。

[21] *Environmental Health Perspectives* 108:A567 - A569,109:A170 - 172(2000),Charles W. Schmidt 译。

[22] US-Australia Free Trade Agreement (draft), Article 19.1, 19.2.

中于“边境”措施的自由化，以获得市场准入，而竞争政策则关注入境后的竞争状况。与边境/入境后的区别相对应，贸易政策关注公共行为，即政府措施；而竞争政策则关注企业或私人行为。

1. 贸易与竞争政策问题在WTO多边贸易体系下的困境

在当今经济一体化背景下，各国竞争政策的冲突日趋激烈。各国竞争政策的差别，使得在一国的市场上，国内的产业要比国外的同类产业较容易形成竞争优势。而各国正是通过不同的竞争政策来扶持本国的战略性产业和保护本国市场。各国竞争政策标准上的差异每每酿成国际经贸纠纷。特别是在经济全球化的背景下，面对拥有全球生产影响力的跨国公司，单个政府很难全面控制其可能出现的反竞争行为，国际合作制定控制跨国公司的有关竞争规则是不可缺少的。世贸组织现有的竞争规则存在缺陷。首先，世贸组织是在国家层面调整各国贸易政策；限制市场准入的纯私人商业行为不在世贸组织竞争规则的管辖范围之内。其次，世贸组织不涉及成员方国内的竞争政策，更不用说要求达到一定标准了。发达国家声称发展中国家的竞争政策缺乏公平性，在贸易中除大量使用倾销、补贴手段外，还存在着大量垄断行为。故力主将竞争政策列入多边谈判新议题，并希望达成与贸易有关的竞争政策协议，以有效管制不公平竞争行为。发展中国家却由于经济发展水平有限，虽然深受发达国家跨国公司的限制性商业行为之苦，深受发达国家滥用反倾销、反补贴等进口保护措施之害，但由于本国的竞争法尚不完善，因此极力反对将这一问题塞进多边贸易体系之中。1996年12月世贸组织部长会议上，成员方一致同意成立一个专门机构，来研究贸易与竞争政策之间的关系问题。

2. 贸易与竞争政策问题在双边贸易协定中的发展与评价

美国政府最先尝试在双边贸易协定中解决问题，为此先后与欧盟、德国、澳大利亚、加拿大、新加坡等主要贸易伙伴签订双边协议。[23]

根据美国—新加坡双边贸易协定的规定，下列内容被纳入竞争政策：(1)限制竞争的商业行为(anticompetitive business conduct)：规定“双方都应采取或维持措施禁止限制竞争的商业行为，以推动经济效率和消费者福利，并对这些行为采取适当的行动。”[24]“每一方都应确保任何违反这些措施而接受制裁或救济的人能有机会接受审理和提供证据，并在国内法院或独立的裁决机构寻求对这些制裁和救济的审查。”(2)指定性垄断(designated monopolies)：协定允许各国进行指定性垄断。但是当这种指定性垄断影响到另一成员的利益时，指定方应“在指定时介绍实施垄断的条件，并在尽可能提前的情况下书面通知对方。”[25]此外，协定规定了双方应保证所指定垄断的企

〔23〕 2003年7月10日，欧盟与日本专门签署了一个反垄断协议，该协议于8月初生效。加强两国在反垄断方面的信息交流与合作。此前，欧盟和美国、加拿大签署过类似协议。

〔24〕 US-Singapore Free Trade Agreement, Chapter12, Article 12.2.

〔25〕 US-Singapore Free Trade Agreement, Chapter 12, Article 12.3 -1(a) (b).

业不得从事本协定所规定的不正当竞争行为。(3)国营企业(government enterprises):协定允许各国建立国营企业。但应保证其不得从事与协定的规定相违背的行为。[26] 此外,协定规定了双方在竞争政策方面的合作及争端解决机制。

从目前签署的双边贸易协定看,参与订立这种协定的大多是发达的市场经济国家。发展中国家或者因为没有经济实力,发达国家没有兴趣与其进行这方面的谈判;或者因为没有竞争法和竞争政策,发达国家认为与之进行谈判有较大的难度。[27] 基于这种考虑,在美国与新加坡双边贸易协定中明确规定,“新加坡应在2005年1月前制定全面的竞争法,并且不能基于国营企业的地位而将其从竞争法中排除。”[28]

(四)贸易与投资措施

WTO《与贸易有关的投资措施协定》调整的投资措施十分有限,仅限于与贸易有关的投资措施。目前由于真正意义上的多边投资协议还远远没有建立起来,在这种情况下,通过双边贸易谈判全面规范投资措施成为许多发达国家的选择。

以美国—新加坡双边贸易协定为例,其第15章对有关的投资措施作了规定,并在以下方面与TRIMs不同:(1)调整目标:《与贸易有关的投资措施协议》的目标是,通过制定投资措施规定,促进世界贸易的扩展和逐步自由化,并便利跨国投资。在确保自由竞争的同时,促进所有贸易伙伴,尤其是发展中国家的经济增长。而双边谈判的目的是要达成一项广泛、综合的投资协议。该协议将在投资保护、投资自由化和争端解决这三个领域制定高标准的外国直接投资规则。(2)适用范围:多数双边贸易协定参照《多边投资协议》的谈判文本,将投资的定义扩展。包括“投资者直接或间接拥有的和控制的各类资产,包括企业、股票或其他形式的股份参与、债券、贷款和其他任何形式的有形和无形资产、动产或不动产等”。[29] 双边协定所界定的国际直接投资的范围实际上已经涵盖到以间接控制权或控制方式所从事的跨国经营活动。TRIMs只限于与贸易有关的投资措施,不适用与贸易无关的其他领域,如投资、服务贸易等。(3)调整内容:TRIMs只规定了货物的国民待遇和数量限制。美国—新加坡双边贸易协定既规定了投资的国民待遇和最惠国待遇,同时规定了最低的待遇标准:“每一方都应使其投资待遇与习惯国际法相符合。包括:公平和公正待遇;充分保护和保证(fair and equitable treatment; full protection and security)”。[30] (4)征用(expropriation):发达国家和发展中国家签订的双边协定中都对征用问题作了规定。美国—新加坡双边贸易协定第15条第6款规定:“任何一方都不得对另一方的投资直接或间接的实行征用或

---

〔26〕 US-Singapore Free Trade Agreement, Chapter 12, Article 12.3 – 2.

〔27〕 载 http://www.iolaw.org.cn/paper/paper160.asp。

〔28〕 US-Singapore Free Trade Agreement:“Singapore shall enact general competition legislation by January 2005, and shall not exclude enterprises from that legislation on the basis of their status as government enterprises.”

〔29〕 US-Singapore Free Trade Agreement, Article15.1 – 13.

〔30〕 US-Singapore Free Trade Agreement, Article15.5 – 1.

国有化(nationalization)措施。”TRIMs协议不涉及这一问题。(5)禁止实绩要求:与TRIMs相比,双边贸易协定规定了更加全面细致的禁止实绩要求(performance requirement)。当今双边贸易协定的发展趋势,是将与投资有关的许多方面如垄断行为、业绩要求、国外投资者和与投资有关的关键人员进入、留居和工作等都作出专门规定。其提供的投资待遇标准和投资保护程度比《与贸易有关的投资措施协议》规制的问题要多很多。建立在无差别待遇基础上的充分市场准入以及投资各个阶段的全面自由化表明,它所实施的全面彻底的自由化比WTO承诺的自由化方式前进了一大步。(6)争议解决:《与贸易有关的投资措施协议》成立了与贸易有关的投资措施委员会。但提供的争端解决方法仅限于国与国之间,且局限在涉及影响货物贸易的业绩要求等部分投资措施,效率不高。双边贸易协定规定了一个具有法律约束力的争议处理程序,不仅处理国与国之间的争议,而且处理投资者与东道国之间发生的争议。如美国—新加坡双边贸易协定在争端解决方面规定了“磋商和谈判”、“提交仲裁(ICSID)”等方式。[31]

(五)争端解决机制

1. WTO争端解决机制之弊端及双边贸易协定的发展

前文谈到WTO争端解决机制方面存在的种种弊端。此外,WTO争端解决机制致力于协调解决国家间的争议,并未对个体利益进行调整。在这方面双边贸易协定中的争端解决机制显示出一定的优越性:(1)双边机制兼顾个体利益。例如,NAFTA的前身,美加双边自由贸易协定的争端解决机制中,允许个人或企业启动诉讼程序;可以任命争议方的国民组成专家组;并在适当领域内提供两国联合评审机制取代国内法院的审查机制。(2)双边磋商作用更为突出。从1995年1月1日到2008年8月31日,DSB共审结案件300余起,其中通过DSU第3条第6款下的双边磋商方式解决的,约占所有案件的30%。作为DSU中具有独立地位并且影响重大的一种争端解决方式,双边磋商可以更为便利地突破传统“国家主权理论”的严格限制,更加直接地考虑贸易纠纷中个体利益冲突的根源。在涉及重大国家利益的场合,或国际协作尚未成熟的领域,双边协商机制能有效促进各国利害关系方的直接对话,有助于国际合作的形成和深化。大多数双边贸易协定都将双边磋商作为申请专家小组的强制性前置程序。例如美国—新加坡双边贸易协定第20条第4款规定“当事方需首先寻求通过第3款的磋商解决争端。如果在一方提交磋商的请求后60日内双方不能通过磋商解决,则任何一方都可以以书面通知另一方请求联合委员会解决争端。”[32]又如根据CEPA第19条,“双方将本着友好合作的精神,协商解决《安排》在解释或执行过程中出现的问题。委员会采取协商一致的方式作出决定。”与WTO争端解决机制相比,更体现了协商合作的精神。(3)特定领域的争端解决。WTO争端解决机制不解决有关劳工、环境等方

---

〔31〕 US-Singapore Free Trade Agreement, Article15. 14, Article15. 15.

〔32〕 US-Singapore Free Trade Agreement, Article20. 4 - 2(a).

面发生的争议。双边贸易协定对这些领域发生的争议都有特别规定。如美国—智利双边贸易协定第22条第16款规定了在环境和劳工领域不履行义务时产生争端的解决办法。规定“如果当事方接到专家组最终报告的45天内未能达成一致,则申诉方可以在任何时候请求专家组重新介入,对另一方当事人施以1年的金钱补偿评估。”〔33〕而在其他领域的争端中,申诉方针对对方不履行义务的行为“可以在任何时候通知对方中止减让。当被诉方认为减让明显过分(manifestly excessive)时,可以请求专家组重新介入。此时,专家组可以作出予以金钱补偿的评估决定。”〔34〕(4)机构设置。WTO分为专家小组和上诉机构。当事人对专家小组裁决不服,可以上诉到上诉机构。双边贸易协定大多取消了两者的区分,代之以专家小组的初始报告和最终报告。例如美国—摩洛哥双边贸易协定(草案)规定,“除非当事方另有约定,专家组将在主席确定后180天内作出初始报告,在考虑当事方对初始报告的评论后,在提交初始报告后45天内作出最终报告”。〔35〕

2. 双边贸易协定争端解决机制评价

综上所述,双边贸易协定在争端解决方面对WTO争端解决机制有所发展。由于在大多数情况下,当事双方都是WTO成员,由此产生当一项争议发生时,哪个规则优先适用的问题。在目前签订的双边贸易协定中,大多赋予双方当事人自由选择的权利,且这种选择是排他的。如美国—新加坡双边贸易协定中规定,“如果一项争议既属于本协定规定的范围又属于WTO或其他有当事双方参加的协定的范围,则起诉方可以选择一种争端解决机制。”“一旦起诉方选择了某一特定的机制,则其具有排斥其他争端解决方式的效力。”〔36〕

四、WTO plus——CEPA

内地与香港特别行政区代表自2002年1月25日起,经过多轮磋商,于2003年6月29日在香港达成《内地与香港关于建立更紧密经贸关系的安排》(以下简称CEPA)。2003年10月17日,内地与澳门签署关于建立更紧密经贸关系的安排。CEPA是中国在积极缔结与推动双边的自由贸易协定方面取得的一次重大进展。以CEPA为契机,建立中港澳自由贸易区既不是一个关税保护的贸易壁垒,也不与加入WTO这样的全球贸易组织相矛盾。它是在整个世界经济领域中进一步加强区域内三方互补功能的重大举措。

(一)CEPA的法律基础

首先,主体合法。CEPA的主体一方是享有主权的中央政府,另一方是该政府管辖下的特别行政区。在WTO中二者是各自独立的关税区。根据1947年《关税及贸易总

---

〔33〕 US-Chile Free Trade Agreement, Article 22.16 – 1.

〔34〕 US-Chile Free Trade Agreement, Article 22.15 – 2、3、5.

〔35〕 US-Morocco Free Trade Agreement (draft), Article 20.9 – 1、3、4.

〔36〕 US-Singapore Free Trade Agreement, Article 20.4 – 3 (a)、(c).

协定》(GATT1947)第26、32、33条规定,主权国家并不是GATT缔约方资格的必要条件。任何实体,不论是否主权国家,只要构成一个关税区,均可按一定程序成为GATT的缔约方。为了将"单独关税区"的法律概念纳入整个WTO多边贸易规则中,《WTO协定》的"解释性说明"特别指出,"本协定和多边贸易协定中使用的'country or countries'应理解为包括任何WTO单独关税区成员。对于WTO单独关税区成员,除非另有规定,如本协定和多边贸易协定中用'national'一词表述,该表述也应理解为是指单独关税区。"[37]

其次,GATT第24条及《关于第24条的谅解》、1979年东京回合"授权条款"和GATS第5条构成了CEPA的法律基础。根据GATT第24条第4、5款的规定,GATT的规定不得阻止在缔约方领土之间形成关税同盟或自由贸易区,也不得阻止通过形成关税同盟或自由贸易区所必需的临时协定。此类临时协定应包括在一合理持续时间内形成此种关税同盟或自由贸易区的计划和时间表。GATT第24条为此例外设定了一系列条件。

CEPA第1条规定了其目标:通过采取以下措施,加强内地与香港特别行政区之间的贸易和投资合作,促进双方的共同发展:(1)逐步减少或取消双方之间实质上所有货物贸易的关税和非关税壁垒;(2)逐步实现服务贸易自由化,减少或取消双方之间实质上所有歧视性措施;(3)促进贸易投资便利化。

因此CEPA的签署是有其合法依据的,具有形成关税同盟或自由贸易区所必需的临时协定性质。

(二)特点

1. CEPA是WTO成员间、一个主权国家下不同关税区之间的安排

一个中国,在WTO框架下,内地、香港、澳门、中国台北四个成员方的关系从过去单方面自主开放,转为WTO成员间的相互开放。一方面,内地、香港、澳门、中国台北四成员方本来就是一国,因此四成员在WTO内的关系不是一般的WTO成员间的关系,必须尊重"一国两制"这个大的前提,CEPA是一国内不同单独关税区之间的经贸关系;另一方面,四方又分别是WTO的正式成员,是WTO成员之间的经贸关系。这种安排在世界上是独一无二的。

2. 具体安排上有超WTO的优惠

随着中国加入WTO,在内地与香港、澳门之间建立起一种自由贸易关系。CEPA使这种关系成为比一般世贸组织成员之间更加紧密的贸易互惠关系,不仅体现内地与港、澳之间一个国家几个关税区存在特殊关系的客观现实,而且更加有利于促进彼此间的贸易往来,有利于密切相互的经济合作:(1)CEPA取消了专门针对中国内地的歧视性贸易条款,宣布中国加入世界贸易组织法律文件中特定条款的不适用。根据

---

〔37〕 马拉喀什建立世界贸易组织协定,"解释性说明"。

CEPA第4条,双方同意《中国加入世界贸易组织议定书》第15条和第16条,以及《中国加入世界贸易组织工作组报告书》第242段的内容不再适用于内地与香港之间的贸易。[38] 上述三项规定均是中国在世贸组织中承担的带有歧视性的义务。(2)不同关税区之间的优惠安排。零关税措施:香港将继续对原产于内地的所有进口货物实行零关税。同时自2004年1月1日起,内地将对附件1中表1列明的原产香港的进口货物(273个税目)实行零关税。不迟于2006年1月1日,内地将对附件1中表1以外的原产香港的进口货物实行零关税。反倾销措施:双方承诺一方将不对原产于另一方的进口货物采取反倾销措施。反补贴措施:双方承诺一方将不对原产于另一方的进口货物采取反补贴措施。保障措施:如因《安排》的实施造成一方对列入附件1中的原产于另一方的某项产品的进口激增,并对该方生产同类或直接竞争产品的产业造成严重损害或严重损害威胁,该方可在以书面形式通知对方后临时性地中止该项产品的进口优惠,并应尽快应对方的要求,根据《安排》第19条的规定开始磋商,以达成协议。[39] 争端解决:根据CEPA第19条,"双方将本着友好合作的精神,协商解决《安排》在解释或执行过程中出现的问题。委员会采取协商一致的方式作出决定。"与WTO争端解决机制相比,更体现出协商合作的精神。

五、双边贸易协定新发展的评价及前景展望

双边自由贸易与多边自由贸易二者目的的一致性决定了在双边自由贸易体制中解决的问题将来可能走进WTO多边贸易体制,因为只有WTO才能最终解决全球性自由贸易问题。

加入WTO后,面对双边(或区域)贸易协定发展的大潮,中国适时抓住这个机遇,在遵守WTO规则的前提下,自2002年起积极拓展双边(区域)贸易,争取获得对自己最为有利的竞争条件。对于发达国家在双边(多边)谈判中提出的如环境条款、劳工核心标准条款等需要具体分析,看到其对提升我国产业竞争力和经济可持续发展有利的一面。为实现中华民族利益的最大化必须适时做好准备,才能在日后的世界贸易竞争中处于有利地位。

---

〔38〕 议定书第15条是确定补贴和倾销时的价格可比性(即市场经济国家地位问题),第16条是特定产品过渡性保障机制;工作报告书第242段是有关纺织品和服装产品保障措施。

〔39〕 根据WTO《保障措施协定》第2.2条:"保障措施应针对一正在进口的产品实施,而不考虑其来源"。

第三节　亚洲及太平洋经济合作组织

一、亚洲及太平洋经济合作组织概述

亚洲及太平洋经济合作组织((Asia and Pacific Economic Cooperation Forum，简称亚太经合组织，APEC)成立于1989年11月堪培拉，是一个开放的、外向型的、非排他的推动贸易自由化的区域性经济合作组织。其宗旨是通过亚太地区内在贸易与投资方面减少贸易壁垒，使货物、服务和资本在地区内自由流动，保证区域内人民分享经济增长带来的利益和好处，并通过地区内合作扩大全球多边贸易体制。最初成员是12个，现有正式成员21个，[40]均为环太平洋的国家和地区。总人口达26亿，约占世界人口的40%；国内生产总值之和超过19万亿美元，约占世界的56%；贸易额约占世界总量的48%。在全球经济活动中具有举足轻重的地位。

随着20世纪90年代东亚奇迹的产生以及太平洋地区经济的蓬勃发展，亚太经合组织日益受到国际社会的重视，成为继欧共体之后的又一个重要的区域经济一体化集团。

1989年亚太经济合作组织成立时，只是一个松散的经济协商论坛，成员之间通过对话，建立起磋商机制。1992年9月第四次部长会议决定成立常设秘书处。1993年1月该秘书处在新加坡正式成立。从此，亚太经合组织朝着一个具有固定组织机构的区域性经济合作集团迈进了一步。亚太经合组织每年举行一次由外交部长和主管经贸工作的部长参加的部长会议。[41]从1993年开始，在第五次部长会议之后，召开了第一次各成员领导人非正式会议。

1993年11月亚太经合组织领导人在美国西雅图首次聚会，就21世纪的前景，亚太经济合作的优先领域，促进经济合作的手段和机制广泛交换了意见。会议结束，发

---

〔40〕 1991年10月在"一个中国"和"区别主权国家和地区经济"的原则基础上，中国和"中国台北"、香港正式加入APEC，目前，亚太经合组织21个国家和地区是：日本、韩国、中国、台湾、香港、泰国、马来西亚、印尼、新加坡、菲律宾、文莱、澳大利亚、新西兰、美国、加拿大、智利、墨西哥、巴布亚新几内亚、秘鲁、俄罗斯、越南此外，东南亚国家联盟(ASEAN)、太平洋经济合作理事会(PECC)和南太平洋论坛(SPF)是APEC的观察员。APEC按照全体成员协商一致原则接纳新成员。1997年温哥华领导人会议宣布APEC进入十年巩固期，暂不接纳新成员。

〔41〕 亚太经济合作论坛始于1989年，1989年11月6日至7日在澳大利亚的堪培拉通过《关于加快APEC进程的堪培拉宣言》(The APEC Canberra Declaration on Adlvancing the Process of APEC)；1991年11月14日于韩国的汉城通过了《关于APEC组织目标的汉城宣言》(The APEC Seoul Declaration on the Objectives of the Organization)；1992年9月10日在泰国曼谷通过了《关于APEC机构安排的曼谷宣言》(The APEC Bangkok Declaration on Institutional Arrangements)。

表了《亚太经济合作组织领导人经济展望声明》,确立了亚太经合组织是一个有着共同目标和合作精神的“大家庭”式的团体。

1994 年 11 月,亚太经合组织领导人在印尼茂物(Bogor)第二次聚会,就该地区贸易和投资自由化原则和进程时间表,技术转让与合作,人力资源的开发、环境、争议解决等问题进行了磋商。会后发表了《茂物宣言》(The APEC Economic Leaders Declaration of Common Resolve),确定了行动目标。

1995 年 11 月,亚太经合组织领导人在日本大阪进行了第三次非正式会议,会后一致通过了《亚太经济合作组织经济领导人共同行动宣言》(简称《大阪宣言》)和大阪行动议程(The Osaka Action Agenda-Implementation of the Bogor Declaration)确立了 APEC 自由贸易体系的总体框架,确立了贸易与投资自由化的基本原则,深化和扩大了乌拉圭回合协议的成果并将贸易投资的自由化与经济技术合作确定为亚太经合组织的两大支柱。

1996 年 11 月 25 日,亚太经合组织领导人在菲律宾的苏比克湾召开了第四次非正式会议,会后通过了落实大阪行动议程的《马尼拉行动计划》(全称为《亚太经合组织经济领导人宣言:从憧憬到行动》)及《亚太经合组织技术合作框架宣言》,进一步深化了“大家庭精神”,为未来 15 ~ 25 年 APEC 成员在贸易与投资政策措施和规划方面,为发达国家和发展中国家分别于 2010 年和 2020 年实现自由和开放的贸易和投资目标制订出单边行动计划和协商一致的集体行动计划。

2001 年 10 月 21 日,亚太经合组织第九次领导人非正式会议在中国上海举行。中国国家主席江泽民主持会议并发表了《加强合作,共同迎接新世纪的新挑战》的重要讲话,全面阐述了中国对世界和地区经济形势的看法,以及对推进 APEC 合作进程的主张。各国领导人还以“新世纪、新挑战:参与、合作,促进共同繁荣”为主题,就当前世界经济形势以及“9 · 11”事件对经济发展带来的影响、人力资源能力建设和亚太经合组织未来发展方向等问题达成了广泛的共识。会议通过并发表了《领导人宣言:迎接新世纪的新挑战》、《上海共识》和《数字 APEC 战略》等文件。并就反对恐怖主义问题交换了意见,发表了《亚太经合组织领导人反恐声明》。

2005 年 11 月 18 日,亚太经合组织第十三次领导人非正式会议在韩国釜山举行。会议对实现“茂物目标”进行了中期评估,并制订了实现该目标的“釜山路线图”计划。呼吁各成员在对上海目标进行积极评估的基础上,至 2010 年之前将交易成本再削减 5%。

2006 年 11 月和 2007 年 9 月在越南首都河内及澳大利亚悉尼分别举行了第十四次和第十五次领导人非正式会议。会议主题分别是“走向充满活力的大家庭,实现可持续发展与繁荣”及“加强大家庭建设,共创可持续未来”。会议分别通过了旨在实现茂物目标的《河内行动计划》,签署了《河内宣言》及《悉尼宣言》,前者呼吁成员推动多哈回合谈判,稳步实施《河内行动计划》,以实现茂物目标。《悉尼宣言》则重点阐述了各成员就气候变化、多哈回合谈判、区域经济一体化、加强人类安全和亚太经合组织建设等问题达成的共识。

和其他区域性经济一体化组织相比，亚太经合组织具有以下主要特征：(1)地域辽阔，人口众多：其面积占地球陆地面积的1/5，人口占世界人口的2/5。(2)组织成员的多样性：APEC目前虽只有18个正式成员，但在意识形态、政治制度、经济制度以及经济发展水平上差异较大，有经济上的超级大国，如美国、日本；有市场广阔、富有发展潜力的中国；有经济发展的后起之秀东盟五国及"四小龙"地区。贫富差距巨大，人均国民生产总值不足1000美元的，如中国、印尼、巴布亚新几内亚、菲律宾，人均超过3万美元的有日本，而超过2万美元的占了整个成员的18%。(3)成员之间经济上的互补性：18个成员之间在经济上既有竞争，但又相互依存。在人力、资源、市场、技术、资金等方面具有很强的互补性。

二、贸易与投资自由化基本原则

1995年大阪行动议程为亚太经合组织成员在实现贸易和投资自由化与便利化方面提出了以下基本原则：(1)全面性(comprehensiveness)：成员应毫无例外地消除阻碍实现自由与开放的贸易与投资长期目标的一切障碍。(2)与WTO的一致性(WTO consistency)：所有关于贸易和投资的自由化与便利化的措施应与世界贸易组织保持一致。(3)可比性(comparability)：APEC确保其成员采取的单边自由化措施具有全面的可比性，即各成员已采取的自由化与便利措施具有总体上的协调一致性。(4)非歧视性(non-discrimination)：APEC成员在双边和多边基础上均实行不歧视原则。亚太地区贸易和投资的自由化结果不但是APEC成员之间贸易壁垒的削减，也是APEC成员与非成员之间贸易壁垒的削减。(5)透明度(transparency)：每一成员保证其影响商品、服务和资本在APEC成员间流动的法律规定，行政程序的透明度，以便在亚太地区建立和维持一个开放的，有预见性的贸易和投资环境。(6)维持现状(standstill)：各成员自我约束，不使用可能导致增强贸易保护主义效果的措施、确保贸易和投资自由化和便利化的过程的稳定性和渐进性。(7)自由化时间表(simultaneous start, continuous process and differentiated time tables)：APEC成员将同时按规定的时间表、不延迟地推进自由化、便利化和经济合作的进程。(8)灵活性(flexibility)：考虑到成员经济发展水平的不同以及各国环境的多样性，在投资贸易自由化与便利化进程方面要有一定灵活性。(9)合作(cooperation)：APEC成员间积极推动有益于自由化和便利化的经济与技术合作。

以上九项原则为APEC成员之间实现市场相互开放，优势互补提供了保证。

三、单边承诺与集体行动计划

亚太经合组织成员推进贸易和投资自由化与便利化的行动方式是由单边行动，集体行动和定期评估三个方面组成的统一体。所涉及的范围包括：关税、非关税措施、服务、投资、技术标准、海关手续、知识产权、竞争政策、政府采购、取消限制(deregulation)

原产地规则、争议解决、商业人员的流动、执行乌拉圭回合协议、情报收集与分析十五个领域,每一领域都有关于目标,指南、单边行动和集体行动计划的规定。

(一)单边行动计划

作为单边行动计划,每一个成员都作出了相应的承诺。例如,澳大利亚承诺至2000年将商品关税率降至0~5%;从1997年7月1日起,开放电讯市场。加拿大承诺到2000年将214种信息技术产品的关税降为零;并取消对外国独资企业尚存的最后障碍。中国承诺至2000年将关税降至15%;审核现存的384种非关税壁垒并逐步削减乃至消除,逐步开放服务贸易市场,在投资领域给予外国投资者以国民待遇。日本承诺至2000年取消214种信息技术产品关税;并宣布了50项放松控制的措施,其中包括对商业人员放宽签证限制的规定。墨西哥承诺放宽外国对铁路、卫星通信、天然气分配、运输和金融领域投资的限制。新西兰承诺至2010年取消全部商品关税,并提前执行WTO的知识产权协议。美国承诺至2000年取消214种信息技术产品关税;放松海关手续、出口限制并使政府采购措施合理化。

成员的单边行动计划均从1997年1月1日起同时开始实行,根据APEC贸易与投资自由化与便利化的原则,单边行动计划应在成员之间平等执行,且都应与WTO多边贸易体制的原则保持一致,即在成员之间实行最惠国待遇,任何以国内立法或其他理由为借口否定或削弱这一原则的行动,都有悖于APEC倡导的大家庭精神。

在单边、自愿、渐进原则的指导下,APEC成员尽管经济发展水平差距很大,但在贸易和投资自由化过程中,都采取了积极主动、合作的态度,许多国家和地区提交的单方行动计划都超出了它们在世贸组织中所承担的义务的范围。因此,可以有充分的理由认为,APEC在推动内部贸易、投资自由化的同时,实际上推动了世界范围的贸易和投资自由化的进程,为以世界贸易组织为代表的多边贸易体制的发展起到了积极的促进作用。

(二)集体行动计划

APEC的集体行动计划比较有成效的主要在非关税领域,如服务贸易、投资、标准化、海关通关手续等。

1. 服务贸易

在服务贸易领域,APEC的目标是逐步减少市场准入的限制并在成员之间逐步实行最惠国待遇和国民待遇。为此,集体行动计划包括:(1)在电子通信方面:至1998年实现在国际附加值网络服务贸易(Trade in Int'l Value-Added Network Service,IVANS)方面的统一。(2)在交通运输方面:在未来10年内取消在贸易和国际运输方面对纸单证的要求(强制性的和机构性的)。(3)在能源方面:至1999年底,APEC成员将就相互承认检验报告及试验室鉴定方面达成协议。

2. 投资

在投资领域,APEC的目标是实现投资领域的自由化,逐步提供最惠国待遇、国民待遇以及增加透明度,并通过技术援助和合作便利投资活动。为此,集体行动计划包括:(1)不把放松卫生、安全及环保规定作为鼓励外国投资的途径;(2)尽量减少使用任何会扭曲、限制本地区投资和贸易的所谓业绩规定;(3)进一步放宽贸易及投资资金转移,如股本、利润、特许权使用费、贷款偿付、清算等方面的限制;(4)通过协商或各方都能接受的仲裁方式解决投资争端;(5)避免对投资者双重征税;(6)允许参加投资经营的外国技术和管理人员的入境及短期滞留;(7)避免采取没收外资的做法;(8)在向外国投资者提供国民待遇的同时,向外国投资者提供便利。

3. 产品的标准化

在消除产品的技术性贸易壁垒,实现产品标准化方面,APEC 的集体行动计划包括:APEC 成员将积极参加国际标准化组织(Int'l Organization for Standardization,ISO)、国际电子技术委员会(Int'l Electrotechnical Commission,IEC)及医药营养委员会(the Coclex Alimentarius Commission)的工作。至 2005 年加入米制条约(Treaty of the Metre 或 La Convention Du Metre)及国际法定度量衡组织公约(International Organization for Legal Metrology,OIML)实现国内标准和国际标准的统一。发达国家与发展中成员分别在 2000 年与 2005 年建立并参加在自愿部门相互承认检验结果的网络性安排,并努力在强制性部门建立相互承认检验结果的网络性安排。

4. 通关手续

鉴于 APEC 成员之间海关程序存在的巨大差异,造成亚太地区间贸易活动的拖延和成本增加,阻碍了商品、服务、技术、资金的流动,APEC 的简化和协调成员之间海关手续的集体行动计划,主要包括:(1)至 1996 年实行统一的商品名称和编码协调制度(The Int'l Convention on the Harmonized Commodity Description and Coding System,Hs Convention)。(2)至 1998 年通过关于简化和协调海关手续的京都公约(Int'l Convention on the Simplification and Harmonization of Customs Procedures,Kyoto Convention)。(3)至 2000 年采纳世贸组织的海关估价协议和与贸易有关的知识产权协议。(4)至 2000 年采用先进的关税分类管理制度。(5)至 2000 年,通过加入货物暂准进口公约(the Customs Convention on the T. A. T.,Convention for the Temporary Admission of Goods,The T. A. T. Convention)为 APEC 成员间对货物的暂进口提供便利。

由于 APEC 成员在经济和技术水平发展方面还存在巨大差异,因此在许多重要领域,如知识产权保护、原产地规则、政府采购、竞争政策、争议解决等方面尚未达成集体活动计划。

总之,在贸易和投资自由化与便利化进程中,无论是 APEC 成员的单边行动计划,还是集体行动计划都证明了 APEC 不是一个清谈馆,其自由化和便利化措施已经由组织构想变成了成员单个和集体的实际行动,由此可以看出,亚太经合组织是一个务实的、进取的机构。

四、经济和技术合作

贸易与投资的自由化、便利化和经济、技术合作是亚太经合组织的两大支柱。

经济与技术合作在亚太经合组织中之所以占据如此重要的地位,是因为亚太经合组织成员经济、技术发展水平差距很大,区域性经济技术合作不仅有利于减少和消除贫困,缩小经济差距,也为贸易和投资自由化开辟了更为广阔的前景。特别是发展中国家,在开放了市场之后,必须不失时机地培育这个市场,否则无异于杀鸡取卵,缺乏商业远见。因此,发展中成员通过与发达成员的经济技术合作在共同的政策和联合行动方面通过协商和交换观点分享人力资源和经验。

经济技术合作主要包括以下领域:人力资源开发、工业科学与技术、中小企业、经济基础设施、能源、交通、电子通信和情报、旅游、贸易和投资数据、贸易促进、海洋资源保护、渔业、农业技术等。以下择要述之:

1. 人力资源开发

人力资源是亚太地区最重要的财富。人力资源开发的集体行动计划主要包括:(1)执行 APEC 商业自愿人员计划(Business Volunteer Program)便利本地区商业专家在商业和私人实体中的自愿派遣以便交换和转让经营和技术技能。(2)对行政人员、经理、工程师、政府官员及其他工人进行培训以提高人员素质和数量供应。(3)通过有关 APEC 成员之间签订的双边协定,相互承认专业证书以便利区域内合格人员的流动。

2. 中小企业

在亚太地区,中小企业在经济增长中起着至关重要的作用。由于技术的飞速发展,消费者需求的多样性,如何充分开发中小企业的潜力,调动其积极性、充分发挥其灵活性、适应性强的特点,并在人力资源、情报信息、资金融通和进入市场方面提供帮助和政策指导是十分重要的,为此,集体行动计划包括:(1)进行工业前景研究(an industrial outlook study)对区域内工业相互依存的状况进行全面的以及分部门的研究,使得中小企业政策的制订者和中小企业能对经济环境有一个充分的认识和了解。(2)为 APEC 中小企业技术交流和培训中心(APEC Centre for Technology Exchange and Training for SMES)制订活动计划,帮助其处理情报网络中心的工作,提供培训机会,并组织以中小企业为目标的活动。(3)为中小企业研究金融市场,建立风险资本研究会(Venture Capital Workshop)促进中小企业进入风险资本市场。

3. 海洋资源保护

海洋环境对维持亚太地区经济增长的活力起着重要作用。渔业,水产养殖业及其他水制产品和旅游业均依赖于对海洋环境的保护,为此 APEC 集体活动计划包括:(1)对有关的政策,标准、证书、强制性规定等提出建议。(2)至 1998 年对沿海区域的管理、开发有效的通信,情报交换和计划机制提出指南。(3) 至 1999 年对维护海洋资源的开发的结构性壁垒进行评估并在 1999 年以前制订出行动计划和确定优先采取的行动。

4. 农业技术

鉴于 APEC 成员需求各异以及发展水平不同,加强农业技术合作对于区域内农业的均衡发展资源利用及保护以及改善食物的多样性和质量非常重要。为了提高农业生产能力以及有关工业的发展,APEC 采取的集体行动包括:(1)为促进动植物物种交换,1997 年前建立与动植物物种有关的情报信息网络;(2)提高生物技术研究和开发,在 1997 年前建立专业数据库;(3)促进农业技术培训,1998 年前建立培训计划并为电子传体提供情报援助。

五、评价

亚太地区的突出特点是多样性。地区内各国经济发展不平衡,人口分布与贫富差距较大,文化差异明显,历史影响因素复杂,加上社会经济制度的不同,成员之间既有很强的互补性,又决定了各成员在参与经济合作的目的,要求上各不相同。

1994 年 11 月 15 日在印尼茂物通过的茂物宣言明确指出,亚太经合组织强烈反对成立一个同全球贸易自由化目标相背离的内向型贸易集团(inward-looking trade bloc)。亚太经合组织的特点决定了其贸易和投资自由化进程只能以单边、自愿、渐进式为原则而不搞集体的、强制性的、齐头并进式的开放措施。

从本质上看,亚太经合组织是一个国际的论坛性质的机构,其基本文件是每年的部长会议和领导人非正式会议通过的宣言和行动计划以及领导人的承诺。从严格的法律意义上讲,这些文件和承诺只有道义上的责任,而无法律上的约束力。因此,亚太经合组织和世界贸易组织不同,它不是一个通过谈判方式建立起具有契约性权利和义务的经济组织,其活动特点是自愿和非约束性。

亚太经合组织和欧盟也不同,亚太经合组织不服从于一个超国家的地区体制的规章或强制力的约束。亚太经合组织与北美自由贸易区也不同,没有采用正式的协定方式对组织成员建立起具有法律约束力的区域自由化模式。

总之,亚太经合组织在实践中形成了自己别具一格的亚太特色,这就是非条约约束性的经济合作组织。强调成员以自愿为基础,以开放的地区主义为原则,以单边基础上的集体协商为行动准则。即非正式的、协商一致的亚太模式。尽管由于亚太组织成员的多样性以及美国和日本在组织内主导权上的争夺给该组织的发展带来了阴影,然而,正如亚太经合组织贸易和投资委员会主席巴特勒在马尼拉会议上所说,“亚太经合组织不仅有时间表和明确的目标,还有战略计划和一系列的个别和集体行动计划,而所有这些都是通过协商一致取得的”。

从 1989 年 10 月起,亚太经合组织先后成立了 10 个专题工作组和 2 个有关经济和区域贸易自由化的特设工作组。我国参加了上述全部 12 个工作组的工作。

1994 年 11 月 15 日,中国国家主席江泽民在亚太经合组织领导人非正式会谈上对亚太经合组织的未来提出了五项原则:相互尊重,协商一致;循序渐进,稳步发展;相互开放,不搞排他;广泛合作,互利互惠;缩小差距,共同繁荣。

为了参与亚太经合组织的贸易与投资自由化与便利化进程,我国做出了巨大的努力。我国自 1994 年开始建立社会主义市场经济体制,全面执行了 1995 年我国领导人在大阪宣布的首次自由化措施。我国制订了中国实施亚太经合组织贸易和投资自由化与便利化的单边行动计划。1996年,我国政府进一步承诺:[42](1)2000年我国进口关税总水平由目前的23%降到15%左右,并在2020年前进一步削减关税;(2)逐步削减乃至消除与世界贸易组织协议相悖的非关税壁垒;(3)逐步开放服务贸易市场;(4)逐步在投资领域给外国投资者以国民待遇。

第四节 欧洲共同体与欧洲联盟的经济贸易法律制度

一、欧洲共同体的产生及其法律地位

(一)欧洲共同体的产生

欧洲共同体是由欧洲煤钢共同体、欧洲经济共同体以及欧洲原子能共同体合并形成的欧洲经济一体化组织。它成立之初属于关税同盟,宗旨是建立成员国之间的共同市场,取消影响货物在共同体内流通的关税和非关税障碍,实行共同的农业政策和内部统一的农产品价格,实现货物贸易自由(这个目标已于1968年7月1日实现),在此基础上逐步统一欧洲货币,实现资本、服务和人员等生产要素在共同体内自由流通,即"四大自由"。随着欧洲联盟的建立,欧洲共同体已经发展成为在经济、政治、外交、社会福利等更广泛领域实现政策和法律协调的经济同盟组织。如果实现政治一体化,做到外交和安全政策上以一个声音说话,这个区域共同体将变成邦联国家。

1952年12月和1953年2月,荷兰外交大臣贝因先后提交了两份备忘录,提出了进一步加快欧洲一体化进程,建立欧洲共同市场的计划框架,被称作"贝因计划"。1955年5月20日,比利时、荷兰、卢森堡三国共同向欧洲煤钢共同体[43]提交一份备忘录,重提贝因计划,要求召开一次会议,拟定一个旨在实现投资、能源、原子能、运输、社会政策全面合作,建立共同市场的条约文本。同年,欧洲煤钢共同体6国外交部长在意大利墨西拿(Messina)通过决议,接受上述三国提出的建议,委托由比利时国务活动家斯帕克领导的成员国代表委员会负责文件起草。1956年3月25日,6国外交部长以斯帕克报告为基础,经过充分讨论和谈判协商,在罗马签订了具有历史意义的《欧洲原子能共同体条约》和《欧洲经济共同体条约》(以下简称《罗马条约》)。1958年1月1日,这两个条约完成了批准程序正式生效,欧洲原子能共同体和欧洲经济共同体宣告成

---

〔42〕 参见江泽民主席1996年11月25日在马尼拉领导人非正式会议上的讲话。

〔43〕 1951年4月18日,法国、联邦德国、意大利、荷兰、比利时、卢森堡6国在法国签署《欧洲煤钢共同体条约》(巴黎条约),成立欧洲煤钢共同体。这是欧洲一体化的第一个法律文件,管理缔约国的煤钢生产。

立。同时成立了欧洲原子能共同体委员会、部长理事会、欧洲经济共同体委员会、部长理事会。根据与《罗马条约》同时达成的《关于欧洲共同体某些共同机构的公约》,建立单一的议会和单一的法院,同时服务于三个共同体。

《欧洲经济共同体条约》由248条正文、4份附录和9个议定书组成,它是欧洲经济共同体得以建立的法律基础,也是后来的欧共体和欧盟得以形成的法律基础。《罗马条约》的基本内容是:(1)共同市场。〔44〕该条约明确规定,在各成员之间取消货物进出口关税和数量限制以及其他具有同样作用的限制措施,取消人员服务和资本自由流通的各种障碍,通过建立共同市场和各成员国经济政策上的逐步接近,以促进共同体内经济活动的协调发展。(2)共同的经济政策。《罗马条约》第3条规定为实现条约所确定的目标,共同体的活动应包括采取一项以成员国经济政策紧密协调,内部市场和共同目标的确立为基础,与自由竞争的开放市场经济原则相一致的经济政策。欧洲经济共同体成立后,部长理事会经过长期谈判对农业政策进行了重点协调,签订了多项农业协定。在20世纪60年代分别制定了关于谷物、水果、葡萄酒等农产品政策基本原则;规定了奶制品、牛肉的调控原则;制定了主要农产品的统一价格。此外还制定了共同运输政策,禁止运输政策的歧视,制定共同的能源和税收政策。(3)统一货币。货币统一是建立共同市场的必要条件。1964年,共同体委员会建立了成员国"中央银行行长委员会",1972年,共同体理事会通过了旨在协调成员国之间汇率的"蛇形与隧道制度",将成员国之间的货币汇价以及成员国货币对美国的货币浮动限制在一定比率,超过界限则各国有义务干预。1978年共同体理事会在不来梅会议上决定建立欧洲货币制度,该项制度同年在布鲁塞尔会议上确立,1979年正式生效,核心是确立"欧洲货币单位",建立欧洲货币体系,它为后来建立单一欧洲货币——欧元打下了良好的基础。

由于三个共同体根据不同的条约建立,各有自己的执行机关,缺乏协调行动,也产生行政资源浪费和效率低下的问题。从大的方面看三个共同体的目标是一致的,就是实现高度一体化,促进社会经济发展,所以,三个共同体机构的联合势在必行。1965年4月8日,6国外长为统一三个共同体签订了《欧共体单一理事会和单一委员会成立条约》,即执行机构合并条约,1967年7月1日起正式生效。从此,三个共同体合并成单一的欧洲共同体(European Community,EC)。根据条约规定,欧洲煤钢共同体的高级管理局与欧洲原子能共同体委员会及欧洲经济共同体委员会合并,产生一个为三个共同体所共有的委员会作为共同的执行机构;欧洲煤钢共同体特别部长理事会和欧洲原子能共同体部长理事会以及欧洲经济共同体部长理事会也予以合并,形成一个为三个

---

〔44〕《罗马条约》及其他基础性文件并没有给"共同市场"下准确定义,它不是经济一体化的一种形式,而是实现欧洲共同体目标(经过创建一个没有内部边界的区域,增强经济与社会整合,促进平衡与持久的经济和社会进步)的重要途径。共同市场建立须做到:取消货物进出口关税和数量限制;建立针对第三国的共同关税和贸易政策,废除成员间人员、服务资本自由流通的障碍;建立保证内部市场不受扭曲的一种制度;共同市场运行的成员国法律趋于一致。

共同体所共有的部长理事会。加上原已经存在的为三个共同体服务的单一的议会和单一的法院,新的欧洲共同体机构已经产生,它们是欧共体部长理事会、共同体委员会、欧洲议会和欧洲法院。欧共体的建立标志着一个超国家的政治实体已经形成,其成员将让渡相当一部分国家主权给共同体行使,以便为建立欧洲大市场,为欧洲各国政治和经济合作创造条件。

(二)欧洲共同体的法律地位

欧洲共同体是国家之间通过协议建立起来的地区性国际组织,它具有一般国际组织的共同点,即具有独立的法律人格,具有独立承担民事权利义务的能力。欧共体及其各机构的成员、欧共体官员和其他工作人员、各机构中成员国委派的代表、各国派驻欧共体的使团等享有履行职务必需的特权与豁免。根据合并条约第 28 条及该条约中《特权与豁免权议定书》的规定,欧共体的房屋建筑和档案不得侵犯;未经欧洲法院允许,不得对欧共体财产采取任何立法或行政的强制措施;欧共体的财产和收益享有税收豁免,包括直接税、间接税和销售税的豁免;欧共体的公用物品和出版物享受关税豁免,并不得对之实施任何进出口限制措施;欧共体公务通信享受各成员国给予外交使团的同等待遇,并不得对之进行检查。与一般国际组织不同的是,欧共体的法律人格应区分为国内法意义上的法律人格与国际法意义上的法律人格。欧共体的国内法律人格表现为具有民事权利义务主体资格,参与民事诉讼,享有取得和处置动产、不动产的权利,同时它还具有类似于国家的对内主权,可以制定统一的政策和法律,进行行政管理,在一定范围内进行司法审判活动。欧共体的国际法律人格表现为可以以自己的名义承担国际权利和义务,在国际法律诉讼中享有作为当事人的资格,欧共体享有类似于国家的对外主权,可以以自己的名义缔结国际条约,建立外交关系和派驻外交代表。不论从政治上还是从法律上看,欧共体都超出了一般国际组织的性质,成为凌驾于成员国之上的政治实体。

从政治上看,一般的国际组织是为实现某一领域的合作,通过签订条约而建立的联合体,这类联合体虽有监督条约执行的功能,但它只能通过要求成员国履行条约义务间接影响其内部事务,没有直接支配主权国家的权力,成员国在立法、司法、行政方面仍保持独立地位。欧共体有实质不同,它是国家间为实现经济、政治和社会政策一体化(非一般合作)进行的实质联合,虽然成员国保留独立国家地位(主要是政治外交方面),但它相当一部分主权已让渡给共同体,在经济和社会政策上联合为一体进行活动,对外各自单独活动已受限制。共同体机构对成员国有直接支配权,成员国立法权从属于共同体立法权,行政权也受共同体法律和政策的约束。

从法律上看,一般的国际条约和国际组织决议不可能产生如同主权国家法律一样的约束作用,国际组织无司法功能,不能以司法上的强制迫使主权国家及其管辖的公民、社会组织执行这些条约和决议。它们的实施需要主权国家批准,经过一定程序转化为国内法,由国内司法机关、行政机关贯彻实施。而欧共体具有类似主权国家一样的立法和司法功能，其立法和司法活动可以直接创设国内法上的权利义务。在立法方面，欧共体成员国缔结的条约，欧共体组织制定的指令、条例、决定具有高于国内法的效力，成员国政府、公民、社会组织都要遵守，都要服从共同体法律构建的国际法律秩序；在司法方面，欧共体法院直接受理成员国政府、公民、社会组织因执行共同体法律产生的诉讼，法院保护当事人依据罗马条约贸易自由和竞争规则产生的权利，其判决具有如同国内法院一样的强制执行效力。

二、欧洲一体化的高级形式——欧洲联盟

进入20世纪80年代，由于欧共体成员国的增加使成员之间利益关系复杂化，欧共体以全体意思一致通过决议的方式面临困难，欧洲一体化进程受到阻碍。后来发生的三次具有里程碑意义的制度创新和机构改革把欧洲统一大市场的建设推向新阶段，最后导致欧盟成立以及新的欧洲一体化内容和目标的确立。第一次是1986年批准《单一欧洲法》，第二次是1992年签订《欧洲联盟条约》，第三次是1997年签订《阿姆斯特丹条约》。

1985年7月，欧共体理事会在卢森堡召开理事会议，为制定全面改善共同体制度的单一欧洲法展开谈判。1986年2月17日，成员国签署了旨在成立欧洲联盟的《单一欧洲法》，于1987年7月1日生效。《单一欧洲法》的主要内容是：(1)改善共同体表决制度，由“协商一致”部分地改为“限定多数”投票表决制，以加快立法进程，同时扩大欧洲议会和公民参与共同体决策，建立其对部长理事会决策施加影响的程序；(2)明确规定在1992年以前建立欧共体内部统一大市场，实现商品、资本、人员、服务自由流动，在此之后，开始实施经济货币联盟计划；(3)加强外交政策方面的合作，采取有效措施促进这一合作。

(一)《欧洲联盟条约》

1992年2月7日，欧共体各成员在荷兰马斯特里赫特签订了《欧洲联盟条约》(亦称“马斯特里赫特条约，”简称“马约”)，于1993年1月1日正式生效，欧洲联盟宣告成立。欧洲联盟是由三个支柱(Pillar)支撑起来的。第一个支柱是欧洲共同体。欧盟成立后，欧共体作为核心的法律实体继续存在；第二个支柱是共同的外交和安全政策。第三个支柱是成员国之间的内务与司法合作。后两个支柱形成的法律不同于欧共体法，它们仅具有政府间合作法的性质，不具有超国家法的特点。《欧洲联盟条约》体现了这种制度安排。该条约分为7编共14条，内容是对原来的三个共同体条约作全面修改；增加了关于共同的外交与安全政策条款和关于司法内务合作条款；阐述了分阶段实现欧洲经货联盟的目标。主要内容是：

1. 经济及货币联盟

条约规定分三个阶段实现经济货币联盟计划：第一阶段在1993年底以前，实现资本流动自由；第二阶段自1994年1月1日起成立欧洲货币组织，作为未来欧洲中央银行的前身，监督成员国经济及货币政策，控制欧洲货币制度运作；第三阶段最迟从1999

年1月1日起成立独立于成员国的欧洲中央银行,发行单一欧洲货币,在联盟内流通。

2. 共同的安全和外交政策

条约规定,欧盟成员国实行共同的外交及安全政策,以实现以下目标:维护欧盟共同的价值、利益和独立;加强欧盟成员国的安全;按照联合国宪章原则,维护和平、国际安全和国际合作;发展、巩固民主制度和法律权威,尊重人权和基本自由。欧盟采取两种方式实现这些目标:一是在政策制定上成员国彼此合作;二是在成员国有共同重要利益的领域逐步采取共同行动。

3. 确定欧洲联盟公民身份及公民权利自由

4. 扩大欧盟管辖权

进一步实现在信息交换、环境、公共卫生、文化、货币政策、消费者保护、工业发展与合作等领域的法律协调。

5. 在司法与内政事务方面密切合作

欧洲联盟成立后,各成员很快对《欧洲联盟条约》以及三个共同体条约进行了又一次修改,欧盟条约确立的目标和为实现目标应采取的措施更清晰和具体。1996年欧盟理事会在都灵召开会议,确立了旨在修改欧盟条约的议题,组建了工作机构,1997年10月2日,欧盟成员国正式签署了旨在修改《欧洲联盟条约》和三个共同体条约的《阿姆斯特丹条约》(全称是《修改欧洲联盟条约、建立欧洲共同体条约和某些相关法令的阿姆斯特丹条约》)。主要内容是:(1)人员自由流动与安全。条约把旨在实现成员国内人员自由流动,取消内部边界的《申根协定》成果在《欧盟条约》中确定下来,要求成员国努力实施关于政治避难、签证、移民、外部边界的统一规则,加强警察、安全部门的合作,防范在取消内部边界条件下的跨国犯罪活动。(2)保护公民利益。条约把提高欧盟就业率作为重要目标,要求各成员合作制定相应政策,包括男女同工同酬、环境保护、劳工保护、卫生健康政策、提供就业指导。(3)协调一致的对外政策。条约要求加强欧盟理事会在欧洲共同的外交与安全政策方面的作用,为此改进理事会决策程序,其一是引入"建设性弃权"程序,在理事会以全体一方式决定重大事项时,允许某一成员实行建设性弃权,该成员国应认可该决定的实施,但在国内无须实施决定;其二是在实施共同外交与安全政策时,更多地采用限定多数投票表决制,同时引入"紧急刹车"程序,允许某成员国以国内政策原因反对欧盟作出决定,此时应将该决定交欧盟理事会以全体一致通过的表决程序决定。(4)调整欧盟机构。引入共同决策制度,使欧洲议会成为真正的合作立法机构,与部长理事会共同行使立法权;扩大欧盟决策中以限定多数票通过事项的范围,提高决策效率;扩大欧盟委员会权力,使之成为欧盟更有效率的提议者、管理者、维护者。

欧盟成立后,其成员国又有扩大,1995年1月1日起,奥地利、瑞典、芬兰加入欧盟,其成员扩大到15个国家。2004年5月,塞浦路斯、马耳他、波兰、匈牙利、捷克、斯洛伐克、爱沙尼亚、拉脱维亚、立陶宛、斯洛文尼亚10国加入。2007年保加利亚、罗马尼亚加入欧盟,目前成员共计27国。1998年5月2日,欧洲议会通过决议,批准了奥地利、比利时、芬兰、法国、德国、意大利、爱尔兰、荷兰、卢森堡、葡萄牙和西班牙11国为欧洲经贸联盟创始成员国,总人口已达3亿的这11国在1999年1月1日正式启用欧洲单一货币欧元,与成员国本币同时流通。2002年上半年,欧元代替这11个国家货币流通。欧盟的成立直到2002年欧元的正式流通,标志着欧洲经济一体化和司法一体化已经完成。为了完成政治一体化进程,使全欧洲像单一国家一样一起行动,欧盟制宪委员会于2002年成立,其任务是制定《欧洲宪法条约草案》,在更高的法律层面确认和规划欧洲一体化进程,保证欧盟有效运作。2004年10月,欧盟成员国领导人在罗马签署了《欧洲宪法条约草案》,该条约须经成员国全民公决或者国内议会批准后方能生效。2005年,法国以全民公决形式否决了该条约,随后荷兰也否决了该条约,欧洲一体化新领域的进程受挫。

(二)欧洲联盟机构

导致欧盟成立的上述三个国际条约对三个欧共体条约中关于机构的内容都作了修改补充,引起了共同体机构的重大调整。《欧洲联盟条约》生效后,原欧共体理事会已改称欧盟理事会;原欧共体部长理事会已改称欧盟部长理事会;原欧共体委员会已改称欧盟委员会;欧洲议会已改称欧盟议会。但是原来根据三个共同体条约建立的经济共同体仍然存在,它是欧盟这个一体化组织的核心支柱,只不过其职能活动已由新的欧盟机构履行。[45]《欧洲联盟条约》明确规定"要完整地维护现有共同体,审议为保证共同体机制和机构的有效性而需对条约所引入的政策作何种程度的修订,使之进一步增强"。欧盟的另外两个支柱是共同的外交与安全政策及司法与内务合作,它们代表欧盟工作的新领域和一体化的方向。欧洲法院无论在名称上还是在性质上都没有改变,欧洲法院的司法权目前仅限于原来三个共同体法律制度和规范的实施,而对于共同的外交与安全政策,司法与内务合作事项尚无司法权。欧盟机构也有类似于国家组织的立法、行政、司法机构,不过其立法权和行政权没有分开,立法权由理事会、委员会、欧洲议会共同承担,相互制约。

1. 欧盟理事会和部长理事会

欧盟理事会是欧盟最高决策机关和政治机关,负责重大问题决策,其职能是根据委员会提案批准重要法律、法规和决定,授权委员会执行这些法规和决定。欧盟理事会和部长理事会是两个级别不同的决策实体,欧盟理事会由成员国政府首脑和欧盟委员会主席组成,得到各国外长和委员会副主席协助,负责制定欧盟政治、外交、安全方面的总方针总政策,解决其他机构不能解决的特别重要问题,弥合部长理事会的分歧,欧盟理事会每年至少举行两次会议。

---

〔45〕 在法律地位上,欧洲联盟是由条约组成的松散联盟,不具有国际法上的主体地位,而欧共体是正式的国际法主体。

部长理事会由成员国有关的部长级代表组成,其职能是保证成员国各项经济政策的相互协调,在贸易、国际收支、市场与竞争规则、社会立法等广泛领域拥有决策权。部长理事会下设的两个常设机构部长理事会总秘书处和成员国常驻代表委员会负责日常工作。部长理事会每月第一个星期二举行例会,此外可根据需要由主席随时召集。理事会主席由成员国轮值,理事会决策采用"限定多数表决"和"全体一致议决"方式,在前一种方式表决时,理事会成员国因其代表的国家规模不同有加权票。

欧盟部长理事会具有广泛的对外贸易管理权,主要是制定对贸易方面的各项法规,最终决定针对第三国采取贸易措施以及与第三国签订贸易协定。

2. 欧盟委员会

它既是立法机构,也是执行机构,它是欧盟政策法律的起草者和执行者,是欧盟利益和条约的捍卫者。其职能是:参与理事会法律文件起草,提出立法议案和政策议案交理事会决定,理事会非经一致同意不能修改委员会提交的法律草案;制定法规实施细则,使欧盟法律具体化。作为执行者,委员会执行欧盟条约规定和部长理事会分派的任务,就农业、贸易、竞争等问题可直接作出决定,并掌握欧盟基金;作为欧盟条约捍卫者,委员会监督成员国遵守欧盟条约和各项立法,确保其遵守实施,对任何违反义务者有权调整,作出结论;委员会制定预算案,在对外关系方面代表欧盟。委员会设在布鲁塞尔,有20名委员,英国、法国、德国、意大利、西班牙各派2名,其余国家各1名,委员任期5年,可连任,由主席和副主席领导。委员会成员属于国际公务员,执行职务独立,不代表所属国。

在对外贸易方面,欧盟委员会负责全面实施欧盟对外贸易法,有权对来自第三国的货物、服务采取贸易限制措施;依据多边国际协议解决与第三国之间贸易争议;委员会代表也负责和参与与第三国的贸易谈判。

3. 欧洲议会

它是欧盟监督机构,职能是:行使质询权,监督委员会和理事会工作,通过对委员不信任案;与理事会协商共同决定预算;通过与理事会协商程序和共同决定程序行使一定立法权,理事会批准法案前应与欧洲议会协商通过,否则可被判为无效;议会可审查委员会提案。欧洲议会有410名议员,按名额比例在成员国中普选产生,任期5年,议会不按国家而按政治派别组成议员团,议会每月举行一次会议。

4. 欧洲法院

它是欧盟司法机关,职责是通过行使司法管辖权,解释和适用欧共体条约,包括欧共体根据条约制定的二级立法。根据1963年欧洲法院审理的冯根德·路斯诉荷兰海关一案的判决,欧共体法具有直接效力,可直接适用于成员国内部的争议;在斯利塔诉意大利电力公司案中(1936),法院认为共同体法具有高于国内法的效力。欧洲法院可以作出三种裁决:一是初步裁决,指国内法院在审理涉及共同体法案件作出裁决时,请求欧洲法院发表权威意见,1989年设立初审法院负责处理这类案件;二是直接诉讼裁决,成员国政府、自然人和法人可以特定理由向欧洲法院起诉,由其作出审理和裁决;三是针对初审法院裁决的上诉案件,任何一方不服初审法院裁决可向欧洲法院起诉。欧洲法院由15名法官组成,由9名总法务官协助,他们由成员国政府任命,任期6年,可连选连任。《欧洲联盟条约》第171条规定,成员国法院有义务执行欧盟法院裁决,如违反义务,欧盟有权征收罚金处罚。欧洲法院受理以下案件:(1)欧盟委员会指控成员国未履行欧共体条约的义务案;(2)一成员国指控另一成员国未履行条约的义务案;(3)委员会指控成员国未执行欧洲法院判决案;(4)关于欧共体发布的法规,决定有效性的争议案;(5)指控欧共体机构违背欧共体条约而不作为的案件;(6)初步裁决案件;(7)欧共体机构或其雇员在履行职务时给成员国、自然人、法人、非法人团体造成伤害的赔偿案;(8)欧共体机构与雇员间争议案;(9)共同体签订的合同中仲裁条款指定由欧洲法院管辖的案件;(10)成员国之间有关条约争议的协议管辖的案件;(11)与欧共体银行有关的案件;(12)对某些事项秘密裁决案件。

(三)欧盟法的形式和法律效力

在欧盟法的理论中,最重要的分类是把欧盟法分为一级立法和二级立法。一级立法是根本法,它们构成欧盟法律制度的基础,其中涉及共同体和欧盟建立的核心公约是成员国宪法的一部分,它们调整的关系涉及共同体建立、机构体制、法律地位以及重要的对内对外政策;二级立法是从一级立法中派生的,是共同体机构根据一级立法的授权并为实施一级立法的原则、规则、政策目标进行的自主立法。一级立法以建立共同体的三个共同体条约以及《欧洲联盟条约》为核心,是宪法性条约,此外还包括《单一欧洲法令》、《阿姆斯特丹条约》,等等。

一级立法还包括欧共体与其他国家签订双边或多边条约协定,如《欧共体与中国的经济贸易协定》(1986年)、《洛美协定》等;有些协定是欧共体及其全体成员国与其他缔约方签订的,如《建立世界贸易组织协议》,这类协议称"混合协议"。欧盟与其他国家签订的协议是欧盟法的组成部分,其效力高于成员国国内法,也高于欧盟机构制定的法律文件,对欧盟本身及各成员国都有约束力,即欧盟机构和欧盟成员国制定的规范性文件都不能与这些和第三国签订的条约、协议相抵触。

二级立法有条例、指令、决定。条例(Regulation)是欧盟最重要的法律形式,由欧盟部长理事会和欧盟委员会颁布。它具有普遍适用性、全面约束力和直接适用性。普遍适用性是指条例适用于欧盟境内所有的人,对各成员国有普遍约束;直接适用性是指条例颁布后不需要成员国采取立法、行政措施将其转变为国内法而直接对共同体机构,国家和企业、个人产生约束力。指令(Direction)是由欧盟部长理事会和欧盟委员会依据《欧共体条约》授权制定的文件,它不是有全面约束力,仅适用于接受指令的成员国。它规定了成员国关于某些事项应该达到的目标,成员国可以自己决定采取适当的方式和方法实现指令所规定的目标,这意味着指令不能直接适用,它需要成员国采取国内立法和行政措施,制定具体的细则来实施。如果指令生效后,成员国认为其国内法与之相符,就不需制定新的法律。决定(Decisions)是由欧盟部长理事会和欧盟委员会作出的法律文件,决定针对特定成员国、企业、个人发布,对特定的适用对象有全面约束力和直接适用性。接受决定者应完全执行决定规范的义务,无须经国内法措施辅助而直接适用。

此外,欧共体条约中引申出的一般法律原则、欧洲法院的判决具有解释和补充法律的作用。

欧盟法包括其中的宪法性条约和自主性立法仍属于国际法上的国际条约或地区性国际组织决议范畴,但是欧盟的条约已不同于一般国际组织制定的条约,欧盟机构的立法已不同于一般地区性组织作出的决定。由于欧盟成员将更多的主权让渡给欧盟组织,欧盟法已形成调整成员国经济、外交、金融、社会政策广泛社会关系领域的完整法律体系。不仅如此,欧盟还发展成居于主权国家之上的独立的立法、执法和司法机构,即在自身的基础上建立起与欧盟法律制度相适应的独立的法律秩序,以保障欧盟法的实施。欧盟法与一般国际法的另一不同点是欧盟法不仅具有高于成员国国内法的效力(最高效力原则),而且还可以直接适用于成员国的政府、企业和个人(直接效力原则)。一般的国际条约,如联合国系统国际组织制定的条约或决定通常需要由缔约国在批准之后以一定的方式转化为国内法,才可以直接适用于调整国内关系。欧盟法以及根据该法建立的欧盟法律秩序的上述特性表明欧盟的“超国家性”(Supranationality)。这个问题欧洲法院作为欧共体条约解释者在范·戈登鲁斯诉荷兰贝拉斯廷根市政府一案[46]中作了清楚说明。案中的争议涉及《罗马条约》第12条关于成员国不得引入新的进出口关税或捐税的规定是否可以以国内法的方式直接适用,以至于成员国国民可在此基础上主张国内法院必须保护的权利。欧洲法院指出:“《欧洲共同体条约》的目标是建立一个共同市场,该条约的作用对共同体有利害关系的各方至关重要,这意味着该条约不仅仅是创设缔约国之间相互的权利义务……由此得出的结论是,共同体法构成一个新的国际法律秩序,为了共同体的利益,各成员国限制了他们的主权,尽管是有限的领域。共同体的主体不仅由成员国组成,也包括它们的国民;作为独立于成员国的立法,欧共体法不仅将立法施加于个人,而且其本意就是授予个人某些权利,这些权利属于它们法律上固有权利的组成部分。”第12条的表述包含一项明确的无条件的禁止,正是这一禁止的性质使之最适于在成员国与其国民的关系中产生直接效力。

三、欧共体及欧盟的经济一体化措施

(一)关税及国内税措施

建立共同市场,废除成员国之间的贸易限制,实现四大自由,这是EC条约的基本目标。四大自由首先是货物贸易自由,就是要取消缔约国之间货物进出口关税,

---

[46] Van Garden loos vs Nederlandse Adminstratie der Belastingen, case 26/62 (1963) ECR1.

建立针对第三国的共同关税和商业政策，创建一个关税同盟。EC条约第23条（原罗马条约第9条）规定：共同体以关税同盟为基础，关税同盟延伸至货物的所有交易，包括在成员国之间废除进口税，出口税以及具有同等效果的任何捐税，并在同第三国的关系中采取共同的关税税则。据此共同体采取了一系列关税和国内税措施。

1. 在成员国之间的货物贸易中逐步削减直到取消所有进出口关税，并保证不再增加新的关税。对于欧共体6个创始成员国而言，这一目标自共同体成立时起实施，到1968年6月30日经过10年过渡期已经实现。以后每有成员加入，这个关税同盟就得到一次扩充和更新。到1977年7月1日，形成了包括丹麦、爱尔兰和英国的关税同盟，在1986年、1993年、1995年，分别形成包括希腊、葡萄牙、西班牙、奥地利、芬兰和瑞典的关税同盟。

2. 取消与进出口关税有同等作用的任何捐税。这类捐税的主要特点是它们在货物已经进口通关后征收，它们仅对进口产品的价格产生影响而不对国内类似的产品价格有影响。由于这种捐税使货物增加了价格，在货物流通中产生了与关税同样效果。根据欧洲法院解释，这些捐税通常与政府提供的服务收费有关，如在签发进口许可证时的收费、对出口艺术品的征税、动植物卫生检疫的收费、对已进口货物征收的加工费和市场费、统计税、货物通关前对货物征收的仓储费，等等。但是以下收费属于取消关税和与关税有同等作用的捐税的例外：(1)成员国为进口商提供服务而就此收费；(2)作为成员国国内法制度，对进口产品与国内产品同样征收的捐税；(3)履行共同体法施加的强制性检验义务而征收的成本费。

3. 建立共同的关税税则，对原产于共同体以外的其他国家产品进口实行统一的欧共体关税税则。根据理事会第2913/92号规则，新的共同体海关法典（The Community Customs Code）于1994年1月1日生效，由各成员国海关管理机构负责实施（共同体没有自己的海关）。海关法典包括海关税则，海关估价和原产地规则。欧共体最初的共同海关税则是1968年由第950/68号条例规定的，1987年欧共体采用《商品目录和编码协调制度》，对原共同体关税税则进行了更新，1992年将这一税则正式定名为《欧共体海关税则》付诸实施。其商品分类采用协调编码制度，一般关税的税率分为自主税率和协定税率，自主税率是以最初组成欧共体的四块关税领土（法、意、德及荷、比、卢联合体）。1957年1月1日各自关税表中适用的商品税率为基础计算的算数平均税率，它是欧共体与第三国进行关税谈判的基础；协定税率是最惠国税率，适用于来自其他WTO成员产品或与欧盟建立双边最惠国待遇关系的国家产品进口或向这些国家出口。在20世纪80年代以前，协定税率也适用于前苏联及东欧国家。协定税率在大多数情况下适用，自主税率只在低于协定税率或不存在协定税率的情况下适用。除了一般关税外还有优惠关税，包括协定优惠关税和自主优惠关税，前者适用于欧盟与第三国建立双边合作协定和自由贸易联盟协定国家;[47]后者适用于享受欧盟给予的普惠制待遇的发展中国家。海关法典规定海关估价的基础是成交价格(transaction value),即货物出口到欧共体关税领土时买方向卖方实际支付或应支付的价格。在成交价格不能确定时,按照与被估价货物相同或类似货物出口到欧共体的实际价格计算。当相同或类似货物价格不能确定时,按货物进口后以销售价格为基础的扣除价格(deductive value)计算。当扣除价格不能确定时,按进口货物的成本价格为基础的计算价格(computed value)进行估价。共同关税制度的建立具有深远意义,它意味着成员国将本国的关税自主权交由共同体行使,自此,成员国不得自行决定或更改关税,其与第三国的关税和贸易政策决策权由共同体统一行使,与第三国的关税谈判也由欧共体代表出面完成。由于成员国统一了关税和贸易政策,外国货物通过任何一个共同体国家的关境进口都适用同样税率,进口商交纳了统一标准的关税后,其货物可以在所有共同体国家间自由流动,不再征收额外费用,这可以有效避免对外国出口商的差别待遇以及共同体内部竞争条件的扭曲。

4. 要求缔约国非歧视地适用国内税。EC 条约第 90 条(原罗马条约第 95 条)规定,任何成员国对其他成员国产品直接间接征收的任何国内税不得高于对本国同类产品直接或间接征收的国内税;任何成员国不得对其他成员国产品征收含有间接保护本国其他产品性质的国内税。第 90 条虽指原产于其他成员国的产品,也适用于原产于成员国以外国家的,经某成员国进口后已在共同体内部自由流动的产品。适用于禁止那些针对为出口而制造的产品实行的歧视。这里的问题是,如果成员国之间的国内税不统一,即使各自在国内税方面都给外国产品国民待遇,也难免造成外国产品从不同的共同体国家进口会有不同的国内赋税。解决这一问题的重要措施是协调成员国之间的国内税,虽然国内税的征税权仍由成员国保有,但国内财税权的行使不得违反共同体法条款,任何国内税的规定应与共同体法相符合。关于出口退税,第 95 ~ 97 条规定了最终销往国(目的国)征税原则,即对于增值税等间接税,当产品被出口时,产品的原产国可以将已征收的增值税退还;产品被进口后应承担与进口国国内类似产品同样的增值税。这是对成员国之间税法的重要协调。与第 90 条禁止实行国内税收歧视相关的另一条款是第 6 条,它一般地规定在本条约范围内,并不损及本条约提到的任何特别情况,以国籍为理由的任何歧视应予禁止。

为了配合上述措施的实行,欧共体制定了详细的原产地规则,纳入《欧共体关税法典》。欧共体原产地规则在以下情况下适用:(1)当从其他国家(包括共同体成员国和非成员国)进口产品,需要适用共同关税制度时,需要按原产地规则区分不同国家的产

---

〔47〕 合作协定(Cooperation Agreements)是指双边经济技术合作协定,欧共体与南亚的印度、巴基斯坦,与东盟,中国都签订过这类协定。欧盟协定(Association Agreements)是指自由贸易区协定,最重要的是 1960 年签订的《欧洲自由贸易联盟条约》,1991 年的《欧洲经济区协定》以及《洛美协定》。

品,实行不同的关税税率或决定是否免税。(2)根据EC条约第115条,当委员会授权成员国针对来自其他国家的产品进口到任何成员国而采取保护措施时,需要运用原产地规则区分是否属于应予限制进口的其他国家产品。(3)当产品从某一成员国出口到第三国,根据该国法律需提交原产地证书或证明,应适用欧共体原产地规则。

欧共体原产地规则有三种:(1)一般的原产地规则,它适用于欧共体与第三国的非优惠贸易关系以及欧共体内部贸易关系,该规则规定:完全在一国获得的或生产的产品(包括在该国领海获得的产品)以该国为产品的原产地;当产品生产涉及两个或两个以上国家时,对该产品进行最后实质性加工或装配的国家为产品原产地。这种加工装配在经济价值上得到证明,并且导致一项新产品的产生或代表产品的一个重要阶段。在实施第二项标准时,欧共体制定了专门条例,就大量具体商品如何满足"实质加工标准"做出描述。[48] (2)优惠关税制度下的原产地规则,适用于享受欧共体普惠制或其他优惠进口关税的进口产品,在以下情况下可认定为来自受惠国的产品:完全在受惠国生产或取得的产品;该产品在受惠国经过充分转化,达到实质性改变,这里所说的"实质改变"是指加工装配后的产品发生了税则号的改变。(3)某些高新技术产品的特殊原产地规则,是针对欧共体境内企业从第三国进口零部件组装的产品而制定,它规定这类产品必须吸收足够的欧共体部件,满足一定的当地含量要求才取得原产地为欧共体的资格。

(二)非关税措施

共同体法与WTO货物贸易规则都不允许成员国对货物进出口实行数量限制,不论采取配额、许可证还是其他形式。EC条约第30~36条规定了取消数量限制的一般规则。第30条规定,各成员国间对进口的数量限制和具有同等效果的一切措施应予禁止。第33条规定了在1970年以前12年过渡期逐步取消数量限制的计划。第31条和第32条是"稳定条款",要求成员国避免采取相对于条约生效时的任何新的数量限制或有同等效果的措施。

对于采用配额和许可证这类明显的数量限制容易取消,而"与数量限制有同等效果的措施"较难分辨,EC条约第33条允许委员会发布指令,废除此类措施。据此,委员会于1969年发布《关于废除与数量限制有同等效果的措施的指令》。欧洲法院充分行使了对条约的解释权,通过审理一系列案件,澄清了这类措施的各种表现以及适用这一条款的范围。

欧洲法院1974年判决的一个案件的当事人涉及比利时商人达森维尔,其父将苏格兰威士忌进口到法国,达森维尔又从法国把这种酒进口到比利时,酒瓶上贴有"英国海

---

〔48〕《关于欧共体给予发展中国家某些产品关税优惠的原产地产品定义法规》附件三列举200多种类商品清单,《欧洲经济区协定》附件列出更多的商品清单,具体描述每一种类商品满足是"实质加工标准"的条件,具有普遍参考意义。

关原产地证明”的标识,由于法国不需要原产地证明,这批酒很顺利地进入法国,并在共同体流通,但是比利时政府坚持要有原产地标识(指苏格兰标识)才能进口到比利时,达森维尔作为零售商(而不是进口商)很难搞到这种标识,这批货物对比利时的进口遭受阻碍,引起法律争议。[49] 欧洲法院在审理该案时指出:“成员国制定的所有的直接或间接,实际或可能阻碍共同体内部贸易的贸易规则都应该被认定为与数量限制有同等效果的措施。”此外有些措施并不直接与货物进出口相联系,也可能构成与数量限制有同等效果的措施,即与数量限制有同等效果的措施既包括针对货物进口的边境措施;也包括其他国内措施。欧洲法院曾认定以下措施均属此类:(1)完全禁止某种产品进口;(2)广播电视当局行使广告选择权有可能阻止非本国商品刊登广告促销;(3)要求外国产品进入本国市场必须以在本国设立代理或代表为条件;(4)限定进口产品使用某种名称、商标和标识,此种限定并非用来表明商品原产地,而仅用来区分本国产品和外国产品;(5)发动广告战,鼓励本国消费者购买本国产品(1982 年欧洲法院判定由爱尔兰工商部任命管理委员会的一家私人公司发起的广告促销行为与 EC 条约第 30 条相抵触);(6)限制海关岗位开放时间,限制出入境地点。

与 GATT 第 20 条一般例外相似,EC 条约第 36 条规定:第 30 ~ 34 条的各项规定不应妨碍由于公共道德、公共秩序和安全、保护人类生命健康、保护动植物、保护具有艺术、历史或考古价值的国家文物,或保护工商业财产权(指知识产权)方面的理由,对进口货物或过境货物采取的禁止或限制。但此项禁止或限制不应构成武断的歧视或变相限制成员国之间贸易。在鲍龙斯诉荷兰一案中,法院指出:第 36 条构成对成员国之间所有货物自由流通的阻碍都必须取消的基本规则的豁免,必须从严解释。成员国据此实行的每项进出口限制都必须正当合理,不得构成武断的歧视(包括内外歧视和国别歧视),“只有在客观上正当合理的场合,差别待遇才可适用。在不可比的情况下出现的差别待遇并不能自动得出存在差别待遇的结论,歧视在实质上是由类似情况下的不同待遇或不同情况下的同样待遇构成的”。[50]

(三)人员、服务的自由流动

EC 条约第三编是关于人员、服务的自由流动。其第 48 条规定:最迟在过渡期届满时,劳动者的自由流动应在共同体范围得到保证。劳动者的自由流动意味着废止各成员劳动者之间关于就业、报酬和其他劳动条件方面基于国籍理由的任何歧视。欧共体关于人员自由流动的规定适用两类人员:一类是工人,即有薪金的受雇用劳动者;另一类是自雇职业者或称“非工薪收入者”,主要是指工商业主、医师、工程师、建筑师、教师、律师等自由职业者与其他各种雇主。按第 48 条第 4 款规定,关于劳动者就业的规定不适用于国家行政机关的就业,即这方面各成员国可以维护原有的限制。人员自由

---

〔49〕 Case 8/74, ECR837: Procureur du Roi vs Benoit and Gustave Dassonville.

〔50〕 Case 13/63 Ltaly vs. EEC Commission ECR165.

流动的目的在于建立共同体内部统一的劳动力市场,实现劳动力资源的合理利用和分配,增强共同体的凝聚力,增强各成员国国民的福利。根据共同体这方面的法律,为保证欧共体人员自由流动,成员国公民享有三项基本权利:一是移民权利,包括出入境、短期或长期居住权;二是市场进入权,即进入成员国就业市场谋职和受雇的权利;三是附属权利,主要是社会保障、领取退休金以及工人家庭成员相应的权利。

EC 条约第 48 条第 3 款规定了劳动者,主要是雇佣工人应享有的权利,包括:(1)可接受已实际提供的工作,只要另一成员国雇主提供工作,不论是兼职、全职,正式或非正式工作,不论是否有雇佣合同,有关工人都有权到另一国接受就业。(2)为就业目的在成员国领域内自由流动,这方面理事会和委员会制定一系列规则指令,保证成员国签发护照、身份证、居住许可证的政策协调,防止歧视和阻碍。(3)在任何成员国内逗留,以便根据该国关于劳动者就业的法律和法规、行政条例在该国就业。为谋职而在一国居留不限于工人本身,也包括其家庭直接成员,如配偶、子女等,这些人员还应享有东道国给予的国民待遇,如子女受教育权等。(4)在已经就业后,可按照委员会制定的实施规则的条件,在该成员国领土内居住。

自雇工人的自由流动则与开业权及提供服务的自由紧密联系,EC 条约第 52 条要求成员国国民在另一成员国领土内开业自由的限制应在过渡期内逐步废止。营业自由的限制包括在另一成员国内设立办事处、分支机构的限制。第 59 条规定,在过渡期内逐步废止对于没有定居在服务接受国的成员国国民在共同体内自由提供服务的限制。服务包括工业、商业、手工业及自由职业活动。开业及提供服务自由就是使成员国国民在其提供服务和营业的所在国享有该国给予的国民待遇,有权设立公司和各种机构从事各种营业,它并不意味着不受任何限制,而是要取消违反国民待遇原则的对他国国民在本国开业的限制。为实现上述目的,EC 条约要求理事会作出关于相互承认文凭、证书和其他正式资格凭证的指令。20 世纪 70 年代以来,欧盟部长理事会已经发布一系列指令,规定各成员国相互承认以下专业领域的文凭、证书和资格证明:医生、兽医、牙医、助产士、护士、药剂师、建筑师、美发师、水运承运人、航空服务人员。1989 年欧共体颁布 89/48 号指令,规定在本指令范围内所有专业人员都享有使其专业资格为其他成员国承认的权利。如果某一专业的教育训练东道国认为与其他成员国不同,该东道国或者对专业人员进行考核,或者给专业人员不超过 3 年的监督工作期,但是不准要求专业人员重新取得专业资格和重新修课、训练。[51] 另一项重要工作就是要求各成员国取消原有法律、法规、规章中限制外国人在本国提供服务、开业的措施,如移民和出入境方面的限制、在另一成员国使用土地建筑物的限制、对开业自由的限制(包括公司形式或地域限制)、税收限制,等等。这方面理事会在 1962 年制定了《关于开业自由总规划》,还颁布大量指令实施这一计划。

---

〔51〕 邵景春:《欧洲联盟的法律与制度》,人民法院出版社 1999 年版。

从1969年起,共同体劳动者可以在任何成员国内就业,享受同等社会福利,保证不因国籍关系被解雇。到70年代以后,成员国医生、律师等职业资格开始逐步得到相互承认,取得在各成员国自由提供服务的权利。虽然自欧共体成立以来,人员、投资和服务贸易自由取得了一些成绩,但是总体上的进展比关税同盟建立更缓慢一些,主要原因是各国在法律上的限制不能很快取消,各国技术标准、语言文化、财政和货币政策上的差异也使之受到影响。直到1985年公布《完成内部市场白皮书》及此后《单一欧洲法》产生,建立欧洲统一大市场,实现人员、服务、投资自由才有了真正转机,欧洲一体化进入了新阶段。其特点是以财政货币政策的统一、法律制度上的协调,实质上推动"四大自由",其中主要是人员、服务和资本的自由流动。这一进程中,成员国把更多的国家主权(财政、货币发行、立法权)让渡给共同体。1990年7月1日起,英国、法国、德国、意大利、比利时、荷兰、卢森堡、丹麦8国实现资本自由流通,英镑加入欧洲汇率机制。1990年6月19日,法国、德国、比利时、荷兰、卢森堡5国签订"申根协定",率先决定自1992年1月1日起,取消相互之间边境检查,人员往来自由。第三国公民也可凭申根签证在五国自由通行。服务贸易方面,保险和银行业开放困难较大,但欧盟成立后,随着经货联盟的实现,这方面的市场开放很快有所突破。

(四)欧洲一体化的法律保证

欧共体及欧盟的一体化进程是由共同体机构和各成员国采取强有力的立法和司法措施推进和保证的。EC条约第5条规定:"各成员国应采取一般或特别的适当措施,以保证本条约和共同体机构所产生的权利义务的执行。各成员国应避免采取可能妨碍实现本条约目的的任何措施。"其中的"任何措施",既包括成员国政府行为,也包括依据国内法产生的成员国自然人和法人的权利义务。如果在国内法院和欧盟法院的诉讼中,政府行为以及个别人的权利义务被认为与EC法相冲突,将被判为无效。共同体一体化因素越多,被提交法院裁决的可接受的国内措施越少。这些司法活动不断地为成员国内措施与EC法律相符提供保证。

欧共体还及时采取有效的立法行动,排除影响"四大自由"的障碍。1985年,在欧共体委员会主席德洛尔倡议下,委员会发表了《完成内部市场白皮书》,阐明了为完成内部统一大市场建设,在1992年年底前,通过近300项(后确定为282项)立法的建议,以协调统一各成员国与"四大自由"相关的法律,消除影响共同体存在的物质、技术、财政、金融障碍。1986年单一欧洲法产生,其中第18条要求理事会采取必要的立法行动,使成员国以建立内部市场为目标的法律、条例、行政法规相互接近。第18条还被纳入EC条约[第100条(a)],成为成员国为实现"四大自由"目标,在国内立法上相互统一的重要法律基础。1992年欧盟成立后,在诸多领域实现法律政策的协调合作是"马约"的宗旨和基本内容之一。依据上述规定,欧共体及欧盟在各领域的成员国法律协调工作全面展开,相当一部分(如知识产权保护、产品责任法竞争规则等)统一法已经完成。

四、处理欧盟对外贸易关系的重要法律——《贸易阻碍条例》

欧盟作为一个关税同盟，实行统一的对外贸易政策和商业政策。欧盟调整对外贸易关系的规则应由两部分构成：一是欧盟内部的自主立法，二是欧盟参加的多边国际协议，主要是 WTO 多边贸易协议。在自主立法方面，《欧共体关税法典》处理与第三国的关税问题；欧共体 3285/94 号条例，规定了保障措施；3281/94 号条例是新的普惠制法规。针对外国不公平的进口竞争，3254/94 号条例规定了关于禁止冒牌商品和盗牌商品进入、自由流通、出口、再出口或临时进口的措施，欧共体还制定了自己的反倾销、反补贴规则和程序，反倾销的规则是 384/96 号条例，反补贴的规则是 2026/97 号条例。上述内容已在本书其他部分论及，此不赘述，以下介绍欧盟主要对外贸易政策工具《贸易阻碍条例》。

《贸易阻碍条例》（Trade Barriers Regulation，TBR）〔52〕的前身是欧共体于 1984 年颁布《新商业政策文件》（NCPI），该文件对应美国贸易法 301 条款，于 1984 年以理事会条例 2641/84 号颁布，主要内容是授权共同体内私人在出口产品遭受第三国阻碍时，可以针对第三国不正当的贸易做法向共同体申诉，共同体可以据此采取与第三国协商等争议解决行动。TBR 于 GATT 乌拉圭回合谈判结束时颁布，它适应了 WTO 成立后，欧盟与美国竞争的全球市场准入战略，即致力于进攻性地积极开启第三国市场，扫除贸易阻碍，而不是消极地保护共同体内部市场，这一战略的重点与美国 301 条款异曲同工。但是 TBR 又在以下几方面明显不同于 301 条款：（1）TBR 是建立在 WTO 协议和 WTO 争议解决机制基础上的，服从 WTO 一体化的争议解决，根据 TBR 提出的申诉应属于 WTO 争议解决范围，TBR 不允许单方面采取针对第三国的不公平贸易做法的法律行动。（2）TBR 实施的目的是让贸易伙伴调整其不公平贸易做法，实现欧盟根据贸易协定（主要是 WTO 协议）应享有的权利，而不是强迫贸易伙伴作出新的贸易减让。（3）除非国际争议解决所允许，TBR 不允许单方面采取针对第三国的贸易报复措施。（4）TBR 强调欧盟机构之间、欧盟与工商企业之间收集信息方面的联系与合作，邀请企业提供来自第三国贸易阻碍的信息以及提出申诉。

TBR 规定了类似于反倾销案立案调查的程序：

1. 申诉

TBR 规定了三种类型或三个渠道的申诉：（1）任何共同体的有代表性的工业企业或行业若遭受外国不公平贸易做法的阻碍（指倾销、补贴），导致该行业在共同体市场遭受不利影响可以向委员会提出申诉；（2）共同体的个别企业如果因为第三国违反 WTO 协议，使该企业在第三国的商业遭受贸易阻碍并产生相反贸易效果（如不能销售产品、限制在第三国获得原料、市场份额损失等），并且对共同体经济有不利影响，可以提出申诉，这里的“相反贸易效果”相当于 GATT 的利益损失，而“对共同体经济有不利

〔52〕 理事会条例 3286/94 号颁布，理事会条例 356/95 号修订。

影响"是实质要件;(3)共同体的一个或几个成员国可以以上面两方面的理由提出申诉,即第三国不公平贸易做法导致成员国在共同体内的利益或在第三国的利益遭受损害,不公平贸易做法涉及第三国违反 WTO 货物贸易协议、《服务贸易总协定》和 TRIPS,使成员国企业的货物或服务受不公平待遇或未能保护其知识产权。

2. 立案调查

委员会经过审查认为当事人提出的申诉证据充分,被申诉的第三国存在违反 WTO 协议并造成贸易阻碍的事实;贸易阻碍的结果损害了共同体利益,应在提起申诉45 日内作出采纳申诉的决定,在欧共体正式杂志上发出调查通知,同时组织展开调查,调查采用类似于反倾销调查的问卷形式或现场调查,委员会应在 7 个月内完成调查报告。

3. 发起 WTO 争议解决

在结束调查后,委员会将与被控第三国协商解决办法,这属于 WTO 争议解决之外的协商(相当于诉讼中的庭外和解),若达成满意解决方案,委员会停止采取进一步行动,否则正式进入 WTO 争议解决程序。这一过程由委员会代表欧盟参加,申诉人不能发挥作用。

4. 司法审查

对于委员会决定终止调查的案件,申诉人可以向欧洲法院起诉,欧洲法院根据《欧洲联盟条约》第 230 条审查委员会是否存在违反程序和存在滥用权力的问题,是否存在申诉人起诉中指出的认定事实和适用法律错误。这一过程,欧洲法院有权解释 WTO 规则,有权就第三国是否违反 WTO 规则作最终决定。

截至 1999 年,委员会受理 13 件 TBR 案件,其中 5 件已提交 WTO 争议解决,表明 TBR 是私人商业争议与 WTO 争议解决的一个有效连结点;TBR 也是一个务实的工具,发起 TBR 程序的最终目的不是诉诸 WTO 争议解决,而是通过协商达成相互满意的解决,迫使第三国取消贸易阻碍,所以,不能简单地把这一程序比喻为私人间接进入 WTO 的争议解决程序。

第五节 北美自由贸易协定

一、北美自由贸易协定概述

(一)北美自由贸易协定的产生

1992 年 12 月 17 日,美国总统乔治·布什、加拿大总理布里安·马尔罗尼、墨西哥总统卡洛斯·萨里纳斯在各自国家的首都签署了《北美自由贸易协定》(North American Free Trade Agreement,NAFTA),该协定经过三国议会批准,已于 1994 年 1 月 1 日正式生效。协议规定缔约国将在15年内逐步削减直至取消所有货物贸易关税,取消货物和服务贸易、对外投资的非关税壁垒,实现商品、服务、直接投资和资本的自由流动。北美自由贸易区的形成有公认的地缘政治经济因素的作用,三国社会状况不同,地理和经济、政治联系紧密。美国是仅存的超级大国,也是人口和经济上的大国,加拿大是三国中人口最少的国家,仅为美国的1/10,墨西哥的1/3,而经济实力与美国相当,是发达国家。相反,墨西哥属于发展中国家,经济和综合国力属于弱国和小国,国民生产总值仅为加拿大的一半,美国的1/10,人口却接近加拿大的3倍。美加两国有着世界上最长的相互接壤的边界,长期和平友好相处,都实行资本主义制度,有着共同的法律源流关系,以英国普通法为基础,司法制度健全成熟。但是加拿大奉行独立的外交和社会政策,努力保持本国意识形态和传统文化特色,两国在某些国际问题和双边关系上也存在分歧。墨西哥也实行资本主义制度,而法律传统属于大陆法系,语言、民俗与美加有很大差异,司法制度不成熟。历史上,美墨两国因领土问题、墨西哥国有化政策导致双边关系紧张,至今墨西哥仍存在非法移民、毒品走私、污染等令美国困扰的难题。

NAFTA的形成是三国在国内经济、国际竞争大环境下共同做出的政策选择,其中美国的作用是关键。20世纪80年代以来,美国热衷于双边互惠贸易,认为GATT多边贸易体制不完善,在投资、服务贸易、知识产权保护、争议解决方面都缺乏行之有效的规则,美国的出口受到日本、欧共体不公平对待,加上GATT乌拉圭回合谈判一度进展缓慢,这些因素都促使美国转向双边谈判。1985年,"美以双边贸易协定"实施;1988年,《美加自由贸易协定》签署,于次年1月1日生效;1987年,美国与墨西哥签署《美墨贸易投资关系原则框架和协调程序》,它规定了两国就贸易、投资、知识产权和环境保护等问题长期的协商程序。上述美墨和美加双边协定促进了三国经济合作,为NAFTA的签订创造了条件,而《美加自由贸易协定》(简称FTA),则是NAFTA的法律基础,其法律框架、某些原则和规则被后者直接引用。

建立北美自由贸易区也是美国与欧共体相抗衡的一种策略,是对于亚欧国家贸易区域化、集团化挑战的一种反应。欧共体是世界上最大的关税同盟,实行内外不同的关税政策,NAFTA谈判期间,欧洲联盟已于1992年2月7日随着《马斯特里赫特条约》的签订正式成立。欧共体正着手建立内部统一的大市场,实现商品、资本、服务的自由流动,提高一体化程度,这预示着欧共体将增强针对美国的贸易保护。美国实施NAFTA的重要目的之一,就是在现有北美自由贸易区三个成员国基础上,以适当方式接纳新成员,最终形成横贯西半球的更大的自由贸易区,在国际贸易区域化、集团化的竞争中争取主动。而所有三方的共同目的就是减少贸易保护主义威胁,增加出口机会。

(二)北美自由贸易协定的特点

NAFTA是具有较高水平的自由贸易安排:

1. NAFTA包含了一个详细的保障三国投资、服务贸易自由化的规则,把取消贸易障碍,促进成员国之间货物和服务过境流动,在实质上增加投资机会作为协定的目标。NAFTA 投资规则取消了许多重要的实绩要求和投资限制措施,明确了投资待遇标准;其服务贸易规则调整广泛的服务领域,在人员过境服务,陆上运输等部门服务业开放取得明显进展,不论在贸易纪律的严格性和自由开放程度方面,都有所超越类似的地区性或多边自由贸易协定。

2. NAFTA 并不局限于规范产品、服务、投资等贸易纪律,它确立了贸易竞争与环境社会全面协调发展的目标,要在本自由区内建立公平竞争的条件,促进充分有效地保护和实施知识产权。NAFTA 把环境保护放在突出重要位置,专门制定了《北美自由贸易区环境合作协议》和《北美自由贸易区劳工合作协议》两个 NAFTA 分协议,解决与贸易有关的环境问题和劳工权益问题,在处理与其他协定的关系上,规定有关环境保护的国际公约的效力高于 NAFTA 协议的效力,这些举措都带有前瞻性。

3. NAFTA 要求缔约国分阶段实现某些产品对外统一关税,附件 308 规定了三国进口计算机及其零部件,自动数据处理设备及其零部件对外统一优惠关税;规定了某些半导体元件、集成电路对外统一的零关税,这些规定都带有关税同盟的意义,比传统自由贸易区更进一步。

4. NAFTA 是第一个由发达国家和发展中国家结成的自由贸易集团,它将有力地带动墨西哥经济发展,也为不同经济水平国家相互合作,实现优势互补提供示范。[53]

5. NAFTA 建立了灵活的机构框架和独特的争议解决制度,根据协议设立的三类争议解决制度,即第二十章一般争议解决程序、第十九章反倾销法和反补贴法争议解决程序和第十一章投资争议解决程序以及两个分协议规定的争议解决机制,适用于解决缔约国之间一般争议以及某些特殊争议,将有效地保证协议的贯彻实施。

北美自由贸易区虽然建立在三国共同利益和政治意愿基础上,却不能无视美国在规则制定过程中的主导作用。NAFTA 实际上是美国推行其全球对外贸易战略的制度的"试验田",其在多边贸易体制中致力于建立和推广的一些制度设想,都率先在 NAFTA 框架内尝试和变成现实,在这一意义上,研究 NAFTA 有助于我们把握多边贸易体制发展的脉搏。

(三)NAFTA 与其他协议的关系

1. NAFTA 与 GATT 1994 的关系

NAFTA 是建立在缔约国先前双边贸易协定基础上的,三国也是 WTO 协议及其他与 NAFTA 并存的双边和多边国际协定的成员国。在 NAFTA 生效一年后,WTO 协议也正式生效,这就存在如何处理 NAFTA 与 WTO 协议的关系,在发生冲突时,哪个优先

---

〔53〕 值得注意的是,NAFTA 没有设立专门条款规定给予墨西哥任何差别的特殊的优惠待遇,墨西哥只是在法律允许的与其他两国同等机会和条件下,在投资、服务贸易上作了较多保留,某些市场开放和纪律约束是在较长的过渡期后实现的。

适用的问题。NAFTA 第 103 条规定:缔约国承认他们相互间根据 GATT 和其他已加入的协议的现存权利和义务,如果 NAFTA 与这些国际协议不符,除非另有规定,NAFTA 将在不符的范围内优先适用,这说明通常 NAFTA 的效力是优先的。但是,第 104 条又规定,如果 NAFTA 与保护环境和自然资源的国际公约中的贸易义务不符(协议及其附件中列出了 5 个主要环境保护国际公约和双边协议),在不符的范围内,这些公约优先适用;〔54〕如果与《国际能源规划协议》不符,后者优先适用;如果 NAFTA 与一项税收国际协定不符(指避免双重征税和其他双边多边国际税收协议),该税收协定优先适用。

另外,NAFTA 是一个高度灵活开放的国际协议,它直接并入了许多 GATT 条款,使之成为 NAFTA 的一部分,如 GATT 第 3 条(国民待遇)、第 11 条(一般取消数量限制)、第 20 条(一般例外)都已被并入。有的地方 NAFTA 限制所并入的 GATT 条款的作用,如 NAFTA 第 701 条规定,NAFTA 所并入的 GATT 第 3 条、第 11 条、第 20 条不适用于第 7 章卫生及动植物检疫措施,这样第 7 章成为自足的规则,一旦发生争议,属于检疫范围的商品出口方不能以进口方违反 GATT 国民待遇,取消数量限制的义务为其辩护,进口国也不能以 GATT 一般例外为自己辩解,只能严格按第 7 章的规则处理。有的地方又扩大了 GATT 规则的适用范围,NAFTA 第 2101 条规定,本协定所并入的 GATT 第 20 条(一般例外)的 b 项为保障人类、动植物生命或健康所必需的措施,包括为此目的必需的环境措施,〔55〕又规定第 20 条 g 项关于为有效保护可能用竭的天然资源的有关措施,其中的天然资源既包括有生命的物质,也包括无生命的物质(如水源、矿藏),成员国可引用这一条,限制某些物资进出口。此外,NAFTA 还援用大量其他国际公约协议,充分利用其规范指引作用确定必要的规则、标准和程序,这在解决投资争议、知识产权保护、与标准有关的措施、卫生及植物卫生检疫措施等规则中都有所体现。

2. NAFTA 与 FTA 的关系

关于 NAFTA 生效后 FTA 是否还要适用的问题,美加两国政府已经为此达成一致意见,NAFTA 实现后,FTA 暂缓实施,如果 NAFTA 终止执行或美加其中一方退出该协定,可恢复 FTA 的实施。实际上 FTA 的主要内容已被 NAFTA 吸收,NAFTA 收入了 FTA 第 401 条及其附件关于美加两国分阶段取消关税的规定和具体计划表,并已成为两国在 NAFTA 框架内逐步取消关税的义务。另外,根据 NAFTA 附录 300 - B,美墨双边贸易协定也在 NAFTA 实施后终止实施。

〔54〕 NAFTA 第 104 条及其附件列举的多边及双边国际环保公约是:《濒危野生动植物种贸易国际公约》(1973 年)、《消耗臭氧层物质蒙特利尔议定书》(1987 年)、《控制危险废弃物跨国流动及处理的巴塞尔协议》(1989 年)、《美、加政府关于危险废弃物跨国流动协议》(1986 年)、《美、墨关于合作保护和维护边境地区环境协议》(1983 年)。第 104 条还规定缔约国可以通过书面协议修改上述协议,包括增加新协议。

〔55〕 这样,类似美国以保护公海的海豚资源为理由限制墨西哥以拖网捕捞金枪鱼进口就是合法的了。

(四)NAFTA 的基本结构

NAFTA 分为序言和 8 个部分,共 22 章,295 条,几乎每一章都含有附录或附件补充其后,另有 7 个附件是作为整个协议的附件放在协议全部正文后边。协定序言阐述了三国政府关于本协定的政治承诺;第一部分共 2 章,规定本协定的目标和适用范围,与其他协定的关系;第二部分含 6 章,规定货物贸易的基本规则,包括原产地规则、国民待遇、总的市场准入条件和保障措施,以及适用于农产品、能源、纺织品服装、汽车产品的特殊规则;第三部分共 1 章,关于技术贸易壁垒,适用于除动植物卫生检疫措施以外的与技术标准有关的措施;第四部分关于政府采购纪律;第五部分含 6 章,是关于过境投资、服务贸易的基本规则,关于陆上运输、电信、金融服务的特殊服务部门的贸易规则;第六部分关于知识产权保护;第七部分是协定的管理和组织机构,争议解决程序;第八部分为最后条款,规定协定的加入、退出、生效期、协定附件。本书仅介绍其中的几个重点部分。

二、货物贸易规则

(一)关税措施

NAFTA 第 302 条规定:"除非另有规定,缔约国对于北美自由贸易区原产地货物不得增加现有关税,不得征收新的关税,每一缔约国应根据附录 302. 2 减让表的规定逐步取消关税。"第 302 条及其附录关于逐步取消关税的规定是 NAFTA 货物贸易自由化的基石。据此,缔约国将在 NAFTA 生效后 15 年的过渡期内,在三国间的贸易中逐步取消所有原产于三国货物的进出口关税。在过渡期内,美加两国根据已经并入 NAFTA 的 FTA 附录 401. 1 的安排,自 FTA 生效起 10 年内(即到 1998 年为止)取消两国货物贸易全部关税。美国与墨西哥、加拿大与墨西哥之间则分别依据 NAFTA 附录 302. 2 减让表的规定,立即或对于某些种类的货物在 NAFTA 生效起 15 年内(即到 2008 年为止),分阶段取消彼此之间货物贸易的全部关税。

由于实行不同的关税减让计划,加上三国原有的基础关税税率不同,在过渡期内,三国进口关税的执行税率呈现复杂局面。例如,根据工业制成品、农产品、纺织品等货物的敏感程度不同,NAFTA 规定了 5 种分阶段减免货物关税的类别,不同类别的货物,按不同的期限,在原有关税(基础关税)[56]基础上分阶段减免。属于 A 类的货物,应在 NAFTA 实施之日起立即减为零关税;B 类货物应在 5 年内(1994 ~ 1998 年)均衡削减,即每年削减 20% 基础税率,到 1998 年减为零关税;C 类货物应在 10 年内(1994 ~ 2003 年)均衡减免,每年削减 10% 基础税率,到 2003 年减为零关税;属于 C + 类货物应在 15 年内(1994 ~ 2008 年)均衡削减,每年削减 6. 67% 基础税率,到 2008 年减为零关税。这个分类适用于所有三国的关税减让计划,此外在美加之间还规定了 6 年减免的

〔56〕 基础关税率(Base Rate)为 1991 年 7 月 1 日起三国实际的货物关税率,海关计税时,依据 NAFTA 减让表的规定,在此基础上适当减免。

B+类货物。

NAFTA实施后,美国将停止给予墨西哥普惠制待遇,如果自墨西哥进口到美国的货物不能满足NAFTA原产地要求,美国将适用正常的最惠国税率。加拿大没有取消给予墨西哥的普惠制待遇,从墨西哥进口到加拿大的货物如不能满足NAFTA原产地要求享受其优惠,仍可能享有普惠制的优惠。

(二)国民待遇和非关税措施

NAFTA第301条规定:"每一缔约国依据GATT第3条规定,给予来自另一缔约国的进口货物国民待遇,为此目的,GATT第3条及其解释性说明以及缔约国所加入的GATT后续协议中任何与第3条等同的条款并入本协议,并成为本协议的一部分。"第301条第2款又规定,"国民待遇意味着州和省应给予进口货物不低于它们给予任何本地类似的直接竞争产品或替代产品的优惠待遇"。这意味着如果加拿大某一省份给予本地产品的待遇优于别的省,那么它也应给予从美国或墨西哥进口的产品同样优惠待遇。但是,如果一省对来自本国另一省的货物实行歧视,甚至是合法的歧视,它对来自另一缔约国的货物则不得歧视。NAFTA国民待遇条款是并入外来的GATT条款,理解和解释该条款也应与GATT的原意相符,GATT第3条国民待遇适用于国内措施,即在国内税方面和执行国内规章方面不得歧视外国进口产品。它不适用于边境措施,边境限制措施已经在GATT第11条数量限制的一般取消中做了规定。当然,如果一国把对于进口货物征收的国内销售税或货物税放在边境实施,这样的边境措施也应属于国民待遇管辖。

此外,所有三国都保留了某些权利,排除了某些货物贸易,使之不受NAFTA第301条国民待遇和第309条取消数量限制条款的约束。三国都保留了控制木材出口的权利,以满足本国木材加工业的需要。加拿大和美国在加入关贸总协定时根据"祖父条款"保留某些不符措施,这些措施也都列入NAFTA附录301.3例外清单中,如加拿大限制酒类和渔产品进出口,限制从美国进口船舶;美国限制含蒸馏酒精的香水进口(规定第301条和第309条不适用于对含蒸馏酒精的进口香水征税),并根据《海上商业法》实施某些贸易限制。NAFTA允许墨西哥在NAFTA实施10年内保留某些产品进口限制,附录301.3列出国民待遇保留项目,包括旧汽车、起重机、平土机、自行车等大量工业制成品。更重要的是,GATT第20条一般例外,第11条数量限制一般取消已并入NAFTA第二部分货物贸易,缔约国可在特定情况下援用这两条豁免其义务。

关于非关税措施,NAFTA第309条规定,除非另有规定,缔约国不得采取或维持对来自另一缔约国的进口货物,或向另一缔约国出口或为出口而销售货物的禁止或限制,除非这种禁止或限制与GATT第11条及其解释性说明相符。为此目的,GATT第11条及其解释性说明,或缔约国所加入的GATT后续协议中任何与第11条等同的条款并入本协议,并成为其中的一部分。NAFTA第8章规定了采取保障措施的双边行动规则,它适用于美墨与加墨之间不包括纺织品服装的货物贸易,美加之间适用 FTA 第 1101 条的规定(已并入 NAFTA 附录 801.1)。第 801 条采取保障措施双边行动的特点是:(1)双边保障措施只在过渡期实施;(2)允许采取的保障措施期限是 3 年,对于 C + 类货物可延长 1 年;(3)能采取的保障措施是中止进一步削减关税,将有关货物的关税恢复到基础税率水平,在保障行动结束时应恢复到应有的 NAFTA 关税水平,并且分阶段减免应如期完成;(4)实行双边与多边行动相结合。第 802 条规定缔约国保留其根据 GATT 第 19 条或附加的保障措施协议所享有的权利和义务,除非这些权利义务与第 802 条不符。但是缔约国采取全球保障行动不应针对其他缔约国的进口货物,除非来自某一缔约国的进口货物占有实质上的份额(占缔约国某种货物进口总量前 5 位),或者是造成缔约国国内损害的重要原因。

NAFTA 没有包含独立的反倾销、反补贴纪律,这方面事项依据国内法和 GATT 纪律处理。第 1902 条规定,缔约国保留对于来自其他缔约国进口货物适用本国反倾销、反补贴法的权利;保留改变或修改本国反倾销反补贴法的权利,但是这种修改不得与 GATT 有关规则及本协定的目标相抵触。为此 NAFTA 建立了反倾销、反补贴事项的审查和争议解决程序。

(三)原产地规则

为了防止非缔约国的货物"免费搭车",享受北美自由贸易区关税优惠的好处,特别是美国担心日本等贸易对手会把墨西哥作为"出口站台"(Export Platform),以在那里投资建厂的方式,对美出口产品,NAFTA 第 401 条、第 402 条及其附录规定了严格的原产地规则,海关以此确定某一进口货物是否属于北美自由贸易区货物(这在过渡期间和在此之后都有意义),然后再确定是哪个缔约国生产的货物(在过渡期内有意义),在此基础上决定应适用的关税。NAFTA 实施后,三国出口商对于进出缔约国的货物依据 NAFTA 标志规则打上原产地标志,供海关查验。

根据 NAFTA 原产地规则,以下货物属于北美自由贸易区的货物,或属于原产于缔约国的货物:(1)完全自北美自由贸易区获得(不包括购得)或生产的货物,包括在缔约国境内开采的矿产、收获的蔬菜等农产品、出生和饲养的动物、捕获或猎获的物产;由缔约国的船舶捕捞加工的鱼类、贝类、及其他海洋生物;有合法开采权的缔约国在其水域外的海底大陆架开采的物质、可回收利用的废旧物资;由缔约国政府、公民从外层空间取得的物质。(2)货物原产于缔约国境内,本身包含一定量的非缔约国原料或部件,并且符合 NAFTA 附录 401 规定的北美原产地要求。(3)货物完全由符合 NAFTA 原产地规则的原料或部件制成,即这些原料或零部件本身是非缔约国的或含有非缔约国成分,但是经过加工有了实质性改变或其含量符合原产地规则的要求。(4)货物在一个或几个缔约国境内制成,其中一个或更多的原料或部件属于非缔约国产品,未经加工或作必要改变,但是货物整体满足 NAFTA 原产地要求。

上述四类货物中第二类货物即含有进口成分的北美自由贸易区产品较常见,

NAFTA附录401规定这类产品如果:(1)经过加工发生关税税则的改变;(2)符合一定的地区含量要求;(3)或分别符合前两项要求,即可视为北美自由贸易区的货物。因此对于含有非缔约国成分的产品,NAFTA视不同的货物分别采用"加工标准"、"价值含量标准"以及"双重标准"决定货物的原产地。

加工标准是指所有非原产地的原料或部件在加工过程中发生实质性改变,已经变成完全新的不同的产品,这种变化依据《商品名称及协调编码制度》(HS)[57]的分类,已经从加工前的某一类货物变为加工后的另一类货物。附录401对于不同的货物要求有不同的税号变化,大部分要求有章的变化,如美国香肠的原产地要求是"从任何其他章,经过税目号1605,变为税目号1601"。香肠的税号是1601(第十六章第一税目项下),如果它是以匈牙利的冻猪肉为原料(税号0203)加上加勒比的香料(税号0907—0910),加上美国的面粉在美国制成香肠,就符合了美国原产地要求。对于纺织品和服装,北美原产地要求是"从纱开始"(Yarn-forward),即成衣服装必须要用在缔约国生产的符合北美原产地要求的纱制成纺织品,再以此为原料制成服装才符合北美自由贸易区原产地要求,这种严格的原产地要求构成非原产地纺织品服装进入北美的巨大障碍。[58]

有些产品如汽车、机械设备、化工产品,采用加工标准无法衡量,NAFTA规定采用"价值含量标准",即要求进口产品应含有一定比例(以百分比表示)的北美自由贸易区产品的价值含量。这个比例一般是采用计算成交价格的办法算出,它要求北美原产地产品含量的价值不低于60%,具体公式为:

$$RVC = \frac{TV - VNM}{TV} \times 100\%$$

RVC:原产地价值含量(Regional Value-Content)

TV:进口货物FOB成交价(Transaction Value)

VNM:生产者用于生产该产品使用的非原产地原料,零部件的价值(The Value of Non-originating Materials)

另一种是用计算净成本的办法算出原产地产品的价值含量,它要求北美原产地的价值含量不低于50%,至2002年,某些汽车产品应达到60%~62%。其公式为:

$$RVC = \frac{NC - VNM}{NC} \times 100\%$$

NC:为产品的净成本,它是进口产品的总成本(通常为发票价格)减去不可计入成

---

[57] 美国1989年采用了协调编码制度,依据本国情况作适当的变通,其税则称《美国协调关税制度》(HISUS),加墨两国也都采用了协调编码制度。

[58] 美国纺织品服装的关税较高,如男牛仔裤最惠国关税17.6%,从墨西哥进口美国的优惠关税是11.6%,但是,根据NAFTA附件300B的附录2.4规定,某些成衣如采用美国原料,在美国裁剪,在墨西哥加工完成,可以免税免配额。这促使墨西哥生产商采用美国原料来料加工,放弃使用其他地区原料。

本得出的数额。不可计入成本是指促销、交易成本、售后服务、特许权、运输费保险费、包装费用的总和。

有的产品其原产地要求既要符合一定的加工标准,又要符合一定的价值含量标准,即双重标准,如加拿大运动鞋的原产地要求是:"从任何税目(除了税目6406.10外)经过税目6405,变为税目6401,另加原产地价值含量不低于55%(以净成本方法算出)。"这样从加拿大进口美国的运动鞋只有符合税目变化的加工标准和价值含量标准,才能作为加拿大原产地货物享有优惠。

(四)敏感商品贸易和政府采购规则

1. 农产品贸易

NAFTA设专章(第六章和第七章)规范三国农产品和能源贸易,说明这两类产品贸易的政治敏感性和市场开放难度。最终达成的协议表明三国克服了诸多困难和阻碍,实现了成员间这些产品贸易上较高的市场准入水平。

NAFTA第七章规定了农产品贸易问题,同时第三章(市场准入)同样适用于这一产品领域。根据协议及三国农产品专项承诺,除少量允许保留的情况外,三国之间大部分农产品关税都要分阶段削减,最迟在NAFTA实施起15年内(2008年),完全取消大部分农产品关税。加拿大、美国已于协议生效时起取消牛肉、羊肉、豆类的进口关税,美国还同时取消了禽肉、花卉、鸡蛋、坚果、谷类、菜子油进口关税,两国在2003年以前取消玉米、水果和大部分蔬菜的进口关税。而墨西哥在10年内间逐步取消这些产品关税。NAFTA第309条关于取消进出口产品数量限制的规定同样适用于农产品,协议生效后,除非GATT第6条或NAFTA文本允许的例外情况,三国不得维持对各种农产品的数量限制措施,三国应将现行数量限制措施关税化。加拿大对所谓"供应管理商品"即奶制品、禽肉、鸡蛋作出维持现状保留,[59]维护这三种产品的进口配额,相应地,墨西哥也针对自加拿大这三种商品实行数量限制,两国之间还维持现有的对食糖的进口关税,但是加墨之间相互解除了谷物、牛肉、黄油的进口限制。在美墨之间,墨西哥取消了针对美国农产品进口的许可要求,美国也相应地免除根据其《农业调整法》第22条实施的对花生、棉花、奶类、食糖进口的配额限制。两国将把这种配额转变为关税配额,但在配额限制内实行零关税。美加之间农产品市场准入实际上由《美加自由贸易协定》(已并入NAFTA附件702.1)控制,加拿大根据GATT第6条实行的"供应管制商品制度",维持对禽类、奶制品、鸡蛋的配额限制,相应地,美国也针对加拿大产品,实行其《农业调整法》第22条的配额限制。

关于农产品支持和出口补贴,NAFTA没有作出实质性约束,服从于多边体制内的合作解决。

---

〔59〕 WTO《农产品协议》只允许实行关税约束,即数量限制关税化,加拿大这一保留亦应折算成相应的关税率。美国维持的配额限制亦应如此。

2. 能源

NAFTA 第六章规定了三国之间能源贸易规则。它适用于“现原产于缔约国境内的能源、基本石油化工产品有关的措施,适用于与这类货物相联系的投资和越境服务贸易相关的措施”(第 602 条)。与 FTA 相比,NAFTA 扩大适用于基本石化产品,与能源相关的投资活动和过境服务贸易,协议列明所含能源产品的税则号,大体上包含石油、天然气、煤炭、放射性矿物及核能、电力的开发和分销以及基本石化产品贸易。第六章主要能源贸易自由化措施是:(1)取消进出口限制。关于禁止或限制能源和基本石化产品贸易的有关事项,缔约国将 GATT 条款并入本协议,但不包括 GATT 临时适用议定书。缔约国理解;此项并入的 GATT 条款禁止在任何情况下任何形式的数量限制;禁止实施最低或最高出口价格要求,除非根据反倾销、反补贴指令,实施最低或最高进口价格要求(第 603 条第 12 款)。(2)允许缔约国维持对能源或基本石化产品的进出口许可证管理(但不包括电力)。这项制度的实施应符合本协议规定(指第 150 条关于垄断与国营企业的规定)。(3)不得对能源和石化产品征收出口税费,除非所征收的出口税费在非歧视基础上(对出口到所有缔约国的能源都征收),或对国内相同产品也征收(第 604 条)。(4)按比例出口限制条款。第 605 条允许缔约国对向另一缔约国的能源,基本石化产品的出口,依据 GATT 第 11 条第 2 款(a)项或第 20 条(g)、(i)、(j)项实行数量限制,这种限制不应减少进口国在出口国设限以前 3 年可得的同样能源总出口量的一定比例(第 605 条)。但上述比例限制条款不适用墨西哥与其他两个缔约国的贸易。(5)政府对能源的管制措施应符合本协定第 301 条国民待遇原则和第 603 条(取消进出口的限制)、第 604 条的规定。(6)国家安全措施。缔约国不得根据 GATT 第 21 条和本协议第 2102 条(国家安全例外),采取或维持从另一缔约国进口或向另一缔约国出口能源、石化产品的措施,除非为向一缔约国提供军事设施或实施重要防务合同所必需;为采取措施应付涉及缔约国武装冲突所必需;为实施有关核不扩散的国家政府和国际协议所必需;为应对扰乱防务目的核物质供应直接威胁所必需。

NAFTA 能源规定对美加两国从墨西哥获得贸易和石油机会的影响有限,因为墨西哥依据《宪法》第 27 条禁止和限制外国参与本国能源开发活动,所有石油、矿产资源属于国有。历史上英美石油公司与墨西哥政府发生严重冲突,因为墨西哥政府曾于 1938 年将所有本土的外国石油公司资产收归国有,并组建国营垄断企业墨西哥石油公司(Pemex)。NAFTA 顺应了墨西哥这种政府管制和限制,第 601 条确认缔约国充分遵守各自国家的宪法。墨西哥在协议中还排除了第 605 条、第 607 条的适用,这意味着其保留对能源产品以国家安全理由或按照 GATT 允许的范围实行出口的限制,NAFTA 允许国营企业在能源服务贸易的合同谈判中施加“实绩要求”(参见投资部分);允许政府实行能源进出口许可证管理;墨西哥依据附件 602. 3 把涉及能源的投资和服务提供作出保留,即第 6 条不适用于墨西哥的能源(原油、天然气)开发和精炼,不适用于原油、天然气、石化产品的对外贸易、运输、仓储、分销等服务提供。附件 602. 3 规定外国只能在墨西哥投资和控制供自用而不是公用服务性的发电、合作发电和独立的电力生产,任何剩余电量只能售与墨西哥国有联邦电力公司(CFE)或出口到另一缔约国。天然气、石化产品出口销售需经政府批准。上述规定和措施相当于把墨西哥能源政策引入NAFTA,NAFTA维持了墨西哥通过Pemex和CFE两个公司对能源产品开发、经营和销售的垄断。但NAFTA政府采购规则的实施有助于美加两国公司在与能源有关的货物和服务供应方面从墨西哥特别是其两个垄断公司获得合同机会。

3. 政府采购

政府采购在北美三国中占有较重要地位,所以NAFTA专设第十章规范三国的政府采购问题,它被认为是"对国际政府采购市场自由化的最新贡献"。第十章是在GATT《政府采购协议》、《美加自由贸易协定》相关部分的规则基础上制定的,不仅吸收了这些协议的实质内容,还以更清楚的用语引入了新规则,集中体现了以美国为首的发达国家开拓各国政府采购市场,建立新的更严格的国际政府采购规则的思路。它早于WTO《政府采购协议》实施,却有过之无不及。NAFTA第十章对墨西哥影响更大一些,与美国、加拿大不同,墨西哥不是GATT《政府采购协议》的签字国,第十章的实施首次要求墨西哥联邦机构和政府企业的一部分货物和服务的采购合同机会向美、加供应商开放,也将促使墨西哥政府采购制度进行改革。美、加将在建筑工程服务、与能源相关的行业从墨西哥的开放中受益,美、加也应允许墨西哥进入其政府采购市场。

与GATT《政府采购协议》一样,NAFTA第10条的核心义务是国民待遇、非歧视和透明度原则,但是在管辖范围上有所扩大,并且引入了若干新的程序制度,确保公平竞争和公平市场准入。这些新规则主要有:

(1)管辖范围。NAFTA所管辖的缔约国政府采购范围更加广泛。虽然在协议生效时,省、州一级的政府采购的谈判正在进行,缔约国已将大部分联邦一级的政府机构和重要的政府企业(Government Enterprise)、公用事业部门的采购纳入管辖范围,[60]受约束的合同标的包括大部分非军事用品和非建筑业服务。不包括的商品和服务缔约国以反向列举的方式在承诺清单中排除。建筑业服务以正面列举确定约束范围。更重要的是协议降低了采购实体受约束的合同起点(门槛价),联邦一级政府货物和非建筑业服务的单个合同约束起点是5万美元(美加之间为2.5万美元),建筑业为650万美元。政府企业采购合同约束起点分别为25万美元和800万美元。从历史上看,各国政府采购单个合同金额低于WTO《政府采购协议》规定的13万美元起点的占多数,NAFTA规定的低门槛价将使缔约国大量中小型采购项目供应商获利,这意味着协议所提供的受国际规则管制的政府采购机会比WTO协议更多。

考虑到墨西哥政府采购短期内不能适应国际竞争,第十章规定其在协议实施起10

〔60〕 美国有56个联邦政府机构,加拿大有100个联邦政府机构,墨西哥有22个联邦机构纳入管辖范围。

年过渡期内享有某些豁免和优惠,主要是允许墨西哥在协议生效第一年免除各类采购实体50%的货物和服务约束义务,以后每年减少5%的豁免额,直至为零。由地区或是多边金融机构支持的政府采购不受约束。在过渡期内中央政府每年可保留10亿美元,政府企业(墨西哥石油公司和联邦电力委员会)可保留3亿美元应受约束的采购额。墨西哥对国内总承包工程和主要综合项目保留国内含量要求。

(2)利益取消条款。正常交易中适用的GATT或NAFTA原产地规则同样适用于政府采购,NAFTA禁止缔约国以政府采购为目的实施不同于正常交易中应适用的政府采购规则,在服务贸易的政府采购方面,为防止非缔约国"免费搭车",协议规定了利益取消条款。第1005条规定,在履行适当的通知、协商程序后,缔约国可以拒绝给予另一缔约国服务提供者NAFTA第十章利益,如果该缔约国确认,来自另一缔约国的服务是由非缔约国的个人控制或其拥有的企业提供,并且该企业在缔约国无实质营业活动,或者这种利益取消符合第1113条投资服务贸易规则中相关的利益取消条件,即缔约国与控制或拥有提供服务企业所属的非缔约国无外交关系,或禁止与其进行交往。

(3)禁止补偿要求。在政府采购协议谈判中,某些采购国家为了减缓大型采购项目造成的国际收支不平衡或谋取外国公司的技术援助,促进本国经济发展,常提出"补偿"(Offsets)要求作为采购实体与外国货物、服务供应商签订购买合同的附加条件。补偿形式多种多样,如要求外国供应商购买一定数量的原产于采购实体所在国的商品;或要求外国供应商向采购国提供技术援助,与其合营建厂生产与采购商品有关或无关的商品,等等。美国主张其对外采购不提出也反对外国提出这类与合同中标相联系的补偿要求,认为它扭曲了国际贸易。现有的国际政府采购协议没有禁止这类行为,相反,NAFTA第1006条明确规定"缔约国确保其采购实体在货物和服务提供者的资格认定和选择方面,在评标和合同中标方面,不得考虑、寻求或施加补偿要求"。这对一直维持补偿要求的加拿大和墨西哥有重要影响,除承诺清单保留之外,两国将不得维持这类做法。

(4)规范谈判与投标程序。在各种采购方式中,采购实体与未来可能的供应商进行一对一的(one-on-one)私下谈判是最有可能造成歧视外国供应商的方式。NAFTA一方面鼓励缔约国采取公开投标、选择性投标和限制性投标方式确定供应商,规定了与新的WTO《政府采购协议》相类似的严格的投标程序;又规定了具体的通知、邀请参加程序,以保证透明度。协议首次限制采用谈判方式确定供应者,规定谈判方式只能在两种情况下使用:一是采购实体事先公开发布邀请参加一项采购的通知,表明与被邀请者谈判确定供应者的意图;二是采购实体经投标和评标程序,确认没有一个投标者是最有利的。为了防止滥用谈判方式照顾或歧视个别投资者,协议规定采用谈判方式的首要目的是确认不同投资者的强弱,采购实体不得向任何人提供信息,意在帮助某一投标者改善提交的投标,不得在谈判中歧视任何供应商。

(5)投标异议程序。政府采购实体不执行公平的采购程序不仅违反有关的国际协议和国内立法,也可能使有关的供应者遭受重大商业机会损失,建立适当的投标审查机制审查采购实体的采购行为,及时纠正其错误做法,补偿受害方的损失,这样才能维护正当的政府采购秩序。NAFTA 建立了投标异议程序,第 1017 条规定:"为完善公平、公正的采购程序,缔约国应采纳和维持适用于本章管辖的政府采购的投标异议程序。"在 NAFTA 达成之前,美国已建立了投标的行政和司法审查程序,加拿大建立了采购审查局负责此项工作,墨西哥也建立相应机构。

三、投资措施

在对外投资方面,目前还不存在多边的、综合性的、保证投资自由及投资各方权益的国际规则。乌拉圭回合谈判达成了《与贸易有关的投资措施协议》(TRIMS),它仅对各成员有可能导致国际贸易扭曲的投资措施加以限制,不涉及其他国际投资问题。有关投资方面的国际协调目前主要采取双边协议的形式,并且这种双边协议安排有三个特点:(1)它是作为资本输出国的发达国家与通常作为资本输入国的发展中国家之间就外国直接投资的待遇和安全保障达成的协议,重点保护单方面的投资,而不是双方权利和义务的平衡。在 FTA 以前,发达国家之间一般不缔结这样的协议。(2)这类协议强调东道国给予外国投资安全保障和公平待遇,而不在于市场准入方面的承诺或减少投资限制,在市场准入方面各国都以国内法进行限制,有些发展中国家的限制更多一些,双边协议不能解决这类问题。(3)在很长的历史时期,包括墨西哥在内的大多数拉美国家奉行"卡尔沃主义",这成为投资安全的障碍,美国与这些国家难以达成双边协议。NAFTA 在一定程度上克服了现存国际安排的局限,以美国式的双边投资协议为模式加以变通改造,形成一个综合性的保障投资安全自由的国际规则,下面简述其主要内容。

(一)投资及外国投资者

NAFTA 第 1139 条规定了协议调整的外国投资及投资者的范围,其中的投资是指:(1)企业及一企业的股票;使所有者分得企业收益或红利的股权;在企业解散后使所有者分得企业资产的股权。(2)3 年期以上的企业债券或投资者关联企业发行的债券,但是不包括国营企业发行的债券,不论其原定偿还期如何。(3)原定偿还期 3 年以上的对企业贷款或对投资者关联企业的贷款;但是不包括对国营企业的贷款,不论其原定偿还期如何。(4)预期获得的或用于经济目的或其他商业目的的固定资产,有形或无形的其他财产。(5)源于承诺在缔约国境内从事经济活动的资本或其他资源的收益,诸如根据涉及在缔约国境内一投资者商业存在合同,包括总承包或建筑承包或特许权合同产生的收益;根据其报酬依赖于一个企业的生产,年终收入或盈利的合同产生的收益。但是不包括仅仅产生于一缔约国公民、企业向另一缔约国企业销售货物或服务合同的对金钱的权利要求,以及仅仅产生于与贸易融资等商业交易相联系的贷款增加的金钱权利要求。

以上定义说明 NAFTA 调整的外国投资活动非常广泛,既包括直接投资,也包括间接投资;直接投资的企业包括私人企业和国营企业,间接投资一般限于私人投资,包括控股和非控股资本,甚至包括与投资活动相联系的合同承诺利益。但是墨西哥按照附件3的列举,保留其针对某些投资单独履行义务,或拒绝这类投资建立的权利。这些投资活动主要有石油、碳氧化合物,基本石化产品的开发、开采、提炼,对外贸易、运输、仓储、分销;公共服务电力提供;核能及放射性矿物处理;卫星通讯和电话服务、邮政服务;铁路运输服务;海商和内陆口岸的控制监管、空港监管。

NAFTA规定的投资者包括个人、企业、缔约国的政府或国营企业。个人是指具有缔约国籍的公民或永久居民;企业是依据缔约国法律成立的公司或任何类型的法人。这些企业不一定要由缔约国国民控制,但是如果由非缔约国投资者控制的企业在依法被设立的缔约国没有实质上的商业活动,或接受投资的缔约国与该投资者所属非缔约国无外交关系,或接受投资的缔约国禁止与该国企业进行商业交往,则该非缔约国投资者控制的企业就可以被缔约国取消NAFTA第十一章的优惠条件和利益(第113条)。

第十一章不得解释为阻止缔约国提供服务或履行以下职能,包括法律实施、管教服务、收入保障或保险、社会保障或保险、社会福利、公共教育、公共训练、健康及儿童保护(第1101条第4款);亦不得解释为阻止缔约国采取或维持任何措施。该措施对于确保境内投资活动以对环境考虑敏感的方式进行是适宜的(第1114条)。

(二)投资待遇

关于国民待遇,NAFTA第1102条规定,每一缔约国在投资的建立、取得、扩大、经营、运营或投资的解散、出售方面,给予另一缔约国的投资者及其投资不低于在类似情况下,给予其本国投资者及其投资的待遇。这意味着国民待遇既要给予另一缔约国的投资者,也要给予其投资本身。NAFTA禁止缔约国要求本国境内另一缔约国投资者的企业拥有最低的东道国国民股权(对公司总经理,创办人的股权要求除外),禁止缔约国以国籍的理由要求另一缔约国的投资者出售、处理其在缔约国(东道国)境内的投资。第1108条提出最低限度的待遇标准,即缔约国给予另一缔约国投资者符合国际法的待遇,包括公正、公平待遇和充分的安全保障,在国内战争和武装冲突导致投资损失的情况下享有非歧视的待遇。关于征用及国有化措施,第1110条规定,除非为公共目的,在非歧视的基础上并符合本协定规定的法律程序和补偿标准;缔约国不得直接或间接地对本国境内另一缔约国的投资实行国有化或征用。

(三)实绩要求

它是指东道国对于外国在本国境内投资及其经营活动附加条件。NAFTA第1106条禁止缔约国对本国境内另一缔约国或非缔约国[61]投资者的投资施加与投资的建立、取得、扩大、经营、运营相联系的下列实绩要求:(1)规定货物服务的一定出口水平

〔61〕 禁止对非缔约国的投资者及其投资施加实绩要求说明NAFTA在一定范围内保护第四方的投资,因为允许对境内第四方投资施加实绩要求(与贸易有关的),违反最惠国待遇原则,自由贸易区内的投资措施还不能像货物贸易措施那样享有GATT最惠国待遇豁免。

或要求一定国内含量;(2)要求购买使用本国生产的或本国人销售的产品或服务或给予本国产品或服务某种优惠;(3)贸易或外汇平衡要求及国内销售限制;(4)技术转让要求;(5)专有供应商或全球指定产品要求。NAFTA 还禁止把上述前三项实绩要求作为投资者取得投资利益的条件。但是这项禁止不适用于进口国对于取得优惠关税和配额施加的资格和条件(与国内含量有关),不适用于缔约国政府采购或国营企业采购。NAFTA 还规定,禁止施加国内含量要求、出口实绩要求,购买本国货要求不应解释为阻止缔约国为保护环境、动植物生命和健康,保护可能用竭的天然资源(包括有生命与无生命的)以及为保证遵守这方面国内法所采取的措施。NAFTA 允许缔约国实施下列实绩要求:本地生产要求;建设或扩建专门设施;实施研究和开发活动;提供服务、训练或雇用工人。NAFTA 禁止缔约国要求投资者拥有企业的总经理必须是某一特殊国籍,但允许限定多数董事会成员的国籍或居民身份,只要这种限制不损害投资者实施控制的能力。

(四)资金转移

NAFTA 第 1109 条规定,缔约国应允许本国境内其他缔约国投资者的投资自由地、无迟延地转移。允许投资者以转移日外汇现货市场交易价换取自由可兑换的货物转移其投资。对于涉及破产、不能偿还到期债务、证券发行和交易、刑事违法、货币或其他货币工具的流转报告或确保审判程序中判决需要,缔约国可在平等的,非歧视的诚信基础上通过执行上述事项有关的法律而禁止资金转移。与 GATT 相类似,NAFTA 第 2104 条规定了收支平衡的例外,允许缔约国以国际收支困难或困难威胁的理由,暂停履行协定的义务,包括限制外汇转移。

(五)保留现存的不符措施

NAFTA 第 1108 条允许缔约国保留现存的[62]与国民待遇、最惠国待遇、实绩要求、经营权要求不符的法律法规和行政措施。但是它没有采取 GATT 和 FTA 模式,把现存的所有与新协议不符的措施概括地作为“祖父条款”予以保留,即所谓“总括祖父条款”(Aggregate Grandfathering)的方式,而采取新的所谓“标定祖父条款”(Target Grand Fathering)来保留现存不符措施,以反向列举方式(Negative Lists)要求缔约国把所有联邦水平的予以保留的现存不符措施在主协议附件 1 ~ 7 中列明,[63]省或州也要在 NAFTA 实施 2 年后列出保留项目。从而使保留范围明确、具体、透明,便于监督和操作,也给缔约国之间通过市场准入谈判实行对等减让创造了条件。

---

〔62〕 现存的不符措施为 1992 年 7 月 1 日以前的措施。

〔63〕 NAFTA 正文专设 7 个附件(附件 1 至附件 7),为三国适用于投资和服务贸易各章的具体承诺和保留清单。附件 1《保留现存不符措施和自由化承诺》,附件 2《未来措施的保留》,附件 3《国家经营活动的保留》,附件 4《最惠国待遇例外》,附件 5《数量限制》,附件 6《杂项承诺》,附件 7《关于其他项目的具体承诺与保留》。

四、服务贸易措施

NAFTA 确立了逐步取消缔约国之间服务贸易障碍的目标，缔约国应保证最低限度的服务业市场准入，给予其他缔约国的服务非歧视待遇。从最后达成的服务贸易规则以及缔约国作出的承诺看，NAFTA 服务贸易自由化安排超出了 GATS 以及美加双边协议所达到的水平，这在服务贸易规则的约束范围、部门服务业开放等方面尤为明显。比较而言，墨西哥在服务业市场准入上动作更大，让步最多，将给美国带来巨大利益。NAFTA 服务贸易规则分为三部分：第一部分由过境服务贸易、电信和金融服务三章组成，是规则的实质部分；第二部分是服务业投资及商业人员暂时入境；第三部分是有关陆上运输服务、职业服务，具体保留和例外。

（一）范围

NAFTA 没有采用 GATS 所定义的服务贸易类型，它强调服务贸易是过境提供服务。第 1201 条规定：服务贸易规则适用于缔约国政府所采取的与另一缔约国服务提供者所提供的过境服务贸易有关的措施，包括：(1)一项服务的生产、分配、交易、出售和提供；(2)一项服务的购买、使用和支付；(3)与一项服务提供相联系的输送系统和分销系统的进入和使用；(4)另一缔约国服务提供者在缔约国境内的商业存在以及作为提供服务条件的担保和其他形式的金融保障的提供。其中的“过境服务提供”是指一项服务的提供自一缔约国境内进入另一缔约国境内，由缔约国境内的个人或另一缔约国国民提供服务给予另一缔约国国民。

NAFTA 过境服务贸易规则不适用于金融服务、航空运输服务，不适用于由另一缔约国的投资者在缔约国境内投资开办的分支机构或附属机构所提供的服务，不适用政府采购或由缔约国政府、国有企业实施的补贴和特许。与投资者的概念相同，服务贸易规则中提供服务的企业是在缔约国境内依法成立的公司、法人及其附属机构，并在缔约国境内从事商业活动，不要求由特殊国籍的国民控制。

（二）国民待遇和最惠国待遇

NAFTA 第 1202 条规定：“每一缔约国应给予另一缔约国的服务提供者不低于它在类似情况下给予本国服务提供者的待遇。”“州和省给予另一缔约国服务提供者的待遇不得低于它在类似情况下给予本国服务提供者的待遇。”即如果缔约国的某一州或省给予国内服务提供者的待遇优于别的省，它也应给予另一缔约国服务提供者同样的待遇。关于最惠国待遇，第 1203 条规定：“每一缔约国给予另一缔约国服务提供者的待遇不得低于它在类似情况下给予任何其他国家服务提供者的待遇。”NAFTA 第 1204 条规定了待遇标准，要求缔约国给予任何另一缔约国的服务提供者依据国民待遇和最惠国待遇条款所应获得的较好的待遇。即如果另一缔约国服务提供者可同时享受这两种待遇，缔约国应给予其中较好者。另外缔约国和非缔约国的服务提供者在某一缔约国境内的商业存在，也在 NAFTA 投资规则的管辖之下，享有规则授予的权利和义务。这些规则可以确保缔约国服务提供者享有最大限度的服务贸易和服务业投资的自由。与相应的GATS第2条和第17条对比,NAFTA第1202条和第1204条强调给另一缔约国的"服务提供者"国民待遇和最惠国待遇,各自的表述中都没有提"服务",这绝不意味着NAFTA国民待遇和最惠国待遇原则仅适用于服务提供者而不适用他们提供的服务,若如此,这两项重要原则就是空洞的,毫无意义的。这两个条款应与第1201条范围结合起来理解,给"服务提供者"的待遇应体现在"与另一缔约国服务提供者所提供的过境服务贸易有关的措施"(这些措施已在前文列举)中,体现在以各种方式提供的服务中。

(三)市场准入及其限制

有关服务贸易市场准入,GATS采取正面列举(Positive Lists)的方式,成员国把承诺开放并承担国民待遇义务的服务业部门列入清单,作为具体承诺的义务,未列入的范围不受国民待遇和市场准入义务的约束。NAFTA采取了反向列举的方式,要求缔约国把与服务贸易规则中国民待遇、最惠国待遇、本地商业存在要求不符的国内措施,限制开放的服务业部门列入附件1至附件7,未列入的范围受协议服务贸易规则约束,如有不符,应在协定实施后改正,而且协定实施后新产生的服务项目将自动受协定的管辖,这说明NAFTA服务贸易市场开放程度更高。

(四)职业服务与商务人员暂时入境

NAFTA第1210条规定,缔约国可以采取和维持关于职业许可证和证明要求的措施,但是应努力确保这些措施应以客观、公平和透明的标准为基础,不应造成超过确保服务质量需要的不必要的负担;不应构成对人员暂时过境服务的不必要的限制。在NAFTA实施2年内,缔约国对于来自另一缔约国职业服务提供者,在签发许可和执照方面,取消本国公民或永久居民要求。NAFTA不要求缔约国相互自动承认自另一缔约国境内获得的教育训练、经历、证明、证书,但是要求缔约国给另一缔约国充分的机会,对在其境内取得的这些资格证明应给予承认。NAFTA第1601条规定了商务人员暂时入境原则,[64]即在互惠基础上为人员暂时入境提供方便;建立透明的标准和程序;确保边境安全;保护国内劳工力量及其在本国境内的长期雇佣。第1603条规定,缔约国应准许符合卫生、安全、国家安全的商务人员暂时入境。与GATS规定一样,这项权利不涉及公民权、永久居留权的授予,不涉及永久性雇佣问题。

(五)部门服务业开放

1. 陆上运输

缔约国都没有承诺开放航空运输、海上运输市场,但是陆上运输服务的市场准入却取得实质性进展(包括货车运输、铁路运输、公路客运)。而这个进展很关键,因为缔约国之间的贸易85%是靠陆上运输。根据附件1,至1995年年底,缔约国可在墨西哥投资,设立其资本额不超过49%的合资运输企业,从事市内客运服务或在墨西哥境内

〔64〕 商务人员是指商务来访者、商人、投资者、公司内部调动人员、职业服务人员。

地区之间从事货运服务；至2003年，缔约国的投资者可100%拥有这些企业。至1996年底，美加两国准许个人在边境接壤地区进出墨西哥从事过境货运服务，客运班车服务；至2000年，美加两国个人可在任何地区从事进出口墨西哥的货运服务。协议要求墨西哥继续开放铁路运输，允许美国铁路向墨西哥旅客直接出售其服务，允许美国使用自己的机车、运行图和终点站。NAFTA建立了一个框架，在6年内形成更协调的技术和安全的货运标准。在美加之间已于1982年达成双边协议，确保加拿大的法律和措施不歧视美国的陆上运输服务。

2. 电信服务

NAFTA第十三章规定了电信服务规则，内容有：(1)在NAFTA实施后，缔约国保证合理地非歧视地进入另一缔约国国际和国内公共电信网，提供或经营覆盖北美的过境增值的内线电信服务；(2)至1995年，墨西哥应解除现存的对于美加在其境内投资增值电信服务限制；(3)三国确保公共电信网的服务定价以经济成本为基础；(4)管制以产品技术标准作为过境电信服务贸易的隐蔽限制。

3. 金融服务

NAFTA第十四章建立了综合原则和纪律规范银行业、证券和保险业以及非金融部门提供的金融服务。第十四章适用于缔约国对境内由另一缔约国设立的金融机构的管制；由另一缔约国投资者设立金融机构的投资以及过境金融服务贸易。它不适用于社会保障性的金融服务以及为确保缔约国金融体系完整和稳定所采取的措施和根据货币、信贷、汇率政策所采取的措施。关于市场准入原则，第1403条规定，缔约国应允许另一缔约国的投资者在其境内设立金融机构；不得施加所有权限制地拥有金融机构；或在地理上扩展金融服务范围。除非在附件中作出保留，缔约国不得限制其他缔约国过境销售其金融服务（即服务提供者流动服务）。缔约国必须允许其居民购买其他缔约国在其境内提供的金融服务；允许到另一缔约国访问的本国消费者购买该国的金融服务（流动消费）。NAFTA还规定缔约国给予其境内从事营业的另一缔约国金融机构的投资和服务提供者国民待遇和最惠国待遇。缔约国保证进入该国金融服务市场的申请程序透明。三国有权在国际收支平衡困难情况下援用第2104条收支平衡的例外，暂停履行协定义务，此外，三国还分别做出了具体承诺。

加拿大在证券服务的过境贸易方面保留与第1404条(1)不符的限制措施，为了限制加拿大控制的金融机构被外国拥有，限制加拿大境内外国金融分支机构的资产，加拿大保留采取某些措施，要求另一缔约国的金融企业由一个或更多的另一缔约国居民控制，以享受第14条利益的权利。墨西哥保留对外国投资的金融机构的股权限制，累积的外国投资于境内证券公司资本限于总资本的30%；金融租赁公司、金融代理公司和担保公司为不超过50%；禁止外国投资于信贷公会、代理银行、外汇公司、发展银行；外国投资保险公司不超过50%股权；外国政府和国有企业不得直接或间接投资于上述金融机构。墨西哥保留现存的对保险服务过境贸易的限制，但不包括限制个人购买体育活动、生命、健康保险;不再保留目前对本国居民购买外国过境提供的旅游保险、货运保险的限制。美国要求所有国民银行的董事、总裁必须是美国公民担任,但与外国银行有隶属关系或由其拥有的国民银行除外。

五、争端解决机制

NAFTA 建立了必要的机构框架管理协定的实施,解决各类争议。第2001条规定,建立自由贸易委员会(以下简称委员会),由三国内阁级代表组成,它相当于 GATT 缔约方全体,为最高决策机构。其职责是监督和实施本协定;负责协定的进一步阐述;解决协定的解释和适用方面的争议;监督所有分委员会和工作组的工作。委员会负责设立秘书处,它不是一个中心办事机构,而是由三国各自设立的永久性分委员会组成的机构,受委员会控制,协助委员会工作。NAFTA 主协议规定了三类争议解决程序,这就是第十一章 B 节规定的缔约国与另一缔约国投资者争议解释程序;第十九章反倾销、反补贴税法争议解决程序和第二十章缔约国之间的一般争议解决程序。[65]

(一)NAFTA 一般争议解决程序

1. 范围

NAFTA 参考 FTA 模式,建立了缔约国之间一般争议解决程序,适用于解决缔约国之间因解释和适用 NAFTA 引起的争议;因违反 NAFTA 义务导致缔约国权利丧失或损害引起的争议(投资争议和反倾销反补贴事项引起的争议除外)。由于 NAFTA 义务与 WTO 协议的义务有许多重叠,有的争议既属于 NAFTA 管辖,也属于 WTO 的管辖范围,这种情况下,根据 NAFTA 第2005条规定,争议方可以自由选择任何一种争议解决程序,但从属于一定的限制:(1)如果被请求解决争议方认为,要求解决的争议属于 NAFTA 第104条(当 NAFTA 与环境保护的国际公约相抵触,后者优先适用)的范围,或属于第七章 B 节(卫生及动植物卫生检疫措施)、第八章(与标准有关的措施)的范围,并且主张它所采取的措施是 GATT 第20条允许的为保护人类、动植物生命健康及保护环境和资源的一般例外措施,而请求适用 NAFTA 争议解决程序,另一争议方应接受其要求;(2)缔约国向另一缔约国发起 WTO 争议解决前,如果该争议也属于 NAFTA 管辖范围,缔约国应通知第三缔约国它提请争议解决的意图,如果第三方也想就同一事实请求争议解决,应告知对方,此时三方应就争议解决机制的选择达成协议,协议不成,应由 NAFTA 管辖。提请第二十章一般争议解决的只能是缔约国的政府。

2. 协商、斡旋、调解、调停

第2006条规定,缔约国可在任何时候,对于它认为实际上或可能影响协定实施的另一缔约国的措施或其他事项,以书面方式请求与另一缔约国协商,有关的争议方应尽一切努力通过协商使争议圆满解决。如果争议方请求协商后30日内(如有第三方

---

〔65〕 除主协定规定的三类基本的争端解决外,NAFTA 分协定《北美环境合作协定》、《北美劳工合作协定》也建立了独立的争议解决程序,解决与贸易有关的环境问题和劳工问题争议。

加入协商在45日内;涉及易腐货物为15日内或在争议方商定的期限内)不能自行解决争议,任何争议方可以书面请求委员会召开会议。缔约国尽管发起了GATT争议解决程序,但受到另一方根据第2005条的限制性规定,要求适用第二十章争议解决程序的请求,并且举行了必要的协商,它也可请求召开委员会会议。会议应在接受请求后的10日内召开,委员会有权用备选的解决方法,包括斡旋、调解、调停,寻求技术顾问和专家组建议力求使争议解决。

3. 仲裁小组裁决

如果在委员会召开会议的30日内仍没有解决争议,任何争议方可以书面请求委员会建立仲裁小组(Arbitral Panel),并将该请求提交其他争议方和本国分秘书处。委员会收到请求后应建立仲裁小组,仲裁小组由5人组成,争议方应先就首席仲裁员人选达成协议,协议不成,由经过抽签决定的争议方选择一个非本国公民为首席仲裁员,其他4名小组成员由争议方从备选的名册上各选出双方国家两名仲裁人员组成。仲裁小组人员应有法律和国际贸易方面的经验和专长,有客观性、可靠性和健全的判断力。小组工作秘密进行,必要时可请求技术专家和科学审查部门帮助。除另有规定外,仲裁小组应在其建立后90日内作出初步报告(Initial Report),提交争议方考虑。报告中说明小组事实调查结果;争议方的措施是否与NAFTA不符;提出解决的意见和建议。争议方在收到报告后14日内提出意见,仲裁小组在初步报告发出后30日内发布最后报告。

4. 采取报复措施

NAFTA第2018条规定:"争议方收到最后报告后,应就解决争议达成一致,该项解决应一般地与最后报告的决定和建议相符。""在可能的情况下,解决办法是停止实施或取消与协定不符的或引起协定的利益丧失或损害的措施,如不能这样解决,应给予受害方一定的补偿。"如果争议方在收到最后报告30日内不能就解决办法达成一致,受害方具有不需要委员会进一步批准的权利,自动中止给予对方协定利益,直到与应达成一致的解决办法相同的效果为止。第2018条还允许受害方采用交叉报复手段。

5. 国内实施程序

协议第2020条规定:如果缔约国的任何国内司法或行政程序提出了本协议的解释或适用方面的问题,并且任何缔约国认为值得介入这一问题,或者如果某法院或行政机构向某缔约国征求意见,该缔约国应通知其他缔约国和秘书处中的国内分委员会,委员会应尽快努力形成一致的适当的答复,该法院和行政机构所在的缔约国应将委员会的一致解释提交给他们。如果委员会不能形成一致意见,任何缔约国可将自己观点提交给法院和行政机构。第2021条还规定缔约国不得以另一缔约国的措施与本协议不符为理由,依据国内法提供针对另一缔约国的诉讼。

虽然在协商阶段允许争议方商定时限,但总的来看,NAFTA一般争议解决程序缩短了时限,这有助于提高审查效率。但是仲裁小组裁决与原GATT专家小组裁决一样不具有法律效力,它不影响国内法,也不能由国内法院强制执行。如果争议方不执行最终裁决报告,另一方只能中止给予对方协定利益,其约束作用在很大程度上是道义上的。NAFTA 关于最后报告的执行措辞不够坚决、强硬,仅提出使引起争议的措施"一般地与最后报告的决议和建议相符",还允许以"补偿"代替"相符",这是 WTO 争端解决机制明确反对的。

(二)投资争议解决程序

NAFTA 第十一章 B 节规定了独特的投资争议解决程序,授权缔约国的投资者在东道国违反第十一章 A 节投资规则确立的基本义务,违反其做出的具体承诺时,可以诉诸有约束力的国际仲裁,补偿损失。NAFTA 第十一章 A 节规定了保障投资自由的基本规则,主要是给予投资者及其投资国民待遇和最惠国待遇;禁止实施某些实绩要求;保障投资者自由转移其投资;国有化及补偿原则。根据这些规则,缔约国做出了重要保留和市场准入承诺。这些规则、保留和承诺错综复杂,难以避免发生争议,建立行之有效的投资争议解决程序十分必要。在这方面,NAFTA 规定了一套非自足的程序制度,允许争议方采用有关的国际仲裁规则,同时以自身的规则(第十一章 B 节)进行适当补充、改造,形成互补的完善的仲裁程序。

1. 提出仲裁请求

根据 NAFTA 第 1116 条的规定,缔约国的投资者在下列情况下可以将权利要求提请仲裁:(1)另一缔约国违反了 NAFTA 第十一章 A 节投资规则规定的义务;(2)另一缔约国违反了 NAFTA 第 1502 条和第 1503 条规定的义务(缔约国应采取行政监督措施和规范控制,保证国家和私人垄断企业、国营企业的活动符合依据本协定承担的义务);(3)另一缔约国违反上述义务导致其遭受损失或损害。除此之外,他还应符合下列条件:(1)应在知道或理应知道缔约国上述违反并造成其损害的 3 年之内提请仲裁;(2)应在提请仲裁前的 90 日将其提请仲裁的意图书面通知有关的缔约国,说明缔约国违反协定的事实根据,请求救济的办法;(3)应在违反协定的事实发生 6 个月以后提请仲裁;(4)在仲裁前,受损害的投资者必须先寻求通过与缔约国协商和谈判的方式解决纠纷。在符合上述要求的情况下,只有缔约国的一个投资者,或如果投资者直接间接地控制另一缔约国的企业,他可以该企业的名义提请仲裁。

2. 仲裁规则的选择

第 1120 条规定,投资者可以依据下列国际规则提请仲裁:(1)《解决国家与他国国民之间投资争议公约》(以下简称《ICSID 公约》),适用争议双方所在国都是该公约缔约国;(2)《解决国家与他国国民之间投资争议公约补充简易规则》(以下简称《ICSID 公约简易规则》),适用争议方中有一方是《ICSID 公约》缔约国;(3)《联合国国际贸易委员会仲裁规则》。争议方所选择的并由 NAFTA 第 11 章 B 节适当修改,补充的上述规则和程序应成为仲裁所适用的程序规则。为了使仲裁取得应有的法律效力,第 1122 条规定:缔约国同意依据本协定规定的程序将争议提交仲裁,这一"同意"连同作为争议方的投资者的书面同意提请仲裁，构成《ICSID 公约》、《纽约公约》（即《承认和执行外国仲裁裁决公约》）、《美洲国家公约》（即《关于国际商事仲裁的美洲国家公约》）所要求的“书面同意”或“书面协议”。有了这一条，只要缔约国投资者书面请求仲裁，并且有关的缔约国参加了上述国际公约，就自动受这些公约管辖。NAFTA 还要求提请仲裁的投资者放弃发起或停止依任何缔约国国内法在法院或行政机构履行的争议解决程序。

3. 仲裁庭的组成

除非争议各方另有协议，仲裁地点应在属于《纽约公约》签字国的争议方境内，仲裁庭由 3 名仲裁员组成，争议双方从备选的名册上（共 45 人）各选出一名仲裁员，第三名由双方协议指定，协议不成则由解决投资争议国际中心秘书长从备选名单中指定，作为首席仲裁员（适用其他仲裁规则时也如此办理），仲裁庭根据事实，可以作出与损失相当的金钱赔偿的裁决，不能施加惩罚性损害赔偿。

4. 仲裁裁决

第 1131 条规定，仲裁庭依照本协定决定应适用的国际法规则，就争议的问题作出裁决。必要时可以请求 NAFTA 自由贸易委员会就协定条款的含义、缔约国的保留作出解释，根据争议方请求指定专家，就事实问题作出书面报告。仲裁裁决为最终裁决，具有法律效力，如果有关的争议方不执行裁决，胜诉方可通过其所在国的政府诉诸第 20 条缔约国之间一般争议解决程序，或依据《ICSID 公约》、《纽约公约》、《美洲公约》寻求强制执行仲裁裁决。

NAFTA 允许争议方选择适用不同的国际仲裁规则，但是第十一章 B 节的规则深受《ISCID 公约》的影响，实际上是以该公约为基础补充变通而成的。NAFTA 第十一章 B 节规则又与《ICSID 公约》投资争议解决有实质上的不同：（1）《ICSID 公约》设立的解决投资争议国际中心不是一个争议解决机构，它仅为国际仲裁解决争议提供便利；而 NAFTA 投资争议解决是在自由贸易委员会管理和监督下的争议解决，有独立的程序和仲裁员名册，属于 NAFTA 体制内的争议解决。（2）ICSID 管辖的争议主要是投资安全保障方面的，NAFTA 解决的争议涉及各方面违反协定义务的问题。（3）NAFTA 在几个重要问题上补充 ICSID 规则的不足，主要是增加了协商程序，明确了“投资”的含义和应该适用的法律，[66] 将有助于争议解决。存在的问题是目前只有美国是《ICSID 公约》缔约国，在其他两国加入该公约前将影响其适用。另外，NAFTA 没有规定仲裁裁定的时限，有可能使仲裁审理拖延。

（三）反倾销与反补贴税事项的审查与争议解决

NAFTA 缔约国保留对从其他缔约国进口的货物适用本国反倾销法与反补贴法的

---

〔66〕 关于法律适用，《ICSID 公约》第 42 条规定，仲裁庭依据争议方一致同意的法律规则解决争议，在缺乏一致的情况下，适用本公约缔约国一方的法律。根据第十一章 B 节提起仲裁的争议是因违反 NAFTA 投资规则义务引起的，争议方或争议方所在国是 NAFTA 缔约国，仲裁庭应适用 NAFTA 规则是不言自明的。

权利;保留改变或修改反倾销法与反补贴法的权利。为了使这些措施和做法不至于违反 WTO 有关规则和 NAFTA 的目标,NAFTA 第十九章规定了反倾销、反补贴税事项的审查和争议解决程序。

六、环境和劳工保护措施及其争议解决

(一)《北美环境合作协议》

NAFTA 的谈判和最后签订引起美国、加拿大政府和民间组织对与贸易有关的环境问题的广泛关注,甚至大多数经济学家,包括新古典主义经济学家也担忧经济活动的加剧带来环境恶化。他们把 NAFTA 可能造成的环境影响归纳为:(1)任何活动,包括贸易都具有重要的环境影响,NAFTA 促进墨西哥的经济活动,通常也会导致该国环境恶化;对加拿大、美国也如此;(2)贸易本身也会消耗资源,NAFTA 实施将使三方之间贸易增长,不论巨大的贸易流量是否会使三国经济得到发展,都会导致环境恶化,表现为能源使用、消耗增加,污染物、废弃物增多,气候变化;(3)由于墨西哥的环境标准低,将吸引美国、加拿大许多企业投资该国,利用其低环境标准的好处,这些企业将用对环境不利的低环境标准代替其在美国、加拿大执行的高环境标准从事生产,带来不利的环境后果;(4)来自墨西哥低环境标准生产者的竞争将对美国、加拿大的政府和企业产生巨大压力,人们担心两国也会降低环境标准;(5)鉴于三国地缘与彼此紧密联系,邻国海洋、土地、空气污染将因 NAFTA 实施而加剧,相互间产生过境影响,美国特别担心美墨边境 100 多英里的狭长地带的墨西哥 2000 多家保税区工厂(Maquiladora)的污染工业对美国南部三个州造成的危害。

1990 年 GATT 专家小组对"墨西哥金枪鱼案"作出的裁决使执行较高环境标准的美国受挫,美国的较高环境标准受到 GATT 规则的挑战,引起美国民间特别是环保组织强烈不满,他们猛烈抨击 GATT 争议解决机构,出资在美国主要报纸整版刊登广告宣称:"GATT Bureaucracy are Jeopardizing Environment"(GATT 官僚在极力地毁灭环境)。1991 年和 1993 年,以"公共市民"为首的美国 9 个环境组织联合向联邦地区法院起诉,要求美国贸易代表办公室就 NAFTA 草案对未来环境影响作出说明,同时国会表示拒绝授权总统以"快轨"程序通过 NAFTA,除非政府能解决有关的环境问题。正是在多方压力下,克林顿总统表示在保留 NAFTA 主协议的基础上制定了环境和劳工合作两个分协议。

《北美环境合作协议》已经与主协议同时生效,其目的是进一步合作解决 NAFTA 的实施可能引起的环境问题,如跨国污染、危险废弃物的过境转移、有害环境的产品加工方法、野生动植物保护;建立相关的机构框架,监督缔约国现存环境法律和措施的实施,解决与贸易有关的环境问题争议,避免产生贸易扭曲和障碍,同时作为三国在环境事务方面进行合作的谈判场所,在发展和完善缔约国环境法律、法规、法律程序、政策和措施方面进行合作,促进这些法律、政策和措施的透明度和公共参与。分协议的具体内容是:

1. 基本义务

(1)一般承诺。各缔约国应在其境内定期准备并使公众获得环境状况报告,发展和审查环境应急措施,促进环境事务包括环境法律教育以及环境事务方面的科学研究和技术发展,评估环境影响,推动使用有利于实现环境目标的经济模式;缔约国应考虑在其法律中实施理事会在本协议第10条(5)b中提出的任何建议;[67]各缔约国应考虑禁止向另一缔约国出口在本国境内已被禁止使用的某种农药和有毒物,当一缔约国在境内采取禁止或严格限制某种农药或有毒物的措施时,它应直接或通过适当国际组织把此项措施通知另一缔约国(第2条)。

(2)保护水平。承认各国有权建立自己的环境保护水平、环境发展政策和重点,有权批准和修改相应的环境法律和法规,缔约国应确保本国的法律和法规能提供高水平的环境保护,并努力地继续完善这些法律和法规(第3条)。

(3)政府实施行动。为实现取得高水平环境保护以及遵守各国的环境法律法规的目标,缔约国应通过适当的政府行为有效地实施其环境法律和法规。[68] 缔约国应确保司法、准司法或行政实施程序依法可以获得,以制裁环境违法者,使受害者获得补救。制裁和补救应考虑违法性质和严重程度、受损失的经济利益、违法者的经济条件及其他相关因素;制裁和补偿措施包括遵守协议、罚款、监禁、颁布禁令、关闭(污染)设施、支付清污费用(第5条)。

(4)私人的法律补救。缔约国应确保利害关系人得以请求缔约国主管当局调查其所指控的环境违法行为,并给予这种请求合法的适当的考虑。确保利害关系人依据该国法适当地进入行政、准司法和司法程序,实施环境法律和法规。依据该缔约国法,私人补救应包括向该国司法管辖的另一当事人索赔;寻求制裁和补偿,包括金钱赔偿、紧急关闭设施或消除违法损害后果;请求主管当局采取适当措施实施本国环境法,以保护环境;或者在某人遭受该国司法管辖的与该国环境法相抵触的行为损失、损害或伤害时,寻求禁令救济(第6条)。

2. 机构安排

根据分协议设立环境合作委员会,由理事会、秘书处和一个联合公共咨询委员会组成。理事会由内阁级的缔约国代表或其任命者组成,是委员会控制的机构,有广泛权力,包括:作为讨论与协议有关的环境事务论坛;监督协议实施;考虑和提出各项环境建议;促进缔约国有效实施环境法;与NAFTA自由贸易委员会合作实现NAFTA环境目标,等等。秘书处由理事会选任的执行干事领导,作为日常工作机构,为理事会、委员会的工作提供行政支持。秘书处的一项重要权力是接受缔约国任何非政府组织

[67] 环境分协议第10条第5款b项规定:理事会将在适当情况下提出和发展关于适当限制某些特殊污染物的建议,同时考虑各方生态系统的差异。

[68] 分协议第5条列举多项应采取的政府行动,包括:任命和培训督察员;通过适当监察机构监控守法和调查违法行为;促成自觉守法保证和守法协议;公开披露违法信息,公布实施程序;推动环境审计;提供传媒和仲裁服务;运用许可、特许和授权制度;以迅速方式发起司法或准司法程序,对违法事件作出处罚和赔偿;提供巡察、扣押、拘留措施,或发布紧急状态令。

和个人关于某缔约国不能有效实施其环境法的意见,经过审查并符合一定条件,秘书处可以将提交的意见转给有关缔约国答复(第 14 条第 1 款)。经理事会批准和指示,该意见和答复可以公布,作为某缔约国不能有效实施环境法的事实记录(factual record)(第 15 条),它是针对某缔约国持续性不能有效实施环境法而提出争议解决的主要依据。

3. 争议解决和报复

协议规定,任何缔约国可以就另一缔约国是否一直存在持续性不能有效实施其环境法律[69]以书面请求与另一缔约国协商。这一请求应同时递交其他缔约国和秘书处(第 22 条)。如果在递交请求后 60 日内进行的协商不能解决此事,任何缔约国可以书面请求理事会召开特别会议,由理事会主持斡旋、调解、和解此类争议或提出建议。如果在理事会召开会议的 60 日内仍不能解决此事,理事会应在任何争议方请求之下并经 2/3 投票表决批准,建立一个仲裁小组,考虑所指称的被诉方持续性不能有效实施环境法事件是否与以下情形有关:(1)牵连的工作场所、商号、公司或部门在缔约国领土之间交易其生产的产品或提供的服务;或(2)这种产品或服务在被诉的缔约国领土内与另一缔约国当事人生产的产品或提供的服务竞争(第 24 条)。仲裁报告如认定被诉方存在持续性不能有效地实施本国环境法的事实,各方应协商达成与仲裁最后报告相符的满意的行动计划(第 33 条)。被诉方拒不执行该行动计划,由委员会征收罚金(不超过上一年度双方贸易额的 0.007%),用于改善被诉方的环境,被诉方拒不支付罚金,请求方可以中止给予对方 NAFTA 利益,中止的利益应与罚金相当。

《北美环境合作协议》的实质是将缔约国环境法律、政策和标准的制定与实施置于分协议安排的国际监督之下,保证缔约国有效实施本国环境法,在贸易增长扩大的同时维持较高的环境水平,合作防止跨国环境危害。协议注意到实施这种国际监督合作与尊重各国主权之间的平衡,强调各国应遵守其本国环境法律和标准,没有提出三国共同遵守的统一的环境保护法律或标准。协议第 37 条特别提出一项实施原则:"本协议不得解释为授权一缔约国的当局在另一缔约国境内承担法律实施活动。"结合第 3 条的规定,表明协议充分尊重缔约国的法律主权,但是协议也尽可能提供了对三国国内法及国内环境标准实施的可能有效的外部审查机制。环境分协议规定的争议解决机制仅适用于政府之间就协议有关的环境事务引起的争议,虽然规定非政府组织和私人有限地介入争议解决(第 14 条第 1 款),却一般禁止个人针对另一缔约国政府的诉讼,"缔约国不得依据其国内法,以另一缔约国实施了与本协议相抵触的行为为理由授予(私人)诉讼权利(第 38 条)"。说明北美自由贸易区不同于欧盟,其协议不能由国内司法机关直接适用。

---

〔69〕 根据分协议解释,"持续性"是在分协议生效后开始不断地反复出现的不能有效实施环境法的作为或不作为过程。

(二)《北美劳工合作协议》

在20世纪90年代GATT乌拉圭回合谈判和北美自由贸易协议谈判进行期间，与贸易有关的劳工问题在这两个谈判中都成为热门话题，集中起来表现在以下几个方面：(1)低劳工标准国家因其低劳工成本将吸引高劳工标准国家投资者的投资，造成投资转移效果，其生产的产品比高劳工标准国家相同或类似的产品更具有价格竞争力，投资转移和来自低劳工标准国家进口产品的冲击将引起高劳工标准国家相关的企业调整和就业变动、开工不足及失业问题。(2)低劳工标准国家在工人工资水平、福利水平、劳工法律实施方面与高劳工标准国家有较大差距，面对来自前者的竞争压力，高劳工标准国家的劳工组织担心本国政府会放松劳工法的实施，降低劳工标准，导致待遇下降。(3)基于上述理由，高劳工标准国家的国内企业界和工会组织指责外国低劳工标准条件下生产的产品是变相倾销(社会倾销)，要求政府把外国采取必要的劳工保护作为与其开展自由贸易的条件，或对这些外国产品进口征收反倾销或反补贴税。

在NAFTA谈判中，美国、加拿大国内各界反应最强烈的是协议的实施可能引起的进口增加、投资转移及相关的环境和劳工问题，企业界和工会担心墨西哥低劳工标准和劳工成本吸引国内的投资，造成就业减少；相关产品行业面对墨西哥低劳工标准条件下生产的廉价商品进口冲击将开工不足，甚至倒闭；问题还在于，如果承认墨西哥低劳工标准和劳工成本是其固有的、合理的比较优势，墨西哥是否可以进一步降低劳工标准来扩大这一优势；而美国、加拿大作为竞争对手是否也可以相应地放松本国劳工法律实施，事实上降低劳工标准以应付挑战。所以，美国企业界和工会组织要求政府批准NAFTA的同时必须解决这种劳工标准差异问题，免受墨西哥获得的不公平的"比较利益"给其造成的就业损失。对于进口大量增加可以通过NAFTA第八章规定的保障措施解决。

1993年，三国签订了《北美劳工合作协议》(以下简称劳工分协议)，作为主协议的一部分与主协议同时生效。其主要内容是：

1. 目标

根据第1条规定，协议的目的是通过三国政府行为以及由分协议建立起的适当的国际监督促进缔约国有效实施协议确认的劳工保护原则、本国劳工保护法以及与劳工问题有关的各项承诺，改善工作条件和生活标准，增加就业和提高生产力水平和质量水平；在劳工管理和与劳工有关的活动中加强缔约国之间的互利合作，促进政府、劳工组织与雇主的对话，促进三国劳工法律制度联合研究、相互理解以及信息的公开交流。虽然协议没有指明，但是从协议的产生背景看，协议的一个重要目的是约束墨西哥，使之保持一定水平的劳工标准和劳工成本，不得为吸引投资而降低。第1条特别强调协议的一个目标是在可能的最大限度内促进附件1规定的各项劳工原则的实施，这些原则是：结社自由；保护劳工建立、加入其组织的权利；集体谈判权利；罢工权利；禁止强迫劳动(强制军事服役,某些民事义务、非私人目的的监狱劳动、紧急情况下必需的工作除外);儿童与未成年劳工保护;最低的雇佣标准;取消雇佣的歧视;男女同工同酬;防止职业病和伤残;职业伤病的补偿;外来工人(imigrant worket)保护(即给外来工人与本国国民相同的工作条件)。这11项劳工保护原则被发达国家认为是最基本的,在相关著述中被广泛引用。

2. 主要义务

(1)保护水平。确认充分尊重缔约国的宪法,以及承认缔约国有权建立自己的国内劳工标准,批准和修改相应的国内劳工法律、法规,每一缔约国应确保其劳工法律和法规规定与其高质量和高生产率的工作场所相一致的高劳工标准,并应继续努力完善这些标准(第2条)。

(2)政府实施行动。缔约国应该通过适当的政府行为在符合第42条要求的情况下,促进遵守和有效地实施本国劳工法。[70] 这些政府行为包括任命和训练督察员;监督守法和调查违法嫌疑,通过现场检查的方式进行;寻求自愿守法保证;鼓励建立工人管理委员会,解决工作场所的劳工管理;提供和倡导调停、调解和仲裁服务或以适时的方式发起对违反劳工法律的补救和制裁程序。缔约国应确保其主管当局对于雇主、雇员或其代表及其他利害关系人提出的关于调查被控的违反本国劳工法的请求依照本国法给予适当考虑(第3条)。

(3)程序保证。缔约国应确保其实施劳工法律的行政、准司法、司法和仲裁程序公正、平等和透明。为此目的,该程序应该符合适当的法律程序;任何听证应向公众开放;当事人有权为各自立场提出支持和辩解理由、证据;该程序不应过分复杂,不合理的收费和时间限制或不合理的拖延。缔约国应该规定,上述法律程序中的当事人可以寻求救济,以确保其劳工权益得以实施,这种救济可以适当包括法院指令、遵守协议、罚款、罚金、监禁、禁令或工作场所紧急关闭(第5条第1款、第5款)。但是第5条第7款规定,本条款不得解释为要求一缔约国建立或者阻止一缔约国建立为实施本国劳工法的区别于一般法律实施体制的专门的司法体制。

3. 机构设立

根据协议第三部分设立劳工合作委员会,由部长理事会和秘书处组成。理事会由缔约国任命的劳工部长组成,在委员会领导下负责监督协议实施;就协议的进一步阐述提出建议;指导秘书处的工作和活动,批准委员会年预算和活动计划;促进劳工事务方面的信息收集、公开和交流(第10条)。理事会将促进缔约国在各项劳工权益保护

[70] 第42条规定:本协议不得解释为授予缔约国主管当局在另一缔约国境内从事劳工法律实施活动的权利。

事项方面进行合作(第11条)。[71] 秘书处由执行干事领导,协助理事会工作。每一缔约国设立国家管理署,是联邦一级机构,作为三国劳工事务合作的联系点,协助劳工合作委员会进行工作。此外,各缔约国还应设立国家咨询委员会和秘书委员会,分别由民间的劳工、商业组织代表组成和联邦、地方代表组成,就分协议的实施提出咨询意见。

4. 协商、争议解决

(1)协商程序。缔约国可以就另一缔约国劳工法律、劳工管理、劳工市场等方面的问题请求与另一缔约国国家管理署进行协商,也可以就分协议范围内的任何事项进行部长级协商。

(2)联合评估程序。如果国家间自行协商未能解决争议,任何一方可请示部长理事会和秘书处,建立专家评估委员会,该委员会以非对抗方式分析双方国家在职业安全和健康、童工、最低工资或其他技术劳工标准(不包括与结社自由、组织集体谈判权、罢工权有关的事务)实施的情况,[72] 在规定时间向理事会提交最后评估报告。与此同时,任何一方就另一方持续性不能有效实施最后报告处理的技术劳工标准问题可请求与另一方协商,协商不成可由部长理事会建立专家小组进行斡旋、调解、和解。

(3)实施最后报告。如果部长理事会不能解决争议,任何一方可请求其建立仲裁小组,仲裁小组审查争议事项后做出最后报告,由理事会考虑并公布。如果仲裁报告认定被请求方存在持续性不能有效实施本国技术劳工标准,争议双方应就仲裁报告的执行制订可操作的行动计划。

(4)罚金、中止协定利益。争议方如果未能实施仲裁小组建议或相互达成的行动计划,经一方请求可重新建立仲裁小组,经仲裁小组认定被请求方未能实施行动计划,由仲裁小组决定处以罚金(不超过上一年度双方贸易额的0.007%),如果被请求方不能支付罚金,请求方可以中止给予对方NAFTA利益。

劳工合作协议在执行劳工标准方面要求缔约国履行的合作义务是劝说性或自律性的,目的是通过“棘轮效应”(Ratchet-Effect)约束成员国,保证其劳工标准只能提高而不能降低。它的争议解决突出了以协商为主的合作精神(包括政府间协商和评估委员会介入后的协商),只是在特别情况下才允许诉诸罚款和贸易制裁。劳工分协议同样要求缔约国不得建立允许本国当事人控告另一缔约国违反分协议的诉讼程序(第43

---

〔71〕 这些劳工权益保护事项包括:职业安全和健康维护;童工、缔约国的外来工保护;人力资源开发;劳工统计;工作福利;工人及其家庭的社会计划;提高生产力的计划、方法和经验;劳工管理和集体谈判程序;雇佣标准及实施;工人伤病补偿;工作场所男女平等;工会成立、运作、集体谈判,解决劳工争议立法;工人、管理者、政府合作形式。

〔72〕 协议所定义的“劳工法律”是指与前述11项劳工原则有关的所有法律、法规,它们构成一国“劳工标准”。除前3项标准(即结社自由和组织工会、集体谈判权和罢工权)以外的其他8项劳工标准为技术劳工标准。

条),与环境分协议不同的是,它没有建立秘书处接受来自民间的申诉程序,更强化了劳工分协议的政府间合作性质。协议充分考虑到各国劳工标准问题协调的复杂性,尊重缔约国因政治制度、价值观不同造成的劳工法律、标准的差异,在实施劳工合作义务与尊重国家主权之间保持了适当平衡。协议没有建立三国共同的劳工标准要求缔约国履行,也不要求缔约国实施另一缔约国的劳工法;附件1提出的11项指引性劳工原则不是共同的最低保护标准,而是缔约国基于国内法承诺促进保护劳工权益制度方面有所发展,说明协议要求缔约国执行的劳工标准是本国现行法已经确立的最低标准。特别是协议限制了在贸易体制内解决劳工争议的范围,允许提请解决的争议仅限于执行技术劳工标准引起的争议,不包括执行结社自由、集体谈判权、罢工权引起的争议,更不是所有实施劳工分协议引起的争议,争议解决的目的是改变持续性不能有效实施本国劳工法,而无权要求争议方改变本国劳工法,这显示出对缔约国宪法及法律主权(立法、司法主权)的充分尊重。

本章思考题

1. 如何理解多边贸易体制与地区贸易集团的关系?
2. APEC 的法律地位是什么?它在贸易自由化方面采取了哪些措施?
3. 如何理解欧共体的法律地位?欧盟一体化取得了哪些最新进展?
4. 欧盟法的表现形式是什么?欧盟法在促进地区贸易自由化方面发挥了什么作用?
5. 北美自由贸易协定的特点是什么?
6. 北美自由贸易协定关于投资和服务贸易的规则和内容是什么?有什么特点?
7. 介绍北美自由贸易协定争端解决机制的特点。
8. 试述北美环境合作协议和劳工合作协议的主要内容及其法律意义。

第十六章　世界贸易组织多边贸易体制

第一节　世界贸易组织前身——关贸总协定

一、关贸总协定及其法律地位

关税与贸易总协定(General Agreement on Tariff and Trade,GATT)是指“二战”结束后,由美国、英国、法国等23个国家的政府间缔结的旨在降低关税、减少贸易壁垒的有关关税和贸易政策的多边国际协定,以及在协定运作中逐渐形成的一个事实上的国际组织。GATT文本于1947年制定,1948年1月1日起临时生效,它的法律规格较低,也不是一个正式的国际组织。但是长期以来,GATT在促使各国减让关税、消除贸易障碍方面取得了巨大成功,从1948年至1994年这47年间,GATT保证了大部分世界贸易的自由化,仅削减关税一项就刺激了经济高速增长,战后第一个10年,世界经济年均增长率为5%,自20世纪50年代末到70年代,年平均增长率为8%,乌拉圭回合谈判期间GATT缔约方大量增加的事实,说明GATT成效显著,充满活力,发展成为事实上的国际组织。[1]

缔结《关税与贸易总协定》(GATT)是美欧西方国家建立全面开放的战后国际经济计划的一部分。1944年7月,美国、英国等44个国家在美国新罕布尔州的布雷顿森林召开联合国货币与金融会议(布雷顿森林会议),确立了战后国际经济秩序的基调。在金融方面成立国际货币基金组织,重建国际货币制度,维持各国货币稳定和国际收支平衡;在投资方面建立了国际复兴开发银行(世界银行),以鼓励对外投资,筹措资金,促进战后经济恢复。这两个机构已经分别在1945年和1946年成立,作为联合国的机构,至今仍在有效运作。“广义上,布雷顿森林体系不仅包括IMF和世界银行,(在ITO宪章未能实施后)也包括GATT体系”[2]。布雷顿森林会议的参加者承认有必要建立第三个调整国际贸易的机构,扭转贸易保护主义和歧视性贸易政策的不利影响。

---

〔1〕 关于GATT对世界贸易的贡献参见世界贸易组织秘书处编:《贸易走向未来》,法律出版社1999年第2版,第8~14页。

〔2〕 John H. Jackson:《关贸总协定和世界贸易组织法理》(英文),高等教育出版社2002年第2版,第99页。

但是,这次会议不能担当起建立这一机构的任务,因为会议重在解决国际货币问题,会议的主办者和参加者都是与会各国的货币当局代表而不是贸易官员。结果,筹办国际贸易组织的任务由刚刚建立起的联合国及其经济与社会理事会承担起来。

1945 年 11 月,美国提出了一个"国际贸易与就业会议考虑方案",其内容是计划缔结一个多边国际公约,包含关税优惠、数量限制、补贴、国营贸易、国际商品协定等所有国际贸易规则,还提出建立国际贸易组织(International Trade Organization,ITO),作为与国际货币基金组织、世界银行并列的联合国机构。1946 年 2 月,美国在上述方案的基础上拟定了《国际贸易组织宪章草案》,建议联合国经济社会理事会召开世界贸易和就业会议讨论。联合国经社理事会接受了美国的建议,成立了联合国贸易与就业会议筹委会。1946 年 10 月,在伦敦召开了第一次筹委会会议。会议邀请了美、英等包括中国在内的 19 个国家参加,审议《国际贸易组织宪章草案》,并以伦敦草案的国际文件公布。1947 年 4 月至 7 月,筹委会第二次会议在日内瓦召开,其任务是最后完成国际贸易组织宪章草案起草工作。1947 年 11 月 11 日,有 56 个国家的代表参加的"联合国贸易与就业会议"在哈瓦那召开,会上讨论了伦敦草案,代表们提出了 602 份修正案,最后经 53 个国家(包括中国)同意,于 1948 年 3 月通过了该草案,定名为《国际贸易组织宪章》(哈瓦那宪章),待各国批准后生效。

哈瓦那宪章是个雄心勃勃的庞杂的国际协议草案,不仅包括世界贸易规则,还包括关于就业、商品协定、限制性商业惯例、国际投资及服务贸易的规则,是个包含所有谈判方意愿而又无法使各方满意的协议。由于时任美国总统的杜鲁门担心趋向保守和贸易保护主义的国会拒绝批准该宪章,一直没有将宪章交参议院批准,学界和政界也认为经过修改的宪章已不符合美国利益,1950 年,美国政府宣布不再寻求国会批准该宪章,其他国家也对宪章命运持观望态度,ITO 事实上已无法成立。

考虑到国际贸易组织宪章批准生效需要较长一段时间,各国政府又急于解决高关税问题,在 1947 年 4 月经社理事会于日内瓦召开的贸易与就业会议第二次筹委会上讨论伦敦宪章草案的同时,美国、英国、法国等 23 个国家根据会议安排进行了关税减让谈判,最后达成了 123 项双边关税减让协议,涉及 5 万种商品。谈判后,一个称为"关税与贸易协定委员会"的机构把这些减税协议与国际贸易组织宪章草案中关于贸易政策的部分合并,汇编成单一文本,称为关税与贸易总协定。1947 年 10 月 30 日,日内瓦第二次筹委会结束,23 个国家签署了关贸总协定,该协定因未符合法定条件没有正式生效。不久美国联合英国、法国、比利时、荷兰、卢森堡、澳大利亚、加拿大 8 个国家签署了《临时适用议定书》,宣布总协定自 1948 年 1 月 1 日起在 8 国范围内临时生效,同时宣布总协定是为解决战后各国贸易和关税问题的临时协定,目的是使各国尽快享受削减关税的好处,在国际贸易组织宪章生效后,《关税与贸易总协定》就成为该宪章的一部分由后者代替前者。后由于国际贸易组织宪章未能生效,《关贸总协定》就成为事实上代替国际贸易组织宪章的文件,一直适用到世界贸易组织成立。

在乌拉圭回合谈判结束前，关贸总协定1947作为有法律效力的国际协定可以从广义和狭义两方面来理解。狭义的GATT是指最早由23个缔约方签字，于1948年1月1日临时生效的协定文本，它的解释性说明、附件和临时适用议定书，以及在其临时生效后至乌拉圭回合谈判前对协定的历次修改和补充。GATT 1947在1955年、1964年进行过三次较大的修改补充，乌拉圭回合谈判通过的6个谅解协议是最新的一次修改补充。广义的GATT除了狭义的总协定内容外，还包括：(1)进一步阐述GATT条款的一些单独协议和守则，如东京回合谈判达成的9个关于非关税壁垒的协议和守则。[3] (2)关贸总协定缔约方大会和各委员会作出的决定。(3)几百份加入总协定缔约方签订的协议、议定书、关税减让表以及代替、修改这些减让表的协议。世界贸易组织成立后，东京回合谈判达成的9个协议和守则经过更新，已经从原GATT规则体系中分离出来，成为独立的多边或诸边货物贸易协议，它们已不属于广义的GATT(1994年)范围(参见乌拉圭回合文件示意)。

关贸总协定(狭义)由序言、4个部分、38条正文组成。主要原则和规则是：(1)取消对进出口货物的歧视待遇，实行最惠国待遇和国民待遇(第1~3条)。(2)取消对货物进出口的数量限制，通过关税限制进出口(第11、13条)。(3)在符合规定条件下，允许建立关税同盟和自由贸易区(第24条)。(4)缔约方贸易管制措施的透明度(第10条)。(5)关于反倾销税和反补贴税征收的规则(第6、16条)。(6)一般例外，安全例外(第20、21条)。

关贸总协定是一些国家的政府之间达成的临时生效的协定，实际上是由缔约方政府签署的关于贸易问题的多边行政协议。如果没有正式生效，也就不具有国际法意义上的国际公约性质。它的适用是依据1947年10月30日由8个国家的政府代表签署的《临时适用议定书》。议定书宣布：自1948年1月1日起和该日之后，临时适用总协定第一部分和第三部分(第1条第1款)；在不违背现行立法的最大限度内临时适用该协定的第二部分(第1条第2款)。同意临时适用的8个国家中未能在1947年10月30日签署该议定书的应在1947年11月15日之前在议定书上签字，8国以外的属于联合国贸易和就业大会筹委会第二次会议通过的最后文件的签字国政府(共15个)，可以在1948年6月30日以前签署该议定书。在1948年1月1日以后加入总协定的国家只能根据《临时适用议定书》签署单独的加入议定书，使总协定对该国临时生效。这意味着最早于1947年签署关贸总协定的23个国家成为签署《临时适用议定书》的创始缔约方，其他国家只能通过签署加入议定书成为缔约方。

GATT的某些条款也证明其临时适用性，GATT第26条第6款规定，必须有大约占GATT附件8所列各国(35个)对外贸易总额85%的政府接受GATT，它才能正式生

---

〔3〕 指《许可证手续协议》、《补贴反补贴守则》、《反倾销守则》、《政府采购协议》、《民用航空器协议》、《技术贸易壁垒协议》、《海关估价守则》、《国际奶制品协议》、《牛肉协议》。

效,而当时签署 GATT(1947 年)的国家贸易总额远远低于 85% 的要求。GATT 第 29 条第 2 款规定:“本协定第二部分的各项规定应在哈瓦那宪章生效之日起停止生效。”表明 GATT 是在《国际贸易组织宪章》生效前的临时安排,本来在国际贸易组织夭折后,缔约方应对 GATT 的去留重新安排,由于种种原因未能这样做,使之临时适用至 WTO 成立。1965 年,关贸总协定秘书处曾向缔约方建议将“临时”适用改为“正式”适用,多数缔约方认为这种修改将会产生许多法律问题。在现有制度下,临时适用与正式适用无实质区别,故未更改之。

根据《临时适用议定书》第 1 条第 2 款的规定,GATT 临时生效是附加条件的,即在不违背现行立法的最大限度内临时适用总协定第二部分关于贸易政策部分,这意味着一国加入总协定时国内法中存在的一些不符合总协定的规定如经缔约方全体批准,仍可继续保留和实施。上述《临时适用议定书》第 1 条第 2 款关于允许保留某些不符措施的规定被称为“祖父条款”(Grandfather Clause),依据祖父条款得以保留的某些不符措施被称为“祖父条款的保留”(有时也称祖父条款),这方面保留最典型的是美国入关时对《1930 年关税法》第 303 条款的继续实施,该条款规定征收反补贴税不需要证明外国补贴产品进口美国给美国国内工业造成损害,只要认定有补贴事实即可,这与 GATT 第二部分第 16 条的规定相抵触。此外美国《琼斯法》(Jones Act)规定,禁止使用、出售、租赁用于国内及专属经济区水域沿海不同地点商业航运的外国制造或外国改装的船舶,这一违反 GATT 国民待遇及禁止数量限制原则的规定也作为“祖父条款”保留继续实施,而且在世界贸易组织取消“祖父条款”后,它仍可作为唯一的例外继续保留。由于存在“祖父条款”,加上 GATT 始终未经国内立法机关的批准,GATT 相对于国内立法的效力地位一直受到质疑,至少是不确定的,这些都削弱了它的权威性和有效性。

关贸总协定在 40 年的运行中颇具活力,到 1994 年世界贸易组织成立前,缔约方已达 123 个国家或地区,世界贸易量的 90% 是在 GATT 体制内完成的,它已成为唯一的管理全球多边贸易的事实上的国际组织。但是从法律上看,它从来没有取得正式国际组织的法律地位,不是联合国的下属机构。GATT 临时生效仅仅是为解决当时各国普遍存在的高关税采取的权宜之计,没有把它设计为一个正式国际组织,当时的设想是一旦正式的国际贸易组织成立,将由其管理 GATT 实施。GATT(1947 年)文本也没有规定组织机构、章程等事项,缔约各方采取联合行动共同作出决定只能以“缔约方全体”(用大写英文“CONTRACTING PARTIES”表示)名义,不是以一个正式组织的名义。关贸总协定成立之初是借用为筹建国际贸易组织由联合国设立的临时委员会的秘书处来管理其活动,1961 年缔约方全体通过决议,决定设立代表理事会,规定了具体职权,至此,GATT 有了一个组织的雏形,最终演变为总部设在日内瓦的事实上的国际组织。

二、GATT 乌拉圭回合谈判及世界贸易组织产生

关贸总协定的重要目标就是通过谈判削减缔约方的关税,减少非关税障碍,克服

贸易保护主义影响,促进货物贸易自由化。GATT 主持的关税减让谈判有三类:一是多边贸易谈判,亦称“回合谈判”,这是在减少贸易障碍方面最有影响和有成效的谈判;二是加入谈判,由新加入方与主要贸易伙伴的原有缔约方(其出口占新加入方国内市场5% ~10%的份额)和有实质利害关系的缔约方之间进行;三是重新谈判,任何缔约方由于国内形势变化需要修改执行中的关税减让表,它应根据 GATT 第 28 条规定,与初始谈判国和对修改有实质利害关系的缔约方进行谈判。为促进各国在互惠的基础上降低关税,GATT 进行过八个回合的谈判,每次都取得不同成果,其中尤以最后三个回合的谈判成果显著。

第六回合谈判于 1964 年 5 月至 1967 年 6 月在日内瓦举行,由于美国总统肯尼迪倡议进行此次谈判,亦称“肯尼迪回合”。此次谈判有以下突出成果:(1)占世界贸易额75%的 54 个国家参加谈判,减税商品 6 万多种,工业品进口平均税率下降 35%,影响400 亿美元贸易;(2)达成第一个非关税壁垒协议即反倾销协定;(3)增加了关贸总协定第四部分,就发展中国家的贸易和经济增长、特殊的优惠待遇作出规定;(4)波兰参加多边谈判,开创了计划经济国家“入关”的先例。

第七回合谈判于 1973 年 9 月至 1979 年 4 月在日内瓦举行,因谈判始于东京,亦称“东京回合”。此次谈判范围广,除了大幅度削减关税外,在约束非关税壁垒方面取得了突破,达成约束非关税措施的 9 项诸边守则和协议,它们是与 GATT 平行的单独文件,由相应的各专门委员会管理和负责争议解决,各自适用不同的争议解决程序,并且游离于 GATT 无条件最惠国原则之外,不要求全体缔约方接受,仅对少数签字国有效。这些有别于原 GATT 规则的管理方式被认为是一种导致 GATT 体制“分散化”的因素。同时,这些守则和协议要求签字国确保本国的法律规章和行政程序与之相符合。这样,《临时适用议定书》中的“祖父条款”在这些守则和协议范围内不适用。另一项成果是通过了给予发展中国家差别的、更优惠待遇的“授权条款”。

1986 年 9 月 15 日,GATT 缔约方部长级会议在乌拉圭的埃斯特角城召开,GATT 第八轮谈判即乌拉圭回合谈判正式拉开帷幕,会议通过了部长宣言,阐述了这次谈判的目标、原则和议题。先后有 125 个国家和地区代表参加了此回合谈判,整个谈判原定于 1990 年年底结束,但由于在农产品贸易问题上有关方面产生严重分歧,谈判未能按时结束,被迫拖延。大量的技术性工作仍在进行,最重要的是当时的 GATT 总干事阿瑟·邓克尔主持了官员级的谈判,形成了被称为“最后文件”(Final Act)的全部协议草案,它是现存的 WTO 整个框架协议的基础。1992 年 11 月美国与欧盟解决了农产品问题分歧,达成了协议(布莱尔宫协议),1993 年 7 月,美欧日加“四方”(Quad)就关税和相关领域市场准入谈判取得进展,1992 年 12 月 15 日所有问题最终得到了解决。1994 年 4 月 15 日,在摩洛哥古城马拉卡什会议中心举行了乌拉圭回合谈判最后一次会议,125 个国家的政府和欧共体代表签署了最后文件和《马拉喀什建立世界贸易组织协议》(以下简称建立世界贸易组织协议),历时 8 年的乌拉圭回合谈判正式结束。最后文件经各国提交立法机关批准后,已按预定时间表于1995年1月1日生效,世界贸易组织同时宣告成立。

乌拉圭回合谈判是GATT历史上最雄心勃勃的一次多边谈判,持续时间长,规模大,取得的成果巨大。谈判达成的具体协议、附件、决定和谅解有60项,形成了550页的最后文件,附有22500页的各国关税减让表和服务贸易承诺清单,从多方面革新了国际贸易体制,其主要成果有:

1. 进一步改善了货物贸易市场准入条件,关税减让和约束的成果显著。到2000年,所有工业品加权平均的关税率,发达国家从6.3%降至3.8%,发展中国家从15.3%降至12.3%,转型经济国家从8.6%降至6%。根据1997年世界贸易组织40多个成员达成《信息技术协议》,到2005年,信息技术产品的关税降为零,并承诺每个参加方按最惠国待遇原则把这一减让适用于所有其他成员。在减少非关税障碍方面,东京回合谈判达成的各项约束非关税措施的协议得以完善并变成多边协议得以普遍实施;同时长期困扰GATT缔约方的"灰色区域措施"得以禁止。[4] 另外还增加了《原产地规则协议》和《装运前检验协议》。

2. 将长期游离于GATT之外的纺织品服装、农产品贸易纳入多边贸易规则管辖。新的《农产品协议》和《纺织品协议》将直接促进这两个部门产品的贸易开放和自由,还解决了GATT规则在这两个领域内效力不明的状态(灰色区域),将增强多边贸易规则的统一性和有效性。

3. 强化了管理多边贸易的法律规则框架。谈判达成的各项协议和谅解达成了今后调整多方面贸易活动的完整系统的国际法规则,除几个诸边贸易协定外,所有多边贸易协定都要求其成员一揽子接受和一体遵守,遏制了GATT东京回合谈判以来多边贸易体制存在的"分散化"的趋势,增强了多边贸易规则的统一性和约束力。

4. 完善了管理多边贸易的机构体制。乌拉圭回合谈判最重要的成果是通过了《建立世界贸易组织协议》,这一协议被认为是自《联合国宪章》产生以来的影响世界的最重要的国际协议,根据协议建立了管理多边贸易的正式国际组织——世界贸易组织,使当初哈瓦那宪章勾画的理想变成了现实。世界贸易组织将与世界银行和国际货币基金组织共同构成支撑世界经济的三大支柱。

5. 谈判达成了《服务贸易总协定》、《与贸易有关的知识产权协议》、《与贸易有关的投资措施协议》,扩大了多边贸易规则调整范围,弥补了GATT调整货物贸易的单一性的不足。有助于在新的国际经济关系中WTO成员权利义务平衡。新协议将促进全球服务贸易开放和增长,促进知识产权保护及技术成果开发利用。

---

〔4〕 虽有GATT一般禁止数量限制的原则,某些缔约方长期以来仍对于农产品、纺织品服装、石油、汽车等所谓"敏感商品"实行歧视性进口数量限制,由于这种限制采取似乎是合法形式,有的通过签订"自愿出口限制协议"实行,有的如纺织品是在GATT主持达成的《多种纤维协定》安排下实行,所以效力不明,被称为"灰色区域措施"。

6. 谈判贯彻了1986年埃斯特角部长会议宣言精神,在达成的各项协议中考虑到发展中国家特殊需要,给予其差别的更优惠待遇。表现在:允许发展中国家承诺较低水平义务,在《服务贸易总协定》、《补贴反补贴协议》、《农产品协议》都有所体现;发展中国家在履行协定义务方面可以有较长过渡期;发展中国家享有程序上的灵活性和优惠待遇;要求发达国家对发展中国家承担一定义务如提供技术援助,等等。

世界贸易组织的成立结束了GATT主持阶段性回合谈判的惯例,世界贸易组织仍将为其成员扩大贸易自由化成果,探讨和完善国际贸易规则提供谈判场所,最后文件确定的近期谈判日程和议题包括农产品、服务贸易、贸易与投资、贸易与环境、竞争政策、贸易"便利"等。

三、GATT乌拉圭回合谈判达成的市场准入措施

经过GATT多次回合谈判,仍存在一些影响货物贸易自由的不利条件,表现在工业品领域发展中国家关税偏高;纺织品、服装、农产品贸易长期游离于GATT之外,贸易受到限制和扭曲。乌拉圭回合达成的多项协议在解决上述问题方面取得突破性进展,极大改善了市场准入条件。

(一)工业品

乌拉圭回合谈判工业品关税减让有如下特点:(1)改变了过去发达的国家较多进行减让,只有少数发展中国家对有限商品进行减让的局面,所有发展中国家都同意按百分比实行线性减让。当然,根据相对互惠原则,发展中国家比发达国家减让的百分比低。(2)进出口关税约束加强。谈判后,几乎所有进入发达国家市场的工业品均适用经过约束的关税;发展中国家和过渡经济国家关税约束比例分别达到73%和98%。[5] 许多发展中国家采用上限约束方式,承诺不将关税提高到超过每一所列商品的上限税率,或适用于某特殊部门的上限税率,或适用于所有产品的上限税率。(3)关税削减幅度大,发达国家承诺总体削减关税40%,发展中国家和过渡经济国家削减30%。关税削减在5年期间平均实施,在2000年前达到协议规定的最终减让水平,即工业品加权平均关税发达国家从8.6%降至6%。发达国家和一些发展中国家承诺在药品、医疗器械、农用机械、建筑设备、家具、纸张、玩具等商品领域实现零关税。

(二)纺织品、服装

1959年,美国在GATT第15届缔约方大会上提出"市场扰乱"的概念,认为包括纺织品在内的一些商品在短期内大量进口,会在政治、经济、社会三方面给进口国造成严重后果。商品短期内过量进口造成的市场扰乱不是因倾销或政府补贴造成,而是商品的低成本或低价竞争引起。关贸总协定接受了"市场扰乱"的概念,同意对"低成本供应者"的产品进行数量限制。实行这种限制不需要像采取GATT第19条保障措施那

〔5〕 此处及以下统计数字引自外经贸部及海关总署联合编译的《乌拉圭回合协议商用指南》,法律出版社1996年版。

样应符合一定条件和程序,受限国家也不能获得补偿。1973 年,关贸总协定组织 42 个纺织品进出口国进行谈判,最后达成《国际纺织品贸易协定》(亦称多种纤维协定,英文缩写为 MFA),此协定一再续签延长,第 5 个多种纤维协定至 1994 年年底到期,此外还有大量的双边纺织品协议与之配合实施。MFA 的主要内容是允许发达国家进口国对纺织品进口实行数量限制,协议规定的纺织品进出口配额标准和设限水平成为各有关国家市场准入的前提条件。协议还允许发达国家以市场扰乱等理由,背离 GATT 实行歧视性国别数量限制。由于 MFA 是在 GATT 组织下达成的,这些不合理安排得以合法存在。

乌拉圭回合谈判达成了《纺织品服装协议》。协议的基本目标是把纺织品服装贸易纳入关贸总协定调整,由世界贸易组织统一管辖,自协议生效时起 10 年过渡期内,WTO 成员可以采取"过渡性保障措施",对来自特定出口国的进口产品实行数量限制,但须证明从各个来源国的进口都增加,从特定出口国进口急剧大量增加;国内产业受到严重损害;并且接受纺织品监督机构审议。到 2005 年 1 月 1 日,10 年过渡期结束,除非依据保障措施协议说明某种数量限制的合理性,任何成员不得再对纺织品进行实行数量限制,从而使该部门完全融入正常 GATT 规则体系,进口国再也不能维持配额限制。目前《纺织品服装协议》已停止实施,它是 WTO 协议中唯一规定自行废止的协议。实行上述安排的同时,《保障措施协议》禁止双边签订"自限协议"和"有秩序的销售安排"协议。

(三)农产品

GATT 创始成员并没有想到把农产品排除于多边贸易体制约束之外,但是有两方面因素促成了这一历史事实。一是 GATT 条款本身为各国实行农产品贸易保护留下法律漏洞,按照 GATT 第 6 条第 7 款的规定,缔约方对另一缔约方低价倾销农产品不得征收反倾销税;第 11 条允许缔约方在一定情况下对农产品进口实行数量限制;第 16 条第 2 节第 3 款的意图似乎并不严格禁止对农产品出口的补贴。另一重要因素是,1955 年美国援引 GATT 豁免义务条款(第 25 条第 5 款),要求缔约方全体免除其农产品进口方面的 GATT 义务。获得批准后,美国得以合法地限制农产品进口,以实施其农产品价格支持计划。这项豁免影响深远,后来欧共体成立后,也实行同样的农业保护政策,主要发达国家之间在农产品贸易方面的矛盾逐渐加深。此外,各国还提出了农业保护政策的其他理由,如保证足够的粮食供应,维护国家安全;保护农民免受天气和国际价格变动影响;保护农村社会和自然环境等。

历史上农产品贸易冲突,GATT 谈判桌上的讨价还价主要在美国与欧共体、日本之间,以及这些发达国家和代表 14 个发展中国家农产品出口国的"凯恩斯集团"之间展开。在乌拉圭回合谈判以前,各国实行的农产品高保护政策体现在:(1)实行高关税和数量限制措施,严格控制农产品进口,以维持国内垄断性高价,保护农产品生产商利益;(2)实行国内价格支持政策,对于农产品生产、销售给予必要的政府补贴,农产品价格稳定在一定水平；(3)实行出口补贴，鼓励生产者以相对于国内市场较低的价格向国际市场销售农产品。这些做法严重扭曲了国际农产品贸易，使产品的价格和供应量高于或低于正常水平，政府补贴的结果是抬高了国内市场价格，鼓励了过量生产，而过剩产品在国际市场销售就需要出口补贴，那些没有财力补贴或补贴较少国家的产品就降低了出口竞争力，受到不公平竞争的损害。[6]

乌拉圭回合谈判达成《农产品协议》，结束了农产品贸易脱离多边贸易规则管辖的历史（美国的豁免义务已经失效），协议规定的农产品贸易自由化措施将为逐步实现这方面的市场开放和市场准入创造条件。这些措施是：

1. 通过边境措施控制进口。各成员对农产品进口限制关税化，取消数量限制和其他税收限制。具体做法是将数量限制和其他措施影响价格的程度（体现为产品进口国国内价格与国际市场平均价格的差价）折算成等量关税，再加到已有的固定关税上，其结果虽然大幅度提高了农产品进口关税（有的税号产品达350%），却减少了随意性限制，使贸易更加透明。协议允许成员对某些农产品不实行关税化，但服从于严格限制条件。

2. 约束并削减农产品关税。各成员承诺约束农产品关税化形成的新关税和其他关税，使之不得再提高。各方按一定百分比削减关税约束的农产品，发达国家和过渡经济国家承诺平均削减36%的关税，在6年内完成；发展中国家平均削减24%，在10年内完成。每一农产品关税至少削减10%（发达国家为15%）。最不发达国家可以不削减关税，但应承担约束义务。

3. 承担现行市场准入和最低市场准入。现有的WTO成员通过特殊安排给来自某些国家的农产品进口优惠应保持，使之不受关税化之后的高关税影响，进口方应通过关税配额承担这一部分市场准入。各成员对于过去没有进口或很少进口的某些农产品必须作出最低市场准入承诺（在承诺表中列出），承诺进口量最初为国内消费量的3%（以1986～1988年消费总量为基准），以后增至5%，进口方以关税配额承担这一部分市场准入，配额内产品进口关税不得高于约束关税的32%。

4. 按百分比从价值上和数量上削减一定比例的出口补贴。自协议生效起6年内，逐步减少对农产品出口补贴，发达国家最终减少占基期（1986～1988年）水平36%的补贴金额；享受出口补贴的农产品数量也应分期削减，最终削减基期水平的21%。发展中国家这两方面的削减额为24%和14%。

5. 按一定百分比削减国内支持水平。协议允许各成员对农产品实行某些种类的国内补贴即绿区补贴，包括政府提供的农业科研，病虫害控制，基础设施和粮食安全，灾害救济等服务，帮助农民进行农业结构调整的援助，环境及区域援助计划中的直接

---

〔6〕 以小麦为例，欧共体每吨价格为250美元，美国国内是115美元，国际市场价格为70美元。汪尧田、于申主编：《关贸总协定与中国经济》，中国对外经济贸易出版社1993年版。

支付等6个方面。除此之外,国内补贴应予削减(指黄区补贴,是政府向国内生产者提供价格支持的补贴)。各成员以1986年至1988年间国内支持总水平为基准,发达国家在6年内削减总量支持的20%,发展中国家在10年内削减总量支持的13.33%。但是给予某项具体产品的补贴额不超过该产品产值的5%,可不计入总量支持中。发达国家如补贴总量不超过农业生产总值5%,发展中国家为10%,也免除削减义务。

实行这些措施将增加国际农产品进出口,农产品国际市场价格也会逐渐上升,以接近正常水平。但在实施过程中,某些国家过分夸大谷物、肉类等农产品非关税措施影响,量化的关税过高,有可能形成比原来更严重的贸易阻碍。

第二节 世界贸易组织与世界贸易组织法

一、世界贸易组织及其法律地位

(一)世界贸易组织机构

世界贸易组织(WTO)是在组织上取代关贸总协定,协调和约束各成员贸易政策、法规和措施的政府间国际组织。WTO是政府间国际组织,其成员是主权国家和在对外贸易方面有充分自主权的单独关税领土的政府,WTO组织的谈判、议事活动和争议解决都由这些政府的代表参与,除政府代表以外的任何个人、工商企业和非政府组织无权参加其活动,只有少数专家可在WTO内由非政府代表组成的机构从事公务。

WTO成员分为创始成员和加入成员。WTO协议第11条规定:GATT(1947年)缔约方和欧共体在WTO协议于1995年1月1日生效前表示同意接受该协议及其附件多边贸易协定的约束(不包括诸边贸易协定),并向WTO提交了关税减让表和专项承诺表,附于GATT(1994年)和《服务贸易总协定》之后,就成为WTO创始成员。在1995年1月1日前未能满足上述条件的GATT(1947年)缔约方在WTO协议生效以后2年过渡期间完成上述条件,仍可成为WTO创始成员;否则,将按WTO协议第12条规定,以加入方式成为WTO成员。截至1996年8月1日,有123个国家和地区成为WTO创始成员,其中包括美、加、欧共体、日本等主要发达国家。到2007年7月,世界贸易组织成员已达151个。

对于在1996年年底仍没有成为WTO成员的GATT缔约方和其他非GATT缔约方,可以加入方式成为WTO成员。WTO采纳了GATT接纳新成员的做法,即任何国家或在对外贸易关系和与WTO协定相关事务方面有充分自主权的单独关税领土,可以按照它与WTO议定的条件加入WTO,同意接受新成员的决定由部长会议作出,经WTO 2/3以上的成员批准。以加入方式成为WTO新成员的最重要工作是同原有成员进行关税减让和服务贸易市场准入谈判,谈判结果形成附加于GATT(1994)的关税减让表和附加于《服务贸易总协定》的服务贸易专项承诺表。诸边贸易协定的加入按这些协议的规定处理。由联合国承认的最不发达国家只承担与其发展、经济条件、行政能力相适应的减让义务。

按照WTO协议的规定，世界贸易组织设有部长级会议、总理事会、专门理事会、委员会、总干事、秘书处等机构。

1. 部长级会议

是世界贸易组织最高决策机构。由WTO所有成员的代表组成，至少每2年召开一次会议。部长级会议的职能是：(1)履行世界贸易组织的职能，并为此采取必要行动；部长会议为履行WTO职能采取的"必要行动"的范围是广泛的。GATT(1994年)注释中指出："除某些例外，GATT条款中授予缔约方全体采取联合行动的职权将授予部长会议。"(2)根据其成员的请求，在符合WTO协议和多边贸易协议决策程序的特别要求情况下，有权对多边贸易协议中的任何事项作出决定。

2. 总理事会

为WTO常设执行机构，在两届部长级会议之间主持WTO日常工作，履行部长会议的职能，批准各委员会的决议。总理事会也是WTO争端解决机构和贸易政策评审机构，它们根据不同的职权范围召开会议，在履行各自职能时由各自的主席领导，适用各自的规则程序。上述三个机构由所有成员的代表组成，向部长级会议负责和报告工作。

根据《贸易政策评审机制》协议，设立的贸易政策评审机构，负责定期审议成员的贸易政策和措施，审议是基于一成员政府提供的详细叙述其贸易政策的报告和世界贸易组织秘书处所独立准备的一份详细报告进行，这两个报告以及贸易政策评审机构的审议记录将在审议后立即公布。协议承认国内透明度必须建立在各成员自愿基础上并考虑各成员的政策法律制度。贸易政策评审的目的是了解各成员实施WTO协议的情况，尽可能减少贸易争议，审议不是强制实施义务的基础，也不是为了争议解决。对一成员贸易政策审议的频率按该成员在世界贸易中所占份额决定，四大贸易实体——欧盟、美国、日本和加拿大每2年审议一次；贸易份额占前16位的成员每4年审议一次；其他成员每6年审议一次。

3. 分理事会

总理事会下设三个分理事会协助其工作，负责监督协议的实施。货物贸易理事会监督GATT(1994年)及相关协议的运作；服务贸易理事会负责《服务贸易总协定》的实施；与贸易有关的知识产权理事会负责TRIPS协议的执行。分理事会成员资格向WTO所有成员的代表开放，并按履行职务的需要召开会议。WTO的工作(包括正式的和非正式的)由各成员的政府代表完成，贸易政策和谈判在国内准备。[7]

---

〔7〕 大多数国家在日内瓦设有外交使团，参加WTO各层次会议，但由于经费原因，在WTO 30个最不发达国家中，只有1/3在日内瓦设有常驻代表办公室，而且除WTO活动外，还负责联合国的活动。

4. 专门委员会、工作组

WTO设有两类专门委员会和工作组,分别由相应的机构授权履行职能。第一类由总理事会以及根据部长会议决议设立的工作机构,履行WTO协议及总理事会授予的职能,包括贸易与环境委员会、贸易与发展委员会、区域贸易协定委员会、国际收支平衡委员会、最不发达国家小组委员会。此外还包括根据诸边贸易协定设立的政府采购委员会、民用航空器贸易委员会。根据诸边贸易协定设立的委员会有义务保持与总理事会的沟通,使之了解它们的活动情况,但是总理事会及WTO其他机构的权力对这些委员会无约束。总理事会下设若干工作组协助其活动。第二类是由分理事会设立的工作机构,货物贸易理事会管理的所有货物贸易多边协议,除《装船前检验协议》外都设立了相应的工作委员会(共11个),还设立纺织品监督机构和国营贸易工作组。它们监督各自协议的实施,向货物贸易理事会报告工作。服务贸易理事会负责《服务贸易总协定》实施,设立了金融服务贸易委员会,具体承诺委员会和职业服务工作组。各专门委员会成员资格向所有WTO成员代表开放。

5. 总干事和秘书处

世界贸易组织下设秘书处,由部长会议任命的总干事和若干副总干事领导。总干事的职责和任职条件由部长会议制定的规则确定。总干事是世界贸易组织规则监护人,通过对成员施加影响,促进规则的遵守和实施;他也是调停人和行政主管,帮助解决成员之间的争议;负责秘书处的工作,主持各种谈判;总干事根据规则决定工作人员资格(设在瑞士日内瓦的WTO秘书处现有约500名不同国籍雇员)。秘书处的职责是为WTO各代表机构(理事会、委员会、工作组)进行谈判争议解决和执行协议提供行政和技术支持;为发展中国家特别是最不发达国家提供技术援助;处理成员的加入谈判,为准备加入的国家提供咨询。秘书处下设总干事办公室和与WTO各机构、各专门委员会对应的工作部门(共24个司),以支持、协助WTO各部门的工作。总干事及其工作人员的责任具有专门性和国际性,他们在履行职务时不得寻求或接受来自于任何政府或世界贸易组织以外其他当局的指示,世界贸易组织成员应尊重这种国际性,不应对其施加影响。

WTO全体成员可以参加所有理事会和委员会,但上诉机构、争端解决专家组、纺织品监督机构及诸边贸易协议委员会除外。

WTO协议第9条第1款规定,WTO将沿用关贸总协定以协商一致决策的惯例。在这一条的注释中说明:"协商一致(Consensus)是指在作出决定的会议上,如果出席会议的成员没有一个对所作出决议提出正式反对意见,决议机构被认为以协商一致的方式对提交审议的事项作出了决定。"[8]协商一致是GATT及其他国际组织主要决策

〔8〕 赵维田教授认为:"Consensus"译为"共识"更贴切。这一程序的规则是:只要在决策会议上没有人正式反对,就算达成共识,缺席、弃权、沉默均不妨碍达成共识。而采取沉默态度对那些决议事项与之关系不大,不想以明确表态开罪别国的小国更可取,这也是对大国经济实力的尊重。赵维田:《世界贸易组织(WTO)的法律制度》,吉林人民出版社2000年版,第446页。

方式，也是WTO部长会议和总理事会的主要决策方式。除此之外，WTO协议规定某些事项应以WTO成员投票表决决定：(1)部长会议和总理事会有权根据分理事会的建议解释WTO协议的所属多边贸易协定，对协议条款的解释需经WTO成员3/4多数通过。(2)前述协议的一般条款修改以2/3多数票通过，某些重要条款如“最惠国待遇”的修改需经全体成员通过才有效。(3)豁免某成员WTO义务需经3/4多数票通过。部长会议和总理事会表决采用一成员一票制，不采取加权投票制。同时WTO协议作出了类似于GATT第30条的规定，即WTO成员保留接受世界贸易组织批准的新义务的权利(第10条)。

(二)世界贸易组织宗旨、职能

世界贸易组织与其前身关贸总协定一样，都是建立在市场经济制度和西方自由贸易理论基础上的。自由贸易理论主张国家不限制或较少地限制对外贸易，应允许商品自由进出口，不给本国生产商和出口商特权与优惠，也不严格限制外国商品进口。英国古典经济学家亚当·斯密和大卫·李嘉图是自由贸易理论的奠基人。亚当·斯密提出了倡导自由贸易的绝对成本(利益)理论，认为各国在生产中都有特定的优势，包括自然条件优势和人民能力技能的优势，因能力不同会形成生产成本和生产率的巨大差异，一国生产某种商品所具有的较低成本和较高生产率就是绝对利益，各国应生产和出口那些具有绝对利益的商品而进口本国不具有绝对利益的商品，这样各自获得的商品总量都会增加，贸易双方都有利。大卫·李嘉图进一步提出了比较利益理论。他认为一个国家即使有两种以上具有绝对利益的产品，它也要比较利益程度的不同，集中力量生产和出口绝对利益比较大的产品，进口绝对利益比较少的商品；另一些国家即使产品都处于绝对不利的地位，也要比较不利的程度，集中力量生产出口那些不利程度较小的商品，可进口不利程度较高的商品，即“有利取其重，不利取其轻”。GATT缔造者希望建立一种没有贸易保护主义干扰的自由贸易秩序，使商人在安全稳定的交易条件下自行进行成本利益比较，寻找最佳的出口交易，获取最大利益。古典比较利益理论的重要缺陷是单纯以商人的立场和价值观权衡比较利益，以单纯经济观点作为立论基础，较少考虑贸易对社会公共利益、环境、国家可持续发展的负面影响，以及生产交换的“外化性”和外部效应。[9] 以此为基础的GATT规则在将贸易竞争与社会全面的可持续发展协调方面存在重要缺陷。WTO的宗旨和制度力图加以改进，但仍受到责难。在WTO举行的几次部长会议期间，会议所在地发生大规模抗议示威，民间组织要求WTO关注与贸易有关的环境、劳工、食品安全问题等，从一个侧面反映了这一矛盾。

《建立世界贸易组织协议》正文共16条，另有5个附件列于其后。正文规定了WTO宗旨、职能和组织机构、决策方式等事项。协议序言规定，世界贸易组织的宗旨

---

〔9〕 曼昆：《经济学原理》，三联书店、北京大学出版社2001年版，第211页。

是:(1)加强世界经济与贸易的联系与合作,以提高生活水平,保障充分就业,增加实际收入和有效需要,增加货物与服务的生产和贸易。同时考虑到以可持续发展的方式,合理开发和利用世界资源,保护和维护环境。(2)通过实施切实有效的计划,以确保发展中国家在国际贸易增长中的份额,适应其经济发展需要。(3)通过互惠互利的协议安排,实质性地降低关税,减少其他贸易壁垒,在国际贸易中消除歧视待遇。(4)维持关贸总协定的基本原则,进一步完成关贸总协定的目标,发展一个综合的更加有活力的、持久的多边贸易制度。

世界贸易组织的宗旨在基本方面与 GATT 宗旨是一致的,但是又有所扩展。WTO 宗旨新增的内容是:(1)扩大服务贸易;(2)采取措施保护和维护环境;(3)积极努力,确保发展中国家,特别是最不发达国家的贸易份额;(4)建立综合的更有活力的多边贸易制度。

世界贸易组织的宗旨表明:世界贸易组织和 WTO 协议希望促成的国际贸易发展模式是以人为本、可持续发展模式。它不仅要体现市场开放带来的贸易增长,更要在发展进程中"提高人民生活水平,保证充分就业",增进人民福利,寻求对世界资源的最佳利用,保护和维护环境。实现经济发展与社会发展的协调,实现贸易增长与资源环境保护的协调。这是从 GATT 体制下旧的发展模式向适应经济全球化进程的科学、可持续发展模式的历史性转变。其次,WTO 协议体现了以人为本、维护人权的核心价值,将提高人民生活水平、保障充分就业、保证人民实际收入和有效需求大幅增长、保护和维护环境作为基本目标。能否实现以人为本可持续发展的目标将成为检验我国能否正确理解和执行 WTO 协议的"试金石",WTO 协议是否制定得好,执行得好,关键要看人民群众是否从贸易增长中获得实惠。还应看到 WTO 协议将发展成为一个综合的、更有活力的多边贸易体制,它将调整更广泛的经贸领域。WTO 协议及机构体制的正式性,它对于各成员的有力约束,决定其将担负起未来全球化治理的重任,共同管理全球性公共产品及全球性经济福利、人权及环境保护,解决更广泛的可持续发展问题。

WTO 协议第 3 条规定了世界贸易组织的职能:(1)促进 WTO 各项宗旨的实现,监督与管理其统辖范围的各项协议与安排的实施运行,并为执行上述各项协议提供统一的机构框架。(2)为今后多边贸易谈判提供论坛和场所。(3)按一体化争端解决规则程序,解决各成员之间的贸易纠纷。(4)与国际货币基金组织和世界银行等相关国际组织合作,协调全球经济决策。

(三)世界贸易组织与 GATT 的关系

在组织上,WTO 与 GATT 之间是替代关系,世界贸易组织具有不同于其前身关贸总协定以及其他国际组织的鲜明特点。

在法律地位上,世界贸易组织是与 GATT 有实质区别的永久性的正式的国际组织,它依法成立,是如同主权国家一样的国际法主体,具有法律人格(Legal Personality),世界贸易组织成员必须给予该组织履行职能必需的权利能力、特权和豁免,它的工作人员和成员代表在履行世界贸易组织职责时同样享有必需的外交特权和豁免。世界贸易组织的决议,它所管辖的框架协议对其成员有法律约束力。世界贸易组织成立后取代了关贸总协定这个临时的非正式组织的地位,关贸总协定作为一个组织已于1996年正式终结,世界贸易组织成了唯一的调整多边贸易关系的国际组织。但是世界贸易组织与国际货币基金组织和世界银行不同,它不是联合国的下属机构,它将与这两个机构有效合作,共同协调国际经济关系。

世界贸易组织改变了关贸总协定仅仅调整一部分货物贸易的局限性,调整更广泛的经贸关系领域。世界贸易组织把农产品、纺织品服装纳入了管辖范围,除此之外,还调整与贸易有关的知识产权保护、国际投资措施、服务贸易、环境政策和竞争政策等,必将为成员间多领域的经济合作和可持续发展起促进作用。

世界贸易组织是统一的多边贸易管理机构,它将谈判达成的所有协议文件都纳入了管辖范围,除几个诸边协议外,所有多边协议都要求成员一揽子接受,服从WTO一体化争议解决,改变了GATT东京回合谈判达成的某些守则。它的管理和争议解决脱离多边贸易体制的“分散化”的趋势,有助于建立规范统一的国际经济秩序。

世界贸易组织具有健全的机构体系和更广泛的代表性。以部长会议为核心,总理事会为主干的伞形机构体系将有效保证协议的贯彻和开展职能活动,特别是争端解决机构和贸易政策评审机构对其成员有实质上的约束作用,前者通过准司法性的争端解决程序和交叉报复手段保证所管辖的争议及时解决,所作出的裁决和建议有效执行;后者监督其成员贸易政策和法律的制定情况,保证其透明度和与WTO原则和规则相符合。世界贸易组织目前已有151名成员,随着俄罗斯和中国台湾地区等国家和地区的加入,不论其所代表的国家或地区以及人口数额、所代表的贸易额都将占世界绝大多数。

另一方面,世界贸易组织与GATT也存在组织上的联系。世界贸易组织成立后,GATT作为独立的组织机构已不存在,但是这个实体并没有解散,而是转变成世界贸易组织的下属机构——货物贸易理事会,负责监督多边货物贸易规则的实施,GATT所有工作人员也被WTO雇用;在组织构成上,WTO成员以原GATT成员为主体,125个GATT缔约方已成为WTO创始成员;更重要的是,GATT组织活动原则、程序规则和习惯做法也被WTO接受。《建立世界贸易组织协议》第16条规定:“除非本协议或复边贸易协议另有规定,世界贸易组织将接受GATT(1947年)缔约方和在GATT(1947)法律框架内建立起的机构所遵循的关贸总协定的决定,程序、习惯做法的指引。”

二、世界贸易组织多边贸易法律体系

(一)世界贸易组织管辖的框架协议

乌拉圭回合通过的最后文件构成了调整多边国际经贸关系的法律框架。最后文件分为两部分:第一部分为《建立世界贸易组织协议》及其涵盖的多边和诸边贸易协议,它们构成多边贸易法律框架的主体;另一部分为乌拉圭回合部长级会议通过的宣

言和决定,其内容主要是对第一部分多边贸易协定涉及的细节问题作补充性规定。乌拉圭回合达成的最后文件示意如下:

第一部分:《建立世界贸易组织协议》及其附件

附件1A:各项货物贸易多边协议

1. 关贸总协定1994

(1)经修订的GATT 1947文本的各项条款。

(2)在WTO协议生效前,依据GATT 1947生效的下列文件的各条款:关税减让的议定书和证明;加入议定书(关于临时适用,临时适用的撤销,“祖父条款”除外);根据GATT 1947第25条授权作出的,在1995年1月1日仍有效的关于解除缔约方义务的决定;GATT 1947年缔约方的其他决定。

(3)下列关于GATT条款的谅解:关于GATT 1994年第2条1(b)的解释;关于GATT 1994第17条的解释;关于GATT 1994国际收支平衡条款;关于GATT 1994第24条的解释;关于GATT 1994免除义务的规定;关于GATT 1994第28条的解释。

(4)GATT 1994马拉卡什议定书关于GATT 1994的解释性说明。

2. 农产品协议

3. 实施卫生与植物卫生措施协议

4. 纺织品服装协议(已失效)

5. 技术贸易壁垒协议

6. 与贸易有关的投资措施协议

7. 关于实施GATT 1994第6条的协议

8. 关于实施GATT 1994第7条的协议

9. 装船前检验协议

10. 原产地规则协议

11. 进口许可证手续协议

12. 补贴和反补贴措施协议

13. 保障措施协议

附件1B:《服务贸易总协定》及其附件

1. GATS第二议定书(金融服务)

2. GATS第三议定书(自然人流动)

3. GATS第四议定书(基础电信)

4. GATS第五议定书(金融服务)

附件1C:与贸易有关的知识产权协议

附件2:关于争端解决的规则和程序的谅解

附件3:贸易政策评审机制

附件4:诸边贸易协定

1. 民用航空器协定

2. 政府采购协议

第二部分:部长会议宣言和决议(略)

第一部分中,《建立世界贸易组织协议》是主协议,是多边贸易法律框架的核心。该协议兼具契约性和法规性。协议本身极少直接规范管理多边贸易关系的实质规则,主要内容是对世界贸易组织的成立、宗旨、职能、机构设置、决策方式、成员权利义务(组织方面的)作出约定(契约性)。[10] 调整多边贸易关系,规范国际贸易竞争规则的实质规定体现在附属的多边和诸边协议以及其他谅解和决定中,它们作为 WTO 协议的附件列入其后(法规性)。附件中的协议文件既有实体法也有程序法规则,按内容可分为五个部分:(1)货物贸易多边协定,包括 13 项独立协议,由 GATT 1994 和乌拉圭回合谈判达成的新协议组成(附件 1A);(2)《服务贸易总协定》(附件 1B);(3)《与贸易有关的知识产权协议》(附件 1C);(4)《关于争端解决的规则与程序的谅解》(附件 2),《贸易政策评审机制》(附件 3);(5)4 项诸边贸易协定(附件 4)。[11]

从整体上看,WTO 规则仍然秉承了 GATT 自由贸易与市场开放原则、公平贸易(非歧视)原则和权利义务平衡可预见性原则的制度基础。[12] 只不过非歧视原则被创造性地引入服务贸易总协定和与贸易有关的知识产权协议,各自适用于不同的调整范围。自由贸易和利益平衡已扩大适用于包括农产品、纺织品服装贸易、服务贸易等更广泛领域。WTO 规则保持 GATT 高度灵活性特征,一般规则与具体承诺相结合,严格法律义务与道义义务相结合,基本原则和例外规定的有机结合在新协议及新的市场准入谈判结果中都有所体现。

但是 WTO 规则是正式的国际协议,通过健全的组织体系和准司法性的争端解决机制,WTO 协议获得比 GATT 更大的强制性和约束力,实践证明,这一特点使 WTO 协议在当今全球治理中发挥独特作用。WTO 协议已变成全球法的核心成分,WTO 协议正在整合全球法,共同实现全球治理,共同解决经济全球化条件下产生的贸易及与贸易有关的社会问题。"全球法"(Global Law)[13]是比传统国际法更广义的概念,它是指所有为实现全球治理而从外部影响国内法、国家各项管理制度和私人行为的国际规范。在法律渊源上,全球法不仅包括传统国际公法中的条约惯例,还包括大量非正式的国际规范(原则、指引、标准、准则和建议等)。在全球法中存在一种"借力机制"

---

〔10〕 WTO 协议中对多边贸易关系有直接影响的规则是第 9 条关于附件 1 多边贸易协定义务的豁免,第 13 条关于 WTO 成员间互不适用多边协议的规定。

〔11〕 随着《农产品协议》的生效和实施,1997 年 WTO 成员同意在当年底废止牛肉协议和奶制品协议,诸边协议仅剩 2 个。

〔12〕 见 WTO 秘书处编:《贸易走向未来》,法律出版社 1999 年版,第 3 页。

〔13〕 关于全球法类型,参见 Benedict Kingsbury, Nico Krisch & Richard B. Stewart, *The Emergence of Global Administration Law*, *Law and Contemporary Problems*, Vol. 68, Summer/Autumn 2005, p. 20。

(borrowing regime)或整合作用,一方面WTO协议利用这些正式或非正式的国际规范确立公平的国际标准来管理贸易;另一方面,这些标准和规范因为WTO规则和争端解决的采用而增强了约束力。不仅如此,WTO协议还在实现国家内部"良好治理"中发挥积极作用。接受WTO协议意味着接受市场化、法治、透明度以及责任政府、非歧视、保护个人权利等民主的价值目标,将促进成员的改革开放和民主化进程。

世界贸易组织成员对WTO多边贸易协定采取"一揽子接受"方式,除4个诸边贸易协定可有选择地自愿参加外,WTO协议与其所涵盖的全部多边贸易协议、谅解是不可分割的组成部分,应一并加入,WTO成员不得把其中任何单一的协议文件排除在外,拒绝接受。但是,在接受有关的多边协议时,经其他成员同意并在协议允许的范围内,可以对协议中某些条款作出保留。多边贸易协定的效力关系是,当WTO协议与其涵盖的多边贸易协议不符时,在不符的范围内,前者优先适用;当GATT 1994与其他多边协议不符时,后者优先适用。这种制度安排比原GATT规则体系更具有协调统一性。

(二)WTO法律体系与GATT 1947的关系

在法律制度上,WTO多边贸易规则是对GATT 1947原则和规则的继承和发展。从继承关系来看:(1)WTO规则全面接受了GATT 1947确立的宗旨,就是要在处理经贸关系方面,加强各国之间的合作,通过互惠互利的安排,减少关税和非关税贸易障碍,促进各国经济增长,提高人民生活水平;(2)WTO规则继承了GATT 1947的基本原则,如最惠国待遇、国民待遇、关税减让和约束、禁止数量限制、开放市场、透明度、多边主义、发展中国家的差别的优惠待遇,这些原则仍然是WTO处理多边货物贸易关系的准则;(3)WTO接受了GATT 1947的基本规则,除导致GATT 1947临时生效的《GATT临时适用议定书》外,GATT 1947以及后续发展起来的进一步阐述GATT规则的协议和守则,经过乌拉圭回合谈判进一步修订,演变成GATT 1994和若干单独协议,被纳入WTO附件1A货物贸易规则框架内,成为调整多边贸易关系的四方面基本实体法之一。

另一方面,WTO又从整体上发展了GATT 1947的原则和规则。(1)世界贸易组织除坚持GATT原有宗旨外,将发展服务贸易、保护环境和资源以使经济可持续发展,确保发展中国家国际贸易增长作为多边贸易体制的新目标;(2)GATT 1947的基本原则被引入服务贸易,与贸易有关的知识产权保护,与贸易有关的投资措施等多边贸易关系的其他领域,并相应地赋予新的含义,将促进这些领域各国经贸关系健康发展;(3)在GATT以调整货物贸易关系为主的规则基础上,WTO充实了一些重要新规则,一是增加了调整经贸关系新领域的三个协议;二是增加了有利于多边贸易体制健康发展的争议解决规则和贸易政策评审制度。未来还将制定与贸易有关的环境保护、劳工保护、国际反垄断等多边贸易规则。

新的货物贸易规则与GATT 1947也有很大不同,一个是正式的国际协议,一个是非正式的文本。世界贸易组织成立后，对于产生于1947年的最初GATT文本称“GATT 1947”，在乌拉圭回合谈判前近40年间，GATT 1947被多次更新补充，增加了一些解释性说明，乌拉圭回合谈判通过一些谅解协议再次补充了GATT条款，经过这次更新后的GATT文本称“GATT 1994”，GATT 1994是GATT 1947以及此后形成的所有相关解释性说明、谅解、加入议定书、关税减让表的总和。WTO货物贸易协议是由GATT 1994及其他单独协议构成的。GATT 1994虽然吸收了通过《临时适用议定书》生效的GATT 1947文本，但是，GATT 1994的范围已不同广义的GATT 1947。[14]

三、多边贸易规则的国内实施

（一）多边贸易规则的法律效力

在地域范围上，WTO规则适用于各成员的全部关税领土。正如中国加入WTO议定书所规定，WTO协议和中国加入WTO的法律文件（议定书、报告书、加入决定）适用于中国的全部关税领土，包括边境贸易区、民族自治地方、经济特区、沿海开放城市、经济技术开发区及其他经济特区。[15]

WTO多边贸易规则对于其成员的中央政府有直接的约束力。这种约束力的表现和基本要求是：中央政府应保证其贸易政策、法律、法规和行政措施的透明度；应保证其贸易政策、法律和行政措施与多边贸易规则及该成员承担的WTO义务相符；如果出现不符情况，应通过国内程序改正。[16] 但是，WTO协议并没有规定各成员应以何种国内措施履行其在WTO中的义务，各成员可以采取与其传统和政治体制相适应的方式实施协议。从中国履行义务的实践看，中国是以“转化”的方式，即将WTO协议及中国加入WTO承诺转化为国内政策、法律和措施，通过立法、行政和司法等方式执行该协议。另一突出特点是，中国党和国家政策在执行WTO协议中发挥独特作用。

《建立世界贸易组织协议》没有关于各成员对成员境内其他地方政府或非政府组织的行为承担责任的一般规定，其中主要是GATT 1994及《服务贸易总协定》规定了地方政府应承担的遵守协定义务。GATT 1994第24条第12款规定：“缔约方应采取一切可能采取的合理措施，保证在它领土内的地区政府和当局及地方政府和当局能遵守本协定的各项规定。”《GATT 1994第24条的解释谅解》进一步强调：“各成员对GATT 1994所有条款的遵守依据该协定负全部责任，各成员应采取可行的一切合理措施确保其领域内各地区，地方政府和当局遵守该协定。”根据GATT专家小组的解释，GATT第24条第12款的规定同样适用于其他属于GATT范围（广义）的单独协议的遵

---

〔14〕 GATT 1947的后续协议，特别是东京回合达成的9个守则都属于广义的GATT，而GATT 1994不包括这些守则，后者独立出来，成为与GATT 1994平行的单独货物贸易协议；GATT 1994也不包括作为GATT 1947组成部分的临时适用议定书，后者已被取消；此外乌拉圭回合谈判达成了6个修改GATT条款的谅解，它们也是GATT 1994的组成部分，这些谅解对GATT作出了重要的修改补充。

〔15〕 参见《中华人民共和国加入议定书》第2条A项，第1款。

〔16〕 参见《建立世界贸易组织协议》第16条及《关于争端解决规则与程序的谅解》第3条规定。

守,只不过把各成员地方政府义务变成遵守这些单独协议的义务。这意味着一成员境内地方当局采取的影响 GATT 及其他单独货物贸易协议实施的措施同样可以成为有利害关系的另一成员向世界贸易组织提出争议解决的理由,一旦作出肯定裁决,中央政府有责任尽一切努力取消地方当局采取的与 GATT 不符的措施,否则将引起另一成员的报复制裁。类似的规定也见于《服务贸易总协定》,GATS 第 1 条指出该协定适用于其成员影响服务贸易所采取的措施,这些措施是指中央、地区,地方政府和当局所采取的措施以及代表中央、地区、地方政府和当局实施权力的非政府组织采取的措施。还规定"为履行本协定下的责任和义务,各成员应采取一切可能的适当措施确保其境内的地区地方政府和当局及非政府组织履行其责任与义务"。这里特别强调各成员对境内非政府组织(指代表政府行使权力的组织)的行为也要负责。

依据国际条约法原则,缔约方不得援用国内法条款作为其不能履行条约义务的辩解理由,主权国家签署了条约,该条约经过转化或直接采纳而具有国内法效力,中央和地方当局都应遵守,中国加入 WTO 后履行 WTO 义务的实践说明中国主要以转化的方式执行 WTO 协议,但是不排除今后在法无明文规定时直接采纳 WTO 协议。保证条约的国内法效力,这在地方享有较少自治权的单一制国家问题不多。上述 GATT 第 24 条第 12 款及《服务贸易总协定》的规定实际上是针对地方享有较大自治权的联邦制国家的特殊规定,当联邦制国家的联邦政府对州、省政府采取的与多边规则有关的措施无管辖权或管辖权不明时,依据 GATT 专家小组报告,联邦政府有责任采取"严肃的、持久的、令人信服的努力"确保地方当局遵守 GATT 条款。[17]

(二)多边贸易规则与成员境内公民和企业的关系

一般情况下,世界贸易组织规则对各成员境内的自然人、法人没有直接的约束力,自然人和法人既不能直接参加 WTO 的活动,也不得参与 WTO 的争议解决,因为他们不是条约这种国际法的主体。更重要的是,WTO 规则创设的权利义务基本上是由政府承担的,所调整的法律关系主体是各成员的政府,尽管政府实施 WTO 规则的结果可以产生私人的权利义务,这些权利义务是国内法的权利义务,它不是 WTO 规则直接授予个人的,而是间接地经由各成员政府履行条约义务创立的。

WTO 规则是成员境内私人某些经济权利的重要来源。并且不排除在某些国家,WTO 规则具有直接效力,公民可以直接援用 WTO 规则起诉成员政府,主张依据 WTO 规则应享有的权利。[18] 这些权利蕴涵在 WTO 协议及涵盖的多边协议条款中,有些可以从出口国政府获得,有些可以从进口其产品或服务的进口国当局获得。如进口商有

---

〔17〕 参见 GATT 专家小组对"加拿大省交易局关于进口酒类销售的规定"争议案裁决(1989)。

〔18〕 1973 年,意大利 Manifattura Lane Marzotto 公司起诉意大利财政部,认为其收取的"行政服务费"违反了 GATT 第 3 条第 1 款 B 项,被告辩称 GATT 规则无直接效力,因意大利议会没有通过实施立法,米兰初审法院判决支持被告。但上诉法院推翻初审判决,裁决被告的行为非法。该案见 Ray August:《国际商法》,高等教育出版社 2002 年版,第 370 页。

权要求政府在规定时间内发放进口许可证;要求海关接受其正确的申报货价;向政府主管当局申诉,就外国倾销产品展开调查;出口商有权获得出口产品间接税的退还,有权要求进口国非歧视地对待其出口商品。WTO 规则因其所属国家和地区的政府接受,成为国内法的一部分,是相互开展经贸活动的准则,也改善了市场准入条件,提高了工商企业市场准入的安全性和稳定性。经营者可以合理期待:WTO 成员大部分商品的关税已经减少和被约束,进出口贸易不会受到突然的高关税或国内税的限制干扰,也不会对服务或服务提供者的市场准入施加超过义务承诺表中规定的限制条件;每一成员确保其海关估价、商品检验、发放进出口许可证方面符合 WTO 统一规则。

WTO 成员的公民、工商企业也会积极影响多边贸易规则的制定、运行和完善。参与 WTO 规则制定的成员政府代表通常要反映本国对外贸易政策和对外贸易利益,而这种利益要求和政策取向可以从本国公民、企业的意见和建议中得出,他们间接地影响 WTO 决策。[19] 虽然 WTO 成员的政府才有资格代表本国申请 WTO 争端解决机构解决争议,而政府通常是根据国内工商企业利益遭受损害的事实或应企业的要求才提起申诉,诉诸 WTO 争议解决的行动应该获得国内企业支持,国内企业间接影响 WTO 争议解决。多边贸易规则的遵守主要依靠 WTO 的垂直监督以及成员之间相互监督,其中成员国内的公民企业组织也是重要监督力量,他们是开放公平的贸易体制最主要支持者。

第三节　GATT 1994 基本原则及其例外规定

一、GATT 1994 基本原则

WTO 货物贸易规则体系是建立在为实现其目标规定的基本原则基础上的,这些原则主要体现在 GATT 1994 中关于最惠国待遇、国民待遇、关税约束与关税保护、利益平衡与合理期待、禁止数量限制的规定。此外还有透明度、多边主义(实行多边互惠,由多边机构解决争议)等。GATT 基本原则也是可直接援用的具体规则。以下介绍一些重要的基本原则。

(一)最惠国待遇原则

GATT 最惠国待遇原则(Most Favoured Nation Treatment,MFN)在调整范围和适用范围上不同于国际经济交往中一般最惠国待遇原则,也不同于 WTO 服务贸易总协定

---

〔19〕《与贸易有关的知识产权协议》谈判过程中,西方跨国公司和行业协会对协议达成起了主要推动作用。具有影响的三个商业组织,欧洲工业和雇主同盟、日本经济组织联合会、美国知识产权委员会于 1988 年提出了《GATT 知识产权条款基本框架》,并极力说服不同类型的 GATT 缔约方代表通过 TRIPs。参见 Gail E. Evans, *Intellectual Property as a Trade Issue*, *The Making of TRIPs*, *World Competition*, 1995, p. 165.

和与贸易有关的知识产权协议阐述的最惠国待遇原则。GATT 第 1 条规定:“在对进出口货物征收的关税和费用方面或与进出口有关的关税和费用方面;在对进出口货物国际支付转移所征收的关税和费用方面;在征收上述关税和费用的方法方面;在与进出口货物相联系的规章手续方面以及在本协定第 3 条第 2 款及第 4 款所述事项方面,缔约方给予原产于或运往任何其他国家的任何产品的利益、优惠、特权或豁免应当立即无条件地给予原产于或运往所有其他缔约方领土的类似的产品。”

最惠国待遇并不像字面所说给某国家最好待遇,恰恰相反,它要求对所有其他国家的待遇一视同仁。GATT 最惠国待遇原则的本质是要求一成员给予另一国家(包括 GATT 成员和非成员)〔20〕在进出口货物方面的好处应该相应地给予所有其他成员类似的进出口货物,不得在贸易伙伴之间造成对进出口货物的歧视待遇。给惠对象是“原产于或运往所有其他成员领土的类似产品”,由于 GATT 最惠国待遇是给予原产于和运往所有其他成员的进出口货物,原产地规则对于执行这一原则有重要作用。给惠标准是等同于给其他国家的相应产品的待遇。给惠方面包括:(1)在征收进出口关税方面;(2)在征收与进出口有关的各种费用方面;(3)征收上述税费的方法;(4)与进出口有关的规章手续;(5)进口货物的国内税费,影响进口货物销售的法律、规章和要求;(6)例外条款中允许实施数量限制的行政管理措施(如配额分配方式)。根据 GATT 第 1 条的表述,最惠国待遇原则既适用于影响货物进出口的边境措施,也适用于影响货物在进口国销售的进口国当局执行国内税和国内规章方面的措施。

GATT 最惠国待遇原则和以下谈到的国民待遇原则合并构成非歧视原则(后者要求不得在进口产品和国内产品之间造成歧视),它是多边贸易体制的基石,实际上是世界贸易组织协调成员之间经贸关系的基本原则。非歧视原则可以引申出公平贸易原则,世界贸易组织就是要建立公开、公正、无扭曲的贸易竞争条件,非歧视原则是为了保证这样的条件,关于反倾销、反补贴的规则,《与贸易有关的知识产权协议》、《农产品协议》、《政府采购协议》都是要创造这样的条件,支持公平竞争,反对不公平竞争,这些协议规则还允许受不公平竞争损害的成员用征收额外关税(反倾销、反补贴税)和采取贸易报复的办法补偿所受损失。

除前述适用范围的特点外,GATT 最惠国待遇原则还具有多边化、制度化、无条件的特点。

“多边化”是指 WTO 某成员给予另一国家(或地区)在货物贸易方面的优惠、特权和豁免都必须同样给予所有其他成员,不应歧视其中任何一个成员,不应存在规则允许以外的特殊的双边互惠关系。“制度化”有两层含义:(1)WTO 成员给予另一成员的

---

〔20〕《建立世界贸易组织协定》解释性说明指出,本协定和多边贸易协定中使用的“国家”一词应理解为包括任何 WTO 单独关税区成员。对单独关税区成员,本协定和多边贸易协定中的“国家”一词应理解为与它们有关。

最惠国待遇以谈判达成的关税减让表为依据,在 GATT 规则的约束范围内实施。减让表提供了实行关税优惠的水平和据以区别相同产品的分类标准。GATT 规则及其例外规定为实施最惠国待遇原则提供具体指引。(2)WTO 部长会议、总理事会及相关机构负责监督这项原则在成员之间实施。

"无条件"是指 WTO 成员在给惠时不应在多边贸易规则以外附加限制条件。最惠国待遇本质上具有自动给惠功能,一成员与另一成员达成的贸易优惠安排自动适用于其他所有成员,从而省去了再与其他成员建立类似安排的麻烦,提高了缔约效率。有条件最惠国待遇违背了这一原则的本意,是对有关成员的歧视。

(二)国民待遇原则

GATT 第 3 条国民待遇原则(National Treatment, NT)在调整范围和适用范围上不同于国际经济交往中的一般的国民待遇,也不同于 WTO 服务贸易总协定及与贸易有关的知识产权协议规定的国民待遇,其含义是:一成员的产品输入另一成员境内时,进口方不应直接或间接地对该产品征收高于本国相同或类似产品的国内税和国内费用,以及在执行国内规章方面实行差别待遇。国民待遇原则是 GATT 非歧视原则的重要组成部分,它强调一旦外国产品进口后,不应在国内税和国内规章的执行上实行内外有别,歧视外国产品。

GATT 第 3 条包含了三条基本规则:(1)一成员领土的产品输入另一成员境内时,不能以任何直接或间接的方式对进口产品征收高于对本国同类产品征收的国内税和国内费用(第 2 款第 1 句)。(2)一成员领土的产品输入另一成员领土时,在关于产品的国内销售、标价出售、分销、购买、运输、分配或使用的全部法令、条例、规章方面所享有的待遇,不应低于同类的本国产品所享有的待遇(第 4 款)。(3)国内税和国内费用,影响产品在国内销售、标价出售、分销、购买、运输、分配或使用的法令、条例和规定,以及对产品的混合、加工或使用的国内数量限制条例,在对进口产品或本国产品实施时,不应用来对国内生产提供保护(第 1 款、第 2 款第 2 句)。

从适用范围来看,GATT 国民待遇原则的给惠对象是在进口国销售的原产于另一成员的类似产品;给惠标准是在征税方面"不高于"对本国相同或类似产品征收的国内税费,在执法方面不歧视外国类似产品,不保护本国类似产品;给惠方面仅适用于进口国对进口产品采取的不合理的国内税和国内规章方面的措施,要求进口产品一旦被征收关税和其他通关费用入境后,就应与国内产品享有同等待遇,否则就会抵消关税减让的好处,使之在进口国国内市场处于不利的竞争地位。国内税是与产品进口无关的税费,它既对国内产品征收,也对进口产品征收,如增值税、销售税、消费税等;国内规章方面的措施是指可能影响产品在进口国销售的涉及产品标准(技术、安全、卫生、质量、环境标准)的法律和对侵权产品、违禁产品管制方面的法律以及税收法律实施中所采取的措施。

国民待遇原则不适用于边境措施(如海关对进出境货物征收关税、海关估价和征税手续、进出口商品检验、许可证手续),有关边境措施的不歧视规则体现在 GATT 第

13 条非歧视地实施数量限制规则中,国民待遇原则只有在产品进入进口国市场后才可适用。但这并不意味着违反国民待遇原则对尚未进口的产品就没有影响,对进入国内市场的外国产品的销售实行限制也间接地限制了该产品进口量。GATT 国民待遇原则不适用于出口产品,如果本国境内的外国企业或其他企业出口某种产品,有关部门在征收出口关税外,又实行歧视性收费,这个问题不属于 GATT 国民待遇原则调整,而应由第 11 条数量限制的一般取消或第 13 条非歧视地实施数量限制调整。作为一项货物贸易规则,国民待遇原则仅适用于少数对货物贸易起扭曲和限制作用的投资措施,即《与贸易有关的投资措施协议》明令禁止的范围,除此之外的与外国投资市场准入相联系的一些投资限制,GATT 国民待遇原则不适用。如投资者资格要求,当地股权要求,最低注册资本要求,投资期限要求,经营权和经营活动限制,严格地审批制度,等等。

涉及 GATT 国民待遇原则的争议是 GATT 历史和 WTO 成立以来,成员之间发生最多的争议。专家小组的在"日本—酒精饮料"案的裁决显示,国民待遇原则的第一项规则和第二项规则的适用应严格限于相同或类似产品,即只有当进口国在相同或类似的进口产品和国内产品之间实行了对进口产品国内税和国内规章的歧视待遇时,才可适用这两项规则。比如同样的农用拖拉机,对国内产品实行补贴而对进口产品不给补贴;同样是烧酒,对进口烧酒征收更高的消费税就违反了第一项。同样是汽油,对进口汽油规定了比国产汽油更高的质量标准和环境标准就违反了第二项规则。GATT 并没有提出确定"相同或类似产品"的统一标准,大多数专家小组的裁决援用 1970 年 GATT 工作组关于"边境税收调整"案报告中提出的标准,主要考虑产品在海关税则目录或关税分类表中是否属同一类,此外还可考虑以下因素:(1)它们在物理上的相似性;(2)在市场上消费者品位和习惯(是否认为它们在商业上是可以替换的);(3)它们的最终用途是否相同。GATT 专家组坚持在个案基础上确定相同性,而不是提出普遍适用的统一标准。国民待遇原则的第三项规则广泛适用于与进口产品相互竞争的产品和替代产品,这意味着即使国内产品与争议中的进口产品属于不同的产品,但属于与进口产品"直接竞争"的类似产品或"替代"产品,如果对该进口产品征收了高于这种国内产品的国内税费或者在国内规章方面的措施歧视了进口产品而对国内产品提供保护,则违反了国民待遇原则第三项规则。[21]

进口国对进口产品采取的措施有些是明显的法律上的歧视,带有明确的保护目

---

〔21〕 1997 年 6 月,WTO 上诉机构作出支持专家小组关于加拿大对进口的分版期刊税费规定违反了 GATT 第 3 条的裁决。分版期刊(split-run)是指内容上与本国版本相同,但在某外国出版发行时,刊登该国商业广告或商业宣传内容的期刊。本案中,美国指控加拿大对在加国发行的美国分版期刊适用较高的消费税和邮政费率,违反了 GATT 第 3 条第 2 款第 1 句。而专家小组认为加拿大的做法违反了 GATT 第 3 条第 2 款第 2 句规则(即前述第三项规则),因为分版期刊是与加国内期刊不同的产品,属于与加国内期刊直接竞争或相互替代的产品。加拿大《消费税法》对分版期刊税费的规定和邮政当局资费规定违反 GATT 第 3 条第 2 款和第 4 款,是对国内生产者提供保护。

的,这在实务中容易辨别;而那种界限不清的事实上的歧视用传统的"相同产品"标准则较难认定,对此 WTO 专家小组借用所谓"目的效果方法"(Aim and Effects Approach)作出裁决,如有的国家对相同产品进行征税管理时又进行细分,这就要看区分的理由是否正当和善意,是否有保护目的或效果。在"日本—酒精饮料"案中,专家小组发现日本《酒税法》把酒类饮料分为 10 大类:日本米酒、日本米酒混合物、烧酒、甜料酒、啤酒、葡萄酒、威士忌、烈酒、甜露酒、杂类酒,适用不同的税率,认定:日本烧酒与伏特加是相同产品,日本对后者征税额超过前者,违反了 GATT 第 3 条第 2 款第 1 句规定;日本烧酒与威士忌、白兰地、朗姆酒、杜松子酒、甜露酒是"直接竞争或替代性产品",日本未同等征税,违反了 GATT 第 3 条第 2 款第 2 句规定。

（三）逐步削减关税和约束关税原则

历史上,关税一直是影响国际贸易正常进行的主要障碍,20 世纪 40 年代 GATT 产生时,关税作为贸易政策的工具作用尤为突出,也更为人们所关注。因之关贸总协定把"切望达成互惠互利协议,导致大幅度地削减关税和其他贸易障碍"作为其基本目标,逐步削减关税和约束关税亦成为 GATT 一项重要原则和规则。这项原则与 GATT 一般取消数量限制原则一起亦构成 GATT 市场开放或自由贸易原则。

根据 GATT 第 28 条附加的阐述,逐步削减关税是指通过互惠互利的谈判,大幅度降低关税和进出口其他费用水平,特别是降低使少量进口都受阻碍的高关税,以发展国际贸易。GATT 本身并没有强制要求其成员把关税降到某水平或约束在某水平,而是要求缔约方之间通过谈判达成相互满意的削减关税和非关税障碍的协议(包括关税减让表等文件),以此达到降低关税和其他贸易障碍的目的。支配减让谈判的基本原则是互惠互利的原则,一成员欲通过减让关税和取消其他贸易限制以改善进入另一成员市场的状况,它就必须使另一成员认识到其所作出的关税减让或让步使它有利可图,或与它们作出的关税减让和让步的价值相当。GATT 前 5 轮谈判采取"双边谈判,多边适用"的方式,当某产品的主要供应者向进口国提出减让要求,双边谈判即可形成,谈判是针对有选择的某几种产品进行,谈判达成的减让结果按 MFN 原则自动适用于其他成员,这是初级关税减让方式,亦称"产品减让法"。自肯尼迪回合谈判开始(包括乌拉圭回合),GATT 缔约方改为"线性减让方式",它是大部分商品的全面减让,具体做法是根据缔约方议定的百分点,对选定的商品作出统一幅度的减让,减让结果按议定的时间表分阶段实施。

关税约束是指每一成员通过谈判达成的削减关税和其他贸易障碍的承诺载入减让表中,形成有法律约束力的义务,各成员不得随意实施超过减让表水平的关税率或增加其他税费。GATT 关税约束方式有三种:(1)削减后约束,即将现行税率减至较低水平,如从 10% 降至 5%,这一较低水平(5%)就是约束税率,不得超越;(2)现状约束,它并不削减现行税率,而是承诺把关税约束在现行水平上不再提高;(3)上限约束方式,GATT 规则主张用关税调节进出口,一成员可以规定一个今后调整关税的上限,承诺即使调整关税也不会突破这个上限,如将关税由10%降为5%的成员可以表明:进口货物普通适用削减后的税率,而约束税率为8%,在此情况下,该成员在任何时候将某产品关税升为8%并不违反GATT义务。从乌拉圭回合谈判情况来看,大多数发达国家实行削减后约束,而发展中国家普遍实行上限约束。

关税约束具有两方面重要意义:一是可以实现GATT成员在货物贸易领域的权利和义务平衡,这是GATT尤其重视和强调的;二是为货物贸易市场准入提供安全稳定的条件,出口企业不必担心突发的高关税阻碍正常贸易和经营计划。作为GATT允许的一项例外,某成员若要背离约束水平提高关税,它就必须就关税减让表修改与最初进行减让谈判的成员、主要供应成员及其他从减让中获益的成员重新进行谈判。GATT第28条规定关税减让表有效期一般为3年,3年届满时可就修改或撤销减让重新谈判。特殊情况下,经缔约方批准,可在任何时候谈判修改减让。如果谈判达成协议,要求背离约束水平的成员可以修改关税减让表,背离约束水平,但是应给予受关税调整影响导致利益受损的有关成员大体相等的利益补偿。如果谈判未达成协议而要求背离约束水平的成员坚持这样做,有利害关系的成员在取得WTO有关机构授权情况下可采取贸易报复,暂停履行对这一成员的GATT义务。

(四)一般禁止实行数量限制原则

数量限制是国家对允许进出口的商品数额采取的限制措施,它通过配额、许可制度和其他方式来实施。与关税、政府补贴等措施相比,数量限制是政府直接干预对外贸易的形式,其后果与关税措施一样,都是阻碍正常国际贸易,违背公平贸易原则。具体表现在:数量限制扭曲了国内市场竞争态势,形成相关产品的封闭的垄断性高价,保护了少数人的利益,相关产品的国内生产商、经销商、外国出口商获取不合理的利润,广大消费者和依赖公平竞争的其他企业受到损害;数量限制阻碍了有竞争力的企业,通过产品价格、品质、营销优势扩大进出口,参与正常竞争的可能性,排斥了市场机制在合理配置资源、实现合理社会分工中所起的基础性作用,阻碍生产发展;数量限制涉及进出口权和其他权利的行政性分配,享有分配权的官员不需付出任何生产上的努力,就可能通过“变卖”权力,获取非法收入,诱发腐败。

GATT一般禁止实行数量限制原则由第11条和第13条组成,第11条体现了普遍禁止实行数量限制的原则精神,要求除关税、国内税和反倾销、反补贴税及其他合法税费外,一切对进出口的数量限制形式,包括经由国家垄断或专控商品贸易的限制都应该普遍禁止。第13条体现了非歧视地实行数量限制。强调各成员在WTO规则允许的例外情况下,对进出口贸易实行禁止或限制时,也必须遵守最惠国待遇原则和国民待遇原则。“力争使该产品的贸易分配尽可能接近于若无该限制时各缔约方预期可得到的份额。”GATT一般禁止数量限制原则概括如下:(1)普遍禁止数量限制,任何成员不得对其他成员产品进口和本国产品出口实行禁止或限制,不论是采取配额、许可证还是其他措施;(2)允许各成员采取一定的保护本国工业或其他产业的措施,这种保护应运用关税和国内税手续,并尽可能维持在较低的合理的水平,而不应采取数量限制;(3)在 GATT 允许的特定情况下,各成员可以对某些产品进出口实行一定数量的限制,但是这样限制应在非歧视的基础上实施,使相关产品的贸易分配与若无此限制时其他成员预期可得到的配额接近。

一般禁止实行数量限制原则是通过边境措施实施的,它要求取消对尚未进出口的货物以明显的或隐蔽的方式实行的禁止或限制,对已经进口的货物实行歧视性禁止或销售限制属于国民待遇原则调整范围,不属于一般禁止数量限制原则调整。然而,对已经进口的货物采取歧视性限制措施也能起到限制进口数量的作用。政府采用进出口许可证和配额方式是明显的数量限制,数量限制还可采取"其他的"隐蔽的方式实行,如对进口货物适用歧视性产品质量标准、卫生标准和环境标准,对货物通关设置阻碍。

GATT 创始人倡导自由贸易,希望减少直至取消国际贸易障碍,但是,他们也认识到这个目标的实现不能一蹴而就,在相当长时期内,允许缔约方采取一些保护措施是一种现实的选择。在可行的各种保护措施中(关税、海关手续、数量限制、补贴),GATT 更倾向于关税措施。因为关税是透明的、相对稳定,执行时易于监督,而数量限制具有隐蔽性、随机性,防不胜防。关税措施在最惠国待遇原则指导下可保证非歧视地适用,数量限制因行政自由裁量很容易被歧视地适用。因此,GATT 主要缔约方坚决反对数量限制[22],为此不断完善相关制度。乌拉圭回合谈判达成的《纺织品服装协议》和《农产品协议》反映了谈判各方在逐步实现敏感商品贸易自由步骤上,先以关税保护取代数量限制的思路。

二、GATT 1994 例外条款

GATT 例外条款是关于在特定情况下,允许 WTO 成员背离 GATT 一般原则和规则的某些规定。从允许背离 GATT 规则的范围来看,有的是 GATT 所有原则的例外,引用此项例外采取行动可以不受所有 GATT 原则约束;有的属于 GATT 具体原则的例外,引用此项例外采取行动可以背离某项原则;还有属于 GATT 具体规则的例外。从主体来看,有的例外规定适于所有成员,有些例外只适于一部分成员。在实施方式上,有的例外需经批准方可实施,有的可自行实施,不需审查批准。WTO 规则中设置的例外条款服务于以下目的:(1)在解除贸易限制与保护国内市场两个目标上进行协调与平衡;(2)使 WTO 规则适应不断变化的复杂的社会情况;(3)使 WTO 成员不必采取粗暴的破坏 WTO 体制的方式缓解解除贸易限制带来的压力,以及实现其他与 WTO 不抵触的政策目标,保持 WTO 的有效性、多边性、普遍性。

---

〔22〕 为筹备国际贸易组织宪章,1946 年在伦敦召开了联合国贸易就业会议,会上美国代表表明了其对数量限制憎恶的立场,认为它是"国际商业罪恶的典型"(the Incarnation of International Commercial Evil)。

(一)属于整个 GATT 原则规则的例外

1. WTO 成员保留是否接受新义务的权利

WTO 协议第 10 条作出了类似于 GATT 第 30 条的规定,即 WTO 成员保留接受世界贸易组织批准的新义务的权利。第 10 条规定了多边贸易协议修改的程序,同时申明:WTO 协议和多边贸易协议的实质修改(指具有改变成员权利义务性质),仅对在 WTO 成员在 2/3 多数批准此修改时同意此修改的那些成员和成员之间有效。

2. 成员国互不适用 WTO 协议和多边贸易协议

WTO 协议第 13 条第 1 款规定:如果一成员在另一方成为成员时不同意对其实施本协定和附件 1、附件 2 中的多边贸易协定,则本协定和附件 1、附件 2 中的多边贸易协定在两个成员间互不适用。第 13 条第 3 款还规定,如果成员的一方在另一方根据第 12 条加入时不同意对它实施本协议,并且在部长会议批准关于另一方加入条件的协议之前通知部长会议,那么,这两个成员之间应适用第 1 款。WTO 协议第 13 条的规定适用于两种情况:一种是原 GATT 缔约方成为 WTO 创始成员时可以宣布互不适用 WTO 协议和附属的多边贸易协议;另一种是原有 WTO 成员对新加入的成员宣布互不适用上述协议,条件是原有成员在新加入成员的加入议定书被部长会议批准前,将此项安排通知部长会议。WTO 协议第 13 条的规定与 GATT 第 35 条精神是一致的,它体现了成员之间契约自由原则,这种做法与协议的"一揽子"接受要求并不矛盾。互不适用既可以是多边协议的整体,也可以是其中的一项原则。

3. 一般例外

一般例外是适用于整个 GATT 原则和规则的例外,属于公共安全秩序的保留,也是 GATT 与人权保护相联系的条款。这类保留也见于《服务贸易总协定》、《与贸易有关的知识产权协议》。此外《技术贸易壁垒协议》与《动植物卫生检疫措施协议》是 GATT 第 20 条一般例外的进一步阐述补充,应结合起来理解。

GATT 第 20 条第 1 款规定:缔约方采取的为维护公共道德所必需的措施(a 项);为保障人类、动植物生命健康所必需的措施(b 项);有关输出或输入黄金或白银的措施(c 项);为保证与本协定无抵触的法规、条例(指关于海关监管、知识产权保护、反垄断反欺诈方面法律法令)的执行所必需的措施(d 项);有关监狱劳动产品的措施(e 项);为保护本国具有艺术、历史或考古价值的文物而采取的措施(f 项);为保护可能用竭的天然资源的有关措施(g 项);为履行国际商品协定所承担的义务而采取的措施(h 项)等(共 10 项),不受关贸总协定的阻碍。但是在采取这些措施时,对情况相同的各国不得构成武断的或不合理的差别待遇,或构成对国际贸易的变相限制。

4. 安全例外

GATT 第 21 条规定,缔约方提供有关国家基本安全利益的资料和为国家基本安全利益所采取的行动,以及根据联合国宪章为维持国际和平安全所采取的行动不受总协定约束。

5. 边境贸易的例外

GATT 第 24 条第 3 款(a)项规定,本协定的规定不得解释为阻止任何缔约方为便利边境贸易而给予毗连国家的优惠。

(二)最惠国待遇的例外

1. 关税同盟和自由贸易区的规定

GATT 第 24 条规定,本协定的各项规定不得阻止各成员在其领土之间建立关税同盟或自由贸易区,或阻止为形成关税同盟和自由贸易区所必需的临时协定。这意味着 WTO 成员之间如果建立了关税同盟或自由贸易区,或为此达成临时协定,其内部成员之间相互给予的优惠不必按照最惠国待遇原则给予关税同盟或自由贸易区以外的其他成员,而只能适用最惠国税率。

自由贸易区、关税同盟等是国际经济一体化由低级向高级发展的不同组织形式。自由贸易区是两个以上的关税领土组成的贸易集团,其内部实现了货物、服务等方面贸易自由,但集团对外没有共同的关税和贸易政策,其成员在与第三国的关系上保持独立。关税同盟是以一个关税领土代替两个以上的关税领土,同盟内部实现货物等方面贸易自由,对外实行单一关税和贸易政策。目前主要的地区贸易集团是北美自由贸易区、东盟自由贸易区、欧盟等。第 24 条例外规则还适用于第三类型的临时协定,它属于向自由区或关税同盟的过渡阶段。

GATT 允许建立地区一体化安排是考虑这种安排有利于促进贸易自由和贸易增长。尽管在制度设计之初预见到可能的"贸易转移"等消极后果,但在自由贸易区、关税同盟内"实质所有贸易上取消关税和其他贸易法规限制"(第 24 条第 8 款)情况下,贸易自由和增长带来的好处应该大于可能的消极后果。为防止产生这样的结果,GATT 第 24 条对地区性自由贸易安排作出重要限制:(1)是地区安排的成员间必须取消实质上所有产品贸易的关税和其他限制性贸易法规。(2)是参与同盟或自由贸易区或临时协定的成员对贸易集团以外的其他 WTO 成员实施的关税和贸易法规措施不得高于或严于地区集团成立以前的水平。(3)一成员决定加入关税同盟或自由贸易区,或缔结临时协定,应迅速通知货物贸易理事会,由其进行审议,如经审议认为临时协定不可能在合理期限内形成自由贸易区,应不得维持临时协定。

在 WTO 成立时,地区贸易集团的数量达 80 多个,[23]其成员加入的动机也多样化,包括为减轻美国单边贸易措施的压力等;地区贸易集团的功能也向贸易以外的方面延伸(形成政治军事伙伴)。尽管有 GATT 第 24 条中的限制性规定,GATT 从来没有拒绝一个类似的自由化安排。有鉴于此,乌拉圭会合谈判达成《关于 GATT 第 24 条解释谅解》,主要内容是:重申关税同盟、自由贸易区成立必须与 GATT 第 24 条规定保持一致,货物贸易理事会有权审议加入此类地区集团的报告,并提出建议;在实施第 24

〔23〕 John H. Jackson:《关贸总协定和世贸组织的法理》,高等教育出版社 2002 年版,第 106 页。

条过程产生的任何事项可以寻求 WTO 争端解决;临时协定的合理持续时间是 10 年。

2. 其他 MFN 例外安排

GATT 最惠国待遇原则并不阻止各成员依据相关协议采取反倾销和反补贴措施;也不阻止各成员依据一般例外和安全例外规则采取行动。属于 GATT 允许的优惠安排和南南合作计划如普惠制、洛美协定、加勒比盆地安排也属于最惠国待遇例外。

(三)国民待遇例外

GATT 国民待遇原则不适用于政府采购。一成员可以要求本国中央和地方政府从事公共采购时在本国货与外国货,本国供应商与外国供应商的选择上实行差别待遇,即使外国供应商提供了较优惠产品,该成员政府也可优先从本国供应商处购买。但是 GATT 没有明确规定最惠国待遇原则不适用于政府采购,GATT 第 17 条第 1 款、第 2 款的规定仅限于国营贸易企业从事为政府采购目的的进口时不受最惠国待遇约束。一国不应允许国内采购实体在从事政府采购时对外国相同产品及供应商实行差别待遇。现实是重要的政府采购由 WTO《政府采购协议》调整,它使这个诸边协议成员之间在政府采购方面相互给予的待遇优于非成员。

另外,国民待遇原则不妨碍政府对国内生产者给予特殊补贴,这项例外应在 WTO《补贴与反补贴协议》约束之下实施。

(四)一般禁止数量限制的例外

GATT 并非绝对地禁止实行数量限制,而允许各成员适当地保留一些限制。事实证明,像美国谈判代表主张的绝对禁止数量限制,不仅缺乏现实可行性,它的经济和社会后果也不尽合理。数量限制是政府宏观调控经济的手段,是贫弱国家保护本国经济的必要措施,如运用得当会有利于各国经济健康发展以及国际贸易实质增长。总之,法律禁止滥用数量限制,允许法律范围内的适当数量限制。这个范围体现在某些例外规定中。

1. 普遍禁止的例外

根据 GATT 第 11 条规定,为下列目的实行的数量限制不在普遍禁止之列:(1)为防止或减轻出口国食品或其他必需品的紧急匮乏而采取的暂时禁止或限制出口;(2)进出口的禁止与限制是为了实施国际贸易中初级产品分类定级和市场销售标准或规章所必需的;(3)对任何形式的农渔产品实行进口限制,如果这种限制是为执行政府法定特许的某些措施必需的。

上述第一种例外所指的“紧急匮乏”包括季节性食品因国外售价暴涨引起国内供货短缺,或由于可能用竭的资源紧急短缺。第二种例外是为了配合国际初级产品协定的实施。事实上,国际初级产品(指农、林、渔产品及未经加工的矿产原料)交易长期受 GATT 以外的初级产品协定调整,如咖啡协定、锡协定、天然橡胶协定,这些协定把有关初级产品分为不同等级,不同等级的产品实行不同的配额和交易限制。目前,国际社会存在的十多个初级产品协定是根据联合国贸发会制定的“商品综合方案”的原则和目标制定的,目的是稳定这些商品的国际市场价格,保证正常的均衡生产供应,保证发展中国家出口收入和发达国家消费需求。第三种例外是被经常引用,争议较大的部分,目的是解决农业生产过剩以及对进口国农业部门实行保护,以抵御外来竞争,这项例外规定成了后来主要农产品大国实行农产品保护政策的 GATT 合法性根据。这项例外中所指的“农渔产品”是未经加工过的鲜品,实施这个允许的例外需遵守以下限制条件,即必须有政府对相同产品国内生产和销售的限制措施;对进口的限制是对国内供货限制所必需;实际限制时必须公布限制的总量或总价值,必须以同样比例限制进口产品和国内产品的规模,避免损害进口产品与国内产品之间的竞争关系。乌拉圭回合谈判达成的《农产品协议》实施后,对农产品进口数量限制应大部分都取消,这项例外的适用将大大减少,农产品贸易主要由《农产品协议》调整。

2. 为保障国际收支实施的进口数量限制

GATT 第 12 条第 1 款规定,“虽有第 11 条第 1 款的规定,任何缔约方得为保障其对外金融地位和国际收支,限制进口商品的数量或价格”。此外,GATT 第 18 条专门授权发展中国家在面临国际收支困难条件下可以实施数量限制。为防止缔约方不适当地运用这项例外实行贸易保护,第 12 条其他款项规定了援用这项例外的规则程序、限制条件;后来,东京回合谈判通过《为国际收支而采取贸易措施的宣言》,乌拉圭回合谈判又通过《为国际收支而采取贸易措施的宣言》,通过了 GATT 1994《关于国际收支平衡条款的谅解》,进一步完善了实行这项例外措施的程序。归纳这些文件精神,援引第 12 条以保障国际收支为由实施数量限制应符合以下条件:(1)只能为防止货币储备严重下降的急迫威胁或制止货币储备严重下降;对于货币储备很低的成员,为使货币储备合理增长而实行数量限制;(2)实行数量限制的成员不得对其他成员贸易经济利益造成不必要的伤害,为此应优先使用对贸易有最少破坏作用的从价限制措施(如征收进口附加税、保证金、增加关税等影响货物价格的措施),只有在从价措施不足以应付国际收支紧急困难时,才可采取新的数量限制;(3)为国际收支目的实行的进口限制是暂时的,不应超过为解决国际收支恶化状况所需要的水平,为此应以透明的方式管理此种限制,实施限制的成员应公布消除限制措施的时间表;(4)一方面,援引第 12 条第 1 款的成员,应与 GATT 国际收支限制委员会进行磋商,接受其审查,委员会将审查结果报告货物贸易理事会后,由其作出结论,有关成员必须执行;另一方面,实行进口限制的成员,应与国际货币基金组织进行磋商,由该组织判定其是否面临货币储备严重下降或货币储备很低的困难,接受其监督。

与第 18 条规则相比,第 12 条第 1 款的限制较多,GATT 成员较少适用。

3. 保障条款及 WTO《保障措施协议》(见本书有关章节)

三、GATT 1994 关于发展中国家特殊待遇的规定

(一)GATT 第 18 条的规定

GATT 产生初期仅有第 18 条针对后来被称为“发展中国家”的特殊规定。第 18 条

允许那些只维持低生活水平经济上处在发展初期的成员,必要时为建立特定国内工业和为解决收支平衡,可以修改关税减让表和实行进口限制等保护措施,但须按一定程序进行。由于 GATT 第 18 条规定适用受严格程序限制,对发展中国家的优惠也不大,历史上很少被援用。

(二)GATT 第四部分及授权条款

GATT 第四部分题为贸易与发展,由第 36 条至第 38 条构成,总的目的是:通过采取缔约方联合行动和发达国家缔约方单独行动,促进发展中国家经济发展,保证发展中国家在国际贸易中占有适当份额,尽可能为发展中国家初级产品、加工品和制成品进入世界市场创造有利条件。为实现此目标要求发达国家承担下述义务:(1)发达国家对其在贸易谈判中向发展中国家成员所承诺减少和撤销关税和其他壁垒的义务,不能希望得到互惠。(2)优先降低和消除与发展中国家成员出口利益相关的初级产品和加工品的贸易壁垒。(3)在调整财政措施时,优先放宽或撤除有可能影响发展中国家初级产品出口的财政措施。(4)在考虑总协定许可的其他措施解决某项特殊问题时,应特别注意发展中缔约方的贸易利益。如果所采取的措施影响其根本利益,在实施前研究纠正办法(第 37 条第 3 款)。

第四部分最重要的影响就是首次承认经济上处于不同发展水平的发达国家和发展中国家的划分,提出了发展中国家在与发达国家的贸易谈判中可以享有某些"非互惠"(Non-reciprocity)的待遇,即发达国家给予发展中国家关税减让时他们不应期望发展中国家做出同样减让,为以后发达国家单方面实施普惠制和在贸易谈判中单方面减让关税提供了法律依据;第四部分要求在解决总协定某项特殊问题时,特别注意发展中国家贸易利益和根本利益,这影响到后来对发展中国家差别优惠待遇扩展到多边贸易规则调整的广泛领域;第四部分的另一后果是扩大发展中国家初级产品和工业品的市场准入机会;根据第四部分安排还设立了新的常设机构贸易和发展委员会,负责这一部分的实施。但是第四部分没有解决是否应给予发展中国家特别的(special treatment)、更优惠待遇(more favorable treatment)问题。第四部分生效后,不论是发达国家给某些发展中国家的特殊优惠还是发展中国家之间相互给予优惠都需要履行 GATT 第 25 条第 5 款豁免义务程序,免除根据 GATT 第 1 条应履行的给予其他缔约方最惠国待遇义务。

1979 年东京回合谈判结束时,GATT 缔约方通过一项决议,题为《对发展中国家差别和更优惠待遇、互惠和更全面参与的决定》,因为其内容主要是授权发达国家可以背离最惠国待遇原则,给予发展中国家缔约方差别的和更优惠待遇,也因为它不是一项强制性义务,该项决议通称"授权条款"。具体内容是:(1)授权发达国家缔约方可以背离最惠国待遇原则,给予发展中国家差别和更优惠待遇,而不必将这种待遇给予其他缔约方。(2)给予发展中国家缔约方差别的更优惠待遇适用于以下领域:按普惠制给予发展中国家产品优惠关税待遇;在多边贸易谈判中达成的非关税壁垒协议中规定差别的更优惠待遇;发展中国家之间缔结的相互给予优惠关税或减免非关税措施的区域性或全球性安排;对最不发达国家的特殊待遇。(3)确定普惠制毕业原则,随着发展中国家经济逐步发展和贸易状况改善,它们作出贡献和提供减让的能力也将提高,它们应更充分参与总协定权利和义务体制。

授权条款的主要作用是在第四部分基础上,进一步确立了发展中国家在多边贸易体制中应享有特殊的(special)、差别的(differential)、更优惠待遇和法律地位,把这种优惠待遇的范围、实施方式明确化具体化;授权条款还正式承认此前由联合国贸发会议安排实施的普惠制在GATT体制中的合法地位,使之成为GATT管辖的一项法律制度;依据授权条款,发展中国家享有的差别的更优惠待遇不需经过GATT豁免义务程序,弥补了GATT第四部分的不足。但是GATT第四部分和授权条款的规定主要是授予权利和承认发展中国家的特殊地位,它们并不是有约束力的法律义务,不能强制施行,由此引发的争议也不能通过WTO争端解决机构来解决,因为发达国家给予的优惠是基于“自觉和有目的的努力”,而不是应尽义务。

(三)普惠制

普惠制即普遍优惠制(General System of Preference),是发达国家对于来自发展中国家的某些产品给予的普遍的、非歧视的、非互惠的关税优惠制度。自20世纪60年代以后,随着发展中国家的崛起,它们对多边贸易关系中严格的互惠原则和最惠国待遇原则产生异议,认为经济实力悬殊的国家之间实行这样的原则使发展中国家负担加重,经济更困难。1964年在日内瓦召开的联合国贸易和发展会议第一届会议上,77国集团发表联合宣言,提出发达国家应给予发展中国家制成品和半制成品出口普通关税优惠待遇。这次会议虽因发达国家反对这一要求而未能达成协议,却导致关贸总协定增加了关于贸易和发展的第四部分。1968年在新德里召开的联合国第二届贸发会议上以第21(Ⅱ)号决议形式,通过了“给予发展中国家的制成品和半制成品出口以非互惠非歧视的普遍优惠制”原则。1970年贸发会议优惠特别委员会通过一项决定,将普惠制方案具体化。1979年GATT东京回合谈判达成授权条款,使普惠制成为GATT体制中的一项制度。

普惠制通过发达国家制定的给惠方案来实施,给惠方案中包括受惠国地区、给惠产品、减税幅度、保护措施、原产地规则等。(1)给惠国,经合组织和经济互助理事会的所有发达国家都被邀请参加普惠制;(2)受惠国,根据“自选”原则,优惠给予那些自称为发展中国家的国家,给惠国可以某种理由拒绝给某一发展中国家优惠;(3)给惠商品,给惠方案列有给惠产品清单,主要是工业制成品和原料,某些敏感商品除外;(4)减税幅度,普惠制税率是在最惠国待遇基础上的减免,减税幅度是普惠制税率与最惠国税率之间的差额,这意味着只有享受最惠国待遇的国家才享有普惠制;(5)保护措施,给惠国为保护本国经济在普惠制实施中设置保护措施。主要有例外条款:如果从受惠国进口某种产品的数量增加对给惠国工业造成损害,给惠国可以取消优惠;预定限额:

给惠国对受惠国产品进口实行限额,包括最高限额和国别配额;普惠制毕业:给惠国如认为受惠国经济发展,产品有了较强竞争力,可以取消优惠。

普惠制为广大发展中国家产品出口,进而发展本国经济创造了有利条件,同时也应看到,由于普惠制不具有法律上的强制性,不是必须履行的义务,其实施带有任意性和歧视性,特别表现在受惠国的选择和普惠制毕业的施行上,如包括美国在内的一些发达国家至今未给我国普惠。通过 GATT 历次多边谈判,成员之间的关税水平已经很低,普惠制的作用降低。

第四节 WTO 与标准有关的措施协议

一、标准、技术法规对贸易的影响,相关的 WTO 协议

各国为了提高产品质量,保护本国消费者利益,保护人类与动植物的生命安全和健康,都要制定和实施某些技术法规和产品标准。随着人民生活水平的提高和相关技术进步,各国采纳的技术规章和产品标准越来越复杂,这些规章和产品标准的不适当运用正在背离合法目的,变成阻止进口、保护国内企业的工具。[24] 除了它的积极作用外,标准、技术法规对贸易可能的不利影响表现在:(1)没有经过进口国评估程序的外国产品可能被认为不符合进口国强制性技术标准或卫生标准而阻止进口。(2)对有些企业而言,执行不同的自愿性标准体系不仅要支付同样的相符成本,而且有的标准难以达到,这样的产品即使进口也不会有好的销售业绩。(3)由于各国的经济发展水平和自然环境不同,其技术法规产品标准的要求,合格评定程序也不同。任何外国产品进入进口国市场都需要重复评估和检测,需要满足相关的包装说明和标签要求以及标准和证书要求,会给制造商和销售商带来巨大的评估成本,包括需要了解产品标准的信息成本(翻译解释和咨询成本),检测证明和检验证书成本,履行手续的办公成本和时间消耗。因此,多边贸易体制一直把上述标准带来的问题作为重要的非关税壁垒加以调控。

关贸总协定不包含专门调整缔约方采取与标准有关措施的规范,GATT 第 3 条、第 11 条和第 20 条一般性地涉及技术法规和标准的实施。1979 年 GATT 东京回合谈判通过了《技术贸易壁垒协议》,作为诸边贸易协议,规范缔约方与标准有关的措施。乌拉圭回合谈判制定了新的《技术贸易壁垒协议》(以下简称 TBT 协议)对原协议做了重要

---

〔24〕 据经合组织统计,不同的国内市场制定的不同技术标准和规章要求,加上为与之相符支付支出的检验和证书成本占企业总生产成本的 2% ~10%。参见 Shevry M. Stephenson, *Mutual Recognition and its Role in Trad Facilitation*, Journal of World Trade, 33 (2), 1999, p. 144。

修改补充,表现在:(1)将动植物卫生检疫措施从一般的技术标准措施中分离出来,订立专门的《实施卫生与植物卫生措施协议》(以下简称 SPS 协议),这两个协议都成为多边协议,增强了约束力;(2)TBT 协议既规范产品标准,也适用于某些加工和生产方法,从主体上看既规范成员政府行为,也约束非政府的或私人的标准化机构,扩大了适用范围;(3)取消了原协议中的"证书"制度,增加了"合格评定和相互承认"制度,使相互承认作为贸易便利的重要方式得以确立;(4)规定了标准制度、采纳和适用的良好行为守则,第一次在多边水平为各成员采取合理的与标准有关的措施提供了一般的原则和准则,特别是这个守则扩大了适用于私人的非政府标准机构以及各成员地方政府的标准化机构;(5)依据新协议,各成员之间与标准有关的措施引起的争议都应服从 WTO 争议解决机构的裁决,将为各成员消除与 TBT 协议不符的措施,协调产品标准与贸易竞争的关系提供保证。

目前,WTO 调整与标准有关的措施协议有三个:GATT 1994、TBT 协议和 SPS 协议,协议本身并不提供任何产品标准,而提供了各成员在采取与标准相关的措施方面应遵守的纪律。其中后两个协议是 GATT 相关规则的进一步阐述和补充。不同的是,TBT 协议规范各成员采取产品标准、技术法规方面的措施;SPS 协议规范各成员采取卫生标准和法规方面的措施,一项与标准有关的措施应首先考虑是否属于 SPS 协议调整范围,如不属于其范围,应由 TBT 协议调整。

二、《技术贸易壁垒协议》

(一)宗旨、定义和范围

协议的主要目的是确保技术法规和产品标准的实施不会给国际贸易造成不必要的障碍,不会对情况相同的国家造成不合理的歧视;不得阻止其他成员在适当程度内采用技术规章和标准措施,以保护人民、动植物生命健康,保护环境,保证出口产品质量,防止欺诈行为;鼓励采纳国际标准和合格评定程序。这三方面基本目标体现了采取适当的与标准有关的措施与促进贸易便利的平衡。

协议适用于各成员可能影响国际贸易的关于技术法规、产品标准的制定和实施方面的权利和义务。附件 1 规定,"技术法规是规定产品性能或与之相关的工艺和生产方法,包括适用的管理规定在内的要求强制遵守的文件。该文件也包括或专门适用于产品、产品工艺或生产方法的专门术语、符号、包装、标记或标签要求"。"产品标准是指经公认的机构批准的,规定供通用或反复使用的规则、指南或规定产品性能,或与之有关的工艺和生产方法的不要求强制遵守的文件。标准也包括或专门适用于产品、产品的工艺或生产方法的专门术语、符号、包装、标记或标签要求"。附件 1 给出的定义说明,技术法规和产品标准这两类文件有所区别。(1)在制定文件的主体方面,前者由国家授权机构颁布;后者由公认的标准化机构批准和认可。(2)从内容来看,前者是规定产品性能或与产品性能相关的工艺和生产方法,显然,非与产品性能相关的工艺和生产方法要求(non-product related process and production methods,NPR-PPMS 标准)包括包装、标签和标志要求不属于 TBT 协议调整的技术法规范围;而对于后者,虽然许多评论认为也 排除 NPR-PPMS 标准,但至少从字面上解释似乎没有完全排除。(3)前者具有强制性;后者不具有强制性。

明确区分技术法规与标准具有重要意义,因为 TBT 协议关于各成员在采纳和实施技术法规方面应承担义务严于采纳标准方面措施的义务,在采纳技术法规方面要受"最少贸易限制"和依据国际标准的双重测试。而采纳志愿性标准仅要求成员政府符合附件 3 良好行为规范。还应看到,目前广泛存在的由民间机构推行的生态标志计划(eco-labelling scheme)因不属于技术法规,不受协议严格管辖。但是这并不意味着非与产品性能有关的生产或工艺方法要求或标签要求不受 WTO 协议调整,如果志愿性的表明非与产品性能有关的生产或加工方法的生态标志制度由政府管理,或虽由私人管理而由政府干预,这种制度实行的结果可能违反 GATT 第 1 条、第 11 条、第 3 条第 4 款或可能引起非违法之诉。笔者认为,许多这类生态标志计划应纳入产品标准范围由 TBT 协议调整。

协议第 1.3 条规定,所有产品,包括工业产品和农产品均应遵守本协定的规定。但是为政府采购目的所提出的采购规格不受 TBT 协议约束而受政府采购协议约束。属于 SPS 协议附件 A 定义的卫生与植物卫生措施也不由 TBT 协议调整。

(二)成员政府在制定、采用、实施技术法规方面的主要义务

1. 第 2 条第 1 款规定:各成员在技术法规的制定和实施方面给予从任一成员领土进口的产品的优惠待遇不低于给予国内类似产品和其他国家类似产品的优惠待遇(国民待遇和最惠国待遇)。国民待遇和非歧视待遇义务已经扩大适用于合格评定程序(第 5 条)。

2. 各成员确保技术法规的制定、采纳和实施不应给国际贸易带来不必要的障碍。为此,技术规章对贸易的限制不应超过为实现合理目标必需的范围,并考虑这些合理目标未实现所带来的风险。如果技术法规采用的有关情况或目标不存在,则不应维持此类技术法规。这些目标是指国家安全要求;防止欺诈行为;保护人类、动植物生命健康;保护环境(第 2 条第 2 款)。这里提到的"必需范围"和"不必要的障碍"与 GATT 第 20 条相关要求是一致的。即该技术法规措施是为实现合法目的必需的;该技术法规措施是最少贸易限制的;该技术法规措施一般情况下不能超过国际标准所要求的(第 2 条第 3 款);以上要求也适用于关于技术法规相符的合格评定程序。而不符合这些要求的技术法规措施就不是必需的,可能构成对国际贸易不必要的障碍。

3. 只要适当,各成员应按照产品性能而不是按照其设计或描述特征来制定技术法规(第 2.8 条)。这也是为防止技术法规措施构成不必要障碍。

4. 如果有关的国际标准已经存在或即将拟就,各成员应以国际标准为基础制定技术法规,除非由于环境、气候及其他方面的原因不适用于采用国际标准。一成员在制定、采用和实施技术法规可能对另一成员产生重要影响时,应另一成员请求,须说明该

技术法规的合理性（第2条第5款）。基于合法目的并与国际标准相符的技术法规应初步推定未对国际贸易构成不必要的障碍。各成员应积极参与国际标准化组织和其他国际标准化组织的工作（第2条第4款）。[25]

5. 透明度。各成员应确保立即公布已经采用的所有技术法规或以其他方式使有关成员获得这些技术法规，并熟悉它们。若拟议中的技术法规与国际标准有实质不同，并对其他成员有重大影响，该成员应提前公布技术法规的内容，使其他成员熟悉（第2条）。各成员应建立关于技术规章和产品标准方面的信息中心或咨询点（Enquiry Point），接受其他成员有关的咨询，对其他成员关于技术规章、产品标准、合格评定程序方面的询问应依据协议作出满意答复（第10条第1款、第3款）。在与标准有关活动方面，各成员保持其法规、批准程序的透明度至关重要，国际贸易中的许多问题是由于缺少这方面信息沟通造成的。

6. 为了促进贸易便利，协议还要求各成员应积极考虑接受与其等同的其他成员的技术法规，尽管这些法规与他们自己的不同，只要这些法规能充分满足自己的规章目标（第2条第7款）。

（三）地方政府、非政府机构在制定、采用和实施技术法规方面的义务

根据TBT协议第3条的规定，协议第2条要求中央政府履行的在制定采纳和实施技术法规方面的各项义务除个别应由中央政府履行的通知义务外都适用于成员领土内的地方政府和有关的非政府组织。各成员不得要求或鼓励其领土内的地方政府或非政府组织以与第2条义务不一致的方式行事的措施（第3.4条）。在本协定下，各成员对遵守第2条的规定负全责（第3.5条）。

（四）关于标准的制定、采纳和适用的良好行为守则

TBT协议第4规定了各成员制定、采纳产品标准方面的义务，主要是为成员各类标准化机构特别是第一次为私人的标准机构制定了《良好行为守则》，使它们的活动与多边贸易法律相符合。该守则向各成员的各类标准机构开放，这些标准化机构应就它们已经接受或退出该守则的事实通告日内瓦国际标准化组织/国际电工委员会情报中心。根据TBT协议第4条的规定，中央政府的标准化机构有义务接受和遵守《良好行为守则》，即该守则对其有强制实施的效力；但是对非政府的标准化机构以及地方政府的标准化机构，守则不要求强制执行，这些机构可以自愿采纳，尽管协议要WTO成员采取合理措施确保这些机构接受和遵守该守则。

《良好行为守则》规定的主要义务是：（1）在标准要求方面，一标准机构给予来自WTO任何其他成员产品的待遇不得低于给予国内同类产品或其他国家同类产品的待

〔25〕　目前，最重要的国际标准化组织是国际电工委员会（IEC）、国际电信联盟（IIU）和国际标准化组织（ISO），前两个是专业化组织，ISO是综合的标准化组织，有115个成员国。ISO与IEC是私人的非政府组织，成员由缔约国的标准化机构组成。

遇。(2)标准化机构应确保标准的制定、采纳或实施,不给国际贸易造成不必要的障碍。(3)成员国内标准化机构应尽可能参加国际标准化组织的活动,以国际标准作为其制定标准的基础。(4)标准化机构每隔6个月发表和公布其有关标准工作的情况。在采纳某标准前至少应提前60日公布,以便于有关当事方发表意见。

(五)合格评定制度

为保护消费者利益,各国特别是发达国家都制定了复杂的产品标准和技术法规,外国产品要进入这些国家市场通常要履行一定的表明符合某种产品标准要求的合格评定程序(Conformity Assessment Procedures)。合格评估通常由制造商依据其企业内部质量体系,或应制造商要求由独立的试验室以及中立的第三方检验机构进行,这些评估活动以及相关的检验、证书要求往往背离其合法目的,成为阻止外国产品进口,保护国内企业的手段。TBT协议将各类合理评估活动纳入其管辖范围。协议第5条、第6条规定了中央政府对其境内主管的各标准机构实行的合格评估活动应履行的义务,核心义务是要求国内合格评估程序的制定、采纳和适用方面给予外国供应商类似产品的市场准入条件不得低于国内同类产品或其他国家同类产品及供应商的条件。此外,还包括与前述良好行为守则和政府一般义务规定类似的透明度,与国际标准相符,尽量减少贸易限制等义务规定。这些义务规定对中央政府的评定机构是强制性的,对于地方政府和非政府评定机构无法律约束力。但中央政府有义务确保地方政府和非政府的合格评定机构遵守协议第5条、第6条规定的各项义务。

关于合格评定程序的另一重要内容是协议第6条鼓励各成员之间通过事先谈判和磋商,建立多边相互承认或双边相互承认合格评定程序、评定结果的机制,使进口产品在经过出口国合格评定程序检验和评定后,其结果得到进口国的自动承认,不需要重新评定,这是实现各成员之间贸易便利的重要途径。协议第6条第1款规定:"各成员保证在可能时接受其他成员合格评定程序的评定结果,即使那些程序与自己的不同,只要那些程序提供的符合相应技术法规或标准的保证与自己的相当。"第3款规定:"鼓励各成员应其他成员请求参加谈判,以达成双边承认合格评定程序评定结果的协议。各成员可以要求此类协议满足第6条第1款的标准要求,并使之因可能方便有关产品贸易而令双方满意。"1997年12月,在每3年一次举行的技术贸易壁垒协议实施活动评审会上,在讨论合格评定程序时代表们提出了相互承认问题,委员会成员表示关注重复检测、重复评估对贸易的限制作用,表示"一个标准,一个检验,一个证书"应成为实现贸易便利,减少成本的目标。

三、《实施卫生与植物卫生措施协议》

《实施卫生与植物卫生措施协议》(SPS协议)的产生是乌拉圭回合谈判的重要成就,它第一次把传统的动植物卫生检疫措施这种纯技术问题与国际贸易问题联系起来并加以规范。GATT第20条第1款(b)项允许各成员为保护人类、动植物的生命和健康采取与GATT不符的措施,这一例外规定往往被滥用以阻止外国产品,特别是农产品的进口,保护本国的农业。制定SPS协议的目的首先是进一步阐述GATT相关条款,对GATT第20条一般例外的适用加以限制,防止各成员滥用国内涉及人类、动植物卫生安全方面的法律限制进口,使有关措施的实施建立在科学基础上;另一目的就是配合《农产品协议》的实施,促进各成员开放农产品贸易市场。

(一)定义和范围

SPS协议适用于可能直接或间接影响国际贸易的卫生与植物卫生措施,各成员应依据本协议的规定制定和适用这些措施(第1.1条)。符合本协定的措施应被视为符合GATT有关规定的措施(第2.4条)。但协议不影响各成员在TBT协议下的权利。根据SPS协议附件A的规定,卫生与植物卫生措施是指各成员用于以下目的的措施:(1)保护成员领土内的动植物生命或健康免受虫害、病害、带病有机体(organisms)或致病有机体侵入、生长或传播的风险;(2)保护成员领土内的人类、动植物生命或健康免受食品、饮料、饲料中的添加剂、污染物、霉素、致病有机体产生的风险;(3)保护成员领土内的人类生命或健康免受由动植物或其产品携带的病害或虫害侵入、生长、传播的风险;(4)防止或控制成员领土内因虫害侵入、生长、传播造成的其他损害。

上述措施可表现为食品生产加工方法;用于食品生产的使用、包装和标签要求;杀虫剂、除草剂、肥料的使用要求;关于动物饲养的规则。还包括所有相关法律法规和规章要求和程序,特别是最终产品标准、加工和生产方法;检测、检验、证书和批准程序;检疫处理(包括运输动植物的相关要求);统计方法、取样程序、风险评估方法、直接与食品安全有关的包装和标签要求等规定。

(二)基本权利义务

1. 各成员采取适宜卫生措施的权利

协议第2条规定了各成员卫生措施方面的基本权利义务,其他条款又对这些权利义务作了详细说明,总的意图是在允许政府采取合法措施保护公共健康与阻止隐蔽的贸易保护之间建立一种平衡。协议规定各成员在不与本协议相抵触的情况下,有权采取为保护人类、动植物生命健康所必需的卫生措施(第2条第1款)。如有科学理由和经过风险评估,也可采取比国际标准更高的"适宜的"保护措施(第3条第3款)。在相关的科学证据不充分的情况下,成员还可以根据可得到的有关国际组织和其他成员采取卫生措施的信息采取临时的卫生措施(第5条第7款)。

2. 卫生措施的科学性原则

第2条第2款要求:"各成员应保证其卫生措施仅在为保护人类、动植物生命健康所必需的限度内实施,并且根据科学原理,如无充分科学依据则不应在维持"。这项规定是检验一项卫生措施WTO协议合法性的根本标准。它意味着任何卫生措施都应有科学依据,除5.7条规定的情况外,没有科学依据的卫生措施是不适当的措施;如果出现异议,采取卫生措施的成员负举证责任,证明其卫生措施的科学合理性;而符合国际标准的卫生措施是符合科学性的初步证明。这里所指的"必需措施"是"符合国际标准、准则或建议”的措施或者是经过风险评估与科学证据证明为“适宜的”措施(第3条第2款、第5条)。

3. 非歧视地实施卫生措施

各成员确保他们的卫生措施的适用不得构成在情况相同或类似的成员之间,包括他们自己的领土和其他成员之间的武断的、不合理的歧视以及对国际贸易的隐蔽限制(第2条第3款)。旨在获得适宜的卫生保护水平,防止对人类、动植物生命健康的威胁,各成员应避免武断地或无正当理由地区别他认为在不同情况下的保护水平,如果这种区别导致歧视或对国际贸易的隐蔽限制(第5条第5款)。SPS协议没有像TBT协议那样正面阐述国民待遇原则和最惠国待遇原则,这意味着只要不在情况相同的成员间构成不合理歧视就允许实行差别待遇,由于气候、病虫害状况成员间有很大不同,对来自不同成员产品实行相同的卫生措施不总是适宜的。

(三)卫生措施的协调

包括与国际标准的协调和成员间的协调。

1. 协议规定:为尽可能在广泛的基础上协调卫生措施,各成员应将其卫生措施基于现存国际标准、准则或建议来订立,只要存在这些国际标准。卫生措施符合国际标准、准则或建议应被视为保护人类、动植物生命健康所必需的,并被推定为与本协议及GATT有关条款相符合(第3条第1款、第2款)。这意味着符合国际标准的产品取得了GATT合法性的初步证据,进口方若否定国际标准的有效性,以更高的标准来阻止该产品进口,他应当证明其高标准的合理性,即要提出科学证据或经过风险评估(第5条第8款)。协议确定的国际标准是营养标准委员会、动物流行病国际局、国际植物保护公约框架规定的标准。

2. 国际标准的例外,协议规定:如果有科学理由或根据第5条风险评估程序,某成员认为其确立的保护水平是适当的,该成员可以采纳和维持比依据国际标准应取得的更高水平的卫生保护措施。尽管这样,所采取的措施不应与本协议其他条款相抵触(第3条第3款)。此外,协议关于风险评估的规定主要针对没有采纳国际标准的措施。

3. 接受“等同”(Equivalence)卫生措施。第3条第1款要求各成员接受其他成员“等同”的卫生保护措施,如果这种措施取得了相同的保护水平,尽管这些措施与自己的或其他成员的措施不同。但出口成员对“等同”措施有证明责任,它应该给进口方检验、测试、审查机会。这项规定与透明度一样,体现了贸易便利原则,其重要意义是承认不同的产品标准,生产方式和检验程序可以取得相同的卫生保护水平,对于进口国因为某出口国卫生标准与其存在微小差异而拒绝其农产品进口的情况不失为一种补救。

(四)风险评估和适当的保护水平

1. 风险评估。第5.1条规定,各成员应确保其采取的卫生措施基于一种与其所处环境相适应的对人类、动植物生命健康风险的评估，并参考有关国际组织发展的评估技术。根据附件A定义，风险评估是指评估按照可能适用的卫生措施，虫害、病害在进口成员领土内侵入、生长、传播的可能性，以及相关的生物学后果；或评估食品、饮料、饲料中存在的添加剂、污染物、毒素、致病有机体对人类或动物健康所产生的潜在不利影响。协议没有就具体的评估技术和方法作出说明，仅要求考虑以下因素：可获得的科学证据；相关的加工生产方法；有关的检测、检验，取样方法；特殊的疾病、虫害蔓延流行的情况；无疾病虫害区的存在；相关的生态和环境条件；检疫处理或其他处理方式。

协议实施的实践表明：(1)风险评估的实质是评价病虫害、有毒物进入、生长、传播的现实可能性和所采取卫生措施的必要性，这两方面都应符合第2.2条的科学性原则，否则所做的评估不符合附件A定义要求。(2)任何卫生措施的采用都应经过风险评估，特别是那些与国际标准不符的措施。(3)风险评估既是程序要求，也是实体要求，未经风险评估的卫生措施其WTO合法性难以成立，而虽经风险评估，却没有满足“最低限的科学客观性标准”的卫生措施，其WTO合法性也不能成立。[26]

2. 承认无病疫区和低病疫区。各成员应确保其卫生措施适应某一地区的卫生特点，这个地区可以是货物原产地或目的地的一个国家、一国的一部分或几个国家组成的地区。在评估该地区卫生特点时要特别考虑病疫或虫害流行程度，消除或控制这些病害的计划存在。各成员应承认无虫害或病疫区的概念，以及低虫害或病疫区的概念，确定这种地区应考虑诸如地理生态以及疫病监管的情况，及卫生控制措施的有效性(第6条第1款、第2款)。有了这一规定，进口国不应再阻止来自无病害区的产品进口，只要出口方提供其产品产地仍处于无病疫区的证据。

3. 临时措施。协议允许WTO成员在科学证据不充分的情况下，有条件地对货物进出口采取临时措施，这是基于环境法中的“预防原则”授予各成员的权利。根据第5条第7款的规定，采取这种临时卫生措施的条件是存在进口产品可能危害人类、动植物生命安全的科学信息；这些信息提供的证据尚不充分；应根据现有措施采取适当的卫生措施；应在合理时间内审查临时措施的必要性。

4. 控制、检查、检验和批准程序

SPS协议要求各成员在进行控制、检查和批准程序方面遵守附录3的各项规定，主要是在履行手续、交纳费用方面实行国民待遇和最惠国待遇(第8条)。

(五)透明度

协议要求按照附录B的条款，各成员通知他们卫生措施的变化，提供有关他们卫生措施的情况。附录B规定了与TBT协议类似的透明度要求：包括及时公布有关的卫

---

〔26〕 See Gavin Goh , *Tipping the Apple Cart* : *The Limits of Sciense and Law in the SPS Agreement after Japan-Apples*, Jounal of World Trade, Vol. 40(4), 2006, p. 664.

生标准方面的法规;建立咨询点,及时答复其他成员的咨询;采取与国际标准不同的标准时应及时通知其他成员。

第五节 WTO与海关管理有关的措施协议

一、《海关估价协议》

按从价税征收关税时,实际征收的关税额不仅依赖税率标准,也依赖海关当局如何计算完税价格,如果这方面缺乏规范管理,也会构成贸易障碍,抵消关税减让的好处。《海关估价协议》(全称为《关于实施GATT1994年第7条的协议》)的目的就是约束海关当局的估价行为,避免随意性,维护货方的正当权利。

(一)海关估价标准

协议规定海关估价应以有关货物的成交价格,即货物进口时由进口商实付或应付的价格(通常表现为发票价格)作为完税价格。在计算成交价格时,大多数国家都是以CIF条件作为估价基础,此时货物运往进口国的运费和保险费应计入完税价格,而美国等少数国家以FOB条件作为估价基础,在完税价格中应排除上述费用。《海关估价协议》要求各成员立法应明确规定以何种价格条件作为估价基础,是否将运费、保险费、装卸费计入完税价格。根据海关合作理事会解释性申说明,海关估价的有关货物是指进口时的质量和数量状态下的货物,如果货物与合同不符遭买方拒收或复出口,任何关税都应予退还或免除。如果有缺陷的货物被买方接受,买方获得了降价的权利,实际交运和收到货物的成交价格则以这一降低的价格为基础,如买方因卖方交货延迟获得调价的权利,应以调整的价格作为完税价格依据。总之,对于有缺陷的货物不能以原始合同价格作为成交价格。

协议规定,为取得成交价格,下列费用可以计入成交价格中:(1)除买货佣金以外的佣金和经纪费。(2)货物的含劳动力、材料价格的包装和集装箱费用。(3)为使货物进口,由买方免费或减价提供给卖方的与进口货物生产和销售有关辅助工作费用。包括装置在进口货物中的材料、部件、零件和类似物品;在生产进口货物中所使用的工具、冲模、模具和类似物品;在生产进口货物过程中消费的材料;在进口国以外的其他地方从事的并为进口货物生产所需的工程、开发、工艺设计、计划及草图。(4)买方必须支付的与所估价货物有关的并且作为所估价货物销售条件的专利权和许可费。(5)进口货物的转售、处置或使用给卖方带来的收益。(6)以到岸价格估价涉及的运输、保险费用。

上述(1)项中所指的"买货佣金"是指进口商向其代理人因其在国外为他购买所估价货物而支付的佣金,这是买主自己的经营成本,与进口货物的价格无关,应排除在完税价格之外。但是卖方代理为找到买主促成交易而获得的酬金（通常由卖方支付且打入货价中）属于销售佣金，应订入完税价格。(3)项中的辅助费用是买方以直接或间接（通过向第三者支付）方式或免费方式提供给卖方；辅助用于进口货物的出口生产和销售；辅助价值尚未包括在有关货物价格中，符合这些条件才可将其计入完税价格中。(4)项中所指“与进口货物销售使用”有关的专利权、许可费是广义的，包括使用卖方商标权、专利权、商业秘密权、营销权、版权另支付的费用，如果这些费用与所估价货物有关并作为所估价货物销售条件但还未计入货价中（与货价分开），则可以将其计入成交价中。(5)项中的转售、处置或使用收益是出口商约定而进口商收取的，如提成费等。

如果在协议规定的特殊情况下不能依据成交价格估价，应依次采用以下五种方法计算完税价格：(1)相同货物成交价格，即同一出口国出口到同一进口国相同货物成交价格；(2)类似货物成交价格，即同一出口国出口到同一进口国类似货物的成交价格；(3)倒扣价格，即应税进口商品或与其相同、类似的进口商品在国内市场的销售价格，扣除相关利润、关税、国内税、国内运输费用和保险费所得价格；(4)推定价格，被估价货物的生产成本加上利润，由出口国向进口国出口的一般费用；(5)合理确定的价格，在上述方法都不适用时，海关可以以合理方法估价。

根据协议第7条第2款规定，无论如何，海关不得根据下列情况来确定海关估价：(1)在进口国生产的货物的销售价格；(2)选择两者中较高价格作为完税价格的估价制度；(3)货物在出口国国内市场的价格；(4)除按第6条规定为相同或类似货物的估算价格之外的生产成本；(5)出口到进口国以外的其他国家的货价；(6)最低海关限价；(7)武断的或虚构的完税价格。

第(1)项和第(3)项禁止采用的估价方法曾经是美国和加拿大的估价制度，这一估价方法有悖于协议序言中宣称的“估价程序不得用来对付倾销”的精神，根除这种估价方法是谈判的主要目标。第(2)项、第(5)项和第(6)项禁止反映了《海关估价协议》的主要宗旨，即海关估价应公平、统一、中性，并且“节俭买主”，如果存在两种可选择的价格，应选择买主同意的较低价格；海关估价不应成为贸易保护主义工具或者作为增加财政收入的工具。第(4)项禁止是对协议第6条允许采用的以推定价格作为完税价格方法和第7条允许的以合理价格作为完税价格方法的说明，即推定价格和合理价格的估算应以进口国的现有价格资料为依据，而不应超出第6条规定的合理范围。

（二）海关与进口商的权利义务

海关在获得有关价格和数据基础上，如有理由怀疑进口商申报材料的真实性或准确性，可以拒绝其申报的价格。同时，海关应给进口商解释其成交价格的机会，如该解释未能接受，海关应以书面形式通知进口商，说明不接受其申报价格而采用其他方法估价的理由。根据乌拉圭回合谈判通过的《关于转移举证责任的决定》，进口商对完税价格的真实性和准确性负举证责任。进口商有权在海关计算完税价格发生迟疑时，向海关提供足额担保或押金，以撤回进口商品；有权要求海关对其获得的机密资料保密；

有权就海关作出的决定向海关内部的独立机构以及司法机构上诉。上述海关和进口商的权利、各成员立法应作出规定(协议第11条)。

二、《进口许可证手续协议》

《进口许可证协议》指出:进口许可证是实施进口许可制度的行政程序。该制度要求申请者向有关管理机构递交申请书或其他文件(报关目的需要的单证除外),作为货物进口到进口成员海关管辖区的先决条件。政府要求进口商取得进口许可证的目的是实施在特殊情况下的进口数量限制以及对进口贸易进行统计和监督。根据协议的序言要求,应简化国际贸易中采用的各种行政管理手续及惯例,并使之公布于众和保证其公平适用;应以公开的可预见的方式实施进口许可证,尤其是非自动进口许可证;GATT各项规定同样适用于进口许可证,确保许可证手续的实施不得违反GATT各项原则和义务,不得阻碍国际贸易。协议提出了发放进口许可证应遵守的规则,内容有:

1. 进口许可证程序是政府管理进口贸易的方式,它要求进口商向主管部门申领进口许可证作为进口货物的先决条件。进口许可证的基本分类是自动进口许可证和非自动进口许可证,自动进口许可证是在所有情况下对申请均需批准,并且保证对进口没有限制作用的许可证(第2.1条)。除此之外的许可证是非自动进口许可证,发放非自动许可证是为了对配额和其他进口限制进行管理(第3.1条)。实施自动进口许可证程序不得使属于该许可证管辖的货物进口受到限制性影响,符合进口国法律要求的,从事属于自动进口许可证项下产品进口业务的任何个人、商号或机构都同样有资格申请和取得进口许可证;在海关放行前的任何一个工作日内,进口商都有权递交进口许可证申请书,如果递交的申请书的手续是完备的,签证当局应在可行的范围内立即予以核准,如果拖延,最多不超过自收到申请以后的10个工作日。

2. 除由于实行限制所造成的影响外,非自动许可证不应对进口产生其他贸易限制或扭曲作用。此外,各成员还应做到:(1)在与有关产品贸易有利害关系的其他成员要求下应提供与许可证管理有关资料;(2)实行限制的成员应尽快将最近分配给供应国的配额按数量或价值通知感兴趣的成员,并应发布公告,公布配额总量和国别配额量,配额开放和截止的日期,使有关各方获得充分信息;(3)凡符合进口成员法律要求的个人、商号和机构,应具有申请和获得许可证的同样资格,如果许可证申请未获批准,应将其原因通知申请人,申请人有权根据进口成员的国内立法或程序进行上诉;(4)发放许可证应考虑到申请者的进口实绩以及过去发给该申请人许可证利用的情况;考虑到保证给新的进口商的合理份额;特别考虑那些进口来自发展中国家,尤其是最不发达国家产品的进口商的要求。(5)许可证规定的有效期应该合理,不致影响进口,签证当局在收到申请之日起30日内,以先来先办原则签发进口许可证,如同时一并办理,必须在收到申请之日起60日内签发。

3. WTO成员有义务出版公布关于进口许可证程序的所有信息,使进口商和出口商及其政府充分了解提出申请的个人、公司和机构的合法性要求;负责签发许可证的管理机构;许可证管理的产品范围。

4. 申请表格和程序应尽可能简单,不应因文件中的微小错误而拒绝其申请,除非是故意欺诈或严重疏忽,对该差错的处罚不应超过警告程度;如进口货物与许可证标明的有少许出入,只要这种差异符合商业惯例就不应拒绝货物进口。

三、《原产地规则协定》

(一)原产地规则

1. 原产地规则是各成员为确定货物的原产地而普遍适用的法律、法规和行政决定。各国依据国内法或地区性条约确定货物的原产地,目前还没有世界范围内统一的原产地规则。关于原产地规则的最重要的分类是优惠原产地规则和非优惠原产地规则,非优惠的原产地规则适用于原产于或运往所有其他国家(WTO 成员或非成员)的进出口货物的非优惠贸易措施的实施。而优惠原产地规则仅适用于协议性或非协议性贸易优惠计划实施。

2. WTO《原产地规则协定》适用于约束各成员非优惠的原产地规则。协议第 1 条规定它适用于各成员实施 GATT 第 1 条、第 2 条、第 3 条、第 11 条和第 13 条下的最惠国待遇;GATT1994 第 6 条下的反倾销税和反补贴税;GATT1994 第 19 条下的保障措施;GATT1994 第 19 条下的原产地标记要求;以及任何歧视性数量限制或关税配额等。还适用于政府采购和贸易统计。但是协议并没有提供一套统一的确定原产地的标准,而仅仅提供一个协调各成员原产地规则的计划纲要,以及在协调计划完成前的过渡期各成员实施原产地规则的纪律。

(二)协调原产地规则的目标和原则

协调原产地规则的目标和原则包括:(1)原产地规则应平等适用于第 1 条所列目的。(2)原产地规则应规定,一特定货物的原产地为完全获得该货物的国家;或该货物生产涉及一个以上国家,则为最后实质性改变的国家。(3)原产地规则应是客观的、可理解的、可预测的。(4)原产地规则不得用作直接或间接实现贸易政策的工具,不得对国际贸易产生限制、扭曲和破坏作用。(5)原产地规则应以一致、公平、合理的方式管理。(6)原产地规则应依据肯定标准。否定标准可用于澄清肯定标准。

(三)过渡期内的纪律

在原产地规则协调工作计划完成之前,各成员应保证:(1)在适用税则归类改变标准、从价百分比标准、加工工序标准时应分别明确规定税则目录中的子目或品目、计算百分比、有关货物原产地工序。(2)原产地规则不得用作实现贸易政策工具,不得对国际贸易产生扭曲限制作用。(3)适用于进出口货物的原产规则不得严于用于确定货物是否属于国产货物的原产地规则,且不得在其他国家间造成歧视。(4)原产地规则应以一致、统一、公平合理的方式管理。(5)原产地规则应以肯定性标准为依据,否定性标准是为澄清肯定性标准。(6)与原产地有关的法律法规裁决应公布。(7)应出口商进口商或任何人请求,各成员应在不迟于 150 天公布对有关货物原产地的评定意见。

(8)如对原产地规则修改或采用新的原产地规则,此类修改不得追溯实施。(9)任何确定原产地的行政行为可由独立的司法、行政、仲裁程序审查。(10)主管部门的保密义务。

第六节 政府采购协议

政府采购是全球最重要的经济贸易份额,几乎所有国家的政府及其控制的机构都是货物与服务的大买主,其采购供自用的货物服务数量经常占国民生产总值的10% ~15%,在相当长的历史中,西方国家政府采购的公开竞争仅限于国内范围,不对外国开放,在严格的贸易保护政策下,外国供应商欲进入一国政府采购市场将受到该国正式的和非正式的歧视性政策措施阻碍,以使政府采购的货物与服务由本国供应商供应。如购买本国货政策、国内含量要求、不适当地排除外国投标,或对外国投标者实行差别待遇、采购惯例缺乏透明度。

从20世纪60年代起,经合组织就制定多边政府采购协议,保证外国供应商公平进入他国政府采购市场进行讨论,其结果是在GATT东京回合谈判中达成了《政府采购协议》,1988年缔约方对此做了修改。该协议属于诸边贸易协议,其确立的国民待遇,非歧视和透明度原则仅适用于13个缔约方,在范围上也仅适用于中央政府货物及附属服务采购,市场份额较大的公用事业和省级政府采购不在约束之内,受约束的采购量是政府采购量中很少的部分,如美国仅将联邦政府采购总量中的15%(12亿美元)纳入约束范围。在签字国之间市场准入也不平衡,美国提供了依据《政府采购协议》可以获得的占市场准入总额80%的政府采购量,其他国家仅占20%。因此美国和协议其他签字国日本、韩国、以色列、欧盟、加拿大及墨西哥除了努力改善GATT政府采购规则外,还签订了大量双边和地区性政府采购协议。

政府采购不属于GATT乌拉圭回合多边谈判议题,这个问题的谈判由有关缔约方与多边谈判同时展开,最终达成了列入附件4的新的《政府采购协议》(1994年)。包括原有成员在内的27个成员参加了该协议。新协议的结构类似于《服务贸易总协定》,在一般规则之外把各成员具体承诺作为附件列入其后,以5个附件代替原有的1个附件,前3个附件分别列入各成员受协议约束的三类采购实体(中央政府机构;州、省级政府机构;政府企业)清单以及这些实体受约束的政府采购合同起点金额;附件4列入各成员三类实体受约束的非建筑类服务采购范围;附件5列入建筑服务采购范围。总的来看,新的《政府采购协议》在两个方面改进了原协议:一是扩大了协议约束范围,包括主体范围和客体范围;二是改善了竞标程序,规定了质疑程序。协议的主要内容如下:

1. 协议宗旨

序言规定,制定政府采购协议的目标是在政府采购自用的货物和服务方面从商业上考虑,从而更有效地使用税收收入和公共资金。建立有效的法律规则和程序,确保这些规则和程序的非歧视性和透明度,不至于把政府采购活动作为保护国内产品或服务,歧视外国产品、服务及其供应商的工具。

2. 范围

在主体方面,原协议约束的采购实体仅限于少部分中央政府实体,新协议把采购实体扩大到次一级的州、省级政府和市政府,以及供电、供水、机场、港口等国内公用事业部门。在客体方面,由传统的货物采购扩展到服务,同时降低了受约束的政府采购合同标的额起点(门槛价)。

从各方的具体承诺来看,不同领域受协议约束的水平是不同的,唯一实现所有协议成员全面互惠待遇的领域是中央一级货物、服务和建筑服务采购,其中货物和非建筑类服务采购的单个合同约束起点是13万特别提款权(约合18万美元)以上,建筑服务的约束起点是500万特别提款权以上。在州和省一级,美国37个州与欧盟成员的省政府达成最惠国待遇,欧盟方面货物采购合同约束起点是20万特别提款权,美国的货物与非建筑类服务约束起点是35.5万特别提款权,建筑服务的约束起点是500万特别提款权。美国承诺将上述待遇扩大适用于韩国和以色列,但不适用于其他协议成员。对于第三级的公用企业实体,美国将田纳西河流管理局、多伊电力交易管理局、圣劳伦斯航线及东海4个港口管理部门纳入有条件的约束,并与欧盟、韩国、以色列达成互惠。其货物与非建筑服务采购的约束起点是25万美元,建筑服务采购是700万美元,欧盟所开列的电力公用部门的货物与非建筑服务采购的约束起点是36万美元合同,建筑服务为700万美元合同。协议规定“采购”被定义为通过任何合同方式进行的采购、租赁、租购货物和服务。

3. 最惠国待遇和国民待遇

协议第3条规定:“有关本协议包括的政府采购活动的法律、规章、程序和做法方面,一成员应立即无条件地给予另一成员的产品、服务及其供应商不低于:(a)它给予本国产品、服务和供应商的待遇;(b)它给予任何其他成员产品、服务和供应商的待遇。”这是国民待遇原则和最惠国待遇原则在政府采购领域的具体表述。据此,类似美国《购买美国货法》中的对外国供应商的歧视性“优惠差价”制度将在协议成员之间不适用,该制度允许政府采购遇有本国产品与外国产品竞争时给美国货以6%~12%的优惠差价(即在外国供应商报价上加计6%的差价)。协议还禁止基于股权成分或供货来源的不同在国内供应商之间造成歧视,第3条第2款规定,“有关协定范围内政府采购的任何法律、规章程序和做法,各成员应确保:(a)其实体不应基于一本地供应商与外国公司的附属关系程度或外国拥有股权程度给该供应商低于给予其他本地供应商的待遇;(b)其实体不应因本地供应商所供应产品或服务的生产国不同而歧视该供应商,条件是该生产国为协定成员”。这项规定对于《购买美国货法》中关于联邦机构不得把采购合同给外国公民或外国公民控制的公司的歧视性做法具有针对性。

4. 运作条款

协议第7条至第16条规定了为保证政府采购公平性高效和便利的程序规则,要求实行三种招标制度,即公开招标、选择性招标和限制招标。公开招标是任何有兴趣的供应商均可参加投标;选择性招标要经过对潜在供应商进行挑选,只有被确认为具备必要资格的供应商才被邀请投标;限制性招标是指在特殊情况下,仅与确定好的某家供应商谈判和签订合同。对于选择性招标,协议要求采购单位须持有一份合格供应商名单,定期公布,限制性招标容易造成不公平竞争,其适用受严格限制,协议规定只有在列明的10种情况下才可实行限制性招标。

5. 透明度

协议提出了两个方面的透明度要求:一是要求作为协议参加方的各成员公布影响政府采购的任何法律、规章、司法判决、行政裁决;应未中标方政府的请求,采购实体所属政府应提供有关中标商的特点,相对优势和合同价格。二是要求采购实体招标活动符合透明度要求,在招标前以世界贸易组织官方语言公布招标公告,并保证采购过程中不得改变采购规则。在招标后要接受公众监督,协议要求采购实体出版公布授予合同后的通知,申明合同项下产品或服务的性质、数量;合同中标者的名称、地址;所授予合同的价值。另外应一个未中标的投标人要求,采购实体应提供其投标被拒绝及选中别人的原因。

6. 质疑程序

质疑程序亦称“投标异议审查”机制,是新协议增设的一项制度,它使国外供应商可以在采购实体违反协议义务时,在采购实体所在成员国内提起司法或准司法救济,而不必诉诸WTO争议解决。协议第20条要求协议成员成立国家级独立的审议机构,当国内或国外供应商认为某采购实体未遵守本协议规则时,由该机构受理他们的质疑、投诉及赔偿请求。质疑程序应规定临时措施,包括中止采购过程,以及时纠正违反采购规则和程序的做法;应对提出质疑的投标人作出赔偿,赔偿金额可限于准备投标或提出质疑所发生的费用。

7. 争议解决程序

一成员就另一成员违反《政府采购协议》造成利益丧失或损害,可以请求WTO争端解决机构审理;另一成员虽没有违反《政府采购协议》,仍造成某成员的利益损伤,该成员也可以请求WTO争端解决机构审理和解决。但是协议第22条规定这种争议解决不得采取交叉报复,即一成员不能以协议范围内利益丧失或损伤理由中止履行依据其他WTO协议应履行的市场准入义务和关税减让义务;反过来,一成员也不能因为另一成员违反货物或服务贸易规则造成其利益丧失或损害,中止履行在《政府采购协议》下应给予另一成员的采购减让利益。

本章思考题

1. 如何理解 GATT 与 WTO 的关系？

2. WTO 的法律框架如何组成？

3. WTO 的主要机构有哪些？

4. 如何理解 GATT 1994 基本原则的含义和适用范围？

5. 如何理解 GATT 第 20 条例外？

6. WTO 成员采取卫生措施时应承担哪些义务？

7. 简述 TBT 协议和 SPS 协议在适用范围上的特点。

8. 如何理解 WTO 协议的效力约束范围？

推荐阅读案例

1. 美国和加拿大关于期刊进口措施纠纷案（Canada-Periodicals，WT/DS31）

2. 欧共体和美国、韩国关于酒类税收措施案（Korea-Alcoholic Beverages，WT/DS75）

第十七章　世界贸易组织调整贸易的新领域

第一节　《服务贸易总协定》

一、国际服务贸易概述

《服务贸易总协定》(GATS)没有提供“服务”的定义。我们认为,服务是活的劳动,它是由服务提供者凭借体力、智力和技能,借助一定的工具、设施和手段,在服务接受者参与下完成某种活动,以直接满足其需要的过程。这与制造产品,最终凝结在产品中的物化劳动有实质区别。货物交易是实物交易,其价值和归属都是确定的和透明的。“而服务交易本质是无形利益的授予”。[1] 许多服务是无形的(intangible service),像数据处理、旅游、诊疗、娱乐、法律咨询等服务,就其纯粹的形态来看,这类服务提供不涉及实物,对于服务的支付也不伴随相应的事物的交付。但是以下两类服务提供涉及实物,可称为有形的服务(tangible service)。一类是无形的服务并入实物,以实物为依托或媒介。比如娱乐服务或咨询服务可能涉及软盘或光盘磁带的提供。后者涉及报告资料的提供,服务价值包含在这类实物中,而实物本身有较少价值。由于涉及实物的交付,这类服务也受货物贸易规则管辖。比如GATT第四条就规范电影片的国际交易。另一类是无形服务依附于实物交易,如汽车消音器和空调的安装服务,电站的建设服务。此类服务中实物交易有独立价值,但购买者支付的价值中也包含服务价值,只要这类实物是跨境交付就属于国际货物贸易,但电站建设属于投资活动。

国际服务贸易是各种类型服务的跨国交易,关贸总协定秘书处曾列出当今国际服务贸易达150多种,WTO秘书处提供以下12类服务部门和分部门,这也是国家具体承诺表的部门划分:(1)商业服务(包括法律、会计师等职业服务、计算机有关的服务、研发服务、租赁服务等分部门);(2)通信服务(包括邮递、电信、视听传播等分部门);(3)建筑及相关工程师服务;(4)分销服务(批发、零售、佣金代理等);(5)教育服务(包括小学、中学、大学各类教育);(6)环境服务(污水处理、垃圾处理等);(7)金融服务(保险、银行及其他金融服务);(8)健康和相关的社会服务(医院及其他的健康服务);

---

[1] See Thomas L. Brewer, Philip Raworth, *International Ragulation of Trade in Services*, Oceana Publication, 2006, p. 1.

(9)旅游或与之相关的服务(酒店、餐饮、旅行社服务);(10)健身、文化、体育服务(包括图书馆、剧院、马戏团、博物馆等服务);(11)运输服务(海运、内河运输、空运、公路运输、铁路运输、管道运输);(12)其他服务。以上是按部门划分的国际服务贸易类别。

国际服务贸易同传统的货物贸易相比有许多独特之处,引起服务贸易统计、监督、管理方式的变化,也给国际服务贸易市场准入带来新问题。(1)服务贸易是无形的、不可储存的,服务提供者与接受者以某种活动的方式完成服务交换过程,有的在瞬间完成;许多服务产品具有公共产品性质,服务提供者提供一项服务可同时为许多人享用,这使各国很难统计出真实的服务交易量。(2)服务贸易具有人身性,虽然服务提供受一定设施、工具、技术手段影响,多数服务是在服务提供者和接受者的互动沟通中完成,服务产品状况更多取决于服务提供者的素质,对服务贸易的调整包括对服务提供者的调整。(3)服务贸易具有非单一性,某些服务提供需要商业存在以及采取面对面的方式,有的服务提供依赖提供者所处自然、人文和社会环境,由此牵涉更广泛的国家和社会政策问题,如商业存在涉及开业权、外国直接投资政策,人员流动涉及移民政策,教育文化交流服务涉及道德意识形态政策,这使服务贸易的监督管理更为复杂。(4)某些服务贸易的发生不需要跨越国境,不能通过边境措施来管制,而主要依靠国家政策、法规、行政措施来管理,管理对象包括提供服务的活动、服务设施机构、服务提供者等各方面,服务贸易的市场准入不是关税问题,而是国家政策、法规措施的限制问题,即能否允许外国服务业进入本国服务市场,能否给予他们国民待遇和最惠国待遇。由于放宽某些服务业限制直接影响国家安全、主权、国家经济的宏观调控,因此服务业市场准入面临更多的困难。

为维护本国经济利益,各国不同程度地实行限制外国服务业进入的政策、法律和做法。对外国服务提供的市场准入限制主要有:(1)禁止或限制外国服务提供者提供服务。(2)禁止和限制服务接受者使用外国提供的服务。(3)禁止或限制外国服务业直接投资。(4)禁止和限制外国服务提供者在东道国建立永久性商业存在。(5)禁止和限制外国服务提供者进入或暂时进入东道国。(6)禁止和限制外国服务提供者进入电信、交通、银行、销售渠道、证券市场等公共服务网络。(7)要求服务提供者为东道国居民或在东道国有商业存在。(8)禁止和限制提供服务必需的物资进口。

对外国服务提供者法律上的歧视待遇主要有:(1)经营歧视,包括禁止和限制在东道国获得固定资产;进入公共服务网络高难度,高消费;限制进入职业协会;许可审批的障碍;禁止和限制分销以及交易他的服务。(2)资金歧视,包括对于收入等高赋税;限制获得补贴、贷款或贷款担保;限制获得保险。(3)数量限制,限制服务提供者的数量,包括雇员数量;限制服务交易额、资产额以及服务交易的总量。(4)实绩要求的歧视,包括出口水平,当地含量,强制性技术转让以及培训要求。

事实上的歧视待遇主要有:(1)要求在东道国采用特殊的公司形式。(2)禁止或限制使用母国或东道国的专业职称。(3)禁止或限制使用母国的名称。(4)禁止和限制雇佣母国国民。(5)要求大多数董事成员为东道国国民。(6)非歧视性的实绩要求;资格证书要求。

二、《服务贸易总协定》框架协议的基本内容

《服务贸易总协定》是与关贸总协定平行的独立的多边贸易协定,调整四种类型的国际服务贸易。其全部内容可分为三部分:(1)框架协议,它规定了国际服务贸易一般概念、原则和规则、成员国基本权利和义务,是 GATS 的主体和实质部分;(2)各成员提交的服务贸易国家具体承诺表,具有法律上的约束力;(3)框架协议的 8 个附件,规定了某些重要服务贸易部门的多边自由化规则,它们是 GATS 不可分割组成部分。《服务贸易总协定》已被列入 WTO 所管辖的框架协议的附件 1,要求 WTO 成员一体接受。

GATS 框架协议由 6 个部分 39 条组成,规定适用于影响服务贸易所有措施的一般概念、原则和规则。框架协议所规定的义务分为两类:一类是一般性义务,适用于各成员所有服务贸易部门及国际服务贸易做法,不论其是否属于各成员在国家具体承诺表中列出的范围;另一类是具体承诺的义务,主要是国民待遇和市场准入,这类义务性规定仅适用于各成员在国家具体承诺表中列出的项目和领域,并在所列明的条件范围内适用,对于未列明的服务贸易部门和服务贸易做法不适用,这是《服务贸易总协定》的一个重要特点。

(一)范围与定义

GATS 第 1 条规定:“本协定适用于各成员影响服务贸易所采取的措施。”“服务”包括任何部门的任何服务,但是行使政府职权所提供的服务除外。协议第 1 条 3 款进一步解释“政府行使职权的服务”是指“不以商业为基础,也不与一个或多个服务提供者相互竞争”的服务提供。前者是指服务提供者不考虑盈利和资金回报;后者是指不存在与其他服务提供者的竞争。关于是否存在相互竞争的其他服务提供者,应分析特定地区的市场态势,看有无相同或类似的以及可替代的服务提供。WTO 没有指定哪些服务部门属于这类服务,应依据个案分析确定。不过前述服务业的部门划分显然排除公用事业服务(水、电、气的供应)。考虑到 GATS 第 8 条关于垄断和专营服务提供的规定,至少某些政府和公共机构提供的垄断服务不在例外范围,应受 GATS 约束。

各成员影响服务贸易的措施是指影响服务贸易的法律、法规、行政行为、行政程序等任何措施。[2] 包括中央、地区、地方政府和当局所采取的措施;代表中央、地区、地方政府和当局行使权力的非政府组织所采取的措施。协定强调:“为了履行本协定项下的责任与义务,各成员应采取一切可能的适当措施确保其境内的地区、地方政府和当局及非政府团体履行其责任与义务。”

《服务贸易总协定》第 1 条按照提供服务时服务提供者和消费者所在的领土界线,提出了协定适用的四种服务贸易类型:过境交付、境外消费、商业存在、自然人存在。[3]

---

〔2〕 参见 GATS 第 28 条 C 项的解释。

〔3〕 这四种类型的提法源于 GATS 国家具体承诺表。

(1)过境交付是指服务提供者自一成员领土向任何其他成员领土提供服务。在此模式下,服务在一国生产或提供,在另一国被消费。这种隔地交易没有服务交易参加者的流动,但是有资金、物资或信息的流动。过去,这种服务的唯一提供方式是国际货物运输。当代,由于技术进步,出现了 IT 和商业方法跨境外包服务、跨境高等教育服务、保险金融服务、咨询服务等新兴产业,许多曾经需要面对面才能提供的服务已经被这种服务提供方式所取代。

(2)境外消费是指在一成员领土内的服务提供者向任何其他成员的服务消费者提供服务。在此模式下,服务接受者访问服务提供者的国家并接受其提供的服务,然后再返回母国,包括跨境旅游、就医,也包括运输工具境外维修保养。

(3)商业存在是指一国服务提供者通过在任何其他成员领土内设立的商业存在提供服务。在此模式下,服务提供者将其设在外国商业存在的服务提供给外国或第三国的服务接受者。如服务提供者在境外设立的银行、保险公司、运输公司或咨询公司等分支机构。美国曾经不承认美国公司在国外的附属机构提供的服务是国际服务交易,但 GATS 将此类服务作为国际服务模式加以规范。不过如甲国个人或公司永久性地离开所属国到乙国另立商业实体,这属于母国基地改变,在乙国提供服务是国内服务交易。

(4)自然人存在是指一成员服务提供者通过在任何其他成员领土内的自然人存在提供服务。即服务提供者以自然人入境方式在服务接受者所在地国家或第三国向服务接受者提供服务。如教师、工程师、医生等职业工作者单独或受雇于母国服务提供者向境外接受者提供服务。其中,第一种类型服务提供者和接受者均在各自领土,第二种类型是服务消费者进入服务提供者领土接受后者的服务,这两种是简单的服务提供;第三种和第四种是服务提供者进入服务接受者的领土通过商业存在或自然人存在提供服务。有的服务只能采用特定一种模式,如旅游服务;而医疗、顾问服务等可选择多种服务提供模式。

实施 GATS 同样需要确定一项服务的来源地,这与货物贸易的原产地问题同等重要。基于服务贸易的特殊性,GATS 按照服务贸易的不同类型提供了确定一项服务来源的不同标准。根据协议第 28 条定义中对“另一成员的服务”的解释,属于跨境交付和境外消费两种模式,另一成员的服务是指“自另一成员领土内或在另一成员领土内提供的服务”。对于海运服务是指船旗国和船东所属国所提供的服务。上述两种服务提供模式中服务来源地依据服务提供者提供服务时所处的领土界限判定,实质是服务提供者所处的地理方位因素判断问题。而对于商业存在和自然人存在模式,另一成员的服务是指“另一成员服务提供者所提供的服务”。服务的来源地按服务提供者身份归属来判定,实质上是服务提供者身份判断问题,就是看服务提供者是否属于另一成员的自然人、法人,或另一成员的商业存在。根据 28 条 M 项规定,另一成员的自然人是指具有另一成员国民(国籍)身份或(在涉及单独关税区时)具有另一成员永久居民身份的人。另一成员的法人是指根据另一成员法律设立的任何经营实体(包括各类公司、基金、合伙或协会)并且在另一成员或其他成员领土内从事实质性业务活动。了解认定另一成员法人的标准有助于我们确认属于另一成员法人的商业存在。在通过商业存在提供服务的条件下,另一成员的商业存在是指由另一成员自然人或法人拥有或控制的商业存在。此处的"拥有"是指实际拥有股本超过50%,此处的"控制"是指拥有任命大多数董事或以其他合法方式指导其活动的权利。

(二)最惠国待遇(MFN)

GATS 第 2 条规定:"每一成员应该立即地无条件地给予任何其他成员的服务和服务提供者不低于它给予任何其他国家类似的服务和服务提供者的待遇。"最惠国待遇是适用于所有成员的一般义务,既适用于各成员具体承诺的领域,也适用于没有承诺的领域(GATS 不适用的范围除外)。但是与 GATT 最惠国待遇相比,GATS 这一原则有如下特点:

1. 从适用范围来看,给惠对象是"其他成员的服务和服务提供者";给惠的标准是"不低于"给予其他国家(包括 WTO 成员和非成员)类似服务和提供者的待遇,而不是"同等"待遇。这体现了 GATS 为了实现渐进自由化,允许某成员就具体服务领域市场开放作出最惠国待遇的保留,即允许该成员在互惠基础上给另一成员比给予其他国家更优惠的待遇,这种待遇可能超出了该成员在具体承诺表中承诺的水平或普遍给予其他国家(包括 WTO 成员和非成员)的待遇水平,但是,做出 MFN 保留的成员不得援用这项例外给予另一成员低于其在国家具体承诺表中承诺给予的待遇水平(第 16 条及注释),即不得免除其在市场准入和国民待遇方面承诺履行的义务。

2. GATS 最惠国待遇具有普遍性,它意味着:(1)每一成员应把它在国家具体承诺表中承诺的待遇水平非歧视地适用于所有其他成员,应给予其他成员的服务和服务提供者不低于其在国家承诺表中承诺的待遇标准;(2)对于未做出具体承诺的领域,每一成员应把它给予其他国家服务和服务提供者的优惠待遇及豁免立即无条件地给予任何其他成员类似的服务及服务提供者。

3. GATS 最惠国待遇具有实质意义,因为它与各成员关于市场准入、国民待遇的具体承诺挂钩,结果形成了一套受到约束的最低市场准入标准,并且在最惠国待遇基础上普遍实施,这使 MFN 不至于空洞无物。

4. GATS 最惠国待遇原则有更大的灵活性,它允许各成员采取两方面例外措施:一是援引第 2 条第 2 款规定,就国家具体承诺表中某一部门的市场开放作出最惠国待遇的保留(祖父条款保留),条件是作为创始成员应在 GATS 生效前将这种保留列入 GATS 第 2 条例外附件,同时经过世界贸易组织的审查和批准。[4] 按附件规定,各方

---

〔4〕 在 WTO 协议生效前,世界贸易组织收到 61 份这样的例外清单,其中美国在海运、民用航空服务、基础电信、金融服务都做了保留,事实上在这些核心领域美国的具体承诺表中未做任何承诺。欧盟、加拿大、澳大利亚在文化工业部门未做任何承诺,做了广泛的 MFN 保留。

做出的保留原则上不得维持自协定生效起超过10年,但事实上各方列出的保留许多是无限期的。以上是属于自选的例外规定(Self-Selective Exemptions)。另一种是普遍的永久性的例外,经过一定的通知、批准程序某成员可以在特殊性情况下引用,这类例外规定有:(1)GATS最惠国待遇原则不适用于毗邻的成员之间的边境地区服务贸易,这种服务必须是在当地生产和消费的。(2)MFN不适用于经济一体化安排,不应阻碍各成员间签订双边或多边经济一体化协议,条件是这种协议涵盖大多数重要部门,并且在成员之间取消了所有国民待遇的歧视。(3)GATS不适用于影响自然人进入另一成员就业市场,不适用于涉及公民权、居留权及永久性受雇。(4)一般例外,MFN不得阻止各成员为保护公共道德、社会秩序、为保护人类、动植物生命健康,为避免双重征税等所采取的措施,但在采取这些措施时不得构成歧视待遇。(5)安全例外。(6)MFN及第16条(市场准入)、第17条(国民待遇)都不适用于政府采购。这后4项例外属于GATS整个规则的例外。

(三)透明度

作为一般性义务,第3条规定各成员应迅速(至少在措施实施前)公布影响本协定实施的所有法律、法规和做法,包括国际协议。每年应把所采用的新法规或对现有法律的修改、通知其他成员。每一成员应设立一个或更多的咨询点,应其他成员请求回答有关询问。第3条附则还对可能损害公共利益或合法商业利益的秘密资料的公布作出限制,规定不得要求成员披露秘密信息,如果这种披露阻碍法律实施或对公共利益有不利影响。

(四)国内管制

GATS承认各成员政府对本国服务贸易的管理权,允许各成员实施有关的国内法规和措施,履行其GATS义务。这些法规涉及许可和授权程序、基于审慎原则的资本要求、技术法规和税法要求、资格和证书要求等,这些管理措施带有公共政策性。GATS第6条要求各成员对已作出具体承诺的部门,应确保影响服务贸易的法规和措施以合理、客观、公正的方式实施。使之在确保市场准入的适当条件下适用,不致构成对服务贸易不必要的障碍或事实上导致取消其作出的具体承诺。在受影响的服务提供者请求下,成员应提供切实可行的司法、仲裁或行政手段或程序,迅速审查这些措施,并作出公正决定和适当补偿。但是这并不要求一成员以不符合宪法的方式来实行。

(五)资格承认与协调

GATS第6.4规定,服务贸易理事会应通过其适当设立的机构,制定必要纪律保证有关资格要求和程序、技术标准和许可要求的各项措施不致构成不必要的服务贸易障碍;保证前述资格要求和程序、技术标准和许可要求依据客观的透明的标准;关于提供服务能力和资格要求不得超出为保证服务质量所必须限度;许可程序本身不构成对服务提供的限制。关于资格承认,第7条规定一成员可以承认另一成员就教育程度、经验、任职资格条件所颁发的许可证或证明。这种承认不要求按最惠国待遇原则自动给予其他成员,这是GATS最惠国待遇适用的较温和的领域。但协定要求不论是通过协定安排承认还是自动承认,一成员应给予其他有利害关系的成员充分机会,以谈判加入此类协定或安排;或证明其国内的资格许可应得到承认。在采用标准和准则方面或承认许可证、证明方面,不应造成国家间歧视或限制服务贸易的借口。资格承认涉及职业服务提供,这方面GATS允许各成员对境内职业服务提供者保留本国公民资格这一条件限制。

(六)垄断及限制性商业惯例

GATS第8条题为"垄断及专项服务提供者",规范各成员政府所有的或实行垄断服务的企业,核心内容是允许各成员建立和维持国家垄断服务,但是特别要求各成员确保其境内垄断服务提供者在提供垄断服务方面,不得采取与无条件最惠国待遇要求和透明度要求不相一致的行动。第9条题为"限制性商业做法",约束除政府垄断以外的民间企业之间存在的限制性商业做法,规定一成员就另一成员要求取消这类限制性商业做法请求磋商应给予同情和考虑。GATS体制的重要漏洞是缺乏关于反竞争行为的控制措施。GATS既没有针对服务贸易的反倾销规定,也没有对政府补贴做出限制,一成员如果遭受来自外国政府补贴的伤害,只能与该国政府协商,请求给予"同情或考虑"。迄今为止,GATS仍缺乏保障条款,一国由于服务贸易市场开放造成国内有关行业损害,只能援引第12条国际收支平衡的例外或在金融领域援用审慎例外进行限制。

各成员不同国内竞争规则影响服务贸易的开放水平,有关方面呼吁在WTO框架内制定统一的多边反垄断法(包括反对限制性商业惯例)。目前这方面的重要进展是一个私人工作组于1993年7月向GATT递交了一份《国际反垄断法》(草案)(DIAT),设想把它作为GATT或WTO的诸边贸易协定。从历史上看,GATT1947缺乏这方面规定是因为起草者假定各国已具备了这些制度,而《哈瓦那宪章》第五章也有这方面规定,由于该宪章的夭折才形成今天的缺陷。

(七)市场准入

国际服务贸易中,市场准入本身就是需要谈判才能取得的权利。GATS实行逐步的有保留的市场准入,该项义务属具体承诺义务,各成员采用列明的方式确定一国开放服务业的范围,各自仅对承诺清单中列明的部门、分部门并根据其中列明的限制条件承担市场准入义务,除此以外无开放市场义务。但是这并不意味一成员对于没有承诺的领域不开放市场,各成员有权自主决定这些领域的市场开放步骤和水平,这种市场开放安排不受GATS具体承诺义务约束,但是受最惠国待遇等一般义务约束。

GATS第16条规定:各成员给予其他成员的服务和服务提供者的待遇不应低于根据其国家具体承诺表中所同意和详细规定的期限、限制和条件所提供的待遇。一成员除了在具体承诺表中确定的以外,不得在境内维持或采用各种对服务业进入的数量限制措施。[5] GATS 国家具体承诺表(National Specific Commitments Schedules)把各成员服务贸易具体承诺分为两大类:一类是总体承诺(Horizontal Commitments),亦称"水平承诺",涵盖所有服务贸易部门;另一类是部门承诺(Sector Specific Commitments),仅涉及个别部门或分部门。两类承诺表都记录了各成员对市场准入的限制和对国民待遇原则的限制,并且各项限制都是按服务贸易四种提供方式作了区分。各成员的承诺分为无条件限制(在表中填 NONE)、有条件限制和非约束(UNBOUND)三种。第一种属于充分承诺,成员承担了相关服务领域市场准入或国民待遇的约束性义务,不得采取任何与市场准入和国民待遇义务不符的限制;第二种属于有限承诺,该成员应详细说明某服务领域将保留哪些与市场准入国民待遇不符的措施,它只能采取列明的限制条件;第三种属于无承诺,表明该成员保留原有的与市场准入国民待遇不符的措施,也保留采取新的限制的权利。限制条件既可以是非歧视性的,也可以是歧视性的,如规定"许可只授予 5 家新进入的外国银行"或"只有 10 家新建的本地或外国银行被授予许可"。不论如何,这些限制表明各成员在市场准入与国民待遇方面的最低保证,而不是最高配额,一国准许设立 5 家外国银行意味着它可以发给超过 5 家的许可,但不能低于这个标准。

各成员关于市场准入和国民待遇的具体承诺是 GATS 的核心内容,总协定的影响很大程度上取决于各方所作的承诺,在总体承诺中,发达国家没有对外国服务提供者建立商业存在加以特别限制而由较宽松的一般投资政策法律调整,但是对于自然人流动加以严格限制,承诺允许的自然人进入仅限于与东道国商业存在有关的人员在公司内部调动和短期商业访问。

还应注意到,GATS 规定的某些普遍的永久性例外条款同样适用于市场准入与国民待遇这两项具体承诺义务。这些例外包括毗邻成员之间边境地区服务贸易例外(第 2 条第 3 款);经济一体化和贸易自由化安排的例外(第 5 条);一般例外(第 14 条);安全例外(第 14 条之二)。国际收支平衡的例外适用于具体承诺的义务,GATS 第 12 条指出,如发生严重国际收支和对外财政困难或其威胁,一成员可对其已经作出具体承诺的服务贸易,包括与此类承诺有关的交易的支付和转移采取或维持限制。在实施此类限制时不得在成员之间造成歧视。程序上应通知理事会,并与国际收支限制委员会进行磋商,接受国际货币基金组织对磋商成员国际收支状况评估,评估结果应作为是否允许援用该例外的依据。

(八)国民待遇

GATS 第 17 条规定:各成员应在国家承诺表中所述的服务部门或分部门中,并且

[5] 市场准入限制实质上是限制外国服务提供者在东道国提供服务的能力。GATS 第 16 条列举了 6 种数量限制方式,包括限制服务提供者的数量;限制服务交易额和资产额;限制服务业务总数或产出量;限制服务提供者雇员数量;对服务提供者公司形式要求;对外国服务提供者实行股权限制。

在遵守其中所述的任何条件和资格前提下,给予其他成员的服务和服务提供者不低于它给予本国同类服务和服务提供者的待遇。同市场准入义务一样,国民待遇也是各成员具体承诺的义务,要求各成员按具体承诺表列举的部门范围、限制条件给外国服务和服务提供者国民待遇,确保其不受服务进口国国内法、国内措施的歧视待遇。对具体承诺表没有列明的部门、分部门或有关成员明确表示非约束的部门,该成员无义务给予其他成员这类服务和服务提供者国民待遇。

国民待遇的标准也是"不低于"给予本国国民的待遇,这里没有采纳"相同待遇"要求,因为服务贸易具有特殊性,有时法律上给予外国服务提供者与本国服务提供者相同的待遇,其结果恰恰造成事实上的不公平。相反,有时法律上的区别对待,恰恰在事实上是公平的。法律上的国民待遇仅仅要求外国服务提供者服从于与东道国国民一样待遇的法律管辖。取消针对外国服务提供者基于外国人身份的法律上的歧视措施。而一旦发生这样的歧视,GATS 的全部要求就是改变这些法律或行政措施,使得在法律上外国人的待遇与本国国民待遇等同。但是法律上的国民待遇不能保证对外国服务或服务提供者的公平待遇,某些非歧视性法律适用的结果恰恰造成事实上的歧视待遇。比如东道国关于银行最低注册资本的要求,对本国银行没有什么问题,而对那些欲进入东道国开业的外资银行则意味着要双重出资(除母国基地出资外的又一份出资);类似问题还有要求外国保险公司提供保险准备金,要求外国服务提供者必须取得和东道国国民一样的学历资格证书、培训经验等。而要取消事实上的歧视待遇相当困难,这意味着允许外国服务提供者拒绝接受非歧视性的东道国法律,这涉及更大的公共政策问题。因此,除非明确规定,否则 GATS 国民待遇原则并不意味着扩大适用于取消事实上的歧视待遇。[6] 正是考虑到这些情况,GATS 第 17 条允许各成员给予外国服务和服务提供者的国民待遇形式上可以不同,但实际上不低于本国国民,或对外国服务及服务提供者更有利。

国民待遇义务与市场准入义务是紧密联系的,GATS 国民待遇是进入后的国民待遇。进入前的待遇是市场准入问题。市场准入意在给外国服务提供者进入东道国提供保证,而不考虑在东道国的处境;国民待遇旨在给已进入的外国服务业不低于本国的待遇。相对地,市场准入义务更重要,假如一成员在国民待遇一栏做了充分承诺(无限制),而在市场准入方面未做任何承诺(非约束),国民待遇承诺则没什么意义;反过来,一成员在某一服务部门市场准入方面做了实质承诺,即使它在国民待遇一栏未做承诺,也可能给外国服务提供者参与本国服务竞争的机会。

---

〔6〕 但是也有学者认为 GATS 非歧视原则(最惠国待遇和国民待遇)既禁止法律上的歧视,也禁止事实上的歧视。See Apostolos Gkoutzinis, *International Trade in Banking Services and the Role of the WTO: Discussing the Legal Framework and Policy Objectives of the General Agreement on Trade in Services and the Current State of play in the Doha Round of Trade Negotiations*, The International Lawyer, VOL,39, No. 4, 2005. p. 899 - 900.

（九）对发展中国家的优惠及差别待遇

GATS 序言、第 4 条和第 9 条对此作了重要规定。第 4 条体现了通过优惠及差别待遇促进发展中国家服务贸易增长的精神，内容是：（1）通过各成员协商具体承担的义务，使发展中国家能在世界服务贸易中更多地参与，目的是加强发展中国家国内服务业，提高效率和竞争力；促进其销售渠道和信息网络的改善；促进对于发展中国家具有出口利益的服务业出口和市场准入。（2）发达国家成员应在协定生效 2 年内建立联系点，以便于发展中国家服务提供者获得下列有关资料：提供服务的商业和技术情况；登记、认可和获得服务的专业条件；获得服务技术的可能性。第 19 条确立了发展中国家成员逐步实现服务贸易自由化原则。其内容是允许个别发展中国家成员在自由化方面采取适当灵活性，允许开放较少的服务部门和较少类型的服务交易，逐步实现市场准入，以符合其经济发展情况；外国服务提供者进入这些发展中国家市场时，这些国家可以附加旨在达到第 4 条目的的准入条件。

在其他条文中也有一些关于发展中国家特殊待遇的规定：（1）在经济一体化安排中，应给予发展中国家成员在消除服务贸易歧视性措施方面的灵活性，以符合这些国家服务部门发展水平；（2）在国际收支发生困难情况下，发展中国家可以在承担的义务中实行或维持限制措施，包括对支付转移的限制，以确保为完成其经济发展和经济过渡计划保持一个适当的财政储蓄水平；（3）WTO 成员应举行谈判，制定一项必要的纪律避免补贴对服务贸易的扭曲影响，这种谈判应确认补贴在发展中国家发展计划中的作用，并考虑发展中国家成员在这方面的灵活需要。

（十）争端解决及例外条款

服务贸易争端由服务贸易理事会负责，按世界贸易组织争端解决的规则和程序处理。GATS 第 23 条允许各成员提起"非违法之诉"，允许使用交叉报复手段制裁不执行裁决方。

三、《服务贸易总协定》附件

GATS 共包含 8 个附件，除前 2 个附件外（指免除成员最惠国待遇义务附件和关于提供服务的自然人移动的附件），其他 6 个附件都是关于具体服务部门的贸易自由规则或进一步谈判的规定。它们是：《航空运输服务附件》、《金融服务附件》、《金融服务附件 2》、《关于海上运输服务谈判附件》、《电信服务附件》、《关于基本电信服务谈判附件》。这些附件是 GATS 协议组成部分，对于主要服务部门如何实施 GATS 框架协议作出更具体的规定。

第二节 GATS金融服务贸易规则

一、金融服务业的市场开放问题

金融服务是银行、证券、保险机构管理金融资产,为客户提供资金融通和周转,以实现资产增值的业务活动。GATS金融服务附件把它所调整的金融服务定义为“所有保险和与保险有关的服务”,“所有银行和其他的金融服务”。其中“银行和其他的金融服务”包括:货币市场工具(如支票、汇票、存款单和现金业务);外汇业务;衍生产品,包括远期和期权交易;汇率和利率工具,包括对掉的和远期利率的证券产品;可转让证券;其他议付工具和金融资产,包括金银。GATS第1条规定其不适用于政府履行职能活动所提供的服务,在金融方面是指“中央银行或货币发行机构或社会实体按货币或汇率政策进行的活动;作为法定社会保障制度或退休计划组成部分的活动;公共实体为政府代销、由政府担保或用政府财力进行的活动”。金融服务提供者是某一成员将要或正在提供金融服务的任何自然人或法人,但是不包括公共机构,即履行货币政策职能的中央银行和货币发行机构。

金融服务具有类似于电信业的外化性和双重作用,一方面,金融企业是独立的经济部门,其业务活动本身可以盈利和创造巨额收入,另一方面,金融又是国民经济的中枢,所有其他经济部门都要依赖和使用金融服务。金融业的外化性还表现为外部效应,金融业掌管着全社会的金融资产,重要金融机构的经营状况,已不单是该企业自身的事。一旦经营失败可能引起连锁反应,牵动相当广泛的企业、公众利益,导致其他同业机构倒闭、威胁国家经济安全稳定,甚至引起国际金融风波。与金融机构在国民经济中的中枢作用相比较,金融服务业本身在经济总量中所创造的收入显得无足轻重。所以各国经济工作的重要政策目标就是严格监管金融机构运行,维护金融稳定,保证银行的资本充足性、流动性。金融机构资本充足性和流动性监督是金融审慎监管的主要方面,资本充足性是指银行应保持适当的实有资本水平,使之既能经受坏账损失风险,又能正常运营实现盈利。巴塞尔协议确定的标准是银行自有资本与加权风险资产最低比率为8%。资本流动性是银行以适当价格获取资金应付客户提存和满足随时可能发生的资金需要的能力,通常以银行资产负债率衡量。

金融服务业的市场开放首先面临复杂的监管问题。以银行为例,跨国银行分支机构进入东道国开业将受双重管辖,根据属人主义管辖权原则受依法成立地和资本来源地的母国管辖,母国监管是防止海外分支机构经营不善的风险转移到国内;根据属地主义管辖权原则,要受东道国监管,防止外国银行经营不善损害本国居民利益。由于各国金融监管体制、标准和规范要求不同,不同国家金融服务提供者付出的与监管规范相符的成本也不同,这本来会造成跨国金融交易的不公平竞争,若要服从双重监管,更增加了交易成本,阻碍金融服务的跨国交易。另一种可能发生的情况是投资母国为了提高跨国银行的竞争力,倾向于放宽对本国银行在海外分行的监管,而东道国管理外资银行会遇到诸多困难:首先是管辖权的疑虑,由于存在双重管辖,在没有双边或多边国际协议加以协调时,分不清责任,外国银行的资本充足性、流动性的日常监管、发生风险后的清偿责任都可能引起争议。另外是信息收集的困难,如果外国分行不主动配合东道国监管,后者很难查清外国分行的经营状况及其与总行的关系。这些困难都可能使东道国与母国相互推诿,造成监督上的盲点和漏洞,甚至酿成金融风险。〔7〕

目前在跨国银行机构监管方面取得的最重要的国际协调是发达国家之间建立的巴塞尔协议体系。1975 年,经合组织 12 个发达国家在瑞士巴塞尔建立了国际银行业管制和监督委员会,签订了《对外国银行机构监督协定》(该协定及后来陆续颁布的关于银行监管的文件统称《巴塞尔协议》),该协定及修订本(1983 年)提出了跨银行的东道国分支机构由投资母国实行综合监管,东道国负一定监管责任的原则。

东道国开放金融服务市场还面临来自外国金融服务的激烈竞争,可能引发国内投资转移,损害国内金融稳定的风险。为实现政府对经济的宏观控制和对金融业的审慎监管,当今各国在不同程度地开放本国金融服务市场的同时,都保留了对外国金融业市场准入的经营范围和数量限制,即使是开放程度较高的国家和地区如新加坡、北美自由贸易区成员国也不能例外。这些限制有:(1)机构和组织形式限制。加拿大只允许外国银行在其境内设立子公司,子公司是加拿大注册的法人,有独立于母公司的资本,独立承担风险,便于监管;澳大利亚、荷兰也有类似规定;日本、新加坡、中国香港地区倾向于外国银行以分行形式在其境内开业。在法律上,分行从属于母国总行控制,在东道国不具有独立法人地位,东道国难以实施有效监督。有利的方面是分行有总行强大的资金支持,发生风险由总行负责救助,东道国存款人有较好的安全保障。(2)开业条件限制。东道国实施严格的审批程序,通常要求外国银行在其母国已经营同类业务,有良好的资信状况以及投资母国实行令人满意的监管,缴纳高额注册资本。(3)业务范围限制。大多数发展中国家都禁止或限制外国银行经营本币业务,如金融服务较为开放的新加坡规定外国银行不准吸收 25 万新元以下的居民定期存款;墨西哥规定,每个金融业外国投资者只能在墨西哥境内设立同种类型的一家金融机构,在墨西哥境

---

〔7〕 这类监管失误的典型案例如 1974 年德国苛施塔克银行倒闭,与其进行外汇交易的多国银行受损;1982 年意大利安布鲁西亚诺银行卢森堡子银行倒闭,200 多家外国银行总共蒙受 45 亿美元损失;1991 年总部设在卢森堡的国际商业信贷银行利用下设海外的子公司从事欺诈和大规模洗钱活动,造成恶劣的国际影响,国际商业信贷银行集团(BCCI)总部注册于卢森堡,下设两个子公司分别注册于卢森堡和开曼群岛,经营决策是通过设在其他国家的分支机构进行,难以确定由哪个国家对该银行集团承担监管责任。1982 年意大利安布鲁西亚诺银行在卢森堡的子银行倒闭时,意大利当局认为该行在卢森堡注册,不由其监管,卢森堡当局认为该行以持股公司而不是以银行注册,应由投资母国承担救助责任。

内的外国金融机构不得在境外设立办事处、分支机构。(4)经营规模限制。各国普遍地依法控制外国金融机构的规模,典型的做法是限制外国金融机构累积资本占东道国同业金融机构总资本的比重,根据《北美自由贸易区协定》,自2000年起,美国、加拿大投资者可以拥有现存墨西哥银行的全部资本,但是美国、加拿大在墨西哥银行(包括对墨西哥银行的控股)拥有的累积资本不得超过墨西哥所有银行总资本4%;加拿大法律规定,美国和墨西哥以外的外国投资者拥有的可公开持股的加拿大金融机构的累积资本不得超过同类金融机构总资本的25%。

二、GATS金融服务贸易规则框架

(一)法律渊源

在乌拉圭回合关于金融服务贸易谈判中,某些国家的代表考虑到金融服务重要性,要求制定一个单独的不受其他规则(包括GATS)影响的金融服务贸易协议,所有成员就实施协议确定的金融服务开放计划立即作出承诺,这个要求遭到广大发展中国家代表反对,最终使金融服务贸易谈判回归到GATS框架,成为由GATS调整的一个具体服务部门,各成员可以根据国情作出不同水平的变通承诺。

GATS金融服务贸易规则框架由以下文件构成:

1.《服务贸易总协定》(GATS),它是调整所有国际服务贸易的一般规则,对金融服务有重要规范作用。

2. GATS金融服务附件1是GATS组成部分,要求各成员一律遵守。(1)它包含了调整金融服务的重要原则,并对GATS在金融服务领域适用涉及的重要概念、规则作出符合该部门特点的解释;(2)确定了GATS所调整的金融服务范围,将银行、证券、保险服务都纳入了多边贸易规则管辖;(3)规定允许各成员为维护国内金融稳定而采取审慎措施。

3.《关于金融服务承诺的谅解》(以下简称谅解协议),由美国、欧共体、日本等主要发达国家(OECD国家)达成的专门适用于金融服务贸易自由的一般规则,它提出了有利害关系的各方应遵守的影响外国金融服务市场准入的指导方针和一般原则。谅解协议不同于GATS的8个附件,后者是GATS的组成部分,与之有同等效力。而谅解协议是谈判各方同意接受的作为具体承诺的"变通方案",对多数缔约方无严格法律效力。[8] 该文件序言规定,其实施不得与GATS条款相冲突,不得损害乌拉圭回合谈判各方以GATS第三部分的方式做出具体承诺的权利,即各成员有权选择以GATS第三部分而不是以谅解协议为基础做出具体承诺,不必承担更高水平的市场开放义务,这

---

〔8〕 对于谅解协议签字方是否有义务专门适用谅解,对此学界有不同看法。许多签字方根据谅解序言规定,认为不必专门适用谅解,欧盟就是用GATS方式就自然人存在方式的金融服务提供作出具体承诺。但日本将谅解下的承诺直接并入GATS具体承诺,声称其是具体承诺的一部分,这方式有更大确定性和可取性。参见Thomas L. Brewer, Philip Raworth, *International Ragulation of Trade in Services*, Oceana Publication, 2006, Section. IV pp. 1,6.

说明谅解协议也是解释各方金融服务具体承诺的法律依据。

4. 金融服务附件2是不具有一般行为规则性质的技术性规定。1993年乌拉圭回合部长会议通过了《关于金融服务的决定》(定名为金融服务附件2),实质内容是授权谈判各方在WTO协议生效后第4个月至第6个月的两个月期间继续谈判,修改、完善或撤销原来作出的金融服务具体承诺。

5. GATS第二议定书是欧盟等除美国以外的90个WTO成员谈判达成的关于金融服务具体承诺的临时协议。

6. GATS第五议定书即由70个成员(欧盟15国计为1成员)于1997年12月12日达成的正式的《金融服务贸易协定》,包括美国、欧盟在内的56个国家提交的经过改善的金融服务具体承诺表和16份GATS最惠国待遇保留清单是协议的实质部分,该议定书已于1999年3月1日生效。[9]

上述WTO调整金融服务的文件中带有一般行为规则性质的文件是前三项,这三个文件规定了世界贸易组织成员在金融服务贸易方面应享有的以下基本权利和应承担的基本义务。

(二)基本义务

1. 最惠国待遇

GATS第2条规定了最惠国待遇原则,它要求每一成员立即无条件地给另一成员服务和服务提供者不低于给予其他国家类似服务和服务提供者的待遇。GATS最惠国待遇是各成员应遵守的一般义务,具有实质重要意义。在金融服务领域作出具体承诺的成员有两类:一类是根据GATS第三部分要求,以国家具体承诺表(National Schedule of Specific Commitments)的方式作出承诺,直接在其中的金融部门或分部门列入国民待遇和市场准入方面限制条件。这类成员有55个,它们在国际金融服务市场不占有重要地位;另一类成员以谅解协议的方式作出承诺,它们在金融服务方面有较强竞争力,参加了世界贸易组织成立后进一步开放金融市场的谈判,签署了谅解协议、第二议定书或第五议定书,提交了金融服务具体承诺表(Schedule of Specific Commitments)和GATS第2条最惠国待遇例外清单,附于第五议定书之后。虽然这两类成员作出承诺的方式和水平不同,所有成员均应做到:(1)把各自在国家具体承诺表或金融服务具体承诺表中做出的金融服务承诺非歧视地适用于所有其他成员。谅解协议各方承担的较高水平义务非歧视地适用于所有其他成员,使作出较低承诺的成员可以从中获得好处。(2)对于未作出具体承诺的领域,每一成员应把它给予另一成员或非成员金融服务方面的优惠待遇或豁免立即无条件地给予所有其他成员。金融服务领域最惠国待遇的适用同样服从GATS普遍的永久性例外,主要是毗邻边境地区交易的例外,经济

---

[9] 从1994年乌拉圭回合谈判结束至第五议定书生效,在金融服务领域作出具体承诺的成员已达104个。

一体化组织例外、一般例外、安全例外、保障国际收支平衡例外,也要服从各成员作出的最惠国待遇的保留。[10]

2. 国民待遇

GATS 国民待遇原则是具体承诺的义务,各成员可自行确定承诺范围,除此之外不承担义务。但是该谅解协议提出了适用于金融服务两项基本义务:(1)有关成员应允许在其境内设立金融机构的外国金融服务提供者进入该成员境内由公共机构经营的结算和清算系统获取在正常商业途径应获得的官方基金和资金再筹集的便利。(2)在外国金融服务提供者进入成员境内自律性机构、证券或期货交易市场、清算机构和其他协会组织方面,有关成员应给予外国金融服务提供者国民待遇;当某一成员给予本国金融机构直接或间接的金融服务特权时,其境内外国金融机构也应享有。金融服务清算系统相当于电信服务中的公共电信网,阻止进入该系统,金融往来业务无法实现交割。在有些国家,银行、证券协会及委员会等自律性组织承担了大部分政府管理职能,进入这些组织是从事金融业的必备条件或资格,该解协议规定的这两项义务是成员之间履行具体承诺义务,实现金融服务商业存在市场准入的保障。

3. 市场准入

该解协议提出以下超出 GATS 框架协议要求的市场准入义务:

(1)现状约束。各成员在具体承诺表中列出的任何条件、限制应仅限于其现存的不符措施(A 节),即有关成员对外国金融服务市场准入不得施加超出现有水平的限制。这一条款意义重大,它使有关成员政府在金融服务方面的决策更加稳定和有预见性;它还弥补了 GATS 不足,GATS 框架协议没有现状约束要求,有关服务贸易市场准入采取正面列举(Positive List),各方承担的义务仅限于具体承诺范围,对未作承诺的领域不受国民待遇和市场准入义务约束(但受 GATS 其他一般性义务约束),这难以避免某些成员在服务贸易市场开放政策上出现倒退和随机变动。

(2)垄断权。每一成员应在承担义务具体承诺表中注明有关金融服务中现存的垄断权,并努力削减它们的范围或取消这些权力(B 节第 1 段)。此规定比 GATS 第 8 条前进了一步,后者并不要求 WTO 成员在具体承诺表中列明垄断权,只是原则上要求不得滥用垄断权。

(3)公共采购金融服务。每一成员应确保其领域内的其他成员金融服务提供者在由该成员的公共机构购买或获得金融服务方面,享有最惠国待遇和国民待遇(B 节第 2 段)。此项要求超出了 GATS 第 13 条关于其不适用于政府采购公共服务的限制,使相当重要的金融服务份额纳入 GATS 管辖,对于以吸收批发性金融业务为主的外国金融服务提供者非常有利。

---

〔10〕 在乌拉圭回合谈判结束时,有 28 个成员(欧盟计为 1 成员)作出金融服务最惠国待遇保留,其中美国、印度、印度尼西亚、泰国、哥伦比亚后来基本撤回了保留。

(4)服务贸易跨境提供和跨境消费。协议允许非居民的外国金融服务提供者跨境提供运输类保险、再保险服务，有关成员应给予其国民待遇和最惠国待遇。允许其居民购买任何其他成员境内的金融服务(B节第3段)。跨境金融服务包括跨境提供和跨境消费两个方面，前者是一国服务提供者在其没有设立经营机构的另一国家提供金融服务，它体现了服务提供的流动性和提供能力；后者是指消费者在本国或在境外购买外国金融服务提供者提供的服务，它体现了服务消费的流动性和消费能力。谅解协议要求有关成员接受的跨境提供金融服务仅限于涉及跨国运输类的保险、再保险和辅助性信息服务，不包括其他类保险和较重要的银行证券服务。这后一类服务的跨境提供将给东道国带来监管困难和较大的市场竞争压力，难以成为普遍接受的义务。而跨境消费包含了金融附件1第5条涉及的广泛领域，如储蓄、证券、外汇、贷款等各类银行服务。居民过境消费金融服务事实上将受两方面限制：一是各成员所作具体承诺限制，如仅允许外国银行提供面向东道国居民的批发性存贷款服务；二是服从于东道国金融审慎监管要求。谅解协议不得损害各成员做出不同具体承诺权利，也不得与GATS框架协议(包括金融附件(1)相抵触。

(5)商业存在。应允许其他成员金融服务提供者在其境内设立和扩展金融机构；允许其境内的外国金融机构提供新的金融服务；允许金融服务专家、管理人员暂时入境(第5段、第7段、第9段)。商业存在的市场准入本应属于经过谈判确定的具体承诺义务，此处谅解协议把它作为一项普遍性义务，说明跨国金融服务更依赖商业存在模式。

(6)非歧视性措施。各成员应消除或限制某些非歧视措施的不利影响(B节第10条)，这些措施是指以审慎监管名义出台的国内管制措施，在法律上是非歧视性的，但可能造成事实上的歧视或对外国金融服务提供造成严重不利影响。包括阻止金融服务提供者在该成员境内以该成员决定的方式提供所允许的服务；限制金融服务提供者进入该成员境内扩展服务的非歧视措施。影响以提供证券服务为主的提供者的某些共同遵守的银行证券措施及其他措施。

4. 支付和转移

GATS第11条规定，除本协定第12条规定的情况外(指国际收支平衡例外)，各成员不得限制与其具体承诺义务相关的经常项目交易的资金转移和支付(第1款)。各成员不得对任何交易施加与其具体承诺不相符的限制，除非根据本协定第12条规定或应国际货币基金组织请求(第2款)。第11条规定的目的是防止有关成员动用外汇管制手段限制外国服务提供者提供金融服务。如果一成员承诺允许外国服务提供者在境内设立机构或跨境提供金融服务，同时又对经常项目收支转移实行外汇方面的管制和限制，其金融服务具体承诺就会落空，但是第11条第1款不涉及资本账户的自由兑换和转移。第11条第2款还规定本协定不影响国际货币基金组织成员根据该组织协议条款应享有的权利和义务，包括使用与该组织协议条款相符的外汇行动。这是指国际货币基金组织成员在国际收支发生严重困难时,经该组织批准,同样可以对经常项目外汇转移实行限制,GATS 不影响这项权利。

5. 例外措施

金融服务市场准入同样服从 GATS 例外规则调整,GATS 一般例外和安全例外与 GATT 基本相同,援用这些例外不得在情况相同的成员之间造成不合理的歧视,或对服务贸易构成变相限制。GATS 第 12 条允许面临严重收支困难的成员为保障国际收支平衡采取限制服务贸易的措施,条件是经过国际货币基金组织和 WTO 国际收支平衡限制委员会审查批准。GATS 建立保障措施的谈判正在进行。

GATS 金融服务附件 1 允许有关成员在金融业国内管理中采取审慎措施,这是针对各成员金融市场开放可能产生的风险,正确处理开放与风险防范关系作出的一项重要授权。附件 1 是 GATS 框架协议一部分,其效力高于谅解协议。第 2 条规定,"不应阻止某一成员基于审慎原因所采取的措施,包括为保护投资人、存款人、投保人、金融服务提供者对之有托管责任的人,或者为确保金融体系的完整性和稳定性采取的措施。这些措施凡不符合本协定规定者,不得用作逃避该成员依本协定规定应承担的责任或义务"。目前,WTO 没有就何种措施属于这种审慎措施达成一致,也不要求各成员将这些与 GATS 第 16 条、第 17 条不符的审慎措施列入具体承诺表,一般是指政府采取的货币政策、信用政策和外汇政策措施,它们关系整个金融体系安全稳定,关系到金融机构资本充足性及履行义务的能力。这些措施只要客观上符合审慎监管目的,在采取措施时与有关成员进行协商取得对方认可,并且在非歧视基础上实施,就是 WTO 所允许的。

第三节《与贸易有关的投资措施协议》

《与贸易有关的投资措施协议》(简称《TRIMs 协议》)属于 WTO 货物多边协议,协议正文共 9 条,外加一个序言和附录。

一、协议的宗旨和范围

根据序言规定,协议的宗旨是:避免和取消那些可能引起贸易限制和扭曲作用的投资措施;促进世界贸易的发展和进步,以利于国际投资,实现所有国家特别是发展中国家的经济增长,并确保自由竞争;考虑发展中国家,尤其是最不发达国家贸易发展和金融的需要。总结协议第 1 条及上述规定可以看出:(1)协议仅适用于与贸易有关的投资措施(TRIMs),意在约束各成员对贸易有扭曲和限制作用的投资措施;(2)协议并不解决多边投资待遇,投资自由化等更广泛的与货物贸易无直接关系的投资措施问题;(3)协议不适用于与服务贸易有关的投资措施,因对服务贸易及相关投资的限制导致货物贸易减少不在约束之内，而应由《服务贸易总协定》调整。

TRIMs 协议第 3 条规定，GATT1994 的所有例外相应地适用于该协议条款中。这意味着 WTO 成员在适当情况下可以援用 GATT 所有例外条款，暂停履行 TRIMs 协议义务。这些例外条款主要有：(1)一般例外(第 20 条)，各成员为维护公共道德，为保护人类、动植物生命或健康等所采取的措施不受本协议约束；(2)安全例外(第 21 条)，各成员可以维护国家安全的理由实施某些 TRIMs；(3)保障措施例外(第 19 条)，成员因履行本协议规定的义务导致进口急剧增加，给国内工业造成损害或损害威胁，可以暂停履行 TRIMs 协议，恢复实施某些 TRIMs；(4)收支平衡例外(第 18 条)，发展中国家为保护幼稚工业，维护国家金融地位和收支平衡，在一定情况下可以暂时背离本协议义务，维护某些 TRIMs。

二、一般义务

协议第 2 条第 1 款规定："无损于依据 GATT(1994 年)产生的其他权利义务，各成员不得适用与 GATT 第 3 条(国民待遇)和第 11 条(一般取消数量限制)不符合的任何 TRIMs。"协议谈判期间，各国代表根据投资措施对贸易影响的程度将其分为两类：一类是明显地直接针对贸易本身的，如在协议附录中列明的 5 种；另一类是那些有可能在个案中发现有限制和扭曲贸易作用的 TRIMs，如当地股份要求、当地生产要求、外汇汇出限制、技术转让要求、当地生产限制等。不同的 TRIMs 条款应采取不同的约束层次，对于第一类应该明令禁止，而不需要证明这些投资措施属于第 2 条第 1 款管制的范围，构成该条款的违反；对于后一类应该区分具体情况，不是一概禁止，只有在个案分析中发现明显地违反 GATT 国民待遇和一般取消数量限制义务，构成对协议第 2 条第 1 款的违反，并且给其他成员造成严重损害，引起争议，才可通过 WTO 争端解决机构解决和加以禁止。协议最终采纳了美国提出的规范模式，分别采用了概括式和列举式相结合的方法约束这两类 TRIMs 条款，第 2 条第 1 款的规定是概括式的，要求各成员不得实施与 GATT 第 3 条、第 11 条不符的任何 TRIMs 条款；第 2 款及附录中的注释说明是列举式的，两者相互补充，共同管制违反 GATT 这两项原则的投资措施。

三、禁止实施的 TRIMs

协议第 2 条第 2 款规定：各成员不得适用与 GATT 第 3 条第 4 款和第 11 条第 1 款规定不符的任何 TRIMs 条款。对照这两个条款可以看出，协议明令禁止的 TRIMs 条款都是与货物进出口有直接关系，其中一类是违反 GATT 国民待遇原则，即在产品销售、购买、运输、分配、使用等有关国内法律和措施方面(包括投资措施)歧视外国进口产品；另一类是违反 GATT 一般取消数量限制原则，即有关的投资措施限制外国产品进口或本国产品出口。

关于第一类应禁止的 TRIMs 条款，协议附录中列出两种：(1)要求企业购买或使用原产于本国的产品或用本国原料生产的产品，不管这种要求是指特定产品、产品的一定数量或价值，还是指含有一定数量、价值比例的本地产品；(2)限制企业购买或使用进口产品的数量,并把这一数量与该企业出口本地产品的价值或数量联系在一起。上面第一种 TRIMs 条款是当地成分要求;第二种是出口实绩要求,它们明显地歧视或限制外国产品进口销售,而为本国产品出口提供便利,使外国产品处于不利的竞争地位。

第二类协议禁止的投资措施有 3 种:(1)限制企业用于当地生产或与当地生产有关的产品进口,或一般地把这种产品进口限制在一定数量,该数量与企业出口本地产品的价值或数量相联系;(2)通过限制企业获得外汇来限制企业用于当地生产或与当地生产有关的产品进口,或把这种产品进口限制在一定数量,该数量与属于该企业的外汇收入相联系;(3)限制企业产品出口或为出口的销售,不论这种限制具体是指特定产品、产品的价值或数量,或是指含有一定价值或数量比例的当地产品。上述第一种是贸易平衡要求,第二种是外汇平衡要求,其共同特点是限制企业用于当地生产的进口产品数量或价值,强迫企业出口一定比例的本地产品。第三种是国内销售要求,即限制企业产品出口的数量,有的国家要求外资企业以低于国际市场价格将本应出口的产品在本地销售,这也是扭曲贸易。

上述 5 种 TRIMs 条款已在 TRIMs 协议附录中列明,是协议明确禁止的,不管采取这些措施是否造成损害后果,也不管外国投资者是否接受了这些措施,都不允许在成员间实行。

四、其他条款

协议规定,在 WTO 协议生效后 90 年内,各成员应向货物贸易理事会通报其与本协议不符的所有投资措施。发达国家成员在协议生效后 2 年内取消这些投资措施,发展中国家在 5 年内、最不发达国家在 7 年内取消所通报的投资措施。在过渡期内,各成员不得修改已通报的投资措施,以增加其与本协议不符的程度。最不发达国家享有的过渡期限经货物贸易理事会批准可以延长。根据 GATT 透明度原则,每一成员应向秘书处通报其可能含有投资措施的出版物(包括地方的)。根据协议设立与贸易有关的投资措施委员会,履行由货物贸易理事会授予的权力。WTO 争端解决的规则与程序适用本协议项下的争议解决。

《与贸易有关的投资措施协议》首次在多边贸易体制内建立了约束各成员投资措施的规则,它的实施有助于排除 TRIMs 造成的贸易障碍和扭曲作用,推动货物贸易自由,也将对各成员投资措施产生一定影响。但是 TRIMs 协议还不是一个综合性的关于多边投资自由的协议,它所要解决的问题实质是贸易方面而不是国际投资本身,它对国际投资的作用是有限的。

第四节　《与贸易有关的知识产权协议》

关贸总协定乌拉圭回合谈判所取得的重要成就之一就是通过了《与贸易有关的知识产权协议》(简称 TRIPS 协议),它作为 WTO 所管辖的框架协议中的重要组成部分已经生效。国际知识产权保护本来不属于多边贸易体制管辖范围,一些重要的国际知识产权保护组织已经主持制定了许多这方面的国际公约解决这类问题,较早的如《巴黎公约》(1883 年)已有 100 多年历史。但是,由 124 个国家签署了 TRIPS 协议这一事实说明,当今世界各国的知识产权保护政策已经与国际贸易政策密切联系在一起,知识产权保护已经成为严重影响国际贸易,并需要在贸易体制内加以解决的现实问题。形成这种局面的主要原因是发生在一些国家和地区的猖狂盗版侵权和冒牌货交易严重扭曲了国际贸易。各国采取不同的知识产权保护政策和法律,针对冒牌货采取不同的管制措施和单边行动,引起一些贸易争端,形成新的非关税贸易障碍,违反了 GATT 一体化争端解决原则,为防止这类争端,有必要重新协调各国知识产权保护政策和争议解决方式。还应看到,世界知识产权组织及其所管辖的知识产权保护国际公约有明显不足,也促成主要知识产权大国转向在多边贸易体制内解决知识产权保护及遏制盗版、侵权问题。

以下是 TRIPS 协议的主要内容:

一、宗旨和基本原则

(一)协议的宗旨

序言规定"成员国期望减少国际贸易的扭曲和阻碍,考虑到有必要保护知识产权,确保实施知识产权的措施和程序不构成对合法贸易的障碍",而制定有关规则和原则。序言还承认,知识产权保护的新的规则和纪律是必要的,它必须包括在多边框架之内,有关争议也应在多边程序中加以解决。第 7 条规定知识产权保护的目标是为推动技术革新和技术传播、转让作出贡献,增进社会福利,使技术知识的使用者和发明者都受益,也有助于权利义务的平衡。协议序言还指出,"承认知识产权是私有权","承认各国知识产权保护制度基础的公共政策目标,包括发展和技术目标"。上述内容的一个很重要方面是强调协议的多边性,排除成员国采取单边措施和行动;也表明协议在维护知识产权的专有性与促进知识技术的合理与利用传播之间寻求适当的协调。知识产权具有公共性,它最终要公开和传播成为国家整体的知识存量,为经济建设服务;知识产权又具有专有性和私有性,保护私有性为知识生产者提供必要的利益激励。

(二)知识产权保护范围

协议第 2 条规定,关于本协议第二部分、第三部分和第四部分,各成员必须遵守

《巴黎公约》第1条至第12条,以及第19条的规定。这相当于把《巴黎公约》的实质规则都并入了TRIPS协议,要求WTO成员遵守。除《巴黎公约》外,协议其他相关部分还引入了《保护文学作品伯尔尼公约》、《保护表演者、录音制品制作者与广播组织公约》(《罗马公约》)、《集成电路知识产权条约》的主要条款,形成TRIPS协议确定的最低限度知识产权保护标准(见下文提到的7个方面主题),也使某些原来少数国家接受的知识产权保护要求变成世界贸易组织规则确认的普遍性的知识产权保护义务。[11]

第2条还规定,本协议的实质规则不应减损成员之间依据《巴黎公约》、《伯尔尼公约》、《罗马公约》和《集成电路知识产权公约》所承担的现存义务。即TRIPS协议的义务要求不应被解释为各成员应履行的最终义务,因为协议规定的义务与上述公约义务不尽相同,某些成员参加了上述公约,据此承担了较高义务,它们要履行这些现存义务。例如,TRIPS协议虽然承认《罗马公约》中保护音像制作者、广播组织、表演者的权利,但是没有授予录音制作者公开演奏、播放其录音作品的专有权,也没有规定对二次使用商业性录制作品进行补偿,这些都是《罗马公约》肯定的权利(第12条)。另外,欧盟发出指令建议成员国保护电子数据库以及如同法国那样对私人翻录音像作品收取提成费,有的欧洲国家把版权保护期定为70年,这种高水平保护不应因TRIPS协议影响而降低。

(三)国民待遇和最惠国待遇

关于国民待遇,第3条第1款规定:各成员在知识产权保护方面,应给予另一成员国民的待遇不低于其给予本国国民的待遇,但是《巴黎公约》、《伯尔尼公约》(1971年)、《罗马公约》或《集成电路知识产权公约》已另有规定者除外。[12] 对表演者、唱片制作者和广播组织,国民待遇和最惠国待遇义务仅限于本协议规定的权利(即成员国根据其参加的罗马公约给本国国民超过TRIPS协议范围的邻接权保护无义务扩大适用于其他WTO成员)。伯尔尼公约分别以人身标准和首次出版地点标准作为适用国民待遇原则标准,这样非缔约国国民只要其作品首次在缔约国发表,该缔约国也要按照国民待遇原则给予和本国国民同样的版权保护,而缔约国国民的作品在非缔约国却不一定得到合理保护,所以《伯尔尼公约》第6条允许成员国针对未能给缔约国国民作品版权充分保护的非缔约国国民的作品在适用国民待遇时加以限制和保留,《罗马公约》第16条1(b)款也是类似的规定。

与GATT同样原则不同的是,TRIPS国民待遇原则是给予另一成员国国民的,而不是针对货物,不需要考虑货物原产地。享有国民待遇者不限于具有WTO成员国籍的自然人和法人,而应依据被保护的主题所涉及的上述3个国际公约来确定国民范

---

〔11〕《巴黎公约》(129个签字国)与《伯尔尼公约》(111个签字国)虽被普遍接受,但在重要问题上的修订不能达成一致。而《罗马公约》仅47个签字国,《集成电路知识产权条约》一直未能生效。

〔12〕例如,《巴黎公约》第2条第3款允许成员国在工业产权保护涉及的司法和行政程序,指定送达地址和委派代理人等规定方面作出国民待遇保留。

围,例如,伯尔尼公约就依据所谓"人身标准"、"发表地点标准"、"住所地标准"等给予与成员国有某种连接因素的权利人国民待遇。"知识产权保护方面"是指影响知识产权的获得、取得、范围、维持,权利的实施和使用等相关事项,即在处理这些事项时应符合国民待遇(第3条)和最惠国待遇(第4条)。TRIPS协议这方面的规定超越了巴黎公约的局限,后者所定义的国民待遇并不包括知识产权实施和使用,《巴黎公约》、《伯尔尼公约》都没有规定最惠国待遇。但是协议第5条规定国民待遇和最惠国待遇不适用于在世界知识产权组织主持下缔结的多边国际协议中规定的与知识产权的取得、维持相关的程序。结果是世界知识产权组织制定的其他(除上述3个公约以外)知识产权国际保护公约的一些程序安排,如《专利合作公约》等排除了非歧视原则的适用。所保护的知识产权是协议第二部分第一节至第七节规定的七大类,即版权及相关权利(包括计算机软件和数据编辑作品、连接权);商标;地理原产地标识;工业品外观设计;专利(包括植物新品种);集成电路(包括半导体芯片)布图设计;未泄露的秘密信息。除了协议本身规定的例外情况,各成员应把这七个知识产权保护方面给予本国国民的待遇给予其他成员的国民,即使本国的保护水平高于协议规定(如规定版权保护期为60年)亦应如此。

协议第4条规定了最惠国待遇原则:"在知识产权保护方面,一成员给予任何其他国家国民的任何利益、优惠、特权或豁免,应该立即无条件地给予所有其他成员的国民。"协议关于最惠国待遇的规定意义重大,因为这是第一个规定最惠国待遇原则的知识产权国际协议,考虑到最惠国待遇与100多个WTO成员承诺接受的知识产权保护最低标准挂钩,将极大推动知识产权保护标准的普遍实施。协议第4条同时规定了两项例外(加上前述2项共4项):(1)最惠国待遇不适用于根据一般性而非专为知识产权保护规定的源于司法援助和法律实施国际协议的那些利益、优惠、特权和豁免;(2)最惠国待遇不适用于根据1995年以前生效的关于知识产权保护国际协议给予的利益、优惠、特权和豁免,条件是有关成员将这一保留通知TRIPS协议理事会,并且不得构成武断的或不合理的对其他成员国民的歧视。第(2)项例外意味着在TRIPS协议生效前,各成员在执行各种知识产权保护国际协议中给予其他成员之间的差别待遇还可继续保留,这属于祖父条款的保留。一个重要问题是根据欧盟、北美自由贸易区等地区贸易集团协议安排的知识产权保护方面的优惠(指超过TRIPS协议范围者),对该贸易集团成员而言,是否可免除把这种优惠给予非贸易集团成员(但属于WTO成员)的义务,TRIPS协议未作规定,按照GATT 1994和GATS有关条款形成的国际惯例,这些地区贸易集团成员应享有这种义务免除。

（四）权利用尽原则

权利用尽,是指受特殊保护的带有合法知识产权的批量产品,一经权利人直接或间接地授权投放某一市场,他就不能再对这批货物实施知识产权(独占权),即对这批货物而言权利已经用尽。它不是指某项知识产权由于超过有效期而使权利人自动失去某方面独占权的情况。在国际背景中,权利用尽是指这样一种典型情况,即A国专利权人甲授权B国乙厂商生产和销售甲的某项专利产品(该专利在A国和B国都获准给予保护),一旦乙获准生产该产品并首次投放B国市场,或甲本身将其在A国授权生产的专利产品投放B国市场,甲对B国市场上销售的这些产品就失去了知识产权方面的专有权(权利用尽),A国甲无权阻止在B国销售的这些专利产品从B国进口到A国(即平行进口或灰色进口),甲失去了利用知识产权保护法来分割A国和B国这两个专利产品销售市场的能力。可见权利用尽可以预防在不同国家市场之间的价格歧视。

TRIPS协议第6条规定:"以依据本协议的争议解决为目的,并符合本协议第3条和第4条的规定,本协议规则不得用于解决知识产权的权利用尽问题。"这意味着协议已将权利用尽问题排除其适用范围,这是对知识产权保护的一种限制。有学者解释协议采取这一立场的因素:一是"均衡原则",即在知识产权保护与促进国际贸易两者之间实现平衡,拒绝接受权利用尽原则给国际贸易造成的伤害可能大于其对知识产权保护带来的好处;二是防止知识产权所有者滥用其权利限制货物进出口。[13] 权利用尽问题归各成员国内法调整,对于不承认知识产权国际权利用尽的成员在对"平行进口"产品依据本国法实行进口限制时,可以援用GATT第20条第1款(d)项来辩解。

二、知识产权保护标准

(一)版权及相关权利

协议第9条规定:各成员必须遵守1971年《伯尔尼公约》第1条至第21条及其附件的规定。据此伯尔尼公约所定义的文学作品都纳入TRIPS协议保护范围。协议提出了各国版权保护法的一般原则,即版权保护"应延伸于作品的表述,它不包括思想、程序、操作方法以及数理概念本身(第9.2条)"。概括起来,协议保护的版权作品包括:(1)《伯尔尼公约》第2条定义的文学作品,包括文学、科学和艺术领域的一切作品,不论书面或口述形式;戏剧、音乐、舞蹈艺术作品;电影和摄影作品;油画雕塑和实用美术作品;地图、设计图和立体作品。(2)翻译、改编、音乐及其他文学艺术作品的改编和编辑作品(演绎作品),如百科全书或作品选集,只要经过编排和筛选,构成知识创新。但时事新闻、报刊消息性的社会新闻不受保护(《伯尔尼公约》第2条、第8条)。此外,各成员可以把政治演讲、诉讼中发表的言论、公开演讲和讲话、立法和行政性的法律文本排除保护范围。(3)协议首次将计算机软件和数据编辑作品(数据库)作为《伯尔尼公约》的文学作品来保护,补充了《伯尔尼公约》的不足,有助于打击盗版侵权。另外,协议又允许各成员自主决定是否以专利和其他形式保护计算机程序,其结果是对软件实行专利保护的国家不能阻止未实行专利保护国家生产销售软件专利产品,也使不实行专利保护国家的软件发明人向实行专利保护的国家申请专利。协议规定文学作品

---

[13] See Edmond Megovem, *International Trade Regulation*, p. 21.

的保护期为作者有生之年加上死后50年。

协议排除了《伯尔尼公约》第6条关于作者精神权利的保护，如发表权、署名权、修改权、保护作品完整权。除此之外，版权享有者拥有以下专有权：(1)复制其作品的权利。但是以私人研究、评论某作品、对作品进行学术比较等为目的的复制是允许的。(2)翻译其作品的权利。(3)广播和向公众传播或通过原广播机构以外的另一广播机构以有线或无线电向公众广播其作品。(4)文学作品原作者享有改编权、修改权、改编成电影作品并向公众表演、传播的权利(演绎权)。戏剧音乐和文学作品作者同样享有上述翻译权和向公众表演〔14〕其作品权。(5)协议规定计算机软件和电影作品的作者、录音录像作品的作者享有租借权，即允许或禁止他人向公众出租其原作或复制作品的权利，这是多边国际公约首次承认租借权。这项权利也不是绝对的。对于电影作品，只有当作品的出租可能导致大范围内复制，损害作者的复制权时才可行使出租权。对计算机软件作品行使租借权的条件是软件程序本身成为实质上的租借标的(计算机的出租不在此列，尽管计算机本身就包含微处理程序)。

关于邻接权，协议将《罗马公约》规定的表演者、唱片制作者及广播组织的权利列入保护范围。表演者有权阻止他人将其未曾被录制的表演录制在某一载体上，有权禁止他人复制该录制的作品；有权禁止他人未经授权地以无线电广播和向公众传播其现场表演；〔15〕有权授权他人直接或间接地复制其作品。广播组织有权禁止他人未经授权录制、复制，以无线电广播向公众传播其广播和电视作品。表演者、唱片制作者作者的权利是50年，自表演发生和唱片录制完成时起算(《罗马公约》规定的保护期是20年)。广播权为20年，自播出之日历年底算起。

总之，在版权保护方面，TRIPS协议的贡献是以伯尔尼公约为准统一了版权保护标准；首次实现了邻接权保护的国际协调以及增加保护某些作品(计算机软件)和某些权利(租借权)。

(二)专利及植物新品种

关于专利保护，TRIPS协议的最大成就是在吸收了当今各国普遍承认的专利保护一般原则和规则基础上，首次建立了国际专利保护的最低标准，提出了授予专利的资格和专利保护期限，这是巴黎公约未作规定，也未能统一的问题。

第27条第1款规定："所有技术领域里的任何新的发明，不论是产品还是加工方法，只要它是新颖的，涉及创造性进步，能在工业上利用，都应获得专利。专利的获得和享有不应因为发明地点、发明技术领域、本地产品或进口产品而受到歧视。"其中的

〔14〕 表演权与以下提到的表演者权利是两个不同概念，前者是作品(主要是音乐戏剧作品)权利人授权或禁止他人以表演方式展示其作品的权利，这种展示与公开发表广播、展出、朗诵其作品的性质类似；后者是表演者对其立体表演形象享有的控制权。

〔15〕 唱片制作者(Phonogram Producer)应作广义理解，"唱片"是指任何可以记录、保存音像的有形媒介(Tangible Medium)。

新颖性、涉及创造性进步相当于美国法中的非显见性(non-obvious)。第27条还规定了授予专利的限制:必要时,为保护公共秩序和公共道德,保护人类、动植物的生命和健康,或为了阻止严重的环境危害,各成员一般可以拒绝授予某些发明的专利权。此外,各成员还可以"防止知识产权的滥用,包括防止对国际技术转让施加不合理贸易限制和做法(第8条)";为了促进经济和技术发展(第8条第1款);为了促进成员之间有效的技术转让和传播;维护社会经济和福利(第7条)等理由限制专利权的授予。第27条还允许各成员对以下主题不授予专利权:(1)人或动物的诊断治疗方法;[16](2)任何动植物(微生物除外);(3)用于生产动植物的实质上的生物方法(非生物的和微生物的方法除外)。但是不对植物授予专利的国家必须通过特定法律制度保护植物新品种(第27条第3款),协议的意图是那些拒绝承认植物专利的国家至少应符合1961年制定的《保护植物新品种国际公约》的标准。协议没有直接说明是否给人用药品和农药以专利保护,但是从第27条及第70条第8款的规定来看(见下文),应包括在内。

协议第28条规定了专利独占权的范围:(1)凡授予专利的标的是某产品,权利所有者有权禁止第三人未经同意制造、使用、提供销售或出售,或为此目的而进口该产品;(2)凡授予专利的标的是加工方法,协议允许权利人禁止第三方未经其同意使用该专利方法,使用、提供销售或出售以及进口以该方法生产的产品;(3)专利权人有权通过继承转让或转移专利权,有权签订许可合同;(4)协议第2.1条并入了《巴黎公约》第4条优先权制度,即在一成员国内的先申请者有权就同一项发明随后在另一成员国内提出申请时,则另一成员国应承认先申请的日期为在本国的申请日期,条件是后申请在第一次申请后12个月(工业品外观设计和商标为6个月)内提出。在TRIPS框架内实施《巴黎公约》第4条优先权将使非巴黎公约缔约国的WTO成员受益。

协议第34条要求各成员的国内法在以下情况规定由被告承担举证责任,证明其与用专利方法生产的产品相同的产品不构成侵权:(1)如果用专利方法生产的产品是新颖的;(2)被告具有利用专利方法生产其产品的实质可能性,而专利权人一直不能通过合理努力确定其专利方法已被利用。

协议第33条规定,专利保护期至少20年,自申请之日起算。

协议规定不要求成员采纳强制许可制度,如若建立强制许可制度,必须受以下限制条件约束:强制许可必须各案处理;申请或批准强制许可时应参照《伯尔尼公约》附件的规定;范围和期限应符合授权目的,若属半导体技术强制许可限于非商业性使用;许可是非独占的;许可一般不得转让;许可制造的产品只能供应国内市场;一旦强制许可条件丧失,停止授权;按被强制许可的专利价值支付足够报酬;强制许可决定应进行司法审查或主管部门审查;若强制许可救济的措施被司法程序认定为反竞争者,第2~

〔16〕 避孕方法、孕期检查和终止妊娠、外科整容、减肥方法等是否属于疾病治疗方法值得讨论,不过可以保护公共道德的理由排除其授予专利范围。

5 项条件不适用。

就发展中国家履行 TRIPS 协议规定的专利保护义务，协议给予宽限期的特殊待遇。发展中国家可以延期 5 年，最不发达国家可以延期 10 年实施协议规定的专利保护义务，使本国法与协议的规定相符合。对于协议生效前本国专利法不予保护的主题，发展中国家可以推迟 10 年依照协议给予保护。第 70.8 条要求所有原来将人用药品、农药排除专利保护的成员在 1994 年后开始接受所提交的保护这方面专利的申请，自 1996 年（发展中国家为 2005 年）开始将协议标准适用于这两类主题的保护。对于其他根据协议应保护而原来不予保护的主题，应自 1996 年起（发展中国家为 2005 年）向合格的申请人授予专利。但是协议向发展中国家提出给药品和农药以“管道保护”的要求。第 70.9 条指出：在某产品需要销售许可的情况下，如果当事人在另一成员国提交了某产品的专利申请（指药品和农药）并且在 1994 年以后获得专利权和产品销售权，任何接受同样专利申请的成员应在授予该产品销售许可后立即给予 5 年的在其境内专有销售权，或者直到该专利被授予或被拒绝为止的专有销售权。这样，即使某发展中国家成员推迟保护药品和农药，如果在其他成员国已获专利的这类产品权利人向这个发展中国家请求销售许可并获准，该成员应给予至少 5 年的相当于专利权人的专有销售权。

（三）商标、地理原产地标识

协议除了要求各成员遵守《巴黎公约》关于商标权保护的最低标准外，首次在多边公约中提出了商标的法律定义：任何标志、标志的组合，只要它能将某一企业的商品或服务与其他企业的商品或服务区别开来，就构成一个商标。具体说，包括人名、字母、数字、形象组合、颜色（非单一颜色）的组合以及任何标志的组合都可以作为商标注册登记。如果标志本来不能区别相关的货物或服务，成员国可以把通过使用而获得显著性作为可注册登记的条件，可以把在视觉上可感知作为登记条件（第 15 条）。

商标权的授予历来有“使用在先”和“注册在先”的区别，前者如美国商标法（Lan Ham Act）允许把商标权授予先使用者，只要其通过使用具备显著性（二次含义）；而大多数国家实行注册在先，把商标权授予先注册者，对未注册者不予保护。TRIPS 协议允许各成员采取不同的制度，特别允许成员国把通过使用获得显著性作为授予商标权条件，即承认“使用在先”（15.3 条）。但是第 15.3 条又规定，实际使用不应作为提出商标注册申请的条件。注册商标的有效期至少 7 年，允许无限期续展。注册商标不间断地连续 3 年不使用可以注销。成员国可以决定准予注册的条件，但是禁止商标的强制许可转让（第 21 条）。成员国在贸易中不得再要求外国商标权所有者把他们的商标与本国公司的本地标识结合在一起使用，或以特殊方式使用，以至于损害权利人用商标区分不同产品或服务的能力（第 20 条）。成员国应允许商标权人自行决定是否将商标连同从属的实体一起转让（第 21 条）。

协议要求各成员对国徽、国旗、官方标志不予作为商标注册登记，此外采纳了巴黎公约关于商标权授予的条件。根据公约,商标在原属国登记注册,其他国家也应对和原属国注册同样的商标接受申请和给予保护,除非:(1)商标是有侵犯第三人权利性质;(2)商标不具有显著性,或者完全用商业中用以表示商品种类、质量、数量、用途、价值、原产地或生产时间的标记组成,或者在被请求保护国家已成为通用;(3)商标具有违反公共道德或公共秩序,具有欺骗公众性质(《巴黎公约》第6条之五)。这意味着如果商标没有改变显著性和与原属国的同一性,商标不应该仅仅因为与原属国商标的微小差异而在另一国家被拒绝注册。

协议第16条授予商标所有者独占权,有权禁止第三人未经同意在贸易中的货物或服务上使用有可能产生混淆的与注册商标相同或类似的商标。协议第51条还规定了对冒牌货的边境控制措施。《巴黎公约》第4条规定的优先权制度适用于商标注册,享有优先权的有效期为6个月内。

《巴黎公约》第6条之二关于驰名商标作了原则规定,TRIPS协议从两方面发展了这一规则:一是将驰名商标保护扩大到服务领域;二是扩大到不相类似的商品或服务,只要这类商品或服务上的商标与驰名商标产生某种联系,损害驰名商标人的利益,也应禁止注册和使用。

TRIPS协议在协调和统一保护地理原产地标识方面迈出重要一步。根据协议第22条,地理原产地标识表明某种货物原产于成员国领土或其中的某地区,并且该货物的质量、商誉、特性实质上归因于它的地理原产地。对地理原产地标识的保护主要针对在产品的标识和外观使用中明示或暗示表明了该产品原产于某地理区域而该区域非其真实的地理原产地,使公众对该产品地理原产地形成误解。协议要求其成员禁止在贸易中使用假冒的地理原产地标识,禁止在商品说明书中和标志中以非真实的地理原产地名称作为原产地标记使用,误导消费者,构成《巴黎公约》第10条之二的不公平竞争。协议对酒类标识规定更严格的保护,[17]要求各成员驳回把非真实的原产地名称作为酒类商标注册的申请,但是从属于几项"祖父条款"的保留:(1)该原产地标识用于葡萄酒和酒类产品上至少10年(在1994年4月15日前);(2)在本协议适用于某成员以前或在该标识在原产地国保护以前,某标识在成员国通过善意使用或经过登记注册取得使用权;(3)地理标识在某成员国领域已成为通用的和惯常用语(第24条第4款、第5款、第6款)。如果某原产地标识在来源国没有被使用或被保护,各成员也无须给予保护(第24条)。酒类原产地标识"祖父条款"的规定带有妥协性,意在调和法国葡萄酒生产者和美国葡萄酒生产者的矛盾,后者仍在使用一些法国地理标识作为他们葡萄酒产品的标记,如勃艮第(产于法国东部勃艮第地区的红酒或白酒)等。[18]

---

〔17〕 这方面TRIPS协议引入了1958年《保护原产地名称及其国际注册的里斯本计划》的一般原则,该计划有16个成员参加。

〔18〕 J. H. Reichman, *Universal Minimum Standards of Intellectual Property Protection Under the TRIPS Component of the WTO Agreement*, The International Lawyer, 1995, Summer, note, 137, p. 36.

(四)其他应保护的主题

协议要求成员国遵守《集成电路的知识产权公约》(1989 年)第 2 条至第 7 条,第 12 条、第 16 条的实质规则,保护集成电路布图设计(Integrated Circuit Designs)。[19] 禁止非法复制受保护的布图设计,不论是否把该设计并入集成电路。禁止未经授权的进口、销售受保护的布图设计,或含有这种布图设计的集成电路,或含有这种集成电路的产品。保护期为 10 年,从布图设计提交登记时起算。善意从事上述行为不属违法,但有责任向权利人提供一笔提成费,允许为私人目的或估价、分析、研究、教学目的的复制;受保护的权利人不能对抗与其布图设计相同的原作,只要它是被独立制作的。

协议要求成员国以专门法或版权法保护新的独创性的工业品外观设计(Industrial Designs),权利人有权禁止第三方未经许可而为商业目的制造、销售、进口带有或含有受保护的外观设计(实质上是受保护的外观设计复制品)的产品。外观设计保护期为 10 年。

TRIPS 协议是第一个明确要求成员国保护未泄露的信息的国际协议,它充实了《巴黎公约》关于反不公平竞争的一般规则,反映出商业秘密已成为专利,商标、版权之外第四知识产权的重要地位。协议参考《美国统一商业秘密法》的原则规定:成员国必须阻止他人未经权利人同意,以违反诚实商业做法的方式取得和使用权利人控制的未经泄露的信息,只要这种信息是秘密的,具有商业价值,并且权利人采取了合理的保密措施。协议所保护的秘密信息显然包括所谓的“技术秘密”(Know-How)和商业秘密(Trade Secrets)。“违反诚实商业的做法至少包括违反合同,违反信任关系或引诱违反信任关系”。但是第三人以反向工程方式(Reverse Engineering)解析含有商业秘密的产品,作出进一步改进是否属于“诚实的商业做法”则不得而知。

(五)许可协议中反竞争行为的控制

TRIPS 协议的基本原则之一是要求成员国采取适当措施防止权利人滥用知识产权,或采取不合理限制贸易以及对国际技术转让产生不正当影响的做法[第 8(2)条]。协议还强化了《巴黎公约》中反不正当竞争法律原则,这在专利、商标保护中限制强制许可的有关规定已有所体现,它还体现在对许可合同中反竞争惯例的控制。协议第 40 条承认某些与知识产权有关的许可条件或做法限制竞争,影响正常贸易,阻碍技术的转让和传播,要求成员国采取适当的立法措施禁止和控制这些条件或做法,包括单方面回授、不异议,强制性一揽子许可。协议仅提出三种应该禁止的限制性商业做法,说明成员国在此问题上不一致,作为一种妥协,协议规定成员国国民之间因违反上述规定发生争议,应通过政府间友好协商解决。

---

〔19〕 集成电路布图设计是被掩膜的三维立体集成电路原件布局图,其设计复杂,投资大,但是可轻易地以拍照等方式复制。

三、知识产权的实施及争议解决

(一)国内实施措施

TRIPS 协议不仅规定应保护的权利,还规定了包括边境措施在内的司法和行政、民事措施,以保证协议的贯彻执行,有效阻止冒牌货以及盗版侵权产品的国际交易,这是协议的重要目标和特色。协议第 41 条规定了各成员一般性的实施义务和标准:各成员必须依据国内法建立必要的对依据协议产生的知识产权的侵权行为允许采取有效法律行动的程序,这些程序必须满足正当法律程序的一些基本要求,应公平和公正,避免不必要的复杂和昂贵,不应对合法贸易构成障碍,其运作不应有不合理的拖延。各成员必须建立对行政性最终裁决和初审司法判决的司法审查制度。这一实施程序不必与该成员一般法律制度相分离。为此,成员国应提供包括通知、提起申诉、证据提供和披露、保密义务、临时禁令和最后禁令、损害赔偿、侵权物品的处理销毁等一切必要的民事程序,使侵权受害人获得救济。对于商业领域中故意假冒商标和盗版行为,成员国应规定刑事程序和有威慑力的刑罚,并且采取必要的罚金,没收销毁侵权物措施。为保全证据,阻止侵权物品进入商业渠道,司法当局有权采取临时措施,迅速行动,不经审讯阻止正在发生的侵权。协议要求成员国制定程序,授权海关当局根据权利人请求堵截被控的仿冒商标的冒牌货或盗版侵权货物进口,但权利人应提供担保。协议允许成员国将边境保护措施扩大适用于除冒牌货和盗版货以外的其他侵权货物进口或侵权产品出口。但边境措施不适用于关税同盟国之间货物流动;经权利人同意已经投放到另一国市场的货物进口或过境货物也可不适用边境措施。通过法律程序制裁侵权货物的最后结果是处理和销毁这些货物,在任何情况下都不允许成员国把未经过改变的冒牌货复出口(第 59 条)。

(二)争议防止与解决

为了防止发生争议,成员国应按照关贸总协定透明度原则,对涉及知识产权效力、范围、取得和实施所制定的法律、条例和司法判决、行政裁决应及时公布,成员国政府间达成的知识产权保护协定也应公开。第 64 条规定:成员国之间在 TRIPS 协议下的争议解决,适用 GATT 第 22 条和第 23 条规定,以及在 WTO《关于争端解决的规则和程序的谅解协议》中详细的规则和程序,而不应诉诸任何单方面措施。经 WTO 争端解决机构授权,成员国对于另一方违反 TRIPS 协议,使之根据协议的利益受到损害的做法,可以采取交叉报复,中止履行其根据货物贸易协定,服务贸易协定应给予对方的利益。

TRIPS 协议是第一个在多边自由贸易框架内达成的知识产权保护协议,它的产生对于促进全球知识产权保护和技术开发利用,对于国际经济秩序都将产生深远影响。TRIPS 协议最重要的成果无疑是在全球绝大多数国家间建立了普遍适用的知识产权保护标准。这个标准是不低的,包括几乎所有一般应保护的主题。协议规定了严格的国内实施措施和多边争议解决机制,这就为履行协议义务提供了保障,在很大程度上弥补了当今国际知识产权组织及其管辖的国际公约的不足。总的看,协议使发展中国家为履行义务付出沉重代价，增加了发展中国家在国际竞争中的压力，也影响发展中国家利用新技术发展本国经济，改善人民生活条件的能力。有鉴于此，WTO 第四次部长级会议于 2001 年 12 月通过了《TRIPS 与公共健康多哈部长会议宣言》，承认 TRIPS 协议的解释与实施应有助于各成员实现保护公共健康，获得药品的权利。2003 年 8 月 30 日，WTO 总理事会一致通过了为解决公共健康问题放松对某些成员实施 TRIPS 协议关于专利强制许可的限制的决议，使贫穷国家更便利地获得专利药品和非专利复制品，处理紧急的公共健康问题。

本章思考题

1. 简述《服务贸易总协定》的主要内容和特点。
2. 简述《与贸易有关的投资措施协议》的主要内容和特点。
3. 简述《与贸易有关的知识产权协议》的主要内容和特点。

推荐阅读案例

1. 美国与安提瓜关于影响跨境提供赌博服务案（US-Gambling，WT/DS 285）
2. 美国与印度关于对药品及农用化学品专利保护纠纷案（India-Patents，WT/DS50）
3. 美国、加拿大与欧共体诉中国汽车零配件案（China-Measures Affecting Imports of Automobile Parts，DS339，DS340，DS342）

第十八章　世界贸易组织争端解决机制

第一节　GATT 争端解决模式

国际法理论将国际争议分为政治争议、法律争议和事实争议。政治争议是涉及国家及领土主权和尊严的重要政治、经济利益冲突;法律争议涉及条约的遵守等国际法上的权利义务问题;事实争议涉及某项国际争端事实的确认。[1] 这种理论上的界限在实际国际交往中有时不加严格区分,如政治利益冲突常以法律争议形式出现,法律争议、事实争议也可能演变为政治冲突。解决国际争端的办法有两类:一类是谈判、磋商、斡旋、调解、调停等外交手段;另一类是仲裁、专家小组裁决、国际法院判决这些法律手段。其中谈判磋商是对各种争议解决普遍适用的,也是最简单的方式,除此之外的其他外交手段适用于解决政治纠纷,是政治解决方式,法律手段适用于解决法律争议。

关贸总协定(GATT)所管辖的争议基本属于因条约遵守引起的法律争议,这类争议频繁发生,有明确的协议根据和协议管辖机构,似应采用判决性的法律方式解决,其好处是:(1)以规则为根据,有严格程序保证的判决方式,可以使争议迅速有效解决,避免久拖不决,也具有确定性和可预见性,能充分发挥规则的指引作用;(2)判决性使裁量标准协调统一,减少同样案件审理结果的差异,减轻政治强权的压力,使裁判相对公正;(3)判决性意味着规则的严格实施,这对于维持 GATT 多边贸易体制的生存发展、抵制某些国家或地区性贸易保护主义的侵蚀至关重要。

在 GATT 历史上,美国一直主张这种法制主义的争端解决模式,它希望发挥 GATT 专家小组的作用,使之具有审判职能,通过协议和规则的严格适用,作出有约束力的裁决,并采取有效措施保证其执行,美国也是利用 GATT 专家小组解决争议最多的国家。相反,欧盟各国倾向于以平等协商的弹性外交方式解决 GATT 争议,它们从一般国际法理论和 GATT 规则的不同角度,强调 GATT 争议的特殊性。认为 GATT 贸易规则的宗旨是协调不同竞争利益之间的复杂的贸易平衡,争议解决的目的是通过协商谈判使缔约方依协议应获得的权利不因其他缔约方采取的措施受到抵消(Nulification)或损

---

〔1〕 周鲠生:“国际争议及其解决方法”,载北京大学《社会科学季刊》1923 年版,第 235 页。

害(Impairment),并不侧重于判明是非及严格与规则相符。根据GATT第23条第1款规定,缔约方有权提起所谓"非违法之诉",即使缔约方采取的措施未违反GATT协议,如果给其他缔约方的合理期待利益造成损害,影响了固有的权利义务平衡,仍构成提起争议解决的理由,所以GATT争议不能套用严格适用法律的审判方式解决,GATT规则的含糊性也不利于裁判操作。从国际法的理论来看,GATT争议的主体是主权国家和单独关税领土,其组织机构不同于欧盟,它仅仅是为缔约方提供谈判、论坛场所的临时机构,不具有类似欧洲议会、欧洲法院那种超国家的立法和司法职能,不可以作出有法律效力的判决。另外,贸易争端虽属商业利益之争,但是重大贸易争端有很强的政治敏感性,应以谈判协商等外交手段解决。[2]

乌拉圭回合谈判以前,欧盟各国的观点一直是左右GATT争端解决制度的占上风的观点。GATT 1947第22条和第23条规定集中体现了以协商为主的争议解决模式。这种争端解决模式暴露出的主要问题是:(1)争端解决规则不明确,缺乏连贯性系统性,也缺乏完善机构解决争议;(2)由于没有时间限制,争端方以协商未尽为由拖延,使争端解决往往陷入困境;(3)关于专家组的组成和职能不清;(4)由于采用"意思一致"的原则,专家组报告一般不能顺利获得批准。在东京回合谈判后和乌拉圭回合谈判中期,GATT缔约方通过文件对争端解决做了改进,但以协商为主的主导精神没变。直到乌拉圭回合谈判结束,通过了《关于争端解决规则和程序的谅解》,带有法制化革新的新的争端解决机制最终形成。

第二节 《关于争端解决规则与程序的谅解》的主要内容

《关于争端解决规则与程序的谅解》(DSU)由27条正文和4个附录组成,全面阐述了WTO争端解决的范围、原则和程序。新规则保留和继承了体现于GATT第22条、第23条中的原有的争端解决规则的核心内容,又是对GATT争端解决制度的全面修改、完善与更新。

一、DSU规则、程序适用的范围

DSU第1条规定:"本谅解的规则和程序应适用于按照本谅解附录1所列各项协定的磋商和争端解决规定所提出的争议。本谅解的规则和程序还应适用于各成员间有关它们在《建立世界贸易组织协定》(WTO协定)规定和本谅解规定下的权利和义务

[2] See Michael K. Yong, *Dispute Resolution in the Uruguay Round; Lawyer Triumph over Diplomats*, The International Lawyer, 1995, No, 2.

的磋商和争端解决,此类磋商和争端解决可单独进行,也可与任何其他适用的协定结合进行。"这说明 DSU 的规则和程序适用于除《贸易政策评审机制》以外的包括《建立世界贸易组织协定》以及 DSU 本身在内的所有 WTO 框架协议实施引起的争议解决。具体包括成员方根据以下协议中的争议解决规定提出的争议解决:(1)《建立世界贸易组织协定》;(2)多边贸易协定,包括:附件 1A:《多国货物贸易协定》、附件 1B:《服务贸易总协定》、附件 1C:《与贸易有关的知识产权协定》、附件 2:《关于争端解决规则与程序的谅解》;(3)诸边贸易协定,包括附件 4:《民用航空器协定》、《政府采购协定》。

除 DUS 规定的争议解决规则和程序以外,WTO 框架协议中许多单独协议本身也规定了争议解决程序,这些单独协议的争议解决条款已经列入 DSU 附录 2,在处理 DSU 争端解决程序与单独协议中的争议解决程序关系问题上,DSU 实行特别程序优先,强调 DSU 程序的适用应遵守附录 2 中单独协议所含的特殊的或附加规则程序,两者发生冲突时,应以附录 2 中特殊或附加的规则和程序为准。当一个争端解决涉及多个协定或协议,且这些协定或协议的争端解决规则和程序相互冲突时,当事方应在专家小组成立后 20 天内就适用的规则程序达成一致。如不能达成一致,由争端解决机构主席按"尽可能采用特别规则和程序"的原则决定应遵循的规则和程序。

DSU 明确规定其适用于"成员之间"在 WTO 框架协议下的争端解决,争议解决的当事人或主体是 WTO 成员(包括主权国家成员和单独关税领土成员)。[3] 只有经 WTO 成员中央政府合法授权的代表才有资格作为 WTO 争端解决的当事人,提起和被提起 WTO 争议解决。WTO 成员代表资格涉及两个方面的问题:一是一国可否通过私人执业律师在专家组或者上诉机构面前陈述案件;二是一国是否有权自主决定其代表成员资格。在欧共体关于香蕉进口和分销体制案中,上诉机构裁定批准被申诉方圣露西亚政府的请求,允许 2 名非圣露西亚政府雇员作为法律顾问参加听证会,认为 WTO 成员有权决定其代表团成员资格。[4] 另外,DSU 的某些条款中还使用了"起诉方"(Complainant)、"被诉方"(Respondent)、"争端方"(Disputant)等概念,都是指作为 WTO 争端解决当事人的有关 WTO 成员。

二、WTO 争端解决机制的原则和目标

WTO 争端解决机制遵循以下原则:

---

〔3〕《建立世界贸易组织协议》解释性说明指出本协议"和多边贸易中协定中使用的'国家'一词应理解为包括任何 WTO 单独关税区成员。对于 WTO 单独关税区成员,如本协定和多边贸易协定中的措辞被冠以'国家(的)'一词,则以措辞应理解为与该单独关税区有关,除非另有规定。"

〔4〕这一要求遭申诉方欧盟反对。圣露西亚政府提出,根据国际惯例,国际组织无权干涉一国政府任命其代表团官员和成员的主权。此外,DSU 及上诉机构工作程序都不涉及主权国家委派代表的资格问题。加拿大和牙买加政府也支持圣露西亚政府的请求,认为成员代表团组成是成员内部的事务,专家组和上诉机构对成员授权代表人选进行审查是不恰当的。参见黄东黎:《国际贸易法学》,法律出版社 2004 年版,第 91 ~ 93 页。

1. 保护权利义务原则

根据 DSU 第 3 条第 2～5 款的规定，WTO 争端解决机制是为多边贸易体制提供可靠性和可预见性的重要因素。争端解决机制用于保护 DSU 适用范围内所有 WTO 框架协议项下的权利义务，依据国际公法和惯例解释澄清这些协定项下的权利义务，争端解决机构的裁决不得增加或减少或修改这些权利义务。争端解决是为了保护 WTO 的有效运转以及保持各成员之间根据 DSU 适用协定达成的权利义务平衡。

2. 一体化争议解决原则

DSU 第 23 条规定，WTO 成员在寻求纠正违反协定义务和纠正造成协定项下利益丧失或减损的情况时，应该援用并遵守 DSU 的规则和程序。除非通过依照 DSU 规则和程序进行的争议解决，各成员不得对违反义务已经发生、利益已经丧失或减损或适用协定的任何目标实现已受到妨碍做出确定。DSU 第 23 条规定事实上确立了 WTO 争端解决机构对于成员之间因 DSU 适用范围内框架协议引起的争议解决实行强制管辖。属于适用协议项下的争议，WTO 成员不得诉诸任何单边或未经授权的多边贸易体制以外的双边争议解决和报复制裁，只有经过 WTO 的争议解决才可以最终确定某一成员违反了协议项下的义务。

3. 协商原则

WTO 成员“确认遵守迄今为止根据 GATT1947 第 22 条和第 23 条实施的管理争端的原则，及在此进一步详述和修改的规则和程序”（DSU 第 3.1 条）。协商原则作为 GATT 争端解决的基本原则为 WTO 争议解决所接受和继承，贯穿 WTO 争端解决始终。当事方可以在争端解决的任何一个程序阶段寻求磋商或第三方的斡旋、调解和调停；DSU 强调在专家小组审理以前争议方必须经过协商，协商是争端解决的必经程序。WTO 鼓励当事方通过协商达成相互满意的解决方案，务实的政治解决的优势为：(1)通过让步有可能能迅速达成妥协，及时解除贸易制裁或制裁威胁，这对于讲求时效的进出口贸易尤为重要；(2)避免诉诸 WTO 争端解决的负面作用，包括控辩所需的巨大人力和经济成本，时间耗费；DSB 审理期间的现状锁定(locks-in states)效应造成的贸易利益持续损失；(3)避免 DSB 裁决结果挑战更广泛的国内政策问题。[5]

4. 公平合法性原则

DSU 试图确保争端解决的结果符合 WTO 规则，为了防止有实力的成员强迫弱小成员接受不公平的争议解决条件，DSU 要求磋商、争议解决中正式提出的所有事项和解决办法，包括仲裁裁决，均与所适用的协定相一致，且不得使任何成员根据这些协定获得的利益丧失或减损，也不得妨碍这些适用协定任何目标的实现(第 3 条第 5 款)。

WTO 争端解决机制的目的在于保证使争端得到积极的解决，争端各方均可接受

---

〔5〕 See Gavin Goh, *Tripping the Apple Cart*: *The Limits of Science and Law in the SPS Agreement after Japan-Apples*, Journal of World Trade, 40(4), 2006, pp. 678－679.

且与适用协定相一致的解决办法无疑是首选办法(DSU 第 3 条第 7 款),如不能达成双方同意的解决办法,争端解决机制尽可能依次实现下述目标:(1)争端解决机制的首要目标通常是保证撤销被认为与任何适用协定的规定不一致的有关措施。(2)违反协议的一方给受损害方提供补偿。提供补偿只能在立即撤销有关措施不可行时方可采取,并且是作为在撤销与协定不一致措施前可采取的临时措施。(3)争端解决机制的最后手段是允许某一成员在歧视性的基础上,针对另一成员中止实施适用协定项下的减让或其他义务,但是需经争端解决机构授权。

三、争端解决程序

世界贸易组织争端解决的基本程序包括磋商、专家小组审理、上诉机构审理、裁决的执行及监督。除基本程序外,当事方在自愿基础上,也可以采取仲裁、斡旋、调解和调停等方式解决争端。

(一)磋商;斡旋、调解和调停;仲裁

1. 磋商

磋商是争端解决的必经程序。DSU 第 4 条指出:“每一成员对另一成员提出的有关在前者领土内采取的影响任何适用协定实施的措施的交涉给予积极考虑并给予磋商机会。”被提出协商请求的成员应在 10 天内做出答复。如同意磋商,则磋商应在接到请求后 30 天内开始。如果被要求方在接到磋商请求后 10 天内没有作出回应,或在 30 天内或相互同意的其他时间内未进行磋商,则要求进行磋商的成员可以直接向争端解决机构请求成立专家小组。如果在接到磋商请求之日后 60 天内磋商未能解决争端,要求磋商方也可以请求设立专家小组。在紧急情况下,有关成员应在接到请求之日后 10 天内进行磋商。如果在接到请求之日后 20 天内磋商未成,则申诉方可以请求成立专家小组。要求磋商的成员应向争端解决机构、有关理事会和委员会通知其磋商请求。磋商应保护且不得损害任何一方在争端解决后续程序中的权利。

如果第三方认为其与拟举行的磋商有实质性贸易利益关系,可在争端解决机构散发该磋商请求后 10 天内,将加入磋商的意愿通知各磋商成员和争端解决机构。若磋商成员认为该第三方要求参与磋商的理由充分,应允许其参加磋商。如加入磋商请求被拒绝,则第三方可向有关成员另行提出磋商要求。

2. 斡旋、调解和调停

斡旋、调解或调停是争端方经协商自愿采取的争议解决方式。争端方可随时请求进行斡旋、调解和调停,随时开始和终止。如争端当事方均认为已经开始的斡旋、调解和调停不能解决争端,则申诉方可以在该 60 天内请求设立专家组。如争端方同意,斡旋、调解和调停可在专家组程序进行的同时继续进行。当事方在斡旋、调解或调停中所持立场应予保密,且任何一方在争端解决后续程序中的权利不得受到损害。

3. 仲裁

DSU 第 25 条规定,仲裁可以作为争端解决的另一种方式,适用于“解决涉及有关

双方已明确界定的问题引起的争议”。如果争端当事方同意以仲裁方式解决争议,则可在共同指定仲裁员并议定相应的程序后,由仲裁员审理当事方提出的争端。经诉诸仲裁的各方同意,其他成员方可成为仲裁程序的一方。争端方应执行仲裁裁决。DSU 第 21 条对执行建议和裁决的监督程序,第 22 条补偿和中止减让程序在细节上作必要修改后,应适用于仲裁裁决。

(二)专家小组审理

1. 专家小组成立

争议方向争端解决机构请求成立专家小组后,一旦此项请求被列入争端解决机构会议议程,专家组最迟应在这次会后的下一次争端解决机构会议上予以设立,除非在该会议上争端解决机构以“反向意思一致”的表决方式决定不设立专家组。争端解决机构应在当事方提出设立专家小组请求后 15 日内为此目的召开会议。专家小组被批准设立后,最迟应在此之日后 30 天内确定全部组成人员。

2. 专家小组的组成及职权

专家小组一般由 3 人组成,除非争端当事方同意专家小组改由 5 人组成。专家小组成员由秘书处根据其掌握的政府与非政府专家名单提出,除非由于无法控制的原因,争端方不得反对秘书处提名的专家小组人选。如果自决定设立专家组之日起 20 天内,争议当事方未能就专家小组人员组成达成一致,应争议方请求,WTO 总干事在与有关方面磋商后任命合适的人选。如果争议涉及一发展中国家,如该发展中国家提出请求,专家小组中至少应有 1 名成员来自发展中国家的 WTO 成员。专家小组的职权是根据争议方所援用的协定或协议的规定,对争议方请求审议的事项作出评估,包括对案件事实,所援用协议的适当性和与适用协定的相符情况作出客观评估;协助争端解决机构提出建议或其他调查结果。专家小组应定期与争端各方协商,给它们充分的机会以形成双方满意的解决方案。

3. 专家小组工作程序

专家小组一旦设立,一般应在 6 个月内(紧急情况下 3 个月内)完成工作,并提交最终报告。特殊情况下通知争端解决机构,可以延长至 9 个月内提交最终报告。专家小组报告交争端解决机构散发给各成员 20 天后,争端解决机构才可考虑审议通过最后报告。在最后报告散发给各成员后 60 天内,除非争端当事方正式通知争端解决机构其上诉决定,或争端解决机构协商一致决定不通过该报告;否则,该报告应在争端解决机构的会议上通过。

(三)上诉机构审理

DSU 第 17 条规定,争端解决机构设立常设上诉机构,受理对专家组最终报告的上诉。常设上诉机构由 7 人组成,通常由其中 3 人共同审理上诉案件。上诉机构成员由争端解决机构任命,任期 4 年,可连任一次。上诉机构只审理专家组报告所涉及的法律问题和专家组所作的法律解释。上诉机构可以维持、修改或撤销专家组的结论。上诉机构审理期限为自上诉之日起到上诉机构散发其报告日为止,一般不超过60天,特殊情况下最长不超过90天。争端解决机构应在上诉机构散发报告后30天内通过该报告,除非争端解决机构经协商一致决定不通过该报告。

(四)争端解决机构裁决的执行及其监督

专家组或上诉机构如认定争议方的某项措施与相关协议不符,应在专家小组报告或上诉机构报告中要求有关成员使其措施与相关协议相符,还可提出如何执行报告中建议的办法,专家组报告或上诉机构报告一经通过,其建议和裁决对当事各方有约束力,争端方应无条件接受。争端解决程序规定了以下三种执行报告的方式:

1. 实际履行。在专家小组或上诉机构报告通过后30天内举行的争端解决机构会议上,有关成员应将执行争端解决机构建议和裁决的意愿通知该机构。该建议和裁决应迅速执行,如不能迅速执行,则应确定一个合理的执行期限。合理期限由争端解决机构批准,当事方协商确定或由仲裁裁决确定。

根据DSU第21.5条,如果有关成员就被诉方是否执行了专家组报告中的建议和裁决以及此类执行措施是否与适用的协议相一致的问题存在分歧,当事方可以求助于原专家组,专家组应在90天内审理完毕,散发其报告。在日本对美国苹果进口限制案中,专家小组认定日本针对原产于美国的评估检疫和进口限制措施不符合SPS协议。作为执行专家组报告的行动,日本修改了检疫限制措施,美国又援用DSU第21.5条程序,请求专家组认定日本经修改的检疫限制措施仍不符合SPS协议,2005年7月20日,专家组裁定支持美国的诉求。[6]

2. 补偿。如果被诉方的措施违反了WTO规则,而且没有在合理的期限内执行争端解决机构的建议和裁决,则被诉方应申诉方请求,必须在合理期限届满前与申诉方进行贸易补偿谈判。补偿是指被诉方在贸易机会、市场准入等方面给予申诉方相当于其所受损失的减让。补偿是临时措施,只在被诉方未能实际履行争端解决机构建议裁决时适用,且应与WTO有关协议保持一致。

3. 授权报复。如果争议方未能在合理期限届满后20天内就补偿问题达成一致,申诉方可以要求争端解决机构授权对被诉方进行报复,即中止履行应承担的给予被诉方贸易减让义务或其他义务。报复可分为同部门报复、跨部门报复和跨协议报复三种。争端解决机构应在合理期限届满后30天内给予相应授权,除非争端解决机构经协商一致拒绝授权。被诉方可以就报复水平的适当性提请WTO争端解决机构进行仲裁。报复措施是临时性的,只要出现以下任何一种情况,报复措施应终止:(1)被认定违反WTO协议的有关措施已被取消;(2)被诉方对申诉方所受的利益损失提供了解决方法;(3)争端当事方达成了相互满意的解决办法。

---

[6] See Gavin Goh, Tripping the Apple Cart: *The Limits of Science and Law in the SPS Agreement after Japan-Apples*, Journal of World Trade, 40(4), 2006, pp. 655 - 686.

争端解决机构应监督已通过的建议和裁决的执行情况。在建议和裁决通过后，任何成员可随时向争端解决机构提出与执行有关的问题，以监督建议和裁决的执行。在确定了执行的合理期限6个月后，争端解决机构应将建议和裁决的执行问题列入会议议程进行审议，直至解决该问题。

四、非违法之诉

GATT条款与一般国际条约的重要不同点是，它并不是把表面上与规则相符作为协议实施的根本目的和出发点，而是把协定项下的利益是否受到"抵消或损害"，是否妨碍条约的目的的实现作为出发点。"GATT争端解决机制的核心概念不是从违反总协定或其规定的义务出发，而是从更广泛意义上以剥夺了来自协定的利益，或损害了该协定总体或个别条款所追逐的目标为准。"〔7〕按照GATT第23条第1款的规定，导致一成员在该协定项下的利益丧失或减损以及导致该协定任何目标的实现受到阻碍的情况有三种：(1)另一成员未能履行其在本协定项下的义务(即存在违反协定义务的行为)；(2)另一成员实施的任何措施，不论该措施是否违反该协定；(3)存在任何其他情况。

其中，第二种情况是指某成员并不违反协定规则或义务的行为引起另一成员协定利益丧失或减损，另一成员也可以据此指出的争议解决，这就是所谓"非违法之诉"。绝大部分WTO审理的争议属于第一种和第二种情况引发的争议。非违法之诉的规则为GATT 1994所保留，直接适用于该协定实施引发的此类争议解决。此外，DSU第26条第1款规定了WTO成员提起GATT第23条第1款第(6)项"非违法之诉"应遵守的以下规则：(a)起诉方应提供详细的正当理由，以支持任何就一项不与适用协定相抵触的措施而提出的起诉。(b)如一措施被认定造成有关适用协定项下的利益丧失或减损，或此项措施妨碍协定目标的实现，但并未违反该协定，则无义务撤销该措施。但在此种情况下，专家小组或上诉机构应建议有关成员作出使双方满意的调整。(c)尽管有第21条规定，但是应双方中任何一方的请求，第21条第3款所规定的仲裁可包括对利益丧失或减损程度的确定，也可建议达成双方满意的调整方法；此类建议不对争端各方有约束力。(d)尽管有第21条第1款的规定，补偿可以成为作为最后的争端解决办法的令人满意调整的一部分。

第三节　对WTO争端解决机制的评价

WTO争端解决机制继承了GATT第22条、第23条体现的以协商为主的争端解决

〔7〕赵维田：《世界贸易组织的法律制度》，吉林人民出版社2000年版，第437页。

原则,同时对 GATT 争端解决规则进行了带有明显法制主义倾向的革新,这使得在 DSU 规则程序下的协商调解过程变成进入更具强制性和判决性的严格程序的“入门”,必将大大提高争议解决的效率。新规则的法制主义倾向表现在如下几方面:

(一)强化争议解决机构

首先,机构的强化表现在第 2 条声明设立专职的争议解决机构(即 DSB)。其职责是:(1)根据 WTO 总理事会授权,管理和实施新谅解中的程序规则;(2)应争议方请求,设立专家小组,批准专家小组和上诉机构的报告;(3)监督专家小组报告建议或裁决的执行;(4)授权成员国中止根据协议的关税减让和其他义务。DSB 与贸易政策评审机构一样,都是属于 WTO 总理事会的相对独立的机构,由 WTO 成员国代表组成,由各自的主席负责。其次,根据 DSU,在专家小组审理基础上,增设独特的上诉机构,受理争议方(不包括第三方)不服专家小组裁决或建议的上诉。上诉请求仅限于专家小组报告范围内的法律问题和法律解释问题的争议。上诉机构审查每项请求后作出报告,表明维持、修改、撤销初审专家小组的裁决或建议,上诉机构的报告经 DSB 批准后,争议方应无条件接受。上诉机构的设立使争议解决更带有司法裁判色彩,也形成了初审专家小组、复审机构、DSB 三层次的完整系统的争议解决体制。

(二)实现争端解决的一体化

WTO 争端解决机制体现了争端解决一体化的模式,表现在:

1. 明确规定其规则和程序适用的范围,它适用于除贸易政策评审机制以外,世界贸易组织管辖的全部框架协议引起的争议解决,包括建立世界贸易组织协议、多边贸易协定(《货物贸易总协定》、《服务贸易总协定》、《与贸易有关的知识产权协议》)、四个诸边贸易协定以及 DSU 本身。如此广泛的管辖范围确立了 DSU 的程序规则在 WTO 争议解决中的基本法地位。

2. DSU 将东京回合的守则和协议纳入管辖范围,其规则和原则也适用于这些守则协议范围的争议解决,对于可能引起的矛盾,DSU 采纳特别法优于一般法原则,允许争议方优先适用这些协议中关于争议解决的某些特殊的或补充的程序规则,并在附录 2 中列明这些特殊的补充规则。

3. 为了强化多边贸易体制,DSU 强调其规则和程序在 WTO 争议解决中的排他性地位。第 23 条规定,在寻求违反协议或造成协议利益丧失或损害的解决办法时,各成员应诉诸并遵守本谅解的规则和程序。除非通过诉诸与本谅解规则和程序相符合的争议解决,各成员不得作出某项协议违反已经发生的利益已丧失或减损的确定。这表明世界贸易组织不接受体制以外的独立的单边甚至未经授权的双边争议解决,以尽可能地限制争议解决中实体法和程序法适用的扭曲。

(三)增强判决性

DSU 争议解决制度在许多方面都带有判决性。关于各争议解决环节的时间限制和时效规则;上诉程序设立、允许第三方介入;在审理中专家组和上诉机构运用法律技巧和推理方法,及条约法的解释方法这都是判决性的表现。更重要的是,改变了原来专家小组报告批准生效的方式。在原GATT体制内,专家小组报告的批准采取“作为”方式,由理事会以正向“意思一致”原则作出决定,结果是有的专家小组报告因为一个缔约方反对就多年不获批准,专家小组报告被贬为“一种有争议的观点”,而不是有约束力的裁决。新规则采取“不作为”方式(或称“反向意思一致”原则),即DSB通过专家小组报告时,如果争议当事方不提出上诉或DSB未以意思一致方式拒绝批准该报告,则该报告自被提交DSB 60天内,在DSB召开的一次会议上获得批准。这一举措将使专家小组报告类似于司法判决,在一定的时间内自动批准生效,虽然个别成员可以在DSB会议上提出反对意见,但已不能阻止报告的批准。

(四)加强实施监督措施

DSU提出了三种履行专家小组报告或上诉机构建议的方式:实际履行、提供补偿和授权报复。DSU首次允许“交叉报复”,即受损害的一方中止给另一方其他领域的贸易利益而补偿受损害领域的贸易利益。

WTO争端解决机制在保留原GATT争议解决的重要原则和规则基础上实现了法制化的更新。除了法律解决的天然缺陷外,现有的一些难题并没有根本解决。最主要的是DSB批准的专家小组报告(包括初审和复审)的法律地位不明确。DSU及有关文件并没有对专家小组报告的法律地位及它与体制内仲裁裁决关系作直接的明确的规定,学术界的认识也不统一,其在国内法上的执行力令人疑虑。可以预见,专家小组裁决能否成为有效的第三种法律解决方式,既取决于今后国际社会法理上普遍认同,更取决于裁决本身的高质量、它的说明力和可接受程度,这两方面又是互为因果的。与裁决效力相关的是保证裁决执行的制裁措施,这方面WTO争端解决制度除了充实一些程序规则外没有新举措,仍沿用原来授权受害方对侵害方使用自助式中止实施关税减让义务的报复甚至交叉报复手段。这种做法从经济学角度来看不可取,因为对于实施制裁的国家,当它是小国或弱国,制裁的结果常常是它本身所受损害更甚于对方,而那些政治经济上的强国有制裁能力,即使受到一点损害,与小国弱国不成比例,这种制裁是实力的较量而非法律上公平正义的较量,本质上是政治解决而非法律解决。国际上有学者建议对拒不执行DSB建议和裁决的成员,应以适当决议停止其参与WTO活动,甚至驱逐出世贸组织,类似措施比WTO机构本身采取的制裁总要好一些。最后,新程序规则也有漏洞。比如,新的上诉机构借鉴美国司法制度模式只负责法律审而非事实审,可实践中常发生的如反倾销、反补贴案件,争议最多的就是事实认定问题,当事方不能就此上诉显然不公平。还有如果上诉机构受理案件后发现原审专家小组报告有事实认定错误,结果既不能驳回重审,也不能纠正,则将陷入僵局。又如,新规则严格了程序步骤,增强了时效,这就产生违反程序规则(包括国内法程序和WTO程序)如何纠正,是否影响实体裁决的效力问题,还需要今后通过审理实践解决。

本章思考题

1. WTO 争端解决程序与 GATT 争端解决程序有何不同?
2. DSU 的适用范围是什么?
3. 试述磋商程序的重要性。
4. 专家组及上诉机构审理的特点是什么?
5. WTO 争端解决机构的报告具有怎样的法律效力?
6. WTO 争端解决程序与一般国际商事仲裁程序有何不同?
7. 试述 WTO 争端解决程序的缺陷和改进。

推荐阅读案例

欧共体关于香蕉进口和分销体制案(EC-Bananas, WT/DS16,WT/DS27)

参考书目

1. [美]保罗·A. 萨缪尔森著:《经济学》(上下册),中国发展出版社 1992 年版。
2. [英]科赖格尔著:《政治经济学的重建》,伦敦麦克米伦出版社 1975 年版。
3. [英]斯蒂格利茨著:《政府为什么干预经济》,中国物资出版社 1998 年版。
4. 罗丙志著:《国际贸易政府管理一般理论分析及对中国对外贸易政府管理的现实研究》,立信会计出版社 1999 年版。
5. 赵捷谦著:《国际贸易理论与实际》,亚南出版社 1984 年版。
6. 薛荣久著:《国际贸易政策与措施概念》,求实出版社 1989 年版。
7. [英]詹姆斯·E. 米德著:《混合经济》,上海三联书店 1989 年版。
8. 田飞主编:《国际贸易与对外贸易——理论、政策、措施》,经济科学出版社 1994 年版。
9. [英]亚当·斯密著:《国民财富的性质和原因的研究》,商务印书馆 1974 年版。
10. [英]大卫·李嘉图著:《政治经济学及赋税原理》,商务印书馆 1972 年版。
11. [比利时]亨利·皮朗著:《中世纪欧洲经济史》,上海人民出版社 1987 年版。
12. [日]小岛清著:《对外贸易论》,南开大学出版社 1987 年版。
13. 韩德培著:《国际私法》,法律出版社 1993 年版。
14. [美]N. 格里高利·曼昆著:《经济学原理》,北京大学出版社 1999 年版。
15. [美]理查德·A. 波斯纳著:《法理学问题》,中国政法大学出版社 2002 年版。
16. [美]理查德·A. 波斯纳著:《法律的经济分析》,中国大百科全书出版社 2002 年版。
17. [德]威廉·冯·洪堡著:《论国家的作用》,中国社会科学出版社 1998 年版。
18. [英]弗里德里希·奥古斯特·哈耶克著:《通往奴役之路》,中国社会科学出版社 1997 年版。
19. [英]弗里德里希·奥古斯特·哈耶克著:《自由宪章》,中国社会科学出版社 1998 年版。
20. [法]弗里德里克·巴斯夏著:《和谐经济论》,中国社会科学出版社 1995 年版。
21. [奥]路德维希·冯·米瑟斯著:《自由与繁荣的国度》,中国社会科学出版社 1994 年版。
22. 余劲松著:《跨国公司的法律问题研究》,中国政法大学出版社 1989 年版。
23. 王念祖著:《发展经济与跨国公司》,中国对外经济贸易出版社 1983 年版。
24. [英]施米托夫著:《国际贸易法文选》,中国大百科全书出版社 1993 年版。
25. [英] 施米托夫著:《出口贸易——国际贸易法律与实务》,对外贸易教育出版社 1985 年版。
26. 薛荣久著:《世贸组织与中国大经贸发展》,对外经济贸易大学出版社 1997 年版。
27. 陈已昕著:《国际服务贸易法》,复旦大学出版社 1997 年版。
28. 王传丽主编:《国际贸易法》,中国政法大学出版社 2003 年修订版。
29. 汤宗舜著:《知识产权的国际保护》,人民法院出版社 1999 年版。

30. 陈绍蓉著:《国际技术转让法理论与实践》,人民出版社 1997 年版。
31. 科学技术部国际合作司、中国技术市场管理促进中心:《国际技术转让指南》,中国政法大学出版社 2000 年版。
32. 国家工商行政管理局条法司:《现代竞争法的理论与实践》,法律出版社 1993 年版。
33. 朱立南著:《国际贸易政策学》,中国人民大学出版社 1996 年版。
34. 徐滇庆、李瑞著:《政府在经济发展中的作用》,上海人民出版社 1999 年版。
35. [英]凯恩斯著:《就业、利息和货币通论》,商务印书馆 1983 年版。
36. 杨桢著:《英美契约法》,北京大学出版社 1997 年版。
37. [德]奥本海著:《国际法》,中国大百科全书出版社 1995 年版。
38. 赵维田著:《最惠国与多边贸易体制》,中国社会科学出版社 1996 年版。
39. 姚梅镇主编:《国际经济法概论》,武汉大学出版社 1989 年版。
40. 陈安主编:《国际经济法学》,北京大学出版社 1994 年版。
41. 余劲松主编:《国际经济法学》,高等教育出版社 1994 年版。
42. 曾华群著:《国际经济法导论》,法律出版社 1997 年版。
43. 王传丽主编:《国际经济法》,中国政法大学出版社 1995 年版。
44. 沈达明、冯大同著:《国际商法》,对外贸易出版社 1982 年版。
45. 江平著:《西方民商法概要》,法律出版社 1984 年版。
46. 史尚宽著:《债法总论》,中国政法大学出版社 2001 年版。
47. [英]戴维 · M. 萨逊著:《CIF 与 FOB 合同》,对外贸易出版社 1980 年版。
48. [英]梅因著:《古代法》,商务印书馆 1997 年版。
49. 沈达明著:《衡平法初论》,对外经济贸易大学出版社 1997 年版。
50. 王铁崖著:《国际法引论》,北京大学出版社 1998 年版。
51. 梁西著:《国际组织法》,武汉大学出版社 1998 年版。
52. 赵承壁著:《国际贸易统一法》,法律出版社 1998 年版。
53. 黎孝先著:《国际贸易实务》,对外经济贸易大学出版社 1997 年版。
54. 揭筱纹、罗建、赵力宾著:《发展中国家对外贸易政策与措施研究》,四川大学出版社 1997 年版。
55. 对外经济贸易部、对外贸易管理局:《五国对外贸易管理》,中国对外经济贸易出版社 1987 年版。
56. 王传丽著:《涉外经济合同的法律效力》,中国政法大学出版社 1989 年版。
57. 王生长著:《仲裁与调解相结合的理论与实务》,法律出版社 2001 年版。
58. 范愉著:《非诉讼纠纷解决机制研究》,中国人民大学出版社 2000 年版。
59. 赵维田著:《世贸组织(WTO)的法律制度》,吉林人民出版社 2000 年版。
60. 王传丽主编:《国际贸易法系列专著之一——货物贸易法》,中国政法大学出版社 1999 年版。
61. 王传丽主编:《国际贸易法系列专著之二——政府管理贸易的法律制度》,中国政法大学出版社 2002 年版。
62. 王传丽主编:《国际贸易法系列专著之三——国际知识产权法律制度》,中国政法大学出版社 2003 年版。

63. 王传丽:"与贸易有关的知识产权问题——浅析商标权与灰色市场进口",载《政法论坛》1995 年第 1 期。

64. 朱翠微:"国际技术转让合同中的法律适用",载《经济与法》1999 年第 4 期。

65. 李春林:"技术出资特殊风险及其法律防范",载《国际贸易问题》1999 年第 2 期。

66. 王传丽:"中国反倾销法——立法与实践",载《中国法学》1999 年第 6 期。

67. 廖益新:"论避免国际双重征税协定的法律特征",载《厦门大学学报》(哲社版)1993 年第 3 期。

68. 邵明均、梁友平:"税收间接抵免的特点及其运用",载《涉外税务》1997 年第 12 期。

69. 康明:"临时仲裁及其在我国的现状和发展(下)",载《仲裁与法律》2000 年第 4 期。

70. 王传丽:"WTO 争端解决机制",载《政法论坛》1996 年第 4 期。

71. 余敏友:"WTO 争端解决机制与我国加入 WTO",载《珞珈法学论坛》(第 1 卷),武汉大学出版社 2000 年版。

72. 陆燕:"发展中国家与 WTO 争议解决机制",载《国际商报》2001 年 6 月 3 日。

73. 余菲:"WTO 争议解决机制的司法化制度的形成及其存在的缺陷",载《WTO 争议解决机制研讨会论文集》,中国法学会、上海市法学会,2001 年 8 月。

74. 张乃根:"论 WTO 争议解决机制的若干国际法问题",载《WTO 争议解决机制研讨会论文集》,中国法学会、上海市法学会,2001 年 8 月。

75. 王传丽:"WTO 协议与司法审查",载《中国法学》2003 年第 2 期。

76. A. G. Guest, Ansons Law of Contract, 1984, 26th. Ed.

77. Michael J. Trebilcock and Robert Howse, The Regulation of International Trade-Political Economy and Legal Order, 1995 by Routledge.

78. Jan Tumlir, Protectionism-Trade Policy in Democratic Societies, AEI Studies 436, 1985.

79. Amme O. Kroeger, American Trade Policy-A Tragedy in the Making, The AEI Press, 1995.

80. Gordon, Bernard K, A High-Risk Trade Policy, Foreign Affairs, Vol. 82, No. 4, July-August 2003.

81. Alan C. Swan&John F. Murphy, Cases and Materials On The Regulation Of International Business And Economic Relations(Second Edition), 1999, Matthew Bender & Company Incorporated.

82. The Guide for Developing Countries, World Intellectual Property Organization, Geneva, 1977.

83. OECD, North-South Technology Transfer, The Adjustments Ahead, Paris, 1981.

84. Jacob Viner, Int'l Economics, Glencoe, III, the Free Press, 1951.

85. United Nations Conference on Trade and Development (UNCTD), World Investment Report 2002: Transnational Corporations and Export Competitiveness. Part One: Trends in International Production.

86. International Monetary Fund(IMF), Balance of Payments Manual, Fifth Edition(1993), VIII. Classification and Standard Components of the Balance of Payments.

87. International Monetary Fund(IMF), Balance of Payments Manual, Fifth Edition(1993), XVIII Direct Investment.

88. J. H. Dunning, Multinational Enterprises and the Global Economy(1992).

89. Tripartite Declaration of Principles concerning Multinational Enterprises and Social Policy, http://www.ilo.org/public/english/employment/multi/.
90. The Draft United Nations Code of Conduct on Transnational Corporations. UNCTAD, 1996, volume I.
91. Tom Arnold, Why ADR? Alternative Dispute Resolution: How to Use it to Your Advantage, ALI - ABA Course of Study 19 (1996).
92. O. P. Motiwai, Alternative Dispute Resolution in India, J. Int'l Arb. 1998, No. 2.
93. Frank E. A. Sander, Dispute Resolution within and Outside the Courts-An Overview of the US Experience, edited by P. C. Rao & William Sheffield, Universal Law Publishing Co. Pvt. Ltd., 1997.
94. John Bickerman, Great Potential, Dispute Resolution Magazine, fall, 1999.
95. Fabien Gelinas, Arbitration and the Challenge of Globalization, J. Int'l Arb. 17(4) 2000.
96. International Commercial Arbitration, West Group, 1999.
97. International Arbitration in the 21st Century: Towards "Judicializaton and Uniformity?", ed by Richard B. Lillich and Charies N. Brower, Transnational Publishers, Inc. 1994.
98. Philippe Fouchard, Suggestions to Philoppe Fouchard, Suggestions to Improve the International Efficacy of Arbitral Awards, ICCA Congress Series No. 9, Kluwer International, 1999.
99. Eric A. Schwartz, A Comment on Chrommalloy, 14 J. Int'l Arb. 2 (June 1997).
100. Improve the International Efficacy of Arbitral Awards, Improving the Eficiency of Arbitration Agreements and Awards: 40 Years of the New York Convention, Albert Jan van den Berg ed. Kluwer Law International, 1999.
101. Fabien Gelinas, Arbitration and the Challenge of Globalization, J. Int'l Arb. 2000, No. 4.
102. Final Award in the Arbitration of Andersen Consulting Business Unit Member Firms v. Arthur Andersen Business Unit Member Firms and Anderson Worldwide Societe Cooperative, World Trade and Fabien Gelinas, Arbitration and the Challenge of Globalization, J. Int'l Arb. 2000, No. 4.
103. H. E, Judge Howard M. Holzmann, A Task for the 21st Century: Creating a New International Court for Resolving Disputes on the Enfroceability of Arbitral Awards, from The Internationalisation of International Arbitration, edited by Martin Hunter, Arthur Marriott and V. V. Veeder, Graham & TrotmanMartinus Nijhoff, 1995.
104. Russell Thirgood, A Critique of Foreign Arbitration in China, J. Int'l Arb. 2000, No. 3, at 98; Michal J. Moser, CIETAC Arbitration: A Success Story? Int'l Arb. 1998, No. 1.
105. Seung Wha Changm, Taming Unilateralism under the Multilateral Trading System: Unfinished Job in the WTO Panel Ruling on U. S. Sections 301—310 of the Trade Act of 1974, Law & Policy in International Business, Summer 2000, Vol. 31.
106. Scott Mcbride, Dispute Settlement in the WTO: Backbone of the Global Trading System or Delegation of Awesome Power? 32 Law & Pol'y Int'l Bus., Spring 2001.
107. Judith Hippler Bello, The WTO Dispute Settlement Understanding: Less is More, 90, A. J. I.

L. 41 -417(1996).

108. Alan O. Sykes, The Remedy for Breach of Obligation under the WTO Dispute Settlement Understanding: Damages or Specific Performance? From New Directions in International Economic Law, edited by Marco Bronckers and Reinhard Quick, Kluwer Law International, 2000.

109. Debra P. Steger and Susan M. Hainsworth, New Directions in International Trade Law: WTO Dispute Settlement, from Dispute Resolution in the World Trade Organization, ed. by James & Karen Campbell, Cameron May, 1998.

110. WT/DS8/AB/R, WT/DS11/AB/R, adopted 1 November 1996.

111. John H. Jackson, The WTO Dispute Settlement Understanding-Misunderstandings on the Nature of Legal Obligation, 91 A. J. I. L. 60 (1997).

112. Raj Bhala, The Myth About Stare Decisis and International Trade Law, Am. U. Int'l L. Rev. 1999, Vol. 14.

113. Andreas F. Lowenfeld, International Economic Law, Matthew Bender Co. Inc. 1979.

114. John H. Jackson, Legal Problems of International Economic Relations-Cases, Materials and Texte, West Publishing Co. 1988.

115. Clive M. Schmitthoff, Commercial Law in a Changing Climate, Sweet & Maxwell, 1981.

116. Roy Goode, Commercial Law, Penguin Books, 2nd. 1995.

117. Michael J. Trebilcock and Robert Howse, The Regulation of Int'l -Political Economy and Legal Order. 1995 by Routledge.

118. Carles P. Kindleberger, International Economics.

119. Miltiades Chacholiades, International Trade Theory and Policy.

120. Barry Nicholas, Franch Law of Contract, 1982.

121. Georges R. Delaume, Transnational Contracts Applicable Law and Settlement of Disputes- Law and Practice, 1983.

122. F. Pollock, A Treatise on the General Principles Concerning the Validity of Agreements in the Law of England.

123. A. G. Guest, Anson's Law of Contract.

124. John R. Googwin, Business Law-Principles, Documents and Cases, 1980.

125. Hans Van Houtte, The Law of International Trade, Sweet & Maxwell, 1995.

126. Lawrence Collins, Dicey and Morris on the Conflict of Law, Sweet & Maxwell, 1993 12th. ed.

127. David Yates, Standard Business Contract-exclusions and related devices, Sweet & Maxwell, 1986.

图书在版编目(CIP)数据

国际贸易法/王传丽主编. --5版. --北京:法律出版社,2011.12(2019.1重印)
(普通高等教育国家级规划教材系列)
普通高等教育"十一五"国家级规划教材
ISBN 978-7-5118-2770-8

Ⅰ.①国… Ⅱ.①王… Ⅲ.①贸易法-高等学校-教材 Ⅳ.①D996.1

中国版本图书馆CIP数据核字(2011)第230267号

国际贸易法(第五版)
GUOJI MAOYIFA(DI-WU BAN)

王传丽 主编

责任编辑 吴 昉
装帧设计 乔智炜

出版 法律出版社
总发行 中国法律图书有限公司
经销 新华书店
印刷 三河市龙大印装有限公司
责任印制 沙 磊

编辑统筹 法律教育出版分社
开本 720毫米×960毫米 1/16
印张 35.5
字数 710千
版本 2012年1月第5版
印次 2019年1月第12次印刷

法律出版社/北京市丰台区莲花池西里7号(100073)
网址/www.lawpress.com.cn
投稿邮箱/info@lawpress.com.cn
举报维权邮箱/jbwq@lawpress.com.cn

销售热线/010-83938336
咨询电话/010-63939796

中国法律图书有限公司/北京市丰台区莲花池西里7号(100073)
全国各地中法图分、子公司销售电话:
统一销售客服/400-660-6393
第一法律书店/010-83938334/8335
西安分公司/029-85330678
重庆分公司/023-67453036
上海分公司/021-62071639/1636
深圳分公司/0755-83072995

书号:ISBN 978-7-5118-2770-8

定价:49.00元

(如有缺页或倒装,中国法律图书有限公司负责退换)